팬덤의 시작, 나만의 시그니처
팬덤디자인

팬덤디자인

팬덤의 시작, 나만의 시그니처
팬덤디자인

초판 1쇄 인쇄 | 2025년 03월 14일
　　　2쇄 인쇄 | 2025년 03월 24일
지은이 | 유현
펴낸이 | 이재욱(필명:이승훈)
펴낸곳 | 해드림출판사
주　소 | 서울 영등포구 경인로82길 3-4(문래동1가 39)
　　　　센터플러스빌딩 1004호(07371)
전　화 | 02-2612-5552
팩　스 | 02-2688-5568
E-mail | jlee5059@hanmail.net

등록번호　제2013-000076
등록일자　2008년 9월 29일

ISBN　979-11-5634-624-1

서문

인트로
팬덤의 시작, 나만의 시그니처

팬덤(Fandom)은 단순한 고객층을 넘어, 브랜드와 사람을 열렬히 지지하는 팬들의 공동체를 의미한다.

팬덤은 단순한 상품이나 서비스 제공을 넘어, 사람들의 감정과 경험을 공유하는 관계의 힘을 기반으로 한다. 팬덤은 연예계, 스포츠계에서 두각을 나타냈지만, 최근에는 비즈니스 전반에서도 필수 전략이 되었다. 특히 불황 속에서도 충성도 높은 팬층을 보유한 브랜드는 위기를 기회로 바꾸며 성장해왔다.

2020년 팬데믹과 경기 불황을 거치며, 팬덤의 중요성은 더욱 커졌다. 순한 고객을 넘어 팬을 만드는 전략이 미용업계뿐만 아니라 소상공인 업종에서도 생존 전략이 되는 이유이다.

사람들은 새로운 공간에 들어서면 본능적으로 분위기를 탐색한다. 낯선 카페에 들어가면, 바리스타의 표정과 인테리어, 그리고 잔잔한 음악까지 모든 요소를 살피며 그곳이 '나와 맞는 곳'인지 판단한다.

미용실도 마찬가지다. 단순히 머리를 자르는 곳이 아니라, 기분을 바꾸고, 자신감을 충전하는 공간이다. 고객은 한 번 경험한 감정을 오래 기억한다. 그 감정이 좋으면 단골이 되고, 특별하면 팬이 된다.

팬덤은 단순한 고객층이 아니다. 그들은 브랜드를 사랑하고, 자발적으로 홍보하며, 주변 사람들에게 추천까지 한다. 하지만 팬은 우연히 생기지 않는다. 팬덤이 형성되는 곳에는 언제나 '나만의 시그니처'가 있다. 한 작은 빵집이 있었다. 이 빵집은 특별한 광고도 하지 않았다. 하지만 가게를 찾는 손님들은 SNS에 열심히 사진을 올렸고, 리뷰가 쏟아졌다.

그 비결은 간단했다.

빵을 구매하면 작은 메모 카드가 함께 제공됐다. '오늘도 당신이 행복하길 바라요. 따뜻한 빵처럼.' 손님들은 이 작은 정성에 감동했다. 그리고 그 감동이 팬덤으로 이어졌다. 미용실에서도 마찬가지다. 손님의 머리를 다듬어주면서 그들의 이야기를 듣고, 기억하는 것만으로도 특별한 관계가 만들어진다.

어떤 고객은 이런 말을 남겼다. '내가 원하는 스타일을 알아주는 곳은 많지만, 내 이야기를 기억해주는 곳은 여기뿐이에요.' 팬덤이란 결국 '내가 특별한 존재로 느껴지는 경험'에서 시작된다.

팬덤 전략은 기술이 아니라 마음에서 나온다. 한 미용실 디자이너가 고객들에게 작은 손편지를 건넸다. '오늘도 멋지게 변신하셨네요! 하루가 더 빛나길 바라요.' 이 편지를 받은 고객은 감동했다. 단순한 서비스가 아닌, 관계를 나누는 순간이었기 때문이다. 그 고객은 10년 동안 단 한 번도 미용실을 바꾸지 않았다. 이처럼 팬덤은 단순한 기술이 아니라, 마음의 디자인에서 출발한다.

작은 행동 하나가 고객을 팬으로 만들고, 그 팬이 또 다른 팬을 불러온다. 한 카페에서는 고객의 취향을 기억해 "○○님, 오늘도 아이스 아메리카노 맞죠?"라고 인사한다. 그 한마디에 고객은 "여기서 대접받는다"라는 느낌을 받는다. 팬덤은 어렵지 않다. 작은 관심과 정성이 사람들의 마음을 움직인다.

결국 팬덤은 관계의 예술이다.

팬덤이 있는 브랜드는 불황에서도 흔들리지 않는다. 경제가 어려워도, 팬은 그 브랜드를 지지한다.

스포츠 경기에서 응원하는 팀이 힘든 시기를 겪어도 팬들이 등을 돌리지 않는 것과 같다.

미용실, 카페, 작은 상점…, 팬덤이 만들어지면 경쟁이 두렵지 않다. 이제는 제품이나 기술만으로는 차별화할 수 없다. 사람들은 단순한 '서비스'가 아니라, '경험'을 소비하기 때문이다. 어떤 브랜드는 제품을 팔지만, 어떤 브랜드는 '가치'를 판다.

팬덤이 있는 브랜드는 늘 말한다.
"우리는 고객을 단순한 손님이 아닌, 우리 일부로 생각합니다."
이런 가게는 고객이 아니라 팬을 가진다. 그리고 팬은 브랜드를 위해 움직인다. 요즘 뉴스를 봐도 주변 사람들을 봐도 '정말 어렵고 힘들구나'라는 생각을 하게 된다. 지금 힘들어하는 분들에게 이 책이 조금이나마 위로와 희망이 되고 위기를 넘어설 수 있는 좋은 가이드북이 되길 기도한다.

2025년 최고의 복은 극복입니다.
극복 많이 받으세요♡
유현

추천사

관계의 힘을 디자인하라
- 유은혜

　우리는 변화의 시대를 살고 있습니다. 사람과 사람 사이의 연결이 그 어느 때보다 중요한 시대이자, 한 사람의 경험이 수천, 수만 명에게 영향을 미치는 시대입니다. 특히, 교육 현장에서든, 서비스 업계에서든 '관계'는 단순한 교류를 넘어 성공을 좌우하는 핵심 자산이 되었습니다.
　「팬덤디자인」은 단순한 경영 전략서가 아닙니다. 이 책은 고객과 직원, 그리고 나 자신을 위한 따뜻하고 혁신적인 관계의 설계도를 제공합니다. 저자는 미용실이라는 물리적 공간을 뛰어넘어, 고객을 팬으로, 직원들을 브랜드의 든든한 파트너로 만드는 과정을 통해 '공간의 주인공'을 만드는 팬덤의 본질을 이야기합니다.
　저도 교육부 장관으로서 학생, 교사, 학부모들과의 관계를 통해 많은 것을 배웠습니다. 그 관계가 건강할 때, 교육의 울림과 성과는 배가 되었고, 위기의 순간에도 함께 극복할 힘을 얻을 수 있었습니다. 관계는 결과가 아니라 과정이라는 점에서, 이 책이

주는 통찰은 교육계뿐만 아니라 모든 리더와 전문가들에게 시사하는 바가 큽니다.

"팬덤은 관계의 예술입니다."

고객 한 사람을 주인공으로 만들기 위한 섬세한 디자인이 결국 브랜드의 팬덤을 만들고, 그 팬덤이 위기 속에서도 브랜드를 지켜주는 힘이 됩니다. 저자의 이야기 속에는 뜨거운 진심과 세심한 통찰이 녹아 있습니다. 이 책은 관계로 꿈을 이루고자 하는 모든 이들에게 최고의 길잡이가 될 것입니다.

팬덤을 꿈꾸는 모든 리더와 창작자들에게, 이 책을 추천합니다.

사람의 마음을 얻는 것이 곧 미래를 얻는 것입니다
- 국회의원 이기헌

　세상은 빠르게 변하고 있지만, 사람과 사람을 연결하는 관계의 본질은 변하지 않습니다. 「팬덤디자인」은 그 변하지 않는 본질을 기반으로, 진정 있는 관계를 통해 열광적인 지지를 만들어내는 비법을 담은 책입니다.
　저자는 오랜 경험을 통해 쌓은 통찰력으로 관계의 중요성을 강조하며, 고객과 직원, 그리고 더 넓게는 조직과 공동체의 팬덤을 만들어가는 방법을 흥미진진하게 풀어냈습니다. 고객을 단순히 손님으로 보는 것이 아니라 브랜드의 주인공이자 열성 팬으로 대하는 이 접근법은 미용업계뿐만 아니라 모든 리더와 경영자들에게 새로운 방향을 제시합니다.
　정치는 국민과의 관계 위에서 작동합니다. 국민이 신뢰하고 공감할 수 있는 리더십은 결국 팬덤을 형성하는 과정에서 싹트는 것입니다. 이 책은 국민을 주인공으로 삼는 정치의 본질을 다시 한 번 일깨워줍니다. 국민 한 사람, 한 사람의 이야기에 귀 기울이고, 그들과 함께 미래를 만들어가는 것이야말로 진정한 정치의 길이자 관계의 힘입니다.
「팬덤디자인」은 단순한 경영 전략을 넘어, 관계를 예술로 디자인하는 법을 알려줍니다. 저자의 따뜻한 시선과 세심한 배려가 담긴 조언들은 독자들에게 사람의 마음을 움직이는 법을 전수할 것입니다. 이 책을 읽는 모든 분이 관계의 힘을 통해 더 큰 성장을 이루길 기대하며, 진심으로 추천합니다.

녹명(鹿鳴)
- 배우 이재용

사슴은 먹이가 되는 풀밭을 발견하면 울음소리로 무리에게 신호를 보낸다고 한다.
다른 육식동물이 먹이를 빼앗기지 않기 위해 전전긍긍하는 모습과는 상반되는 모습이다.

지혜를 공유하는 일은 개인의 덕망을 넘어 사회의 발전과 진화를 도모하는 고귀한 일이다.
그리고 유현은 대중의 삶에 유용한 바로 그 지혜와 정보를 공유하는 것을 천직으로 알고 살아가는 소통전문가이자 관계 아티스트다.
그런 점에서 그의 신간 「팬덤디자인」은 유용한 삶의 정보마당으로 우리를 불러들이는 사슴의 울음소리, 바로 녹명(鹿鳴)이다.

관계를 디자인하는 것이 도시를 디자인하는 일입니다
- 화성시장 정명근

사람이 곧 도시이고, 사람과의 관계가 곧 도시의 미래입니다. 화성시는 빠르게 성장하는 도시이지만, 진정한 발전은 시민 한 분 한 분과의 관계 속에서 이루어지는 것임을 저는 매 순간 실감하고 있습니다.

「팬덤디자인」은 관계를 단순한 소통이나 서비스 제공을 넘어 사람의 마음을 얻는 예술로 승화시키는 비법을 담고 있습니다. 저자는 사람을 중심에 두고 관계를 통해 신뢰와 열정을 얻는 방법을 생생한 사례와 통찰로 풀어냈습니다.

도시 경영 또한 팬덤을 디자인하는 과정과 같습니다. 시민들의 목소리를 듣고 그들의 필요를 충족시키며, 신뢰를 쌓아 공동체의 팬이 되게 하는 것, 그것이야말로 화성시가 추구하는 미래입니다.

「팬덤디자인」은 미용업계뿐만 아니라 모든 리더와 조직에 필요한 필독서입니다. 고객과 직원, 공동체 모두가 열광하는 문화를 만들어내는 비결은 결국 진정성과 공감입니다. 이 책을 통해 많은 독자가 관계를 디자인하는 힘을 깨닫고, 일과 삶 속에서 더 큰 성공과 행복을 이루길 기대합니다.

강력한 인사이트를 담고 있는 기술
- 디마레클리닉 대표원장 베스트셀러작가 이하영

「팬덤디자인」은 서로의 마음을 공유하고, 그 공감 속에서 서로가 서로의 팬이 되는 기술을 담고 있습니다. 사실은 기술이 아닌 진심을 이야기 하고 있습니다.

믿음과 신뢰는 한번에 만들어지지 않습니다. 꾸준한 관심과 소통, 그 속에서 만들어지는 삶의 작은 변화, 그 긍정의 변화가 타인에 대한 긍정적 관계로 확장됩니다.

이 책은 디테일의 힘을 통해 만들어가는 좋은 인간 관계의 방법을 구체적으로 제시하고 있습니다. 특히 작가가 몸담고 있는 미용업계를 넘어 다양한 서비스 산업에도 접목할 수 있는 쉽고 강력한 인사이트를 담고 있습니다.

그 변화의 시작점.「팬덤디자인」입니다.

차례

서문-패덤의 시작, 나만의 시그니처　　4

추천사 1　　　　　　　　　　　　8
관계의 힘을 디자인하라 _유은혜
사람의 마음을 얻는 것이 곧 미래를 얻는 것입니다 _이기헌, 국회의원
녹명(鹿鳴) _이재용, 배우
관계를 디자인하는 것이 도시를 디자인하는 일입니다 _정명근, 화성시장
강력한 인사이트를 담고 있는 기술 –디마레클리닉 대표원장, 베스트셀러작가 이하영

추천사 2　　　　　　　　　　　　386
최명표, 레비 프러페셔널 대표
반경일, 데미코리아 대표
최석영, 세이루코스메틱 대표
박현수, 광주지법 해남지원 형사 1부 지원장
유헌주, 원광보건대 미용피부화장품학과 교수
박민, BM모리스 대표
송영우, 미용사회 도제센터장, 뷰티산업연구소장
정년구, 선린대학교 뷰티지자인과 교수
윤서준, 종합광고대행사 웨이블(wayble) 대표이사
김건수, ㈜엘로이 대표
김기학, 송도연세병원 정형외과 대표원장
안정준, 아이디헤어 교육총괄이사
류훈, SOULSIGHT AP 대표이사
김재욱, (주)밀본코리아 대표
이지베스트학원 박은아 대표

1장 나라는 브랜드런칭

시그니처 인사법 "인사 하나가 팬을 만든다"   24

난 괜찮아   28

기선제압의 힘   30

위대한 힘, 기본기   34

당연한 것의 무게   37

머피의 법칙을 넘어 : 인생을 바꾸는 관점의 힘   39

유리공과 고무공 : 따뜻한 사랑으로 인생을 감싸다   42

복은 받는 것이고 행복은 주는 것입니다   45

고민을 이겨내는 즐거움의 힘   48

성공 찐노하우 : HOW다   51

인정받고 싶다면 먼저 인정하라   55

자신에게 매일 선물하자!   57

칭찬과 비난이라는 친구, 누가 진짜인가?   61

감정 리모컨 : AI 시대의 성공 무기   64

집단 천재 : 혼자보다 함께가 강하다   68

나눔이라는 마법 : 더 많이 줄수록 더 풍요로워진다   71

정확한 진단이 제대로 된 성과를 낸다   74

내 인생의 가장 중요한 숙제   77

이미지 게임	80
난사람보다 된 사람이 되자	84
날개 없는 추락	87
유머는 겸손이다	90
부정을 자주 하면 내 운에 부정탄다	93
나라는 세계 최고의 브랜드	96

2장 내부 팬덤-직원을 열광시키다

잠재력을 200% 끌어내는 마법 같은 방법	102
치어리더 : 당신의 열정적인 박수가 세상을 바꾼다	106
미용업의 본질	109
미용실 온보딩 프로그램 : 미린이를 위한 따뜻한 시작	114
미용실 온보딩 프로그램 구성은 어떻게?	119
직원을 열광시키는 비밀 무기 : 1:1 미팅 가이드	125
반드시 통하는 1:1 미팅 진행 방법	129

당신의 미용실 회의는 안녕하십니까?　　　　　　　　　132
직원을 팬으로 만드는 성장 전략 : 4가지 핵심 키워드　　137
기울어진 운동장　　　　　　　　　　　　　　　　　141
지금은 인재전쟁 시대　　　　　　　　　　　　　　144
미용실에도 '인재'가 필요한 진짜 이유　　　　　　　148
리더십의 끝판왕 : 진정성 있는 리더　　　　　　　　150
혁신적인 미용실을 만드는 6가지 비법　　　　　　　152
직원 피드백을 예술로 만들기　　　　　　　　　　　155
뛰어난 미용인 보다 좋은 미용인을 만들자　　　　　158
퇴사자는 가장 확실한 입소문 고객입니다　　　　　162
개인 성과관리에서 개인 커리어관리로　　　　　　　166

3장 외부팬덤-고객님을 열광시키다

서비스는 반응이다 : 고객 감동을 이끄는 반응의 기술　　173
"저는 몇 번째 고객인가요?" : 고객의 서운함을 방지하는 방법　179
침묵 서비스 : 고객 맞춤형 경험으로 신뢰를 쌓다　　　183
나이가 어떻게 되세요?　　　　　　　　　　　　　　187

가격처리 공식 : 고객의 마음을 사로잡는 가격 설명 전략	191
판매룰을 바꾸면 판매율이 바뀐다	195
헤어 디자이너 커뮤니케이션 사례 분석과 개선	231
부정적 스트로우크와 긍정적 스트로우크 사례	236
덤을 드리면 팬덤이 생긴다 : 미용실 성공 스토리의 비밀	240
경험 디자인으로 위기를 기회로	246
경험의 디자인이 가치를 만든다	251
99.9%가 모르는 세일즈 노하우 후커	257
프론트는 고객감동센터	262
선결제는 독인가? 득인가?	266
고객 유지율이 지금 왜 중요한가?	271

4장 위기를 기회로-컴플레인 고객님을 열광시키다

호칭 하나에 컴플레인이 휘청거린다	277
현금이 사라졌어요	280
고객님은 관리하는 전문가에게 관리받는 걸 더 가치 있게 느낀다	286
뒷담화의 비극	290

세일즈 노이로제 293

선생님이 또 바뀌었어요? 297

나도 스타라고요! 301

바쁜 건 알겠는데, 나에게 너무 신경을 안 쓰네요 305

고개를 숙이면 부딪칠 일이 없다 309

컴플레인을 수익 모델로 바꿔라 314

취조 상담 : 고객님의 방문 목적은 즐거움이지, 심문이 아닙니다! 318

시술입니까? 작업입니까? 322

엄마, 저 아저씨 무서워요 326

담배 냄새는 향기가 아닙니다 329

"선생님, 손이 너무 거칠어요" 332

앗! 옷에 염색약이 묻었어요 335

두피가 엄청 따가워요 340

머릿결이 엉망이 되었어요! 345

블라인드 컴플레인 : 꺼진 불도 다시 보자 350

컴플레인 예고 시스템을 갖춰라 356

DISC를 활용한 고객 유형 분석과 컴플레인 응대 요령 360

블랙컨슈머 : 정의와 해결법 365

메가블랙컨슈머 : 슈퍼히어로가 있다면, 메가블랙컨슈머도 있다 370

5장 2025년 미용경영 키워드 10

2025 미용경영 10대 키워드　　　　　　　　　　**376**

우리 미용실의 팬덤 지수 진단 체크리스트　　　**379**

AI 시대의 팬덤디자인의 중요성　　　　　　　　**382**

1장

나라는 브랜드런칭

시그니처 인사법
"인사 하나가 팬을 만든다"

미용실 문이 열렸습니다. 손님이 들어오기도 전에 디자이너가 환한 미소로 외쳤습니다.

"와! 오늘 기분 좋은 손님 등장하셨네요!"

손님은 순간 피식 웃으며, 머리를 자르러 온 게 아니라, 환영받는 기분이 들었다고 합니다. 이게 바로 '인사의 힘'입니다. 미용실은 머리를 자르는 공간이 아닙니다. 기분을 바꾸고, 하루를 다르게 만들어주는 공간이며, 그리고 그 마법 같은 변신은 '인사' 하나에서 시작됩니다. 바로 선수를 치는 친절입니다.

먼저 인사하기

어떤 미용실에 가면, 문을 열어도 직원들이 스마트폰을 보고 있거나 서로 이야기하느라 손님이 들어온 줄도 모르는 곳이 있습니다. 반면, 어떤 미용실에서는 문을 열기도 전에 스태프들이 밝은 목소리로 "안녕하세요!"라고 먼저 인사를 합니다. 이 차이가 고객이 '또 오고 싶다'라는 느낌을 결정짓습니다.

"문을 열었는데 나를 반겨주는 기분이 드는 곳, 거기면 다시 가고 싶어요."

첫 만남에서 먼저 다가가는 인사는 '나는 당신을 환영합니다.'라는 메시지를 담고 있습니다.

눈빛으로 말하는 인사

단골 고객이 미용실에 들어옵니다. 디자이너는 별다른 말없이 살짝 고개를 끄덕이며 눈빛을 보내자 고객은 웃으며 자리로 갔습니다.

"아, 내가 여기서 반겨지고 있구나."

사람은 말보다 눈빛과 표정에서 더 많은 감정을 읽습니다. 눈빛만으로도 충분히 따뜻한 인사를 건넬 수 있습니다. 대기 중인 손님과 눈이 마주치면, 눈웃음 한 번, 조용한 손님이라면, 차분한 미소와 함께 살짝 끄덕임, 이런 사소한 행동들이 고객과의 신뢰가 쌓입니다.

"행복은 사람들의 눈빛에서 시작된다." 영화 '어바웃 타임'의 한 장면처럼, 고객도 디자이너의 따뜻한 눈빛을 보면 신뢰가 생깁니다.

오버해서 인사하기, 가끔은 과장도 필요하다

한 미용실에 특별한 단골 고객이 있었습니다. 매번 올 때마다 직원들이 손뼉을 치며 외쳤습니다.

"VIP 고객님 등장하셨습니다~!"

손님은 처음엔 민망해했지만, 이제는 익숙합니다. 오히려 미용실 문을 열며 먼저 말을 건넵니다.

"저 VIP 왔어요!"

때론 가벼운 오버가 분위기를 유쾌하게 만들고, 너무 과하면 부담스럽겠지만, 손님을 기분 좋게 하는 적절한 유머 섞인 인사는 그 미용실만의 시그니처가 될 수 있습니다. 조금 과장해도 괜찮습니다. 손님이 웃을 수 있다면, 이미 성공한 인사니까요.

누구에게나 같은 마음으로 인사하기

처음 방문한 손님도, 오랜 단골도, 20대도, 60대도 똑같은 환영을 받는다면 그곳은 특별한 공간이 됩니다. 한 미용실에서는 70대 어르신이 오셔도 '오늘도 멋지게 변신해볼까요?'라고 합니다. 처음 방문한 손님이 '처음 왔어요'라고 말하면, '그럼 이제부터 우리 단골이에요!'라고 응답하면 됩니다. 이 작은 차이가 손님들에게 '내가 특별한 대접을 받고 있다'라는 느낌을 줍니다.

"모든 사람은 따뜻한 환대를 받을 자격이 있다." 고객을 차별하지 않는 인사는 강한 신뢰를 만듭니다.

매력적인 스타일이 곧 인사다

인사는 말로만 하는 것이 아닙니다. 디자이너의 헤어스타일, 복장, 표정도 인사의 일부분입니다. 스타일이 단정하고 센스가 있다면, 고객은 신뢰를 합니다. 디자이너의 옷차림이 트렌디하다면, 고객은 '여기라면 믿고 맡겨도 되겠다'라는 느낌을 받습니다.

"외모가 모든 건 아니지만, 첫인상에선 외모도 중요하다."

첫 만남에서 시각적인 인상은 고객의 신뢰를 결정짓습니다. 팬덤을 만드는 인사, 지금 시작하십시오. 어떤 사람은 인사를 형식적인 절차로 여기지만 진짜 프로들은 인사를 '관계의 시작'으로 봅니다.

먼저 다가가고
눈빛으로 공감을 전하고
가끔은 오버도 해주고
누구에게나 같은 마음으로 환대하며
스스로 매력적인 첫인상을 준비하는 것.

이 작은 5가지 습관이 고객을 단순한 손님이 아닌 팬으로 만들 수 있습니다.
'첫인상이 바뀌면, 관계가 바뀌고, 팬덤이 만들어진다.'
오늘부터, 나만의 '시그니처 인사'를 만들어봅시다.

난 괜찮아

눈 내리는 겨울날, 작은 강아지가 한쪽 구석에서 떨고 있었습니다. 주변 개들이 놀리듯 이야기했습니다.

"야, 넌 털도 없는데 안 춥냐?"

강아지는 이를 악물고 외쳤습니다.

"춥긴 뭘 추워! 쩌샤! 나 털 뒤집어 입었어!"

순간, 주위의 개들이 웃으며 놀리던 걸 멈췄습니다. 그리고 강아지는 비록 몸은 떨렸지만, 마음은 더 이상 떨리지 않았습니다. '난 괜찮아'라는 한마디가 그를 지켜주는 방패가 된 것입니다.

삶도 마찬가지입니다. 넘어지는 건 문제되지 않습니다. 그때 어떤 태도로 다시 일어서는지가 중요합니다. 누구에게나 실수와 실패는 찾아오지만, 그 순간 '난 괜찮아'라고 말할 수 있다면, 이미 반은 이긴 셈입니다. 백수 친구가 박사 학위를 딴 친구를 만났습니다. 친구가 으스대며 말했습니다.

"야, 나 박사 됐다."

그러자 백수 친구가 웃으며,

"뭐? 너 박사면 난 밥사야!"

순간, 둘 다 크게 웃었습니다. 삶은 생각보다 복잡하지 않습니다. 어려운 상황이 닥칠 때마다 한숨 대신, 그냥 한 번 웃어넘기는 것도 좋은 해결책이 될 수 있습니다.

영화 '비긴 어게인'에서 나왔던 "모든 것이 무너질 때도 음악처럼 삶을 조율할 수 있어."라는 대사처럼 삶이 흔들릴 때면, 조금 가볍게 받아들이고, 조금 웃어주고, 조금 긍정적으로 바라보는 습관을 가져보십시오. '난 괜찮아'라는 말이 기적을 만듭니다. 우리는 모두 힘든 순간을 만날 때마다 한마디씩 외칩시다.

실패했을 때 : "괜찮아! 다시 시작하면 돼!"
외로울 때 : "괜찮아! 나 자신이 최고의 친구야."
인정받지 못할 때 : "괜찮아! 난 나를 인정해."

진짜 중요한 건, 남들이 나를 어떻게 보느냐가 아니라 내가 나를 어떻게 보는가에 있습니다. 고개를 들고, 어깨를 펴고, 눈을 들어 세상을 바라봅시다.

우리는 생각보다 강합니다. 하지만 그걸 잊고 살 뿐입니다. 몸을 떨며 스스로 작게 만들지 말고, 자신에게 확신을 심고 한 걸음 더 나아가기 위해, 한마디 더 외쳐봅시다.

"난 괜찮아!"

세상은 여전히 험난할지 모르지만, 그 말이 당신을 따뜻하게 감싸줄 힘이 될 것입니다.

기선제압의 힘

한 학생이 전학을 왔습니다. 교실 문을 열고 들어오자마자 '야! 여기서 누가 짱이야?'라고 크게 소리를 지르자 한 명이 걸어 나왔습니다. '니가 여기 짱이야?'라고 묻자 당황한 친구는 '네!'라고 대답했습니다. 그랬더니 갑자기 손바닥으로 그 친구 뺨을 사정없이 후려치고서는 '저쪽에 가서 무릎 꿇어!'라고 명령했습니다. '다음 2짱 누구야?' 또 한 명이 걸어 나왔습니다. '니가 2짱이야?' '네'라는 소리가 떨어지기도 전에 역시 뺨을 힘껏 후려쳤습니다. '너도 가서 무릎 꿇어' '다음 3짱 나와!'라고 묻자 교실 안이 조용했습니다. '뭐야? 3짱 없어! 진짜 없어? 그럼 내가 오늘부터 3짱이다.'

이 한마디로 이미 게임은 끝났습니다. 긴장감 속에서도 그가 먼저 기선을 제압한 것입니다. 극장 좌석에서 팔걸이를 누가 차지할까요? 정답은 '먼저 온 사람'입니다. 사회생활에서도 먼저 다가가는 사람이 유리합니다. 그리고 이 법칙은 미용실에서도 똑같이 적용됩니다. 손님이 문을 열고 들어오는 순간, 누가 먼저 인사를 건네느냐가 분위기를 결정짓습니다.

첫 5초의 법칙

세계적인 마술사들은 엘리베이터에서 처음 만나는 사람에게 밝게 인사하며 반응을 살핍니다. 왜냐하면, 첫 5초가 관계를 결정짓기 때문입니다. 미용실에서도 고객이 들어오는 순간, '안녕하세요! 오늘 멋지게 변신해 볼까요?'라는 첫마디가 고객의 감정을 결정합니다. 이때 인사를 먼저 건네는 사람이 관계의 주도권을 잡습니다. 이것이 미용실에서 인사가 중요한 이유입니다.

인사가 매출을 결정한다?

"인사는 작은 행동이지만, 고객과 행복을 연결하는 큰 다리다." 실제로 한 프랜차이즈 매장은 직원 전원이 밝은 인사를 하기 시작한 후, 월 매출이 15% 상승했습니다.

고객이 들어올 때

'반갑습니다! 오늘 기분 좋은 하루 보내세요!'라는 인사 한마디가 재 방문율을 높일 수 있습니다.

단골을 만드는 인사의 기술

강남의 한 미용실에서는 모든 직원이 고객의 이름을 불러 인사했습니다.

"김지연 고객님, 이미소 대표님! 어서 오세요!"

이름을 불러주는 것만으로 고객님은 "내가 특별한 존재"라는 기분이 들 것입니다.

결과는?

신규 고객 10명 중 7명이 단골이 되었습니다. 이 간단한 변화가 만들어낸 효과는 어마어마했습니다. 불만 고객도 인사 하나로 해결합니다. 불만을 품고 온 고객이 화난 얼굴로 들어왔습니다. 하지만 직원은 먼저 밝게 인사를 합니다.

"찾아주셔서 감사합니다! 어떤 점이 불편하셨나요? 바로 도와드리겠습니다."

기선제압은 싸움에서만 중요한 게 아닙니다. 감정을 조절하는 기술에서도 중요합니다. 상대방이 화가 났을 때, 내가 먼저 기분 좋은 인사를 건네면 분위기는 180도 바뀔 수 있습니다. 결국, 화가 났던 고객도 다시 방문하는 단골이 되었습니다.

인사 하나로 인싸가 되는 법
먼저 다가가라.
이름을 불러라.
밝은 표정과 목소리로 환영하라.
불만 고객일수록 먼저 인사하라.

이 작은 행동 하나가 매출을 바꾸고, 단골을 만들고, 고객을 팬으로 만듭니다. '인사는 단순한 말이 아니라, 관계의 시작이다.' 오늘부터, 미용실에서 인사 하나로 인싸가 되어봅시다!

위대한 힘, 기본기

고등학교 3학년 학생이 있었습니다. 그 학생의 가장 큰 고민은 '어떻게 하면 성적을 올릴 수 있을까'였습니다. 고민 끝에 그 학생은 신에게 간절히 기도했습니다. 그러자 신이 나타나 말했습니다.

"내가 네 고민을 들어주겠다. 내가 말한 대로 하면 분명 성적이 오를 것이다!"

학생은 깜짝 놀라며 외쳤습니다.

"어떻게 하면 되나요? 성적이 오른다면 무엇이든 하겠습니다!"

신은 미소 지으며 말했습니다.

"내일 네 옆에 앉아 있는 친구의 가방을 버려라! 그러면 성적이 오를 것이다."

학생은 의아했지만, 신의 말을 따랐습니다. 친구의 가방을 몰래 버리고 시험을 봤지만, 결과는 전과 다를 바가 없었습니다. 실망한 학생은 다시 신에게 기도했습니다. 그러자 신이 다시 나타나 말했습니다.

"너무 실망하지 마라! 이번에는 네 담임선생님의 차를 부숴라! 그러면 성적이 오를 것이다!"

학생은 고민 끝에 선생님의 차를 부수고 의기양양하게 시험을 봤지만 결과는 여전히 똑같았습니다. 화가 난 학생은 신을 불러 따졌습니다.

"신이시여! 신께서 하라는 대로 다 했는데 왜 성적이 오르지 않습니까?"

그러자 신은 웃으며,

"마지막 방법이 하나 있다. 이 방법대로 하면 성적은 반드시 오른다."

학생은 다급히 물었습니다.

"그게 무엇입니까? 빨리 알려주세요!"

그러자 신은, "국·영·수에 최선을 다해라."

학생은 그제야 깨달았습니다. 모든 문제에 가장 훌륭한 대답은 '기본기에 충실하라!'라는 것입니다.

야구에서 타자들이 슬럼프에 빠졌을 때 가장 먼저 하는 것은 자신이 가장 잘 맞았을 때의 폼을 비디오로 보며 기본기 연습을 다시 하는 것입니다. 화려한 스윙이나 기술이 중요한 것이 아니라, 기본기에 집중하는 것이 성적을 끌어올리는 열쇠입니다. 우리의 삶도 마찬가지입니다. 성적이 오르지 않거나, 일이 풀리지 않는다면 다시 기본으로 돌아가야 합니다. 국어, 영어, 수학처럼 핵심에 집중하고 기초를 다지면 어느새 성과가 눈에 보이기 시작할 것입니다.

슬럼프에서 벗어나는 방법

슬럼프에 빠지면 사람들은 다양한 핑계를 댑니다. '환경이 문제야', '운이 없었어'라는 부정적인 생각은 오히려 상황을 더 어렵게 만듭니다. 하지만 중요한 건 기본적인 노력을 회복하는 것이며, 작은 변화가 큰 결과를 만들어냅니다.

기본기에 충실한 삶은 단순하지만 강력합니다. 국·영·수 공부를 다시 시작하듯, 작은 습관부터 실천해 봅시다. 일찍 일어나는 것, 스스로 계획을 세우고 지키는 것, 꾸준히 반복하는 것. 이런 기본기가 쌓이면 우리는 큰 성과를 얻게 됩니다. 기본기의 힘을 믿으십시오. 화려함은 순간적이지만 기본기는 평생입니다. 학생이 국·영·수에 집중했을 때 성적이 오른 것처럼, 우리의 삶도 기본에 충실하면 성공에 가까워집니다.

마지막으로 기억하자

천 리 길도 한 걸음부터 시작된다.

지금이 바로 기본기로 돌아가야 할 시간입니다. 적은 노력이 쌓여 큰 변화를 만듭니다. 가방을 버리고 차를 부수는 것이 아닌, 자신을 믿고 작은 것부터 실천합시다. 탄탄한 기본기는 승리 공식의 핵심이자, 진짜 위대한 힘입니다.

"어디선가 들어본 진리일지라도, 기본을 다시 점검해라. 그곳에서 진짜 힘을 찾게 될 것이다."

기본기에 충실한 당신의 내일은 반드시 달라질 것입니다.

당연한 것의 무게

길을 걷고 있는데 한 거지가 지나가던 신사를 붙잡았습니다.
"선생님, 재작년까지 저한테 만 원씩 주셨잖아요?"
신사가 고개를 끄덕이며,
"그랬죠."
그러자 거지는,
"그런데 작년부터 오천 원으로 줄더니, 올해는 천 원밖에 안 주시네요. 대체 왜 그러십니까?"
신사는 자초지종을 설명했습니다.
"전에야 내가 총각이었으니 여유가 있었죠. 하지만 작년에 결혼을 했고, 이제는 아이까지 생겼으니 지출이 많아졌습니다."
그러자 거지가 어이없다는 표정으로,
"아니, 그럼 제 돈으로 선생님 가족을 부양한단 말입니까?"
신사는 순간 말문이 막혔습니다. 그 말이 끝나자마자, 주변에서 듣고 있던 사람들이 키득거리며 웃었습니다. 거지의 말도 안 되는 논리에 황당해하면서도, 묘하게 익숙한 기분이 들었습니다. 그런데 가만히 생각해 보니, 이건 단순한 유머가 아니었습니다.

우리도 모르는 사이, 이런 태도로 세상을 살고 있지는 않을까요.

처음에는 기대도 하지 않았던 것이, 반복되면 당연한 권리처럼 느껴지고, 그것이 줄어들거나 사라지면 억울한 기분이 듭니다. 처음 월급을 받을 때는 '이 정도면 만족해'라고 했지만, 몇 년이 지나면 '왜 이거밖에 안 줘?'라고 불평을 합니다. 처음 누군가가 작은 도움을 줬을 때는 '고마워!'라고 했지만, 점점 익숙해지면 '이 사람이 원래 이런 거 해주는 사람이잖아'라고 생각합니다.

감사는 사라지고, 당연함만 남아 어느 순간, 거지처럼 따지는 사람이 됩니다.

"왜 나한테 주던 걸 이제 안 줘?"

세상에 '내 것'이라 부를 수 있는 건 많지 않습니다. 우리가 누리는 것들은 대부분 누군가의 노력, 배려, 혹은 우연한 행운 덕분에 온 것일 수도 있습니다. 그것을 당연하게 여기는 순간, 삶이 불만으로 가득 차게 됩니다.

신사는 말없이 미소를 지으며 그 자리를 떠났습니다. 거지는 여전히 천 원을 손에 쥔 채, 억울한 표정으로 신사의 뒷모습을 바라보고 있었습니다. 그 둘의 차이는 돈이 아니라, 세상을 바라보는 태도입니다.

머피의 법칙을 넘어
인생을 바꾸는 관점의 힘

아침부터 뭔가 심상치 않습니다. 아침에 중요한 강의가 있어 일어나자마자 핸드폰을 열어 강의시간을 체크를 하는데 헐! 장소를 착각했습니다. 다행히 거리는 차이가 크게 나지 않아 급하게 준비하고 밖을 나와 운전을 하는데 갑자기 강의 USB를 안 가지고 온 게 떠올랐습니다.

"아, 진짜…… 오늘 하루 망했다."

그런데 이게 시작일 줄은 몰랐습니다. 강의 장소에 미리 도착해 커피를 마시러 주문해서 자리로 가져오는 그 순간 곁에 있던 사람에 치여 커피가 쏟아졌고 내 셔츠 위로 고이 흘러내렸습니다.

"와…… 이게 뭐야. 진짜 안 되는 날이네."

급하게 화장실에서 얼룩을 닦고, 강의장에 도착해서 인터넷으로 강의자료를 다운받으려고 하는데 인터넷이 안되고… 머릿속이 하얘졌습니다. 다행히 직원분이 도와주셔서 무사히 강의를 마칠 수 있었지만 그날 하루는 마치 머피의 법칙이 실험이라도 하듯, 끝없이 안 좋은 일들이 이어졌습니다. 와이프에게 한소리 듣고, 점심 먹다가 핸드폰을 떨어뜨리고, 집에 가는 길에는 비까지 쏟아졌습니다.

"아하…… 진짜 최악이다."

나는 어깨가 축 처져서 집에 돌아왔습니다. 소파에 털썩 주저앉아 한숨을 쉬었습니다. 그런데 그때, "인생은 가까이서 보면 비극이지만, 멀리서 보면 희극이다."라는 찰리 채플린의 말이 떠올랐습니다. 그래서 한 걸음 물러서서 생각하기로 마음먹었습니다.

"만약 이걸 코미디 영화라고 가정하면 어떨까?"

한 남자가 아침부터 불운에 시달립니다. 중요한 걸 놓치고, 커피는 옷에 쏟고, 핸드폰도 깨지고, 심지어 비까지 쏟아집니다. 근데 마지막 장면에서, 그 남자가 집에 도착하자마자 침대에 쓰러지면서 이렇게 말합니다.

"와, 오늘 진짜 레전드였다."

그리고 자막이 뜹니다.

"To be continued……"

생각해 보니 오늘 하루가 진짜 영화였다면, 이건 코미디였다고 생각하니까 이상하게 기분이 나아졌습니다. 다시 돌아볼 때, 오늘이 그렇게까지 최악은 아니었을 수도 있었습니다.

커피숍에서 커피를 쏟았을 때, 옆에 있던 사람이 손수건을 건네주며 웃어 주었거든요.

"저도 아침마다 이래요. 역시 커피는 조심해야죠."

와이프가 화를 내긴 했지만 부드럽게 말했습니다.

"미안해요, 오늘 자기 좋아하는 콩나물국 끓여 놓을게!"

그리고 집 앞에 아이들이 비가 오는데 우산도 안 쓰고 신나게 놀고 있기에 괜히 길거리에 있던 물웅덩이를 툭 쳐봤습니다. 꼬마가 깔깔 웃으며 말했습니다.

"아저씨, 장난꾸러기네!"

그제야 알았습니다. 머피의 법칙은 우리가 불운을 기대할수록 더 강해진다는 것을… 그리고 반대로, 그걸 희극처럼 바라보면, 그 순간조차 즐길 수 있다는걸, 나는 커피로 얼룩진 옷을 갈아입으며 씨익 웃었습니다.

"오늘 하루, 나름 괜찮았네."

그리고 내일은,
어떤 장면이 펼쳐질지 기대해 보기로 하겠습니다.

유리공과 고무공
따뜻한 사랑으로 인생을 감싸다

80을 넘으신 노인 부부의 어느 날 밤
할머니-"여보! 우리 신혼 때 생각나?"
할아버지-"그럼 생각나지!"
할머니-"그날 밤 당신이 내 손을 꼭 잡아줬었는데!"
할아버지- 할머니 손을 잡으면서 "참! 좋았었지!"
할머니- 그리곤 나를 꽉 안아줬었는데!
할아버지- 할머니를 꽉 안으며 "정말! 행복했어!"
할머니-"사랑스럽게 뽀뽀도 해줬었는데!"
할아버지- 갑자기 벌떡 일어나서 어딘가를 급하게 가신다
할머니-"뽀뽀 안 해주고 어디가?"
할아버지-"이 할망구야~ 뽀뽀하려구 틀니 가지러 가잖아~"

 80년을 함께한 노부부가 서로에게 던지는 농담에는 묘한 따뜻함이 묻어 있습니다. 어릴 때는 사랑이 거창한 것 같았지만, 세월이 흐를수록 사랑은 거창한 말이 아니라 작은 습관에서 나온다는 걸 깨닫습니다.

아침에 먼저 인사하는 것.
밥 먹을 때 젓가락을 챙겨 주는 것.
잠들기 전에 '잘 자'라고 속삭이는 것.
그리고 무엇보다 서로를 부드럽게 감싸는 것.

예전에 어느 기업의 CEO가 인생을 두 개의 공으로 비유한 적이 있습니다.

고무공과 유리공! 고무공은 일입니다. 바닥에 떨어져도 다시 튀어 오르니 기회를 잡을 수 있고, 어떻게든 회복할 수 있습니다. 하지만 유리공은 다릅니다. 가족, 친구, 건강, 사랑 같은 것들은 한 번 떨어지면 깨지고, 깨진 조각을 다시 붙여도 처음과 같지 않습니다. 자주 착각하는 우리는 고무공을 잡으려고 유리공을 떨어뜨립니다.

"일이 바빠서……"
"다음에 연락해야지……"
"지금은 좀 힘들어……"

그러다 어느 날, 문득 깨닫습니다. 돌아보면 잡을 수 있는 고무공은 여전히 그 자리에 있지만, 깨진 유리공은 다시 주울 수 없다는 것을요.

어느 날, 오랜만에 일을 끝나고 엄마 집에 갔을 때였습니다. 지친 몸을 소파에 던지자마자, 엄마가 부엌에서 부르십니다.

"밥 차려놨어. 먹고 자."

나는 피곤해서 그냥 자고 싶었지만, 괜히 찔려서 주방으로 갔습니다. 밥을 먹으면서 엄마 얼굴에 늘어난 주름을 보며 깨달았습니다.

'아, 나는 지금 고무공을 쫓느라 유리공을 내려놓고 있었구나.'
그래서 그날 밤, 조용히 엄마에게 말했습니다.
"엄마, 고마워."
엄마는 웃으며 물었습니다.
"왜? 무슨 일 있어?"
"아니, 그냥…… 오늘 밥이 맛있어서."

유리공을 지키기 위해서는, 뽀뽀이 같은 사랑이 필요합니다. 따뜻한 말 한마디, 가벼운 포옹, 따뜻한 눈 맞춤, 이런 것들이 유리공을 부드럽게 감싸준다는 것을요. 살다 보면 실수도 하고, 깨지는 순간도 오지만 서로를 감싸 안는 마음이 있다면 어떤 상처도 회복할 수 있습니다.

할아버지는 손자들을 바라보며 빙그레 웃습니다.
"야, 너희는 나중에 나처럼 할머니한테 뽀뽀라도 하려면, 지금부터 잘해야 해. 알겠지?"
손자들은 민망하다는 듯 웃었지만, 그 속에는 따뜻함이 배어 있습니다. 그날 밤, 나는 핸드폰을 꺼내 오랜만에 친구에게 메시지를 보냈습니다.
"잘 지내지? 보고싶다!"
그리고 보낸 후, 피식, 미소가 지어졌습니다.

복은 받는 것이고 행복은 주는 것입니다

복은 받는 것이고, 행복은 주는 것입니다. 결혼 50주년을 맞은 할아버지와 할머니가 TV 인터뷰를 하고 있었습니다.

"두 분은 그렇게 오래 함께하시면서 한 번도 이혼을 생각해 보신 적 없으세요?"

할머니는 미소를 지으며 말했습니다.

"이혼은 단 한 번도 생각한 적 없어요."

그러자 할아버지가 옆에서 말을 덧붙입니다.

"근데…… 죽여버릴까 생각한 적은 몇 번 있었지."

순간 인터뷰장이 웃음바다가 되었습니다. 할머니가 할아버지를 향해 눈을 흘기며 피식 웃으십니다.

"그러니까 당신이 아직도 살아있는 거겠지."

누군가와 함께하는 삶은 영화 같은 로맨스가 아닙니다. 때로는 싸우고, 지치고, 미워할 때도 있습니다. 하지만 결국 서로를 놓지 않는 이유는 사랑은 단순한 감정이 아니라, 노력이라는 행동이기 때문입니다. 사랑을 받기만 하면 되는 줄 알았던 사람들은 언젠가 외로움을 느끼지만, 사랑을 줄 줄 아는 사람만이 진짜 행복을 얻습니다.

어릴 때 사랑을 듬뿍 받으며 자란 한 아이가 있었습니다. 어디를 가든 귀여움을 받고, 사람들이 먼저 다가와 주었습니다. 그 아이는 점점 이렇게 믿기 시작했습니다.
"사람들이 나를 좋아하는 건 당연한 거야."
하지만 시간이 지나면서 상황이 변했습니다. 어느 순간, 주변 사람들이 점점 멀어졌습니다. 처음엔 이해하지 못했습니다.
"왜 나를 좋아해 주던 사람들이 하나둘 떠나는 거지?"
그리고 한 노인이 아이에게 물었습니다.
"소원을 하나 들어줄 수 있다면, 넌 어떤 소원을 빌겠니?"
아이는 처음엔 고민했습니다.
"모든 사람이 나를 사랑하게 해주세요."
하지만 이내 고개를 저으며 정정하였습니다.
"아니요. 내가 모든 사람을 사랑하게 해주세요."
그 순간, 아이는 깨달았습니다. 사랑은 받는 것이 아니라, 주는 것이라는 것을요.

연구에 따르면, 다른 사람에게 무언가를 베풀었을 때 사람들은 더 큰 행복을 느낀다고 합니다. 하지만 대부분의 사람들은 사랑을 받으려 애쓰면서도, 정작 사랑을 주는 법은 잘 모른다고 합니다. 사랑은 말로만 하는 게 아닙니다. 사랑은 행동입니다.

아침에 가족에게 먼저 인사하는 것.
'고마워' '사랑해'라는 말을 먼저 하는 것.
친구에게 '함께여서 좋았다'라는 마음을 전하는 것.
스스로 '오늘도 수고했어'라고 말해주는 것.

사랑은 줄수록 더 커지고 나누면 행복해진다고 합니다. 할아버지가 인터뷰를 마치며 묻습니다.
"우리 부부가 50년을 함께한 비결이 뭔지 아세요?"
사회자가 궁금하다는 표정을 지으며 비결을 물으니,
"잘못했을 때 먼저 사과하는 거. 그리고 잘한 건 일부러 자랑하지 않는 거."라고 하였습니다.
할머니가 옆에서 고개를 끄덕였습니다.
"맞아요. 그리고 잊지 마세요. 결혼은 '받는' 게 아니라, '주는' 거라는 걸."

그 말을 듣고 있던 나는 핸드폰을 꺼냈습니다. 그리고 엄마에게 짧은 메시지를 보냈습니다.
"엄마, 엄마 아들로 태어나서 너무 감사해요!"
그리고 잠시 후, 엄마에게서 답장이 왔습니다.
"아들! 너 오늘 왜 그래? 근데… 나도."
그 순간, 마음이 따뜻해졌습니다. 아니 뜨거워졌습니다.

고민을 이겨내는 즐거움의 힘

고민이 많아지면 곰처럼 무거워진다는 말이 있습니다. 고민… 고민… 곰in…? 그러고 보니, 고민을 자꾸 하면 내 안에 거대한 곰 한 마리가 자리 잡고 있는 것 같습니다. 처음엔 작고 귀여운 아기 곰처럼 다가옵니다.

"이거 어떻게 하지?"

"괜찮을까?"

"혹시 내가 잘못한 걸까?"

그런데 그걸 끌어안고 계속 생각하다 보면, 아기 곰이 곰인형 크기가 되고, 곰인형이 어느새 사람보다 커지고, 결국, 내 마음 속에서 북극곰만 한 스트레스 괴물이 되어버립니다.

링컨 대통령은 이렇게 말했습니다. "유머와 웃음이 없었다면, 나는 수많은 역경을 견디지 못했을 것이다."

그렇다면 고민을 키우는 대신, 웃음을 키우면 됩니다.

62세 할머니가 예능 프로그램에 나와 춤을 춥니다. 그 춤은 웨이브도 섞이고, 힙합도 살짝 가미된 '걸크러시' 스타일이었습니다. 사람들은 깜짝 놀랍니다.

"어떻게 그렇게 춤을 잘 추세요?"

할머니는 씩 웃으며 말했습니다.

"시어머니 병수발 하다 보니, 세월이 훅 지나갔어요. 거울을 보는데, 웃음이 사라진 내 얼굴이 너무 낯설었어요. 이러다 남편이 나보다 먼저 떠날까 봐 겁이 나서, 춤을 배우면서 웃기 시작했어요."

할머니는 인생에서 가장 중요한 사실을 깨달았답니다. 웃음을 잃으면, 삶이 점점 무거워진다는 것. 고민이 커질수록, 내 안의 곰도 커진다는 것. 그래서 선택했답니다. 웃음을 되찾기로요.

그 할머니는 춤을 통해 삶을 바꿨습니다. 웃음은 단순한 기분 전환이 아니라, 우리 인생을 다시 디자인할 수 있는 가장 강력한 도구입니다. 성공한 사람들을 보면 공통점이 있습니다. 그들은 고민을 끌어안지 않고 빨리 털어내고, 웃음으로 전환할 줄 안다는 것입니다.

'아이고, 망했네.' 이 말을 '아, 하나 배웠네.'로 바꾸는 사람들. '어떡하지?'라는 고민을 '어떻게 하면 재미있게 해결할까?'로 바꾸는 사람들. 하지만 많은 사람들은 오히려 고민을 더 키우는 방향을 선택합니다. 슬플 때 일부러 더 슬픈 드라마를 찾아보고, 이별하면 가사까지 곱씹으며 슬픈 노래를 듣고, 짜증이 날 때 오히려 혼자 방에 틀어박혀 '생각 폭풍'을 맞습니다. 그렇게 스스로를 고민의 늪에 빠뜨립니다. 고민에서 벗어나려면 환경을 바꿔야 합니다.

첫째, 스스로 즐거움을 창조하라
긍정적인 생각을 습관화하세요.
유쾌한 사람과 대화하고, 소소한 재미를 찾으세요.

둘째, 즐거운 환경으로 이동하라
혼자 끙끙대지 말고, 기분 좋은 장소로 이동하세요.
공원 산책, 뮤지컬 관람, 맛있는 음식 한 끼로 기분 전환 하세요.
간단한 변화가 큰 효과를 가져옵니다. 고민은 우리를 찾아오는 손님이니, 웃음과 유머도 우리가 초대할 수 있는 손님입니다. 둘 중 어떤 손님을 맞이할지는 우리의 선택입니다.

"내가 웃으면, 거울 속 나도 웃는다."

지금 당장, 고민을 밀어내고 웃음으로 하루를 물들여 보세요.

성공 찐노하우
HOW다

유대인 장사꾼이 임종을 맞이하기 전에 가족들을 찾았습니다.
"여보! 여보 어디있오?"
그러자 "여보 저 여기 당신 옆에 있어요."
"내 사랑하는 큰딸은 어디 있니?"
"아버지! 저 여기 있어요."
"그럼 우리 아들은 어디 있니?"
"아버지 저도 여기 있어요"
그러자 마지막 힘을 내서
"여기 다 있으면 가게는 누가 지켜?"
순간 가족들은 당황했습니다. 하지만 이 한마디가 그의 평생 철학을 보여주는 말이었습니다. 그는 언제나 스스로에게 질문을 던졌습니다.
"어떻게 하면 장사를 더 잘할 수 있을까?"
"어떻게 하면 손님이 다시 올까?"
"어떻게 하면 내 물건이 더 가치 있어 보일까?"

성공하는 사람들의 공통점이 있습니다. 그들은 늘 'HOW'를 고민한다고 합니다. 그리고 그 고민이 결국 해결책이 되고, 기회가 된다고 합니다.

어느 날, 아는 동생이 고민을 털어놨습니다.
"나 진짜 회사 그만두고 싶어."
"왜?"
"팀장님이 내 아이디어를 맨날 무시해. 아무리 노력해도 인정받는 기분이 안 들어."
나는 잠시 생각하다가,
"그럼, 네가 먼저 팀장님을 인정해 본 적은 있어?"
그 동생은 어리둥절한 표정으로 묻습니다.
"무슨 말이야?"
"네 아이디어가 진짜 좋은데 팀장님이 모르는 걸까? 아니면, 네가 그걸 어필하는 방법을 잘못 선택한 걸까?"
순간 동생의 표정이 바뀌었습니다.
"그렇다면… 어떻게 하면 내 의견을 더 효과적으로 전달할 수 있을까?"

이게 바로 HOW의 시작입니다. 불평하기 전에, 문제를 해결할 방법을 찾는 것. HOW를 묻는 습관이 성공을 만듭니다.
스티브 잡스는 아이폰을 개발할 때 "어떻게 하면 손가락 하나로 세상을 조종할 수 있을까?"라는 질문을 던졌다고 합니다. 그 결과 스마트폰 혁명이 시작되었습니다. 오프라 윈프리는 어린 시절 가난했지만 "어떻게 하면 내가 세상에 기여할 수 있을까?"를 고민했고, 결국, 세계적인 토크쇼 진행자가 되었습니다. 일론 머스크는 "어떻게 하면 전기차를 모두가 사용할 수 있는 차량으로 만들까?"를 고민하며 테슬라를 만들어냈습니다. 그들의 성공은 특별한 재능이 아니라, 끊임없이 '어떻게?'를 묻는 습관에서 나왔습니다.

HOW의 힘을 극대화하는 세 가지 방법이 있습니다.

첫째, 작은 성공부터 시작하라

거창한 목표보다, 당장 해결할 수 있는 작은 문제부터 접근하는 것이 중요합니다. 성공을 경험할수록 자신감이 쌓이고, 더 큰 문제도 해결할 수 있습니다.

둘째, 관점을 바꿔라

같은 문제를 계속 같은 방식으로 보면 답이 나오지 않습니다. 질문을 바꿔보면 새로운 해결책이 보입니다.

셋째, 배우고 실천하라

아무리 좋은 질문도 행동이 따라가지 않으면 무용지물이며, 매일 '오늘 배운 점과 내일 실천할 점'을 기록하여 봅시다.

나는 동생에게 마지막으로 조언해주었습니다.

"네가 회사를 그만두든, 계속 다니든 결국, 중요한 건 하나야. '어떻게 하면 더 나아질 수 있을까?' 이 질문을 하지 않으면, 다음 직장에서도 똑같이 고민할걸?"

동생은 한참을 생각하다가 고개를 끄덕였습니다.

"그럼, 팀장님이 좋아하는 보고서 스타일부터 먼저 분석해 볼까?"

그 순간, 그는 불평을 멈추고 성공하는 사람의 사고방식을 시작하였습니다. 세상에 불평할 이유는 많습니다. 하지만 중요한 건, 그 문제를 어떻게 해결할 것인가입니다.

끊임없이 HOW를 물으십시오.

그 질문 하나가 당신을 새로운 성공으로 이끌 것입니다.

인정받고 싶다면 먼저 인정하라

어느 고3 수험생이 있었습니다. 그 학생은 대학입시에 대한 부담으로 정신적인 스트레스를 끝내 이기지 못해 결국 자살을 선택합니다.

그 학생은 죽어서 염라대왕 앞에 서게 되었고 염라대왕은,

"가엾은 것 얼마나 스트레스를 받았으면 어린 나이에 죽음을 택했느냐? 내가 특별히 너에게 선택권을 주겠다. 천국을 가겠느냐? 지옥을 가겠느냐? 네가 선택하라!"고 하였습니다.

그러자 그 학생이 선택했습니다.

"전 인원 미달인 데로 보내주세요……."

이번엔 직장인이 있었습니다. 그 직장인은 업무의 과로 누적으로 그만 목숨을 잃었습니다.

그 또한 염라대왕 앞에 서게 되고 염라대왕은,

"너 또한, 불쌍하다. 너에게도 내가 선택에 기회를 주겠다 넌 어디를 선택하겠느냐?" 하였습니다.

그러자 그 직장인이 말했습니다.

"전 저를 인정해주는 데로 보내주세요……."

우리는 누군가의 인정을 받기 위해 애쓰며 살아가지만, 정작 남을 인정하는 데는 무심한 경우가 많습니다. 우리가 먼저 인정과 존중의 마음을 전할 때, 칭찬과 격려는 자연스럽게 우리에게 돌아옵니다.

유대인 어머니는 딸이 시집을 갈 때, 이렇게 조언합니다.
"너의 남편을 왕으로 모시면, 남편은 너를 왕비로 모실 것이다."

유명 명품 회사의 회장은 말했습니다.
"고객을 공주처럼 모시면, 반드시 왕비가 되어 돌아온다."

인정과 존중은 단순한 예의가 아니라, 관계를 지탱하는 가장 중요한 다리입니다. 당신이 먼저 상대방을 인정할 때, 그 사람은 당신을 더욱 존중하게 될 것입니다.

자신에게 매일 선물하자!

전쟁터에서 지휘관이 병사들에게 외쳤습니다.
"각자 한 명씩만 해치우면 승리한다!"
그러자 한 병사가 손을 번쩍 들며,
"저는 두 명을 처치하겠습니다!"라고 하였습니다.
옆에 있던 병사는 팔짱을 끼고 말했습니다.
"그럼 저는 집에 가도 되죠?"
같은 상황, 같은 전쟁. 그런데도 한 사람은 더 해내겠다고 나섰고, 다른 한 사람은 빠져나갈 구멍부터 찾았습니다. 그 둘의 운명은 어땠을까요? 결과는 뻔했습니다. 세상은 '무엇을 하느냐' 보다 '어떤 태도로 하느냐'에 따라 완전히 달라집니다. 환경을 바꿀 수 없다면, 태도를 바꾸면 됩니다.

누구나 한 번쯤 이런 생각을 했을 것입니다.
"지금 일만 아니면, 난 더 잘할 수 있어."
"지금 이 회사가 아니라면, 난 더 행복할 거야."
"다른 환경이라면, 난 성공할 수 있어!"

하지만 안타깝게도 환경을 바꾼다고 모든 게 해결되진 않습니다. 일산의 작은 상가에서 경비원으로 일하던 한 남자가 있었습니다. 그는 단순히 건물 출입구를 지키는 사람이 아니었습니다.
"나는 이 건물의 총책임자다."
이런 태도로 책임감 있게 일한 덕분에, 그는 결국 대형 쇼핑몰의 책임보안관리자로 스카우트됐습니다. 환경이 그를 바꾼 것이 아니라, 그의 태도가 환경을 바꾸게 만든 것입니다.

자신에게 선물을 주는 법

우리는 돈을 버는 직장에서는 스트레스를 받고, 돈을 쓰는 놀이공원에서는 행복을 느낍니다. 그 차이는 단순한 돈 때문이 아닙니다. 정신적인 보상이 있느냐 없느냐의 차이입니다.

물질적 보상: 월급, 보너스, 성과급
정신적 보상: 성취감, 만족감, 자기 인정

그렇다면 질문 하나.
"왜 우리는 남들에게만 보상을 주고, 정작 자신에게는 아무것도 주지 않을까?"

스스로에게 매일 선물하는 법

작은 성취에도 '잘했어!'라고 말하기

누군가가 '수고했다'라고 말해주길 기다리지 말고, 자신에게 먼저 수고했다고 말해주세요.

나를 위한 작은 보상 주기

좋아하는 간식 하나, 읽고 싶던 책 한 권, 산책하면서 듣는 음악 한 곡, 이런 소소한 선물이 하루를 바꾸고, 결국 인생을 바꿔줍니다.

스스로를 응원하는 습관 만들기

"나는 오늘도 최선을 다하고 있어."
"잘하고 있어, 걱정하지 마."
"내일은 더 좋아질 거야."
이렇게 말하는 것만으로도 뇌는 긍정적인 신호를 받고, 몸은 더 힘을 내게 됩니다.

어떤 사람은 매일 자신을 채찍질합니다.
"왜 나는 이 정도밖에 안 돼?"
"왜 이렇게 부족할까?"
그런데 그렇게 자신을 몰아세운다고 해서 더 나아지는 건 아닙니다. 진짜 성공하는 사람들은 자신을 응원할 줄 아는 사람들입니다.

"내가 내 편이 되어줘야 한다. 자신을 위한 선물, 지금 시작하라."
아침에 눈을 뜨면서 '오늘은 어떤 즐거운 걸 내게 선물할까?' 이런 질문을 해보세요. 회사에서 힘든 일이 생겼을 때 '이 순간이 지나면 난 어떻게 보상해 줄까?' 이렇게 생각해 보세요. 하루가 끝났을 때 '오늘도 수고 많았어!' 이렇게 스스로를 안아주세요.
이 작은 변화가, 당신을 더 단단하고 행복한 사람으로 만들어 줄 것입니다.

"당신의 하루는 당신에게 주는 최고의 선물이다."

칭찬과 비난이라는 친구, 누가 진짜인가?

버스에서 학생에게 자리를 양보받은 할머니가 어느 대학교에 다니느냐고 물었습니다. 그러자 학생이 충남대학교에 다닌다고 하자, 할머니가 학생을 칭찬하였습니다.
"심성도 착하고, 머리도 좋고, 공부도 잘했구만!"
칭찬을 들은 학생은 머쓱하지만, 기분이 좋았습니다. 같은 상황에서 옆에 있던 다른 학생에게 어느 학교에 다니느냐고 묻자, '저는 한국과학기술원에 다닙니다'라고 하자 할머니는 이렇게 말했습니다.
"그려! 공부 못하면 얼른 기술 배워야지."

우리는 칭찬을 들으면 우리의 귀는 열리고 마음이 따뜻해집니다. 그러나 비난을 들으면 우리의 귀는 닫히고 덩달이처럼 움츠러들게 됩니다.

어느 추운 겨울날, 참새 한 마리가 얼어 땅에 떨어졌습니다. 그런데 황소가 다가와 참새 위에 똥을 싸고 갔습니다. 참새는 더럽다고 울상이었지만, 황소의 똥 덕분에 따뜻한 열기가 퍼지면서 몸이 녹기 시작했습니다. 그때 고양이가 다가왔습니다. 고양이는 친절하게 참새를 똥 속에서 꺼내 닦아주었습니다.

"이제 깨끗해졌네."

참새는 감격했습니다.

"이게 바로 친절한 도움이라는 거구나!"

그리고 그 순간, 고양이는 참새를 한입에 꿀꺽 삼켜버렸습니다.

이 이야기에서 황소는 비난을, 고양이는 칭찬을 상징합니다.

비난은 듣기 거북하고 불편하지만, 우리를 성장시키는 따뜻한 열기와 같습니다. 칭찬은 달콤하지만, 방심하게 만들어 우리를 위험에 빠뜨릴 수도 있습니다. 칭찬이 계속되면 우리는 착각에 빠집니다.

"너는 언제나 최고야!"

"너만큼 잘하는 사람 없어!"

이런 말을 계속 듣다 보면, 실제로 최고가 아니어도 최고라고 착각하게 됩니다. 결과는? 노력하지 않게 되고, 성장하지 않지만, 비난은 처음엔 기분 나쁘지만, 우리를 더 강하게 만듭니다.

"이번 시술, 조금 부족했어요."

"이번 발표, 좀 더 설득력 있게 준비하면 좋겠어요."

처음엔 불편하지만, 이 피드백을 받아들이고 개선하면 다음 번에는 더 나은 결과를 만들어낼 수 있습니다. 칭찬은 즐겁지만, 너무 달콤하면 독이 되고, 비난은 쓰지만, 제대로 받아들이면 약이 됩니다.

칭찬과 비난을 현명하게 다루는 법

칭찬은 겸손하게 받아들여라
'네, 감사합니다! 더 노력하겠습니다!' 이 한마디만으로도 칭찬은 자만이 아니라 동기부여가 됩니다.

비난은 성장의 기회로 삼아라
'그렇게 생각하시는 이유를 들려주세요.' 이렇게 말하면 비난이 피드백으로 바뀝니다.

진짜 친구를 구별하라
진짜 친구는 때때로 불편한 말을 해주는 사람이지만, 진짜 적은 언제나 듣기 좋은 말만 해주는 사람입니다. 비난이 힘들 때, 황소의 따뜻한 열기를 떠올리고, 칭찬이 달콤할 때, 고양이의 날카로운 발톱을 떠올리며, 입으로는 칭찬을 가까이하고, 귀로는 비난을 가까이합시다. 그 두 가지를 친구로 삼을 때, 당신은 더 강해지고 성공에 한 걸음 더 다가갈 것입니다.

감정 리모컨
AI 시대의 성공 무기

한 남자가 아내와 함께 산부인과에 갔습니다. 진통이 시작된 아내를 부축하며 병원에 도착한 그는, 떨리는 목소리로 간호사에게 말했습니다.
"제 아내가 곧 출산할 것 같아요!"
간호사는 침착한 얼굴로 그를 바라보며 손가락으로 병원 문 앞에 걸린 안내문을 가리켰습니다.
"관계자 외 출입금지."
그러자 남편은 흥분하며 말했습니다.
"아니, 내가 관계자라니까요!"
그 순간, 주변 사람들은 웃음을 터뜨렸습니다.
그도 곧 깨달았습니다.
'아, 나도 모르게 감정 버튼을 최대 볼륨으로 올려버렸구나.'

우리는 매일 감정의 '관계자'로 살아갑니다. 때로는 가족을 위해, 때로는 직장 동료를 위해, 그리고 때로는 스스로를 위해 감정을 조율해야 합니다. 그런데 이게 마음처럼 쉽지 않습니다.

'내가 감정을 조절하는 것이 아니라, 감정이 나를 지배하는 기분이다.' 이런 생각이 들 때가 많습니다. 특히 AI 시대에 살아가는 우리는 점점 더 감정을 다루는 법을 배워야 합니다. 머리는 차갑게, 가슴은 따뜻하게. 그러려면 내 감정을 다룰 '감정 리모컨'이 필요합니다.

감정 리모컨 사용법

채널 버튼 : 상황에 맞게 감정을 전환하라
TV 채널을 돌리듯, 감정도 상황에 맞게 바꿀 수 있습니다.

업무 모드 : 집중력을 높이고, 논리적으로 사고하는 채널.
팀워크 모드 : 유머와 격려를 활용해 분위기를 부드럽게 만드는 채널.
위기 대응 모드 : 감정을 다스리며 냉철하게 문제를 해결하는 채널.

예를 들어, 회의 중 예상치 못한 문제에 직면했을 때 '아, 이거 진짜 골치 아프네……'라고 불평하면? 감정 채널이 '짜증 모드'로 고정됩니다. 하지만 '좋아, 이 문제를 해결할 방법을 찾아보자!'라고 말하면? 감정 채널이 '해결 모드'로 전환됩니다.

"패닉을 이기면, 기회가 보인다."_영화 '마션'

볼륨 버튼 : 감정 강도를 조절하라

볼륨을 조절할 줄 알아야 합니다. 특히 화가 날 때, 볼륨을 낮추는 연습이 필요합니다. 고객이 불만을 제기한다고 상상해 봅시다.

고객 : 이 서비스 너무 별로예요!

직원 : 뭐가 별로인데요(볼륨 MAX)?

이렇게 나오면 싸움이 납니다. 하지만 이렇게 대답하면,

"죄송합니다. 어떤 부분이 불편하셨나요(볼륨 DOWN)?"

상대방의 감정도 자연스럽게 가라앉습니다.

"큰 소리로 말한다고 더 강해지지 않아. 조용할수록 더 무서운 힘이 있지." _ 드라마 '나의 아저씨'

리셋 버튼 : 부정적인 감정을 털어내라

하루 종일 화나고 짜증이 난 상태로 살 순 없습니다. 부정적인 감정은 빠르게 리셋해야 합니다. 이럴 때 필요한 게 감정 리셋 버튼입니다.

짧은 산책 : 머리를 식히기 좋다.

심호흡 : 5초 들이마시고, 5초 내쉬기.

웃긴 영상 보기 : 가벼운 웃음이 감정 리셋을 돕는다.

중요한 프레젠테이션에서 실수했다고 상상해 봅시다. '망했다, 난 끝장이야.' 이렇게 생각하면 감정 채널이 '자책 모드'에 갇힙니다. 하지만 이렇게 생각하면, '좋아, 이번엔 틀렸지만, 다

음엔 더 잘할 수 있어!' 바로 리셋 버튼을 누르는 것입니다.

"과거는 바꿀 수 없어. 하지만 다음은 우리 손에 있어." _영화 '킹스맨'

감정 리모컨을 제대로 사용하면 생기는 변화

업무 능률이 상승한다
불필요한 스트레스를 줄이고, 더 집중할 수 있습니다.

관계가 좋아진다
감정 조절을 잘 하는 사람은 팀워크에서도 두각을 나타냅니다.

심리적 안정감이 생긴다
스트레스를 쉽게 흘려보낼 수 있습니다.

감정 리모컨을 다루는 사람이 진짜 승리자다
살다 보면 감정을 다스리기 어려운 순간이 많습니다. 하지만 중요한 건 내 감정의 리모컨은 내가 쥐고 있다는 사실입니다.

처음엔 서툴 수도 있습니다. 하지만 연습하면 기분 좋은 채널로 언제든 전환할 수 있습니다. 감정을 제대로 조절할 줄 아는 사람이 진짜 강한 사람입니다. 그리고 그 사람이 결국 승리자가 됩니다.

"감정 리모컨을 작동하라. 그 리모컨의 주인은 바로 당신이다."

집단 천재
혼자보다 함께가 강하다

술자리에서 싸움이 났습니다. 한 남자가 여자친구에게 자랑을 했습니다.

"어제 17대 1로 싸웠어! 죽는 줄 알았지!"

여자친구는 깜짝 놀랐습니다.

"자기가 17명을 이긴 거야? 대단해!"

남자는 머쓱하여 고개를 저었습니다.

"아니… 나는 17명 중 한 명이었어. 인원이 조금만 적었어도 난 여기 없었을걸?"

그는 결국, 살아남았습니다. 왜냐하면, 혼자가 아니었으니까요. 때로는 내 능력보다 함께하는 힘이 더 중요합니다.

혼자서는 한계가 있다

어릴 때 '공부는 혼자 해야 한다'라는 말을 많이 들었습니다. 하지만 축구 경기에서는 다릅니다. 아무리 뛰어난 선수라도 혼자서 공을 몰고 가다가 수비 세 명에게 둘러싸이면 무용지물이 됩니다.

진짜 강한 선수는 패스를 주고받으며 상대를 무너뜨립니다. 공격수는 골을 넣지만, 그 뒤에는 미드필더가 패스를 찔러주고, 수비수가 상대를 막고, 골키퍼가 든든하게 버티고 있기 때문입니다.

혼자 할 수 있는 일은 많지 않습니다. 팀이 만들어주는 기회를 잡는 사람이 결국 승자가 되는 것입니다.

위대한 사람은 팀을 만든다

팀을 중요하게 여기는 사람은 절대 혼자 돋보이려 하지 않습니다. 오히려 조연의 역할을 기꺼이 맡으며, 팀을 빛내는 데 집중합니다. 알리바바와 40인의 도둑 이야기에서 문을 여는 주문은 '열려라, 참깨'였습니다. 하지만 현실에서는 '열려라, 함께'가 더 강력한 주문입니다. 팀이 함께 움직이면 한 사람이 풀 수 없는 문제도 해결됩니다. 한 사람이 넘어질 위기에서도 다른 사람들이 손을 내밀어주며, 인생에서 어려운 순간이 올 때, 혼자 끙끙 앓기보다 주변을 돌아봅시다. 혼자 버티려 하지 말고, 함께할 사람을 찾아 보세요.

개인의 노력 vs 팀을 위한 헌신

요즘은 자기 계발이 중요하다고 하지만, 그보다 더 중요한 건 팀을 위한 헌신입니다. 자기 능력만 키우면 결국 혼자만 빛나는 촛불이 됩니다. 하지만 팀과 함께 성장하면 모두를 밝히는 태양이 될 수 있습니다. 때로는 조연이 되기를 선택해 보세요. 누군가를 돕고, 팀을 위해 작은 역할을 맡을 때, 결국, 그 팀이 나를 빛나게 해줄 것입니다.

우리는 함께 더 멀리 간다
아프리카 속담에 이런 말이 있습니다.
"혼자 가면 빨리 갈 수 있지만, 함께 가면 멀리 갈 수 있다."
혼자서는 끝까지 갈 수 없는 길도, 함께 가면 도착할 수 있습니다.

열려라, 함께. 오늘부터 내가 아닌, 우리를 생각해 보세요.

나눔이라는 마법
더 많이 줄수록 더 풍요로워진다

사해(Dead Sea).

이름부터가 무시무시합니다. 이스라엘과 요르단 사이에 있는 이 바다는 바닷물보다 염도가 10배나 높아, 물고기는커녕 조그마한 미생물조차 살아남기 힘들다고 합니다. 이곳엔 강물이 계속 흘러들어오지만, 빠져나갈 출구가 없습니다. 결국, 물은 증발하면서 소금만 남고, 그렇게 사해는 '죽음의 바다'가 되었습니다.

그런데 생각해 보면, 이건 우리 삶과도 닮았습니다. 우리는 새로운 정보를 배우고, 경험을 쌓고, 지혜를 얻지만, 그걸 나누지 않으면 결국 쓸모없는 지식의 무덤이 되고 맙니다.

받기만 하는 삶은 사해처럼 말라버립니다. 반대로, 나누는 삶은 생명의 강처럼 끊임없이 흘러가며 풍요로워질 것입니다.

나눌수록 성장하는 이유

한 예능 프로그램에서 공부를 잘하는 학생에게 비결을 물었습니다.

"어떻게 그렇게 성적이 좋을 수 있어요?"
학생의 대답은 의외로 간단했습니다.
"그냥 친구들에게 배운 걸 가르쳐줘요. 그러면 복습도 되고, 제 머릿속에도 오래 남거든요."
자기가 아는 걸 공유하는 과정에서 이해가 깊어지고, 정리도 되고, 그 과정이 결국 본인의 실력으로 돌아온다는 것입니다.

나눔은 단순한 배려가 아니라, 성장의 가장 강력한 도구가 됩니다. 배운 걸 공유하면 기회가 늘어나고, 함께 나누면 신뢰가 쌓이고, 사람들과 지식을 나누다 보면 리더십이 자연스럽게 길러집니다. 결국, 가장 많이 주는 사람이 가장 많이 얻는 사람이 된다는 것입니다.

그런데 왜 우리는 나누기를 주저할까요? 우리는 가끔 나눌 걸 알면서도 본능적으로 움켜쥐려 하기 때문입니다.
"내가 가진 게 부족한데, 나눠도 괜찮을까?"
"이걸 나누면 손해 보는 거 아닐까?"
하지만 이상하게도, 나누면 손해가 아니라 더 풍성해집니다. 떡볶이도 둘이 나눠 먹으면 더 맛있고, 웃음도 나누면 배가 되고, 지식도 나누면 내 것이 더 확실해집니다. 나누는 사람은 결국 더 많은 기회를 얻게 됩니다. 나눌수록 얻는 게 많아지는 이 마법 같은 공식이야말로, 우리 삶을 풍요롭게 만드는 비밀입니다.

나누는 습관, 이렇게 시작하자

작은 것부터 나누기
오늘 배운 정보, 좋은 책 한 권, 재미있는 경험을 주변 사람들과 공유해 보세요. 생각보다 많은 사람들이 그걸 통해 영감을 얻을지도 모릅니다.

피드백을 주고받기
나만의 생각을 나누고, 다른 사람들의 의견을 받아들이는 과정에서 더 큰 성장을 경험할 수 있습니다.

멘토가 되어보기
후배나 동료에게 가르치고 조언해 주는 습관을 들이면, 그 과정에서 내가 더 많이 배우게 됩니다. 나눔은 결국, 나를 위한 길입니다.

"기쁨은 나누면 커지고, 슬픔은 나누면 작아진다." 이 말처럼, 나눔은 마법 같은 힘을 가지고 있습니다. 우리는 정보를 공유할 때 단순한 전달자가 아니라, 서로의 성장을 돕는 멘토이자 리더가 되는 것입니다. 사해처럼 갇혀서 쌓아두기만 할 것인가, 흐르는 강물처럼 나누며 더 풍요로워질 것인가를 고민해 보세요.

선택은 우리 손에 달려 있습니다.

정확한 진단이 제대로 된 성과를 낸다

진단이 없으면 답도 없다

어느 날, 3일 동안 굶은 호랑이가 먹이를 찾아 헤매다 쪼그려 앉아 있는 토끼를 발견했습니다. 배고픔에 눈이 뒤집힌 호랑이는 재빠르게 달려가 토끼를 낚아챘습니다. 그런데 이 토끼는 당황한 기색 없이 호랑이를 째려보며 소리쳤습니다.

"이거 놔, 새꺄!"

순간 얼어붙은 호랑이는 머릿속이 복잡해졌습니다.

"뭐지? 원래 토끼가 이렇게 말했었나?"

어리둥절한 채로 결국 토끼를 놓아주고 말았답니다.

다음 날, 다른 토끼를 잡아, 이번엔 놓치지 않겠다고 다짐하며 힘껏 움켜쥐었습니다. 하지만 토끼가 눈을 부릅뜨고 외쳤습니다.

"나야, 새꺄!"

호랑이는 심장이 철렁 내려앉았습니다.

"뭐야, 이 토끼들이 나를 아는 건가?"

혼란스러워진 호랑이는 또다시 토끼를 풀어주고 말았습니다. 그리고 세 번째 날, 다시 한 번 새로운 토끼를 발견했습니다. 이제는 속지 않겠다고 다짐하며 단단히 잡았지만, 토끼가 침착하게 한마디 던졌습니다.

"소문 다 났어, 새꺄~!"

호랑이는 충격으로 휘청거리며 그대로 기절했답니다.

원인을 모르면 문제도 해결할 수 없다

이 호랑이의 문제는 단순합니다. 그는 토끼들이 뭐라고 말하든 정확한 원인을 분석하지 않고 그냥 혼란에 빠져 자꾸 같은 실수를 반복했던 것입니다. 우리는 살아가면서 비슷한 패턴을 반복하는 경우가 많습니다. 사업이 자꾸 실패하는 사람, 연애가 늘 비슷한 이유로 끝나는 사람, 일이 잘 풀리지 않는 사람. 이들의 공통점은 문제의 원인을 제대로 진단하지 못하는 것입니다.

"배가 아픈데 피부약을 먹어서 낫는 경우는 없다."

진짜 문제를 모르고 엉뚱한 해결책을 쓰는 건, 그냥 시간을 낭비하는 것에 불과합니다.

실패와 성공 분석하지 않으면 반복되거나 멈춘다

만약 성공했다면, 그 이유가 무엇인지 정확히 알아야 합니다. 운이 좋았던 건지, 전략이 잘 맞았던 건지, 아니면 그냥 상대가 더 못했던 건지. 반대로 실패했다면, 무엇이 잘못되었는지 반드시 짚어봐야 합니다. 준비가 부족했는지, 방향이 틀렸는지, 아니면 단순히 시기가 안 좋았던 건지. 이걸 분석하지 않으면, 성공은 멈추고 실패는 반복될 뿐입니다. 특히 실패의 경우, 원인을 제대로 모르면 똑같은 실수를 되풀이하게 됩니다.

드라마 '미생'에서 나온 대사입니다. "실패는 끝이 아니라 다시 시작하는 신호다." 하지만 그 신호를 제대로 해석하지 못하면, 그저 같은 길을 계속해서 맴도는 것뿐입니다.

정확한 진단이 당신을 바꾼다

한번 생각해 봅시다. 건강을 유지하려면 정기 건강검진이 필요하듯, 우리의 인생도 주기적으로 점검이 필요합니다.
"나는 지금 어디서 막히고 있는가?"
"이 문제의 진짜 원인은 무엇인가?"
"단순히 불운 때문인가, 아니면 내가 뭔가를 놓치고 있는가?"
이 질문에 대한 답을 찾을 수 있어야 합니다.

진단을 잘하는 사람은 결국 이긴다

비즈니스에서든, 인생에서든, 승자는 실수를 줄이는 사람이 아니라 실수를 반복하지 않는 사람입니다. 같은 실수를 하지 않으려면 정확한 진단이 필요합니다. 우리가 살아가면서 맞닥뜨리는 크고 작은 문제들, 그저 감에 의존해서 해결하려고 하지 말아야 합니다.

진짜 문제의 원인을 파악하는 것, 그게 바로 성공으로 가는 첫걸음입니다.

내 인생의 가장 중요한 숙제

어느 날 수업 시간에 종이에 6이라는 숫자를 크게 적고 학생들에게 물어봤습니다.

"이 숫자가 뭐로 보이니?"

학생들은 하나같이 '6이요!'라고 대답했습니다. 그러자 선생님이 종이를 거꾸로 보여주고는 다시 물었습니다.

"이제 이 숫자가 뭐로 보이니?"

학생들은 순간 멈칫하더니 조용히 대답을 했습니다.

"9요……"

같은 숫자였지만, 보는 위치에 따라 완전히 다른 모습이었습니다. 선생님은 빙긋 웃으며 말했습니다.

"이게 바로 인생이야. 내 입장에서는 분명 6이지만, 다른 입장에서는 9일 수도 있지."

나와 다르다는 것이 틀린 것은 아니다

어릴 때 들었던 속담이 있습니다.

"일찍 일어나는 새가 벌레를 잡아먹는다."

이 말을 듣고 우리는 모두 부지런해야 한다고 배웠습니다. 그런데 한 친구는 이렇게 말했습니다.

"하지만 벌레 입장에서 보면, 일찍 일어나는 놈이 먼저 잡아먹히는 거 아니야?"

그때 처음으로 생각했습니다.

"아, 같은 상황도 다르게 볼 수 있구나."

우리는 살아가면서 너무 쉽게 내 기준으로 판단합니다.

"내가 옳고, 저 사람은 틀렸어."

하지만 사실 대부분의 경우, '틀린' 것이 아니라 단지 '다른' 것일 뿐입니다. 영화 '토이스토리'에서 버즈가 우디에게 한 말이 떠오릅니다. **"너와 나는 다를 수 있지만, 결국 같은 길을 가는 동료야."**

이해와 배려가 만드는 변화

어느 유명한 회사에서 회의가 열렸습니다. 한 신입사원이 발표를 마친 후, 상사가 단호하게 이야기했습니다.

"이건 별로야. 다시 해."

순간, 신입사원의 얼굴이 굳었습니다. 그런데 옆에 있던 동료가 한마디 덧붙였습니다.

"다시 하면 더 좋은 결과가 나올 거라는 뜻이야. 너라면 할 수 있어!"

신입사원의 표정이 한결 밝아졌습니다. 같은 말도 어떻게 받아들이느냐에 따라 사람의 반응이 달라집니다. 그리고 이해하고 배려하는 한마디가 누군가에게는 큰 힘이 될 수 있습니다.

나 혼자서 완성되는 인생은 없습니다. 서로 맞춰가며 함께 성장하는 것, 그것이 우리의 가장 중요한 숙제일 것입니다.

내가 해결해야 할 숙제

우리는 살아가면서 수많은 숙제를 받습니다. 시험 문제, 업무 보고, 인간관계까지, 그중에서도 가장 중요한 숙제는 '남을 이해하고 배려하는 것'입니다. 가끔은 이렇게 스스로에게 물어보면 좋겠습니다.

"나는 내 삶을 살아가면서 얼마나 남을 이해하고 있나?"

내 기준으로만 판단하고 있지는 않은지, 다른 사람의 입장에서 생각해 본 적은 있는지, 영화 '뷰티풀 마인드'에서 존 내쉬가 **"진짜 천재는 방식을 바꿔보는 사람이지."** 했던 말처럼요.

세상을 보는 시각을 조금만 바꿔보세요. 그 순간, 우리는 인생에서 가장 중요한 숙제를 해결할 수 있을 것입니다.

이미지 게임

김밥과 떡볶이가 100미터 달리기 시합을 했습니다. 출발 신호가 울리자마자 떡볶이는 빠르게 내달렸고, 김밥도 함께 질주했습니다. 그런데 달리던 김밥이 갑자기 와르르 풀어지더니, 김은 김대로, 단무지는 단무지대로, 햄은 햄대로 따로따로 흩어져 버렸습니다. 단무지가 화를 내며 소리쳤습니다.

"야! 너 왜 이렇게 따로따로 가는 거야? 빨리 안 뛰고 뭐 해?"

김이 천천히 따라오며 태연하게 이야기했습니다.

"나? 나 양반김이야."

모두가 할 말을 잃었습니다.

이처럼 사람도 스스로를 어떻게 인식하느냐에 따라 행동이 달라집니다. 자신을 '양반김'처럼 인식하면 여유롭게 행동하고, '치타'라고 생각하면 빠르게 움직입니다. 우리는 무의식적으로 자신이 설정한 이미지대로 살아갑니다.

내가 믿는 이미지가 나를 만든다

한 친구가 있었습니다. 그는 늘 이렇게 말했습니다.

"나는 운이 없어. 아무리 노력해도 잘 안돼."

그리고 신기하게도 그는 진짜로 운이 없는 것처럼 살았습니다. 면접을 보러 가면 엘리베이터가 고장 나고, 중요한 프레젠테이션 날이면 감기가 걸렸습니다. 그런데 또 다른 친구는 같은 상황에서도 말이 달랐습니다.

"나는 운이 좋아. 분명 잘될 거야!"

그리고 신기하게도 그는 늘 좋은 기회를 얻었습니다. 면접을 보러 갔더니 우연히 심사위원이 같은 학교 출신이었고, 프레젠테이션 날에는 예상치 못한 칭찬을 들었습니다. 운이 좋고 나쁨은 단순한 확률의 문제가 아닙니다. 사람은 자신이 믿는 대로 행동하고, 그 믿음이 현실을 만들어냅니다.

영화 '세 얼간이'에서 라주가 떨릴 때마다 외쳤던 주문 "All is well(다 잘될 거야)", 그것이 결국 그의 인생을 바꾸었습니다.

이미지를 바꾸는 훈련법

어떤 이미지를 가지느냐에 따라 우리의 인생은 달라집니다. 그래서 우리는 스스로를 원하는 모습으로 설정할 필요가 있습니다.

내가 원하는 모습을 시각화하라

박새로이가 이태원에서 자신의 가게를 차리는 모습을 늘 상상했듯이, 우리는 원하는 미래를 머릿속에 선명하게 그려야 합니다.
"나는 성공한 사람이다."
"나는 좋은 기회를 잡는 사람이다."
이렇게 스스로를 정의하면, 행동도 자연스럽게 그 방향으로 움직이게 됩니다.

긍정적인 습관을 만들어라

아침마다 거울을 보며 웃으며 말해보세요. '오늘도 나는 내 길을 간다.' 작은 습관 하나가 큰 변화를 만듭니다.

환경을 바꿔라

자신의 이미지에 맞게 주변 환경을 조성하면 행동도 바뀝니다. 천장에 목표 금액을 적어 붙이거나, 책상 앞에 이루고 싶은 목표 사진을 걸어두면, 그 이미지는 자연스럽게 우리의 사고방식을 형성합니다.

작은 변화가 만드는 큰 성공

어떤 유명한 연예인이 말했습니다.
"나는 어릴 때부터 거울을 보며 '나는 스타다'라고 되뇌었다."
그리고 그는 진짜 스타가 되었습니다. 자신을 어떻게 설정하느냐에 따라 사람의 태도는 달라집니다. 부자가 되고 싶다면 부자가 된 자신의 이미지를 상상하고, 건강해지고 싶다면 건강한 자신의 모습을 그려보세요.

영화 '나니아 연대기'에서 **"사람은 자신이 생각하는 대로 변한다."** 라고 말했듯, 결국, 스스로 어떤 사람이라고 믿느냐가 가장 중요합니다.

**자신을 설정하는 순간, 그 이미지가 현실이 됩니다.
이제, 내가 원하는 내 모습으로 설정하고 시작해 보세요.
성공을 향해, 출발!**

난사람보다 된 사람이 되자

유치원에서 선생님이 아이들에게 물었습니다.
"여러분! 선물을 받았을 때 뭐라고 해야 할까요?"
그러자 한 아이가 손을 비비며 외쳤습니다.
"뭐 이런 걸 다~!"
순진한 아이들이 평상시 선생님의 행동에 영향을 받듯 리더란 타이틀이 아니라 행동으로 영향력을 발휘하는 사람입니다. 우리는 무언가를 받을 때 어떻게 반응하나요? 그리고 우리가 무언가를 줄 때, 어떤 태도로 주나요?
이 작은 순간이 사람을 만듭니다. 그저 '난사람'이 아니라, '된사람'으로 리더는 자리가 아니라 영향력입니다.

어떤 회사에 신입사원이 입사했습니다.
그는 자신의 자리에서 묵묵히 일했지만, 큰 성과를 내지는 못했습니다. 하지만 이상하게도 그가 있는 팀은 늘 분위기가 좋았습니다. 회의에서 분위기가 침울하면 먼저 '잘하고 있습니다!' 라고 외쳤고, 점심시간에는 늘 팀원들에게 '오늘은 제가 커피 한

잔 살게요.'라고 말했습니다. 그의 직급은 낮았지만, 팀원들은 그를 '우리 팀 리더'라고 불렀습니다. 왜냐하면, 그는 조직의 분위기를 바꾸는 사람이었기 때문입니다.

영화 '겨울왕국'에서 안나가, "사랑은 두려움 대신 행동을 선택하는 것."이라고 말했던 것처럼, 리더십도 마찬가지입니다. 자리에 앉아 있는 것이 아니라, 행동하는 것입니다. 야구선수 오타니 쇼헤이는 단순한 스포츠 스타가 아닙니다. 그는 실력과 태도, 그리고 팀워크까지 갖춘 진짜 리더입니다. 훈련 중에도 먼저 동료에게 다가가 '좋아! 할 수 있어!'라고 말해주고, 기자가 개인 성적을 물어보면 늘 '우리 팀이 함께 해낸 일'이라고 대답합니다.

진짜 리더는 스스로 잘하는 사람이 아닙니다. 주변을 빛나게 하는 사람입니다. 리더십에는 명확한 철학이 필요합니다. 권력을 갖는 것이 아니라, 책임을 지는 것입니다. 드라마 '미생'에서는 이렇게 강조합니다. "잘못된 길을 걷는 사람을 제자리에 돌려놓는 것도 리더의 역할이야." 그리고 '킹덤'에서는, "왕이란 자리는 백성을 위해 존재하는 것이지, 자신을 위해 존재하는 것이 아니다."

결국, 리더십은 자기 자신을 위한 것이 아닙니다. 함께하는 사람들을 위해 존재하는 것입니다. '난사람'은 똑똑하고 능력도 뛰어납니다. 하지만 그에게는 따뜻함이 없습니다. '된 사람'은 실력뿐만 아니라, 인간적인 깊이를 가진 사람입니다. 그의 곁에 있으면 기분이 좋아지고 용기를 얻습니다.

한 선배는 말했습니다.
"나는 실력 좋은 사람이 아니라, 좋은 사람이 되고 싶다."
그 말을 듣고 후배들은 속으로 생각했습니다.
"선배는 이미 된 사람이다."
팀원이 실수를 했을 때, '이럴 수가!'라고 소리치는 대신 '괜찮아, 나도 그런 적 있어.'라고 말하는 사람. 동료가 지쳐 있을 때, 그냥 지나치는 대신 '오늘도 고생했어. 커피 한 잔 할까?'라고 먼저 다가가는 사람. 이런 행동이 작은 것 같지만, 결국은 사람을 만듭니다. '난사람'이 아니라, '된 사람'으로….

리더는 완벽한 사람이 아닙니다.
그저 성장하려는 사람, 그리고 함께 가는 사람입니다.
"오늘 하루, 나는 난사람인가? 된 사람인가?"
그 선택이 내일의 나를 만듭니다.

날개 없는 추락

병원에서 간호사가 환자를 조용히 깨웠습니다.
"수면제 드실 시간이에요!"
환자는 눈을 비비며 황당한 표정으로 되물었습니다.
"잘 자고 있는데, 깨워서 수면제를 먹으라고요?"
이쯤 되면 약이 아니라, 숙면 방해제입니다. 생각 없이 던진 말 한마디가, 원래 의도와 정반대의 결과를 만들어낸 것입니다. 비슷한 상황은 일상에서도 많습니다. 친구랑 싸우고 나서 '야, 미안해!'라고 사과하면서 '근데 네가 먼저…'라고 덧붙이면, 이 모든 것들이 결국 관계의 날개를 찢어버립니다.

어느 회사에서 신입사원이 열심히 일하고 있었습니다. 그러다 실수를 했고, 상사가 말했습니다.
"이거 네가 한 거 맞지?"
신입사원은 당황하며 조심스럽게 대답했습니다.
"네, 제가 했습니다."
그러자 상사가 고개를 끄덕였습니다.

"잘했어."

순간 분위기가 바뀌었습니다.

"틀릴 수도 있지. 대신 네가 책임지는 게 중요해."

말이란 단순한 소리가 아닙니다. 그 안에는 의미가 있고, 그 의미를 어떻게 전달하느냐에 따라 결과는 완전히 달라집니다.

매력적인 인기쟁이 친구가 있었습니다. 그는 여자와 대화할 때 늘 분위기를 주도하며 자신감을 보입니다.

"너 오늘 진짜 멋져 보이는데? 나 때문에 그런 거지?"

반면, 순진한 친구는 대화의 본질을 이해하지 못합니다.

"너 오늘 머리 바꿨어? 근데 너한테 그 머리는 좀… 아니, 예쁘다! 예뻐!"

결과는 당연합니다. 하나는 성공적인 대화, 하나는 실패한 대화입니다. 같은 말을 해도, 상대가 어떻게 들을지를 생각하는 것이 중요합니다. '어떤 말을 해야 할까?'보다는, '어떻게 들릴까?'를 고민해야 합니다. 상대의 입장에서 듣고, 말하고, 행동하는 것이 중요합니다.

예를 들어, 고객이 불만을 토로할 때, '그럴 수도 있죠'라고 하면 더 화를 냅니다. 대신 '제가 이해할 수 있도록 더 말씀해 주시겠어요?'라고 하면 상황이 다르게 흘러갑니다.

진정한 대화란 상대가 원하는 방식으로 전달하는 것입니다. 말을 던지는 것이 아니라, 마음을 건네는 것입니다.

좋은 전달을 위한 세 가지 요소

첫째, 명확함
불필요한 장식은 빼고, 핵심만 전달합니다. '이 프로젝트의 핵심은 고객 만족입니다.' 한 문장이 모든 것을 정리할 수 있습니다.

둘째, 타이밍
아무리 좋은 말이라도 잘못된 순간에 하면 의미가 사라집니다. 위로가 필요한 순간, 해결책을 내놓으면 오히려 반감을 사기 쉽습니다. 때로는 '그냥 들어주는 것'이 최고의 대화법입니다.

셋째, 진정성
"눈을 보고 말하라. 형식적인 말보다, 마음을 담아라."
"괜찮아, 너라면 할 수 있어."
진심이 담긴 말은 듣는 사람의 마음을 움직입니다.

말과 행동이 우리의 날개가 된다
'네 말 한마디가 너를 높이 날게도, 떨어뜨리게도 할 수 있다.'
오늘 당신은 어떤 말을 하겠습니까?

유머는 겸손이다

한 남자가 결혼정보회사를 찾았습니다. 상담사가 물었습니다.
"어떤 배우자를 원하시나요?"
그는 단호하였습니다.
"미모는 기본이고요, 똑똑하고, 착하고, 성격 좋고, 유머 감각까지 있으면 좋겠어요!"
상담사가 피식 웃었습니다.
"손님, 그러면 그분은 왜 손님과 결혼해야 하죠?"
남자는 순간 말문이 막혔습니다.

유머란 이렇게 사람을 한 방에 KO시킬 수 있는 힘이 있습니다. 그런데 이 힘은 남을 공격하는 것이 아니라, 스스로를 낮추면서도 분위기를 살리는 데 있습니다. 진정한 유머는 상대를 존중하면서도 자신을 낮출 줄 아는 겸손의 기술입니다.

아프리카에서 봉사 활동을 하던 슈바이처 박사가 기차 2등석에 앉아 있었습니다. 그를 알아본 한 사람이 놀라서 물었습니다.

"아니, 박사님 같은 분이 1등석이 아닌 2등석을 타시다니요?"
박사는 빙긋이 웃으며 말했습니다.
"3등석이 없더라고요."
그의 대답에 주변 승객들은 폭소를 터뜨렸습니다.
유머는 이렇게 상대를 불편하게 하지 않으면서도, 자신의 가치를 겸손하게 드러낼 수 있는 가장 좋은 방법입니다. 진짜 고수는 남을 웃기기 위해 굳이 남을 깎아내리지 않는다고 합니다. 오히려 자신의 모습을 가볍게 내려놓고, 상대가 편하게 웃을 수 있도록 만듭니다.

유머는 사람의 마음을 열게 하는 기술이다

한 강연장에서 유명한 강사가 무대에 올랐습니다. 그가 입을 열자마자 이렇게 말했습니다.
"오늘 강연을 준비하면서 말입니다…… 사실 PPT는 어젯밤에 꿈에서 봤고, 내용은 방금 로딩 중입니다."
순간 관객석에서 웃음이 터졌습니다. 그 한마디로 긴장된 분위기가 순식간에 풀렸습니다. 사람들은 완벽한 사람보다, 자신의 허점을 인정하고 편안하게 풀어내는 사람에게 마음을 열고, 유머는 단순한 개그가 아니라, 사람과 사람 사이의 벽을 허무는 힘입니다. 그래서 진정한 리더들은 유머 감각이 뛰어납니다. 회의실에서도, 팀원들과의 대화에서도, 중요한 협상에서도 적절한 유머는 분위기를 바꾸고, 신뢰를 형성하는 강력한 도구가 됩니다. 비하가 아닌 유머를 해 보세요.

어떤 사람들은 유머를 한다면서 남을 비꼬거나, 비하하는 농담을 던집니다. 하지만 그런 유머는 결국 독이 되어 돌아옵니다.

한 신입사원이 실수를 했다. 다른 직원이 툭 던졌습니다.
"야, 너 이런 거 하려고 회사 왔냐?"
순간 분위기가 싸해졌습니다. 그런데 다른 선배는,
"야, 네 실수 덕분에 오늘 우리 다 정신 바짝 차렸다! 팀워크 강화를 위해 일부러 한 거지?"
모두 웃으며 분위기가 다시 부드러워졌습니다.
유머는 이렇게 사람을 세울 수도 있고, 깎아내릴 수도 있습니다. 진짜 유머 감각 있는 사람은 남을 깎아내리지 않고도 웃길 수 있는 사람입니다. 유머는 단순한 농담이 아닙니다. 유머는 불편한 상황을 유연하게 넘기는 기술이고, 사람을 하나로 만드는 다리입니다.

실수를 했을 때, '와! 이 실수는 교과서에 실려야 해!' 동료가 긴장했을 때, '내가 너무 완벽해서 부담됐지? 미안해~' 이렇게 한 마디의 유머가 분위기를 바꾸고, 서로를 더 가깝게 만듭니다. 유머는 겸손에서 나오고, 자신을 낮추면서도, 상대를 편하게 해 주는 힘. 그 힘이 진짜 유머입니다.

자, 오늘부터 부담 갖지 말고 가볍게 웃어보세요.
그리고 유머로 세상을 조금 더 밝게 만들어 보세요.

부정을 자주 하면 내 운에 부정탄다

어느 깊은 산속, 호랑이 한 마리가 태어났습니다. 그런데 이 호랑이, 뭔가 이상했습니다. 다른 호랑이들이 포효하며 '으르렁!' 하고 위엄을 뽐낼 때, 이 녀석은 조용히 고개를 갸웃하며 질문을 던졌습니다.

"엄마, 나 진짜 호랑이 맞아?"

엄마 호랑이는 사랑스럽게 대답했습니다.

"그럼! 우리 아들은 용맹한 호랑이야! 세상에서 가장 멋진 동물이란다!"

하지만 호랑이는 또 아빠에게 물었습니다.

"아빠, 난 정말 호랑이 맞아?"

아빠 호랑이는 껄껄 웃으며 말했습니다.

"그럼! 우리 가문의 자랑이지! 누가 널 보면 벌벌 떨걸?"

그 말을 듣고도, 호랑이는 여전히 의심스러워 했습니다.

"그래도… 혹시 모르잖아."

그러던 어느 날, 산에서 이상한 사람을 만났습니다. 군복을 입고 수상쩍은 행동을 하는 그 남자는 북한 간첩이었습니다. 호랑이는 반가운 마음에 물었습니다.

"아저씨, 나 진짜 호랑이 맞아요?"

간첩은 짜증이 폭발했습니다.

"꺼지라우, 개새끼야!"

그 순간, 호랑이는 얼어붙었습니다.

'아… 나는 호랑이가 아니라 개였던거야…?'

그날 이후, 호랑이는 더 이상 포효하지 않았습니다. 고개를 푹 숙이고, 걸음걸이도 주눅이 들었습니다. 호랑이 무리 속에서도 자꾸 눈치를 보며, 조그맣게 '왈…' 하고 우는 연습까지 했습니다.

사람도 마찬가지입니다.

"나는 안 될 거야."

"나는 부족해."

"나는 운이 없어."

이런 말을 반복하면, 어느 순간 그게 사실이 되어 버립니다. 한때는 용맹했던 호랑이가 간첩의 한마디에 개가 되듯이, 스스로를 깎아내리면 점점 현실도 그 방향으로 흘러갑니다. 어느 연구에서 사람들이 '나는 못 해'라는 말을 반복할 때 뇌가 실제로 해결책을 찾으려는 시도를 멈춘다는 결과가 나왔습니다.

즉, 부정적인 말은 단순한 감정 표현이 아니라 우리의 뇌와 행동을 실제로 조종하는 강력한 주문입니다.

영화 '벤자민 버튼의 시간은 거꾸로 간다'에서도 이런 말이 나옵니다. **"미워하는 마음은 자기 얼굴에 침을 뱉는 것과 같다."** 부정적인 말과 생각은 결국 자신을 공격하는 행위입니다. 자신을 깎아내리면, 운도 따라오지 않습니다. 사람들은 '정확하게 보고 싶다'라며 돋보기를 들이댔습니다. 하지만 시력이 50.0이라 눈앞의 세균까지 보인다면 세상은 온통 더러운 것뿐일지도 모릅니다.

사람의 단점을 계속 들춰내고, 자신의 부족한 점만 확대해서 바라보면, 세상은 부정적인 것들로 가득 차 보입니다.

직장에서 동료의 작은 실수를 꼬집고, 친구의 사소한 단점을 씹다 보면, 결국, 그 부정의 불씨는 나 자신을 태우게 됩니다. 불평은 불평을 부르고, 부정적인 에너지는 스스로를 갉아먹습니다.

누군가 실수했을 때, '이 사람은 이런 부분이 부족해'라고 생각하는 대신 '이 사람이 가진 강점은 무엇일까?'라고 생각해 보세요.

부정적인 말 한마디 대신, 긍정적인 말 한마디를 선택하는 순간, 세상은 다르게 보이기 시작합니다. 긍정의 씨앗을 심어 보세요.

"네가 뿌린 씨앗은 반드시 열매를 맺는다."

오늘부터라도 바꿔보세요.

"나는 할 수 있다."

"나는 좋은 운을 끌어들이는 사람이다."

"나는 멋진 사람이다."

그렇게 믿고 말하는 순간, 당신은 더 이상 의심하는 호랑이가 아니라 진짜 호랑이가 됩니다. 세상을 향해, 당당하게 외쳐보세요.

"나는 진짜 호랑이다!"

나라는 세계 최고의 브랜드

내가 바로 세계 최고의 브랜드

"거울아, 거울아, 세상에서 누가 제일 예쁘니?"

거울 앞에서 우아하게 머리를 넘기던 그녀가 묻자, 갑자기 어디선가 날아온 똥파리가 스윽 지나가며,

"난 팅커벨이라고 해."

그 순간, 그녀의 표정이 싸늘하게 굳었습니다.

이 이야기가 웃긴 이유는 단순합니다. 겉모습과 정체성이 어울리지 않기 때문입니다. 사람도 마찬가지입니다. 자신이 어떤 브랜드인지 모르고 엉뚱한 정체성을 내세운다면, 그건 남들에게 웃음을 주는 게 아니라 신뢰를 잃는 길입니다. 자신을 어떻게 정의하느냐에 따라 삶의 방향이 완전히 달라집니다.

똑같은 차라도 어떤 사람은 정성껏 관리하며 최고급 유지보수를 받고, 어떤 사람은 대충 세차장에서 때우고 맙니다. 이 차이를 만드는 건 단순한 돈이 아니라 '자신이 그 가치를 인정하는가'의 문제입니다. 사람도 마찬가지로, 자신을 '그저 그런 사람'

으로 정의하는 순간, 삶도 그저 그렇게 흘러간다는 것입니다.

반면, 자신을 '명품'으로 생각하는 사람은 자신을 관리하는 방식이 다릅니다. 시간 관리, 외모 관리, 말투, 행동 모든 것이 명품처럼 세심해집니다.

몇 년 전, 어느 원장님이 한 디자이너분을 모시고 찾아왔습니다.
"이 선생님은 미용을 정말 사랑하는데, 아무리 노력해도 손님이 늘지 않아요."
나는 그분에게 물었습니다.
"선생님의 강점이 뭔가요?"
"저는 고객들의 변신을 사진으로 남기는 걸 좋아해요."
"그럼 당신은 이제부터 헤어디자이너가 아니라 '헤어그래퍼'이고 이름은 임팩트 있게 라이언입니다."
그를 단순한 헤어디자이너에서 '헤어+포토그래퍼 헤어그래퍼 라이언!'이라는 브랜드를 만들었습니다. 이제 그의 미용실에 오는 고객들은 단순히 머리를 자르는 게 아니라, 자신의 변화를 기록하는 특별한 경험을 하게 되었고, 결과는 놀라웠습니다. 그의 미용실은 대기 예약이 끊이지 않았고, 방송에도 출연했습니다.

그가 변한 것은 단 하나,
'자신의 포지션을 새롭게 설정한 것' 뿐이었습니다.

나라는 브랜드를 세우는 법

첫째, 도구부터 차별화하라

어떤 유명 미용실에서는 고객이 앉으면 먼저 특별 케이스에서 가위를 꺼내 보입니다. 그냥 일반적인 도구가 아니라, 특별한 서비스를 받는다는 인식을 심어주는 것입니다. 마치 루이비통 매장에서 직원이 하얀 장갑을 끼고 제품을 보여주는 것과 같습니다. 작은 차이가 브랜드의 가치를 만듭니다.

둘째, 나만의 시그니처를 만들어라

같은 커트라도 단순한 헤어컷과 '헤어 리셋 프로그램'은 느낌이 다릅니다. 스타벅스가 단순한 커피숍이 아닌 개인의 음료를 맞춤 제작한다는 느낌의 공간으로 포지셔닝 했듯이, 나의 일에도 특별한 의미를 담아 보는 것입니다. 예를 들어, 한 헤어디자이너는 머리를 다 자른 후 고객의 스타일링을 사진으로 찍어주며 '이제 당신의 새 시작을 기록하세요.'라고 이야기해 줍니다. 그러면 그의 미용실은 단순한 커트샵이 아니라 '자신을 새롭게 발견하는 공간'이 되는 것입니다.

셋째, 나만의 네이밍을 만들어라

이름 하나가 역사를 만듭니다. 어떤 헤어샵은 '리프레시 커트' 대신 '리셋 헤어'라는 이름을 붙였습니다. 그러자 손님들은 단순한 커트가 아니라 '완전히 새로운 자신을 만드는 서비스'라고 인식하기 시작했습니다. 이름은 곧 브랜드의 시작입니다.

넷째, 공간의 무드를 활용하라

고객이 미용실에 들어서자마자 느끼는 첫 감각이 중요합니다. 한 프리미엄 미용실에서는 계절마다 향을 바꿔 줍니다. 봄에는 플로럴 향, 겨울에는 따뜻한 바닐라 향을 뿌려 고객이 문을 열자마자 기분이 좋아지게 만듭니다.

이 작은 차이가 '이곳은 특별한 곳'이라는 인상을 줍니다.

다섯째, 내 이야기를 담아라

사람들은 제품을 사는 것이 아니라, 스토리를 사는 것입니다. 어떤 디자이너는 고객에게 묻습니다. '오늘 머리를 바꾸는 이유가 있나요?' 그러면 고객은 자신의 이야기를 공유하고, 그 과정에서 단순한 헤어컷이 아니라, 감정을 공유하는 경험이 됩니다.

디즈니랜드가 단순한 놀이공원이 아니라 '꿈이 실현되는 곳'으로 기억되는 것처럼, 우리의 일도 단순한 일이 아니라 '나만의 이야기'가 담긴 브랜드가 되어야 합니다.

"자신을 사랑하는 순간, 세상은 당신을 사랑하게 된다."

우리는 모두 하나뿐인 브랜드입니다. 단지 그 브랜드를 어떻게 빛낼 것인가가 문제일 뿐입니다. 남들이 나를 어떻게 볼까 고민하지 말고, 내가 어떤 브랜드로 기억되고 싶은지 먼저 정하여 보세요. 그에 맞는 행동을 하면, 세상은 나를 명품으로 대할 것입니다.

명품은 단순한 물건이 아니라, 태도와 철학이 만듭니다.
그리고 당신이 그 명품이 될 것입니다.

2장

내부 팬덤
- 직원을 열광시키다

잠재력을 200% 끌어내는 마법 같은 방법
헤어디자이너를 위한 멘탈 강화 5가지

격차를 줄이려는 마인드

성공한 사람들은 자신의 부족함을 인정하고 격차를 줄이기 위해 꾸준히 노력합니다. 헤어디자이너로서도 늘 배움을 멈추지 않는 자세가 필요합니다.

예시 1 : 헤어디자이너 A는 최신 스타일링 트렌드에 뒤처지지 않기 위해 매주 유튜브 강의를 들으며 꾸준히 연습했습니다. 결국, SNS에서 새로운 헤어스타일로 주목받으며 예약이 폭주했습니다.

예시 2 : 디자이너 B는 고급 살롱 출신 동료들의 실력을 부러워하며 비교했지만, 이를 동기부여 삼아 매일 고객 피드백을 바탕으로 시술 방법을 개선했습니다.

예시 3 : 스타일링이 부족하다고 느낀 C는 휴일 시간을 활용해 워크숍에 참여했고, 두 달 만에 실력을 인정받아 고객층이 두 배로 늘어났습니다.

"당신이 겪는 어려움은 성공으로 가는 발판이다." _영화 '조이'

통제 가능한 것을 통제하라

통제할 수 없는 결과보다는, 내가 할 수 있는 노력에 집중하는 것이 중요합니다.

- 예시 1 : 디자이너 D는 예약 취소에 낙담하기보다는 취소된 시간을 활용해 신규 고객을 위한 특별 이벤트를 기획했습니다.
- 예시 2 : 미용실 운영자 E는 리뷰에 일희일비하지 않고, 만족한 고객에게 피드백을 요청해 더 나은 서비스를 개발했습니다.
- 예시 3 : 디자이너 F는 고객의 SNS 반응에 일일이 연연하지 않고, 시술 전후의 사진을 업로드하며 자신의 콘텐츠에 집중했습니다.

"진인사대천명 – 사람으로서 할 일을 다 하고 하늘의 뜻을 기다려라."_고사성어

목표에 앞서 목적을 이해하라

목적이 분명해야 목표를 향한 추진력이 생깁니다.

- 예시 1 : 헤어디자이너 G는 단순히 월 매출을 올리겠다는 목표 대신, '고객에게 자신감을 주는 헤어스타일을 제공한다'라는 목적을 세우고 '소개 손님을 두 배로 늘린다'라고 정하자 고객 만족도가 상승했고 매출도 올랐습니다.

예시 2 : 디자이너 H는 '나만의 작품을 만든다'라는 목적을 중심에 두고 창의적인 스타일링을 연구하며, 업계 전문가 대회에서 수상했습니다.

예시 3 : 운영자는 '고객의 힐링 공간을 만든다'라는 목적을 설정한 후, 미용실 내부 분위기와 음료 서비스까지 세심하게 신경 써 고객의 재방문율을 높였습니다.

"왜 시작했는지를 기억하라. 그러면 당신은 멈추지 않을 것이다."
_영화 '록키'

상대방이 느끼는 최선 %의 노력을 쏟아라

열정과 노력은 성장을 위한 필수 요소입니다.

예시 1 : 디자이너 J는 고객을 위해 한 스타일을 20번 이상 연습하며 완벽에 가까운 시술을 제공했습니다.

예시 2 : 매장 운영자 K는 고객 맞춤 상담 시간을 10분 더 할애하여 고객의 라이프스타일에 맞는 헤어 솔루션을 제공해 신뢰를 얻었습니다.

예시 3 : 스타일리스트 L은 피곤할 때조차 '100% 몰입하자'는 다짐으로 집중력을 유지해, 고객 리뷰 4.9점을 기록했습니다.

"노력 없이 얻어지는 것은 없다." _영화 '위대한 쇼맨'

두려움을 이겨내라

두려움을 인정하고, 이를 뛰어넘는 경험은 성장을 위한 필수 관문입니다.

예시 1 : 디자이너 M은 새 시술법을 고객에게 제안하는 것이 두려웠지만, 한 번의 도전으로 고객의 반응을 얻어 큰 자신감을 얻게 되었습니다.

예시 2 : 운영자 N은 신규 지점 오픈을 앞두고 실패에 대한 두려움이 있었지만, 한 걸음 내디딘 후 꾸준한 매출 상승을 경험했습니다.

예시 3 : 디자이너 O는 유명 고객을 맞이하며 떨렸지만, '나를 믿어보자'라는 마음으로 최선을 다해 오히려 단골로 만들었습니다.

"두려움에 지지 마라. 두려움은 없다." _영화 '배트맨 비긴즈'

"성공은 단순히 재능이 아닌, 마음가짐과 노력으로 완성됩니다." 헤어디자이너로서 잠재력을 200% 끌어내기 위해서는 작은 한 걸음부터 시작하세요.

"오늘의 작은 변화가 내일의 위대한 도약으로 이어질 것입니다."

치어리더
당신의 열정적인 박수가 세상을 바꾼다

누구나 술집이나 레스토랑에서 생일파티를 본 적이 있을 것입니다. 불이 꺼지고 생일 축하 노래가 나오면, 사람들은 자연스럽게 박수를 치며 축하해 줍니다. 이때 열정적으로 박수를 치고 환호성을 보내는 순간, 마치 내 친구의 생일인 것처럼 함께 기뻐해 준다면 어떤 일이 벌어질까요? 마지막에 '축하드려요! 저희 케이크 먹으려고 축하해드린 건 아니에요'라는 애교 있는 멘트를 던진다면, 그 자리는 웃음과 따뜻함으로 가득 찹니다. 심지어 생일 주인공은 감사의 표시로 케이크를 나눠 줄지도 모릅니다.

그러나 케이크보다 더 중요한 것이 있습니다. 그것은 당신의 박수와 환호가 만든 분위기입니다. 당신의 행동 하나로 파티를 즐기는 사람들뿐만 아니라 주변 사람들까지도 행복한 에너지를 느끼게 됩니다. 그리고 그 순간, 당신의 기분 또한 더욱 좋아질 것입니다.

"성공하고 싶다면 열정적으로 박수를 쳐라!" 이 말처럼, 다른 사람의 이야기와 순간에 마음과 귀를 기울이고 진심으로 응원해 보세요. 당신의 진심 어린 박수는 그 사람에게 큰 힘이 됩니다.

그리고 그 박수는 훌륭한 보답으로 돌아오게 될 것입니다.

예시 : 미용실에서

동료 디자이너가 새로운 스타일링에 성공했을 때, 환하게 웃으며 '정말 멋지다!'라고 칭찬하세요. 동료의 자신감은 더 높아지고, 당신도 좋은 에너지를 얻게 될 것입니다.

가족 모임에서

가족이 요리를 완성했을 때, '이거 진짜 대단해!'라며 박수를 쳐 보세요. 상대방은 인정받는 기쁨을 느끼고, 식탁의 분위기가 더욱 따뜻해질 것입니다. 박수와 함께 애정이 담긴 멘트를 더해 보세요. 단순한 박수보다 위트 있는 한마디는 분위기를 더 풍성하게 만듭니다.

추천 멘트

"진짜 최고예요! 다음에도 기대할게요!"
"대박! 이런 실력 어디서 배우셨어요?"
"축하드려요! 저희가 박수친 건 진심이에요!"

당신의 작은 박수와 응원은 세상에 긍정적인 기운을 전파합니다. 그리고 그 응원이 다시 돌아와 당신을 더 따뜻하고 빛나는 사람으로 만듭니다.

"남을 위한 응원은 결국, 나를 위한 응원이 된다."

영화 '위대한 쇼맨'의 멋진 표현처럼, "당신이 누구의 치어리더가 되어줄 때, 당신의 삶도 치어리더로 가득 찹니다."

진심 어린 박수와 따뜻한 응원으로 오늘 하루도 행복한 순간을 만들어 보세요.

그 작은 박수가 언젠가 당신에게도 멋진 케이크로 돌아올 것입니다.

미용업의 본질

"기술은 따라 할 수 있어도, 마음가짐은 따라 할 수 없다."

흑백 요리사에서 많은 사람에게 감동을 준 요리사가 있습니다. 그는 비싼 레스토랑에서 근무하는 스타 셰프도 아니었고, 화려한 요리를 만드는 사람도 아니었습니다. 그의 요리는 단순했습니다. 하지만, 그의 진심과 요리를 대하는 태도는 사람들을 울렸습니다.

그는 항상 깨끗한 앞치마를 입고, 고개 숙여 손님을 맞이했습니다. 손님이 식사를 마치면 정성껏 감사의 인사를 전했습니다. 식사하러 오는 사람들은 음식의 맛뿐만 아니라 그의 성실함과 진심을 느끼며 따뜻함을 느꼈습니다. 미용업도 마찬가지입니다. 단순히 머리를 다듬고 스타일을 바꾸는 것이 아닌, 고객에게 진심으로 다가가며 아름다움을 존중하고 전하는 일입니다.

이 본질을 이해할 때, 단순한 기술자가 아닌 고객의 마음을 움직이는 전문가가 될 수 있습니다.

연애와 미용경영, 그리고 미용업은 공통점이 있습니다. 상대를 진심으로 이해하지 않고는 결코 성공할 수 없다는 점이죠. 단순히 멋진 머리를 만들어주는 것이 중요한 것이 아니라, 고객이 왜 미용실을 찾는지, 그들의 기대와 고민을 이해해야 합니다.

예시 : 한 미용실 고객이 '이번 주말에 중요한 면접이 있어요' 라고 말했습니다. 헤어 디자이너는 단순히 스타일링을 해주는 것이 아니라, '면접 준비는 잘하고 계세요? 면접에 맞게 집에서도 쉽게 스타일을 만들 수 있는 방법 알려드릴게요'라고 응원과 함께 스타일을 추천했습니다. 그 고객은 면접에 합격한 후 감사의 메시지를 남기며 단골 고객이 되었습니다.

TIP : 고객의 감정과 상황을 이해하면, 머리를 다듬는 것이 아닌 자신감을 만들어주는 서비스를 제공할 수 있습니다.

오타니 쇼헤이는 경기장 주변에 떨어진 쓰레기를 주우며 "쓰레기를 줍는 것은 행운을 줍는 것"이라는 스승의 가르침을 몸소 실천했습니다. 작은 행동들이 쌓여 오타니를 메이저리그 최고의 선수로 만들었습니다.

미용실에서도 작은 행동이 고객에게 큰 감동을 줍니다.

사례 1 : 한 디자이너는 스타일링 전 거울 앞에 있는 작은 얼룩까지 닦아주며 고객에게 미소를 건넵니다. 고객은 '이 디자이너는 나를 정말 소중하게 생각하는구나'라고 느낍니다.

사례 2 : 다른 미용실에서는 고객이 방금 받은 스타일을 사진으로 찍어준 후, '다음에 같은 스타일로 원하시면 이 사진을 보여주세요'라는 메시지를 전합니다.

작은 행동은 기술을 넘어 마음의 디테일을 보여줍니다.
"스승은 나를 나답게 만들어주는 사람이다." 영화 '죽은 시인의 사회'의 키팅 선생의 모습처럼 미용업계에서도 좋은 멘토와 스승을 만나는 것이 중요합니다. 성공한 미용인들의 이야기를 들어보면, 그들은 단순히 기술을 가르치는 스승이 아닌, 태도와 철학을 가르치는 스승을 만났습니다.

사례 : 유명 헤어디자이너 중 한 사람은 '기술을 배우기 전, 고객을 대하는 인사법부터 배우라'는 스승의 말을 평생 기억하며 실천합니다. 그 결과, 그는 고객에게 친근하고 신뢰받는 디자이너로 자리 잡았습니다.
TIP : 좋은 멘토를 만나지 못했더라도 자기 스스로 스승이 되는 연습을 하세요. 오늘 하루의 태도를 기록하며 스스로를 돌아보는 것도 방법입니다.

"기술은 배울 수 있지만, 태도는 배울 수 없다."
기술은 시간이 지나면 누구나 습득할 수 있습니다. 하지만 고객을 대하는 태도와 마음가짐은 한순간에 따라 할 수 없습니다.

사례 : 한 미용실에서는 고객이 방문할 때마다 커피와 함께 작은 카드에 '오늘도 당신은 멋진 하루를 보낼 자격이 있습니다'라는 메시지를 전합니다. 고객들은 이 작은 배려에 감동을 받고, 그 미용실을 '내가 힘들 때 힐링이 되는 곳'으로 기억합니다.

TIP : 고객을 위해 웃는 연습을 해보세요. '오늘은 고객에게 어떻게 기억될까?'라는 질문을 스스로에게 던지세요.

고객의 머리를 책임지는 것은 외모만 바꾸는 일이 아닙니다. 그들의 하루와 기분까지 바꿀 수 있는 중요한 일입니다.

사례 1 : 한 디자이너는 고객의 스타일링 후, 머리카락 손질법을 적은 작은 메모를 제공합니다. '머리를 감고 말릴 때 이렇게 해보세요.' 이 작은 팁 하나가 고객에게 큰 신뢰를 줍니다. 고객에게 간단한 헤어 꿀팁을 알려주는 것을 습관화하세요. 서비스가 끝난 후에도 고객이 자신을 신경 써주는 느낌을 받을 수 있게 하세요. 미용업에서의 본질은 외적인 아름다움뿐 아니라, 고객이 내면의 아름다움을 느끼게 하는 것입니다. 나 자신을 존중하지 않으면, 고객도 나를 존중하지 않습니다.

사례 2 : 한 유명 헤어디자이너는 '자신감은 서비스의 기본'이라며, 아침마다 직원들에게 "스스로를 사랑하고 존중해야 손님을 행복하게 할 수 있다"라고 강조합니다.

그의 미용실은 언제나 긍정적인 에너지로 가득 차 있습니다.

본질을 지키는 미용인이 됩시다

미용업은 단순한 기술과 서비스가 아닙니다. 고객에게 진심을 전하고, 내면과 외면을 모두 아름답게 만들어주는 일입니다.

"작은 선행이 쌓이면 신뢰가 되고, 그 신뢰는 기적을 만든다."

오늘 하루, 고객에게 작은 배려와 진심 어린 태도로 다가가 보세요. 그것이 쌓일 때, 당신은 고객의 마음속에 '인생 헤어디자이너'로 자리 잡을 것입니다.

**본질을 지키는 헤어디자이너가 되는 그날을 위해,
오늘도 최선을 디자인합시다!**

미용실 온보딩 프로그램
미린이를 위한 따뜻한 시작

미용실의 첫 3개월은 생존을 위한 시간일까요, 적응을 위한 시간일까요? 신입 직원들이 새로운 환경에 잘 적응하지 못해 퇴사하는 비율이 3개월 이내에 가장 높은 이유는 간단합니다. 처음에는 열정과 기대를 가지고 입사하지만, 미용실의 시스템과 분위기에 빨리 적응하지 못하면 좌절감을 느끼기 때문이죠.

온보딩 프로그램은 새로운 직원이 회사에 빠르게 적응할 수 있도록 돕는 프로그램으로, 환영과 소속감을 주는 것이 핵심입니다.

웰컴 키트 : 작은 배려가 큰 환영으로

요즘 웰컴 키트가 있는 기업은 '좋은 기업', 웰컴 키트가 없는 기업은 '졸속 기업'이라는 말이 있을 정도로 중요합니다. 웰컴 키트는 단순한 물품 전달이 아니라 '우리는 당신을 환영합니다' 라는 마음을 담은 첫인사입니다.

웰컴 키트에 담으면 좋은 아이템
(1) 브랜드 로고가 있는 실용템 : 앞치마, 메모장, 펜, 텀블러 등
(2) 미용업계의 필수템 : 가위집, 빗, 핀셋 세트
(3) 'OO님, 우리 미용실에서 함께하게 되어 기뻐요!'라는 맞춤형 메시지가 적힌 카드

예시 : 어느 미용실에서는 웰컴 키트에 작은 손 편지와 휴대용 핫팩을 넣었습니다. 첫날 추운 날씨에 환영받은 기분을 느낀 신입 직원은 따뜻함을 잊지 못하고 오랫동안 일하게 되었다고 합니다. 영화 '해리포터'에서 덤블도어는, "진정한 마법은 우리의 따뜻한 행동 속에 있다."라고 하였습니다.

웰컴 키트는 작은 물건 하나로도 따뜻한 마음을 전하는 마법 같은 환영입니다.

미린이를 위한 프로그램 : 미보미 제도
미린이란 미용계에 첫발을 내디딘 미용하는 어린이를 뜻합니다. 신입 직원은 미용 기술이 뛰어나더라도 새로운 환경에서는 어린아이처럼 서툴 수 있습니다. 따라서 미보미(미용하는 어린이를 돌보는 도우미)를 통해 신입 직원들이 따뜻한 가이드를 받을 수 있도록 지원합니다.

미보미 제도
(1) 매장 탐방 : 쉬는 날 매장과 주변 상권을 함께 탐방하며, 새로운 환경에 대한 낯섦을 줄입니다.
(2) 시스템 설명 : 각종 제품 사용법과 매장 규칙, 선생님들의 특징을 알려줍니다.
(3) 지원자와 매칭 : 친화력이 좋은 선배를 멘토로 매칭하여 신입 직원의 고민을 상담합니다.

사례 : 한 미용실에서는 미보미 제도를 통해 신입 직원에게 동네 맛집 탐방을 함께했습니다. 그 신입 직원은 '이 미용실은 단순한 직장이 아니라 나를 아는 가족 같은 곳이다'라고 느끼며 열정적인 팀원으로 성장했습니다.

교보회사의 "사람이 온다는 건 그 사람의 인생이 통째로 오는 것이다."라는 표현처럼 미린이의 첫 출발을 돕는 작은 동행은 미용실이라는 가족으로 받아들이는 첫걸음입니다.

자기 자신에게 편지 쓰기 : 3개월 후, 성장의 기록
온보딩 프로그램에서는 3개월 후의 나에게 편지를 쓰는 시간을 가지는 것도 좋습니다. 이는 입사 초기의 다짐을 다시 읽으며, 성장과 목표를 돌아볼 수 있는 기회를 제공합니다.

프로그램 진행 방법

(1) 첫날 작성 : 입사 후 첫날, '내가 이곳에서 이루고 싶은 것'을 주제로 자신에게 편지를 씁니다.

(2) 3개월 후 열어보기 : 3개월 후 함께 모여 편지를 읽으며 자신이 이룬 것과 앞으로의 목표를 나눕니다.

예시 : 한 미용실에서는 3개월 후, 신입 직원들이 편지를 읽는 시간을 마련했습니다. 편지를 읽고 나서 서로 응원과 격려를 하며 더 끈끈한 팀워크를 형성했습니다. 영화 '어바웃 타임'의 **"매일이 선물 같은 하루였다."** 라는 표현처럼 3개월 후의 자신에게 보내는 편지는 미래를 향한 선물이 됩니다.

문화 이벤트 : 작은 이벤트로 소속감 UP!

문화 이벤트를 통해 신입 직원들이 팀원들과 빠르게 친해질 기회를 제공해야 합니다.

추천 이벤트

(1) 미용실 탐방 게임 : 매장 내 구석구석에 작은 퀴즈를 숨겨, 팀원들과 함께 찾는 게임

(2) 자기소개 시간 : 각자의 매력을 살린 독특한 자기소개 이벤트

사례 : 어느 매장에서는 첫 달에 '내가 좋아하는 영화 속 대사'로 자기소개를 하며 웃음을 터뜨리는 시간을 가졌습니다. 결과적으로 직원들은 서로의 취향을 공유하며 빠르게 가까워졌습니다. 영화 '인사이드 아웃'에서 기쁨이는, "좋은 기억 하나가 세상을 바꾼다."라고 했습니다.

작은 이벤트는 신입 직원의 기억 속에 좋은 첫인상으로 남아, 어려운 순간에도 미소를 떠올리게 합니다.

결론 : 미린이를 위한 온보딩 프로그램의 중요성

미용실의 온보딩 프로그램은 단순한 적응 프로그램이 아닌, 새로운 가족을 맞이하는 과정입니다. 웰컴 키트, 미보미 제도, 자기 자신에게 보내는 편지, 문화 이벤트는 신입 직원들에게 따뜻함과 소속감을 선물합니다.
"작은 환영이 미린이를 고객뿐만 아니라 팀의 팬으로 성장하게 합니다."

온보딩 프로그램으로 함께 성장할 팀원을 맞이해 보세요. 미린이들의 첫 3개월이 반짝이는 성장의 시간이 될 수 있도록!

미용실 온보딩 프로그램 구성은 어떻게?

온보딩 프로그램은 새로운 직원이 미용실 환경에 빠르게 적응하고, 팀원과의 신뢰를 쌓으며 업무에 자신감을 가질 수 있도록 돕는 과정입니다. 아래는 프로그램에 포함할 수 있는 주요 내용입니다.

우리 매장을 소개할게요

매장 투어
입구부터 주요 공간 소개
환영 구역 : 고객 응대 시 사용하는 공간
서비스 존 : 컷, 드라이, 펌 등 각종 시술 공간
제품 존 : 사용하는 브랜드 제품 및 헤어 케어 상품 설명
휴게 공간 : 직원들이 휴식하는 공간 소개

주요 설비와 기기 설명
미용실에서 사용하는 주요 기기(드라이기, 스팀기, 클리퍼 등) 사용법

각 제품의 용도와 브랜드별 특징

매장의 미션과 비전
매장 미션 : "우리는 고객에게 어떤 경험을 제공하고 싶은가?"
비전 : "우리가 함께 이루고 싶은 목표는 무엇인가?"

직원들 소개서

팀원 프로필 북 만들기
이름과 담당 업무
미용 경력과 강점(특화된 기술: 컬러링, 컷트 등)
개인적 취미 및 흥미 정보(친근한 분위기 형성용)
본인의 시그니처 메뉴나 스타일

나를 표현하는 한 줄 소개
각 팀원이 자신을 소개하는 한마디를 적어 공유
예) "저는 고객의 기분을 UP 시키는 '에너지 디자이너'예요!"

나는 이런 사람(신입 자기소개)

자기소개 카드 작성

이름, 나이, 미용 관련 꿈과 목표
선호하는 미용 스타일(잘하는 기술이나 흥미 있는 분야)
평소 좋아하는 것 : 음식, 영화, 음악 등

나의 첫 다짐 작성
입사 후 이루고 싶은 것 3가지
고객과의 첫 만남에서 지키고 싶은 행동 1가지

서비스 철학 및 응대 매뉴얼

고객 응대 기본 매너
시그니처 인사법 : 친근한 웃음과 이름 부르기
첫 만남부터 마지막 인사까지의 응대 프로세스

고객 응대 시 대화 스크립트
고객의 니즈 파악을 위한 3가지 질문
시술 중 고객이 편안함을 느끼게 하는 칭찬과 대화법

매장 규칙 및 업무 흐름

업무 루틴과 시간표

출근 및 퇴근 절차
서비스 시작 전 준비 사항(청결 점검, 장비 세팅 등)
서비스 후 마무리 및 청소 절차

교대 및 예약 관리 방법
예약 시스템 사용법
예약 취소 및 조정 시 대응법

적응을 돕는 문화 프로그램

1:1 멘토링 프로그램(미보미 제도)
미보미(미용 어린이를 돌보는 도우미) 배정
친화력이 좋은 선배가 신입 디자이너의 멘토 역할을 수행합니다.
1주일에 한 번 점심 식사나 커피 타임으로 적응 체크

웰컴 미션

오늘의 소소한 미션으로 재미와 친밀감을 높이기
"동료 3명과 공통점을 찾아보기"
"첫 고객님께 칭찬 한마디 전하기"

학습 및 성장 지원 프로그램

교육 및 실습 시간표
신입 디자이너를 위한 기본 기술 훈련
제품 교육 및 트렌드 스타일링 실습

피드백 미팅
매주 팀 리더와 1:1 피드백 미팅
잘한 점, 개선할 점, 다음 주 목표로 구성

미용실 주변 탐방과 생활 꿀팁

근처 맛집 지도
점심이나 퇴근 후 가기 좋은 카페, 맛집 정보

동네 탐방 이벤트
신입 직원이 지역 분위기를 파악할 수 있도록 근처 산책로, 마트, 약국 위치 등 생활 정보 제공

3개월 후 나에게 편지 쓰기

첫 출근일에 작성 : 입사 후 이루고 싶은 목표와 다짐을 적기

3개월 후 : 첫날 쓴 편지를 함께 읽으며 자신이 달성한 부분과 앞으로의 계획을 점검

온보딩 프로그램의 목표는 '신입 직원분들이 빠르게 성장하며 팀에 소속감을 느끼는 것'입니다. 함께하는 시간을 통해 신입직원 분들이 자신의 꿈과 열정을 펼칠 수 있는 환경을 만들어 주세요.

"처음은 낯설지만, 따뜻한 환영은 그 기억을 특별하게 만듭니다."

직원을 열광시키는 비밀 무기
1:1 미팅 가이드

"직원이 만족하면 고객은 팬이 된다!"

1:1 미팅은 단순한 피드백 시간만이 아닌, 직원과 리더가 서로 신뢰를 쌓고 성장의 방향을 설정하는 순간입니다. 팬덤 디자이너는 1:1 미팅을 통해 직원이 직무 만족감을 느끼고 자부심을 가질 수 있도록 소통의 다리를 놓아야 합니다.

1:1 미팅의 목적과 필요성

왜 1:1 미팅이 중요한가?

1:1 미팅은 단순히 업무 피드백을 주고받는 자리가 아닌 직원의 이야기와 감정을 듣는 시간입니다.

- 직원의 목표와 고민을 이해하고 적절한 지원 방안을 제안
- 성장 기회 제공과 업무 몰입도 향상
- 회사에 대한 소속감과 신뢰를 강화

1:1 미팅이 미용실 팬덤에 주는 효과

직원의 소리와 작은 불만을 귀담아들음으로써 퇴사율 감소
정서적 교감을 통한 긍정적 팀워크 형성
'우리 미용실은 나를 위한 공간'이라는 직원 인식을 형성하여 애사심 상승

1:1 미팅 상담 질문지

기본 질문 – 서로의 이해를 돕는 질문
① 요즘 가장 즐겁게 느낀 업무는 무엇인가요?
② 최근 시술 중 기억에 남는 고객 경험이 있나요?
③ 지금까지 가장 자신 있었던 스타일링은 무엇인가요?

성장을 위한 피드백 질문
① 현재 맡은 업무에서 성장을 위해 배우고 싶은 기술이나 분야가 있나요?
② 스스로 보완해야 한다고 느끼는 부분이 있나요?
③ 리더가 어떤 부분을 더 지원해주면 좋겠나요?

팀워크와 관계 형성을 위한 질문
① 팀원들과 협업할 때 가장 편안하게 느낄 때는 언제인가요?
② 팀 내에서 더 발전시키고 싶은 관계가 있나요?

③ 고객과의 관계를 개선하거나 유지하기 위해 시도해보고 싶은 것은 무엇인가요?

1:1 미팅 진행 시 주의사항

미팅 전 준비 사항

① 정확한 시간과 장소 약속 : 미팅 일정을 미리 조율하여 직원이 준비할 수 있게 합니다.
② 피드백 문서 준비 : 이전 미팅 기록과 현재 업무 관련 메모를 정리합니다.
③ 방해 요소 제거 : 미팅 중에 전화나 외부 방해가 없도록 조용한 공간을 사용합니다.

영화 '인턴'에서 벤 휘태커는 말합니다. **"경청은 상대를 이해하는 첫걸음이죠."** 직원 이야기에 집중하는 것이 미팅의 시작입니다.

대화 중 주의사항

① 공감과 경청 : '그랬군요.', '이 부분은 정말 멋지네요!' 등의 공감 표현 사용
② 솔직한 피드백 : 잘한 점은 구체적으로 칭찬하고, 개선할 부분은 제안형으로 전달
예 : "고객과의 상담은 너무 좋았어요! 다음에는 마무리 멘

트를 더 매끄럽게 하면 완벽할 거예요."
③ 강압적 태도 금지 : 해결책을 강요하지 않고, 스스로 해결
방안을 찾을 수 있게 유도
예:"이 부분은 어떻게 해결해보면 좋을까요?"

피드백 없는 계획은 구멍난 타이어를 수리하지 않고 고속도로를 달리는 것과 같다.

반드시 통하는 1:1 미팅 진행 방법

1:1 미팅 3단계 플로우

오프닝

가벼운 대화 : '요즘 건강은 어떠세요?', '최근 가장 재밌었던 일은?' 등 미팅의 긴장을 풀어줌

핵심 대화

긍정 포인트 확인 : "요즘 스타일링 리뷰를 보면 고객님들이 좋은 반응을 보이던데요!"

피드백 : 긍정적인 부분부터 언급하고, 개선 포인트는 '어떻게 하면 더 좋을지'를 함께 논의

마무리

다음 목표 설정 : "다음 미팅 전까지 어떤 부분을 개선해볼까요?"

격려와 마무리 : "당신은 이 팀에 꼭 필요한 분이에요. 함께 멋지게 성장해봐요!"

미팅 후 피드백
미팅 후 느낀 점과 개선된 점을 기록하여 다음 미팅 때 활용
감사 메시지 : "오늘 대화 정말 좋았습니다! 멋진 팀워크를 위해 함께해요."

상담 후 리더의 액션 플랜
① 결과 공유 : 미팅 후 주요 논의 사항을 메모하여 직원과 공유
② 지원 실행 : 필요 리소스나 요청된 지원 사항을 확인하고 빠르게 실행
③ 피드백 업데이트 : 이전에 논의했던 부분의 진행 상황을 체크

이벤트형 1:1 미팅 아이디어
① '커피 한 잔 미팅' 이벤트
    1:1 미팅을 카페나 브런치 타임으로 바꿔 편안한 분위기 조성
② '히든 팬 메시지' 코너
    미팅 후 짧은 응원의 포스트잇을 작성해 자리에 남기기
    예 : "당신의 노력, 고객도 리더도 다 알고 있습니다!"

1:1 미팅을 통해 팬덤을 형성하라
팬덤 디자이너는 직원들과의 1:1 미팅을 팬덤 구축의 첫 단계

로 만듭니다. 따뜻한 격려와 솔직한 피드백으로 '나는 인정받고 있다'라는 느낌을 준다면, 직원은 더 열정적으로 성장하게 됩니다. 리더의 작은 관심과 대화가 직원의 커다란 성장을 이끌어냅니다.

"1:1 미팅의 힘으로 팬덤 문화를 만들어가세요!"

당신의 미용실 회의는 안녕하십니까?

"회의는 아이디어를 나누는 곳이지, 숨 막히는 방이 되어선 안 된다."

미용실 회의는 단순히 스케줄 조정이나 매출 점검을 위한 자리가 아니라, 매장을 성장시키는 아이디어의 장이어야 합니다. 그러나 현실은 다릅니다. 회의라는 말만 들어도 눈치를 보고 숨이 턱 막히는 경우가 많습니다. 왜일까요? 이유는 간단합니다.

"누가 내 아이디어를 비웃지는 않을까?"

"괜히 말했다가 오히려 눈치만 보이겠지?"

이런 분위기에서 나온 아이디어는 결국 뻔하거나 남 얘기처럼 흘러갑니다. 숨 막히는 회의가 아닌, 심장이 뛰는 회의로 바꾸기 위해, 오늘부터 우리는 아이디어 회의의 이름을 새롭게 붙여봅시다.

평안한 회의를 만드는 첫걸음 – 이름부터 바꿔라

Pixar의 '브레인 트러스트', IBM의 '이노베이션 잼', 크리베이트의 '브레인 싱크'처럼 미용실에도 우리만의 아이디어 회의 이름을 지어봅시다.

예시 : 우리 미용실에 어울리는 회의 이름
글램 토크(Glam Talk)_반짝이는 아이디어를 나누는 대화의 시간
스타일 브릿지(Style Bridge)_디자이너 간 경험과 노하우를 연결하는 시간
뷰티 잼(Beauty Jam)_다양한 아이디어가 한데 모이는 시간
펌킨 브레인(Permkin Brain)_재미와 창의성을 담은 펌 헤어스타일처럼 말랑말랑한 사고

회의 이름을 짓는 순간, 단순히 시간을 때우는 회의가 아니라 미용실의 미래를 디자인하는 시간이라는 의미가 부여됩니다. 한 유명 드라마에서 "이 자리에 앉은 사람 모두가 각자의 입장에서 최선을 다해 대화해야 하는 겁니다."라는 말처럼 회의는 누군가의 독무대가 아닌, 모두의 참여가 있어야 합니다.

숨 막히는 회의의 공통점

문제 1 : 리더의 독백으로 끝나는 회의
진행자가 모든 의견을 쏟아 담고, 마무리도 독단적으로 내립니다. 결국, 회의가 아닌 '보고회' 또는 '설명회' 되어버립니다.

문제 2 : 말 많은 사람만 돋보이는 회의

한두 명의 말이 모든 시간을 차지합니다. 조용한 직원들은 발언할 기회조차 얻지 못하고, 존재감 없는 회의 참석자가 됩니다.

문제 3 : 결론 없는 회의

두서없이 떠오르는 이야기를 하다 보면 시간만 흐릅니다. 회의가 끝난 후에도 '그래서 결론이 뭐였지?'라는 질문이 남습니다.

평안한 회의를 위한 4가지 키워드

리더 없는 회의 – 모두가 리더다

회의는 누군가의 독단적인 진행이 아닌, 모두가 같은 목적을 향해 아이디어를 던지는 시간이 되어야 합니다.

실천법 : 진행자는 단순한 '조율자'일 뿐입니다. 모든 의견을 하나로 모으는 역할을 할 뿐, '결정자'가 아닙니다. '그 아이디어 좋은데요, 그리고…'로 시작하는 'Yes, And' 화법을 사용해 대화를 이어갑니다.

영화 '인셉션'에서 **"누군가의 아이디어에 살을 붙이면 꿈은 더 거대해집니다."** 라는 표현처럼 서로의 아이디어를 보완하고 발전시키는 시간이 되어야 합니다.

공감을 더하라 – 공격 금지, 제안은 환영

아이디어 회의에서 '그건 아닌 것 같은데요?'라는 부정적인 첫마디는 분위기를 차갑게 만듭니다. 반대로, 작은 아이디어도 긍정적인 피드백으로 발전할 수 있습니다.

실천법 : '그렇게도 할 수 있겠네요!', '그 아이디어를 좀 더 구체적으로 설명해 주세요!' 상대방의 의견을 보완할 수 있는 질문을 던지세요.

회의는 답을 찾는 과정이 아니라 다양한 시각을 펼치는 시간입니다.

주제는 간단하게, 목적은 분명하게

회의의 주제가 모호하면 대화도 산으로 갑니다.

실천법 : 회의의 주제와 목적을 1분 안에 설명할 수 있도록 간단하게 정리하세요.

"이번 회의의 목표는 10분 안에 SNS 이벤트 아이디어를 5개 내는 겁니다."

"회의의 결과는 고객 서비스 개선을 위한 3가지 키워드를 찾는 겁니다."

영화 '킹스 스피치'에서 **"짧지만 임팩트 있는 말 한마디가 청중을 사로잡는다."**라는 대사처럼 회의도 마찬가지입니다. 짧고 명확할수록 집중력이 높아집니다.

회의 후 피드백을 시스템화하라

회의가 끝난 후, 누군가의 아이디어가 실행되는 모습을 공유하면 직원들은 성취감을 느끼게 됩니다.

실천법 : 회의 내용과 결론을 간단한 메모로 공유합니다. 아이디어가 실행된 사례를 모두에게 알리고, 성공 사례를 축하하는 시간을 가집니다.

영화 '굿 윌 헌팅'의 "네 생각은 틀리지 않아. 스스로 증명해 보여."라는 표현처럼 회의 후에도 직원들의 아이디어가 존중받는 시스템을 만들어주세요.

결론 : 미용실 회의는 스타일링처럼 세심해야 한다

미용실 회의는 단순한 '업무 브리핑'이 아닌, 브랜드를 성장시키는 장이 되어야 합니다. 이름부터 새롭게 붙이고, 시스템을 정비하면 직원들이 숨 막히는 회의가 아닌, 심장이 두근거리는 아이디어 시간을 경험할 수 있습니다.
"이제 우리 회의는 고객의 스타일뿐만 아니라 직원의 성장까지 디자인합니다."

당신의 미용실 회의는 이제 안녕하십니까?

직원을 팬으로 만드는 성장 전략
4가지 핵심 키워드

"성장하는 직원은 팬을 만들고, 팬이 된 직원은 매장을 빛낸다."
미용실 직원들을 진정한 팬으로 만들고 성장시키기 위해서는 단순한 기술 교육을 넘어, 감동과 의미를 함께 전달해야 합니다. 여기 4가지 핵심 키워드를 통해 직원들이 진정한 '팬덤 디자이너'로 성장할 수 있도록 돕는 전략을 소개합니다.

꿈을 위한 투자 - 돈이 없으면 꿈도 사라진다?

핵심 메시지 : 직원의 꿈을 존중하고 지원하라
미용실에서 꿈을 꾸는 신입 직원들이 있습니다. 그러나 경제적인 현실이 그 꿈을 꺾기도 하죠. 만약 리더가 '경제적 부담을 덜어주고 성장할 기회를 제공'한다면, 직원은 단순한 '일자리'가 아닌 '꿈을 이룰 공간'으로 매장을 인식하게 됩니다.

미용실 사례 : S 미용실은 신입 직원에게 6개월간 무료 기술 세

미나를 제공했습니다. 직원들은 '기술뿐만 아니라 나를 위한 투자'라는 느낌을 받았고, 그 결과 이직률이 50% 이상 감소했습니다.

영화 '인턴'에서 벤 휘태커는 **"진짜 성공은 타인을 성장시키는 거예요."**라고 합니다. 이 대사는 직원이 성장할 수 있는 공간을 제공한다면 그 직원은 더 나은 하이퍼포머가 되는 것입니다.

의미를 파는 리더 - 기능이 아닌 의미를 판매하라

핵심 메시지 : 기술 교육을 넘어 '의미 있는 순간'을 제공하라

기술은 누구나 배울 수 있지만, 리더의 진심 어린 관심과 지원은 흔치 않습니다. 리더가 전하는 작은 의미와 가치는 직원들에게 큰 동기부여가 됩니다.

미용실 사례 : L 미용실은 매달 직원들에게 '나만의 시그니처 시술 방법'을 발표할 기회를 주었습니다. 이를 통해 직원들은 자신만의 강점을 홍보하며 고객과의 관계도 강화했습니다.

직원이 자신만의 의미를 찾을 수 있게 기회를 주세요. 그들은 고객에게 그 의미를 전달할 것입니다.

고가의 상품을 없애면 안 된다 – 성장 기회를 차별화하라

핵심 메시지 : 성장 프로그램에도 '프리미엄 옵션'을 제공하라

모든 직원이 같은 교육과 기회를 원하는 것은 아닙니다. 누군가는 더 깊이 있는 교육을, 누군가는 새로운 스타일링 기법을 배우고 싶어합니다.

미용실 사례 : A 미용실은 '프리미엄 성장 코스'를 도입하여 원하는 직원에게 트렌드 세미나, 퍼스널 브랜딩 교육을 추가 제공했습니다. 이 과정에 참여했던 직원들은 인스타그램 팔로워가 급증했고, 매출도 상승했습니다. 리더는 직원에게 선택할 기회를 제공하여 그들의 성장을 돕습니다.

팬은 싸게 사고 싶은 사람이 아니라 응원하고 싶은 사람이다 – 진심으로 소통하라

직원이 자신의 직무에 자부심을 느끼면 고객을 팬으로 만들기 위해 더욱 노력합니다. 진심 어린 소통을 통해 직원이 매장과 직업을 사랑할 수 있게 돕는 것이 중요합니다.

미용실 사례 : M 미용실의 김 디자이너는 매달 고객 사연 이벤트를 열어 고객이 공유한 이야기를 바탕으로 작

은 손편지를 보냈습니다. 이를 지켜본 직원들은 고객과의 소통의 중요성을 배웠고, 각자만의 방법으로 팬덤을 만들어갔습니다.

영화 '라라랜드'에서 세바스찬은 말합니다. **"사람들은 이야기에 빠져든다."** 직원들에게 고객과의 '이야기'를 만들어가게 하세요. 이야기는 곧 브랜드와 팬덤의 기초입니다.

결론: 팬덤 문화를 만드는 직원을 양성하라

리더는 직원의 잠재력을 보고, 그들을 성장시켜야 합니다. 꿈을 존중하고, 의미 있는 순간을 만들어주며, 차별화된 기회를 제공하고, 진심으로 소통할 때, 직원은 단순한 '일꾼'이 아닌, 매장의 든든한 팬이자 브랜드의 홍보대사가 됩니다.

직원이 팬이 될 때, 고객은 열광하게 된다.
팬덤디자인은 직원과 함께 시작됩니다!

기울어진 운동장

요즘 MZ세대와 많은 사람들은 공정하지 않은 것을 극도로 싫어합니다. 그래서 이런 말이 있죠.

"배고픈 건 참아도, 배 아픈 건 못 참는다."

웃기지만 슬픈 현실입니다. 그런데 더 슬픈 건, 우리 매장을 떠나는 직원들이 배도 아픈데, 배까지 고프다는 점입니다. 공정하지 않다는 생각이 그들에게 억울함을 안기고, 기울어진 운동장처럼 느끼게 만듭니다.

공정하지 않은 시스템은 직원들에게 '왜 나만 이런 대우를 받아야 해?'라는 생각을 심어줍니다. 특히 뛰어난 동료가 높은 성과를 보이고 그에 따른 보상이 주어질 때, 주변 동료들은 자신이 기울어진 운동장에 서 있는 듯한 기분을 느낄 수 있습니다.

사람마다 성공의 계절은 다릅니다. 꽃이 피는 시기가 다르듯, 직원들의 성장 시점도 모두 다릅니다.

"그 사람은 왜 벌써 잘나가고, 나는 이럴까?"

비교는 결국 독이 됩니다. 이를 해결하기 위해선 비교 대신 동기부여를 해야 합니다.

사례 : A 디자이너의 성공과 B 디자이너의 불만

A 디자이너는 경력 2년 차에 불과했지만, 독창적인 기술과 친화력으로 단골을 확보해 빠르게 성장했습니다. 반면 B 디자이너는 5년 차임에도 불구하고 성과가 더뎠죠. B 디자이너는 묻습니다.

"나는 이렇게 노력하는데 왜 저 사람만 인정받나요?"

원장은 B 디자이너를 다독이며 이야기했습니다.

"A는 지금 성공 '진행 중'이지, 완벽한 성공이 아니야. 그리고 네 시간도 분명히 올 거야."

그러고는 B 디자이너의 장점을 칭찬하고 부족한 부분을 함께 보완하며 맞춤형 동기부여 프로그램을 실행했습니다. 그 결과, 1년 후 B 디자이너는 A보다 더 많은 단골을 확보하게 되었죠. 지금 성공했다고 끝난 것이 아닙니다. 화살표는 언제든 아래를 향할 수 있습니다. 성공은 '완성'이 아닌 '진행형'이라는 메시지를 지속적으로 알려줘야 합니다. 우리는 이뤄낸 사람들에게도 깨달음을 주어야 합니다.

"네가 이 자리에 있기까지는 주변의 도움과 협력이 있었다는 사실을 잊지 말아라."라는 메시지입니다.

공정함을 위한 세 가지 원칙

모두의 속도를 인정하라

성공의 시점은 다릅니다. 느린 직원이 있더라도 방향만 맞으면 언젠가는 도착합니다. 빠르다고 먼저 도착하지 않고, 느리다고 포기할 필요도 없습니다.

성공의 의미를 공유하라

성공은 나 혼자 올라가는 것이 아닌, 팀 전체의 성장을 이끄는 것입니다.

소통과 피드백을 꾸준히 하라

'넌 충분히 잘하고 있어.', '이 부분은 이렇게 개선해 보자.'라는 피드백은 기울어진 운동장을 평평하게 만듭니다.

공정함은 모두를 자유롭게 만듭니다. 불공정함을 없애기 위한 적은 노력은 기울어진 운동장을 평평하게 만들고, 그 운동장에서 모두가 함께 뛸 수 있게 해줍니다. 꽃이 피는 계절은 모두 다르지만, 결국 한 계절 안에서 아름다운 정원이 만들어지듯, 우리 미용실도 모두가 주인공이 될 수 있는 무대를 만들어야 합니다.

지금은 인재전쟁 시대

강의를 할 때 저는 종종 이렇게 말합니다.
"눈만 마주쳐도 인재다!"
얼마나 공감되시나요? 요즘 눈을 따뜻한 시선으로 맞추며 밝게 인사하는 직원을 찾아보기가 정말 힘든 시대입니다. 눈을 마주치지 않는다는 것은 곧 관심이 없다는 뜻이기도 합니다. 소개팅에 나갔는데 상대방이 눈도 안 마주치고 딴청만 부린다고 상상해 보세요. 짜증 나죠? 이건 미용실도 마찬가지입니다. 돈을 내고 그것도 비싼 시술비를 지불하며 찾아오신 고객님이 '여기서 나를 신경 쓰지도 않네?'라는 생각을 한다면 끔찍할 수밖에 없습니다.
"그렇다면 이런 태도는 바꿀 수 있을까요?"
훈련이나 교육을 통해 어느 정도 개선할 수 있습니다. 하지만 연구에 따르면 억지로 미소 짓는 것, 즉 '급방긋(억지로 웃는 미소)'이 오히려 더 기분 나쁘다는 결과도 있습니다. 심리학 실험에서 한 그룹은 자연스러운 미소를 짓고, 다른 그룹은 억지로 미소를 짓게 했을 때, 억지 미소를 받은 사람들은 상대방이 자신을 무시하거나 가식적이라는 느낌을 더 받았다고 합니다.

고객님이 원하는 건 진짜 감정, 진짜 환영입니다.

영화 '킹스맨'의 대사 "매너가 사람을 만든다."라는 말처럼 미용실도 다르지 않습니다. 매너가 고객을 만들고, 인재가 매장을 만듭니다. 결국, 인재를 더 많이 확보한 곳이 경영 경쟁에서 살아남는 승자가 될 것입니다.

사례 : A 미용실과 B 미용실

A 미용실의 원장은 직원들에게 "눈을 보고 웃으면서 고객님을 맞이하라"라고 강조했습니다. 직원들은 고객이 들어올 때마다 자연스럽게 미소를 지으며 맞이했고, 결과적으로 고객 후기 사이트에 "들어설 때부터 기분이 좋아지는 곳"이라는 후기가 늘어났습니다. 반면, B 미용실은 "굳이 웃을 필요 없어, 머리만 잘하면 돼!"라는 문화가 자리 잡았습니다. 고객들은 매장 분위기에서 딱딱함을 느끼고, 한두 번 방문 후 다시 오지 않았습니다.

C 미용실의 원장은 매출 매출만 외칩니다. 이런 영향 때문인지 어느 기간까지는 매출이 오릅니다. 하지만 매출에만 신경쓰다 보니 몇몇 직원의 이기적인 행동이 매출이 높으면 용서되는 무거운 분위기가 반복되고, 한 명 두 명 인재가 떠나고 결국 문을 닫게 됩니다. 그렇다면 인재는 어디서 만날 수 있을까요? 답은 간단합니다.

"인재는 이미 우리 주변에 있다."

인재는 완벽한 스펙을 가진 사람이 아닌, 좋은 태도를 가진 사람입니다. 좋은 인재는 대학 캠퍼스 카페, 동네 상점, 온라인 커뮤니티 등 어디서든 발견할 수 있습니다.

예시: 일상 속 인재 찾기

한 카페에서 아르바이트하던 C는 언제나 고객과 눈을 마주치며 "감사합니다, 좋은 하루 되세요!"라고 인사했습니다. 이 모습을 본 D 미용실 원장은 단골손님으로 방문할 때마다 C의 태도에 감동했고, 결국 C를 미용실 리셉션 직원으로 채용했습니다.

C는 미용실에서도 친절한 응대와 밝은 미소로 고객들에게 큰 인기를 얻으며, 미용실 브랜드 이미지를 상승시켰습니다.

그럼 인재들이 우리 매장에 오고 싶게 만들려면 어떻게 해야 할까요? 답은 간단합니다. 우리 매장이 꿈을 이룰 수 있는 곳이라는 메시지를 전달해야 합니다. 꿈을 이룰 수 있는 곳, 나를 인정해주는 곳, 성장할 수 있는 곳이라는 느낌을 주는 것이 중요합니다.

팁: 인재를 끌어오는 매장 분위기 만들기

칭찬 문화

영화 '어벤져스'에서 캡틴 아메리카는 팀원들을 지휘하며 **"잘했어!"**라고 자주 말합니다. 칭찬은 누구나 성장할 수 있는 에너지가 됩니다.

성장 기회 제공

성장할 기회와 교육을 제공해야 합니다. 새로운 기술을 배우고 자신만의 커리어를 확장할 수 있도록 지원하는 프로그램은 큰 매력 포인트입니다.

함께 일하는 즐거움 강조

드라마 '나의 해방일지'에서는 **"함께 있는 순간이 소중해야 한다."** 라는 메시지를 전합니다. 직원들끼리의 협력과 즐거움은 인재들이 오래 머무르게 만드는 원동력입니다. 마지막으로, 인재를 끌어오기 위한 첫걸음은 "우리 매장이 먼저 인재로 가득 차야 한다"라는 점입니다. 매장의 분위기, 원장의 리더십, 그리고 직원들 간의 관계는 곧 외부로 전달되는 매장의 첫인상입니다.

매장을 찾는 고객님과 함께, 그리고 함께 일하는 직원들과 함께 긍정적인 에너지를 나눌 수 있는 매장이 되기를 바랍니다.

인재는 소중합니다. 그리고 그 인재를 끌어오고 유지할 수 있는 매장은 더욱 소중합니다.

인재는 그 어떠한 것보다 중요합니다.

"결국, 모든 혁신은 사람에서 시작된다."

스티브 잡스가 애플을 떠나면서 위기를 맞았던 애플은, 그가 돌아오자 다시 세계 1등의 기업으로 거듭났습니다. '전환점이 된 계기는 무엇인가요?'라는 질문에 스티브 잡스는 말했습니다. **"전환점을 함께 만들어갈 인재를 찾는 것"** 이라고요.

미용실에도 '인재'가 필요한 진짜 이유

우리 미용실은 어떤가요?
미용실 경영도 혼자 할 수 있는 일이 아닙니다.
"머리를 자르는 건 혼자 할 수 있지만, 문을 여는 건 혼자가 아닙니다."

고객을 열광시키는 감각적인 디자이너
예약과 관리로 일의 흐름을 잡는 리셉션 직원
고객을 맞이하는 따뜻한 미소와 섬세한 손길

이 모든 인재가 팀으로 움직일 때 팬덤이 생기고, 미용실이 성장합니다.

픽사의 공동 창업자 에드 캣멀도 이렇게 말했습니다.
"모든 것을 걸어야 할 위대한 사람은 누구일까?"
미용실에서는 이런 질문을 던져야 합니다.
"우리 매장을 성장시킬 '스타 플레이어'는 누구일까?"

인재를 대하는 태도는 리더의 격을 결정합니다.

빌 게이츠는 말했습니다.
"우리 회사 최고의 인재 20명을 누군가 데려간다면, 마이크로소프트는 평범한 회사가 될 것이다."
사람이 전부라는 얘기죠. 미용실에서도 똑같습니다.
뛰어난 디자이너가 떠나면 고객도 함께 떠납니다. 직원을 단순히 '머리를 자르는 사람'으로 보지 말고, '미용실의 가치 그 자체'로 봐야 합니다.

리더십의 끝판왕
진정성 있는 리더

군대에 지뢰 제거 작전을 지휘할 때 보통 장군들은 대부분 안전한 곳에서 지시를 내렸습니다. 그런데 한 장군님은 달랐습니다. 무거운 지뢰 보호복을 입고 직접 작전 지역 끝까지 들어오셨습니다. '진짜 리더는 말이 아닌 행동으로 보여준다.'라는 것을 자신이 스스로 보여 준 멋진 리더였습니다.

미용실에서도 마찬가지입니다. 디자이너가 무거운 스케줄을 소화할 때 신입 직원이 실수했을 때 그 순간, 리더는 행동으로 보여줘야 합니다. 리더의 진정성 있는 행동은 팀을 하나로 묶어줍니다.

미용실 리더의 필수 요소는 빠른 의사결정이 필요합니다. 리더가 우유부단하면 매장은 혼란에 빠집니다. 고객이 기다리는데, 디자이너가 서로 눈치만 보는 상황, 신규 디자이너가 고객 클레임을 받았지만, 누구도 해결하지 않는 상황에 빠르게 대처하여야 합니다.

"결정을 내리지 않는 건, 잘못된 결정보다 더 나쁜 것이다."

빠른 결정을 내리고, 책임을 지는 모습은 팀원들에게 신뢰를 줍니다. 때로는 고객이 문제를 제기할 때도 과감하게 리더십을 보여야 합니다.

"괜찮습니다. 이건 제가 해결하겠습니다."

비전은 가슴을 뛰게 한다

미용실 운영에도 비전이 있어야 합니다.

"나는 어떤 미용실을 만들고 싶은가?"

비전은 단순한 목표가 아니라 가슴이 뛰는 사명이어야 합니다. 미국 대통령 케네디가 NASA에 말한 사명처럼 말이죠.

"우리 미국은 1960년대가 끝나기 전에 사람을 달에 착륙시키고, 무사히 지구로 데려올 것이다."

미용실도 이런 사명을 가질 수 있습니다.

"우리 매장은 고객 한 사람 한 사람을 사랑받는 스타로 만들겠다."

"고객과 직원 모두가 꿈꾸는 공간을 실현하겠다."

혁신적인 미용실을 만드는 6가지 비법

어떤 아이디어든 수용하기
처음에는 터무니없는 생각처럼 보이는 아이디어가 혁신될 수 있습니다.
A 디자이너가 말했습니다.
"선생님, SNS 라이브로 헤어 스타일링 꿀팁을 공유하면 어때요?"
처음에는 무리라고 생각했지만, 몇 주 후 고객들이 라이브를 보며 예약을 시작했습니다.
"작은 아이디어가 팬덤으로 이어질 수 있다."

고객 되기
파타고니아의 창립자처럼 고객의 입장이 되어야 합니다. 고객 입장에서 생각해 보세요.
"이 헤어스타일이 나에게 진짜 어울릴까?"
"미용실의 첫인상이 따뜻한가?"
직원 교육을 할 때도 고객 경험을 시뮬레이션해 보세요.
"만약 내가 고객이라면, 이 순간 어떤 기분일까?"

실험과 실수

에디슨은 전구 발명 중 9,000번 넘게 실패했지만 말했습니다. **"나는 9,000번 실패한 게 아니라, 9,000가지 방법을 배웠다."**

강남의 한 미용실 직원은 꾸준히 인플로언서들에게 dm을 보내 자신을 어필하고 헤어모델을 제안하였지만, 처음에는 반응이 없어 포기할까도 생각했습니다. 스스로와 한 약속대로 끈기 있게 도전한 결과 지금은 예약할 수 없을 정도의 인기디자이너가 되었습니다. 미용실도 실패를 두려워하지 말고 새로운 시도를 해야 합니다.

새로운 염색 기법 도전

고객 이벤트나 리워드 프로그램 시도

"실패는 실험일 뿐이다."

창의적인 직원 발굴하기

픽사는 독특한 인재를 찾습니다. 미용실에서도 창의적인 디자이너를 찾아야 합니다. 머리를 잘 자르는 능력뿐만 아니라, 고객과의 소통을 잘하는 감각도 중요한 창의성입니다.

자율성 부여하기

리더는 모든 일을 직접 통제하려고 해선 안 됩니다. 믿고 맡기는 태도가 필요합니다. 디자이너가 스스로 예약을 관리하고, 고객에게 필요한 스타일을 제안할 수 있도록 자율성을 보장하세요.

보상 체계 만들기

기여한 직원에게 보상을 주어야 합니다. 매달 가장 많은 예약을 달성한 디자이너, 리워드 고객 후기에서 높은 평가를 받은 직원에게 특별한 혜택이 주어진다면, 성취감이 배가 될 것입니다.
"직원의 기여는 인정받을 때 더 빛난다."

결론 : 사람을 최고의 자산으로 세계적인 리더들은 하나같이 말합니다

"사람이 곧 혁신이다."

미용실 운영에서도 인재는 단순한 직원을 넘어, 성장의 동반자가 되어야 합니다. 고객을 팬으로, 매장을 성장의 무대로 만들기 위해선 최고의 팀을 만드는 것이 가장 중요합니다.

직원 피드백을 예술로 만들기

 미용실에서 고객을 팬으로 만드는 것만큼 중요한 게 있습니다. 바로 직원을 팬으로 만드는 것입니다. 고객 만족은 결국 직원 만족에서 시작되니까요. 하지만 때로는 직원에게 부정적인 피드백을 줘야 할 때가 있습니다. 이때 단순한 지적이 아니라 성장할 수 있는 피드백을 주는 것이 중요합니다. 피드백도 하나의 예술입니다. 적절한 터치로 균형을 맞추면 직원은 더욱 성장하고, 미용실의 분위기도 좋아집니다. 이를 위해 FPBSS 원칙을 기억하세요.

팩트(Fact) - 근거가 명확해야 한다

 고객이 "이 직원 너무 불친절해요"라고 했을 때, 그냥 "친절하게 해"라고 말하면 변화를 기대하기 어렵습니다.
 잘못된 피드백 : "너는 서비스가 부족해."
 좋은 피드백 : "오늘 고객이 두 번이나 질문했는데 성의 없는 답변을 했다고 하더라."
 막연한 비판이 아니라 구체적인 사실을 기반으로 이야기해야

상대도 문제를 인식하고 개선할 수 있습니다.

목적(Purpose) - 왜 필요한지를 강조하라

피드백을 받을 때 직원이 가장 궁금한 것은 "왜?"입니다. 단순한 지적이 아니라 고객을 만족시키고, 매장을 성장시키기 위한 과정임을 알려줘야 합니다.

잘못된 피드백 : "이렇게 하면 안 돼."

좋은 피드백 : "이 부분을 개선하면 고객이 더 만족하고, 다시 방문할 확률이 높아질 거야."

비판이 아니라 함께 성장하는 과정임을 강조해야 합니다.

균형(Balance) - 극단적인 표현을 피하라

"너는 항상 늦어.", "한 번도 제대로 한 적이 없어." 이런 극단적인 표현은 직원이 반발하게 만듭니다.

잘못된 피드백: "너는 늘 예약 관리를 엉망으로 해."

좋은 피드백: "지난주에 두 번 예약 시간이 맞지 않았어. 이유가 있니?"

사람은 공격받는다고 느끼면 방어 태세를 갖춥니다. 감정을 자극하지 않는 균형 잡힌 표현이 필요합니다.

해결책(Solution) - 함께 해결책을 찾아라

지적만 하면 직원은 "그래서 어쩌라고?"라는 반응을 보이기 쉽습니다. 단순한 문제 제기가 아니라 해결 방법을 함께 고민하는 과정이 필요합니다.

잘못된 피드백: "이제부터 실수하지 마."

좋은 피드백: "고객 응대를 개선하려면 어떤 방법이 좋을까? 네 생각은 어때?"

직원이 직접 해결책을 고민하면 변화의 주체가 됩니다.

기준(Standard) – 명확한 기준을 제시하라

모호한 경고는 효과가 없습니다. 직원이 어떤 행동이 문제인지, 반복되면 어떤 결과가 따를지 명확히 알아야 합니다.

잘못된 피드백: "다음에도 그러면 곤란해."

좋은 피드백: "한 달 안에 3번 이상 지각하면 근무 조정을 고려할 수밖에 없어."

기준이 명확하면 직원도 자신의 행동을 조정할 수 있습니다.

모든 직원이 처음부터 완벽할 수는 없습니다. 하지만 적절한 피드백을 주면, 누구나 성장할 수 있습니다. 문제를 지적하는 것이 아니라 함께 해결하는 과정이 되어야 합니다.

FPBSS 원칙을 활용하면 직원들은 방어적 태도가 아니라 변화의 기회로 피드백을 받아들일 것입니다. 그리고 직원이 성장하면, 고객 만족도도 자연스럽게 올라갑니다.

피드백을 예술처럼 다루는 미용실, 고객뿐만 아니라 직원까지 팬으로 만드는 곳이 될 수 있습니다.

뛰어난 미용인 보다 좋은 미용인을 만들자

"좋은 사람이 좋은 전문가가 된다."라는 말이 있습니다. 세계적으로 성공한 사람들의 공통점은 기술뿐만 아니라 그들이 가진 인성과 품성에 있습니다. 기술은 배우면 되지만, 태도와 인성은 쉽게 배울 수 있는 것이 아니기 때문입니다.

야구 그 자체가 된 오타니 쇼헤이와 트로트 그 자체가 된 임영웅이 그 대표적인 사례입니다. 이 두 사람의 성공은 단순히 실력이 뛰어났기 때문만은 아닙니다. 이들이 세계적인 사랑과 존경을 받는 이유는 그들이 '좋은 사람'이었기 때문입니다.

오타니 쇼헤이는 일본 야구계를 넘어 전 세계 메이저리그 팬들에게 사랑받는 선수입니다. 그는 실력으로만 주목받는 것이 아니라 인성으로도 많은 팬들의 존경을 받습니다.

사례 : 메이저리그 경기 후, 오타니는 항상 상대 팀 선수들과 심판들에게 먼저 인사를 건넵니다. 팀에서 아무리 중요한 경기라도, 그는 경기 전후에 상대를 존중하며 그라운드의 모든 사람들과 눈을 마주치며 인사를 나눕니다.

"내가 하는 모든 행동이 내 팀과 일본을 대표한다는 마음으로 행동합니다."라는 그의 한마디는 사람들을 감동시켰습니다.

이와 같은 태도는 미용실에서도 마찬가지입니다. 고객의 마음을 움직이는 것은 화려한 기술만이 아닙니다. 디자이너의 작은 미소, 다정한 말투, 사소한 배려가 고객의 마음을 사로잡습니다.

미용실 사례 : 어느 날, 한 고객님이 말했습니다.
"여기 디자이너 선생님은 머리만 잘하는 게 아니라, 내 얘기를 진심으로 들어주더라고요. 여기가 내 힐링 카페예요."
머리를 자르는 시간이 단순히 서비스 시간이 아닌, 고객과 공감하고 위로하는 시간이 된 거죠.

임영웅은 단순히 트로트를 잘 부르는 가수를 넘어, 국민의 마음을 어루만지는 가수가 되었습니다. 그의 가장 큰 무기는 '공감'입니다. 한 콘서트에서 한 팬이 울면서 '영웅 님 덕분에 힘든 시기를 버틸 수 있었어요.'라고 외쳤습니다. 임영웅은 잠시 노래를 멈추고 팬에게 다가가, '제가 힘이 되어 드릴 수 있어서 영광입니다.'라고 말했습니다. 그날의 무대는 단순한 공연이 아닌 치유의 시간이 되었습니다.

뛰어난 미용인 보다 좋은 미용인이 되기 위해 필요한 자세

인사는 기본이자 필수

첫인상이 모든 것을 결정합니다. 오타니 쇼헤이가 "공을 던지기 전 인사를 던진다"고 말했듯이, 우리 미용실의 첫 서비스는 머리를 만지기 전에 진심 어린 인사입니다.

"안녕하세요, OO 고객님! 오늘도 좋은 하루 되세요!"라는 짧은 한마디가 고객의 하루를 바꿀 수 있습니다.

공감 능력 키우기

임영웅이 "모든 사람의 이야기를 내 노래로 들려주고 싶다"고 말했듯이, 고객의 이야기를 귀 기울여 듣는 것이 중요합니다. 고객은 단순히 머리를 자르러 오는 것이 아닙니다. 그들은 새로운 시작, 새로운 기분 전환을 위해 미용실을 찾습니다.

사례 : 어느 날 한 고객님이 면접을 앞두고 커트하러 왔다면, "이번 면접 정말 잘 보실 거예요! 자신감을 가질 수 있는 스타일로 해드릴게요!"라고 응원과 함께 디자인을 추천해보세요. 고객은 머리뿐만 아니라 마음까지 다듬어 갑니다.

미용실에서의 작은 순간, 작은 행동이 한 사람에게는 잊을 수 없는 감동이 될 수 있습니다. 영화 '인턴'에 나오는, "경험은 나이를 따지지 않아. 따뜻한 태도가 진짜 스펙이야." 표현처럼 미용의 기술은 시간이 지나며 성장하지만, 진심 어린 태도와 배려는 당장 내일부터도 실천할 수 있는 최고의 스펙입니다.

뛰어난 미용인이 아닌 좋은 미용인으로 성장하기 위한 다짐
고객의 이야기를 듣는 시간을 소중히 하기
작은 배려의 말을 잊지 않기
고객 앞에서 늘 프로다운 자세를 유지하기

임영웅처럼 한 사람 한 사람에게 진심을 전하고, 오타니 쇼헤이처럼 상대방을 존중하는 태도를 지닌다면, 우리 미용실도 고객들로부터 '이곳은 내가 주인공이 되는 곳'이라는 감동을 줄 수 있을 것입니다.

결국, 좋은 미용인은 고객의 헤어스타일 뿐만 아니라 그들의 삶에 힐링과 행복을 주는 사람입니다. 머리카락 끝을 손질하면서 마음의 끝도 다듬어 줄 수 있는 미용인이 되어봅시다!

퇴사자는 가장 확실한 입소문 고객입니다

이별은 아름다울 수는 없어도, 더러워서는 안 됩니다. 우리는 흔히 퇴사자를 보낼 때 '정리한다', '보낸다' 심지어 '짜른다'라는 표현을 사용합니다. 하지만 미국의 많은 기업들은 다르게 표현합니다. '더 좋은 곳으로 인도한다', '안내한다'라고 표현하죠.

왜 그럴까요? 그 이유는 간단합니다. 떠난 직원이 훗날 우리의 고객이 될 수 있기 때문입니다.

그 뿐만아니라 떠난 직원들은 '버즈' 즉, 입소문 고객으로 우리 매장 평판에 큰 영향을 미칩니다. 퇴사자가 남기는 입소문은 강력합니다. 여러분은 새로운 미용실을 찾을 때, 어디서 정보를 얻나요? 대부분의 고객이 주변 사람들의 경험담을 먼저 떠올립니다. '야, 거기? 나 그 미용실에서 한 번 당했어.' 혹은 '진짜 친절해, 머리도 잘해!' 떠난 직원들도 마찬가지입니다.

팔이 안으로 굽는 속담처럼, 현직자들의 이야기는 어느 정도 편향되어 들릴 수 있습니다. 하지만 그곳을 떠난 사람의 이야기는 다릅니다. 그들은 속해 있지 않기 때문에 더 신뢰를 얻습니다.

예시 : 퇴사 후에도 팬이 된 사람들

영화 '인턴'을 보면 이런 장면이 나옵니다. 벤(로버트 드 니로)이 퇴직 후, 젊은 CEO 줄스(앤 해서웨이)의 인턴으로 들어가면서 회사에 활력을 불어넣습니다. 벤은 단순히 퇴사자가 아니라, 경험과 평판으로 그 회사를 홍보하는 살아있는 입소문이었죠. 퇴사한 직원도 이와 같습니다. 좋은 마무리를 한 직원은 이렇게 말합니다.

"거기, 일할 땐 힘들었지만 진짜 배우는 게 많았어."

나쁜 마무리를 한 직원은 이렇게 말할 겁니다.

"진짜 사람을 함부로 대해."

사람들은 어느 쪽 이야기를 듣고 싶어 할까요?

현실 사례 : 두 가지 다른 이별

Case 1 : 아름다운 이별

한 미용실에서 3년 동안 근무했던 디자이너가 개인 샵을 오픈하기 위해 퇴사했습니다. 대표는 "너의 꿈을 응원한다"라며 작은 축하 파티를 열어주었고, 퇴사 전날에 고별 메시지를 SNS에 남겼습니다. 그 디자이너는 퇴사 후에도 매장의 팬으로 남아, 주변에 미용실을 소개했고 종종 놀러 오기도 했습니다.

Case 2 : 더러운 이별

또 다른 미용실에서는 퇴사자가 늘어날 때마다 나쁜 소문이 돌았습니다. 퇴사할 때 매장 분위기는 싸늘했고, 남은 직원들은 퇴사자를 험담했습니다. 결국 SNS 리뷰에는 이런 글이 올라왔습니다.
"그 미용실은 항상 사람이 바뀌어. 뭔가 문제가 있지 않을까?"
고객들의 신뢰를 잃었고, 매장은 급격히 어려워졌습니다.

좋은 이별을 위한 다섯 가지 팁

퇴사 축하 파티를 열자

직원을 보내는 마지막 날, 간단한 다과나 이벤트를 열어주세요. '너의 새로운 출발을 응원해.'라는 한마디는 직원뿐만 아니라 남은 직원들에게도 따뜻함을 줍니다.
드라마 '미생'에서 오 과장은 이렇게 말합니다. **"이별할 때는 잘 보내줘야 돼. 그래야 다시 만나도 얼굴을 들지."**

감사 메시지를 남기자

퇴사자에게 감사의 카드를 써보세요.
"OO 디자이너님 덕분에 우리 매장은 더 성장할 수 있었습니다."
그 사람의 노력을 인정하고 기리는 메시지는 퇴사자의 마음에 깊은 인상을 남깁니다.

마지막 날을 특별하게 만들자

퇴사하는 날, 고객과 작별할 기회를 주는 것도 좋습니다.

"○○ 선생님이 개인 샵을 열게 되셨어요. 축하해 주세요!"

이러한 정중한 공지는 고객의 신뢰를 높이고, 떠난 디자이너를 응원하는 팬층을 만듭니다.

험담을 피하자

퇴사자가 떠난 후, 험담은 절대 금물입니다. '걔, 진짜 문제 많았잖아.'라는 말은 남아 있는 직원들에게도 불안을 줍니다.

드라마 '나의 해방일지'에서는 이런 대사가 나옵니다. "사람을 함부로 말하면, 그건 결국 네 얼굴이야."

재방문 기회를 열어주자

퇴사자가 다시 돌아올 수 있는 환경을 만들어야 합니다. 경쟁사가 아닌, 다시 우리 매장을 선택할 수 있는 기회를 주는 거죠. "언제든 다시 돌아오고 싶다면 환영해."

떠나는 직원이 남기는 말 한마디가 우리 미용실의 미래를 바꿀 수 있습니다. '거기는 정말 좋은 곳이었어.'라는 말 한마디가 고객과 직원들에게 전파되며 팬덤을 형성할 수 있습니다.

떠난 직원도 우리의 '입소문 고객'이 될 수 있습니다. 그러니 이별은 아름다울 순 없더라도, 절대 더럽게 끝나선 안 됩니다.

다시 말하지만, 퇴사자는 떠난 후에도 팬이 될 수 있습니다.

개인 성과관리에서 개인 커리어관리로

과거에는 조직의 성과와 개인의 성장이 일치하는 것처럼 보였습니다. 팀이 성공하면, 개인도 성공하는 것이 당연했습니다. 하지만 MZ세대(밀레니얼+Z세대)의 등장은 이 공식을 흔들어 놓았습니다. 이제는 단순히 '성과'가 아니라, '내 삶과 커리어가 조화롭게 성장할 수 있는 환경인가?'를 더 중요하게 여깁니다.

즉, 더 이상 '성과 관리'만으로는 직원의 마음을 잡을 수 없습니다. 이제는 '커리어 관리'가 새로운 리더십의 핵심이 되어야 합니다.

과거의 공식 : 성과 = 성공

과거 직장에서는 '성과를 내면 보상받는다.'는 공식이 확고했습니다. 리더들은 직원들에게 성과 목표를 설정하고, 이를 달성하는 것에 집중했습니다.

하지만 이 방식은 이제 더 이상 효과적이지 않습니다.

MZ세대의 공식 : 균형이 곧 성공이다

성과보다는 커리어 성장 : 성과를 내는 것보다, '내가 성장하고 있는가?'를 더 중요하게 여깁니다.

성공보다는 삶의 균형 : 퇴근 후에도 회사의 목표를 생각하기보다는, 내 삶의 질을 먼저 고민합니다.

우리보다는 나 : "회사가 성공하는 것보다, 내 커리어가 성장하는 것이 더 중요합니다."

사례 : '우리'가 아닌 '나'를 중시하는 MZ세대 직원들 한 미용실 원장은 팀 목표를 강조하며 동기부여를 시도했습니다. 하지만 돌아온 반응은 싸늘했습니다.

"제가 잘한다고 해서 제 월급이 올라가는 것도 아니잖아요."

"저는 제 포트폴리오를 쌓는 게 더 중요해요."

MZ세대 직원들은 조직이 아니라, 자신만의 커리어에 집중하고 있습니다.

성과 중심 상담은 퇴사를 촉진합니다

과거 : "우리는 한 팀이다."

과거에는 팀워크와 조직 목표를 강조하며 직원들의 성과를 관리했습니다. 하지만 MZ세대는 이 방식을 '압박'으로 느끼고 불편함으로 해석합니다.

현재 : "나의 커리어는 어디로 가고 있는가?"

리더가 성과 중심으로만 접근하면, 직원들은 '부당하다'고 느끼고 퇴사를 고려합니다.

실제 사례 : 성과 압박이 퇴사를 부른다

한 미용실에서 직원들에게 '이번 달 목표 매출을 무조건 달성해야 한다.'라고 강조했습니다. 그러자 한 직원은 불만을 토로하며 퇴사를 고려하기 시작했습니다.

"왜 내 성과만 가지고 이야기하죠? 제 성장도 고려해 주세요."
"저는 돈도 중요하지만, 제 미래가 더 중요해요."

이제는 성과보다, 커리어 성장에 초점을 맞춰야 합니다.
MZ세대에게 중요한 것은 '나의 성장'입니다. 이제는 성과가 아니라, 직원 개인의 커리어에 집중하는 리더십이 필요합니다.

새로운 리더십 : 개인 커리어 중심의 상담

성과 중심이 아니라, 개인의 삶과 커리어를 관리해주는 리더가 되어야 합니다.

재무 관리 상담

"돈을 잘 모아야, 미래가 보인다."
급여, 세금, 투자, 저축 방법을 알려주는 프로그램 도입
직원들이 경제적 자유를 가질 수 있도록 지원
미래 목표를 설정하고, 재정 계획을 함께 고민

예시 : "월급을 어떻게 관리하는 게 좋을까요?"
직원 : "월급이 들어와도 다 써버려요. 어떻게 해야 하나요?"
리더 : "적금이나 투자 방법을 배워보는 것도 좋아요."

적은 금액부터 시작해보세요!

건강 관리 상담
"건강한 몸이, 건강한 커리어를 만든다."
미용업은 체력 소모가 큰 직업
직원들의 건강을 관리할 수 있도록 지원
영양제, 마사지, 운동 등의 방법을 공유

예시 : "쉬는 날에도 피곤해요. 어떻게 하면 좋을까요?"
리더 : "영양제나 스트레칭을 꾸준히 해보는 것도 좋아요!"
직원 : "운동을 하면 피곤이 덜 풀릴까요?"
리더 : "가벼운 스트레칭부터 시작해보세요!"

연애 & 인간관계 상담
"일과 삶의 균형이 중요하다."
직장 내 인간관계에서 오는 스트레스 관리
연애와 결혼에 대한 고민 상담
감정 조절, 커뮤니케이션 방법 공유

예시 : "직장에서 인간관계가 어려워요."
직원 : "같이 일하는 선생님과 자꾸 부딪혀요."
리더 : "상대방의 스타일을 파악하고, 대화 방식을 바꿔보는 건 어때요?"

취미 & 자기계발 상담

"일만 하면서 살 수는 없다."
취미를 통해 스트레스를 해소하는 방법 찾기
직원 개개인의 관심사와 관련된 활동 지원
자기계발을 통한 커리어 성장 유도

예시 : "일 말고, 뭘 해야 할지 모르겠어요."
리더 : "운동, 악기 연주, 글쓰기 같은 취미를 찾아보는 건 어때요?"
직원 : "좋은 취미를 찾으면, 삶의 질이 올라갈까요?"
리더 : "자신을 위한 시간이 필요해요!"

이제 성과만이 아니라, 삶을 함께 고민하는 리더가 되자

직원 관리의 새로운 방향
개인의 삶을 이해하고, 성장할 수 있도록 지원하자.
재무, 건강, 연애, 취미까지 다양한 영역에서 도움을 주자.
성과 중심이 아닌, 직원의 전체적인 커리어를 관리하는 리더가 되자.

이제는 단순히 매출 목표를 강조하는 시대가 아닙니다.
진짜 리더는 직원의 미래를 함께 고민하는 사람입니다.

3장

외부 팬덤
- 고객님을 열광시키다

서비스는 반응이다
고객 감동을 이끄는 반응의 기술

유치원 때 제일 심한 욕 BEST 10!

10위 : 얼레리 꼴레리…… 얼레리 꼴레리……누구누구는…… 누구누구를…… 좋아한대요. 좋아한대요.

7위 : 찌찌뽕 (한때, 찌찌뽕 앞짱구뒷짱구앞뒤짱구…… 중략……)

3위 : 이~~ 아프리카 새깜둥이야……

2위 : 니 똥 칼라똥이다……

대망의 1위……

반 사. ^^

어른이나 아이들이나 반응을 너무 중요하게 생각한다

사람의 뇌는 감정을 느끼는 두 가지 신경을 가지고 있습니다.

쾌감 신경 : 기분 좋다, 행복하다 등
긍정적인 감정을 받아들이는 신경.

불쾌감 신경 : 짜증 난다, 불쾌하다 등
부정적인 감정을 민감하게 캐치하는 신경.

특히 불쾌감 신경은 발달되어 있어 상대방의 웃음이 진짜 웃음인지, 비웃음인지 정확히 구분할 수 있습니다. 아무리 입으로 '환영합니다!'라고 해도 얼굴에 감정이 드러나면 고객은 쉽게 불쾌함을 느낄 수 있습니다.

어느 미용실에서 직원들이 다투고 난 직후 고객이 방문했습니다

싸운 직원 중 한 명이 표정을 바꾼 채 '어서 오세요!'라고 밝게 인사했지만, 고객은 눈치를 챘습니다. 그 고객은 '내가 웃기게 생겼나요?'라며 화를 내고 매장을 나가버렸습니다. 이처럼 준비되지 않은 표정과 어색한 웃음은 고객에게 불쾌감을 줄 수 있습니다. 진심이 느껴지지 않는 반응은 오히려 상황을 악화시킵니다.

일본 도쿄 디즈니랜드는 밝은 표정과 상냥한 목소리로 유명합니다. 관광객들은 디즈니랜드 직원들에게 '마치 천사 같다'라며 감탄을 아끼지 않습니다. 그들의 반응 기술은 디즈니랜드를 단순한 놀이공원이 아닌 행복을 파는 장소로 만들었습니다.

이처럼 따뜻한 반응은 브랜드 이미지를 상승시키고, 고객 충성도를 높이는 강력한 힘이 됩니다. 미용실에서도 고객을 맞이할 때 밝고 진심 어린 반응을 보이는 것은 필수입니다.

다음은 반응 훈련을 통해 기대할 수 있는 성과입니다.

고객 재방문 증가

진심 어린 인사와 미소는 고객이 '나를 소중히 대하는구나'라는 인상을 받게 해 재방문율을 높입니다.

부정적 상황 전환

고객이 불만을 제기할 때도 부드러운 반응과 경청으로 신뢰를 회복할 수 있습니다.

매출 상승 효과

단순한 반응 훈련으로 고객 만족도가 높아지면 단골 고객이 늘어 매출도 자연스럽게 증가합니다

서비스는 곧 반응이다

고객 감동은 거창한 이벤트가 아닌, 작은 반응에서 시작됩니다. 밝은 인사, 부드러운 미소, 따뜻한 한마디가 고객과의 관계를 변화시킵니다. 매장 리더들은 반응 훈련을 통해 직원들에게 습관적으로 긍정적인 태도를 장착시키는 것이 중요합니다.

"서비스는 반응입니다."

진심 어린 반응으로 고객을 맞이해 보세요. 좋은 반응은 곧 고객의 신뢰와 감동을 부르고, 그 신뢰는 매장의 성장을 이끄는 원동력이 될 것입니다. 오늘도 웃음과 따뜻한 인사로 고객과의 첫 만남을 시작하세요!

소개를 끌어내는 7가지 기술

미국 플로리다 연구에 따르면 소개받은 고객 중 60~80%가 실제 서비스를 이용했으며, 이들은 잠재 고객보다 23% 더 많이

소비하고, 다른 사람에게 소개할 확률이 4배나 높았습니다.

다른 사람에게 부탁하는 데 익숙해져라

소개 요청에 대한 두려움을 없애자. 부탁하는 습관을 들이면 더 많은 기회를 얻게 됩니다.

예시 1 : 베테랑 디자이너 A는 매번 시술 후 '주변에 추천해 주세요!'라는 간단한 요청으로 단골 수를 늘렸습니다.

예시 2 : 신입 디자이너 B는 고객이 서비스에 만족했을 때, 자연스럽게 '가족이나 친구분도 소개해 주세요!'라고 요청해 신규 고객 10명을 확보했습니다.

기존 고객에게 최선을 다했는가?

최선을 다하면 고객은 스스로 주변에 당신을 소개합니다.

예시 3 : 고객 C가 결혼식을 앞두고 방문했을 때, 평소보다 꼼꼼한 시술과 세심한 배려로 감동을 줬습니다. 그 결과, 그 고객의 친구 5명이 함께 방문했습니다.

예시 4 : 미용실 D는 시술 후 관리 팁을 자세히 설명해 주었고, 고객은 '다른 미용실과는 다르다.'라고 소개를 아끼지 않았습니다.

긍정적인 인식을 심어라

미용실 서비스에 대한 긍정적인 인식을 심는 것이 중요합니다.

예시 5 : 디자이너 E는 고객에게 '우리 미용실은 단순한 시술 공간이 아니라, 하루의 기분을 바꾸는 곳이에요!'라는 메시지를 전하며 신뢰를 쌓았습니다.

먼저 도움을 주어라

아무리 작은 것이라도 고객에게 먼저 베풀어야 합니다.

예시 6 : 디자이너 F는 첫 방문 고객에게 작은 헤어 에센스를 증정하며, 다음 방문을 유도했습니다.

예시 7 : 고객 G는 특별한 날을 앞두고 방문했을 때, 서비스 중 추가 스타일링 팁을 제공받고 감사하며 친구를 소개했습니다.

부정적인 표현을 피하라

'혹시 아는 분 있으세요?'라는 질문 대신 구체적인 요청을 합니다.

예시 8 : '친구 중에 스타일 변화를 고민 중 인분 계시면 추천해 주세요!'라는 구체적인 요청은 더 높은 반응을 얻습니다.

이름과 정보를 메모하라

소개받은 고객 정보를 바로 기록합니다.

예시 9 : 디자이너 H는 소개받은 고객의 이름과 스타일 정보를 메모해 두어, 첫 방문 시 고객을 이름으로 부르며 더 친밀한 인상을 남겼습니다.

"기억은 감동을 만든다." _영화 '메멘토'

즉시 연락하거나 동행 소개를 요청하라

소개받은 고객에게 빠르게 접근합니다.

예시 10 : 디자이너 I는 소개받은 고객에게 바로 전화를 걸어 친근하게 예약을 잡으며 첫인상을 긍정적으로 만들었습니다.

소개는 단순히 요청에서 끝나지 않습니다. 고객에게 신뢰와 진심을 보여주는 순간, 소개는 자연스럽게 따라옵니다. 미용실 경영의 핵심은 고객과의 관계이며, 작은 배려와 긍정적인 반응이 새로운 기회를 열어줍니다.

오늘도 고객에게 다가가세요. 기회는 당신의 진심에 따라 찾아옵니다!

저는 몇 번째 고객인가요?
고객의 서운함을 방지하는 방법

컨디션 관리를 통한 고객 신뢰 유지
고객은 자신이 첫 번째 고객처럼 최고의 컨디션으로 서비스를 받기를 원합니다. 헤어디자이너의 신체적, 정신적 피로는 시술 태도에 영향을 미치며, 고객은 이를 매우 빠르게 감지합니다.

시간 관리 및 일정 조정
최적의 시술 스케줄을 구성해 컨디션을 유지합니다.

방법: 피크 타임과 비피크 타임을 조율하여 스케줄을 균형 있게 배치합니다. 10분간 짧은 휴식을 통해 체력과 집중력을 회복합니다. 장시간 시술 후에는 간단한 스트레칭이나 수분 보충을 권장합니다.

예시: 디자이너 A는 매 시술 후 5분간 휴식을 취하고, 시술 전 '고객님, 오늘 새로운 스타일 기대되시죠?'라는 밝은 인사로 피로감을 숨기지 않고 자신감을 표출했습니다.

"지치지 말고 네가 할 수 있는 한 최선을 다하라." _영화 '지상 최고의 쇼'

고객과의 공감형 대화

고객과의 대화는 공감과 에너지를 전달하는 도구입니다.

방법 : '오늘은 특별한 일정 있으신가요?'와 같은 질문으로 고객의 이야기에 귀 기울입니다. 긍정적인 태도로 대화를 이어가며, 고객이 자신이 특별한 대우를 받는다는 느낌을 줍니다.

예시 : 디자이너 B는 고객과의 대화 중 '오늘도 고객님 덕분에 하루가 활기차네요!'라는 말을 전하며 고객과의 교감을 강화했습니다.

시술 환경과 태도 개선

첫 고객처럼 맞이하는 태도

고객은 디자이너가 자신에게 온전히 집중하길 기대합니다.

방법 : 고객이 방문할 때마다 '오늘도 고객님만을 위한 시간입니다'라는 멘트로 특별함을 강조합니다.
시술 중 짧은 피드백을 통해 '이렇게 해 드리는 건 어떠세요?'라는 방식으로 적극적인 모습을 보입니다.

예시 : 디자이너 C는 고객이 '오늘 많이 바빠 보이시네요'라고 할 때, '고객님을 위한 시간이니 걱정하지 않으셔도 돼요'라고 말하며 고객의 불안을 해소했습니다.

체계적인 예약 및 시술 관리 시스템 도입

개인 맞춤형 서비스

고객의 방문 패턴을 파악하고, 이를 반영한 맞춤형 케어를 제공합니다.

- **방법**: 고객의 예약 빈도와 시술 스타일을 기록해 특별한 추천을 제공합니다. VIP 고객에게는 시술 시간을 여유롭게 배치해 최적의 경험을 제공합니다.
- **예시**: 운영자 D는 바쁜 시간대에도 VIP 고객을 위해 특별 예약 시간을 따로 배정해 고객 만족도를 높였습니다.

직원 피로 관리 및 팀워크 강화

교대 근무제 및 업무 분담 최적화

디자이너가 과도한 업무에 시달리지 않도록 균형을 맞춥니다.

- **방법**: 하루 일정에 따라 교대제 및 업무 분담을 최적화합니다. 특정 시간마다 고객 응대 담당자를 변경하여 집중력을 유지합니다.
- **예시**: 미용실 E는 오전, 오후로 팀을 나누어 근무하며, 디자이너가 최적의 컨디션을 유지할 수 있도록 관리했습니다.

감사와 피드백 시스템 구축

고객 만족도 조사 및 사후 관리

고객의 피드백을 통해 개선점을 확인하고, 작은 감사 표시를 전합니다.

방법 : 시술 후 '오늘 시술에 만족하셨나요?'라는 질문을 통해 즉각 피드백을 받습니다. 특별한 이벤트나 서비스로 고객에게 감사의 마음을 전합니다.

예시 : 디자이너 F는 고객이 만족했을 때 '다음 방문 시 5% 할인 쿠폰을 드립니다'라는 메시지로 고객의 재방문율을 높였습니다.

고객은 언제나 "첫 번째 고객" 대우를 기대합니다. 시술자의 컨디션과 태도는 고객이 신뢰감을 느끼고 만족감을 얻는 중요한 요소입니다. 작은 휴식과 따뜻한 한마디, 긍정적인 태도로 고객과의 연결고리를 강화하세요.

"고객이 마지막 손님이 아닌 특별한 첫 고객이라고 느끼는 순간, 그들은 당신을 다시 찾게 될 것입니다."

침묵 서비스
고객 맞춤형 경험으로 신뢰를 쌓다

침묵 서비스란 무엇인가?

침묵 서비스는 고객의 요구에 따라 불필요한 대화를 최소화하고, 고객이 조용하고 편안한 시간을 보낼 수 있도록 돕는 맞춤형 서비스입니다. 일본의 MK택시는 승객의 요구에 따라 '사일런트 서비스'를 도입하여, 승객이 원하지 않는 경우 기사와의 불필요한 대화를 줄였습니다. 이 서비스는 고객 만족도를 높이며 다른 업계에도 확산되고 있습니다.

마찬가지로 미용실에서도 고객이 시술 중 원하는 환경을 제공해 개인 맞춤형 케어를 경험할 수 있도록 해야 합니다.

침묵 서비스 도입의 필요성

고객의 다양성 존중

고객의 성향은 모두 다릅니다. 어떤 고객은 디자이너와의 대화를 통해 즐거움을 느끼지만, 어떤 고객은 조용히 자신만의 시간을 원합니다. 따라서 고객의 기분과 성향에 맞춰 서비스를 제공하는 것이 중요합니다.

고객 피로와 스트레스 감소

시술 중 불필요한 대화는 고객에게 피로감을 주어 스트레스를 증가시킵니다. 조용한 시술 환경을 제공함으로써 고객이 휴식과 힐링을 경험할 수 있게 합니다.

개인 맞춤형 경험 제공

침묵 서비스는 고객에게 '내 취향과 요구가 존중받고 있다'는 느낌을 줍니다. 이는 브랜드 충성도와 재방문율을 높이는 효과로 이어집니다.

침묵 서비스 도입 방법

시술 전 선택 체크

시술 전에 고객에게 '오늘은 조용한 시술을 원하십니까?'라는 선택 옵션을 제공합니다. 고객이 선택할 수 있는 작은 카드나 간단한 디지털 확인 화면을 도입합니다

예시 : "고객님, 오늘 시술 중 편안함을 위해 아래 옵션을 선택해 주세요."

대화 선호 : 시술 중 디자이너와 대화를 나누고 싶어요.

침묵 선호 : 오늘은 조용히 휴식을 취하고 싶어요.

침묵 서비스 교육

직원들에게 침묵 서비스의 목적과 중요성을 교육합니다. '시술 중 필요한 설명 외에는 고객의 요구를 존중한다'는 지침을 따르게 합니다.

고객 피드백 반영

시술 후 고객 설문지를 통해 침묵 서비스에 대한 만족도를 조사합니다. 고객의 의견을 반영해 서비스를 더욱 개선합니다.

침묵 서비스의 기대 효과

고객 만족도 및 재방문율 상승

고객이 원하는 서비스 환경을 제공함으로써 만족도가 높아지고, 신뢰감이 형성됩니다.

차별화된 서비스 경험 제공

경쟁이 치열한 미용 업계에서 침묵 서비스는 브랜드 차별화 요소로 작용할 수 있습니다.

컴플레인 예방

고객이 조용한 시간을 원할 때 불필요한 대화로 인한 불만을 예방할 수 있습니다.

실전 사례 및 도입 예시

예시 1 : 고객 A는 매번 '사일런트 옵션'을 선택해 미용실 방문 시 조용히 휴식했습니다. 결과적으로 그는 시술 후 더욱 만족감을 느끼며 '이곳은 내 힐링 공간'이라는 평가를 남겼습니다.

예시 2 : 디자이너 B는 고객에게 '오늘은 말씀을 줄이고 편안히 쉬실 수 있게 시술하겠습니다'라고 말하며 고객의 신뢰를 얻었습니다.

주의사항 및 서비스 강화 포인트

단순 침묵이 아닌 배려 : 침묵 서비스 중에도 고객의 불편을 방지하기 위해 간단한 시술 단계 설명은 포함합니다.

표정과 태도로 소통 : 침묵 서비스를 제공할 때는 밝은 표정과 부드러운 행동으로 고객에게 안전감과 신뢰감을 줍니다.

침묵 서비스는 고객의 기분과 필요를 존중하며 맞춤형 케어를 제공하는 중요한 요소입니다. 조용한 시술 시간을 원하는 고객에게 휴식과 힐링을 선물해 보세요.
"서비스는 대화가 아닌 배려에서 시작됩니다."
고객의 마음을 읽고, 그들이 원하는 시술 경험을 제공합니다. 오늘도 고객에게 특별한 시간과 만족감을 전해 보세요.

나이가 어떻게 되세요?

"헤어스타일이 맘에 들면 없던 약속도 잡는다."

머리는 단순한 외형 변화가 아니라, 고객의 기분과 하루를 좌우하는 중요한 요소입니다. 잘된 헤어스타일은 고객의 자신감을 높이고, 그 기분은 가족과 주변 사람들에게도 전파됩니다.

반면, 고객은 머리를 맡기는 사람이 충분한 경험과 실력을 갖춘 전문가이길 원합니다. 디자이너가 아마추어 같은 태도를 보인다면 고객은 불안함을 느끼고, 때로는 '나이가 어떻게 되세요?'라는 질문을 통해 은연중에 경험과 신뢰도를 확인하려 합니다.

고객이 느끼는 아마추어의 모습

태도와 시선의 흔들림

디자이너가 시술 중 불안해하거나 실수를 하면 고객은 즉각 이를 감지합니다. 고객은 작은 행동 하나로도, '이 디자이너는 숙련되지 않았다.'라는 인상을 받습니다.

예시 : 디자이너 A는 시술 중 고민하거나 중간중간 동료에게 도움을 청하며 시술했는데, 고객은 '아마추어 같다'라는 인상을 받았습니다.

외모와 말투의 미숙함

머리를 맡기는 고객은 디자이너의 외모와 태도를 통해 신뢰를 느낍니다. 말투가 지나치게 어색하거나 자신감이 없으면, 고객은 불안감을 느낄 수 있습니다.

예시 : 디자이너 B는 고객과 대화할 때 소극적이고, 설명 대신 짧은 대답만 했습니다. 고객은 시술 도중 여러 차례 불안해하며 질문을 반복했습니다.

고객에게 프로처럼 보이는 방법

시술 전 철저한 준비

고객이 신뢰를 느끼는 첫 단계는 프로다운 준비 태도입니다. 시술 전에 고객의 요청을 정확히 파악하고, 예상되는 문제를 미리 고려합니다.

방법 : 고객과 시술 전 충분한 상담을 통해 기대하는 스타일을 명확히 이해합니다. 시술 전 거울 앞에서 '이 스타일을 원하시면 이런 효과를 볼 수 있습니다'라는 설명을 덧붙입니다.

예시 : 디자이너 C는 고객에게 '오늘 이 스타일을 하면 얼굴형

이 돋보이실 겁니다'라고 설명하며 신뢰를 주었습니다.

자신감 있는 태도와 설명
시술 중에도 전문가다운 자신감 있는 태도를 유지합니다. 고객이 질문할 때 단호하지만 친절하게 답변하며 불필요한 망설임을 피합니다.

- **방법**: '이 부분은 경험상 이런 방향이 더 좋습니다'라고 설명하며 자신감을 표현합니다. 작은 수정에도 '이런 변화를 주면 더 깔끔하게 보입니다'라고 긍정적인 피드백을 제공합니다.
- **예시**: 디자이너 D는 고객이 질문할 때 '이 방향으로 커트하면 전체 비율이 좋아집니다'라고 설명해, 고객이 안심하며 시술을 맡겼습니다.

전문성과 트렌드 숙지
최신 헤어 트렌드와 제품에 대한 정보는 프로의 필수 요소입니다. 고객이 '최근 유행하는 스타일이 뭐예요?'라고 물을 때, 확신 있게 답할 수 있어야 합니다.

- **방법**: 정기적으로 뷰티 잡지, SNS 콘텐츠 등을 통해 새로운 정보를 업데이트합니다. 시술 중에도 '이 제품은 최신 케라틴 성분이 포함되어 손상 보호에 좋아요'라는 정보를 제공하여 전문가 이미지를 구축합니다.
- **예시**: 디자이너 E는 고객에게 '요즘 미디엄 레이어드 컷이 인

기예요. 유지 관리도 편리합니다'라고 추천해 신뢰를 얻었습니다.

피드백과 사후 관리

고객 피드백 수집
프로는 고객의 평가를 두려워하지 않고, 이를 성장의 발판으로 삼습니다. 시술 후 고객의 피드백을 받고 개선 방안을 마련합니다.

방법: '오늘 시술에 만족하셨나요? 혹시 추가로 원하시는 부분이 있으면 말씀해 주세요'라고 물어봅니다. 피드백을 반영한 맞춤형 서비스를 제공합니다.

예시: 디자이너 F는 고객의 피드백을 반영해, 다음 방문 시 고객이 불편했던 부분을 개선했습니다. 고객은 '세심함이 느껴진다.'라며 단골이 되었습니다.

고객은 헤어디자이너에게 단순한 기술 이상의 전문성과 자신감을 기대합니다. 프로는 작은 행동 하나로도 고객에게 신뢰를 주지만, 아마추어 같은 태도는 고객의 불안감을 키웁니다.

"프로는 준비와 태도로 증명합니다."

늘 발전을 위한 노력과 자신감 있는 자세로 고객에게 최상의 경험을 제공해 보세요.

가격처리 공식
고객의 마음을 사로잡는 가격 설명 전략

가격은 묻기 전에 먼저 말하지 않는다
고객이 먼저 가격을 묻기 전까지는 가격을 언급하지 마세요. 시술의 가치와 장점을 먼저 설명함으로써 고객이 자연스럽게 '가격이 궁금하다'는 마음이 들게 해야 합니다.

예시

헤어 클리닉 상담 중 : "이 시술은 손상된 모발에 수분과 단백질을 채워 윤기와 탄력을 줍니다. 끝나면 머릿결이 달라졌다고 느끼실 거예요."

염색 상담 중 : "요즘 인기 있는 트렌디한 카라멜 베이지 컬러예요. 얼굴 톤을 밝혀주고 유지력이 좋아요."

가격을 묻거든 망설임 없이 즉각 대답한다
가격을 묻는 순간 망설임 없이 명확하게 대답해야 신뢰를 줍니다. 긴장하거나 머뭇거리면 고객은 '비싸게 부르는 거 아닌가?'라는 의심을 가질 수 있습니다.

예시

커트 상담 중

고객 : "커트 비용이 얼마인가요?"

디자이너 : "커트는 30,000원이고, 스타일링과 마무리까지 포함된 금액입니다."

펌 상담 중

고객 : "볼륨펌은 얼마예요?"

디자이너 : "볼륨펌은 100,000원입니다. 스타일 유지가 쉬운 제품으로 시술해 드립니다."

가격을 말할 때는 정확한 기준을 제시한다

가격에 대한 기준을 제시하면 고객은 더 명확히 이해할 수 있습니다. 고객이 혼란을 느끼지 않게 옵션이나 포함 항목을 명확히 설명하세요.

예시

탈색+염색 상담 : "탈색 1회 80,000원, 염색은 120,000원입니다. 두 시술을 함께하면 유지력을 높이는 클리닉 서비스를 추가로 제공합니다."

헤어 트리트먼트 상담 : "이 트리트먼트는 총 3단계로 진행되며, 단계마다 모발 보호를 위한 성분을 더해 줍니다. 총금액은 90,000원입니다."

가격을 말하기 전에 상품의 장점과 가치를 강조한다

가격을 제시하기 전에 시술의 강점과 가치를 충분히 설명하세요. 가치에 대한 설명 없이 가격부터 말하면 고객은 시술을 단순한 비용으로만 인식할 수 있습니다.

예시

모발 복구 클리닉 상담 : "손상된 모발을 복구해주는 최신 트리트먼트예요. 한 번 시술 후에도 차원이 다른 부드러움을 느끼실 수 있습니다."

스페셜 펌 상담 : "이 펌은 화학 성분 대신 자연 추출물을 사용해 두피 자극을 최소화한 펌입니다. 시술 후에도 두피가 건강해요."

가격이 부담스러울 때는 비교를 통해 심리적 효과를 높인다

고객이 가격에 부담을 느낄 때는 더 비싼 옵션을 먼저 제시한 후, 원하는 옵션을 설명합니다. 비교를 통해 상대적으로 가격이 합리적으로 보이게 만드세요.

예시

프리미엄 클리닉 상담 : "프리미엄 모발 복구 패키지는 200,000원입니다. 하지만 기본 3단계 클리닉은 120,000원으로도 충분히 효과를 느끼실 수 있어요."

컬러 패키지 상담 : "전체 탈색과 염색 패키지는 180,000원입니다. 부분 염색 패키지는 100,000원으로도 화사한 포인트 컬러를 완성할 수 있어요."

가격 설명은 단순한 금액 전달이 아닙니다. 신뢰와 가치를 전달하는 순간입니다. 상품의 장점을 강조하며 고객이 스스로 가치를 느끼게 한다면, 그 가격은 고객에게 투자가치 있는 선택으로 다가올 것입니다.

"고객은 가치를 느낄 때 비용을 지불합니다. 그 순간을 설계하는 것은 당신의 몫입니다."

판매룰을 바꾸면 판매율이 바뀐다

아이스브레이커(긴장감을 편안함으로 녹이다)
상황 고객이 미용실에 들어오자마자 불안한 표정으로 상담 의자에 앉음
대화
디자이너 : "어서 오세요, 고객님! 오늘 어떤 스타일로 변신하고 싶으세요?"
고객 : "음…… 그냥 좀 분위기 있는 색으로 바꾸고 싶긴 한데…… 뭘 해야 할지 잘 모르겠어요."
디자이너 : "고객님 피부톤을 보니까 따뜻한 톤이 잘 어울리세요. 딱 맞는 헤어컬러가 있습니다. 그런데 바로 컬러 이야기하기 전에, 커피 드시면서 천천히 선택해보는 건 어떠세요? 제가 도와드리겠습니다."
고객 : "좋아요. 그러면 추천해 주세요!"
포인트 최면 세일즈 기법으로 고객의 긴장을 푸는 대화입니다. '커피'라는 작은 환대를 통해 신뢰를 얻고, 고객이 상담에 적극적으로 참여하게 만듭니다.

거절을 여지로 바꾸기

상황 고객이 헤어 컬러 변경을 고민하며 거부적인 반응을 보임

대화

디자이너: "고객님, 컬러 시술도 흥미로울 수 있어요. 근데, 평소에 헤어 컬러로 변신해보신 적 있으세요?"

고객: "아니요, 평생 자연 갈색만 고수했어요. 그리고 색깔 바꿨다가 후회하면 어떡해요?"

디자이너: "아, 그럴 수 있죠. 변화를 앞두면 걱정이 되는 건 당연해요. 그래서 제가 작은 변화를 먼저 추천드리는 거예요. 고민되시면 오늘은 컬러 상담만 받아보세요. 다 정하지 않으셔도 괜찮아요."

고객: "그럼 컬러 추천만 들어볼게요."

포인트 거절 시 여지를 남기는 기법으로 고객이 부담 없이 상담을 이어가게 만듭니다. 중요한 건 결정을 고객의 손에 맡기는 '선택권'을 강조하면서 편안함을 느끼게 하는 것입니다.

칭찬으로 시작하는 '어디서 화법' 칭찬하면 고수 스스로 하게 하면 초고수

상황 고객이 단정하게 세팅된 스타일로 미용실에 방문

대화

디자이너: "고객님, 머리 스타일이 너무 깔끔하고 세련되셨어요! 혹시 어디서 스타일링 하셨어요?"

고객 : "아, 제가 평소에 드라이할 때 신경 좀 쓰긴 해요. 사실 유튜브에서 스타일링 팁을 보고 따라 했거든요. 주변에서 제가 센스가 있다고들 많이 하세요."

디자이너 : "와, 정말 전문가처럼 잘하셨네요! 유튜브 팁도 소화하시다니 대단하세요! 오늘은 제가 그 실력을 더 돋보이게 해 드릴게요."

고객 : "그럼 기대해 볼게요!"

포인트 칭찬으로 고객의 자부심을 자극한 후, 고객 스스로 자신의 노력을 자랑하게 만듭니다. 고객이 편안해진 후에는 다음 단계의 서비스를 제안하기가 수월해집니다.

고객의 자부심을 끌어내는 '어디서 화법'

상황 고객이 미용실에 들어오며 새로 산 고급 가방을 들고 있음

대화

디자이너 : "고객님, 가방 너무 예쁜데요! 혹시 어디 브랜드 제품인가요?"

고객 : "아, 이거요? OO 브랜드 신상이에요. 남편이 결혼기념일에 예약하고 기다렸다가 압구정동 갤러리아 백화점 가서 어제 드디어 받았어요. 내가 안 사줘도 된다고 했는지 굳이……."

디자이너 : "와, 너무 좋으시겠어요! 정말 안목 있으세요! 기다리신 보람이 있네요. 고객님과 너무 잘 어울리세요. 오늘 헤어스타일도 그 가방만큼 특별하게 맞춰드려

야겠어요."
고객 : "그럼 오늘, 특별하게 부탁드릴게요."

포인트 고객이 자부심을 느낄 수 있도록 관심을 표현하고, 이야기를 꺼낼 기회를 줍니다. 칭찬과 질문으로 대화를 이끌어 고객이 더욱 적극적으로 자신의 이야기를 하게 만듭니다. 고객이 자랑할수록 서비스에 대한 신뢰가 깊어지며, 이후 추가 서비스 제안도 자연스럽게 이어질 수 있습니다.

단호하게 거절합니다 화법
(공동에 적을 만들면 아주 끈끈한 전우가 됩니다)

"유해 성분 없는 제품만 사용합니다"

상황 고객이 헤어 트리트먼트 시술을 받기 전에 제품에 대해 신경을 씀

대화

고객 : "이 제품, 화학성분이 너무 강한 거 아니에요? 요즘 두피 트러블이 많아서 걱정이에요."

디자이너 : "걱정하지 않으셔도 돼요, 고객님! 저희 미용실에서는 두피나 모발 건강을 해치는 유해 성분이 들어간 제품은 절대 사용하지 않습니다. 유해 성분은 저희의 '공동의 적'이에요. 그래서 순하고 검증된 성분만으로 선택했습니다."

고객 : "아, 그런 철학이 있으시다니 안심이 되네요. 그럼 오늘

모발 케어도 부탁드려요!"
포인트 공동의 '적'을 설정함으로써 고객의 불안감을 해소하고 신뢰를 형성합니다. 선언적인 화법을 통해 미용실의 신념과 전문성을 강조합니다.

"저희는 과도한 시술은 하지 않습니다"

상황 고객이 헤어 염색과 펌을 동시에 하고 싶어하지만, 머리 손상이 걱정되는 상황

대화

고객 : "염색이랑 펌 같이 해도 괜찮을까요? 빠르게 스타일 바꾸고 싶은데요."

디자이너 : "저희도 고객님의 변화를 응원하지만, 손상 위험은 저희가 단호하게 거절하는 부분이에요. 모발 건강을 해치는 과한 시술은 절대 추천드리지 않습니다. 고객님의 건강한 모발이 저희에겐 최우선이에요."

고객 : "그렇군요. 그럼 단계별로 차근차근 진행해 주세요."

디자이너 : "네, 오늘은 컬러부터 완벽하게 하고, 한 달 뒤 펌으로 스타일을 업그레이드해 보세요."

포인트 '모발 손상'이라는 공동의 적을 설정해 고객의 안전을 우선시하는 이미지를 강조합니다. 단호하지만 공감 가는 태도로 고객이 오히려 미용실의 전문성을 높이 평가하게 만듭니다.

'나만의 시그니처 한 문장'으로 고객에게 소개하기

상황 고객이 시술을 마친 후 거울을 보며 만족스러워함

대화

디자이너 : "고객님, 오늘 스타일 정말 잘 어울리세요! 혹시 주변 친구분들께 저희 미용실을 소개하실 때 어떻게 설명하실까요?"

고객 : "음… 글쎄요. 그냥 '잘해주는 미용실'이라고 할 것 같아요."

디자이너 : "아하, 그럼 이렇게 한 번 추천해보세요. '손상 걱정 없이 나에게 딱 맞는 스타일을 찾아주는 미용실!' 이 문장으로 소개하시면 좋을 것 같아요."

고객 : "오, 그거 좋네요! 이제 기억해 두고 친구들한테 얘기할게요."

포인트 디자이너가 직접 간단한 문구를 고객에게 제안함으로써, 고객이 쉽게 미용실을 기억하고 입소문을 낼 수 있도록 돕습니다.

시술 중 자연스럽게 문구 소개하기

상황 고객이 펌 시술을 받으며 잡담을 나누는 상황

대화

고객 : "요즘 친구들이 어디 미용실 다니냐고 물어보더라고요."

디자이너 : "오, 그렇군요! 그럴 땐 이렇게 소개해 주세요. '나만의 스타일을 찾아주는 비밀 아지트 같은 미용실' 이 한마디면 친구분들도 궁금해서 오실 거예요."

고객 : "비밀 아지트 같은 미용실? 재밌네요. 친구들이 듣고 꼭 와보고 싶어 할 것 같아요."

포인트 문구에 독창성과 흥미를 더해 고객이 자연스럽게 입소문을 낼 수 있도록 유도합니다. 소개 문구에 고객 맞춤형 키워드를 넣으면 더 효과적입니다.

자연스럽게 소개를 요청하는 화법

상황 고객이 시술 후 만족스러워하며 감사 인사를 전하는 상황

대화

디자이너 : "고객님, 오늘 스타일 정말 잘 나왔죠? 저희도 너무 뿌듯해요!"

고객 : "네, 완전 마음에 들어요! 친구들이 보면 놀랄 것 같아요."

디자이너 : "친구분들이 어디에서 했냐고 물어보실 때, 저희를 어떻게 소개하실지 궁금하네요."

고객 : "음, 아마도 '꼼꼼하게 스타일을 완성해 주는 곳'이라고 할 것 같아요."

디자이너 : "와, 좋은 말씀 감사합니다. 혹시 그 친구분께 톡으로 '여기 추천할 테니 안 바쁠 때 통화해 보라'고 전해주시면 더 좋을 것 같아요. 괜찮으실까요?"

고객 : "물론이죠! 꼭 연락해 볼게요."

포인트 고객의 만족도를 먼저 확인한 후, 자연스럽게 추천을 요청하여 고객이 부담 없이 행동하도록 유도합니다.

특별 이벤트를 활용한 소개 요청

상황 미용실에서 소개 고객 이벤트 중

대화

디자이너 : "고객님, 오늘 시술 너무 잘 어울리세요! 혹시 주변에 이런 스타일 좋아하시는 친구분 계신가요?"

고객 : "네, 제 친구들도 스타일 변화를 많이 원해요."

디자이너 : "좋은 소식이 있어요! 친구분들께 저희를 추천해 주시면, 그분은 첫 방문 할인, 고객님은 케어 서비스 혜택을 받으실 수 있어요."

고객 : "와, 좋네요! 그럼 제가 바로 친구들에게 톡으로 소개할게요."

디자이너 : "감사합니다! 친구분께는 '시간 나실 때 연락해 보라'고 말씀해 주세요. 제가 부드럽게 상담해 드리겠습니다."

포인트 소개 이벤트를 활용하여 고객이 기분 좋게 친구에게 추천할 수 있도록 동기를 제공합니다. '친구도, 본인도 혜택을 받는다'라는 포인트는 고객의 참여를 끌어내는 데 효과적입니다.

언어로 인한 가격 첫인상 강조하기

상황 고객이 커트와 클리닉 시술 비용을 물어보는 경우

대화

고객 : "커트랑 클리닉 비용은 얼마나 되나요?"

디자이너 : "고객님, 저희 클리닉은 일반적인 헤어케어와 다르게 손상 복구까지 잡아주는 고급 시스템이에요. 커트는 3만 원, 클리닉은 7만 원입니다. 한 번 받으시면 머릿결이 완전히 달라질 거예요."

고객 : "아, 그렇군요. 조금 비싸게 느껴지네요."

디자이너 : "네, 저도 충분히 공감해요. 그런데 저희 클리닉 시술 후 고객님들이 '가격 이상의 가치를 느꼈다.'라고 하세요. 한 번 경험해 보시면 만족하실 거예요."

포인트 비용에 관해 설명할 때 '프리미엄', '손상 복구', '완전히 달라진다' 등 긍정적인 언어로 설명해 가격의 가치를 높입니다.

첫인상에 긍정적인 프레임 적용

상황 고객이 컬러 패키지 시술에 대해 묻는 경우

대화

고객 : "염색 패키지 비용이 좀 부담될 것 같아요. 얼마 정도 하나요?"

디자이너 : "염려 마세요! 고객님의 두피와 모발 상태에 맞춘 '스페셜 컬러 패키지'는 총 15만 원입니다. 하지만 염색과 클리닉을 함께 진행하셔서 모발 손상 걱정 없이 유지할 수 있게 설계된 거예요."

고객 : "손상 방지도 포함되어 있나요?"

디자이너 : "네, 맞아요! 특히 요즘같이 건조한 날씨에 최적화

된 제품이 들어갑니다. 그래서 가격 이상의 만족감을 받으실 수 있도록 구성했어요."

포인트 가격을 제시할 때 '스페셜', '맞춤형', '걱정 없이 유지' 등 긍정적인 수식어를 통해 첫인상을 개선합니다. 또한, 고객의 필요를 먼저 언급하여 가격보다 효용성을 강조합니다.

헤어 스타일 유지 관리 시 동질감 화법

상황 고객이 홈케어 루틴에 대해 고민을 이야기하는 경우

대화

고객 : "아침마다 머리가 부스스해서 드라이하는 게 너무 귀찮아요. 뭐 좋은 방법이 없을까요?"

디자이너 : "고객님, 저도 그래요! 저도 출근 전에 시간 없을 땐 정말 머리 손질이 부담되더라고요. 그래서 저는 수분을 가득 채워주는 모닝 미스트를 사용해요. 머리에 뿌리고 살짝 드라이하면 훨씬 부드럽게 정리돼요."

고객 : "오, 그거 좋은데요? 저도 써보고 싶어요."

포인트 고객의 고민에 동질감을 표현하며, 공감과 신뢰를 바탕으로 제품이나 솔루션을 추천합니다. '저도 그래요'라는 표현은 공감을 높이고 신뢰를 강화하는 효과가 있습니다.

헤어 컬러 유지 관리 시 동질감 화법

상황 고객이 염색 후 컬러 유지가 어렵다는 고민을 이야기하는 경우

대화

고객 : "염색하고 나면 컬러가 금방 빠지는 것 같아요. 유지가 힘드네요."

디자이너 : "저도 공감해요! 저도 염색 후에는 컬러가 빨리 빠지지 않게 유지하려고 노력해요. 그래서 컬러 보호 샴푸랑 트리트먼트를 꾸준히 쓰거든요."

고객 : "샴푸랑 트리트먼트요? 그런 게 도움이 돼요?"

디자이너 : "네, 확실히 달라요. 특히 물에 강한 성분으로 만들어져서 일반 샴푸보다 컬러 유지력이 훨씬 좋아요. 고객님도 한 번 써보시면 컬러 유지가 훨씬 편해지실 거예요."

포인트 '저도 겪었어요'라는 화법으로 고객의 고민에 깊이 공감한 후, 해결 방법을 자연스럽게 제안합니다. 고객은 자신과 같은 고민을 경험한 사람의 추천을 더 신뢰하게 됩니다.

단점을 강점으로 전환하는 화법

상황 고객이 미용실 방문 주기가 짧아야 한다는 점을 불편해할 때

대화

고객 : "이 스타일은 유지하려면 자주 와야 해서 불편할 것 같아요."

디자이너 : "그렇죠, 이 스타일은 4주마다 손질해 주시면 완벽하게 유지돼요. 그런데 아시죠? 연예인분들이 주기적으로 스타일을 유지하는 이유가 매번 신선하고 깔끔한 인상을 주기 위해서예요. 고객님도 매달 기분 전환할 좋은 기회라고 생각해 보시면 어때요?"

고객 : "오, 그렇게 생각하니까 설레네요."

포인트 '자주 방문해야 한다'는 단점을 '신선함 유지'라는 긍정적인 경험으로 바꿔 설명합니다.

시술 시간의 단점 뒤집기

상황 고객이 클리닉 시술 시간이 오래 걸린다고 불평할 때

대화

고객 : "시술 시간이 너무 길어서 피곤해요. 빨리 끝나면 좋겠어요."

디자이너 : "맞아요, 클리닉 시술은 시간이 걸리지만 그만큼 모발에 깊이 영양이 스며들어 오래도록 유지돼요. 고객님, 이 시간을 '나만의 힐링 타임'으로 생각해 보세요. 저희가 편안하게 머리 마사지도 해 드리고, 좋은 음악도 준비되어 있어요. 작은 스파 타임이라고 보시면 돼요."

고객 : "그렇다면 기분 좋게 힐링해야겠네요."

포인트 시간이 오래 걸린다는 단점을 '힐링 시간'으로 전환해 시술의 가치를 높였습니다.

제품에서 경험으로 전환하기

상황 고객이 단순히 헤어 트리트먼트를 살지 말지 고민할 때
대화
디자이너 : "이 트리트먼트는 단순한 제품이 아니에요. 고객님께서 집에서 머릿결을 관리할 때마다 마치 고급 살롱에 온 기분을 느낄 수 있게 해줘요. 향도 스파에 온 것처럼 편안하고 기분 좋게 만들어 드리죠."
고객 : "정말요? 그럼 사용하는 순간에도 기분이 좋아지겠네요."
디자이너 : "맞아요, 머릿결만 좋아지는 게 아니라 하루가 힐링이 되는 느낌이실 거예요."
포인트 단순히 제품의 기능을 강조하는 대신 '집에서도 살롱의 힐링 경험을 제공'한다는 가치를 강조합니다.

경험을 담은 스토리텔링 세일즈

상황 새롭게 출시된 아로마 오일을 설명할 때
대화
디자이너 : "이 아로마 오일은 단순히 헤어 케어용이 아니에요. 고객님, 한 번 상상해 보세요. 머리를 감고 나서 부드럽게 발라주면 따뜻한 바람이 불어오는 해변가에 있는 느낌처럼 릴렉스되죠. 스트레스가 사라지고,

하루의 피로가 풀리는 시간이에요."

고객 : "와, 그냥 향기를 맡는 것만으로도 기분 전환이 될 것 같아요."

디자이너 : "맞아요. 머릿결이 좋아지는 건 기본이고, 기분까지 상쾌해지는 작은 휴식이 될 거예요."

포인트 기능보다는 '향과 감각으로 느끼는 휴식 경험'을 강조해 고객의 감각을 자극합니다.

자기 중요감을 높이는 칭찬형 상담

상황 고객이 헤어 컬러 상담을 받을 때

대화

디자이너 : "고객님, 이 톤 다운된 애쉬 브라운 컬러가 고객님 피부 톤에 정말 잘 어울려요. 마치 모델처럼 분위기가 확 살아나는 컬러예요."

고객 : "정말 그런가요? 전 생각지도 못했어요."

디자이너 : "네, 고객님 얼굴형과 눈동자 색에 딱 맞는 색이라, 시술 후에 주변에서 다들 어디서 머리했냐고 물어볼 거예요."

포인트 고객에게 딱 맞는 선택임을 강조하며 자부심과 자신감을 높여줍니다.

특별함을 강조하는 상담

상황 고객이 프리미엄 헤어 케어 패키지를 고민할 때

대화

디자이너 : "고객님, 이 프리미엄 케어 라인은 고객님처럼 승진 축하 겸 나만의 특별한 선물을 주고 싶을 때 정말 딱 이에요."

고객 : "그렇긴 한데, 이게 제게 과한 거 아닐까요?"

디자이너 : "아니요, 고객님은 당연히 그럴 자격이 있으세요. 고객님처럼 늘 바쁘게 열심히 달려온 분께는 이제 자기에게 작은 보상을 줄 때예요."

포인트 '특별함'을 강조해 고객이 본인에게 투자할 가치를 스스로 느낄 수 있도록 유도합니다. 상담 시 고객에게 예우와 중요성을 강조하면, 고객은 본인이 특별한 사람임을 실감하며 결정을 내립니다.

공감형 경청 상담

상황 고객이 헤어 스타일을 변경하고 싶은데 고민이 많을 때

대화

고객 : "제가 단발로 자를까 고민 중인데, 어울릴지 잘 모르겠어요."

디자이너 : "그래요? 고객님 말씀을 들으니 더 궁금해지네요. 좀 더 자세히 말씀해 주시겠어요? 단발로 하고 싶은 이유가 있으신가요?"

고객 : "네, 요즘 스타일을 바꾸고 싶기도 하고, 관리도 편할 것 같아서요."

디자이너 : "그렇군요. 고객님 라이프스타일과 원하는 이미지에 맞춰 단발 스타일 몇 가지를 추천해드릴게요. 함께 보면서 이야기 나눠요."

포인트 경청하면서 고객의 이유와 상황을 구체적으로 듣고 공감하며 신뢰를 쌓는 접근법입니다.

탐구형 경청 상담

상황 고객이 펌 시술을 고민하는 상황

대화

고객 : "펌을 하면 손상이 심할까 봐 걱정돼요."

디자이너 : "맞아요, 그런 걱정 많이 하시죠. 고객님께서는 예전에도 펌 때문에 그런 경험을 하신 적이 있으세요?"

고객 : "네, 예전에 한 번 모발이 푸석해져서요."

디자이너 : "아, 그랬군요. 그래서 더 조심스러우신 거네요. 고객님의 걱정을 충분히 이해해요. 제가 손상을 최소화하는 제품과 방법을 설명해 드릴게요. 그리고 시술 전후 케어도 알려드리면 안심이 되실 거예요."

포인트 고객의 과거 경험을 탐구하며 공감한 후 해결 방안을 제시해 고객의 불안을 해소합니다.

영화 '어바웃 타임'에서 "듣는 순간을 소중히 해라"라는 대사처럼, 고객의 말을 끝까지 경청하면 관계가 더욱 깊어지고 고객의 신뢰를 얻게 됩니다.

고객 후기 활용 화법
상황 고객이 미용실의 펌 시술이 괜찮은지 물어보는 상황
대화
고객 : "여기서 펌하면 머릿결이 많이 상하지 않나요?"
디자이너 : "저희 시술받은 고객님들 중에 머릿결 손상 때문에 걱정하신 분들이 많았어요. 그런데 시술 후에 대부분 이렇게 말씀하시더라고요. '펌을 했는데도 머릿결이 이렇게 부드러울 수 있구나!'라고요. 고객님도 시술 후 머릿결이 좋은 느낌을 경험하실 수 있도록 최선을 다할게요."
포인트 자기 자랑 대신 고객 후기를 인용함으로써 신뢰감을 높이고, 간접적인 설득 효과를 줍니다.

동료의 칭찬 활용 화법
상황 고객이 디자이너의 실력을 궁금해할 때.
대화
고객 : "머리 커트가 좀 까다로운데, 잘 해주실 수 있나요?"
디자이너 : "제 동료들이 저를 '라인 달인'이라고 부르더라고요.

고객들께서 커트할 때 라인이 깔끔하게 나온다고 칭찬하신 덕분이죠. 고객님께도 가장 만족스러운 스타일을 만들어 드릴게요."

포인트 본인의 능력을 직접 자랑하는 대신, 주변 사람들의 칭찬을 빌려 설득함으로써 과시가 아닌 신뢰감을 전달합니다.

영화 '킹스 스피치'에서 "타인이 나를 믿어야 내가 나를 믿게 된다"라는 대사처럼, 자신을 스스로 증명하기보다는 타인의 입을 통해 신뢰를 쌓는 방법이 효과적입니다.

손상모 케어 트리트먼트 설명화법

상황 손상된 모발을 복구 해주는 트리트먼트 상품 설명 시

대화

디자이너 : "이 트리트먼트는 바르는 순간 모발에 '쓰~윽' 스며들면서, 손상된 모발을 부드럽게 '쓰담쓰담' 달래줍니다. 시술 후 손으로 만져보면 '뽀드득' 소리 날만큼 산뜻해질 거예요. 시술 후에도 모발이 가벼워지는 느낌을 바로 느끼실 거예요."

포인트 의태어와 의성어를 활용해 시각적인 상상을 돕고, 고객이 사용 후의 경험을 미리 떠올릴 수 있게 만듭니다.

두피 케어 설명

상황 두피 스케일링 제품을 설명하는 경우

대화

디자이너 : "이 제품을 두피에 발라보시면 시원하게 '스르르~' 스며들면서 각질이 '톡톡' 떨어지는 걸 느끼실 거예요. 시술 후에는 두피가 마치 세수 후처럼 '뽀드득'한 청량함을 느낄 수 있어요. 고객님도 한번 상상해 보세요, 얼마나 상쾌할지요."

포인트 청결함과 상쾌함을 강조할 때 소리를 묘사해 고객이 실제 시술 후 기분을 상상하도록 만듭니다

영화 '라따뚜이'에서 "음식은 한 입 베어 무는 순간, 온갖 추억과 감정이 몰려온다"라는 대사처럼, 청각적인 표현으로 고객의 감각을 자극해 기억에 남는 설명을 제공합니다.

모발 관리 개선을 위한 상상 유도화법

상황 고객이 매일 아침 드라이로 고생하는 경우

대화

디자이너 : "상상해 보시죠. 매일 아침 머리를 감고 드라이로 스타일링하느라 30분씩 소요되는 시간이 있다면, 하루에 몇 번씩 시계를 보며 바빠지셨죠? 그런데 이 시술을 받으시면, 아침에 드라이 시간을 절반 이상 줄이면서도 머릿결이 찰랑거려서 손으로만 정리해도 모양이 잡힐 거예요. 그 여유로운 아침, 상상만

해도 좋지 않으세요?"

포인트 고객이 불편했던 일상을 떠올리게 한 후, 시술 후 변화된 모습을 상상하게 만들어 긍정적인 기대감을 심어줍니다.

볼륨 펌 제안

상황 고객이 아침마다 스타일링을 유지하기 어려워 고민하는 경우

대화

디자이너 : "한번 상상해 보세요. 아침에 볼륨감을 살리려고 드라이기와 롤 브러시를 사용하며 씨름하는 대신, 이 펌을 하면 머리를 '후루룩' 말리고 나오는 것만으로도 자연스럽게 풍성해진다면요? 고객님이 좋아하시는 그 자연스러운 볼륨이 하루 종일 유지되면 얼마나 편할까요?"

포인트 고객의 일상 속 고충을 구체적으로 상기시키며, 시술 후의 개선된 모습을 시각적으로 설명해 구매 결정을 돕습니다.

드라마 '김비서가 왜 그럴까'에서 *"상상은 자유니까"*라는 대사처럼, 고객이 머릿속으로 긍정적인 변화를 상상하게 유도하면 더욱 강력한 설득 효과를 줍니다.

프리미엄 케어 시술 추천화법

상황 고객이 고가의 프리미엄 헤어 케어 상품에 대해 고민할 때

대화

디자이너 : "이 상품은 단순한 트리트먼트가 아니라, 모발에 고급 스킨케어를 입히는 느낌이에요. 사실 고객님 같은 분들께 딱 추천해드리는 이유가 있어요."

고객 : "제게요?"

디자이너 : "네! 고객님께서는 모발 케어에 관심도 많으시고, 평소 스타일 유지도 중요하게 생각하시잖아요. 지금 이 순간 고객님께서 이 특별한 케어를 선택하신다면, 단지 머릿결이 좋아지는 걸 넘어서 일상에 작은 힐링이 될 거예요."

포인트 고객이 '왜 나를 위해 특별한가?'를 느끼게 하여, 상품 선택의 자부심을 느끼도록 합니다.

컬러 시술 상담

상황 고객이 특별한 기념일을 위해 컬러 시술을 고민할 때

대화

디자이너 : "이 컬러는 단순한 색상이 아니에요. 고객님의 피부 톤과 얼굴형을 한층 돋보이게 해주는 특별한 포인트예요."

고객 : "정말요?"

디자이너 : "네, 사실 이 컬러를 눈여겨보시는 고객님들은 자기

이미지를 잘 아시는 분들이에요. 특별한 기념일을 준비하면서, 이 컬러를 선택하신 고객님께서 돋보이실 순간을 생각해 보세요. 얼마나 멋지게 빛나실지 상상만으로도 기분 좋지 않으세요?"

포인트 상품의 특성과 고객의 선택 이유를 칭찬하며, 그 순간을 특별하게 만들어 줍니다.

영화 '그레이트 쇼맨'에서 "세상에 단 하나뿐인 쇼"라는 대사처럼, 고객이 자신만의 특별함을 느끼고 선택을 자신 있게 할 수 있도록 이끌어줍니다.

결론 고객이 단순한 상품이 아닌 '나만의 경험'으로 느낄 수 있도록 강조해, 상품 선택에 자부심을 더해 줍니다.

강조 화법
두피 관리 프로그램 상담

상황 고객이 두피 진단 후 추천 프로그램에 대해 상담 중
대화
디자이너 : "고객님, 두피 케어를 선택하실 때는 반드시 성분과 단계별 관리법을 꼭 확인하셔야 해요."
고객 : "성분이 정말 중요한가요?"
디자이너 : "네, 꼭 확인하셔야 합니다. 두피에 맞지 않는 성분을 쓰면 예민해질 수 있기 때문에, 저희는 자극 없는 성분을 사용하는 제품을 제공합니다."

포인트 '반드시', '꼭' 등의 강조어를 사용해 고객이 중요한 부분에 주목하게 만듭니다.

프리미엄 펌 상담
상황 고객이 일반 펌과 프리미엄 펌 사이에서 고민 중
대화
디자이너 : "펌을 하실 때는 반드시 시술 전 보습과 모발 손상 방지 여부를 확인하셔야 합니다."
고객 : "그 차이가 눈에 보이나요?"
디자이너 : "네, 꼭 확인해보세요. 모발이 건강한 상태에서 펌을 하면 컬 유지력과 윤기가 훨씬 오래갑니다."
포인트 강조된 표현으로 신뢰감을 주며 프리미엄 옵션의 가치를 설명합니다. 강조 화법은 '반드시', '꼭'과 같은 표현으로 고객이 중요하다고 인식하도록 유도하여 구매 결정을 쉽게 만듭니다.

저울 화법
헤어 트리트먼트 추천
상황 고객이 두 가지 트리트먼트 옵션 중 고민 중
대화
고객 : "이 기본 트리트먼트로도 충분할까요?"
디자이너 : "기본 트리트먼트도 효과는 있지만, 고객님 머릿결

상태를 봤을 때는 프리미엄 트리트먼트가 훨씬 좋아요. 저거(기본 제품) 하실 바에야 이거(프리미엄 제품) 하시는 게 모발의 윤기와 탄력을 더 오래 유지하실 수 있습니다."

포인트 더 높은 가치를 제공하는 옵션을 저울에 올리듯 비교해 고객이 이득을 직접 느끼게 합니다.

헤어 염색 추천
상황 고객이 저가 염색과 프리미엄 염색 중 고민 중
대화
고객 : "일반 염색이랑 프리미엄 염색이 얼마나 차이가 있나요?"
디자이너 : "일반 염색도 나쁘지 않지만, 고객님처럼 민감한 두피에는 저거(일반 염색) 하실 바에야 이거(프리미엄 염색) 하시는 게 훨씬 안전합니다. 특히 손상이 덜하고 색이 고르게 오래 유지돼요."

포인트 선택할 때 중요한 이점들을 강조해 고객이 스스로 가치 있는 선택을 하게 합니다. 저울 화법은 단순한 비교가 아닌, '이왕이면 더 나은 가치를 선택하세요'라는 메시지를 강조하여 고객이 후회 없는 결정을 하도록 돕습니다.

이율배반 화법
헤어케어 패키지
상황 고객이 패키지 결제에 망설임을 보일 때

대화

디자이너 : "고객님, 좋은 제품을 쓰고 머릿결이 좋아지는 건 좋지만, 매번 하나씩 따로 구매하면 귀찮고 비용도 더 드시잖아요? 그래서 패키지로 한 번에 구매하시면 관리가 더 편하고 비용도 절감되실 거예요."

포인트 고객이 느끼는 불편함과 장점을 동시에 인식시켜 더 나은 선택을 할 수 있게 유도합니다.

프리미엄 컷 vs 기본 컷

상황 고객이 프리미엄 컷과 일반 컷을 고민할 때

대화

디자이너 : "깔끔하게 스타일링이 잘되는 건 좋지만, 자주 다듬으러 오기 불편하시잖아요? 프리미엄 컷은 유지 기간이 길어져서 바쁜 고객님께는 더 경제적이죠."

포인트 장점과 단점을 비교해 고객의 필요에 맞는 설득을 끌어냅니다.

영화 '어벤져스-인피니티 워'에서 타노스가 **"균형이 중요하다."** 라고 말한 것처럼, 균형 잡힌 선택을 강조합니다. 이율배반 화법은 고객이 무심코 놓치는 점을 부각시켜 균형 잡힌 선택을 돕는 대화 기법입니다. 장점과 불편함을 동시에 언급해 고객이 스스로 가치를 인식하게 만듭니다.

타이밍화술

모발 케어 상담

상황 고객이 시술 중 샴푸 선택에 대해 관심을 보일 때

대화

디자이너 : "혹시 샴푸는 어떤 제품 사용하세요?"

고객 : "OO브랜드요."

디자이너 : "아, 그러시군요. 고객님의 모발에 잘 맞으셨나요?"

고객 : "머릿결이 좀 건조해지는 느낌이 있어요."

디자이너 : "그렇군요. 시술이 끝나신 후에 고객님 모발 상태에 딱 맞는 샴푸를 추천해드리겠습니다. 고객님이 원하시는 촉촉한 느낌을 강조한 제품도 준비되어 있어요."

포인트 고객의 사용 경험을 존중하며 자연스럽게 필요를 끌어내고 추천의 타이밍을 미룹니다

손상 모발 복구 상담

상황 고객이 시술 전 두피와 모발 상태를 상담할 때

대화

디자이너 : "평소 어떤 샴푸를 사용하고 계세요?"

고객 : "올리브영에서 세일할 때 사는 샴푸요."

디자이너 : "아, 그렇군요. 저렴한 제품도 물론 좋지만, 손상 모발엔 조금 더 보호해 줄 수 있는 성분이 중요하답니다. 시술이 끝난 후에 고객님 두피 타입에 맞는 샴푸와 사용법을 추천해드릴게요."

포인트 샴푸 선택에 대한 설명을 뒤로 미루며 고객이 관심을 가질 준비를 만듭니다.

영화 '인셉션'에서 "생각의 씨앗은 시간이 지나면서 점점 자란다."라는 대사처럼, 고객에게 설명할 때도 적절한 타이밍을 잡아 신뢰를 키웁니다. 타이밍화술은 고객의 대답에 따라 즉각적으로 대응하는 대신 적절한 타이밍에 더 깊이 있는 설명을 준비하게 합니다. 이 방법은 고객의 신뢰를 얻으며 자연스러운 제품 추천으로 이어지게 합니다.

과거형 질문화법
컬러 시술 상담
상황 고객이 염색 컬러를 고민할 때
대화
디자이너 : "예전에는 어떤 컬러를 주로 하셨어요?"
고객 : "갈색 계열로 많이 했던 것 같아요."
디자이너 : "아, 그렇군요! 어떤 갈색이 제일 마음에 드셨나요?"
고객 : "쵸코 브라운이 가장 괜찮았던 것 같아요."
디자이너 : "좋아요! 고객님께서 만족하셨던 톤을 베이스로 하면서, 오늘은 조금 더 세련된 느낌으로 변화를 줄 수도 있어요. 어떠세요?"
포인트 과거 경험을 바탕으로 고객이 신뢰를 느낄 수 있도록 합니다.

커트 스타일 상담

상황 고객이 커트 스타일을 바꾸고 싶지만 고민할 때

대화

디자이너 : "이전에 머리를 자르실 때는 어떤 스타일을 기준으로 선택하셨어요?"

고객 : "얼굴형에 맞는 스타일을 많이 추천받았어요."

디자이너 : "그렇군요. 고객님의 얼굴형에 맞는 스타일 중에서도 특히 어떤 부분을 강조한 커트가 좋으셨어요? 혹은 다듬을 때 중요한 부분이 있었나요?"

고객 : "앞머리 길이와 층이 중요했어요."

디자이너 : "좋아요! 고객님의 의견을 반영해서 이번에도 자연스럽게 레이어드된 커트를 추천해드립니다."

포인트 고객의 과거 경험을 통해 선호도를 파악하며 자연스럽게 새로운 제안을 연결합니다.

영화 '쇼생크 탈출'에서 "과거를 잊는 자는 미래를 잃는다"라는 대사처럼, 고객의 과거 경험을 이해하면 신뢰를 기반으로 맞춤형 서비스를 제안할 수 있습니다. 과거형 질문은 고객의 선호도를 구체적으로 파악할 수 있게 도와주며, 고객이 자신의 의견이 반영되는 과정을 경험하게 합니다. 이는 고객 만족도와 충성도를 높이는 데 중요한 역할을 합니다.

남도 화법(사회적 증거의 화법)

프리미엄 헤어케어 제품 추천

상황 고급 헤어 트리트먼트를 추천할 때

대화

디자이너 : "고객님과 비슷한 모발 타입을 가진 분들이 이 제품을 많이 선택하시더라고요. 특히 전문직이나 모임이 잦은 고객님들이 푸석함 없이 윤기 있는 모발로 유지하려고 사용하세요."

고객 : "아, 그래요? 어떤 점을 좋아하시던가요?"

디자이너 : "헤어 건강과 스타일 유지 효과를 동시에 느끼셨다고 해요. 한 번 사용해 보시면 아마 공감하실 거예요."

포인트 비슷한 라이프스타일이나 상황을 가진 고객 사례를 이야기함으로써 신뢰감을 줍니다.

헤어 컬러 시술 추천

상황 새로운 컬러 시술을 추천할 때

대화

디자이너 : "고객님처럼 중요한 행사나 프레젠테이션이 많으신 분들께서 이 톤을 선택하시더라고요. 피부 톤이 더 환해 보이면서도 자연스럽게 고급스러움을 줘서 인기가 많아요."

고객 : "주변에서도 그런 컬러를 많이 보셨나요?"

디자이너 : "네, 특히 고객님처럼 이미지가 중요한 직업을 가진 분들이 큰 만족을 느끼셨어요."

포인트 고객이 '나도 같은 선택을 할 수 있다'라는 심리를 느끼게 하여 신뢰도를 높입니다.

영화 '인터스텔라'에서 "우린 우리가 가보지 않은 곳을 가기 위해 길을 개척해 온 이들 덕분에 여기에 있다"라는 대사처럼, 다른 사람들의 경험이 고객의 결정을 돕는 중요한 기준이 될 수 있습니다. 남도 화법은 고객이 타인의 경험을 통해 자신감을 얻고, 선택에 확신을 공감대를 통해 만족감을 극대화할 수 있습니다.

이 정도면 충분합니다 화법 – 두 번째 가격의 제품을 소개할 때
헤어 케어 패키지 제안

상황 고가의 헤어 케어 세트를 망설이는 고객에게 두 번째 옵션을 제안할 때

대화

디자이너 : "고객님, 사실 첫 번째 제품도 훌륭하지만, 이 두 번째 옵션도 많은 분이 선택하시는 베스트셀러예요. 성분은 비슷하지만 용량이 합리적이고 가격도 부담이 덜합니다."

고객 : "이것도 충분히 효과가 있나요?"

디자이너 : "네, 고객님처럼 일상 케어를 중요하게 생각하시는 분들께는 이 정도면 충분합니다. 가장 중요한 수분 유지 효과도 동일하거든요."

포인트 첫 번째 선택에 대한 장점은 존중하면서, 두 번째 옵션이 고객에게 '충분한 가치'를 제공함을 설명합니다.

컬러 케어 제품 추천

상황 프리미엄 컬러 유지 제품 대신 합리적인 가격의 제품을 제안할 때

대화

디자이너 : "고객님, 첫 번째 제품은 최고급 컬러 케어 라인이긴 하지만, 이 제품도 컬러 유지에 필요한 성분은 충분히 들어 있어요."

고객 : "차이가 크게 나나요?"

디자이너 : "프리미엄 제품은 사용감이 부드러운 편이긴 하지만, 이 제품도 컬러 유지력만큼은 이 정도로도 충분합니다. 실제로 고객님들이 만족하시더라고요."

포인트 고객이 가격 차이로 인해 느끼는 부담감을 줄이고, 두 번째 제품이 고객의 니즈를 충분히 충족할 수 있음을 강조합니다.

드라마 '미생'에서 **"가장 완벽한 선택이 아니라도 충분히 좋은 선택이 될 수 있다"** 라는 대사처럼, 완벽함보다는 '현재 내게 충분히 좋은'이라는 기준이 고객의 선택을 편하게 만듭니다.

'이 정도면 충분합니다'라는 표현은 고객이 가성비 있는 선택을 하면서도 품질에 대한 불안감을 덜 느끼게 해줍니다. 적절한 설명으로 두 번째 제품이 합리적이면서도 만족감을 줄 수 있음을 자연스럽게 알려주세요.

'고객님이 제 가족이라면 이걸 소개했을 겁니다' 화법

클리닉 서비스 추천

상황 고객이 프리미엄 클리닉과 베이직 클리닉 사이에서 고민할 때

대화

디자이너: "고객님, 사실 두 가지 옵션 모두 좋은 제품이지만, 고객님이 제 가족이라면 제가 이 프리미엄 클리닉을 추천해드렸을 거예요."

고객: "그럴까요?"

디자이너: "모발 손상도를 보니 조금 더 집중 케어가 필요해 보여서이에요. 가족이라면 당연히 더 건강하고 오래 가는 결과를 바라겠죠."

포인트 고객이 믿고 의지할 수 있도록 '진심 어린 추천'임을 강조합니다.

염색 컬러 옵션 제안

상황 고객이 두 가지 컬러 중 고민할 때

대화

디자이너: "두 컬러 모두 예쁘지만, 고객님이 제 가족이라면 피부 톤에 잘 맞는 이 컬러를 추천했을 겁니다."

고객: "정말요? 이유가 뭐예요?"

디자이너: "이 컬러는 피부를 더 환하게 보이게 하고, 고객님의 얼굴 톤과 자연스럽게 어울리기 때문이에요. 고객님께 꼭 맞는 선택을 해 드리고 싶어서요."

포인트 가족처럼 생각하며 최상의 결과를 바라는 마음을 전달해 신뢰를 구축합니다.

영화 '인터스텔라'에서 "사랑하는 사람을 위해 우리는 더 나은 선택을 한다"라는 대사처럼, '가족 같은 마음으로'라는 프레이즈는 고객에게 진정성을 느끼게 만듭니다.

'제 가족이라면'이라는 표현은 단순한 세일즈 멘트를 넘어 고객의 마음을 움직일 수 있는 강력한 공감과 신뢰의 메시지입니다. 고객은 자신이 특별한 존재임을 느낄 때, 더욱 긍정적인 구매 결정을 내리게 됩니다.

'저도 이걸 선택했습니다' 화법
클리닉 트리트먼트 서비스
상황 고객이 클리닉 시술을 할지 말지 고민 중일 때
대화
고객 : "이거 해볼지 말지 정말 고민되네요. 비싸기도 하고……"
디자이너 : "고객님, 사실 저도 같은 고민을 했었는데요. 그래서 제가 이 클리닉을 직접 시도해 봤습니다."
고객 : "결과가 어땠나요?"
디자이너 : "모발이 훨씬 부드럽고, 다음 시술 때도 손상이 덜하더라고요. 그래서 고객님께도 자신 있게 권해드립니다."
포인트 고객의 입장에서 고민을 이해하며, 실제 경험을 통해 신뢰를 줍니다.

프리미엄 컬러 시술
상황 고객이 염색 컬러 변경에 대해 망설일 때
대화
고객 : "새로운 컬러가 잘 어울릴지 모르겠어요."
디자이너 : "고객님, 저도 처음에 새로운 컬러를 시도할 때 고민했지만, 이 컬러를 선택했어요."
고객 : "왜요?"
디자이너 : "얼굴이 더 화사해 보이고, 주변에서도 정말 좋다고 했거든요. 그래서 고객님께도 추천해드리고 싶어요."
포인트 고객이 새로운 선택에 대해 불안할 때, 본인의 경험을 강조하며 신뢰감을 줍니다.

드라마 '미생'에서 "나도 처음엔 두려웠지만, 해보고 나니 기회가 되었다"는 대사처럼, 스스로의 경험을 이야기함으로써 고객의 불안을 해소합니다.

'저도 이걸 선택했습니다'라는 고객의 공감을 끌어내는 강력한 표현입니다. 고객이 자신의 선택을 확신할 수 있도록, 디자이너의 솔직한 경험담은 고객의 마음을 열어 더 긍정적인 결정을 유도합니다.

비싸다고 느끼는 고객에게 공감하는 화법
프리미엄 클리닉 서비스
상황 고객이 클리닉 서비스의 가격을 보고 고민할 때

대화

고객 : "이 클리닉 가격이 좀 비싼 것 같은데요……"

디자이너 : "네, 고객님. 비싸다고 느끼시는 것 충분히 공감합니다. 사실 고객님들도 처음엔 그렇게 느끼셨거든요."

고객 : "그렇죠? 확실히 부담스럽네요."

디자이너 : "그런데 이미 클리닉을 받으신 고객님들이 하신 말씀 중에 공통된 얘기가 있어요. '가격이 부담되긴 했지만, 모발이 달라지는 걸 보니 오히려 가성비 좋은 투자였다'라고 하시더라고요."

포인트 공감을 표하면서 다른 고객들의 긍정적인 경험을 통해 신뢰를 형성합니다.

세일즈 마무리 화법 : "최종 선택은 고객님께 달려 있습니다"

헤어 시술 상담 시 마무리 예시

상황 고객이 프리미엄 케어 서비스와 기본 케어 서비스를 고민할 때

대화

디자이너 : "고객님, 말씀드린 것처럼 프리미엄 케어는 손상된 모발에 깊이 있는 복구 효과를 주고 유지 기간도 더 길어요. 하지만 기본 케어도 일상적인 유지에는 충분합니다."

고객 : "아직 고민이 되네요."

디자이너 : "충분히 이해해요. 물론 최종 선택은 고객님께서 하시는 겁니다. 저는 고객님께 가장 좋은 선택을 안내해드릴 뿐이죠. 고객님이 원하시는 방식이 제일 중요해요."

고객 : "알겠습니다. 프리미엄 케어로 할게요!"

헤어 컬러 변경 상담 시 마무리 예시

상황 고객이 큰 이미지 변신을 고민할 때

대화

디자이너 : "고객님, 밝은 컬러로 변경하시면 얼굴 톤이 확연히 밝아 보일 거예요. 다만, 탈색 단계가 포함되니 손상 관리도 함께 신경 써야 해요."

고객 : "그러네요. 밝게 하는 게 좋을지 고민돼요."

디자이너 : "그래서 충분히 설명해드렸어요. 물론 최종 선택은 고객님께서 하시는 겁니다. 바꾸실 준비가 되셨을 때 언제든 말씀만 해주세요."

고객 : "좋아요. 도전해 볼게요."

드라마 '미생'에서 "**결국 선택은 당신의 몫입니다. 하지만 그 선택이 최선이 될 수 있게 돕는 건 제 몫입니다.**" 이 화법을 사용하면 고객이 본인의 결정을 존중받고 있다는 느낌을 받으며 신뢰도가 높아집니다. 또한, 고객 스스로 선택하도록 하여 부담을 줄이는 동시에 긍정적인 방향으로 결정을 유도할 수 있습니다.

헤어 디자이너 커뮤니케이션 사례 분석과 개선

사례를 통해 본 부적절한 커뮤니케이션

헤어 디자이너와 고객 간에 발생하는 비효율적인 대화 사례는 고객의 재방문율을 낮출 뿐 아니라 신뢰를 잃는 결과로 이어질 수 있다. 효과적인 대화법을 이해하기 위해 부적절한 사례 10가지와 그 해결 방법을 살펴보자.

사례 1 : 허무한 대화
고객 : 커트해 주세요.
디자이너 : 네, 알겠습니다(바로 커트 시작).
고객 : (거울을 보며) 생각보다 너무 짧아요.
대화 분석 : 고객이 요청한 커트를 이해했지만, 구체적인 길이와 스타일을 확인하지 않았다.
개선 방법 : 고객의 요구를 충분히 확인하며 원하는 길이와 스타일을 구체적으로 묻는다.
추천 멘트 : "몇 cm 정도 자를까요? 턱선까지? 어깨 정도까지?"

사례 2 : 불필요한 제품 추천 대화

고객 : 볼륨을 살리고 싶어요.

디자이너 : (제품을 꺼내며) 이 스프레이 정말 좋아요!

고객 : (제품을 보며) 가격이 얼마예요?

디자이너 : XX원이에요.

고객 : 생각보다 비싸네요. 그냥 안 할래요.

대화 분석 : 고객의 요구와 상황을 파악하지 않고 제품을 먼저 추천함으로써 고객의 거부감을 초래했다.

개선 방법 : 고객의 니즈를 충분히 이해하고, 제품보다 먼저 해결 방법을 설명한다.

추천 멘트 : "평소에 어떤 스타일링 제품을 사용하세요? 가볍게 세팅하는 걸 좋아하시나요?"

사례 3 : 불필요한 장황한 설명

고객 : 머릿결이 너무 상했어요.

디자이너 : 이 트리트먼트는 모발 깊숙이 침투해……(5분간 설명)

고객 : (지루해하며) 그냥 자를게요.

대화 분석 : 과도한 설명은 고객을 피로하게 만들고, 오히려 고객의 선택 의지를 떨어뜨린다.

개선 방법 : 설명은 짧고 간결하게 전달하며 고객의 반응을 확인한다.

추천 멘트 : "손상된 부분을 케어해주는 이 제품이 좋아요. 사용법도 간단해요."

사례 4: 질문 없이 바로 행동하기

고객 : 염색을 하고 싶어요.

디자이너 : 바로 시작할게요!

고객 : (염색 후) 이 색상이 아니에요.

대화 분석 : 고객의 요청을 정확히 확인하지 않고 바로 염색을 진행했다.

개선 방법 : 색상, 명도, 색조 등을 상세히 확인하고 동의를 구한다.

추천 멘트 : "혹시 레드 계열로 밝은 톤을 원하시나요? 아니면 좀 더 자연스러운 색상으로 가볼까요?"

사례 5: 제품에 대한 부정적 접근

고객 : 이 샴푸 효과 있나요?

디자이너 : 효과는 있는데 가격이 좀 비싸요.

대화 분석 : 부정적인 표현이 고객의 구매 결정을 방해했다.

개선 방법 : 제품의 장점을 강조하며 긍정적인 멘트를 사용한다.

추천 멘트 : "이 제품은 모발 강화 효과가 뛰어나요. 적은 양으로도 충분히 효과를 보실 수 있어요."

사례 6: 고객의 말 끊기

고객 : 저는 곱슬머리라서……

디자이너 : 아, 그럼 매직 스트레이트 하세요!

대화 분석 : 고객의 말을 중간에 끊고 해결책을 강요했다.

개선 방법 : 고객이 끝까지 말할 수 있도록 경청하며 공감한다.

추천 멘트 : "곱슬머리라서 고민이 많으셨겠어요. 평소 스타일링할 때 어떤 점이 힘드세요?"

사례 7 : 방어적인 태도

고객 : 저번에 했던 펌이 잘 안 됐어요.

디자이너 : 제가 잘못한 게 아니에요.

대화 분석 : 방어적인 태도는 고객의 불만을 더 키울 수 있다.

개선 방법 : 불만을 공감하며 개선책을 제시한다.

추천 멘트 : "불편하셨군요. 다음에는 더 오래 유지되도록 조정해 드릴게요."

사례 8: 고객 무시하기

고객 : 레이어드 컷이 잘 어울릴까요?

디자이너 : 그냥 기본 컷 하세요.

대화 분석 : 고객의 요청을 무시하거나 대안을 제시하지 않았다.

개선 방법 : 고객의 의견을 존중하며 조언을 제공한다.

추천 멘트 : "레이어드 컷이 어울리실 것 같은데, 사진을 참고해 보시겠어요?"

사례 9 : 일방적인 추천

고객 : 드라이가 오래가면 좋겠어요.

디자이너 : 무조건 세팅펌이 답이에요!

대화 분석 : 고객의 상황을 고려하지 않고 단일 옵션만 제시했다.
개선 방법 : 다양한 선택지를 제공하며 고객의 선택을 존중한다.
추천 멘트 : "드라이펌으로 가볍게 유지하는 방법도 있고, 웨이브 펌도 좋아요. 어떤 걸 더 선호하세요?"

사례 10 : 고객 상황 파악 실패
고객 : 모발이 자꾸 엉켜요.
디자이너 : 모발이 상해서 그래요.
대화 분석 : 원인을 추측하며 단정적으로 답변했다.
개선 방법 : 추가 질문을 통해 정확한 원인을 파악한다.
추천 멘트 : "평소 머리를 말릴 때 어떤 방법을 사용하세요?"

부정적 스트로우크와 긍정적 스트로우크 사례

부정적 스트로우크 사례(10가지)

1. 이거 또 잘못하셨네요!

고객의 실수를 지적하기보다 문제 해결에 집중하는 것이 중요합니다. "실수는 자라나는 경험 나무의 비료입니다!"

2. 다른 곳은 더 싸게 하던데요.

이런 말은 상대방을 방어적으로 만듭니다. 대신 경쟁력을 어필하세요. "비교는 행복의 도둑이다." _시어도어 루스벨트

3. 그렇게 하면 안 됩니다.

대신 '이렇게 하면 더 좋을 것 같아요.'로 제안해 보세요.

4. 손님은 왜 이렇게 까다로우세요?

고객의 의견은 다양할 수 있습니다. 존중하는 태도가 필요합니다.

5. 벌써 또 오셨어요?

대신 '다시 찾아주셔서 감사합니다!'라고 맞이하면 신뢰를 줍니다.

6. 이 제품 쓰시면 안 좋아질지도 몰라요.

부정적인 가능성 대신 해결책을 함께 제시하세요.

7. 저희 시스템 문제예요. 어쩔 수 없어요.

대신 '문제가 해결되도록 최선을 다하겠습니다.'라고 약속하세요. "문제는 해결하려고 있는 거예요."_드라마 '미생'

8. 제 시간에 안 오셨잖아요.

대신 '다음 방문 시간에 맞추어 더 잘 준비하겠습니다.'라고 말하세요.

9. 질문이 너무 많으시네요.

대신 '궁금하신 점이 많다는 건 좋은 거죠. 무엇이든 물어보세요.'

10. 보시지 그랬어요.

고객은 도움을 받기 위해 왔습니다. '궁금하신 부분은 다 설명해 드릴게요.'

긍정적 스트로우크 사례(10가지)

1. 오늘 헤어스타일 정말 멋지세요!

고객의 스타일을 칭찬하는 것은 분위기를 부드럽게 합니다. "머리 하나 바꿨을 뿐인데 세상이 달라 보이죠."_영화 '악마는 프라다를 입는다'

2. 피부 톤에 딱 어울리는 컬러네요.

작은 디테일에 주목하면 고객은 특별한 대우를 받는다고 느낍니다.

3. 고객님께서 꼼꼼히 봐주셔서 더욱 완성도가 높아졌어요.

고객의 의견 반영을 칭찬하면 관계가 긍정적으로 발전합니다.

4. 오늘 기분이 좋아 보이시네요!

작은 칭찬이 큰 신뢰를 형성합니다. "친절한 말 한마디는 짧지만, 그 울림은 길다."_마더 테레사

5. 이 제품을 잘 알고 계시다니, 정말 꼼꼼하세요.

고객의 사전 지식을 인정하면 신뢰를 얻을 수 있습니다.

6. 매번 이렇게 밝은 모습으로 오셔서 매장 분위기가 좋아져요.

자주 오는 단골 고객에게 감사를 표하세요.

7. 덕분에 새로운 시도를 해볼 수 있었어요!
고객의 요청을 존중하면 더욱 다가가기 쉽습니다.

8. 지난번에 추천드린 제품, 잘 맞으셨나요?
기억해주는 디테일은 고객 만족도를 높입니다.

9. 선택이 아주 탁월하세요.
고객의 선택을 칭찬하면 자부심을 느끼게 합니다.
"당신의 선택은 최고의 선택이었어요." _영화 '킹스맨'

10. 항상 귀중한 시간을 내주셔서 감사합니다.
바쁜 고객을 배려하는 말은 다음 방문을 유도합니다.

부정적 스트로우크를 긍정적 표현으로 바꾸는 연습은 신뢰 형성과 고객 만족도를 높이는 필수 과정입니다. 고객은 작은 배려와 칭찬에도 마음을 열고 단골이 됩니다.

"친절함은 무료지만, 그 가치가 끝이 없다." _헨리 제임스

덤을 드리면 팬덤이 생긴다
미용실 성공 스토리의 비밀

어느 날 미용실 A와 미용실 B가 고객을 맞이하는 첫 페이지에 각각 다음과 같은 문구를 올렸습니다.

미용실 A : "천연 오일 트리트먼트, 고급 가위 컷, 전문가의 섬세한 터치까지!"
미용실 B : "이곳의 첫 손님은 저희 어머니였습니다."

여러분은 어느 미용실의 문구가 더 마음에 와닿으셨나요?
사람들은 스토리를 좋아합니다. 스토리는 단순히 제품이나 서비스를 파는 것이 아닌 가치와 감동을 전달합니다. 고객은 단지 머리를 자르러 오는 것이 아니라 특별한 경험을 원합니다.

탄탄한 스토리를 가진 미용실은 고객뿐만 아니라 직원, 파트너, 투자자까지 매료시킵니다. 심지어 이 스토리는 비용도 거의 들지 않는 가성비 최고의 마케팅 도구이죠.

"헤어컷은 머리만 다듬는 것이 아니다. 사람의 기분과 하루를 다듬는 것이다." _영화 '바버샵'

미용실 스토리 만들기 : 비즈니스 스토리와 마케팅 스토리 미용실 스토리는 크게 두 가지로 나눌 수 있습니다.

비즈니스 스토리 : 우리 미용실의 정체성과 가치를 응원할 모든 사람을 위한 이야기.

마케팅 스토리 : 고객을 겨냥한 이야기

비즈니스 스토리 안에 마케팅 스토리가 있습니다. 마치 헤어디자이너의 기본기가 스타일링의 기초가 되듯, 비즈니스 스토리는 마케팅의 기반이 됩니다. 그렇다면, 미용실 비즈니스 스토리를 만드는 6가지 핵심 요소를 살펴보겠습니다.

1. 미용실의 정체성

비즈니스는 결국 사람이 하는 일입니다. 이 일에는 미용실의 창업자, 디자이너, 그리고 모든 직원들의 개성이 묻어납니다. 우리가 왜 이 일을 시작했는지, 우리의 가치관과 지향점은 무엇인지 적어보세요.

질문 예시

우리 미용실을 시작하게 된 계기는?
우리 팀의 성격과 가치관은?
우리가 이 일을 잘할 수 있는 이유는?

예시 : "우리 미용실은 '가족 같은 미용실'을 지향합니다. 고객이 단지 머리를 하러 오는 것이 아니라, 스트레스를 풀고 편안함을 느끼는 공간이 되었으면 합니다. 그래서 첫 고객은 가족이었고, 지금도 우리 미용실은 가족처럼 고객과 소통합니다."

2. 문제 – 고객의 고민과 방해 요소

모든 스토리에는 악당이 있습니다. 우리 고객의 행복한 경험을 방해하는 것이 무엇인지 생각해 보세요. 예를 들어, 고객들이 헤어 스타일링을 잘못 관리해서 머릿결이 손상되거나, 예약 시간이 길어져 기다리는 것이 스트레스가 될 수도 있습니다.

실제 사례

"고객들이 홈 케어 방법을 몰라서 집에서 스타일링이 엉망이 되는 경우가 많아요."

"예약이 꽉 차서 대기 시간이 길어지고, 고객들이 지쳐서 돌아가는 경우도 있죠."

3. 문제에 대한 나의 관점 – 우리만의 시각

이 부분이 중요합니다. 같은 문제라도 어떻게 바라보느냐에 따라 솔루션이 달라지고, 우리만의 차별성이 만들어집니다.

예시 : "머릿결 손상을 방지하려면 단순히 비싼 트리트먼트를 권하는 것이 아니라, 고객이 집에서도 쉽게 관리할 수 있는 루틴을 알려주는 것이 중요합니다. 우리는 고객이 미용실을 벗어난

후에도 스타일을 유지할 수 있도록 꼼꼼하게 설명해 드립니다."

이처럼 고객이 미용실을 떠난 후까지도 신경 쓰는 관점이 차별화를 만듭니다.

4. 솔루션 – 우리의 해결책

관점이 정리되면 솔루션은 자연스럽게 나옵니다. 이 솔루션에는 반드시 우리의 정체성과 관점이 담겨 있어야 합니다. 그렇지 않으면 다른 미용실과 다르게 보이지 않습니다.

예시 : "한 미용실에서는 고객이 집에서도 손쉽게 스타일을 유지할 수 있도록 '5분 헤어 루틴 클래스'를 운영합니다. 예약제 소그룹 클래스를 통해 브러시 사용법부터 홈 스타일링 팁을 알려드립니다. 또한, 헤어 루틴 시연 영상을 QR 코드로 제공해 언제든 볼 수 있게 했습니다."

5. 가치 – 고객이 얻는 긍정적인 변화

고객이 우리 솔루션을 통해 어떤 변화를 얻을 수 있는지 작성해 보세요. 또한, 피할 수 있는 부정적인 결과를 함께 설명하면 더욱 효과적입니다.

예시 : "고객들은 더 이상 '미용실에만 가면 예쁘다'는 말을 듣는 것이 아니라, 일상에서도 자신감 넘치는 스타일을 유지할 수 있습니다."

"예약 시스템 개선을 통해 대기 시간 없이 고객이 편하게 방문할 수 있게 되었습니다."

6. 영향력 – 우리의 꿈과 비전

우리의 솔루션이 많은 사람들에게 적용되었을 때 어떤 변화가 일어날지 상상해 보세요.

예시 : "우리 미용실의 서비스가 널리 알려져 '일상의 뷰티 케어 문화'가 자리 잡는다면, 사람들은 미용실에 오는 것만으로도 행복해질 것입니다. 모든 고객이 자신을 사랑하고, 일상에서도 자신감을 느낄 수 있는 문화를 만들고 싶습니다."

실제 사례로 배우는 팬덤 만들기

사례 1 : 소통을 통한 팬덤

서울의 한 미용실에서는 SNS로 고객과의 소통을 강화했습니다. 매달 '헤어 고민 상담 라이브'를 진행해 고객 질문에 실시간으로 답변했습니다. 그 결과, 이 미용실의 팔로워 수는 단기간에 두 배로 늘었고, 고객들이 자발적으로 후기를 남기기 시작했습니다.

사례 2 : 가치를 나누는 팬덤

경남의 한 미용실은 지역사회 기부 이벤트를 열어 '머리 자르기' 수익의 일부를 아동 복지 기금에 기부했습니다. 이 이벤트는 지역 주민들의 큰 호응을 얻었고, 많은 고객이 '미용실이 단지 외모를 꾸미는 곳이 아닌, 따뜻한 나눔의 공간'이라는 평가를 남겼습니다.

마케팅 스토리 완성하기

이제 정리된 스토리를 마케팅에 활용해 봅시다.
1. 문제+관점 : 고객이 경험하는 불편함을 새롭게 정의합니다.
2. 솔루션 : 우리의 특별한 해결책을 설명합니다.
3. 가치 : 고객이 얻게 될 긍정적인 변화를 강조합니다.

"누구나 아름다움을 가지고 태어나지만, 그 아름다움을 완성시키는 건 소통과 감동입니다." _영화 '예스맨'

미용실에서 고객과 나누는 작은 대화와 배려는 큰 팬덤을 만들어냅니다. 고객에게 작은 덤을 주는 습관이 쌓이면, 당신의 미용실은 진정한 팬덤 미용실로 거듭나게 될 것입니다.

덤을 드리면, 팬덤이 생깁니다.

경험 디자인으로 위기를 기회로

"도둑들이 왜 가난한지 알아? 비싼 거 훔쳐다가 싸게 팔기 때문이지." _영화 '도둑들'

이 대사는 세일즈의 본질을 정확히 짚어줍니다. 세일즈의 핵심은 '비싸게 파는 것'입니다. 하지만 무조건 비싸게 판다고 성공할 수는 없습니다. 그 제품이나 서비스의 가치를 높여야 고객이 기꺼이 돈을 지불합니다.

생각해 보세요. 요리사는 '쉐프'가 되고, 한 끼 식사가 '다이닝 경험'이 된 이유는 단순한 변화가 아니라 경험의 가치를 높인 변화 때문입니다. 미용실도 마찬가지입니다. 단순히 머리카락을 자르고 염색하는 곳을 넘어, 고객이 특별한 경험을 느끼는 곳으로 변해야 합니다. 이제 미용실에서 가치를 높여 고객 경험을 디자인하기 위한 5가지 변화를 살펴보겠습니다.

도구 : 작은 디테일이 가치를 만든다

헤어 디자이너는 가위 하나로 고객을 변신시키지만, 고객의 마음을 사로잡는 디테일한 도구들이 필요합니다.

사례 1 : 한 프리미엄 미용실에서는 일반 수건 대신 향이 나는 고급 타올을 사용합니다. 고객이 머리를 감을 때 은은한 아로마 향이 나며, 고객은 작은 세심함에도 감동을 느낍니다.

사례 2 : 일본의 한 미용실은 물 대신 아로마향이 나는 미온수 스프레이로 머리를 적십니다. 고객들이 느끼는 첫 감촉이 부드럽고 따뜻하기 때문에 서비스가 한층 고급스럽게 느껴집니다.

사례 3 : 일산의 어느 00미용실 디자이너는 다이슨 드라이기에 작고 귀엽고 이쁜 장식품을 붙이고 '세상에 단 하나밖에 없는 다이슨 드라이기로 스타일을 바꿔드릴게요!'라며 특별한 경험을 제공한다.

"작은 도구가 디테일을 만들고, 디테일이 경험을 만든다."

미용실에서 사용하는 작은 도구들은 고객에게 프리미엄 경험을 제공할 수 있는 무기가 됩니다.

TIP : 고객 전용 빗을 제공해 이름을 새겨 두는 '퍼스널 아이템' 서비스 미용실에서 사용하는 제품에 고객에게 맞춤 추천을 적어 함께 배치

구성: 고객 경험의 레시피를 새롭게 구성하라

요리사가 재료를 조합해 특별한 메뉴를 만드는 것처럼, 미용실도 서비스의 구성을 새롭게 디자인해야 합니다.

사례 1 : 한 미용실은 헤어컷과 함께 '두피 스파 체험'을 무료로 제공하여, 고객들이 두피 케어에 관심을 가지게 만듭니다.

이후 많은 고객들이 별도의 두피 케어 서비스를 구매하기 시작했습니다.

사례 2 : 프리미엄 커피숍처럼, 헤어컷과 함께 디저트와 차를 제공하는 미용실도 있습니다. 고객들이 머리를 하는 동안 잠시 쉬어갈 수 있는 시간은 그 자체로 큰 만족감을 줍니다.

"경험의 구성은 고객이 미용실을 '머리 하는 곳'에서 '쉼을 얻는 곳'으로 바꿔 준다."

TIP : 헤어 시술 전, 작은 코너에 고객에게 맞춤 향을 고르게 해보세요. 고객의 향기 선택이 그날의 서비스 경험을 더 특별하게 만듭니다.

'스타일링 키트'를 제공해 고객이 집에서도 쉽게 머리를 연출할 수 있게 합니다.

네이밍 : 이름에 스토리를 담아라

"이름이 중요한 이유는 기억 속에 오래 남기 때문입니다."

같은 서비스라도 이름이 달라지면 고객에게 주는 인상이 달라집니다.

사례 1 : 뉴욕의 한 미용실은 단순한 트리트먼트 대신 '럭셔리 실크 트리트먼트'라는 이름을 사용했습니다. '럭셔리'라는 단어 하나가 고객에게 프리미엄 경험을 기대하게 만들었습니다.

사례 2 : 한 뷰티샵은 기본 드라이를 '스페셜포토샵드라이'로 바꿔 웨딩이나 중요한 날을 위한 서비스처럼 보이게 했습니다. 단순한 헤어 드라이가 특별한 날을 준비하는 의식처럼 느껴졌죠. 네이밍은 서비스의 첫인상입니다. 이름에 감성적 요소를 담으면 고객이 더 쉽게 매료됩니다.

TIP : '여행 전 헤어케어'에서 '여행 플러스 스페셜헤어케어 패키지', '손상모 케어'에서 '헤어 리셋 프로그램'

무드: 공간이 주는 첫 느낌

고객이 미용실에 들어섰을 때 느끼는 무드는 큰 영향을 줍니다. 향기, 음악, 조명, 온도, 촉감 등 모든 요소가 감각적인 경험을 만듭니다.

사례 1 : LA의 한 미용실은 방문할 때마다 계절별로 향을 바꿉니다. 여름에는 시원한 시트러스 계열, 겨울에는 따뜻한 우디 계열의 향을 사용해 고객이 기분 좋은 변화를 느끼게 합니다.

사례 2 : 한 럭셔리 미용실은 조명을 '따뜻한 햇살 같은 톤'으로 맞추고, 클래식 음악을 틀어 고객이 마치 고급 살롱에 온 듯한 느낌을 줍니다.

"분위기는 고객의 기억을 만든다."

TIP : 고객과 상담하는 공간은 따뜻한 톤으로, 스타일링 공간은 시원한 화이트 톤으로 대비를 줍니다. 계절에 따라 음악과 음료 메뉴를 바꿔보세요.

이야기 : 고객에게 의미 있는 이야기를 전달하라

고객이 미용실에 오는 이유는 단순히 스타일을 바꾸기 위해서만이 아닙니다. 고객은 특별한 의미와 경험을 원합니다.

"머리를 하는 1시간 동안 나를 위한 이야기 하나를 가져가세요."

사례 1 : 한 미용실은 고객들에게 스타일링 전, 미니 '헤어 다이어리'를 제공합니다. 고객은 그날 기분이나 원하는 스타일을 적고, 디자이너는 이를 참고해 헤어 컨설팅을 진행합니다.

사례 2 : 유명 프랑스 살롱에서는 머리를 하는 동안 고객에게 '오늘의 책'을 추천해 짧은 글귀를 나눕니다. 고객들은 시술 시간 동안 힐링과 지적 만족을 동시에 느낍니다.

TIP : '오늘의 헤어 코멘트'를 통해 고객에게 칭찬과 응원을 건네세요. 작은 멘트가 큰 기쁨을 줍니다.

경험의 디자인이 가치를 만든다

미용실이 단순한 스타일링 공간에서 벗어나 경험을 디자인하는 공간이 되면 고객들은 그 경험을 돈으로 환산할 수 없다고 느낍니다. 미용실에 위기가 닥쳤을 때 경험의 가치를 높여보세요. 고객이 '이곳에 다시 와야 하는 이유'를 느끼게 해준다면 팬덤은 자연스럽게 생깁니다.

오늘부터 작은 디테일을 더해보세요. 경험이 변하면, 기회는 반드시 따라옵니다! 고객의 경험을 디자인하라.

"경험을 파는 자는 오래 살아남고, 상품만 파는 자는 금방 사라진다."_영화 '파운더'

스타벅스에 가는 이유는 단순히 커피를 마시기 위해서가 아닙니다. 사람들은 커피 한 잔에 담긴 경험을 위해 기꺼이 지갑을 열죠. 스타벅스는 단순히 음료를 판매하는 곳이 아닌, 고객에게 소통과 힐링을 제공하는 장소로 자리 잡았습니다.

미용실도 마찬가지입니다. 이제 고객을 단순히 '머리 자르는 손님'으로 대하기보다 스타일 경험 사용자(유저)'로 인식하고 대해야 합니다. 게임업계나 IT업계처럼 사용자가 주도적으로 서비스를 즐기고 공유할 수 있도록 해야 합니다.

고객을 사용자(유저)로 바라보라

과거에는 병원에서 알코올 중독자라고 부르던 병명이 알코올 의존증이라고 바뀌더니 요즘에는 알코올 사용 장애라는 표현을 사용합니다. 문제는 술이 아닌, 그것을 잘못 사용한 사람이기 때문이죠.

이제 미용실도 고객을 단순히 서비스 제공 대상으로 보기보다, 서비스를 능동적으로 경험하는 사용자로 인식해야 합니다. 고객은 단순히 머리를 자르고 염색을 하는 것이 아니라, 자신의 외모를 업데이트하고 리프레시하는 사용 경험을 원합니다.

TIP : 고객을 'VIP 고객'이라고 부르는 대신 '스타님(스타일 사용자님)'이라는 독창적인 용어를 사용해 보세요. 사용자 중심 이벤트를 통해 자발적인 참여를 유도하세요.

사용자 경험의 3가지 차원

1. 서비스 자체

사용자는 시술 전후의 전 과정을 경험합니다.

사례 : 한 미용실은 단순한 커트를 넘어 '오늘의 헤어 리셋'이라는 패키지를 제공합니다. 고객들은 머리를 단순히 다듬는 것

이 아니라, 기분까지 새롭게 리셋하는 경험을 합니다.

2. 커뮤니케이션

브랜드와 사용자 간의 소통 창구는 다양합니다. SNS, 문자 메시지, 후기 공유 등 모든 채널에서 일관된 경험을 제공해야 합니다.

사례 : 한 미용실은 매달 이벤트 페이지를 업데이트하여 사용자들에게 새로운 스타일링 트렌드를 알립니다.

"누구에게나 필요한 건 새로운 경험이야." _영화 '비긴 어게인'

3. 사람과의 연결

고객은 디자이너와의 대화를 통해 더 큰 신뢰를 쌓습니다. 단순한 인사보다 개인적인 관심과 공감이 필요합니다.

사례 : 한 디자이너는 방문하는 모든 고객에게 '최근에 좋은 일이 있으셨나요?'라고 질문합니다. 고객은 단순한 시술이 아니라, 마음의 소통까지 경험합니다.

차별화된 경험을 디자인하라

"똑같은 서비스는 기억되지 않는다."

사용자가 주도하는 경험

게임이나 앱처럼 미용실 경험도 사용자가 참여할 수 있도록 만들어야 합니다.

사례 : 한 미용실은 방문할 때마다 시술이 끝나고 '고객님 지금 거울 속에 보이는 고객님의 아름다움을 샴푸와 물에 씻겨 사라지지 않도록 사진을 남겨드릴게요!'라며 사진을 찍어드리거나 사용자가 시술 후 자신의 스타일을 찍어 SNS에 올리면 할인 혜택을 제공이벤트를 통해. 사용자들은 자연스럽게 입소문을 내게 됩니다.

사용자 맞춤 콘텐츠
모든 사용자는 다르기 때문에 맞춤형 경험이 필요합니다.

사례 : 한 디자이너는 매번 다른 향을 제공하는 스프레이를 사용하여 고객이 좋아하는 향기를 기억합니다. 고객들은 '나를 위한 특별한 배려'라고 느낍니다.

"사람은 냄새와 함께 기억을 공유한다."_영화 '향수'

사용자 참여를 높여라
"내가 만든 경험에 동참할 때, 그 경험은 나의 것이 된다."

피드백을 적극 반영하라
사용자의 피드백은 더 나은 서비스를 만드는 열쇠입니다.

사례 : 한 미용실은 매달 피드백 이벤트를 열어 '어떤 서비스를 추가하면 좋을까요?'라는 질문을 합니다. 가장 많은 표를 받은 요청 사항을 실제 서비스에 반영하며 사용자들에게 보상을 제

공합니다.

즐거운 대기 시간

기다리는 시간마저 즐거운 경험으로 만들어야 합니다.

사례 : 크리스피크림 도넛 매장은 고객이 기다리는 동안 갓 만든 도넛을 무료로 제공합니다. 미용실에서도 사용자가 기다리는 동안 미니 두피 마사지나 음료 서비스 혹은 미용 mbti 조사 등을 제공하면 지루함 대신 즐거움을 느끼게 됩니다.

일관된 경험을 유지하라

"처음과 끝이 같을 때 진짜 경험이 된다."

일관된 메시지

각각의 서비스와 이벤트가 한 가지 메시지를 중심으로 연결되어야 합니다.

사례 : 한 미용실은 '내일을 위한 변화'라는 슬로건 아래 모든 서비스와 SNS 홍보를 통일했습니다. 고객들은 단순한 헤어 시술을 넘어 자신을 새롭게 다지는 경험으로 느꼈습니다.

내부 교육

디자이너들이 일관된 고객 경험을 제공하도록 내부 교육이 필수입니다.

사례 : HP는 고객 경험 표준을 만들어 전 세계 직원들이 동일한 수준의 경험을 제공할 수 있도록 교육을 시행합니다. 미용실에서도 사용자를 대하는 태도, 언어, 서비스 절차를 표준화할 필요가 있습니다.

시대 변화에 따라 경험을 업데이트하라

"멈춰 있으면 사라진다."

트렌드 반영

사용자들의 취향과 사회적 흐름을 반영해야 합니다.

사례 : 바비 인형은 다양한 인종, 체형, 스타일을 반영해 끊임없이 변화를 줍니다. 미용실도 트렌디한 컬러와 컷을 적극 반영하여 최신 감각을 유지해야 합니다.

사용자 중심 경험이 성공의 열쇠다

이제 미용실은 단순한 시술 공간이 아닌 경험을 디자인하는 공간입니다. 사용자가 자발적으로 경험을 공유하고, 그 경험을 통해 행복을 느낄 수 있도록 해야 합니다.

"사용자가 좋아하면, 경험이 기억된다."

고객을 사용자로, 사용자를 팬으로 만드는 미용실이 되기 위해 오늘도 새로운 경험을 디자인해 보세요!

99.9%가 모르는 세일즈 노하우 후커

미용실에서 성공적인 세일즈는 단순히 기술이 아니라, 고객의 마음을 사로잡는 전략이 필요합니다. 마치 릴스나 광고에서 3초 만에 사람들의 시선을 사로잡아야 하는 것처럼, 고객을 사로잡는 후킹 전략이 중요합니다. 어떤 디자이너는 상품 설명 한마디로 고객을 사로잡고, 어떤 디자이너는 설명이 길어질수록 고객이 지루해합니다. 그 차이는 바로 세일즈 노하우에 달려 있습니다.

미끼 효과를 활용하라 – 결합 구매의 마법

카페에서 커피와 디저트를 각각 5,000원에 판매하면, 고객은 둘 중 하나만 선택할 가능성이 높습니다. 그러나 디저트 가격을 9,000원으로 올리고, 커피를 1,000원으로 낮추면 전체 비용은 여전히 10,000원이지만, 고객은 이 조합을 더 합리적이라고 느낍니다. 미용실에서도 마찬가지입니다. 단순히 커트를 추천하기보다 트리트먼트와 두피 스파를 결합한 패키지를 제안해 보세요.

"컷만 하시겠어요? 오늘은 스파와 스타일링 패키지를 추천드립니다. 15,000원을 추가하시면 고급 두피 케어까지 포함해 드립니다."

고객은 더 많은 혜택을 받는 것처럼 느끼게 됩니다.

"진짜 선택은 항상 합리적일 때 빛난다." - 영화 '인셉션'

가격을 쪼개서 저렴하게 보이게 하라

고객은 100만 원을 한 번에 지출하는 것보다 매달 27,800원이라고 하면 더 부담이 적다고 느낍니다. 미용실에서는 전체 패키지 120만 원, 매달 10만 원씩 12개월 할부 프리미엄 염색 180,000원, '하루 6,000원 투자로 당신의 이미지를 업그레이드하세요.' 고객은 하루 단위로 나눈 금액을 들었을 때 더욱 설득당합니다.

묶음 판매로 가치를 높여라

마트에서 과자를 묶음으로 판매할 때 고객은 개별 가격보다 더 큰 가치를 느낍니다. 마찬가지로 미용실도 묶음 판매 전략을 활용할 수 있습니다. '컷+두피, 스파+스타일링 패키지' 단품 구매 시 10만 원이지만, 패키지 구매 시 8만 5천 원 고객은 '이렇게 사는 게 이득이네!'라는 심리를 느끼게 됩니다.

시간에 따른 가격 전략

출시 초기 프리미엄 가격 설정 처음에는 프리미엄 가격을 설정하고 시간이 지날수록 프로모션을 통해 가격을 낮춥니다. 새로운 프리미엄 헤어케어 프로그램을 출시할 때 처음에는 고가로 설정하고, 첫 달 이벤트로 무료 체험 제공을 통해 입소문을 만듭니다.

가치 추가 제안으로 충성도를 높여라

추가 서비스 제공
"오늘 스파를 받으시면 무료 브러시를 선물로 드립니다."
"신규 고객님께는 첫 방문 시 무료 드라이 서비스!"
고객은 작은 선물과 혜택을 통해 더 큰 만족감을 느끼고, 재방문할 확률이 높아집니다.

한정 시간 할인으로 긴급성을 심어라

'지금 안 하면 놓친다'라는 생각을 심어라. 사람들은 제한된 시간 안에 행동하지 않으면 기회를 놓친다고 느낄 때 행동합니다.
"이번 주말까지 예약 시 두피 케어 무료 제공"
"오늘 예약 시 염색 20% 할인"
고객은 "지금 예약하지 않으면 손해"라는 생각을 하게 됩니다.

충성 프로그램으로 고객을 팬으로 만들어라

포인트 적립 및 회원 전용 혜택 포인트를 쌓아 일정 금액에 도달하면 무료 서비스를 제공하거나, VIP 회원에게 특별 프로모션을 제공합니다.

체험 마케팅으로 직접 느끼게 하라

'경험은 어떤 설명보다 강력하다.' 고객이 제품을 직접 체험해 보면 가치를 더 잘 느낍니다. '오늘 새 트리트먼트를 무료로 사용해 보세요. 손상 모발을 바로 느껴보실 수 있습니다.' 고객이 실제로 사용해 보면서 제품에 대한 신뢰와 만족감을 얻습니다.

고가 상품으로 신뢰를 형성하라

비싼 상품은 고객의 호기심을 자극합니다. 고가 상품을 보고 다른 고객이 '그 상품은 정말 좋은 건가 봐'라는 생각을 하게 됩니다. 프리미엄 두피 케어 서비스, 300,000원 고가의 제품이 있을 때 다른 상품도 비교적 합리적이라고 느끼게 됩니다.

가게를 바빠 보이게 하라

'사람은 줄을 보고 줄을 선다.' 바쁜 가게는 고객에게 신뢰감을 줍니다. SNS를 통해 사람들이 많은 사진을 올리거나, 블로그 체험단을 초대해 바쁜 이미지를 형성하세요.

블로그 체험단을 적극 활용하라

체험단 블로거를 초청하여 실제 후기와 사진을 남기게 하세요. 다양한 키워드를 활용하여 검색에 노출될 수 있도록 합니다.

체험단 요청 사항
① 제목에 키워드 포함
② 사진은 실제 촬영한 사진 사용
③ 본문에 키워드 3~5회 사용

후킹 문구를 작성하라

후킹 문구는 고객의 시선을 사로잡는 첫 번째 요소입니다.

TIP : 손해를 강조하라. '지금 놓치면 후회할 기회!'

구체적인 숫자를 넣어라. '7일 만에 부드러워지는 머릿결 비법'

자극적인 정보로 시작하라. '당신도 모르게 저지르는 헤어 실수 3가지'

후킹 문구 예시

"이 팁을 적용하지 않으면 손해입니다."

"지금 실행하지 않으면 늦습니다."

"00을 안 하면 100% 후회합니다."

세일즈의 본질은 경험이다.

"사람들은 상품이 아니라 경험을 기억한다."

오늘 소개한 전략을 미용실에 적용하면, 고객은 단순히 머리를 자르는 곳이 아닌, 경험을 소비하는 공간으로 느끼게 될 것입니다. 미용실을 방문하는 모든 사용자가 '이곳이 내 인생 미용실이야'라고 말할 수 있도록 오늘도 새로운 경험을 디자인해 보세요!

프론트는 고객감동센터

프론트에 누가 서 있느냐에 따라, 호텔이 되기도 나이트가 되기도 합니다. 내가 중국 미용인들과 교류하면서 그들이 한국 미용실을 방문할 때 가장 신기하게 여기는 것이 있습니다. 그건 바로 "매니저"라는 직책입니다.

"한국 미용실에는 매니저가 따로 있어? 그게 뭐 하는 사람이야?"

이 질문을 받을 때마다 나는 대답합니다.

"우리 매니저님들은 단순한 '계산원'이 아니야. 고객의 첫인상과 마지막 인상을 책임지는 '호텔리어' 같은 존재지."

중국에서는 프론트에서 일하는 직원을 '계산원(Cashier)'이라고 부릅니다. 그들은 말 그대로 계산만 하는 사람입니다. 고객이 들어오든 나가든, 미소 한번 없이 그저 돈을 받고 잔돈을 거슬러 줄 뿐이죠. 그런데 한국 미용실에서는? 고객을 맞이하는 첫 순간부터 배웅하는 마지막 순간까지, 매니저의 역할은 호텔리어에 가깝습니다. 그들이 어떻게 서 있느냐, 어떻게 웃느냐, 어떤 태도를 하느냐에 따라 호텔도 나이트도 될 수 있는 것입니다.

A 미용실 vs B 미용실 : 단순한 차이가 만드는 고객의 느낌.

A 미용실 : "여기, 나이트인가요?"

A 미용실은 규모도 크고, 인테리어도 꽤 고급스럽다. 하지만 고객이 들어서자마자 눈에 들어오는 프론트에는 인상이 험악한 남자 직원이 서 있다. 덩치도 크고 턱수염이 덥수룩하고, 팔짱을 낀 채 무표정하게 고객을 바라본다.

"어? 여기가 미용실이 맞아?"

고객은 순간 당황한다. 느낌이 마치 나이트클럽의 보디가드를 보는 듯하다. 순간적인 불안감이 들고, 긴장이 된다. 첫인상부터 이렇게 위압적이라면, 과연 이곳에서 편안하게 머리를 맡길 수 있을까? 고객이 머리를 하고 나와도 마지막 순간이 찝찝하다.

계산할 때도 무뚝뚝한 얼굴로 '카드요? 현금이요?' 영혼 없는 목소리와 차가운 표정이 마지막 경험으로 남는다. 결국, 고객은 속으로 이렇게 생각한다.

"돈은 많이 들었는데, 기분은 별로네. 다음엔 다른 곳 가볼까?"

B 미용실 : "여기, 호텔인가요?"

반면 B 미용실은 다르다. 프론트에는 단정한 정장을 입고, 밝은 미소를 짓고 있는 매니저가 서 있다. 고객이 문을 열고 들어오면, 가볍게 눈을 맞추며 미소 짓는다.

"어서 오세요! 오늘 방문해 주셔서 감사합니다. 예약 확인 도와드릴까요?"

이 한 마디가 고객의 신상을 풀어준다. 매장에 들어서는 순간,

호텔 로비에 들어온 듯한 편안함을 느낀다. 시술이 끝나고 나갈 때도 다르다.

'오늘 스타일 너무 잘 어울리세요! 다음번 방문 때는 이런 스타일도 추천해드릴게요.'라며 가벼운 제안과 따뜻한 배웅을 한다. 고객이 문을 나서며 다시 한번 생각한다.

"다음에도 꼭 이곳으로 와야지!"

이 차이는 단순한 인테리어나 시술 기술의 차이가 아닙니다. 프론트에서 누가, 어떻게 고객을 맞이하느냐의 차이일 뿐입니다.

고객이 처음 마주하는 얼굴이 차갑고 무뚝뚝하면, 미용실의 인상도 차갑고 무뚝뚝하다. 고객을 반갑게 맞아주고, 따뜻하게 배웅하면, 미용실의 경험도 따뜻해집니다.

이것은 단순한 기분의 문제가 아닙니다. 실제로 미용실이 고객을 대하는 태도는 고객이 미용실을 다시 방문할지 말지를 결정하는 가장 중요한 요소 중 하나입니다. 해외 유명 호텔에서 일하는 직원들은 이런 말을 자주 합니다.

"고객이 떠나는 순간까지 감동을 남겨라."

미용실도 마찬가지입니다. 첫인상과 마지막 인상을 잡는 것이 팬을 만드는 핵심 포인트입니다.

그렇다면, 프론트에서 무엇을 바꿔야 할까요? 첫인상을 좌우하는 기본 태도는 고객이 들어오면 먼저 미소 짓고, 인사하기 눈을 맞추고, 자연스럽게 환영하는 분위기 만들기, 호텔리어처럼 고객을 맞이하기.

고객의 이름을 불러주며 맞이하면 VIP 대접받는 느낌이 듭니다. 단순히 예약을 확인하는 것이 아니라, 방문 목적과 스타일을 가볍게 체크해주기.

떠나는 순간까지 감동을 남기기

시술 후 고객이 떠날 때,
"오늘 스타일 너무 멋져요! 다음엔 어떤 스타일 도전해볼까요?"

프론트에 누가 서 있는가?

그 한 사람의 차이가 미용실을 고급 살롱으로 만들 수도, 거리의 미용실로 만들 수도 있습니다. 우리는 고객이 미용실을 떠나는 순간까지 감동을 주는 호텔리어 같은 매니저를 만들어야 합니다. 그 작은 차이가 재방문율을 결정하는 가장 큰 차이가 될 것입니다.

선결제는 독인가? 득인가?

미용실에서 선결제 시스템을 도입하는 것은 양날의 검입니다. 잘 활용하면 고객과의 신뢰를 바탕으로 안정적인 매출을 확보할 수 있지만, 반대로 운영을 잘못하면 고객 불만을 초래하고 매장 신뢰도가 흔들릴 수도 있습니다. 과연 선결제는 독일까, 득일까? 이제부터 미용실에서 선결제를 운영할 때 고려해야 할 포인트를 살펴보자.

선결제의 득(得) : 매장과 고객이 함께 성장하는 전략

안정적인 매출 확보

선결제 시스템의 가장 큰 장점은 매장의 현금 흐름이 좋아진다는 것입니다. 고객이 먼저 결제를 하기 때문에, 매장은 미리 확보된 매출을 바탕으로 더 나은 서비스를 제공할 수 있는 여유를 갖게 됩니다.

고객의 충성도를 높이는 효과

선결제를 한 고객은 심리적으로 '내가 이미 돈을 냈으니 꼭 이용해야겠다.'라고 생각하게 됩니다. 이러한 효과는 자연스럽게 고객의 재방문율을 높이고, 한 번의 방문이 아닌 지속적인 팬덤 고객을 만들어냅니다.

부가 서비스 판매 기회

미용실에서는 시술뿐만 아니라 홈케어 제품, 추가 크리닉 등 부가적인 매출이 중요합니다. 선결제를 진행하는 과정에서 패키지 구성이나 추가 혜택을 제시하면, 고객은 자연스럽게 '이왕이면 좀 더 좋은 걸로 해볼까?' 하는 심리를 갖게 됩니다

선결제의 독(毒) : 신뢰를 무너뜨리는 위험 요소

잦은 직원 교체로 인한 불안감

'선생님 또 바뀌었어요?'라는 말을 듣는 순간, 고객의 머릿속에서는 '이 매장, 계속 다녀도 괜찮을까?'라는 의구심이 싹튼다. 선결제 고객은 특정 디자이너에게 신뢰를 갖고 결제하는 경우가 많습니다. 그러나 디자이너가 퇴사하거나 매장 운영이 불안정해 보이면 고객은 선결제 금액을 환불받으려 하거나, 불안한 마음에 더 이상 결제를 하지 않는다.

실제 사례

한 프랜차이즈 미용실은 3개월 사이에 디자이너 4명이 퇴사하면서 선결제 고객들의 대량 환불 요청이 발생했다. 결국, 매장은 환불 부담으로 인해 심각한 운영난을 겪었다.

고객과의 신뢰 문제가 발생할 수 있다

"선결제한 금액을 환불받으려고 하는데, 환불이 안 된대요."
"이전에 결제한 시술권이 갑자기 사용 불가라는데요?"

이러한 불만은 선결제 운영이 투명하지 않을 때 발생합니다. 특히 매장 운영이 어려워질 경우, 고객은 '내 돈을 돌려받을 수 있을까?'라는 걱정을 하기 시작한다. 이러한 불안감이 커지면, 자연스럽게 매장에 대한 신뢰가 무너지고 선결제를 기피하게 됩니다.

실제 사례

어느 미용실에서는 고객이 선결제한 클리닉 이용권이 매장 내부 정책 변경으로 인해 갑자기 사용 불가능해졌다. 결국, 고객들이 대거 불만을 표출했고, 이 사건이 온라인 커뮤니티에 퍼지면서 매장의 이미지가 큰 타격을 입었다.

고객의 재방문을 강요하는 효과가 될 수도 있다

고객은 자유롭게 선택하고 싶어 한다. 하지만 선결제 후 의무적으로 방문해야 하는 상황이 된다면, 어느 순간 방문이 부담스러워질 수도 있습니다.

'그냥 단골이라 계속 가는 거지, 딱히 가고 싶어서 가는 건 아니야.' 이런 심리가 자리 잡는 순간, 고객의 만족도는 낮아지고, 결국엔 다른 미용실을 알아보기 시작한다.

실제 사례

한 고객은 선결제 10회 이용권을 구매했지만, 매장의 서비스에 만족하지 못했다. 하지만 환불이 불가능해 꾸역꾸역 방문해야 하는 상황이 됐다. 결국, 10회 이용 후 다시는 해당 미용실을 방문하지 않았습니다.

선결제를 제대로 운영하는 방법

그렇다면, 선결제를 도입하면서도 고객 신뢰를 유지하는 방법은 무엇일까요?

투명한 환불 정책을 명확하게 공지하라

환불이 불가능한 조건이라면 사전에 고객이 충분히 이해할 수 있도록 설명해야 한다. 반대로, 일정 기간 내에 환불이 가능한 시스템을 운영하면 고객의 불안감을 줄일 수 있습니다.

디자이너 퇴사 시 대체 플랜을 마련하라

고객은 특정 디자이너에게 신뢰를 갖고 결제하는 경우가 많나. 따라서 디자이너 퇴사 시 고객을 위한 보완 대책이 필요합니다. 예를 들어, 퇴사하는 디자이너가 고객에게 직접 추천하는 다른 디자이너를 연결해 주는 방식이 효과적입니다.

선결제 고객에게만 제공되는 추가 혜택을 마련하라

선결제 고객들에게만 제공되는 VIP 전용 서비스를 운영하면, 단순히 돈을 먼저 내는 것이 아니라, 특별한 대우를 받는다는 느낌을 줄 수 있습니다.

실제 사례

한 미용실은 얼마 이상 선결제 고객들에게 0회권 구매 시, VIP 프리미엄 두피 마사지 1회 제공. VIP 고객 전용 예약 우선권 제공. 스타일 유지 보강 서비스 추가 제공을 운영하면서 환불율 전년도 대비 70% 이상을 감소시켰습니다.

결론 : 선결제, 운영 방식이 성패를 가른다

선결제는 미용실에 있어 강력한 무기가 될 수도 있고, 잘못 운영하면 위험한 독약이 될 수도 있습니다. 결국, 고객이 불편함을 느끼지 않으면서도 기분 좋게 선결제를 하도록 만드는 것, 이것이 팬덤을 구축하는 길입니다.

"선결제, 단순한 매출 전략이 아니라 고객과의 신뢰를 쌓는 방법이 되어야 합니다!"

고객 유지율이 지금 왜 중요한가?

현재 경제와 소비 트렌드가 변화하면서 고객 유지율(Customer Retention Rate, CRR)은 그 어느 때보다 중요해졌습니다. 이유를 살펴보면 다음과 같습니다.

신규 고객 유치 비용 증가

기존 고객을 유지하는 비용이 신규 고객을 유치하는 비용보다 5~7배 더 저렴하다고 하는 연구결과만 봐도. 광고, 마케팅, 프로모션 비용이 계속 오르는 상황에서 기존 고객을 붙잡는 것이 훨씬 경제적입니다.

충성 고객이 더 많은 수익을 창출

기존 고객이 재방문할수록 평균 결제 금액(객단가)이 증가하고, 더 많은 추가 서비스를 이용하는 경향이 있습니다. 실제로 충성 고객은 신규 고객보다 67% 더 많은 금액을 소비한다고 알려져 있습니다.

입소문과 추천 효과

만족한 고객은 주변 사람들에게 미용실을 추천할 가능성이 높아. 추천 고객은 신규 고객보다 더 높은 유지율과 충성도를 보이는 경향이 있습니다.

경쟁이 치열한 시장에서 차별화 포인트

미용실 업계는 그 어느때보다 경쟁이 치열합니다. 같은 서비스라도 고객이 특별한 경험을 느끼고 지속적으로 방문할 이유가 있어야 하죠. 고객 유지율이 높은 미용실은 단골 고객 기반이 탄탄하고, 위기 상황에서도 안정적인 매출을 유지할 수 있습니다.

고객 유지율 계산 방법

고객 유지율(CRR)을 계산하는 공식은 간단합니다. $\text{고객 유지율 (\%)} = \left(\frac{\text{기간 종료 시 고객 수} - \text{신규 고객 수}}{\text{기간 시작 시 고객 수}} \right) \times 100$.

예를 들면,

1월 1일에 미용실에 100명의 기존 고객이 있었어요.

1월 한 달 동안 30명의 신규 고객이 생겼어요.

1월 말 기준으로 총 110명의 고객이 남아 있어요.

$\text{고객 유지율} = \left(\frac{110 - 30}{100} \right) \times 100 = 80\%$ 즉, 고객 유지율이 80%라는 의미입니다. 이 숫자가 높을수록 단골고객 비율이 높고, 고객 이탈이 적다는 걸 뜻입니다. 이걸 기억하면 쉽습니다!

① 시작할 때 기존 고객 수 확인
② 새로 온 고객 빼기
③ 남은 고객이 기존 고객 중 몇 %인지 계산하기

고객 유지율을 높이려면
① 개인 맞춤 서비스 제공 – 고객의 취향, 스타일, 방문 이력을 기록하고 이를 활용한 맞춤형 추천
② 정기적인 고객 소통 – 문자, DM, 뉴스레터를 활용해 예약 리마인드, 프로모션 안내
③ 멤버십 및 리워드 프로그램 운영 – 재방문 고객에게 포인트, 할인, 특별 서비스 제공
④ SNS & 커뮤니티 활용 – 고객이 미용실과 지속적으로 연결될 수 있도록 온라인에서도 관계 유지
⑤ 고객 피드백 반영 – 리뷰와 피드백을 적극적으로 반영하여 만족도를 높이고, 불만을 해결

고객 유지율을 계산할 때 보통 사용하는 기간은 업종과 목표에 따라 다르지만, 미용실의 경우 일반적으로 다음 기간을 사용하는게 좋습니다

월간 유지율(1개월), 언제 사용? 단기적인 고객 유지율을 체크할 때
예시 : "한 달 동안 기존 고객 중 몇 %가 다시 방문했는가?"
적용 사례 : 주기적으로 머리를 손질하는 고객(예 : 남성 커트

고객)의 유지율을 분석할 때 유용

분기별 유지율(3개월), 언제 사용? 미용실에서 가장 흔히 사용됨
예시 : "3개월 동안 기존 고객 중 몇 %가 다시 방문했는가?"
적용 사례 : 염색, 펌, 클리닉 등 정기적으로 방문하는 고객 분석

연간 유지율(1년), 언제 사용? 장기적인 고객 충성도를 측정할 때
예시 : "작년의 고객 중 올해도 방문하는 고객이 몇 %인가?"
적용 사례 : 연간 멤버십 고객 분석, VIP 고객 관리

미용실에 가장 적합한 기간은?
월간 유지율, 단기적으로 서비스 개선이 필요한지 체크할 때
분기별 유지율, 미용실의 일반적인 고객 유지율을 측정할 때 (가장 추천)
연간 유지율, 장기적으로 충성 고객이 얼마나 유지되는지 볼 때
추천 : 분기별(3개월) 유지율을 기본으로 하고, 월간과 연간도 참고하는 것이 가장 효과적!

4장

위기를 기회로
- 컴플레인 고객님을
 열광시키다

호칭 하나에 컴플레인이 휘청거린다

호칭
호칭은 단순한 단어 그 이상이다 어떤 상황에서, 어떤 톤으로 사용하느냐에 따라 존중의 언어가 될 수도, 불쾌함을 주는 표현이 될 수도 있습니다.

예시 1 : 50대 중반의 한 고객이 젊은 디자이너에게 '어머님'이라는 호칭을 들었을 때, 불쾌함을 느낀 사건이 있었습니다. 본인은 여전히 젊고 세련된 이미지로 보이길 원했기 때문입니다.

상황에 맞는 호칭 사용하기
호칭은 상대방의 감정을 직접적으로 건드립니다. 비슷한 단어라도 누가, 언제, 어떻게 사용하느냐에 따라 느낌이 전혀 달라질 수 있습니다.

예시 2 : 기업 회장 A 씨는 '고객님'이라는 일반적인 호칭 대신 자신의 이름과 직급을 함께 사용하길 원했습니다. '대표님'이나 "회장님"이라는 호칭은 그를 존중하는 느낌을 주었고, 매장에 대한 신뢰를 높였습니다.

가족끼리도 기분에 따라 호칭이 바뀌는 경우가 많습니다. 기분 좋을 때는 애칭으로 부르고, 화가 날 때는 다소 딱딱한 호칭을 사용합니다. 우리 집에선 아내가 평상시 나를 부를 때는 '자기야'라는 호칭을 쓰다가 기분이 나쁘거나, 화가 나면 '은유아빠'라고 부릅니다.

그럼 순간 머릿속은 내가 뭘 잘못했지? 하며 숨은잘못찾기게임을 시작하게 됩니다. 온몸에 털은 '일동차렷' 자세가 되어 식은땀도 나오기 시작합니다. 이렇듯 호칭은 내 기분에 따라 달라질 수도 반대로 호칭에 따라 상대방의 기분이 달라질 수 있는 것입니다. 따라서 미용실에서 고객을 맞이할 때, 호칭 실수를 방지하려면 다음과 같은 연습이 필요합니다.

기본 호칭 : '고객님'으로 통일하고, 특정 상황에서는 이름을 불러주는 방식을 연습합니다.

맞춤 호칭 사용 : 고객의 연령, 취향을 파악해 존중감을 담은 호칭을 사용합니다.

톤과 표정 : 밝은 표정과 부드러운 톤으로 말하면, 같은 호칭이

라도 긍정적으로 들립니다.

예시 3 : 미용실 직원 B는 연령대별 선호 호칭을 메모해 두어, 고객이 불쾌해하지 않도록 대비했습니다. 특히 '사모님'이나 '선생님' 등 공손한 호칭을 사용하는 습관을 들였습니다.

예시 4 : 디자이너 C는 고객이 '언니'라는 호칭을 좋아하는지, '선생님'이라는 호칭을 선호하는지 확인한 후 맞춤 호칭을 사용했습니다. 결과적으로 단골 고객이 늘어나고 만족도도 크게 상승했습니다.

"사람은 자신이 존중받는다는 것을 느낄 때 마음을 연다." 영화 '죽은 시인의 사회' 명대사처럼 호칭은 단순한 단어가 아닙니다. 상대방의 기분을 반영하고, 존중과 배려를 전하는 중요한 커뮤니케이션 도구입니다. 호칭 실수로 인해 고객의 기분을 상하게 하는 일은 언제든지 발생할 수 있지만, 이를 예방하기 위한 연습과 노력은 고객 만족으로 이어집니다.

"오늘도 호칭 하나에 세심함을 담아, 고객과의 첫 만남을 성공적으로 시작해 보세요!"

현금이 사라졌어요

미용실 보관함 현금 및 귀중품 분실 사건 대응 및 관련 법률

고객 불만 대응 기본 원칙
① 침착하게 경청하기 : 고객이 불만을 제기할 때는 우선 차분한 태도로 상황을 경청합니다. 고객이 불쾌하거나 불신을 느끼지 않도록 설명할 기회를 충분히 제공합니다.
② 사과 및 공감 표시 : 상황이 사실 여부와 상관없이 고객의 불안과 불편함에 대해 공감하며 사과합니다.
예 : "불편을 드려 정말 죄송합니다. 해당 문제를 바로 확인해 보겠습니다."

사실관계 확인 : CCTV 등 보안 장치가 설치되어 있는 경우, 고객과 함께 확인합니다. 해당 시간대의 매장 내 방문자와 직원 동선을 파악합니다.

객관적인 조사 및 안내 : 고객에게 조사 절차를 설명하고 필요시, 경찰 신고나 분실 신고 절차를 안내합니다.

내부 조치 및 기록
① 사건 기록 : 사건 시간, 고객 발언, 대응 과정 등을 꼼꼼히 기록해 놓습니다.
② 직원 면담 : 직원들과 대화를 통해 추가 정보를 수집합니다.
③ 재발 방지 조치 : 분실 사건을 예방하기 위해 고객의 귀중품 보관에 대한 안내를 강화하고, 비치된 보관함에 책임 면책 표지 부착을 검토합니다.

법률적 측면
① 민법상 보관책임 여부 : 미용실 보관함은 임의 보관 장소로 간주되며, 고객이 자발적으로 짐을 넣는 경우 점유자의 책임이 제한될 수 있습니다. 민법 제695조(임치 계약)에 따르면, 보관물의 관리 의무는 발생하지만, 고의나 과실이 없다면 책임이 경감될 수 있습니다.
② 손해배상 여부 : 고객이 현금 분실에 대해 배상을 요구할 경우, 직접적인 증거가 있어야 법적 책임을 묻기 쉽습니다. 미용실이 고의나 과실로 손해를 입혔다는 증거가 없을 경우 손해배상 책임이 인정되지 않을 수 있습니다. 지금까지 이와 비슷한 필자의 수 많은 사례의 해결경험으로 보면 매뉴얼에 따라 침착하게만 대응하면 문제없이 충분히 해결할 수 있습니다.
③ 형법 적용 여부 : 고객이 신고할 경우 경찰 조사를 통해 분

실 경위가 파악됩니다. 만약 실제 절도 사건으로 판명될 경우, 형법 제329조(절도죄)에 따라 처벌될 수 있습니다.

④ 면책 고지 : 보관함에 "귀중품 보관은 본인의 책임입니다"라는 문구를 부착하면 면책 근거로 활용될 수 있습니다. 다만, 고의적 부주의가 입증되면 면책되지 않습니다.

대처 시 유의 사항

① 불필요한 감정 대응 금지 : '그럴 리가 없다'라는 발언은 고객의 불신을 키울 수 있습니다.

② 경찰 신고 절차 안내 : 고객이 원할 경우, 경찰 신고 절차를 도와야 하며 적극적으로 협조하는 자세를 보입니다.

③ 적극적인 재발 방지 조치 안내 : 분실 사건 후에도 매장 신뢰를 유지하기 위해 CCTV 설치, 잠금장치 보강 등 재발 방지 조치를 고객에게 안내합니다. 고객과의 신뢰 유지는 사건 초기 대응에 달려 있습니다. 신속하고 친절한 태도로 문제를 해결하려는 자세는 고객의 신뢰를 회복하는 데 큰 도움이 됩니다. 필요시 법률 전문가의 조언을 받아 법적 책임 여부를 확인하는 것도 중요합니다.

부정적인 리뷰 어떡해요?

고객 불만 게시글 확인 및 대응 절차

사실 확인 및 내부 조사, 고객이 불만을 제기한 서비스에 대한 기록 및 직원 면담을 통해 실제 상황을 확인합니다. 당시 시술 과정 및 고객의 반응을 파악해 오류 여부를 확인합니다.

공식적인 대응 메시지 작성

고객이 게시한 플랫폼에 공식적인 입장문을 올립니다. 입장문 내용: 공손하고 사실에 기반한 대응을 합니다.

예 : "고객님께서 겪으신 불편에 대해 진심으로 사과드립니다. 자세한 상황을 알고 개선하기 위해 연락 주시면 빠르게 대응하겠습니다."

직접 연락 및 화해 시도

고객에게 직접 연락해 문제를 해결하고자 하는 진정성 있는 태도를 보여줍니다. 고객의 입장에서 개선책을 제시하며, 재방문 시 특별 관리 혜택 등을 제안할 수도 있습니다.

법적 대응 절차

명예훼손 및 허위사실 유포 대응, 허위사실 게시물이 영업에 치명적 피해를 입히는 경우, 명예훼손 및 허위사실 유포로 법적 조치를 검토할 수 있습니다.

단, 법적 대응 시 게시글이 허위임을 입증할 수 있는 증거 자료(대화 내역, 시술 영수증 등)를 반드시 준비해야 합니다.

법적 경고 및 삭제 요청

해당 플랫폼에 문제 게시물 삭제 요청을 합니다. 정중한 내용증명을 통해 법적 대응 의사를 고객에게 알리면, 협의가 이루어질 가능성이 높아집니다.

관련 법률

① 정보통신망법 : 정보통신망 이용촉진 및 정보보호법 제70조(명예훼손죄) 온라인 공간에서 공공연하게 사실 또는 허위사실을 적시하여 타인의 명예를 훼손한 경우, 처벌 대상이 될 수 있습니다.
사실 적시에 의한 명예훼손 : 최대 3년 이하 징역 또는 3,000만 원 이하 벌금.
허위사실에 의한 명예훼손 : 최대 5년 이하 징역 또는 5,000만 원 이하 벌금.
② 형법 제307조(명예훼손죄) : 오프라인에서 사실을 적시하여 개인 및 법인의 명예를 훼손할 경우에도 적용됩니다. 영업 방해 목적이 명확할 경우, 형법 제314조(업무방해죄)로 최대 5년 이하 징역 또는 1,500만 원 이하 벌금형에 처할 수 있습니다.
③ 민사 소송, 손해배상 청구 : 피해를 입은 매장은 민법 제750조(불법행위에 의한 손해배상)를 근거로 금전적 손해에 대한 배상 청구를 할 수 있습니다. 허위 게시글로 인해 발생한 매출 손실, 고객 감소 등 손해액을 입증할 수 있는

자료를 준비해 민사 소송을 진행합니다.

대처 시 주의사항

공격적인 대응 금지 : 감정적인 대응은 고객과의 갈등을 악화시킵니다. 공손하지만 단호하게 입장을 전달합니다.

명확한 증거 확보 : 증거가 없는 상태에서 대응하면 역으로 불이익을 당할 수 있습니다. 반드시 시술 전후 사진, 고객과의 대화 내역 등을 확보합니다.

플랫폼 신고 시스템 활용 : 네이버 블로그, 맘카페, 인스타그램 등에는 허위 게시글 신고 기능이 있습니다. 이를 통해 문제 게시물을 신고하여 심사를 요청합니다.

실전 사례 및 대응 예시

① 고객이 블로그에 '머리 엉망으로 하고도 사과도 없었다'라는 글을 올림.

② 매장은 고객 시술 전후 사진과 상담 내용을 준비해, 해당 게시물이 허위임을 증명하고 게시글 삭제를 요청함.

③ 고객이 게시글을 삭제했으며, 후속 조치를 통해 VIP 관리 프로그램을 강화함. 부정적인 리뷰는 신속하고 정중한 대응이 중요합니다. 법적 절차를 활용하기 전에 고객과의 신뢰 회복을 위해 화해를 시도하지만, 허위 사실로 인한 피해가 명백할 경우 단호하게 대응해야 합니다.

"평판은 20년을 걸쳐 쌓지만, 5분 만에 무너질 수 있다."_워런 버핏

고객님은 관리하는 전문가에게 관리받는 걸 더 가치 있게 느낀다

미용실을 방문하기 전, 고객님의 마음은 두근거립니다.
"오늘은 어떤 스타일로 변신할까?"
"그 디자이너 정말 멋있고 프로 같았지?"
하지만 그 기대는 미용사의 첫인상에 따라 달라집니다. 고객님이 자리에 앉아 미용사를 본 순간, 머릿속에 스치는 생각.
'어! 머리카락이 지저분한데? 저 디자이너, 자신도 관리 안 하는 것 같은데 내 머리는 괜찮을까?'
맨발에 슬리퍼를 신고 질질 끌고 다니는 남자디자이너를 보고 고객님 저건 너무 심하지 않나, 여긴 관리를 전혀 안 하는 곳이구나. 결과는 뻔합니다. 설렘은 사라지고 실망과 불안이 자리 잡습니다. 미용사는 단순히 고객의 머리를 자르고 스타일링하는 직업이 아닙니다. 미용사는 머리를 디자인하는 아티스트이며, 동시에 고객에게 꿈과 변화를 선물하는 사람입니다. 그리고 사람은 본능적으로 프로처럼 보이는 사람에게 신뢰를 느낍니다.

실전 사례 1 : '스타일로 신뢰를 사로잡다.'

한 고객님이 새로 오픈한 미용실을 찾았습니다. 하지만 디자이너가 헝클어진 헤어스타일에 낡은 티셔츠를 입고 나타났습니다. 결국, 고객님은 '저 그냥 예약 취소할게요.'라며 돌아섰습니다. 반면, 또 다른 고객님은 단정한 헤어스타일과 깔끔한 복장을 한 디자이너를 보고 한마디 했습니다. '와, 디자이너님 머리 멋지네요! 저도 그런 스타일 가능할까요?' 스타일을 유지하고 가꾸는 미용사는 그 자체로 광고판이 됩니다.

영화 '악마는 프라다를 입는다'에서 "스타일은 그저 옷이 아니라, 나를 설명하는 언어입니다."라는 말처럼 미용사에게 스타일은 신뢰의 첫 언어입니다. 고객님은 외모가 잘 관리된 디자이너에게서 프로의 감각을 느끼고, 마음을 쉽게 열게 됩니다 고객님은 디자이너가 평소 얼마나 자기 관리를 잘하는지를 통해 그 사람의 성실함과 실력을 판단합니다. 고객님이 단순히 스타일링만 보러 오는 게 아닙니다. 디자이너의 이미지와 행동 하나하나를 통해, '나도 저렇게 되고 싶다'라는 영감을 받습니다.

실전 사례 2 : '디테일이 만든 기적'

영국출생 미국의 유명 헤어디자이너에서 세계적인 기업가로 성장한 존 프리다는 매일 아침 헤어는 물론 최고의 스타일로 꾸미고 하루를 시작했다고 합니다. 그가 관리하는 모습 자체가 워너비가 되었고, 고객들은 그가 추천하는 스타일을 100% 신뢰했습니다.

"머리를 잘하는 사람이 스스로도 멋지게 꾸민다면, 내 머리도 그만큼 예술이 될 거야."

결국, 그는 단순한 미용사가 아닌, 브랜드 그 자체가 되었습니다. 미용실은 무대입니다. 그리고 디자이너는 그 무대 위의 스타입니다. 스타는 무대 위에서 돋보이기 위해 꾸준히 준비합니다. 스타가 자신을 방치한 채 무대에 오른다면 어떻게 될까요?

관객들은 실망할 겁니다.

실전 사례 3 : '평범함을 특별함으로 바꾸는 디자이너'

A 디자이너는 하루에 10분을 투자해 자신만의 헤어 스타일링을 연습했습니다. 단순히 머리를 손질하는 것이 아니라, 고객에게 어떤 메시지를 전달할지 고민했죠. 결과는 놀라웠습니다. 고객님들이 자주 이런 말을 하곤 했습니다. "디자이너님 머리가 정말 예뻐서 똑같이 하고 싶었어요." 이 작은 습관이 브랜드 이미지 상승으로 이어졌습니다.

드라마 '스타트업'의 **"성공하는 사람과 실패하는 사람의 차이는 디테일을 놓치지 않는 겁니다."** 라는 말처럼 매일 조금씩이라도 스스로 가꾸는 디자이너는 그 디테일이 쌓여 고객의 신뢰와 충성도를 얻는 법입니다.

사람은 듣는 것보다 보는 것에 더 큰 영향을 받습니다. 고객님은 디자이너가 평소에 관리하는 모습을 보며, '나도 저렇게 변할 수 있겠구나!'라고 생각하게 됩니다. 반대로 자신조차 관리하지 않는 디자이너는 고객에게 불신을 심어줍니다.

당신은 고객님의 워너비입니다. 고객님이 미용실에 오는 이유는 단순히 머리를 자르기 위해서가 아닙니다. 그들은 '이 사람이라면 나를 멋지게 변신시켜 줄 거야!'라는 기대를 안고 방문합니다. 그 기대를 충족시키는 첫걸음은 스스로 가꾸는 노력입니다. '스타일은 선택이 아니라, 신뢰의 기본입니다.' 스스로를 가꾸는 디자이너는 고객님에게 신뢰를 주고, 팬을 만듭니다. 오늘도 나의 스타일이 고객님의 기대를 반짝이게 할 수 있도록 가꾸어 봅시다!

뒷담화의 비극

어느 날, 한 디자이너가 오랜만에 찾아오신 고객님을 맞았습니다. 그는 습관처럼 이렇게 말했습니다.
"어머, 고객님! 이전에 어디서 머리하셨어요? 이 디자인… 솔직히 좀 심했죠?"
고객님이 잠시 머뭇거리더니 차갑게 말했습니다.
"여기서, 선생님한테 했는데요."
순간 공기가 얼어붙었습니다. 디자이너는 얼굴이 새빨개졌고, 상황을 모면하기 위해 허둥댔지만 이미 늦었습니다. 뒷담화는 아무도 승자가 되지 않는 비극입니다 우리 미용업계에는 중요한 정신이 있습니다. '동업자 정신'입니다. 나와 같은 업계에서 고객님을 위해 최선을 다해 노력하는 동료를 존중하는 마음입니다. 디자이너가 다른 디자이너를 험담하면 고객님은 어떻게 느낄까요? 불안감과 불쾌함을 느낍니다.
"내 머리에도 뒷담화를 할까?"
"여기 믿을 수 있는 곳 맞아?"
이런 생각들이 고객님의 머릿속에 자리잡게 됩니다. 미용실을 찾는 신규 고객님들은 대부분 어딘가와 이별한 상태입니다. 전 미용실이 마음에 들지 않았을 수도 있고, 이전 디자이너와 안 맞았을 수도 있습니다. 하지만 그분은 새로운 시작을 위해 우리를 찾아왔습니다. 그런데 첫 만남부터 전 디자이너를 비난한다면 어떨까요? 고객님은 단순히 기분이 나쁜 것을 넘어, 자신의 선택에 대해 후회하기 시작합니다.
"내가 여길 오는 게 맞는 걸까?"
결국, 고객님의 신뢰는 금이 가게 됩니다.

대부분 사람들은 자신에게 피해를 주지 않은 무해한 사람을 좋아합니다. 그런 영향 때문인지 2025년 트렌드 키워드 중 하나는 무해력입니다. 사람들은 이제 부정적이고 공격적인 것을 피하고, 무해하고 편안한 존재를 찾습니다.
고객님도 마찬가지입니다. 편안한 공간과 따뜻한 디자이너를 원합니다. 뒷담화는 한순간의 재미를 줄 수 있지만, 결국, 자신에게 큰 타격을 줍니다. 뒷담화가 고객님의 신뢰를 얻는다고 생각한다면 오산입니다. 뒷담화는 부정적인 에너지를 남기고, 고객님은 그걸 느낍니다.

실제 사례
한 미용실에서는 디자이너들 간의 험담이 문제가 되어 단골 고객들이 대거 이탈한 사건이 있었습니다. 사람들은 험담이 오가는 공간에서는 안정감을 느끼지 못합니다. 결국, 그 미용실은 '불편의 공간'으로 소문이 났고, 몇 달 안에 문을 닫게 되었습니다.

우리는 '머리하는 연예인'입니다. 미용실에서 디자이너는 쇼의 주인공과도 같습니다. 고객님이 의자에 앉는 순간, 우리는 무대에 서는 배우처럼 행동해야 합니다. 언제나 프로페셔널하고, 긍정적인 기운을 전하는 존재가 되어야 합니다.

영화 '킹스 스피치'의 "사람들은 네가 무슨 말을 하는지보다 어떻게 말하는지를 기억해."라는 대사처럼 우리의 말과 태도는 고객님의 기억 속에 오랫동안 남습니다. 말 한마디가 고객님의 신뢰를 얻을 수도, 잃을 수도 있습니다. 뒷담화를 멈추고 기분이 좋아지는 표현을 전해봅시다.

"머릿결이 좋으세요! 잘 관리하신 것 같아요."

"지금 스타일도 예쁘지만, 이런 변화를 주시면 더 좋을 것 같아요."

이런 칭찬과 긍정적인 조언은 고객님에게 안정감을 줍니다. 칭찬을 받는 순간, 고객님은 나를 신뢰하고 더 마음을 열게 됩니다. 당신의 말이 당신의 가치를 만듭니다. 뒷담화는 당장은 재미있을 수 있지만, 결국 내 이미지를 망가뜨립니다.

대신 긍정적인 말과 존중의 태도는 나를 전문가로 보이게 만듭니다. 고객님 앞에서 동업자를 존중하는 태도는 나의 품격을 높이고, 고객님의 신뢰를 두텁게 합니다.

"말은 그 사람의 수준을 보여준다."

오늘도 긍정적인 말과 존중으로 고객님의 마음에 남는 무해한 디자이너가 되어보세요.

세일즈 노이로제

고객님이 미용실에 오시는 이유는 단순히 머리를 자르기 위해서만이 아닙니다. 고객님은 두 가지 두려움을 가지고 미용실을 찾습니다. 첫 번째는 '헤어 디자인이 망하면 어쩌지?', '머릿결이 너무 나빠지면 어쩌지?'라는 시술에 대한 불안함이고, 두 번째는 '여기서도 바가지를 씌우는 거 아냐?'라는 경제적인 두려움입니다.

고객님은 이미 상처받은 경험이 있다

사실, 고객님은 미용실에 오기 전에 이미 다른 업종에서 바가지 경험을 당해봤을 확률이 높습니다. 무심코 시킨 추가 서비스, 예상치 못한 추가 요금… 그런 경험이 쌓이다 보니, 고객님은 늘 경계심을 안고 새로운 미용실을 방문합니다. 그런 고객님에게 준비되지 않은 세일즈 멘트는 치명적입니다.

예시

디자이너 : "고객님, 이 트리트먼트 꼭 하셔야 머릿결이 살아납

니다."

고객님 마음속 : "아… 또 시작이네. 지긋지긋하다."

준비 없이 던진 세일즈 멘트는 고객님에게 '강매'처럼 느껴질 수 있습니다. 특히나 앞서 방문했던 카페, 식당, 쇼핑몰 등에서 비슷한 경험을 했다면 '역시 여기도 다 똑같네'라는 생각을 하게 됩니다. 이 순간 고객님은 더 이상 '디자인의 완성'을 기대하지 않고, 그저 계산서를 걱정하는 사람으로 바뀌어버립니다.

고객님을 불신의 수렁으로 빠뜨리는 세일즈 멘트

우리의 목표는 고객님에게 더 아름다운 스타일을 선물하는 것이지, 부담을 주는 영업사원이 되는 것이 아닙니다. 그러나 준비되지 않은 세일즈 멘트는 고객님을 '더 예쁘게 해주는 전문가'가 아닌, '판매 실적에 목매는 사람'으로 보이게 합니다.

준비되지 않은 멘트 vs 준비된 멘트 비교

준비되지 않은 멘트 : "트리트먼트 안 하시면 머릿결 안 좋아지세요(경고처럼 들림)."

준비된 멘트 : "고객님, 오늘 컷트 후에 홈 케어만 잘해주셔도 지금 스타일이 오랫동안 유지돼요! 그런데 좀 더 탄력 있는 스타일을 원하시면 이런 영양제를 쓰시면 효과를 보실 거예요(선택권을 줌)."

고객님은 선택권이 주어질 때 비로소 신뢰를 느낍니다. 강요는 불신을 낳지만, 선택권은 신뢰를 만듭니다.

고객님은 '세일즈 전문가'를 원하지 않는다

고객님은 상담 시 판매를 위한 세일즈 멘트가 아닌, 관리를 위한 솔루션을 듣고 싶어 합니다. 우리의 첫 번째 목적은 고객님에게 맞춤형 스타일을 제안하는 것이어야 합니다. 가격이 아닌 고객님의 라이프스타일과 니즈에 기반한 솔루션을 제시하면 고객님은 자연스럽게 디자이너를 신뢰하게 됩니다.

신뢰를 주는 디자이너의 한 마디가 세일즈 노이로제를 치료한다

고객님이 경제적 두려움에 빠져 있는 동안, 우리에겐 단 한 가지 해결책이 있습니다. 바로 투명한 설명과 진심 어린 공감입니다.

"오늘 머리 스타일에 꼭 필요한 서비스는 이 정도예요. 필요 이상으로 권하지 않을 테니 편하게 선택해 주세요."

"머리 관리법을 알려드릴 테니, 다음 방문 때 필요하시면 그때 결정하셔도 돼요."

진심과 신뢰는 한 번에 전해지지 않지만, 꾸준함으로 고객님의 경계를 허물 수 있습니다. 준비된 디자이너는 신뢰를 팝니다. 세일즈 노이로제는 고객님만의 문제가 아닙니다. 디자이너가 준비된 대화를 하지 않는다면, 고객님은 불안감을 느낄 수밖에 없습니다. 하지만 디자이너가 솔루션을 주는 전문가가 되기로 마음먹는 순간, 고객님의 두려움은 사라지고 신뢰가 자리를 잡습니다.

"고객님은 머리를 자르러 온 것이 아니라, 기분과 신뢰를 얻으러 옵니다."

신뢰를 바탕으로 한 대화는 고객님의 세일즈 노이로제를 치료하는 가장 강력한 처방입니다.

선생님이 또 바뀌었어요?

"선생님이 또 바뀌었네요. 저는 이제 어디로 가야 할까요?"

어느 날 고객님의 한숨 섞인 질문이 들려옵니다. 이 질문은 단순한 호기심이나 아쉬움이 아닙니다. 그 안에는 불안함과 신뢰의 균열이 담겨 있습니다. 직원이 자주 바뀌는 미용실은 머리 스타일이나 서비스 품질과는 별개로 고객님의 신뢰를 상실하게 됩니다. 고객님들이 선결제한 금액을 환불 해달라고 요청하는 사례가 늘어나는 이유는 단순히 불만 때문이 아니라, 미용실이 경영 문제로 문을 닫을 수도 있다는 불안감 때문입니다.

왜 고객님들은 불안함을 느낄까?

미용실을 찾는 고객님은 단순히 머리 스타일을 위한 방문을 넘어, 자신을 믿고 맡길 수 있는 전문가와의 연결 고리를 원합니다. 하지만 방문할 때마다 디자이너가 계속 바뀐다면? 고객님은 당연히 질문할 수밖에 없습니다.

"왜 이렇게 직원들이 자주 바뀌지? 혹시 이 미용실이 문제가 있는 거 아니야? 문을 닫으면 내 선결제 금액은 어떻게 되는 거지?"

직원 교체 = 신뢰의 붕괴

고객님이 원하는 것은 새로운 디자이너를 만나는 재미가 아닙니다. 익숙한 손길과 신뢰할 수 있는 일관성입니다. 미용실 직원이 자주 바뀌는 현상은 고객님에게 이렇게 보입니다:

"여기 뭔가 문제가 있는 거 같아."

"경영이 불안정한 거 아냐?"

"문을 닫으면 내 선불 결제 금액은 어떻게 되지?"

결국, 직원이 자주 교체되면 고객님은 경제적 손실을 떠올리며 미용실에 대한 믿음을 잃게 됩니다.

미용실 경영의 핵심은 사람입니다

미용실 경영의 성패는 헤어디자인의 기술이나 고급스러운 인테리어에만 달려 있지 않습니다. '사람' 관리에 달려 있습니다. 아니, 사람 마음 관리에 달려 있습니다. 직원들이 자주 바뀌는 미용실은 고객뿐만 아니라 내부적으로도 악순환에 빠질 가능성이 큽니다.

고객 : "이제 어디로 가야 하지?"

직원 : "여기서 오래 버틸 수 있을까?"

결국, 직원 관리가 제대로 이루어지지 않으면 미용실은 흔들릴 수밖에 없습니다. 헤어 디자이너는 고객의 신뢰를 먹고 삽니다. 신뢰가 무너지면 고객은 떠나고, 경영은 어려워집니다.

그렇다면, 직원 관리에 무엇이 필요한가?

내부 소통을 강화하라

디자이너와 파트너들이 업무에 몰입할 수 있는 환경을 제공해야 합니다. 정기적인 1:1 미팅을 통해 직원들의 고민을 들어보세요. 연차별 성장 플랜을 제시해 직원들이 장기적인 목표를 세우도록 돕습니다.

"떠나기 전에 10번 고민하게 하라."

온보딩 프로그램을 강화하라

신입 직원이 들어오면 미용실 문화에 쉽게 적응할 수 있도록 체계적인 적응 프로그램을 도입하세요. 첫 100일 동안 멘토링 시스템을 통해 회사에 대한 이해와 소속감을 높입니다. 중요한 것은 '기술'뿐 아니라 '사람'과의 관계입니다.

영화 '인턴'에서 로버트 드니로는 "경험이 중요하지만, 사람을 존중하는 마음은 더 중요하지."

성장과 보상을 투명하게 하라

직원들이 장기적으로 함께할 수 있도록 공정하고 투명한 보상 체계를 마련해야 합니다. 목표를 공유하고 달성했을 때 보상을 제공합니다. "내가 이곳에서 성장할 수 있다"라는 신뢰를 줘야 합니다. "떠날 이유를 줄이는 가장 좋은 방법은, 남아야 할 이유를 주는 것"입니다.

결론 : 직원 안정이 고객 안정이다

직원 교체가 잦은 미용실은 고객에게 불안감을 심어주고, 신뢰를 무너뜨립니다. 고객님은 '디자이너가 바뀌지 않고 나를 꾸준히 관리해줄 전문가'를 원합니다. 직원이 안정적으로 자리를 지킬 때 고객님의 신뢰도 유지됩니다.

"고객은 '가격표'를 보지 않고, '사람'을 봅니다."

"선생님이 또 바뀌었어요?"

이 질문이 사라지는 순간, 고객님은 그 미용실에 대한 신뢰를 넘어서 팬심을 갖게 될 것입니다.

나도 스타라고요!

"오늘 이곳의 주인공은 바로 나입니다."
팬덤디자인의 진짜 시작은 고객을 주인공으로 만드는 것에서 출발합니다. 연예인이 미용실에 방문했다면? 한 번 상상해 보세요. 내가 기대에 부푼 마음으로 미용실에 방문했는데, 옆자리에 유명 연예인이 앉아 있습니다. 일단 첫 반응은 놀라움일 겁니다.
"와, 대박! 실제로 보니 더 예쁘네!"
하지만 시간이 지날수록 생각이 달라집니다.
"내 차례는 언제지?"
"직원들이 연예인에게 더 신경 쓰는 것 같아."
"나는 그냥 배경이 돼버렸네……"
마치 영화 속 엑스트라가 된 듯한 기분입니다.
"내가 왜 이 비싼 돈을 쓰고 어둠 속 주인공이 돼야 하지?"
그 순간, 고객님의 기대는 산산조각이납니다.

고객이 진짜 원하는 것 : 나만의 순간

고객님이 미용실에 오는 이유는 단순히 머리를 손질하기 위함이 아닙니다. '나만의 특별한 경험'을 위해서입니다. 미용실 의자에 앉는 순간, 고객님은 그 공간에서 주인공이 되길 원합니다. 연예인처럼 조명을 받으며 주인공으로 대접받는 그 순간의 가치를 기대합니다.

"오늘은 내가 주인공!"

고객님이 원하는 건 단순히 멋진 헤어스타일이 아니라, 대접받는 기분, 특별한 순간입니다.

실제 사례 : 고객을 스타로 만드는 경험

A 미용실의 한 고객님은 이렇게 회상했습니다.

"머리를 자르러 갔는데, 디자이너 선생님이 정말 모든 순간 나에게 집중해 주었어요. 마치 연예인이 된 것 같았어요."

이 고객님은 그 경험을 사진으로 찍어 SNS에 올리며 자랑했습니다. 다른 미용실에서 큰 할인 이벤트를 해도 흔들리지 않는 단골 고객이 되었죠.

연예인은 배경, 고객님은 주인공, 연예인처럼 유명한 사람이 미용실에 올 수도 있습니다. 하지만 중요한 건 누가 진짜 주인공인가입니다. 고객님은 자신이 연예인보다 덜 중요하다고 느끼는 순간 실망합니다. 고객님은 연예인을 만나는 우연보다 나만의 특별한 경험을 원합니다.

팬덤디자인의 비밀

고객이 스타가 되는 순간, 팬덤디자인은 고객님을 주인공으로 만드는 과정입니다. 고객님이 느끼는 감정, 기대, 그리고 경험이 무엇보다 중요합니다. 그러기 위해서 기억해야 할 몇 가지 원칙이 있습니다.

주인공 연출하기

고객님의 방문을 한 편의 영화처럼 연출해 보세요.
고객님이 입장할 때 특별한 인사로 환영합니다.
머리를 손질하는 동안 작은 칭찬과 대화 마무리 후, 거울을 보며 미소 짓게 하는 순간.

스포트라이트 집중

영화 '라라랜드'의 노래처럼, "Here's to the fools who dream." 꿈을 꾸는 사람들에게 스포트라이트를 비춰주세요. 고객님이 원하는 것은 헤어스타일의 완성만이 아니라 기대 이상의 경험입니다.

작은 배려로 큰 감동을

작은 디테일이 감동을 만듭니다.
"OO님, 지난번 이벤트 당첨되셨던 거 기억나세요?"
"오늘도 멋지게 변신해 드릴게요."
이 작은 한마디가 고객님의 하루를 바꿀 수 있습니다. 지금 나에 앞에 계신 고객님이 스타이고 주인공입니다. 고객님이 미용실을 방문한 이유는 스타를 보기 위해서가 아니라, 스타처럼 대접받기 위해서입니다. 미용실의 의자는 무대 위의 스포트라이트입니다. 그리고 고객님은 그 무대의 주인공입니다.

"오늘의 주연은 바로 당신입니다."

당신이 고객님을 주인공으로 만들어 줄 때, 고객님은 다시 그 무대로 돌아오고 싶어질 것입니다.

바쁜 건 알겠는데, 나에게 너무 신경을 안 쓰네요

헤어 디자이너를 찾아온 손님은 두근거리는 마음으로 앉습니다. 하지만 시간이 흐르며, 한 가지 생각이 스쳐 갑니다.

"원장님, 어디 계세요?"

눈을 돌려보면 원장님은 다른 자리에서 한참 다른 고객님 머리를 만지고 있습니다. 파트너 디자이너가 대신 다가와 시술을 이어가죠. 손님은 결국 속으로 외칩니다.

"나, 이 사람 손길을 기대하고 왔는데…… 내가 왜 이 비싼 돈을 주고 파트너에게 시술받아야 하지?"

서비스라는 무대 위의 주연 배우는 고객님이다. 영화 '라라랜드'에서 세바스찬(라이언 고슬링)은 재즈 피아니스트로서 관객들에게 진심을 담은 연주를 선보입니다. 그는 이렇게 말하죠.

"사람들이 원하는 건 연주자가 아니라, 음악 그 자체야."

하지만 진짜 중요한 건 연주자도 관객도 모두 그 순간을 함께 즐겨야 한다는 겁니다. 미용실도 같습니다. 손님은 단순히 머리를 다듬으러 오는 게 아닙니다. 그들은 자신을 위한 **특별한 순간**을 기대합니다. 그러나 디자이너가 바쁘다는 이유로 손님에게 신경을 덜 쓰게 되면, 손님은 그 순간의 주인공이 아닌 배경 소품이 되어버립니다.

사례 1 : 초점 잃은 시술

A 미용실의 유명 원장님은 손이 빠르고 스타일링이 좋아 손님들이 몰려듭니다. 어느 날, 한 고객님이 예약을 잡아 드디어 시술받게 되었습니다. 그러나 시술이 시작되자 원장님은 바쁘게 다른 자리로 이동했습니다. 대신 파트너 디자이너가 모든 시술을 진행하며, 손님은 이렇게 중얼거렸습니다.
"이럴 거면, 유명 원장이 아닌 다른 곳에 가도 똑같지 않나?"
손님은 시술을 마친 후 리뷰를 남겼습니다.
"여기선 비싼 가격으로 이름값만 사는 기분이었어요."
결국, 그 손님은 다시 그 미용실을 찾지 않았습니다.

사례 2 : 진심이 통한 서비스

B 미용실의 한 디자이너는 손님이 많아도, 모든 고객에게 집중합니다. 시술 중간에 다른 고객의 예약이 겹치더라도 'OO님, 제가 잠시 다른 고객님께 인사드리고 금방 오겠습니다.'라며 허락을 구합니다. 그리고 시술 중 자리를 비울 때는 파트너 디자이너에게도 당부합니다.
"손님이 시술받는 동안 작은 디테일까지 신경 써주세요. 이분은 오늘의 주인공이세요."
결과는 어땠을까요? 고객들은 이 디자이너를 믿고 다른 친구들에게 소개하며, 그 미용실은 단골로 북적였습니다. 바쁜 순간에도 잊지 말아야 할 것.

존재감을 보여주기

손님은 디자이너의 기술만 보러 온 것이 아닙니다. 디자이너와의 교감을 통해 '나만을 위한 시간'을 느끼고 싶어 합니다.

팁 : 시술 전, 중, 후에 한 번씩이라도 다가가며, "오늘의 스타일링 느낌 괜찮으세요? 지금 이 부분 조정할까요?" 등의 말을 건네보세요.

시간 관리와 고객 케어의 균형 잡기

한 번에 많은 손님을 받는 것은 수익적으로 유리해 보일지 몰라도, 그 순간에도 고객 한 분 한 분이 특별하다고 느낄 수 있게 만들어야 합니다.

미용실에서는 모든 고객을 '마지막 고객'처럼 대해야 합니다. 그 한순간이 고객의 기분과 기억을 결정합니다.

'바쁨'을 핑계로 하지 않기

바쁜 일정은 디자이너의 일상일 수 있습니다. 그러나 고객은 그 '바쁨'을 이해하기 위해 비싼 시술비를 내는 것이 아닙니다. 고객은 주연 배우입니다. 고객은 미용실이라는 무대에서 주인공이 되기 위해 찾아옵니다. 하지만 디자이너가 고객 대신 무대의 중심을 차지하면, 고객은 스스로 '엑스트라'가 된 기분을 느낄 수밖에 없습니다. 언제나 고객에게 다음과 같은 생각이 들게 해야 합니다.

"여기선 내가 주인공이야!"

바쁜 스케줄 속에서도 고객 한 명 한 명을 위한 세심함과 공감을 보여주세요. 그것이 진정한 팬덤 디자이너로 성장하는 첫걸음입니다.

고개를 숙이면 부딪칠 일이 없다

일산의 한 식당 지하를 내려가는 입구에는 인상적인 문구가 있습니다. 지하 1층으로 내려가려면 천장이 낮아 고개를 숙이지 않으면 부딪칠 수밖에 없는 구조였죠. 보통 이런 구조는 고객의 불만으로 이어질 가능성이 큽니다. 하지만 그 식당은 기발한 방법을 사용했습니다.

'고개를 숙이면 부딪칠 일이 없습니다.'라는 문구를 눈에 잘 띄게 설치해 사람들에게 메시지를 전했죠. 결과는 어땠을까요? 사람들은 고개를 숙이며 자연스럽게 미소 지었고, 그 문구를 보며 오히려 기분 좋게 식당에 들어섰습니다. 이제 그 식당의 낮은 천장은 단점이 아닌, 유머러스한 강점으로 자리 잡았습니다.

우리 매장의 페인 포인트를 찾자

모든 매장은 크고 작은 페인 포인트(불편 요소)를 가지고 있습니다. 문제는 이 불편함을 방치하느냐, 창의적으로 해결하느냐입니다.

영화 '인턴'의 대사처럼 "진짜 문제는 문제가 아니라, 문제를 어떻게 해결하느냐입니다."

고객 동선의 불편함

예를 들어, 어떤 미용실은 좁은 동선 때문에 고객과 직원이 자주 마주칩니다. 한 고객이 '너무 좁아서 불편해요'라고 불평할 수도 있죠. 해결법 아이디어 문구는 '마주치면 눈웃음 1번, 미소 2번 부탁드려요!'라는 귀여운 안내 문구를 붙여보세요. 좁은 공간을 고객과의 긍정적인 소통 창구로 바꿀 수 있습니다. 경험 요소 추가, '이곳은 헤어 아트 갤러리로 가는 비밀의 통로입니다!'라는 안내 문구를 적어 특별함을 강조해보세요. 고객은 단순한 이동이 아니라 특별한 경험으로 받아들이게 됩니다.

문제를 해결하는 태도의 중요성

페인 포인트를 해결하는 핵심은 태도입니다. 같은 문제라도 긍정적인 태도로 대응하면 오히려 고객의 충성도를 높일 기회가 됩니다.

소음 문제

한 매장은 드라이기 소음이 클 때마다 고객들이 불편함을 느꼈습니다. 소음 대비 해결법 안내 '시원한 바람과 함께 오늘의 스트레스를 날려버리세요!' 소음을 긍정적인 경험으로 재해석하면 고객은 불편함 대신 기분 좋은 상상을 할 수 있습니다. 감성 요소 추가로 드라이기 소리가 나는 동안 '머리를 정리하는 소리, 마음을 정리하는 시간'이라는 문구를 사용해 보세요.

불편함을 기회로 바꾸는 창의적인 사례

독일의 한 기차역 벽면 피아노 계단

독일의 한 기차역에는 사람들이 에스컬레이터만 이용하는 문제를 해결하기 위해 피아노 계단을 설치했습니다. 계단을 오르면 실제 피아노 소리가 나서 사람들이 기분 좋게 계단을 오르내리게 되었죠. 결과는 어땠을까요? 에스컬레이터 이용률이 60%나 감소했습니다. 불편한 계단이 피아노 연주 경험으로 바뀌며 강점이 된 사례입니다.

영화 '인사이드 아웃' - 감정의 다섯 친구들

기쁨, 슬픔, 분노, 두려움, 까칠이가 각각 감정의 조화를 이루며 문제를 해결하는 과정을 보여줍니다. 문제 자체가 사라지는 것이 아니라, 감정과 상황을 새롭게 해석하는 방법을 배울 수 있죠. 우리 매장도 고객의 불편함을 긍정적인 경험으로 변환할 방법을 찾는 것이 중요합니다.

미용실의 페인 포인트를 강점으로 바꾸는 법

고객 대기 공간 부족 문제

고객들이 시술 전 대기할 공간이 부족한 매장이라면? 해결법으로 예약 시간 경험 추가, '예약 시간에 맞춰 오시면, 기다리지 않고 바로 시술을 받으실 수 있습니다.' 짧은 기다림조차 VIP 서비스로 재해석할 수 있게 합니다. 대기 중 감성 요소 추가, 대기 중 즐길 수 있는 감성 포스터나 헤어 꿀팁 카드 혹은 나의 머리 건강 셀프 테스트를 제공해 보세요.

시술 중 제품 냄새에 대한 불만

펌제나 염색제의 냄새가 고객에게 불쾌감을 줄 때가 있습니다. 해결법은 냄새 제거 고급아로마스프레이로 시술 전 고객님께 '시술 중 기분 좋으시라고 고급아로마스프레이 준비했습니다.'라는 배려를 보이면 신뢰를 줍니다. 감각을 다독이는 문구로 '이 향이 지워지면, 새로운 나의 모습이 완성됩니다.'라는 멘트로 변화를 강조해보세요.

고객을 감동시키는 작은 디테일

영화 '어바웃 타임'의 "우리 인생은 사소한 순간들의 합으로 이루어져 있다."라는 대사처럼 매장에서도 고객이 감동받는 순간은 작은 디테일에서 시작됩니다.

페인 포인트를 강점으로 바꾸는 작은 행동들

미소와 인사 : "이곳의 첫 번째 서비스는 미소입니다!"

센스 있는 안내 : "오늘도 멋진 하루를 시작해보세요!"

결론

페인 포인트는 피할 수 없지만, 어떻게 해결하느냐에 따라 매장의 가치는 달라집니다. 고객이 불편함 대신 미소를 찾게 만드는 것은 작은 문구 하나, 작은 행동 하나에서 시작됩니다. 그 식당의 **"고개를 숙이면 부딪칠 일이 없습니다."** 문구처럼, 우리 매장도 고객의 시선과 경험을 사로잡는 매력적인 공간으로 바꿔보세요.

문제를 기회로, 불편함을 강점으로! 이제, 고객이 불편함 속에서도 즐거움을 찾는 공간으로 거듭나는 건 시간 문제일 뿐입니다.

컴플레인을 수익 모델로 바꿔라

미용실에서 가장 피하고 싶은 순간 중 하나가 고객의 불만이 터져 나오는 순간일 것입니다. 그런데 이 불만이 사실 우리 매장의 가장 강력한 성장 기회라는 걸 알고 있나요? 잘 해결된 컴플레인은 고객을 충성 고객으로 바꿀 수 있으며, 컴플레인을 제대로 활용하면 오히려 수익을 늘리는 강력한 마케팅 도구가 될 수 있습니다.

불만 고객이 알려주는 매장의 문제점

고객의 불만은 단순한 짜증이 아닙니다. 그 속에는 우리가 몰랐던 매장의 문제점이 숨어 있습니다.

사례 1 : 기다림이 너무 길어요!

한 미용실에서는 예약을 했음에도 불구하고 30분 이상 대기해야 하는 상황이 자주 발생했다. 고객들은 처음에는 참지만, 결국 불만을 터뜨리고 매장을 떠나기 시작했다.

해결책 : 대기 시간을 줄이기 위해 예약 간격을 조정했다. 고객이 기다려야 하는 경우, 음료 서비스와 두피 마사지 쿠폰을 제공했다. '예상 대기 시간'을 미리 공지하여 고객이 불편을 최소화하도록 했다.

결과 : 고객들의 불만이 줄어들었고, 오히려 대기 시간이 즐거운 경험이 되면서 고객 만족도가 상승했습니다.

블랙 바이럴을 막고, 화이트 바이럴을 만든다

불만족한 고객의 부정적인 입소문은 만족한 고객의 긍정적인 입소문보다 4배 강력합니다. 따라서 고객이 불만을 매장에서 바로 이야기하도록 유도해야 합니다.

사례 2 : "염색약이 두피에 너무 자극적이에요!"

한 고객이 염색 시술을 받았는데 두피가 따가워 견디기 힘들었다고 불만을 제기했다. 처음에는 단순한 민감성 때문이라 생각했지만, 같은 불만이 반복되면서 문제를 다시 점검했습니다.

해결책 : 고객의 두피 상태를 미리 체크하는 '두피 컨설팅' 서비스 도입 민감한 고객을 위한 저자극 염색제 옵션 추가, 두피 보호제 사용 후 염색하는 프리미엄 두피 보호 패키지 출시

결과 : 불만이 많던 고객들이 오히려 새로운 서비스에 만족하며 단골 고객으로 전환되었습니다. 게다가 '이 미용실은 고

객을 진짜 배려해!'라는 입소문이 퍼지며 신규 고객까지 증가했습니다.

컴플레인 고객이 가장 충성 고객이 된다

조용히 떠나는 고객보다 불만을 이야기하는 고객이 훨씬 가치 있는 고객입니다. 이유는 간단합니다. 불만을 해결해 주면, 고객은 우리 매장을 더 신뢰하기 때문이죠.

사례 3 : "이렇게 짧게 자를 줄 몰랐어요!"

한 고객이 커트 후 거울을 보며 '너무 짧아요!'라고 울상 짓는다. 디자이너는 고객의 말대로 잘라줬다고 생각했지만, 고객은 완전히 다른 느낌을 기대하고 있었다.

해결책 : 컷트 전 충분한 상담을 위해 시뮬레이션 앱 활용, 컷트 후 고객이 원치 않는 길이였을 경우, 앞머리 스타일링 서비스 무료 제공, 고객이 불만족한 경우 3일 이내 스타일 조정 서비스 도입.

결과 : 짧아진 머리에 대한 불만이 사라지고, 고객은 '여기 진짜 친절하네!'라고 느끼게 됨. 서비스 만족도가 올라가면서 고객 유지율 상승

컴플레인을 해결하는 퀵라인을 만들어라

고객이 불만을 터뜨릴 수 있는 소통 채널(퀵라인)을 미리 마련하면 그들의 불만이 온라인에서 터지는 걸 방지할 수 있습니다.

퀵라인 구축 방법

즉각 해결 퀵라인 : 고객이 불만을 느낄 경우, 즉시 피드백할 수 있도록 매장 내 QR코드 의견함 설치.

정기 피드백 시스템 : '시술 후 만족하셨나요?'라는 문자 또는 카카오톡 메시지 발송 리뷰 관리. 부정적인 리뷰가 올라오면 즉각 대응하여 해결책을 제시하고 신뢰 회복

효과 : 고객이 불만을 터뜨릴 창구가 매장 내에 존재하면, 온라인에서 악성 리뷰로 확산되는 것을 사전에 차단할 수 있다.

결론 : 컴플레인은 곧 기회입니다! 컴플레인은 단순히 고객의 불만이 아니라, 우리 매장을 성장시키는 강력한 도구입니다. "고객 불만은 우리의 문제를 보여주는 가장 솔직한 거울입니다." 이 거울을 통해 더 나은 미용실을 만들어 봅시다!

취조 상담
고객님의 방문 목적은 즐거움이지, 심문이 아닙니다!

"자, 어디서, 어떻게, 언제 마지막으로 머리하셨나요?"
"어떤 샴푸 쓰시죠? 린스는 얼마나 자주?"
"혹시 머리 감기 전에 물 온도 맞춰보시나요?"

이렇게 질문이 이어지면 고객님이 느끼는 건 뭐라고 생각하시나요? 바로 취조 당하는 기분입니다. 친절하게 물어본다고 생각했지만, 고객님의 입장에서는 마치 죄를 지어 경찰서에서 심문받는 듯한 불쾌함을 느낄 수 있습니다. 취조 상담이란, 고객의 니즈를 파악하기 위해 질문을 너무 디테일하고 연속적으로 하면서, 오히려 고객의 편안함을 빼앗는 상황을 의미합니다.

취조 상담의 위험 요소

사례 1 : 고객 A는 머리 상태를 점검하기 위해 상담을 받는 동안 10개가 넘는 질문을 연속으로 받았습니다. '아니, 이럴 거면 병원 진단서까지 떼오라는 거 아니에요?' 이렇게 많은 질문이 오가면 고객님은 방어 모드에 들어가게 됩니다. '내 머리 상태를 점검하러 왔는데, 이건 면접인가요?'라는 생각을 하게 되죠.

취조 상담이 초래하는 문제

편함 증가 : 고객은 상담 중 불필요한 긴장감을 느끼며 불쾌해집니다.

고객 신뢰도 하락 : 질문이 많을수록 고객은 '왜 이렇게 꼬치꼬치 캐물어?'라는 생각을 하게 되고, 미용사에 대한 신뢰가 낮아질 수 있습니다.

서비스 만족도 저하 : 시술 전부터 피로감을 느끼기 때문에 시술 후 만족감도 떨어집니다.

취조 상담을 피하는 대화법

'이해' 대신 '공감'으로 시작하기 대화는 질문이 아니라 공감으로 시작해야 합니다.

잘못된 예 : "어떤 시술을 원하시나요? 두피는 자주 가려우세요? 평소 몇 분 동안 드라이하세요?"

좋은 예 : "머리 하러 오시기까지 고민 많으셨죠. 오늘은 편안하게 바꿔드릴게요!" 공감으로 시작하면 고객은 '아, 나를 이해해주는구나'라는 안심을 느끼게 됩니다.

한 번에 한 가지 질문만 하기

디테일한 질문이 필요하다면 한 번에 한 가지씩 물어보세요.

예시 : '오늘은 어떤 느낌을 원하세요?', '머리를 감을 때 불편하신 부분은 있으세요?' 한 번에 너무 많은 정보를 요구하면 고객은 압박감을 느낄 수 있습니다. 하지만 한 가지 질문에 대해 고객의 답을 충분히 듣고 나서 추가로 질문하면 대화는 자연스럽게 이어집니다.

스토리텔링 기법 활용하기

디자이너가 고객과 친밀해지기 위해 자신의 경험을 이야기하며 자연스럽게 대화를 이끌어 보세요.

예시 : '저도 한때 머릿결이 손상돼서 고민이 많았어요. 그래서 홈 케어 노하우를 연구했거든요!' 스토리를 공유하면 고객은 '나만 문제 있는 게 아니구나'라는 위로를 받게 됩니다.

긍정적인 리액션 추가하기

고객이 답변할 때는 리액션으로 대화를 이어가세요.

예시 : '아, 그러셨군요! 그런 경우라면 이 제품이 도움이 될 수 있어요.' 리액션을 통해 고객은 자신이 무시당하지 않고, 충분히 존중받고 있다는 느낌을 받습니다.

마무리하며 : 고객을 '주인공'으로 만들어라

영화 '셜록 홈즈'에서 명탐정 셜록은 작은 단서를 통해 사람의 정보를 파악하지만, 상대방은 불쾌해하지 않죠. 왜일까요? 그는 상대방을 존중하면서도 정보를 자연스럽게 끌어내는 대화법을 사용하기 때문입니다.

우리도 마찬가지입니다. 고객과의 상담은 심문이 아닌, 주인공 인터뷰처럼 진행되어야 합니다. 상담을 통해 고객이 '내 이야기를 충분히 하고, 특별 대접받았다'라는 기분을 느낄 수 있도록 해보세요. 고개를 끄덕이며 눈을 마주치고 따뜻하게 맞장구치며, 상대방이 대화의 중심에 있음을 느끼게 한다면, 그 상담은 취조가 아닌 공감과 신뢰의 상담이 될 것입니다.

"너의 이야기, 충분히 들었어. 이제 네가 원하는 스타일을 시작해 볼까?"

이 한마디로 고객의 마음에 스위치를 켜보세요!

시술입니까? 작업입니까?

"이 머리, 진짜 잘 어울리세요! 혹시 저녁에 시간 있으세요?"

고객님의 얼굴에 어색한 미소가 번집니다. 설렘이 아닌 불편함으로요. 미용실은 머리를 자르고 스타일을 완성하는 곳이지, 이성 관계를 맺는 장소가 아닙니다. 그러나 일부 디자이너가 고객님을 자신의 이상형으로 보고 '작업'을 시도한다면, 그 결과는 상상 이상으로 끔찍할 수 있습니다.

작은 실수가 부른 큰 대형 컴플레인

사례 1 : 고객 A의 불편한 방문

고객 A는 오랜만에 찾은 미용실에서 '왜 이렇게 예뻐요?'라는 플러팅 멘트를 듣고 불편함을 느꼈습니다. 처음엔 웃어 넘겼지만, 대화를 이어가는 디자이너의 태도는 점점 부담스러워졌습니다. 결국, 고객 A는 시술 중간에 자리를 박차고 나갔고, 온라인 리뷰에 '불쾌한 경험'이라는 글을 남겼습니다.

결과적으로 해당 디자이너는 직장 내 경고 조치를 받았고, 매장은 신뢰도 하락과 매출 감소로 이어졌습니다.

사례 2
드라마에서 로멘틱한 장면이 현실에서는 악몽이 될 수 있다. 드라마 '그녀는 예뻤다'에서 주인공이 우연히 선을 넘는 대화를 하는 장면이 있습니다. 드라마 속에서는 매우 로멘틱한 장면으로 그려지지만, 현실은 드라마가 아닙니다. 고객은 디자이너에게 머리를 맡기는 동안 '나를 편안하게 해줄 사람'을 기대하지, '부담스러운 시선을 보내는 사람'을 원하지 않습니다.

실수로라도 이런 플러팅이 이어지면 고객은 다른 미용실로 떠날 뿐 아니라 지인들에게 불편했던 경험을 공유하며 매장의 평판을 떨어뜨리게 됩니다.

고객의 신뢰는 한순간에 무너진다
고객은 시술이 아닌 작업 대상으로 느껴지면 그 순간 신뢰는 완전히 사라집니다. 비싼 돈과 시간을 투자해 찾은 공간이 자신을 존중하지 않는 분위기라면 고객은 두 번 다시 그곳을 찾지 않습니다. 디자이너가 '잠깐의 유혹'으로 행동을 잘못하면 얻는 건 아무것도 없지만, 잃는 건 수많은 고객과 명예입니다.

고객과의 대화는 이렇게 바뀌어야 한다
칭찬은 품위 있게

잘못된 예시 : "와, 정말 예쁘세요. 이 머리 하면 더 인기 많으시 겠어요." 고객은 칭찬이 아닌 작업 멘트로 받아들일 수 있습니다.

좋은 예시 : "이 스타일, 고객님의 얼굴형과 정말 잘 어울리세요. 잘 선택하셨어요!" 시술에 대한 칭찬과 고객의 선택을 존중하는 멘트는 고객이 기분 좋게 느낍니다.

개인적인 질문 피하기

잘못된 예시 : "평소에 데이트 자주 하세요? 남자친구 분이 부럽네요." 고객은 불쾌함을 느끼며 디자이너가 선을 넘는다고 생각할 수 있습니다.

좋은 예시 : "평소에 머리 손질은 어떻게 하세요? 오늘 스타일링 팁 몇 가지 알려드릴게요." 시술과 관련된 대화는 고객이 '프로페셔널한 관리'를 받는다는 신뢰감을 줍니다.

'선 넘지 않는' 고객 관리 팁

경계 존중하기

고객과의 대화는 시술에 초점을 맞추어야 합니다. 개인적인 질문이나 플러팅 멘트는 고객과의 거리를 좁히는 것이 아니라 불편함을 줍니다.

시선 관리

고객과 눈을 마주치되, 불필요하게 응시하거나 관찰하듯 쳐다보지 않기.

감탄 멘트 줄이기
칭찬은 좋지만, 너무 많은 칭찬은 오히려 부담스럽게 느껴질 수 있습니다.

고객은 '스타'이고, 디자이너는 '연출자'입니다

영화 '스타 이즈 본'에서 브래들리 쿠퍼는 레이디 가가의 숨은 재능을 발견하지만, 결코 스타 자리를 탐하지 않습니다. 디자이너는 고객이라는 스타를 빛나게 해주는 연출자이지, 스포트라이트를 뺏으려는 경쟁자가 아닙니다. 파티에서는 주인공보다 빛나지 마라! 라는 말처럼. 고객님에게 집중하세요. 고객은 시술을 통해 '나만을 위한 시간'을 기대하며 방문합니다.

이 시간을 누군가의 작업 멘트로 망치는 것은 고객과의 신뢰를 저버리는 행위입니다.

"고객님이 주인공이 되어 반짝이는 순간을 만들어주세요."
그 순간이 고객님의 만족이자, 미용실의 성공입니다.

엄마, 저 아저씨 무서워요

요즘 타투는 단순한 문신을 넘어 패션 트렌드로 자리 잡았습니다. 개성과 자기표현의 수단으로 자리매김하며, 특히 젊은 세대에게는 하나의 '나만의 명품'처럼 여겨지곤 하죠.

하지만, 패션은 언제, 어디서, 누구와 함께하느냐에 따라 달라져야 합니다. 같은 옷이라도 상황에 따라 드레스 코드가 있는 것처럼, 타투 역시 노출의 정도를 조절할 줄 알아야 진짜 멋진 패셔니스타가 될 수 있습니다.

자신의 '명품'을 뽐내고 싶다면, 상황을 읽어야 합니다

예시 1 : 타투를 드러내기 좋은 자리

타투 전시회, 페스티벌, 해변 같은 곳이라면 '이게 바로 나야 나'라는 자신감 넘치는 모습이 박수를 받을 겁니다. 하지만, 반대로 장모님 생신 파티나 첫 상견례 자리라면 어떨까요? 상황을 고려하지 않고 자신만의 멋을 과시한다면, 그날 저녁은 '어떻게 된 거니, 얘?'라는 부모님의 한숨으로 끝날 확률이 높습니다.

자넷 잭슨의 품격 있는 선택

미국의 유명 가수 자넷 잭슨은 타투와 피어싱을 사랑하기로 유명합니다. 하지만, 자선 모금 행사에 참석했을 때 그녀는 타투를 전부 가리고 나타났습니다. 기자들이 그 이유를 묻자, 자넷 잭슨은 쿨하게 대답했죠.

"오늘 이 자리는 여성 자선 모금 행사예요. 하루 종일 전신 메이크업을 하고 나왔어요."

자넷 잭슨의 태도는 메시지를 전달합니다. 진정한 패셔니스타는 타투나 액세서리로만 자신을 뽐내지 않고, 상황과 사람에 맞춰 자신의 매력을 조율할 줄 압니다.

'배려'는 가장 멋진 장식입니다

'매너가 사람을 만든다.'라는 말처럼 매너는 매우 가치 있는 사람을 만듭니다. 진짜 매너 있는 사람은 자신이 멋지다고 생각하는 것만을 고집하지 않고, 타인과 공간을 배려할 줄 아는 사람입니다.

사례: 한 미용실 디자이너 B 씨는 팔 전체에 화려한 타투가 있었지만, 어린이 고객이 오는 날에는 긴팔 셔츠를 입습니다. 어린아이가 '엄마, 저 아저씨 무서워요!'라는 말을 할까 봐 미리 배려하는 거죠. 결국, 고객들은 B 씨의 세심함에 감동해 입소문을 내며 단골이 되었습니다.

패셔니스타는 공간을 존중합니다

결혼식 : 흰 드레스를 입고 가는 게 신부보다 돋보이겠다는 행동은 절대 금물! 신부를 돋보이게 해주는 것이 진짜 센스입니다.

장례식 : 검정 옷을 입는 이유는 슬픔을 함께 나눈다는 의미입니다. 이런 자리에 무심코 화려한 타투를 드러내는 건, 배려 부족으로 보일 수 있습니다.

공식 미팅 : 첫 만남에서는 나만의 개성보다는 상대방과의 신뢰 형성이 더 중요합니다. 디자이너 브랜드의 모델이 된다는 건 옷을 잘 입는 것뿐 아니라, 자리와 상황에 맞게 입는 법을 아는 것이기 때문입니다.

내 '멋대로'가 아닌 내 '멋있게'

영화 '악마는 프라다를 입는다' 한 장면에서 패션 에디터 미란다는 말하죠. "패션은 말하지 않아도 모든 걸 설명해준다." 그렇다면 우리가 보여주는 외모와 태도는 무언의 메시지입니다. 누군가에게 위압감을 주기보다는 편안함과 자신감을 심어줄 수 있는 모습이야말로 진정한 패션입니다.

"내가 사랑하는 사람의 부모님께 첫인사를 드리는 날, 그 자리에 타투를 그대로 노출한 채 갈 것인가?"

이 질문에 스스로 답해보세요. 진짜 패셔니스타는 단지 비싼 명품을 걸친 사람이 아니라, 상대방과 공간을 존중할 줄 아는 사람입니다. 당신이 어디서든 '품격 있는 사람'으로 기억되길 바랍니다.

담배 냄새는 향기가 아닙니다

　미용실에 방문한 고객님은 단순히 머리를 자르고 펌을 하러 온 것이 아닙니다. 누군가는 기분 전환을 위해, 또 누군가는 중요한 약속 전 자신감을 얻기 위해 방문합니다. 하지만 시술을 받는 동안 누군가의 담배 냄새, 음식 냄새, 입 냄새가 코를 찌른다면요? 그 순간, 고객님의 기분은 급락할 수밖에 없습니다. 그럴 때 고객님의 마음속에 울려 퍼지는 한 마디가 있죠.
　"내 돈 내고 고문받는 기분이네요."
　전자담배도 냄새가 안 난다고요?
　어떤 분들은 이렇게 말합니다.
　"저는 전자담배 피워요. 냄새 안 나요."
　그럴까요? 전자담배는 일반 담배보다 냄새가 덜 나긴 하지만, 덜 난다는 것일 뿐이지 '안 난다'라는 건 아닙니다. 고객님이 좋아하는 향긋한 샴푸 냄새에 섞인 화학적인 전자담배 냄새가 미세하게라도 느껴지면, 그 차이는 고객님이 금방 눈치챕니다. 마치 영화 '기생충' 속 장면처럼 말이죠. 냄새는 보이지 않지만, 그 차이를 본능적으로 인식합니다.

냄새 관리, 선택이 아니라 필수입니다. 최근 한 고객님이 이런 이야기를 들려주셨습니다.

"예약을 정말 어렵게 잡은 미용실에 갔어요. 선생님 실력도 좋고, 시술 결과는 만족스러웠어요. 그런데 머리를 감아주신 분의 입 냄새와 손에서 나는 냄새 때문에 시술 내내 고통스러웠어요. 그 미용실 다시 갈 수 있을까요? 아무리 잘해도 냄새 때문에 기분이 상했어요."

냄새는 시술의 품질과는 별개로 전반적인 경험을 결정짓습니다. 아무리 비싼 명품 향수라도 한 방울의 불쾌한 냄새가 섞이면 매력이 사라집니다. 미용실도 마찬가지입니다. 시술 기술만큼이나 깨끗한 냄새 관리는 필수가 되었습니다.

좋은 냄새가 주는 경험

영화 '향수'에서 주인공은 완벽한 향기를 통해 사람들의 마음을 움직였습니다. 향기의 힘은 그만큼 강력합니다. 좋은 향기는 고객님의 마음을 편안하게 하고, 미용실의 기억을 더욱 특별하게 만듭니다.

반대로 불쾌한 냄새는?

불쾌한 냄새는 사람을 멀어지게 합니다. 한 번 냄새로 기분이 나쁘면 두 번 다시 찾기 어렵게 만듭니다.

냄새 관리 TIP
흡연 후 손 씻기 : 비누로 꼼꼼히 손을 씻고 가글을 해 주세요.
전용 탈취 스프레이 : 옷과 손에 뿌리는 전용 탈취제를 비치하세요.
환기와 공기청정기 사용 : 시술 중에는 환기를 자주 시켜 냄새가 정체되지 않게 하세요.
음식 섭취 후 가글 : 식사 후에는 특히 더 신경 써야 합니다. 마늘이나 강한 향신료 냄새는 금방 배어듭니다.

고객이 원하는 향기로운 경험

고객님은 시술의 품질뿐만 아니라 냄새와 분위기도 기억합니다. 고객님의 한마디를 떠올려보세요. '저 미용실은 머리도 잘하지만, 가면 기분이 좋아져요.' 이 말을 듣는 미용실이라면 '냄새 관리'를 필수로 실천하고 있다는 증거입니다.

냄새 관리는 단순히 청결의 문제가 아니라 브랜드의 품격입니다. 고객님에게 시술의 모든 순간이 향기로운 기억으로 남길 바라며, 냄새를 향기가 아닌 불쾌함의 장벽으로 만드는 실수를 절대 하지 않길 바랍니다. 고객님의 마음속에 새겨지는 향기로운 인상은 그 어떤 홍보보다 강력하니까요. 냄새로 히어로가 될 것인가, 빌런이 될 것인가는 우리의 선택입니다.

선생님, 손이 너무 거칠어요

여기서 '손이 거칠다'라는 표현은 피부의 촉감을 말하는 것이 아닙니다. 우리가 식당에 가서 직원이 그릇을 '탁탁' 소리 나게 내려놓는 모습을 떠올려보세요. 그 순간, 음식의 맛이 아무리 좋아도 우리는 그 행동에서 무례함과 불쾌함을 느낍니다. 물건 하나를 다루는 방식조차도 이렇게 사람의 기분을 상하게 할 수 있는데, 내 소중한 머리카락을 거칠게 다루는 손길을 느낀다면 어떨까요?

손길의 힘 : 작은 움직임이 큰 감정을 만든다

미용실은 단순히 시술을 받는 곳이 아닙니다. 고객님은 그곳에서 휴식과 힐링을 기대합니다. 하지만 누군가 내 머리를 '툭툭' 건드리며 거친 손길로 시술을 이어간다면요? 그 손길 하나하나가 고객님에게는 마치 '내가 소중하지 않다'라는 메시지로 다가옵니다. 모멸감, 분노 같은 감정이 마음속에서 용암처럼 끓어오르기 시작합니다.

예시 1

"내 머리 위가 전쟁터인가요?"

어느 날, 한 고객님이 이런 후기를 남겼습니다.

"머리를 감겨주는데 물줄기가 제 얼굴을 쏟아붓듯 흐르고, 두피 마사지는 꾹꾹 누르며 아플 정도로 하시더군요. 그 순간, 저는 마치 전쟁터 한가운데 있는 기분이었어요."

결국, 고객님은 시술 중간에 '괜찮습니다, 그냥 다 말리고 끝내주세요.'라고 말하며 자리에서 일어났습니다. 이 고객님이 그 미용실을 다시 찾을 확률은 0%겠죠.

예시 2

'미소의 힘'과 '손길의 힘' 반대로, 한 고객님은 이런 경험을 들려주셨습니다.

"머리를 감겨주는 선생님 손길이 너무 부드럽고 정성스럽게 느껴졌어요. 살짝살짝 톡톡 두드려주는 손길이 정말 기분 좋더라고요. 마치 마사지샵에 온 것처럼 힐링되는 기분이었어요. 그래서 전 시술 끝나고 나올 때마다 바로 다음 예약을 잡고 나와요."

부드럽고 정성스러운 손길이 만들어낸 건 머리 스타일이 아닌, 마음의 평온함이었습니다. 마찬가지로, 미용사의 매너 있는 손길이 고객의 만족을 만듭니다. 시술 중 손길은 고객님의 감정에 직접적으로 연결된 매너입니다.

거친 손길을 부드럽게 바꾸는 방법

부드럽게 터치하기

손가락 끝으로 가볍게 두피를 누르며 마사지하듯 터치해 주세요. 절대 그냥 '꾹꾹'이 아닌 정성가득한 '살살'입니다.

느림의 미학

시술 중에는 여유를 가지고 움직이세요. 급하게 하다 보면 손길이 거칠어질 수 있습니다.

대화와 미소

'지금 너무 세게 하지 않나요?'라고 걱정되면 꼭 물어보세요. 친절한 대화와 미소는 손길에 배어듭니다. 마지막 한 마디 드라마 '미스터 션샤인'에서 유진 초이는 이렇게 말합니다. "무례함은 칼보다 사람을 더 아프게 합니다."

우리의 손길이 거칠다면, 그것은 고객님에게 칼처럼 날카로운 무례함이 될 수 있습니다. 하지만 부드럽고 따뜻한 손길이라면 고객님을 치유하는 최고의 힐링 터치가 될 것입니다. 손길 하나로 고객님의 하루를 특별하게 만들 수 있다는 것, 그게 미용사만이 가질 수 있는 손끝의 예술이자 마법 아닐까요?

앗! 옷에 염색약이 묻었어요

미용실에서 일하다 보면 고객님의 옷에 염색약, 펌약, 중화제가 묻어 변색하였거나 손상되는 사고가 가끔 발생합니다. 아무리 조심해도 실수는 일어나기 마련이고, 문제는 그 이후의 대처입니다.

고객의 입장에서 생각해 보세요. 비싼 옷을 입고 왔는데 갑자기 얼룩이 생겼다? 고객은 '이거 어떻게 해 주실 건가요?'라는 질문을 던지지만, 그 말 속엔 불안과 화가 담겨 있습니다.

'이거 원래 그런 거예요' 같은 무책임한 말 한마디면, 고객님은 미용실을 떠나며 SNS에 'XX미용실에서 내 옷 망가짐'이라는 리뷰를 남길 가능성이 큽니다. 그렇다면 이럴 때 어떻게 대처해야 할까요? 실수는 1초, 해결은 10년 고객을 만듭니다.

사고 발생 시 즉각적인 대응

첫 번째 원칙 : 인정하라

고객이 문제를 제기했을 때 가장 최악의 반응은 '아니요, 원래

이 약은 이렇지 않아요'입니다. 실수가 발생했으면 즉시 인정하고 빠르게 사과하세요.

잘못된 대응
"고객님, 원래 이런 재질의 옷은 염색약이 잘 안 지워져요."
"이 정도 얼룩은 세탁하면 없어질 거예요."
"그냥 물티슈로 닦으면 되지 않을까요?"

올바른 대응
"고객님, 정말 죄송합니다. 바로 해결 방법을 찾아보겠습니다."
"이런 일이 발생하지 않도록 더 주의했어야 하는데 정말 죄송해요. 곧바로 대처하겠습니다."
"일단 응급조치를 하고, 이후에도 문제가 생기면 책임지고 해결해드릴게요."

고객은 문제 해결을 원하지, 핑계와 변명을 듣고 싶어 하지 않습니다.

보험이 있는 경우 vs 없는 경우 대응법

미용실이 보상 보험이 있는 경우
만약 매장이 고객 보상 보험에 가입되어 있다면, 침착하게 보상 절차를 설명하고 해결하면 됩니다.

"고객님, 우리 미용실은 혹시 모를 사고를 대비해 보상 보험에 가입되어 있습니다. 옷이 손상되었으니 보험 처리를 진행해 드릴게요."

"보험사에 접수하면 정해진 기준에 따라 보상이 이루어지며, 빠르게 처리될 수 있도록 도와드리겠습니다."

고객은 보상이 확실하다는 사실을 알게 되면 감정적으로 불만을 품기보다 매장의 책임감 있는 태도에 신뢰를 느낍니다.

실제 사례

서울 강남의 한 미용실에서 고객의 명품 코트에 염색약이 튀었는데, 매장이 고객 보상 보험을 통해 세탁 및 보상을 진행했습니다. 고객은 처음엔 화가 났지만, 신속하고 성의 있는 보상 처리 덕분에 이후에도 단골로 남았습니다.

미용실이 보상 보험이 없는 경우

보험이 없다고 해서 해결이 불가능한 것은 아닙니다. 다만, 조금 더 센스 있는 대처가 필요합니다.

첫 번째 해결책 : 드라이클리닝 지원

"고객님, 정말 죄송합니다. 우선 드라이클리닝 비용을 지원해 드릴게요. 전문 세탁소와 상담 후 제일 나은 방법을 찾아 진행해 드리겠습니다."

두 번째 해결책 : 매장에서 직접 관리

"고객님, 세탁 후에도 얼룩이 남으면 추가 보상 방법을 찾아보겠습니다."

실제 사례

한 고객이 흰색 블라우스를 입고 미용실에 왔다가 염색약이 묻었습니다. 미용실에서는 빠르게 세탁소와 연락해 얼룩 제거가 가능한지 확인 후, 세탁 비용을 전액 부담해 주었고 고객의 신뢰를 얻었습니다.

세 번째 해결책 : 대체 제품 보상

옷이 심하게 손상되어 복구가 어렵다면, 합리적인 대체 보상을 제안해야 합니다.

"고객님, 불편하게 해드려 죄송합니다. 해당 옷과 유사한 제품을 찾아 보상을 도와드리겠습니다."

미리 예방하는 것이 최선의 해결책

고객님께 가운 필수 착용 권장하기

"염색약이 튈 수도 있으니 가운을 꼭 착용해주세요."

"특히 밝은색 옷을 입으셨다면 가운을 입으시면 더욱 안전합니다."

스타일링 전, 고객 소지품 보호 안내

"고객님, 혹시 가방이나 소지품을 안전한 곳에 보관하시겠어요(이렇게 하면 고객이 직접 가방을 보호할 수 있도록 유도할 수 있습니다)?"

약제 사용 전, 주의사항 간단 설명

"염색약은 묻으면 세탁이 어려울 수 있어요. 혹시라도 묻으면 바로 닦아드릴게요!"

컴플레인을 기회로 바꾸는 법

고객이 화를 내는 이유는 '옷이 망가져서'보다 '내가 피해를 봤는데, 매장의 태도가 불성실하기 때문'입니다. 따라서 문제를 대하는 태도만 바꿔도, 고객은 만족할 수 있습니다

결론 : 문제를 피하지 말고, 해결하라

미용실에서 염색약이 옷에 묻는 실수는 완전히 피할 수는 없지만, 어떻게 해결하느냐에 따라 고객의 반응은 완전히 달라집니다. 보험이 있다면 신속하게 접수하고 보험이 없다면 드라이클리닝, 대체 제품 보상 등 적절한 보상책을 제시하며 무엇보다 고객이 느낄 감정을 먼저 공감하고 빠르게 해결하는 것이 중요합니다.

두피가 엄청 따가워요

시술 중 발생할 수 있는 신체적 손상, 그때 우리는 어떻게 대응해야 할까?

미용실에서 가장 중요하게 생각해야 하는 것이 있다면, 바로 고객의 안전이다. 미용실은 단순히 아름다움을 가꾸는 곳이 아니라, 고객이 신뢰하고 몸을 맡기는 공간이다. 그런데 만약 이 공간에서 고객이 신체적 손상을 입었다면? 아무리 머리를 잘해도 고객은 다시는 돌아오지 않을 것이다. 아니, 돌아오지 않는 정도가 아니라 온라인 후기와 입소문을 통해 미용실의 신뢰도를 한순간에 떨어뜨릴 수도 있다.

미용실에서 발생할 수 있는 대표적인 신체적 손상 사례와, 이를 어떻게 예방하고 해결할 수 있는지 살펴보자.

두피 화상 : 두피가 너무 따가워요!

사례 1 : 염색 중 두피 화상

고객이 염색하러 왔다. 평소 두피가 민감하다고 했지만, 바쁘다는 이유로 테스트 없이 바로 염색약을 도포했다. 10분 후 고객이 갑자기 '두피가 너무 따가워요!'라고 외쳤고, 급히 씻어냈지만 이미 두피에 화상이 생겼다.

예방책 : 고객의 두피 상태를 사전에 반드시 체크하고, 패치 테스트를 진행한다. 화학 제품(염색약, 펌약, 탈색약 등)의 권장 도포 시간을 철저히 준수한다. 시술 중 고객에게 불편함이 없는지 지속적으로 확인한다.

해결책(보험 가입 여부에 따른 차이)

보험 가입 시, 즉시 고객에게 사과 후, 병원 방문이 필요하면 즉시 매니저 등 보호자 한 명을 정해 함께 병원 진료를 받고 계산 후 보험 처리를 통해 진행되는 순서를 정중하게 안내한다. 미용실의 보험사에 사고 접수를 진행한다.

보험 미가입 시, 치료비를 미용실이 부담해야 하며, 고객의 불만이 커질 경우 온라인 후기나 법적 대응으로 이어질 가능성이 크다. 최대한 성의 있는 보상과 빠른 대응이 필요하다.

가위로 인한 자상 : 선생님, 손이 너무 거칠어요!

사례 2 : 커트 중 고객의 귀를 살짝 베었을 때

커트 중 고객이 살짝 움직였고, 순간적으로 가위 끝이 고객의 귀를 스쳤다. 작은 상처였지만 피가 나면서 고객이 불안해했다.

예방책: 가위 사용 시 고객이 움직이지 않도록 유도하고, 세심한 주의를 기울인다. 고객과 대화할 때도 가위 사용 중일 경우는 손을 멈추고 대화하는 습관을 들인다. 1회용 소독 거즈와 연고를 비치하여 응급 상황에 대비한다.

해결책(보험 가입 여부에 따른 차이)

보험 가입 시, 즉시 상처 부위를 소독하고, 병원 방문이 필요하면 즉시 매니저 등 보호자 한 명을 정해 함께 병원 진료를 받고 계산 후, 보험 처리를 통해 진행되는 순서를 정중하게 안내한다.

보험 미가입 시, 고객이 불만을 품지 않도록 상처가 심하지 않아도 적절한 보상(무료 시술권 제공 등)을 제안해야 한다.

눈에 약물이 들어갔어요! 엄청 따가워요!

사례 3 : 펌약이 눈에 들어간 경우

고객에게 속눈썹 펌을 해주다가 약간의 실수로 펌제가 눈에 들어갔다. 고객이 강한 자극을 느끼며 눈을 뜨지 못했고, 심한 충혈이 발생했다.

예방책: 펌제, 염색약을 사용할 때 고객의 얼굴에 보호용 티슈나 거즈를 반드시 사용한다. 약물을 다룰 때는 고객과 대화할 때도 손을 멈추고 신중히 진행한다. 시술 후 반드시 눈가를 깨끗이 정리하여 혹시 모를 잔여물이 남지 않도록 한다.

해결책(보험 가입 여부에 따른 차이)

보험 가입 시, 안과 방문을 즉시 유도하고, 치료비를 지원. 보험사를 통해 보상 진행.

보험 미가입 시, 고객이 강한 불편감을 느낄 경우 법적 대응을 할 가능성이 있음. 신속한 사과와 함께 진료비 지원 및 추가 보상을 고민해야 한다.

고객이 미끄러졌어요! 바닥이 너무 미끄러워요!

사례 4 : 샴푸 후 고객이 넘어짐

샴푸 후 바닥이 젖어 있었고, 고객이 이동 중에 미끄러졌다. 큰 부상은 아니었지만, 손목을 살짝 삐끗하며 아파했다.

예방책 : 바닥이 젖은 상태에서는 즉시 닦고, 미끄럼 주의 표지판을 배치한다. 고객이 이동할 때 파트너가 동행하여 부축하는 시스템을 마련한다.

해결책(보험 가입 여부에 따른 차이)

보험 가입 시, 부상의 정도와 상관없이 즉시 매니저등 보호자 한 명을 정해 함께 병원 진료를 받고 진료비계산을 먼저 하고 보험사를 통해 다음보상이 진행될 것임을 정중하게 안내드린다.

보험 미가입 시, 고객이 불만을 가질 경우 법적 분쟁이 발생할 가능성이 있음. 즉각적인 사과와 치료 그리고 정확한 보상이 필수. 웬만해서는 합의는 당일에 진행하는 게 좋고 상황이 안되면 최대한 빠른 시기에 하는 게 유리하다.

결론 : 사고 예방이 최고의 해결책입니다!

"고객의 신체적 손상은 한 번의 실수로 끝나지 않는다. 신뢰를 잃는 순간, 미용실의 평판도 함께 사라진다."

사고는 언제든지 발생할 수 있다. 하지만 미리 예방하고, 신속하게 대응하는 시스템을 구축하면 문제를 최소화할 수 있다. 또한, 미용실 경영자라면 반드시 손해배상책임보험 가입을 고려해야 한다. 보험은 불필요한 비용이 아니라, 예상치 못한 사고를 막아주는 필수 안전장치다.

고객이 '두피가 따가워요!', '눈이 너무 따가워요!'라고 말하는 순간이 오지 않도록, 기본적인 매뉴얼을 지키는 습관이 가장 중요한 해결책이다! 결국, 고객은 미용실의 실수를 용서하는 것이 아니라, 미용실의 태도를 기억합니다. 다음에도 다시 방문하고 싶은 미용실이 되려면, 이런 위기 상황을 '팬을 만드는 기회'로 바꿀 줄 알아야 합니다.

머릿결이 엉망이 되었어요!

염색과 펌 시술 후 머리 손상, 어떻게 예방하고 해결할 것인가? 미용실에서 고객이 가장 걱정하는 것은 머리 스타일이 마음에 들지 않는 것이 아니라, 머릿결이 엉망이 되는 것이다. 스타일은 다시 자라거나 고칠 수 있지만, 손상된 머릿결은 회복하는데, 오랜 시간과 노력이 필요하기 때문이다. 염색, 탈색, 펌 시술은 화학적인 변화를 동반하기 때문에 손상이 불가피한 부분도 있지만, 관리와 설명이 부족하다면 심각한 컴플레인으로 이어질 수 있다. 그렇다면 고객이 느끼는 머릿결 손상은 무엇이며, 이를 예방하고 해결하는 방법은 무엇일까?

손상된 머릿결, 고객이 인지하는 문제점
머리 손상은 미용사의 입장에서 보면 여러 원인이 있을 수 있지만, 고객이 인지하는 문제와 우리가 해결해야 하는 포인트는 다르다. 고객이 손상을 경험할 때 대표적으로 나타나는 반응을 보자.

사례 1 : 이거 원래 이런 건가요?

염색 후 머리를 감았는데 손가락이 잘 안 들어가고 뻣뻣하다. 원래 이런 거냐고 묻자 '네, 탈색하면 원래 좀 푸석해져요'라는 대답이 돌아왔다. 하지만 고객은 '머리가 원래 이랬다고? 나는 이럴 줄 몰랐는데?'라며 불만을 품는다.

고객이 문제 삼는 부분 : 사전 설명 부족, 손상이 예상되는 시술임에도 충분한 안내 없이 진행됨. 기대와 현실의 차이, 고객이 기대한 결과와 실제 결과가 달라 실망.

사례 2 : 머리가 완전히 탄 것 같아요!

펌을 했는데 머릿결이 너무 부스러지고 탄 느낌이 든다. 손가락으로 쓸어보면 바스락거리는 소리가 난다. 미용사는 '손상이 좀 있긴 하지만 트리트먼트를 해 주시면 괜찮아져요.'라고 말하지만, 고객은 이미 '내 머리를 망쳤다'라는 생각이 굳어진 상태다.

고객이 문제 삼는 부분 : 시술 기준 시간 초과, 펌약을 오래 두어 손상이 심해진 경우. 머리 상태 고려 부족, 이미 손상된 머리에 강한 시술이 들어간 경우.

머릿결 손상의 기준을 어떻게 정할 것인가?

머리 손상은 객관적인 기준을 가지고 고객과 소통하는 것이 중요하다. 고객이 기대하는 '머릿결이 좋은 상태'와 헤어디자이너가 보는 '손상이 없는 상태'는 차이가 있기 때문이다.

손상 기준을 설정하는 3가지 체크포인트

1. **시술 전 진단 필수** : 고객이 모발 상태를 정확히 이해하도록 설명(ex. 가늘고 손상된 모발 vs. 건강한 모발)
2. **손상 가능성을 미리 알리기** : 탈색, 펌, 염색 시 손상이 불가피하다는 점을 고객이 인지할 수 있도록 설명
3. **트리트먼트 포함 여부 설명** : 시술 후 손상을 최소화하기 위한 홈케어 방법까지 안내

예를 들어, "이 시술은 모발에 영향을 줄 수 있으며, 부드러운 머릿결을 유지하려면 추가적인 관리가 필요합니다. 손상이 우려된다면 보호 트리트먼트 추가를 추천드립니다."라는 식의 설명이 필요하다.

머리 손상 예방과 해결 방법

머릿결 손상으로 인한 컴플레인을 줄이려면 미리 예방하는 것이 가장 중요하다. 하지만 이미 손상이 발생했다면 어떻게 해결해야 할까?

예방 전략 : 손상을 최소화하는 3가지 방법

1. **사전 커뮤니케이션 강화** : 고객이 원하는 스타일과 현재 머릿결 상태를 비교해 손상이 예상되는 경우 미리 경고
2. **케어 옵션 제안** : 단순한 트리트먼트가 아니라, 시술과 함께 적

용할 수 있는 '보호제'나 '프리미엄 케어'를 추가 제공 반드시 상담 내용 고객 보는 앞에서 기록 후 동의 시 사인받고 시술 변경
3. 시술 시간 엄수 : 펌, 염색, 탈색 시 약제의 방치 시간을 철저히 체크하여 과도한 손상 방지 예) 타이머에 고객님 이름을 스티커로 부착하고 예상시간을 맞춰 입력함

해결 전략(손상 후 대처 방법)

상황 1 : "머릿결이 푸석해지고 손이 안 들어가요."
대응 방법 : 즉시 트리트먼트를 제공하고, 일정 기간 동안 홈케어 루틴을 정리해 제공. 고객이 만족하지 않는다면 시술 후 케어 서비스를 무료 제공하는 보상책을 제안

상황 2 : "머리가 탔어요! 책임지세요!"
대응 방법 : '고객님 너무 속상하셨겠어요', '저라도 그럴 것 같아요 제가 최선을 다해 방법을 찾아드릴게요'라고 공감하며 고객의 감정을 가라앉히고 객관적인 설명을 통해 손상의 원인을 분석 해결책을 제시할 때는 즉각적인 사과 후 적절하고 정확한 보상안을 제안(예 : 클리닉 3회 권 제공, 홈 케어 제품 제공 등) 그럼에도 협상이 안 되었을 경우에는 보험 가입 여부에 따라 미용실 손해배상책임보험 중재 기능을 이용하거나 한국소비자원을 통해 중재한다.

고객과 신뢰를 쌓는 것이 최우선!

손상된 머릿결은 단순한 문제처럼 보이지만, 고객 입장에서는 '내 머리를 망쳤다'는 감정적인 불만으로 번질 수 있다. 손상을 예방하는 것뿐만 아니라, 고객과의 신뢰를 쌓고 관리하는 것이 더 중요하다.

머릿결 손상에 대한 고객 대응 3원칙

1. **사전 설명은 필수!** – 고객이 예상하지 못한 손상은 가장 큰 불만 요인
2. **대안 제시는 명확하게!** – 손상 시 즉시 정확한 해결책을 제시해 신뢰 회복 절대 피해야 할 약속(머릿결 좋아 질때가지 해드릴게요!), 혹은 만족하실 때까지 해드릴게요! 이런 애매한 약속들은 나중에 또 다른 갈등으로 번지기 쉽다)
3. **손상은 관리할 수 있다!** – 고객이 지속적으로 관리할 수 있도록 홈케어 루틴 제공

결론 : 머릿결 손상, 대응이 곧 미용실의 경쟁력이다

"고객은 머리를 스타일링하러 오는 것이 아니라, 기대 이상의 아름다움을 경험하러 오는 것이다."

미용실에서 머릿결 손상은 피할 수 없는 부분일 수도 있지만, 어떻게 예방하고, 설명하고, 해결하는지가 미용실의 수준을 결정한다. 고객이 만족하고 신뢰할 수 있는 환경을 만든다면, 머릿결이 엉망이 되었어도 고객은 다시 우리를 찾아올 것이다.

블라인드 컴플레인
꺼진 불도 다시 보자

당신의 단골 고객은 정말 '충성 고객'일까?
"선생님, 여기 계속 다니시네요! 감사합니다."
고객이 꾸준히 찾아온다고 해서 100% 만족하고 있는 걸까? 그렇지 않다.

미용실에는 두 가지 유형의 단골 고객이 있다.
열렬한 팬 - 당신의 기술과 서비스를 신뢰하고 주변에 적극적으로 추천하는 고객
블라인드 고객 - 계속 방문하긴 하지만, 사실 더 좋은 곳을 찾고 있는 고객

두 번째 유형, 블라인드 고객(Blind Customer)은 보이지 않는 불만을 가진 채 조용히 떠날 준비를 하고 있다. 겉으로는 컴플레인을 하지 않지만, 마음속에서는 이미 이별을 준비하고 있는 고객이다. 마치 수십 년을 함께한 부부가 졸혼(각자의 삶을 사는 부부 관계) 상태인 것처럼, 관계는 유지되지만, 마음은 이미 떠

나는 것이다.

왜 이런 고객이 생기는 걸까? 그리고 우리는 어떻게 블라인드 고객을 다시 팬으로 만들 수 있을까?

블라인드 고객의 특징: 이별 징조를 알아차리자

뚜렷한 반응이 없다 – 방문할 때 별다른 칭찬도, 불만도 하지 않는다.
소개하지 않는다 – 주변 사람에게 '디자이너'나 미용실을 추천하지 않는다.
새로운 스타일을 시도하지 않는다 – 항상 같은 스타일만 고집한다.
방문주기가 길어진다 – 예전보다 예약 간격이 점점 길어진다.
시술 중에도 핸드폰만 본다 – 대화가 줄어들고, 관심이 줄어든다.
예약을 미루거나 취소한다 – 자주 미뤄지고, '조만간 다시 올게요'가 늘어난다.

이 모든 것들이 '내가 지금 대안을 찾고 있어요'라는 신호일 수 있다.

예시 1 : 이 고객님 요즘 조용한데…?

10년 동안 같은 디자이너를 찾던 고객이 어느 날부터 조용해졌다. 머리를 할 때도 별다른 반응 없이 가만히 있다. 예전엔 가족과 친구들을 소개하곤 했는데, 요즘은 전혀 추천하지 않는다. 결국, 6개월 후, 다른 미용실로 떠나버렸다.

예시 2 : 예약을 자꾸 미루네요?

한 고객이 원래 2개월마다 오던 주기를 3개월로, 4개월로 늘리더니, 어느 순간 '나중에 연락할게요'라는 말만 남긴 채 사라졌다. 그리고 그 고객은 SNS에서 다른 미용실을 팔로우하고 있었다.

블라인드 고객이 생기는 이유 : 초심과 진심의 문제

우리는 고객과 오래될수록 더 특별한 경험을 주고 있을까?

와인과 샴페인은 시간이 지나면 더욱 깊은 풍미와 가치를 가진다. 하지만 미용실에서는 시간이 흐를수록 관계가 익숙해지고, 그 익숙함이 오히려 '낡음'이나 '늙음'이 되어버린다.

처음에는 디자이너가 세심하게 스타일을 제안했지만, 이제는 습관적으로 같은 스타일만 한다. 처음에는 고객과 다양한 대화를 나눴지만, 이제는 대화 없이 시술만 한다. 처음에는 작은 서비스라도 신경 썼지만, 이제는 당연한 듯이 넘어간다. 고객은 '익숙함'보다 '새로움'을 원한다. 처음 미용실을 찾을 때 고객은 설레는 마음으로 왔다. 하지만 그 감정이 시간이 지나면서 사라진다면, 자연스럽게 다른 곳을 기웃거리게 된다.

블라인드 고객을 팬으로 바꾸는 3가지 전략

전략 1 : '관심'이라는 최고의 서비스

고객이 느끼지 못하는 서비스는 없는 것과 같다. 작은 변화도 고객이 체감할 수 있도록 만들어야 한다.

"오늘 스타일에 조금 변화를 주면 어떨까요?"
- 새로운 제안하기
"요즘 어떤 스타일에 관심 있으세요?"
- 고객의 변화된 니즈 파악하기
"지난번보다 머릿결이 좋아졌네요!"
- 작은 변화도 캐치해서 칭찬하기

예시 : 고객이 평소와 같은 스타일을 주문했을 때, '이번에는 조금 더 세련된 느낌을 추가해볼까요?'라고 한마디만 해도 고객의 기대감은 다시 살아난다.

전략 2 : '새로운 경험'을 제공하라

고객이 기대하는 것은 단순한 헤어스타일이 아니라 '새로운 경험'이다.

특별한 날을 기념하는 작은 이벤트
- 입사 1주년 고객에게 작은 선물 제공.

맞춤형 스타일링
- 고객의 얼굴형, 스타일에 맞는 새로운 헤어스타일 추천.
정기적인 고객 점검
- '지난번 시술 후 만족하셨나요?'라는 피드백 요청.

예시 : 한 미용실에서는 생일인 고객에게 작은 꽃 한 송이를 선물한다. 결과? 고객은 감동했고, SNS에 그 미용실을 홍보해 주었다.

전략 3 : '꺼진 불도 다시 보자' 고객 점검하기

"최근 6개월 동안 방문주기가 길어진 고객 리스트를 만들어라."
"SNS에서 우리 미용실을 언급한 고객과 더 이상 언급하지 않는 고객을 비교해 보라."
"한동안 소개가 없던 단골 고객에게 '근황 체크' 메시지를 보내라."
"요즘 스타일에 불편한 점 없으셨나요?"
- 고객의 불만을 미리 캐치
"오랜만에 오셨네요! 바쁘셨죠?"
- 자연스럽게 고객과의 거리 좁히기
"오늘도 찾아와 주셔서 감사합니다."
- 고객이 소중한 존재임을 알려주기

예시 : 한 미용실에서는 6개월 이상 방문이 없는 고객에게 '그동

안 어떻게 지내셨어요? 새로운 스타일을 제안해 드리고 싶어요!'라는 메시지를 보냈다. 그 결과, 고객 중 30%가 다시 방문했다.

블라인드 고객, 이제는 관리할 때

"떠난 고객을 붙잡기보다, 떠나기 전에 챙기는 것이 훨씬 쉽다."

우리가 고객을 관리한다고 하면, 보통 불만을 제기하는 고객이나 VIP 고객만 챙긴다. 하지만 정작 가장 위험한 고객은 아무 말 없이 떠날 준비를 하는 '블라인드 고객'이다.

오늘부터 미용실에서 체크해야 할 3가지 행동

① 최근 6개월 동안 소개가 없던 고객 리스트 만들기
② 방문주기가 길어진 고객에게 '새로운 제안' 보내기
③ 고객 맞춤형 경험을 제공할 방법 고민하기

결론 : 고객은 떠나기 전에 신호를 보낸다

우리가 신경 쓰지 않는 사이, 고객은 이미 '이 미용실이 나에게 맞는 곳인가?'를 고민하고 있다. 마치 오래된 부부처럼 말하지 않지만, 불만이 쌓이고, 결국 이혼(=이탈)으로 이어진다. 하지만 관계는 바꿀 수 있다. '고객님, 오랜만이네요! 오늘은 뭔가 특별한 스타일을 추천해 드릴까요?' 이 한마디가 고객의 마음을 되돌릴 수도 있다. 꺼진 불도 다시 보자. 그리고 당신의 블라인드 고객이 떠나기 전에, 다시 팬으로 만들자.

컴플레인 예고 시스템을 갖춰라

실수를 반복하는 것이 아니라, 예방하는 것이 중요하다! 미용실에서 발생하는 고객 컴플레인, 사실 하나하나 따져보면 늘 비슷한 유형이 반복된다. 날씨가 건조할 땐 정전기 문제, 여름엔 두피 트러블, 예약 밀리는 날엔 대기시간 불만… 게다가 특정 디자이너에게 자주 발생하는 컴플레인 유형도 있다. 그렇다면 왜 같은 문제로 계속 컴플레인을 받을까? 이유는 간단하다. 미리 대비하지 않기 때문이다. 우리는 비 오는 날 우산을 챙기듯, 예상되는 컴플레인을 미리 대비하는 습관을 지녀야 한다. 그래서 필요한 게 바로 '컴플레인 예고 시스템'이다.

컴플레인 예고 시스템이란?

매일 아침 직원들에게 그날 예상되는 고객 불만 사항을 미리 공유하는 시스템이다.
- 날씨별 예상 컴플레인
- 시간대별 예상 컴플레인

- 디자이너별 자주 발생하는 컴플레인
- 시술별 예상되는 고객 반응

이렇게 하루에 일어날 가능성이 큰 문제를 미리 알고 있다면, 고객의 불만을 사전에 방지할 수 있다.

예고 시스템을 적용하면?

고객이 불만을 말하기 전에 먼저 대응할 수 있다. 실수를 반복하지 않게 된다. 고객 만족도가 올라가고, 재방문율이 증가한다.

여름(폭염주의보)

실전 사례 : 날씨별 & 시간대별 컴플레인 예고

예상 컴플레인

"두피 너무 간지러워요!"

"에어컨 바람이 너무 세요 / 너무 약해요!"

"앉아있기만 해도 땀이 나는데, 시술 중 너무 덥네요!"

해결 방안

"두피 트러블이 걱정되는 고객에게 쿨링 샴푸 & 두피 팩 서비스 추천"

"시술 전 차가운 물 제공"

"시술 시작 전에 고객에게 에어컨 온도 & 방향 조절 확인"

먼저 예상하고 준비하면, 고객이 불만을 말하기 전에 먼저 해결할 수 있다.

겨울(한파주의보)
예상 컴플레인
"다운펌 약 너무 차가워요!"

"머리 감을 때 물이 차가워요!"

"들어오자마자 따뜻한 공간이 없네요!"

해결 방안
"다운펌/염색 시술 전, 약을 손으로 데워서 도포"

"샴푸 전, 고객에게 온도 체크 후 물 조절"

"입구에 따뜻한 차 제공 & 고객 대기 공간 난방 체크"

'이거 원래 그래요'가 아니라, '이렇게 해결해드릴게요'가 되어야 한다!

바쁜 시간대(저녁 7시 이후 예약 폭주)
예상 컴플레인
"예약했는데 왜 이렇게 오래 기다려요?"

"담당 디자이너가 아예 오지도 않네요?"

"손님 너무 많아서 정신없어요."

해결 방안
"고객 도착 시, 예상 대기 시간 미리 안내"

"디자이너가 바쁠 경우 파트너가 먼저 응대 & 사전 상담"

"대기시간이 길어지면 간단한 서비스 제공(핫팩, 손 마사지 등)"

바쁜 시간엔 고객이 '기다린다'라는 느낌을 덜 받게 만드는 것이 핵심!

디자이너별 컴플레인 예고 & 피드백 시스템

디자이너마다 고객들이 자주 불만을 제기하는 부분이 있다. 하지만 디자이너 본인은 잘 모를 수도 있다.

예고 시스템 적용 방법
"한 달 동안 고객 피드백을 모아서 디자이너별로 정리"
"매주 회의 때 '이번 주 자주 나온 컴플레인' 공유"
"각 디자이너가 개선할 수 있는 팁 제공"

예시
디자이너 A : "컷트가 너무 빨라서 불안해요."
해결 : 고객에게 스타일링 과정 설명 & 확인 질문 추가
디자이너 B : "말이 너무 없어서 불편해요."
해결 : 기본적인 대화 스크립트 준비
디자이너 C : "스타일이 마음에 안 들어요."
해결 : 시술 전 충분한 상담 & 사진 참고

고객 컴플레인은 디자이너의 약점을 개선할 최고의 기회가 된다!
"진짜 어리석은 사람은 실수를 반복하는 사람이다."

실수를 한 번 하는 것은 괜찮다. 하지만 같은 실수를 반복하면 고객은 떠난다. 고객의 불만을 먼저 예측하고 대응하라. 아침마다 팀원들과 '오늘 예상되는 컴플레인'을 공유하라. 고객이 불만을 말하기 전에 먼저 해결책을 제시하라. 이것이 바로 '컴플레인 예고 시스템'이 필요한 이유다. 고객의 불만을 미리 대비하는 것만으로도, 고객 만족도가 폭발적으로 상승할 것이다.

DISC를 활용한 고객 유형 분석과 컴플레인 응대 요령

DISC 행동유형 분석은 현장에서 고객의 행동을 빠르게 파악하고, 맞춤형 응대 전략을 세울 수 있는 효과적인 도구입니다. 특히 D(지배형), I(사교형), S(우호형), C(신중형)로 나뉜 행동 패턴은 실제 서비스 현장에서 컴플레인을 해결하는 데 큰 도움을 줍니다. 왜 DISC가 현장에서 유리한가?

직관적인 분류 : 행동만 봐도 유형을 예측할 수 있습니다.

실행력 중심 : 복잡한 해석 없이 즉각적인 대응이 가능합니다.

유연성 : 고객의 언어와 태도를 기반으로 신속하게 전략을 조정할 수 있습니다.

D형(지배형) 고객

특징 : 목표 지향적, 경쟁적, 결과 중심.

행동 패턴 : 빠른 결정을 좋아하며, 시간을 낭비하는 것을 싫어합니다.

컴플레인 사례 : "지금 당장 해결 안 하면 다른 곳으로 간다!"

응대 요령
빠른 대응 : "알겠습니다, 바로 해결해드리겠습니다!"
짧고 명료한 설명 : 디테일한 설명보다는 해결 방법과 시기만 언급합니다.
대안 제시
"고객님께서 만족하실 수 있도록 이 방법을 추천드립니다."
실제 예시
한 미용실에서 D형 고객이 '예약이 밀려 기다려야 한다'라는 소식을 듣고 화를 냈습니다. 디자이너는 '정말 귀한 대표님의 시간을 뺏어 죄송합니다. 15분 안에 바로 준비하겠습니다'라고 명확한 시간 약속을 제시하자 고객은 기다렸고, 오히려 사과의 마음을 담아 준비된 서비스에 감동했습니다.

I형(사교형) 고객
특징 : 외향적, 감정 표현이 풍부함, 인정받고 싶어 함.
행동 패턴 : 친근하고 이야기를 좋아하지만, 감정적으로 쉽게 반응합니다.
컴플레인 사례 : "여기 와서 너무 불쾌했어요. 저 이런 대접 처음이에요!"
응대 요령
공감 표현 : "말씀해 주셔서 감사합니다. 충분히 이해합니다."
칭찬과 격려 : "고객님 덕분에 더 나은 서비스가 될 수 있습니다."

개인적인 관심 표현 : "다음번 방문에는 더 특별한 시간으로 보답하겠습니다."

실제 예시

한 고객이 원하는 시술이 예상보다 길어지자 불만을 터뜨렸습니다. 디자이너는 '고객님께서 언제나 밝은 미소로 방문해 주셔서 정말 감사합니다.'라며 공감을 표현한 후, 음료와 추가 서비스를 제공했습니다. 고객은 기분이 좋아져서 SNS에 칭찬 글을 남겼습니다.

S형(우호형) 고객

특징 : 온화하고 신뢰를 중시하며 변화에 민감함.

행동 패턴 : 갈등을 싫어하고 안정감을 선호합니다.

컴플레인 사례 : "이전에는 이렇게 안 했는데, 왜 바뀐 거죠?"

응대 요령

안정감 제공 : "기존 방식도 그대로 유지하고 있으니 걱정하지 않으셔도 됩니다."

세심한 설명 : "이 방법은 고객님의 편의를 위한 새로운 개선 사항입니다."

변화에 대한 준비 : "필요하시면 기존 방식으로 시술해드리겠습니다."

실제 예시

정기적으로 오는 단골 고객이 '새로운 제품은 잘 맞을지 모르겠어요.'라고 걱정했습니다. 디자이너는 '기존 제품도 준비되어 있으니 언제든 원하시면 변경할 수 있어요.'라고 설명했고, 고객은 안심하며 새로운 시술을 시도했습니다.

C형(신중형) 고객

특징 : 분석적이고 꼼꼼함, 규칙과 절차를 중시함.

행동 패턴 : 질문이 많고 의심이 많아 보일 수 있습니다.

컴플레인 사례 : "이 성분이 내 두피에 맞는 건가요? 테스트해 보셨나요?"

응대 요령

구체적인 데이터 제공 : "이 제품은 6개월 동안 테스트를 거친 안전한 제품입니다."

세부적인 설명 : "제품에 포함된 성분과 효능에 대해 자세히 설명해 드리겠습니다."

참고 자료 제시 : "테스트 자료를 보여드릴 수도 있습니다."

실제 예시

어느 고객이 시술 제품에 대해 불안해하자 디자이너는 제품의 인증서와 테스트 결과를 보여주며 '해당 제품은 안전성이 입증된 제품입니다.'라고 설명했습니다. 고객은 신뢰감을 느끼며 시술을 진행했습니다.

MBTI와의 비교

MBTI는 성격의 내·외향, 사고·감정을 중심으로 한 심리학적 접근에 가깝습니다. DISC는 행동을 관찰해 즉각적인 대응이 가능해 실전 중심입니다. MBTI는 진단 후 해석이 필요하지만, DISC는 현장에서 즉각 대응할 수 있는 응대 툴입니다.

고객의 행동을 이해하고 유형에 맞는 응대를 한다면, 단순한 컴플레인을 해결하는 것을 넘어 팬으로 변화시키는 기회가 됩니다. '모든 고객이 다르다'라는 것을 이해하고, 행동 패턴에 맞춘 소통 방식을 통해 고객 만족도를 높이세요.

'컴플레인은 위기가 아닌 관계를 강화할 기회입니다.' 결국, 고객이 원하는 것은 "나를 이해 해주는 사람"입니다. DISC를 활용해 고객의 언어를 배우고, 그들의 마음을 얻는 진짜 소통을 만들어 보세요.

블랙컨슈머
정의와 해결법

'에너지 뱀파이어' 블랙컨슈머는 단순 불만 제기자를 넘어 의도적으로 문제를 만들어 이익을 취하려는 사람들입니다. 영화 '어벤져스'의 타노스처럼 한 번 등장하면 매장 전체가 흔들리기도 합니다. 하지만! 위기는 곧 기회입니다. 블랙컨슈머에 대한 스마트한 대응법으로 매장의 명성을 지킬 수 있습니다.

블랙컨슈머의 정의

의도적인 악성 컴플레인을 반복적으로 제기하며 보상이나 혜택을 요구합니다. 단순히 서비스 개선을 위한 피드백이 아니라, 이익을 위한 공격이 특징입니다. 이들의 주장은 종종 과장되거나 사실과 다를 수 있습니다.

사례별 블랙컨슈머 대응 전략

사례 1 : "이거 공짜로 해 줄 거죠?"

상황

서비스를 받고 나서 고의로 불만을 제기하며 보상을 요구합니다. "머리카락 길이가 마음에 안 드는데 다시 해 주실 거죠? 공짜로요!"

해결법 : 정확한 프로세스 안내

"불편하게 해드려 죄송합니다. 하지만 규정상 추가 작업은 추가 비용이 발생합니다." 규정을 정확히 안내하면 공짜 서비스를 요구할 여지를 차단할 수 있습니다.

사전 상담 기록

상담 시 주요 내용과 고객의 요청 사항을 기록해 두세요. "고객님, 처음 상담 시 말씀하신 스타일 대로 진행했습니다. 기록을 확인해 보시겠어요?"

"계획이 다 있구나!"_'기생충'

준비된 매장은 블랙컨슈머가 함부로 공짜를 요구하지 못합니다.

사례 2 : 이거 제가 알던 거랑 다르잖아요!

상황

고객이 이전에 받은 서비스와 다르다며 불만을 제기합니다. "지난번에 받은 스타일링보다 별로예요. 저번처럼 해주세요, 공짜로!"

해결법

① 시각 자료 및 상담 녹음 및 기록 활용

"지난 고객님과의 상담기록 및 녹음을 들어보시면 고객님이 원하시는 시술 사진을 참고해 같은 스타일로 작업했습니다." 시술 전후 사진 및 상담기록을 남겨 블랙컨슈머의 억지 주장을 방어할 수 있습니다.

② 리뷰와 후기 요청

기존 고객들에게 긍정적인 후기를 요청하세요. "다른 고객님들이 남긴 후기도 한번 보세요. 고객님처럼 재방문해주신 분들이 많습니다."

감정 싸움 대신 팩트를 내세우면 상대방은 약해집니다.

사례 3 : 리뷰로 폭로해버릴 거예요!

상황

온라인 리뷰를 악용해 협박합니다. "제 불만을 들어주지 않으면 SNS에 올려버릴 거예요."

해결법

① 정확한 대응

"고객님의 말씀은 중요합니다. 다만, 사실과 다를 경우 회사 방침에 따라 대응할 수 있습니다." 과도한 협박에는 강경한 대응이 필요합니다.

② 정확한 기록 유지

고객과의 모든 대화와 시술 기록을 유지하세요. '상세 내용이 기록되어 있으니 필요시 확인 가능합니다.'

기록은 거짓말하지 않습니다.

모든 대화와 시술 과정을 기록해 억지 주장을 무력화하세요.

사례 4 : 여기 다신 안 올 거예요!
상황
불만을 제기하며 떠난다고 협박합니다. "이런 대접 받을 바엔 다른 곳으로 갈래요!"
해결법
① 침착한 태도 유지

"고객님의 의견은 소중합니다. 하지만 저희 원칙을 이해해 주시면 감사하겠습니다." 흔들리지 않고 침착하게 대응하세요.

② 이별의 미학

떠나는 고객에게도 친절한 마지막 인사를 건네세요. "언제든 다시 방문해 주시면 따뜻하게 맞이하겠습니다."

고객과의 마지막 순간이 입소문으로 이어집니다.

블랙컨슈머 대처 시 주의사항

냉정하지만 친절하게
불필요한 감정 대립은 피하세요.

법적 대응은 최후의 수단

블랙컨슈머의 행동이 선을 넘었다면, 법적 조치를 검토하세요.

팀워크 유지

직원들이 하나의 목소리로 대응할 수 있도록 매뉴얼을 준비하세요.

결론

블랙컨슈머, 위기가 아닌 기회, 블랙컨슈머가 나타나는 것은 매장의 성장통일 수 있습니다. 중요한 것은 문제 상황에서 브랜드의 신뢰를 지키는 것입니다. 때로는 위기가 우리를 더 강하게 만듭니다.

"위기는 기회다."

매장 운영에서도 이 말을 마음속에 새기고, 스마트한 대응 전략으로 모든 문제를 해결해봅시다.

메가블랙컨슈머
슈퍼히어로가 있다면, 메가블랙컨슈머도 있다

메가블랙컨슈머란?

블랙컨슈머는 기업이나 매장을 대상으로 악의적인 컴플레인을 제기하고, 과도한 보상을 요구하는 고객을 의미한다. 하지만 메가블랙컨슈머는 차원이 다르다. 이들은 단순히 불만을 표현하는 고객이 아니다. 더 이상 '고객'이 아닌, '범죄자'의 영역에 들어선 사람들이다.

- 매장에서 소리를 지르고 욕설을 한다.
- 물건을 던지거나 직원에게 폭력을 행사한다.
- 온라인에서 허위 사실을 유포하고 악의적인 리뷰를 남긴다.
- 기업을 협박하여 과도한 보상을 요구한다.
- 심지어 소송을 남발해 합의를 유도하는 경우도 있다.

이들은 일반적인 고객이 아니라, 매장의 평판과 운영을 위협하는 '파괴자'이다

메가블랙컨슈머의 실제 사례

사례 1 나를 무시했어? 소송 걸 거야!

한 미용실에서 예약 시간을 어긴 고객이 다른 손님 때문에 바로 서비스를 받지 못하자, '직원이 나를 차별했다'라며 곧바로 보상을 요구했다. 게다가 지역 유명 맘까페 회원인 이 고객은, '이 매장은 고객을 무시합니다'라는 제목으로 대놓고 미용실을 비난했다. 문제는, 사실과 다르게 왜곡한 내용이 많았다는 것.

해결 방법

① 해당 까페와 네이버에 삭제요청
② 고객님 번호로 스스로 언제까지 글을 삭제하지 않을 시 변호사를 통해 허위 사실 유포 및 명예훼손으로 법적 대응 하겠다는 내용을 문자나 카톡으로 발송
③ 자진 삭제 시 공식 사과 및 정정 글 요청
④ 삭제 없이 추가 글 작성 시 수집한 증거자료로 경찰에 신고

사례 2 : 물건을 던지고, 욕설을 퍼붓고

한 뷰티숍에서 고객이 예약 없이 방문했는데 대기 시간이 길어지자, 갑자기 매장 안에서 소리를 지르고 직원에게 물건을 던졌다. 심지어, 경찰이 출동하는 상황까지 벌어졌다.

해결 방법

"경찰 신고 후 매장 내 출입금지 조치"
"직원들에게 심리적 안정 지원 및 재발 방지 교육"
"향후 메가블랙컨슈머 대응 매뉴얼 도입"

메가블랙컨슈머 대응 방법

감정적으로 대응하지 말 것

'내가 너 때문에 얼마나 힘든데?' 메가블랙컨슈머는 감정을 자극하는 데 능숙하다. 화를 내거나 감정적으로 대응하면 오히려 불리해진다. 차분하게, 논리적으로 대응하라. 대응은 '공식적인 절차'로 진행하라.

모든 기록을 남겨라

'구두 약속? No! 기록이 생명이다.' 메가블랙컨슈머는 증거가 없는 상황에서 자신에게 유리한 방향으로 조작한다. 전화 통화는 녹음(법적 범위 내에서) 고객과의 대화 내용은 문서화, CCTV 영상 확보.

'블랙컨슈머 리스트' 운영

'한 번 문제를 일으킨 고객은 또 일으킨다.' 지속적으로 문제를 일으키는 고객은 매장 내부 데이터베이스에 기록하라. 특정 고객의 문제 행동이 반복되면 사전 경고 후 예약 제한.

법적 대응을 적극 검토

'우리는 가만히 있지 않는다.' 명예훼손, 업무방해, 허위 사실 유포 등에 대한 법적 조치. 불법 행위를 한 경우, 경찰 신고 및 형사 고소.

마무리

미용업계의 새로운 전쟁, 메가블랙컨슈머

"메가블랙컨슈머는 더 이상 '고객'이 아닙니다"

이들은 악의적으로 매장을 망가뜨리려는 슈퍼빌런과 같습니다. 하지만 우리는 '히어로'가 되어야 합니다. 감정적으로 대응하지 말 것, 모든 기록을 남길 것, 블랙컨슈머 리스트를 운영할 것, 필요하다면 법적 대응을 고려할 것. 메가블랙컨슈머는 언제든 등장할 수 있다. 하지만 우리가 올바른 대처법을 알고 있다면, 우리는 어떤 슈퍼빌런도 무너뜨릴 수 있습니다.

5장

2025년 미용경영 키워드 10

2025 미용경영 10대 키워드
팬덤디자인의 미래를 열다

1. 관계 기반 팬덤 구축

2025년 미용업계의 성공 비결은 '고객과의 관계'입니다. 고객을 단순 소비자가 아닌 팬으로 만들기 위해선 진심 어린 소통과 기억에 남는 경험을 제공해야 합니다. 작은 디테일이 팬덤을 만듭니다.

"관계는 하루아침에 이루어지지 않는다. 그러나 하루하루가 모여 팬덤을 만든다."

2. 맞춤형 서비스의 진화

개별 고객의 스타일, 선호도, 방문 이력까지 기억하는 맞춤형 서비스는 기본입니다. AI 예약 시스템과 개인화된 서비스를 통해 고객의 취향을 사전에 파악하고 만족을 극대화해야 합니다.

3. 디지털 소통과 온라인 팬덤 관리

디지털 시대에서 SNS는 고객 접점의 중심입니다. 고객이 자발적으로 리뷰를 남기고 매장을 홍보할 수 있는 디지털 콘텐츠 전략이 필수입니다.

팁 : 해시태그 챌린지 이벤트로 고객과 함께 콘텐츠를 만들어 보세요!

4. 시그니처 브랜딩

브랜드만의 시그니처 인사법, 로고, 향기, 음악 등 오감을 자극하는 요소를 통해 기억에 남는 경험을 제공합니다. '브랜드 감성'을 완성해 고객이 다른 곳에서 느낄 수 없는 특별함을 만들어야 합니다.

5. 건강과 웰니스 트렌드 반영

미용은 외적인 아름다움뿐 아니라 내적인 건강과 연결되어야 합니다. 두피케어, 힐링 프로그램 등 건강과 힐링을 결합한 서비스가 인기를 끌 것입니다.

6. 컴플레인 솔루션 강화

컴플레인 고객은 위기가 아닌 기회입니다. 고객의 불만을 팬심으로 바꾸는 과정에서 브랜드에 대한 신뢰가 강화됩니다.

"컴플레인은 브랜드에 대한 기대의 다른 표현이다."

7. 직원 온보딩과 문화 강화

직원도 팬덤의 일부입니다. 초반 100일 프로그램과 동기부여 시스템으로 직원들의 소속감과 애사심을 강화해야 합니다.

제안 : '직원 100일 축하 이벤트'로 직원의 첫 발걸음을 응원하세요!

8. 지속 가능한 경영

친환경 제품과 서비스가 트렌드가 될 것입니다. 리필 스테이션, 친환경 용기 사용 등으로 지속 가능한 매장을 만들어야 합니다.

9. 멀티 브랜드 및 협업

하나의 매장에서 여러 가지 서비스를 결합하거나, 다른 브랜드와의 협업으로 새로운 경험을 제공합니다.

예시 : 뷰티 라운지와 카페를 결합한 멀티 컨셉 공간 운영

10. 고객을 위한 이야기(Storytelling)

고객이 매장 방문을 하나의 스토리처럼 느끼게 만드세요. 스토리텔링 마케팅은 고객이 브랜드를 더 오랫동안 기억하게 만듭니다.

"고객이 경험하는 매 순간이 하나의 이야기다."

우리 미용실의 팬덤 지수 진단 체크리스트

(총 20문항, 각 문항당 5점 만점, 총점 100점)

각 문항을 (5) 매우 그렇다 / (4) 그렇다 / (3) 보통이다 / (2) 아니다 / (1) 전혀 아니다로 평가해보세요.

1. 첫인상 & 고객 경험

1. 미용실에 들어서는 순간 고객이 따뜻한 환영을 받는다고 느낄까?
2. 고객의 이름을 기억하고 자연스럽게 불러주는가?
3. 고객이 원하는 스타일을 정확히 이해하고 이를 반영하는 대화가 이루어지는가?
4. 고객이 재방문하고 싶은 경험을 제공하고 있다고 확신하는가?
5. 고객이 우리 미용실만의 특별한 분위기나 스타일을 기억할 만한 요소가 있는가?

2. 감동을 주는 서비스 & 차별화된 경험

6. 고객이 예상하지 못한 작은 감동(예: 맞춤형 음료, 특별한 터치)을 경험할 수 있는가?
7. 고객이 시술 후 만족감을 표현하는 경우가 많다.

8. 단순히 머리를 자르는 것이 아니라, '나를 아는 전문가'라는 느낌을 주고 있는가?
9. 고객에게 헤어 스타일링 및 관리 팁을 자연스럽게 제공하는가?
10. 정기적으로 방문하는 단골 고객이 많다.

3. 고객과의 관계 & 팬덤 구축
11. 고객이 스스로 우리 미용실을 친구나 가족에게 추천하는 경우가 많다.
12. 고객과 개인적인 이야기를 나누며 신뢰를 쌓고 있는가?
13. 고객과의 관계가 시술 후에도 지속될 수 있도록 연락(문자, DM 등)을 주고받는가?
14. 고객이 우리 미용실에서 받은 경험을 SNS에 자발적으로 공유하는 경우가 있다.
15. 미용실을 단순한 서비스 공간이 아니라 '내가 소속감을 느끼는 곳'이라고 생각하는 고객이 있다.

4. 위기 대처 & 팬덤 유지
16. 고객의 불만이나 클레임을 해결할 때 감정적인 만족까지 고려하는가?
17. 고객이 불편을 겪었을 때, 빠르고 진심 어린 사과와 해결책을 제시하는가?
18. 온라인 리뷰(네이버, 구글, 인스타 등)에서 긍정적인 피드백이 많은 편인가?
19. 부정적인 리뷰나 피드백에도 적극적으로 소통하며 개선하려는 노력이 보이는가?
20. 고객이 떠나지 않고 계속 방문하도록 만드는 특별한 이유(멤버십, 이벤트 등)가 있는가?

팬덤 지수 해석

90~100점 : 슈퍼 팬덤 미용실
이미 강력한 팬덤을 보유하고 있음. 고객 충성도가 높고 입소문 효과가 뛰어남.

70~89점 : 성장하는 팬덤 미용실
탄탄한 기본기를 갖추고 있지만, 일부 개선할 요소가 있음. 고객과의 관계를 더욱 강화하면 팬덤이 확장될 가능성이 큼.

50~69점 : 잠재력이 있는 미용실
고객 만족도는 있지만, 팬덤으로 발전시키기 위한 전략이 부족할 수 있음. 차별화된 경험을 강화하고 고객과의 지속적인 관계를 만들어야 함.

49점 이하 : 팬덤 부족 미용실
기본적인 서비스는 제공하지만, 고객이 특별한 감정을 느끼지 못할 가능성이 큼. 팬덤을 형성할 수 있는 요소(브랜딩, 감성 서비스, 커뮤니케이션 등)를 적극적으로 도입할 필요가 있음.

이 체크리스트를 활용하면 미용실의 팬덤 지수를 진단하고, 어떤 부분을 보완해야 할지 명확하게 알 수 있습니다

AI 시대의 팬덤디자인의 중요성

"AI가 당신의 일을 빼앗지 않습니다. AI를 잘 활용하는 사람이 당신의 자리를 대신할 뿐입니다."

AI가 미용업계를 포함한 다양한 산업에서 급속도로 발전하고 있습니다. AI가 스타일링을 추천하고, 고객의 얼굴형과 피부톤에 맞는 최적의 헤어스타일을 자동으로 분석하는 시대가 왔습니다. 그렇다면 우리는 어떤 차별성을 가져야 할까요?

바로 '관계의 창의성'입니다

과거에는 뛰어난 기술이 성공의 핵심이었지만, 이제는 '고객과의 관계를 어떻게 디자인할 것인가'가 더욱 중요한 시대입니다. 고객은 AI보다 '나를 이해하고, 감정을 공유하는 사람'과 연결되기를 원합니다. 이제 미용업의 경쟁력은 기술적인 완벽함이 아니라, 고객과의 유대감, 감성적 공감, 그리고 맞춤형 경험을 제공하는 창의성에서 나옵니다.

한 미용실은 AI 스타일링 분석 시스템을 도입했습니다. 하지만 고객들은 AI의 추천보다 디자이너와의 소통을 더 중요하게 여겼습니다. 결국, 고객과 1:1 상담을 통해 스타일을 결정하는 디자이너의 역할이 더욱 강조되었죠. 팬덤을 형성하는 미용실은 기술이 아니라 '관계의 차이'에서 시작됩니다. AI가 아무리 발전해도 고객의 감정까지 완벽하게 읽고, 마음을 움직이는 것은 불가능합니다. 기계가 아닌 사람이 직접 전달하는 따뜻한 말 한마디, 눈빛, 작은 배려가 고객을 팬으로 만듭니다. 과거의 미용업이 '머리를 디자인하는 기술' 중심이었다면, 이제는 '고객 경험을 디자인하는 창의성'이 중요해졌습니다.

한 유명 미용실 원장은 시술 전 고객의 최근 감정 상태를 묻는 질문을 습관화했습니다.
"오늘 어떤 기분이세요? 머리를 하면서 어떤 분위기를 느끼고 싶으세요?"

이 질문 하나로 고객은 '이곳에서는 나를 존중받고 있다'는 느낌을 받게 되며, 단골로 이어졌습니다. 단순한 스타일링이 아닌, 고객이 미용실에서 경험하는 '브랜드 감성'을 디자인하는 것이 AI 시대의 창의성입니다. AI는 몇 초 만에 수천 개의 스타일을 분석하고, 최적의 솔루션을 찾아냅니다.

하지만 고객이 원하는 것은 빠른 정답이 아니라, '진정성 있는 경험'입니다. 속도는 AI가 담당하고, 우리는 깊이 있는 관계를 디자인해야 합니다. 빠르게 고객을 응대하는 것이 아니라, 고객의 삶에 진짜 영향을 미치는 서비스를 고민해야 합니다. 럭셔리 브랜드 샤넬은 AI 분석보다 '고객과의 감성적인 교감'을 최우선으로 합니다.

고객이 매장을 방문하면 향수 추천도 AI가 아닌 직원이 직접 고객의 취향과 스토리를 들으며 진행하죠. 미용업도 마찬가지입니다. AI가 추천하는 스타일보다, 고객과의 대화를 통해 만들어지는 감성이 더욱 강력한 팬덤을 형성합니다.
"AI 시대의 경쟁은 'AI vs 인간'이 아니다. 'AI를 창의적으로 활용하는 인간 vs 그렇지 못한 인간'의 싸움이다."
AI는 스타일 추천, 고객 데이터 분석, 자동 예약 관리 등 다양한 기능을 수행할 수 있습니다.
하지만 진짜 성공하는 디자이너는 AI를 도구로 활용하며, 고객과의 감성적 유대를 창출하는 사람입니다.

AI를 활용하는 디자이너
AI가 분석한 고객의 선호 데이터를 참고하되, 최종적으로 고객과 상담을 통해 맞춤 스타일을 제공하는 디자이너.

AI에 의존하는 디자이너
AI가 추천한 스타일 그대로 진행하며, 고객과의 대화 없이 '이게 요즘 트렌드예요'라고 말하는 디자이너.

두 명의 디자이너 중 고객이 누구를 더 신뢰하고 팬이 될까요?

AI는 우리가 해야 할 '기술적인 작업'을 도와주는 도구일 뿐입니다. 진짜 중요한 것은 고객을 팬으로 만드는 창의적인 커뮤니케이션과 감성적인 경험을 설계하는 능력입니다.

팬덤디자인은 이제 선택이 아니라 생존 전략입니다.

당신은 고객을 머리하러 오는 '한 명의 손님'으로 볼 것인가, 아니면 브랜드를 사랑하고 지지하는 '팬'으로 만들 것인가? 이제는 단순한 기술이 아니라, 관계를 디자인하는 창의성이 필요한 시대입니다.

팬덤디자인, 이제 시작입니다!

추천사

 일상화된 SNS와 점점 우리 생활에 깊숙이 관여하는 AI, 이를 기반으로 휴먼화 되어가는 로봇과 새로운 가상의 공간 메타버스, 우리는 빠른 변화의 시대에 살아가고 있다.
 이러한 시대에 고객과 지속적으로 소통하고 좋은 관계를 유지하는 것은 쉽지 않은 일이다.
 일하면서 컨텐츠를 기획하고 촬영하며 늦은 시간까지 편집하여 다양한 SNS에 업로드 활동을 하느라 애쓰지만, 노력에 비해 기대하는 만큼의 좋은 성과를 얻는 이는 소수에 불과한 것이 현실이다.
 더구나 컨텐츠 고갈, 시간, 공간 부족 그리고 피로감 누적 등으로 잠시 방치하거나 멈추는 순간 경쟁에서 밀려나고 고객의 선택에서 멀어지는 경험을 겪으면서 마케팅 활동을 포기하는 경우가 대부분이다.
 일반적으로 고객은 늘 새로움과 재미 그리고 유익함을 추구한다.
 하지만 우리는 이러한 고객의 까다로운 취향 만족을 위해 지속 관리하는 데, 한계가 있다.

이 책은 이런 고민을 하고 시대를 살아가며 특히 미용 서비스업에 일하고 있는 많은 이에게 마케팅 및 고객 관리 방향에 도움을 줄 수 있을 거라 믿는다.

시대의 변화와 과잉 경쟁 및 위기 속에도 흔들리지 않는 단골 고객 확보를 위한 방법, 이러한 고객과 좋은 관계를 유지 발전시켜 나가며 끊임없이 소통하는 방법, 다시 말해 탄탄한 팬덤을 구축하는 방법을 제시한다.

팬덤이 탄탄하다는 것은 어떠한 이유로 나를 좋아하는 고객이 많다는 것이며, 다양한 여러 제안을 통해 좋은 성과를 낼 기회를 가질 수 있다는 것이다.

어느 때보다 불안정한 국내외 정세와 경제 불안의 시대, 예측할 수 없는 환경의 재앙 위협 그리고 급격한 인구 감소로 고용 불안정 등으로 불황과 불경기가 예상되는 요즘, 이 책이 많은 이에게 희망과 위기 극복에 도움을 줄 거라 확신하며, 미용업에 함께하고 있는 모든 분에게 이 책을 적극적으로 추천한다.

마지막으로 글을 통해 미용인의 고충을 누구보다 잘 이해하고 있으며, 진심으로 그들을 위로하고 위하는 마음이 느껴지는 이 책의 저자 유현 님에게 감사를 드린다.

- 레쁘 프로페셔널 대표 최명표

헤어 & 뷰티 산업은 단순한 기술을 넘어, 감성과 관계가 어우러지는 종합 예술입니다. 미용업계에서 성공하기 위해서는 뛰어난 기술력뿐만 아니라, 고객과의 신뢰를 구축하고, 단순한 방문을 특별한 경험으로 변화시키는 능력이 필수적입니다.

「팬덤디자인」은 미용 산업뿐만 아니라, 모든 서비스업에 종사하는 사람들이 반드시 읽어야 할 책입니다. 이 책은 단순한 고객 관리의 개념을 넘어, '팬덤'을 형성하는 구체적인 전략을 제시합니다. 고객을 단순히 한 번 방문하는 손님으로 보는 것이 아니라, 지속적으로 브랜드를 지지하는 팬으로 만들어가는 과정은, 오늘날 치열한 경쟁 속에서 차별화된 성공을 이루기 위한 핵심입니다.

데미코리아 역시, 단순히 제품을 공급하는 기업이 아니라, '브랜드 팬덤'을 구축하는 것을 목표로 해왔습니다. 제품의 품질뿐만 아니라, 그것을 사용하는 전문가들과의 신뢰 관계가 브랜드의 가치를 결정짓는다고 믿기 때문입니다.

저자는 미용업계를 포함한 다양한 산업에서 '관계를 예술로 만들고, 고객을 팬으로 디자인하는' 비법을 심도 있게 풀어냈습니다. 이 책을 통해, 고객과의 관계를 어떻게 혁신적으로 설계해야 하는지 배울 수 있을 것입니다.

"브랜드는 기억을 남기는 것이다. 기억이 깊어질수록 팬이 된다."
「팬덤디자인」이 많은 사람에게 새로운 성공의 길을 열어주길 바랍니다.

- 데미코리아 대표 반경일

뷰티 산업은 빠르게 변화하며 트렌드와 소비자 요구에 민감하게 반응해야 하는 분야입니다. 이러한 산업에서 성공적인 경영과 지속 가능한 성장을 이루기 위해서는 단순한 기술뿐 아니라 전략적 경영 마인드와 노하우가 필수적입니다.

　이 책 「팬덤디자인」, '관계를 예술로, 고객을 팬으로 디자인하다'는 뷰티산업의 브랜드와 이를 따르는 팬덤(Fandom)에 대한 현장 경험과 학문적 통찰이 절묘하게 조화를 이루는 소중한 지침서입니다. 저자는 오랜 기간 뷰티 업계에 몸담으며 쌓아온 경험과 성공 사례를 바탕으로 실질적인 경영 노하우와 컨설팅 전략을 명확하고 체계적으로 제시합니다.

　2020년 팬데믹과 경기 불황 상황에서도 팬덤과의 상호작용이 치열한 뷰티 산업 경쟁에서 어떻게 우위에 설 수 있음을 알려줍니다. 디자이너와 팬덤과의 정서적 교감을 구축함으로써 어떻게 성공적인 경영으로 나아갈 수 있는지, 다양한 규모의 사업체에서 적용 가능한 실질적인 조언을 담고 있어서 모든 독자에게 유용한 가이드가 될 것입니다.

　더 나은 뷰티 산업의 미래를 준비하는 여러분께 이 책을 꼭 추천해드립니다.

- 세이루코스메틱 대표 최석영

　법과 질서는 사회를 유지하는 근본적인 축이며, 신뢰는 그 질서를 더욱 견고하게 만드는 기초입니다. 신뢰가 구축된 조직과 사회는 단순한 계약 관계를 넘어, 깊이 있는 유대와 충성도를 형성하며 지속적인 발전을 이룹니다. 이러한 신뢰의 구축과 팬덤의 형성은 단순히 법률적 관계를 넘어, 인간 본연의 감성과 공감을 기반으로 만들어지는 것입니다.

「팬덤디자인」은 바로 이 신뢰와 관계의 본질을 파고들며, 어떻게 한 사람이 단순한 고객에서 열렬한 팬으로 변화하는지를 분석한 책입니다. 저자는 단순한 비즈니스 모델을 넘어, 진정한 관계의 힘을 조명하고, 이를 실질적인 경영 전략으로 승화시키는 법을 제시합니다.

법조계에서도 신뢰는 필수적입니다. 판결이 단순한 규정의 적용을 넘어, 국민에게 정의와 공정함을 느끼게 하는 순간, 사법 시스템은 더욱 강력한 신뢰를 얻게 됩니다. 마찬가지로, 기업과 브랜드가 단순한 서비스 제공자를 넘어 고객과 감정적으로 연결될 때, 강력한 팬덤이 형성됩니다.

이 책은 단순한 고객 확보 전략을 넘어, '사람을 움직이는 힘'을 설계하는 방법을 알려줍니다. 독자 여러분이 이 책을 통해 단순한 거래 관계를 넘어, 지속 가능하고 충성도 높은 팬덤을 구축하는 방법을 배우길 바랍니다.

"사람의 마음을 얻는 것이 가장 강력한 법이자 전략이다."

팬덤디자인을 통해, 여러분의 브랜드와 조직이 더 깊은 신뢰와 지지를 얻길 기대합니다.

― 광주지법 해남지원 형사1부 지원장 박현수

"진정한 미용은 관계를 디자인하는 일입니다."

미용은 단순히 외적인 아름다움을 가꾸는 일이 아닙니다. 사람의 마음을 이해하고, 그들의 기대와 감정을 충족시키는 관계의 예술입니다. 그렇기에 고객과의 관계는 미용 전문가가 반드시 갖춰야 할 가장 중요한 경쟁력 중 하나입니다.

「팬덤디자인」은 미용인을 넘어 모든 서비스 산업에 종사하는 이들이 반드시 읽어야 할 관계 경영의 교과서입니다. 저자는 이 책을 통해 고객과의 신뢰를 어떻게 팬덤으로 발전시키는지, 그리고 관계를 통해 어떻게 비즈니스를 성장시킬 수 있는지를 탁월한 통찰과 현장의 사례로 설명합니다.

저는 수업에서 학생들에게 늘 "기술만큼 중요한 것은 고객과의 소통"이라고 강조합니다. 이 책을 통해 학생들과 미용 전문가들이 관계의 힘을 깨닫고, 고객의 팬을 만들고, 그 팬을 행복하게 하는 미용 전문가로 성장하길 바랍니다.

「팬덤디자인」은 우리 모두에게 진정한 소통과 공감을 기반으로 한 아름다운 관계의 가치를 다시금 깨닫게 해줍니다. 미용계에 새로운 변화와 혁신의 바람을 불러일으킬 이 책을 진심으로 추천합니다.

- 원광보건대 미용피부화장품학과 교수 유현주

대한민국 팬덤의 신드롬

유현 부사장님 두 번째 책 출간 진심으로 축하드립니다.

지금 시대 일에 중요한 팬덤을 알기 쉽게 나열해 주어 자신만의 시그니처를 개발하는데 딱 맞는 책입니다

즐거움과 모두가 바라는 생각을 전파하는 슈퍼아이콘 유현 부사장님의 두 번째 책 가슴으로 눈으로 전해집니다.

새로운 꿈 기존 생각을 열어가고 싶다면 지금 이 책 한 권으로

자신이 상상하는 2025년을 열어가시는 데 큰 도움이 될 겁니다
- BM모리스대표 박민 드림

「팬덤디자인」은 관계를 예술로, 고객을 팬으로 만드는 의미 가득 담긴 전략의 만남입니다.

미용실의 이상한 고객들!

분명 '고객은 왕'이라고 배웠는데 그런 '왕'이 미용실에 오면 요금 지불은 물론 고맙다고 진심 어린 인사하고 요금 이상의 선물, 혹은 전 직원의 간식거리를 푸짐하게 주문해 주며 고마움을 표시하는 곳!

이런 이상한 고객들을 흔하게 만날 수 있는 곳이 미용실이며, 고객과 헤어디자이너와의 관계가 서비스 소비자와 공급자 이상으로 깊은 수준의 관계임을 짐작할 수 있는 대목입니다.

미국 뉴욕의 헤어디자이너를 대상으로 연구한 보고서 "Hairdressers As Caregivers. I."에 따르면 일주일에 55명의 고객을 만나는 헤어디자이너의 고객과 대화시간은 평균 25분이며, 이 중 30~40%는 고객의 사적인 내용이라고 하였습니다. 특히 대화 내용의 대부분은 고객 자신의 자식이나 건강에 관한 내용이며 이로 인한 스트레스 및 분노에 관한 것이라고 하였습니다. 이때 헤어디자이너는 고객에게 공감을 표시하거나 경청한다고 하였습니다.

이 연구를 통해 알 수 있는 것은 고객은 헤어디자이너를 그저 머리를 맡기는 수단의 대상이 아닌 신뢰할 수 있는 대상으로 생

각하고 있다는 사실입니다. 이는 고객에게 있어 사회적 관계의 중심이 될 수 있는 대상이라는 의미이기도 합니다.

　그들은 바로 팬덤!

　저자는 이를 "팬덤"이라고 규정하였습니다. 이러한 팬덤을 가지고 있는 헤어디자이너가 소속되어 있는 미용실은 더 이상 미용 서비스를 받기 위한 곳이라고만 할 수는 없습니다. 그 공간은 고객에게는 따뜻하고 신뢰할 수 있는 사회적 관계의 공간이 되는 곳입니다.

　저자는 현장에서 경험한 팬덤의 힘을 통해 고객이 브랜드의 마케팅 대사로 변신하는 과정을 다양한 사례와 함께 제시하며 고객과의 관계가 어떻게 비즈니스의 성공을 끌어낼 수 있는지를「팬덤디자인」에서 명쾌하게 설명하였습니다.

　이러한 관점에서「팬덤디자인」은 팬덤을 기반으로 사회적 관계를 형성하고 유지하기 위해 노력하는 헤어디자이너와 미용경영자들은 물론 대인서비스업에 종사하는 모든 분에게 깊은 영감과 전략적 사고를 제시할 수 있을 것이라는 확신을 합니다.

　「팬덤디자인」을 통해 많은 미용인이 팬덤의 진정한 의미를 깨닫고, 고객과의 관계를 한층 더 발전시킬 할 기회를 얻게 될 것으로 생각하며 팬덤의 힘을 이해하고 활용하고자 하는 모든 분에게 이 책을 강력하게 추천합니다.

- 미용사회 도제센터장, 뷰티산업연구소장 송영우

　「팬덤디자인」은 관계를 예술로, 고객을 팬으로 만드는 의미

가득 담긴 전략의 만남입니다.

저자인 스마일리스트 유현 작가는 단순한 고객 관리에서 벗어나, 팬덤의 개념을 비즈니스에 접목해, 단순 고객의 마음을 움직여 진정한 관계를 구축하여 충성 브랜드의 팬이 되고, 그 팬이 자연스러운 홍보대사가 되는 과정을 감동적이고 설득력 있게 풀어 실질적이고 감동적인 사례들을 생생하게 소개합니다.

"팬은 브랜드의 가장 강력한 스토리텔러"라는 메시지처럼, 이 책은 고객과의 관계를 예술로 승화시키고자 하는 모든 이에게 특별한 영감을 줄 것입니다.

이제는 고객의 마음을 움직이고 그들을 팬으로 만드는 팬덤 전략이 필요한 모든 브랜드에 강력히 추천합니다.

- 선린대학교 뷰티디자인과 교수 정년구

이 책을 먼저 읽고 유현 작가의 경험을 보며 느꼈던 것은 팬덤은 이제 단순한 고객 관리의 영역을 넘어, 브랜드의 생존과 성장을 좌우하는 강력한 전략이라고 느꼈습니다.

유현 작가의 「팬덤디자인」, '관계를 예술로, 고객을 팬으로 디자인하다'라는 관계의 본질을 꿰뚫어 보며, 팬덤이 어떻게 위기를 기회로 바꾸고 브랜드를 진정한 문화로 승화시키는지를 생생히 담아냈습니다.

이 책은 단순한 이론서가 아닙니다.

유현 작가의 경험을 바탕으로 매우 현실적인 사례와 깊은 통찰을 통해, 불황 속에서도 고객의 마음을 움직이고 팬으로 변화시키는 방법을 제시해줍니다.

　마케팅, 브랜딩, 창업을 준비하는 모든 리더와 전문가뿐만 아니라, 자신만의 가치를 브랜드로 만들고자 하는 개인들에게도 큰 영감을 줄 것입니다.

　팬덤을 통해 단순한 브랜드를 넘어 사람들의 삶 속에 깊이 스며드는 문화를 만들고자 하는 모든 분에게 이 책을 강력히 추천합니다.

　이 책은 고객이 아닌 팬을 만들고 싶은 분들에게 최고의 가이드가 될 것이라 믿습니다.

- 종합광고대행사 웨이블(wayble) 대표이사 윤서준

　불확실하고 장기화한 경기침체 속에서 앞으로 미용계와 미용인들이 나가야 할 방향성(가이드라인)을 정확하게 제시해주시는 스마일리스트님의 두 번째 서적!「팬덤디자인」 발간을 그 누구보다도 진심으로 축하드립니다.

　단순히 기술과 상품. 판매가 아닌 특별 대우로 고객의 우월감을 주는 동시에 고객을 팬으로 만드는 비결과 고객의 감성까지 사로잡는 디자이너야말로 충성 고객으로부터 존경과 사랑받는 비결이라고 생각합니다. 팬덤디자이너가 되기 위한 최고의 길잡이가 될수 있는 서적이라 말씀을 드릴 수가 있습니다.

　다시 한번「팬덤디자인」 발간을 진심으로 축하드리며 많은 미용인에게 사랑받는 최고의 서적이 될 것입니다.

　스마일리스트 유현님 화이팅!

- (주)엘로이 대표 김건수

환자의 건강을 책임지는 정형외과 의사로서, 저는 항상 신뢰와 관계의 중요성을 강조합니다. 「팬덤디자인」은 단순한 서비스가 아닌, 사람의 마음을 움직이는 관계의 기술을 다룬 책입니다. 고객과 환자, 브랜드와 팬의 관계를 깊이 있게 이해하고 싶은 모든 분께 이 책을 강력히 추천합니다.

- 송도연세병원 정형외과 대표원장 김기학

"가장자리에서는 중심에서 볼 수 없는 모든 것을 볼 수 있다."
"꿈에도 생각 못 한, 큰 것들을, 가장자리에서 선 사람들이 맨 처음 발견한다."라는 말이 있습니다.

누구나 중심에서 주목을 받고 싶어 하는 마음이 크지만, 이 책의 저자인 아이디헤어의 유현 부사장님은 브랜드의 중심보다는 그 중심의 중요한 부분을 찾기 위해 가장 누구도 원치 않고 피하는 가장자리에서 그 처음을 발견하고자 하는 그런 분입니다.

유행에 예민함보다 기본을 중시하며 사람과의 관계를 잘 디자인하며 팬덤을 만드는… 남녀노소, 선후배, 직위가 높든 낮든 사람과 사람 사이에는 늘 존중하는 마음과 존경하는 마음을 알려주는 그런 멋지신 분입니다.

이번에 책도 이런 따뜻한 인간력에서 비롯해서 나온 책이라고 생각하기에 너무너무 기대되는 마음입니다.

분명코 브랜드와 개인들 모두에게 함께 성공할 수 있는 진정한 본질과 기본 그리고 통찰을 주는 책이라 확신하고 믿어 의심치 않습니다.

성공을 꿈꾸고 통찰력 높이고 본질을 깨닫고 진정한 가치의 힘을 키우고 싶은 모두에게 이 책을 권합니다.

- 아이디헤어 교육총괄이사 안정준

평생 수많은 브랜드와 함께하며 깨달은 단 하나의 진리가 있다면, 혼이 담긴 브랜드만이 진정한 성공을 이룰 수 있다는 사실입니다. 혼이 담긴 브랜드는 진정성을 바탕으로 파트너, 협력업체, 소비자와 깊이 소통하며, 함께 호흡하는 팬덤을 만들어냅니다. 그 팬덤은 단순한 지지가 아니라 브랜드와 함께 추억을 쌓아가며 관계를 이어가는 진정한 동반자들입니다.

오늘날 브랜드에게 필요한 것은 유행에 휩쓸려 일시적으로 몰려드는 인스턴트 팬이 아닙니다. 진심과 신뢰, 그리고 사랑으로 함께하는 작지만 강한 팬덤이야말로 브랜드를 성장시키고 지속 가능하게 만드는 원동력입니다. 이 시대에 진심을 다해 블랜딩한다면, 더 많은 소울메이트 같은 팬덤이 그 진정성에 답하며 브랜드와 함께 나아갈 것입니다.

이 책에서 유현 작가는 단순히 브랜드의 팬덤을 넘어서, 개인이 자신의 팬덤을 만들고 진정한 관계를 형성하는 방법을 보여줍니다. 개인의 진정성과 진심이 얼마나 강력한 힘을 발휘할 수 있는지, 그 신뢰와 사랑이 어떤 변화를 만들어내는지 구체적이고 생생한 사례로 전하고 있습니다.

이 책은 브랜드와 개인 모두에게 진정한 성공의 본질이 무엇인지를 깨닫게 해주는 소중한 길잡이가 될 것입니다. 이 책을 통해 더 많은 사람이 팬덤의 진정한 가치와 힘을 발견하길 바랍니다.
감사합니다.

- SOULSIGHT AP 대표이사 류 훈

출간을 축하드립니다!
같은 미용업계에서 오랫동안 유현 부사장님이 걸어온 길을 지켜봐 왔습니다. 미용실을 찾아주신 고객에게 감동을 선사하며 현장에서 만들어 낸 가치를 브랜딩으로 쌓아가는 모습을 지켜보며 저 역시 언제나 경영을 위한 많은 힌트를 얻을 수 있었습니다.
스타에게 있어 가장 중요한 것이 팬인 것처럼, 미용사에게 있어서도 가장 중요한 존재는 고객입니다. 미용실만큼 팬덤 전략이 필수적이며 효과적인 곳이 또 있을까요. 이 책은 미용업계 종사자분들뿐만이 아니라 고객 창출, 그리고 고객과의 관계 형성으로 고민하는 모든 사람에게 현장 전문가가 들려주는 가장 적합한 전략서가 될 것입니다.

- 주)밀본코리아 김재욱 대표

믿고 읽는 스마일리스트 유현 님의 또 다른 명작!
요즘처럼 연속되는 불황 속에서도 기회를 얻고자 한다면 반드시 읽어야 하는 필독서!
정치든 사업이든 분야를 막론하고 이 시대에 가장 열망되는 단어 〈팬덤〉. K-pop만 팬덤이 필요한 것이 아니다. 요즘은 정치인들도 팬덤이 있어야 선거에서 승리하고 기업들도 충성스러운 팬덤층이 있어야 수익창출에 성공한다. 분야와 업종의 경계를 넘어 성공을 갈망하는 업장에 저자는 명령한다. 단순 고객을 "브랜드를 사랑하고 지지하는 팬"으로 만들라고!

그렇다면 도대체 어떻게 단순 고객을 열렬한 팬으로 전환시킬 것인가? 페인 포인트들을 유머러스하고 디테일하게 강점으로 바꾸는 방법들, 고객에 대한 직원의 예술적인 피드백들, 고객과 특별하고 단단한 관계를 형성하는 비법들 등등 저자는 "관계를 디자인하는 창의성"이란 키워드로 섬세하게 터치해 나간다.

중요성의 무게로 치면 1000톤쯤 되는 화두를 어쩜 이리도 재치 넘치게 풀어내는지~ 〈팬덤디자인〉은 이 시대 성공의 황금열쇠다!

- 이지베스트학원 박은아 대표

한자능력검정시험대비
초등학생·중학생을 위한

新 한자 千字 사전

|이관배 · 임동욱 · 홍진용|

(주)교학사

머리말

요즈음 한자의 조기 학습이 크게 성행하고 있는 추세입니다. 학교에서도 가정에서도 학원에서도 초등학교 저학년부터 한자 학습에 열중입니다. 우리말과 글을 더욱 바르고 아름답게 쓰기 위해서는 한자를 알고 있어야 하는데 이는, 우리말의 근원이 한자에서 온 것이 많기 때문에 한자를 모르고는 학술 용어는 물론 일상의 생활 용어를 바르게 이해하기 어렵기 때문입니다.

책을 읽을 때나 글을 쓸 때도 한자를 아울러 쓰면 그 뜻을 정확히 표현할 수 있고 함축하여 간단히 표현할 수 있어 매우 편리합니다. 읽는 사람도 한자가 지닌 특성 때문에 단어를 보는 순간 그 의미를 얼른 이해하게 됩니다.

이러한 한자의 장점 때문에 우리가 오랜 옛적부터 한자를 익혀 사용하고 있는 것입니다. 그러나 한자는 그 수요가 많아 충분히 부려 쓸 만큼 익히려면 시간도 많이 걸리고 힘도 듭니다.

"배우기 힘들지만 우리의 언어생활에서 꼭 필요한 한자"

이런 한자를 쉽게 이해하고 재미있게 배울 수 있도록 이 책을 펴냅니다. 한자를 처음 익히는 초보자들에게 무턱대고 읽고 쓰게 하여 암기하게 할 수는 없습니다. 흥미 없는 학습은 오래 지속하기 어렵고 곧 실증을 느끼게 됩니다.

이 책은 기초 한자 1,000자(8급~4급)를 부수별로 모아서 부수가 지닌 의미와 각 글자들이 만들어진 유래를 설명하여 쉽게 이해하고 오래 기억할 수 있게 엮었습니다. 또한 각 글자가 활용되는 단어를 다양하게 실어 풀이 하고 있으므로 그 한자를 깊이 있게 이해할 수 있도록 노력하였습니다.

한자를 익히는데 있어 우선 부수를 이해하고 기본 한자의 유래를 알게 되면 한자 공부에 큰 재미를 느끼게 될 것이란 확신을 가지고 이 책을 펴냅니다. 항상 곁에 두고 익히고 참고하여 장래 학업과 언어생활에 큰 도움이 되기를 기대합니다.

끝으로 한자 학습을 위해 이 책을 만들어 주신 (주)교학사 양철우 사장님과 편집 관계자 여러분께 감사드립니다.

저자 일동

이 책의 구성

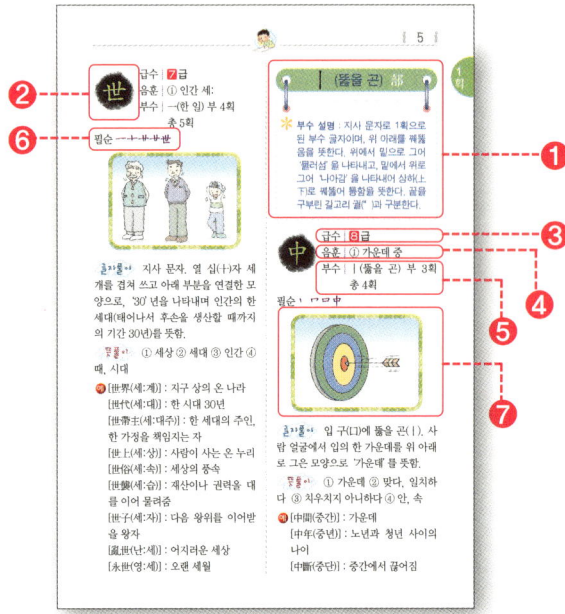

❶ **부수 설명** : 부수의 의미나 유래를 밝혔습니다.

❷ **표제자** : 한국어문회가 지정한 급수별 한자 1,000자를 부수별로 모아 획수 순으로 실었습니다(8급에서 4급까지 해당되는 한자들입니다).

❸ **급수** : 해당 한자의 급수를 표시하였습니다.

❹ **音訓(음훈) 및 長音(장음)** : 대표 음훈을 나타냅니다. 경우에 따라서는 병용되는 또 다른 음훈을 함께 실었습니다. 첫 음절에서 길게 소리 나는 한자의 음에는 ":" 표를 하였고 첫 음절에서 길게도 소리 나고 경우에 따라서는 짧게도 소리 나는 음에는 괄호를 넣어 "(:)" 로 표시하였습니다.

❺ **部首(부수)** : 글자가 소속된 부수를 나타내며 총 획수도 밝혔습니다.

❻ **필순** : 한자의 필순에는 여러 가지 원칙이 있고 저마다 서로 다른 소개가 있지만, 이 책에서는 한국어문회가 권장하는 필순으로 나타냈습니다. 필순의 기본 원칙은 이 책의 11쪽 '한자의 필순' 을 참고하기 바랍니다.

❼ **그림 풀이** : 한자의 의미와 뜻을 이해하기 쉽게 그림으로 표현하였습니다.

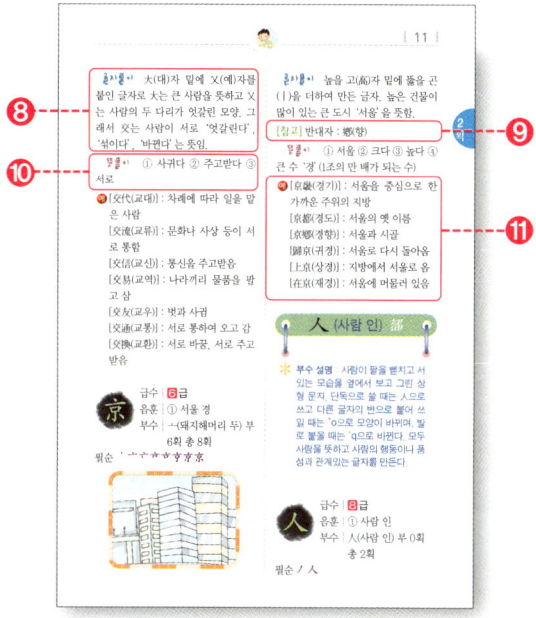

❽ 글자 풀이 : 글자가 만들어진 유래를 밝혔습니다. 한자의 뜻을 알고 기억하는데 큰 도움이 됩니다. 유래를 기억함으로써 그 한자를 잊지 않고 살려 쓰는 데 큰 도움이 될 것입니다.

❾ 참고 : 약자, 상대어, 동의어 등을 소개하였습니다.

❿ 뜻 풀이 : 그 글자가 지닌 다양한 뜻들을 밝혔습니다.

⓫ 활용 예 : 표제자의 쓰임을 폭 넓게 소개했습니다. 단어의 풀이에 목적을 두지 않고 한자의 활용에 목적을 두고 소개한 단어들입니다. 그 단어를 통해서 그 한자의 뜻을 폭 넓게 이해할 수 있을 것입니다.

※ 본 사전은 표제자 1,000자에 대하여 설명하고 있으므로 본문에서 소개되지 않은 부수의 이름과 획수는 표지의 부수 목록을 참고하기 바랍니다.

※ 기초 한자 1,000자를 쓰면서 익히고자 할 때는 (주)교학사에서 펴낸 '한자능력검정시험' 급수별 책자를 이용하면 도움이 될 것입니다.

I. 한자(漢子)가 만들어진 여섯 가지 원칙 '六書(육서)'

漢字(한자)는 물건이나 일의 모양을 본떠서 만든 글자이기 때문에 보는 순간 그 글자의 뜻을 얼른 알 수 있는 장점이 있습니다.

예를 들어, 木(목)자를 쳐다보면 '나무'가 생각나고, 山(산) 자를 쳐다보면 '산'이 생각납니다. 孝(효)자를 보면 '늙은이(老)를 잘 섬기는 아들(子)' 즉 '효도'가 생각나지요. 한자는 이렇게 뜻을 쉽게 전달하는 좋은 점이 있지만 그 글자의 수효가 너무 많아서 모두 익히기에 힘들다는 단점도 있습니다.

글자가 너무 많아서 배우기 힘든 漢字(한자). 그렇지만 꼭 알아 두어야 할 漢字(한자). 이러한 한자들을 쉽게 익히기 위해서는 한자가 만들어진 원칙과 유래를 알아두면 좋습니다.

한자가 만들어진 여섯 가지 원칙을 '六書(육서)'라고 합니다.

① 상형문자

물체의 형상을 본떠서 만든 상형문자(象形文字)

한자를 만든 원리 중 가장 기본이 되는 원리입니다. 사물의 모양을 본떠 만든 글자로서 상형문자(象形文字)라고 합니다.

① **山** 산봉우리 모양을 본떠서 만든 글자로 '산'으로 읽고 '뫼'를 뜻합니다.

② **口** 사람의 입 모양을 본떠서 만든 글자로 '구'라고 읽고 '입'을 뜻합니다.

③ **川** 냇물이 흐르는 모양의 글자로 '천'이라 읽고 '시내'를 뜻합니다.

④ **門** 열고 닫는 문 모양의 글자로 '문'이라고 읽고 '문'을 뜻합니다.

⑤ **火** 나무가 탈 때의 불꽃 모양의 글자로 '화'로 읽고 '불'을 뜻합니다.

❷ 지사문자

점이나 선 또는 부호를 써서 뜻을 나타낸 지사문자(指事文字)

모양이 없는 것은 점이나 선 또는 부호를 써서 뜻을 나타내는 글자를 만들었습니다. 이렇게 만든 글자를 지사문자(指事文字)라고 합니다.

① 一, 二, 三   수를 나타내는 숫자로서 그 수만큼 선을 그어 나타냈습니다.

② 上   선을 긋고(一) 그 위에 점을 찍어 '위' 를 나타낸 '위 상' 자 입니다.

③ 下   선을 긋고(一) 그 아래에 점을 찍어 '아래' 를 나타낸 '아래 하' 자 입니다.

❸ 회의문자

이미 만들어진 두 글자를 결합하여 새로 만든 회의문자 (會意文字)

상형의 원리나 지사의 원리로 만든 두 글자를 결합하여 새로운 뜻의 글자를 만듭니다. 이렇게 만든 글자를 회의문자(會意文字)라 합니다.

① 날 일 日 + 달 월 月 = 밝다는 뜻의 밝을 명 明

② 사람 인 人 + 나무 목 木 = 나무 그늘에서 쉰다는 쉴 휴 休

③ 물 수 水 + 밭 전 田 = 물이 채워진 밭이라는 논 답 畓

④ 손 수 手 + 눈 목 目 = 손을 눈 위에 대고 본다는 볼 간 看

❹ 형성문자

두 개의 글자를 모아서 뜻과 음을 각각 나타나게 만든 형성문자(形聲文字)

이미 만들어진 두 개의 한자를 결합하여 새 글자를 만드는데, 한쪽에서는 뜻을 다른 쪽에서는 음을 따서 만든 글자입니다. 이렇게 만든 글자가 형성문자(形聲文字)입니다.

① 입으로 물어본다는 물을 문(問)자는 門(문 문)에서 음을, 口(입 구)에서 뜻을 따서 만들었습니다.

> 예 門 문 문 (음 부분) + 口 입 구 (뜻 부분) = 問 물을 문

② 받아 적는다는 기록할 기(記)자는 己(몸 기)에서 음을, 言(말씀 언)에서 뜻을 따서 만들었습니다.

> 예 己 몸 기 (음 부분) + 言 말씀 언 (뜻 부분) = 記 기록할 기

③ 열심히 노력하여 공을 세웠다는 공 공(功)자는 工(장인 공)에서 음을, 力(힘 력)에서 뜻을 따서 만들었습니다.

> 예 工 장인 공 (음 부분) + 力 힘 력 (뜻 부분) = 功 공 공

④ 흙을 쌓아 만든 성을 뜻하는 성 성(城)자는 成(이룰 성)에서 음을, 土(흙 토)에서 뜻을 따서 만들었습니다.

> 예 成 이룰 성 (음 부분) + 土 흙 토 (뜻 부분) = 城 성 성

⑤ 전주문자

처음 만들었을 때와는 전혀 다른 뜻과 음으로도 쓰고 있는 전주문자(轉注文字)

이미 만들어진 글자를 그대로 쓰되 처음 만들 당시의 음이나 뜻과는 달리 새로운 뜻이나 음으로도 쓰이는 글자를 전주문자(轉注文字)라고 합니다. 이때 처음의 뜻이 확대되어 바뀌기도 하고 전혀 다른 뜻으로 변하기도 합니다.

① 악할 악(惡)이 '미워할 오(惡)' 로도 쓰입니다.
② 풍류 악(樂)이 '즐길 락(樂)', '좋아할 요(樂)' 로도 쓰입니다.
③ 고칠 경(更)이 '다시 갱(更)' 으로도 쓰입니다.
④ 말씀 설(說)이 '기쁠 열(說)' 과 '달랠 세(說)' 로도 쓰입니다.
⑤ 내릴 강(降)이 '항복할 항(降)' 으로도 쓰입니다.

⑥ 가차문자

한자의 소리만 빌어다 활용하는 가차문자(假借文字)

한자는 본디 뜻을 나타내는 글자이지만 그 뜻과는 상관없이 음만 빌어다 쓰는 경우가 있습니다. 외래어를 표기하기 위해 주로 쓰이는데, 이렇게 음만 빌어다 쓰는 글자를 가차문자(假借文字)라고 합니다.

예 亞細亞(아세아) = Asia(아세아)

예 伊太利(이태리) = Itallia(이탈리아)

예 佛蘭西(불란서) = France(프랑스)

한자의 획과 필순

한자의 획이란 한자를 구성하는 점과 선을 말합니다. 이 점과 선이 겹치고 모여서 글자가 됩니다. 또 획수라 함은 한자를 쓰기 위해 붓을 종이에 대었다 떼는 횟수를 말합니다. 한자를 쓸 때 어떤 순서(필순)로 몇 차례에 걸쳐 쓰는가(획수) 하는 것은 매우 중요합니다. 따라서 필순과 획수를 바로 알고 써야 합니다.

획

획에는 점으로 된 획과 선으로 된 획이 있고, 선으로 된 획은 직선의 획과 곡선의 획이 있습니다.

획수

획수는 하나의 글자를 쓸 때 붓을 종이에 대었다 떼는 횟수를 말합니다.
① 한 일(一)자와 새 을(乙)자는 한 획으로 씁니다.
② 사람 인(人)자와 칼 도(刀)자는 두 획으로 씁니다.
③ 입 구(口), 아들 자(子), 계집 녀(女), 활 궁(弓)자는 모두 3획으로 씁니다.
④ 나무 목(木), 물 수(水), 가운데 중(中)자는 4획으로 씁니다.
⑤ 말 마(馬)와 섬 도(島)는 10획, 새 조(鳥)는 11획, 길 도(道)는 13획, 베낄 사(寫)는 15획, 나라이름 한(韓)은 17획 모두 주의해야 할 글자들 입니다
⑥ 있을 유(有)자는 삐침을 먼저 씁니다.
⑦ 왼 좌(左)자는 가로획을 먼저 씁니다.
⑧ 날 출(出)자는 5획으로 써야 합니다.
⑨ 풀 초(艹) 머리는 4획으로 쓰며 가로, 세로, 가로, 세로의 순()으로 쓰기를 한국어문회에서는 권장하고 있습니다. (보통은 세로, 가로, 가로, 세로의 순이지만 어문회에서는 기본원칙(가로 획을 먼저 쓰고 세로 획을 나중에 씀)에 충실하기 위하여 이렇게 쓰고 있습니다.)

필순

필순이란 여러 획으로 구성된 하나의 글자를 쓸 때 어느 획부터 시작하여 어느 획을 마지막으로 써서 글자를 구성하는가 하는 글자 쓰는 순서를 말 합니다.
필순의 대원칙은 다음과 같습니다.

① 가로 획을 먼저 쓰고 세로 획을 나중에 씁니다.

예
열 십(十)   필순 : 一十
나무 목(木) 필순 : 一十才木

② 위에서 아래로 써 내려갑니다.

예
석 삼(三)   필순 : 一 二 三

③ 왼쪽에서 오른쪽으로 써 갑니다.

예
내 천(川)   필순 : 丿 刂 川
문 문(門)   필순 : 丨 丨 冂 冂 門 門 門 門

④ 한 가운데를 먼저 쓰고 좌우 양쪽은 나중에 씁니다.

예
작을 소(小) 필순 : 亅 小 小
뫼 산(山)   필순 : 丨 屮 山
풍류 악(樂) 필순 : ′ ´ ⺊ ⺊ 自 伯 緇 緇 緲 緲 樂 樂 樂

⑤ 글자 전체를 꿰뚫는 세로획은 맨 나중에 씁니다.

예
가운데 중(中) 필순 : 丨 冂 口 中
수레 거(車) 필순 : 一 厂 币 币 百 亘 車

⑥ 둘러싸는 몸이 있는 글자는 몸을 먼저 씁니다. 그러나 몸의 마지막 문은 안을 다 쓴 다음에 닫습니다.

예

한가지 동(同)	필순 : 丨 冂 冂 冋 同 同
돌 회(回)	필순 : 丨 冂 冂 冋 回 回
나라 국(國)	필순 : 丨 冂 冂 冋 冋 冋 國 國 國 國

⑦ 오른쪽 위에 찍는 점은 맨 나중에 찍습니다.

예

대신할 대(代)	필순 : 丿 亻 亻 代 代
구슬 옥(玉)	필순 : 一 二 干 王 玉
개 견(犬)	필순 : 一 ナ 大 犬
법 식(式)	필순 : 一 二 干 王 式 式

⑧ 삐침과 파임이 있는 글자는 끝이 왼쪽으로 가는 삐침을 먼저 씁니다.

예

사람 인(人)	필순 : 丿 人
글월 문(文)	필순 : 丶 亠 ナ 文
큰 대(大)	필순 : 一 ナ 大

⑨ 파임이 없고 삐침만 있는 글자에서 삐침을 먼저 쓰는 것이 있고 삐침을 나중에 쓰는 것도 있습니다.

예

삐침을 먼저 쓰는 것
| 아홉 구(九) | 필순 : 丿 九 |

삐침을 나중에 쓰는 것
| 힘 력(力) | 필순 : フ 力 |

⑩ 위아래를 꿰뚫지 않는 세로 획은 마지막으로 쓰지 않습니다.

예

주인 주(主)   필순 : `丶 亠 三 キ 主`

날 생(生)   필순 : `丿 𠂉 ⺦ 牛 生`

⑪ 받침은 먼저 쓰는 받침이 있고 나중에 쓰는 받침도 있습니다.

예

독립으로 쓰는 달릴 주(走) 받침은 받침을 먼저 씁니다.

일어날 기(起)   필순 : `一 十 土 キ キ 丰 走 起 起 起`

넘을 초(超)   필순 : `一 十 土 キ キ 丰 走 起 起 起 超 超`

독립으로 쓰지 않는 받침인 책받침(辶)과 민책받침(廴)은 받침을 나중에 씁니다.

세울 건(建)   필순 : `丁 コ ヨ ヨ 彐 聿 聿 律 建 建`

늘일 연(延)   필순 : `丿 亻 千 正 征 延 延`

조정 정(廷)   필순 : `丿 二 千 壬 壬 廷 廷`

⑫ 필순에 특히 주의해야 할 한자가 있습니다.

예

있을 유(有)   필순 : `丿 ナ 才 右 有 有`

오른 우(右)   필순 : `丿 ナ 才 右 右`

왼 좌(左)   필순 : `一 ナ 广 左 左`

날 출(出)   필순 : `丨 丄 屮 出 出`

풍류 악(樂)   필순 : `丿 亻 竹 白 自 沍 泊 泊 𣳚 樂 樂 樂 樂 樂`

말 마(馬)   필순 : `丨 厂 冂 匚 卩 馬 馬 馬 馬 馬`

Ⅲ 부수 알아두기

① 머리가 되는 부수 (글자의 위에 얹히는 부수)

亠	돼지해머리 ⇒ 交(사귈 교)	冖	민갓머리 ⇒ 冠(벼슬 관)
宀	갓머리 ⇒ 家(집 가)	艹	풀 초 머리 ⇒ 花(꽃 화)
竹	대 죽 머리 ⇒ 答(대답 답)	雨	비 우 머리 ⇒ 電(번개 전)
爪	손톱 조 머리 ⇒ 爭(다툴 쟁)	罒	그물 망 머리 ⇒ 罪(허물 죄)

② 변이 되는 부수 (글자의 왼쪽에 위치하는 부수)

亻	사람 인 변 ⇒ 休(쉴 휴)	冫	얼음 빙 변 ⇒ 冷(찰 냉)
彳	중 인 변 ⇒ 待(기다릴 대)	禾	벼 화 변 ⇒ 秋(가을 추)
木	나무 목 변 ⇒ 校(학교 교)	言	말씀 언 변 ⇒ 計(셀 계)
糸	실 사 변 ⇒ 約(맺을 약)	氵	삼 수 변 ⇒ 江(강 강)
火	불 화 변 ⇒ 煇(빛날 휘)	忄	심 방 변 ⇒ 性(성품 성)
扌	재 방 변 ⇒ 技(재주 기)	月	달 월 변 ⇒ 朋(벗 붕)
女	계집 녀 변 ⇒ 好(좋을 호)	示	보일 시 변 ⇒ 社(모일 사)

③ **방이 되는 부수 (부수가 글자의 오른쪽에 위치하는 부수)**

刂	칼 도 방 ⇒ 利(도울 리)	卩	병부 절 방 ⇒ 印(도장 인)
⻏	우부 방(邑) ⇒ 郡(고을 군)	欠	하품 흠 방 ⇒ 歌(노래 가)
夂	등글월 문 방 ⇒ 改(고칠 개)	殳	갖은등글월 문 방 ⇒ 殺(죽일 살)

④ **발, 다리가 되는 부수 (부수가 글자 아래로 오는 부수)**

| 儿 | 어진사람 인 발 ⇒ 兄(맏 형) | 廾 | 스물 입 발 ⇒ 弄(희롱할 롱) |
| 灬 | 연 화 발 ⇒ 無(없을 무) | 皿 | 그릇 명 발 ⇒ 益(더할 익) |

⑤ **엄이 되는 부수 (부수가 글자의 위와 왼쪽을 감싸는 부수)**

厂	민엄호 ⇒ 原(근원 원)	广	집 엄 ⇒ 庭(뜰 정)
尸	주검 시 엄 ⇒ 居(살 거)	气	기운 기 엄 ⇒ 氣(기운 기)
虍	범 호 엄 ⇒ 虎(범 호)	耂	늙을 로 엄 ⇒ 者(놈 자)

⑥ 받침이 되는 부수 (부수가 글자의 왼쪽과 아래를 감싸는 부수)

| 辶 | 책받침 ⇒ 道(길 도) | 廴 | 민책받침 ⇒ 建(세울 건) |

走 달릴 주 받침 ⇒ 起(일어날 기)

⑦ 몸이 되는 부수 (부수가 다른 글자를 에워싸는 부수)

囗 큰입 구 몸 ⇒ 國(나라 국)   門 문 문 몸 ⇒ 間(사이 간)

凵 입벌릴 감 ⇒ 出(날 출)   匚 상자 방 ⇒ 匣(상자 갑)

匸 감출 혜 ⇒ 區(구분할 구)   鬥 싸울 투 ⇒ 鬪(싸울 투)

⑧ 제부수 (부수 그대로가 한 글자가 되는 것)

見 볼 견 부 ⇒ 見(볼 견)   車 수레 거 부 ⇒ 車(수레 거)

馬 말 마 부 ⇒ 馬(말 마)   鳥 새 조 부 ⇒ 鳥(새 조)

木 나무 목 부 ⇒ 木(나무 목)   魚 고기 어 부 ⇒ 魚(고기 어)

一 (한 일) 部

부수 설명 : 가로로 선을 하나 그어 숫자 '일(1)'을 나타내며 다른 글자와 어울려 부수의 역할을 할 때 일정한 위치를 나타내거나 땅을 나타내는 경우가 있음.

급수 | **8**급
음훈 | ① 한 일
부수 | 一(한 일) 부 0획
　　　총 1획

필순 一

글자풀이 지사(指事) 문자. 수효를 나타내는 글자로서 수효만큼 가로로 금을 그어 표시한 글자로 숫자 '1', 하나, 첫째를 뜻함.

[참고] 주요 문서에서는 숫자의 변조를 막기 위해 갖은자 壹(일)을 사용함.

뜻풀이 ① 하나 ② 첫째 ③ 맨 앞 ④ 모두, 온통

예 [一刻 (일각)] : 아주 짧은 시간. 한 시간의 4분의 1(15분)

[一舉兩得(일거양득)] : 한 가지 일로 두 가지 이득을 얻음. 一石二鳥(일석이조)

[一口二言(일구이언)] : '한 입으로 두말을 하다' 즉 말을 이랬다저랬다 바꾼다는 뜻

[一念(일념)] : 한결같은 마음

[一線(일선)] : 맨 앞 줄

[一切(일체)] : 모두 다 온통

[一片丹心(일편단심)] : 한 조각 붉은 마음, 변함없는 충성된 마음

급수 | **4**급
음훈 | ① 고무래 정
　　　② 장정 정
부수 | 一(한 일) 부 1획 총 2획

필순 一丁

글자풀이 상형(象形) 문자. 나무에 박는 '못' 모양을 본뜬 글자. 땅 속의 새싹이 힘차게 솟아오르는 모양 같다고 하여 '장정 정'이라고도 함.

[참고] '갑, 을, 병, 정' 천간에서 네 번째에 해당하므로 '넷째 천간 정'이라고도 함.

<뜻풀이> ① 넷째 천간 ② 젊은 남자 ③ 성씨 정

<예>[丁年(정년)] : 남자 나이 이십 세
[丁抹(정말)] : 나라이름 덴마크
[丁夜(정야)] : 새벽 1시에서 3시까지. 四更(사경) 丑時(축시)
[丁子(정자)] : 올챙이
[白丁(백정)] : 소, 돼지, 개 따위를 잡는 일을 업으로 삼는 사람
[壯丁(장정)] : 혈기 왕성한 남자

급수 | 8급
음훈 | ① 일곱 칠
부수 | 一(한 일) 부 1획
　　　총 2획

필순 一 七

<글자풀이> 지사(指事) 문자로 숫자 일곱(7)을 나타내는 글자. 가로 획 한 일(一)자는 땅을 뜻하고 세로 획은 땅을 뚫고 올라오는 일곱 가지 기운을 나타낸 글자.

<뜻풀이> ① 일곱 ② 일곱 번

<예>[七去(칠거)] : 아내를 내쫓는 일곱 가지 구실

[七氣(칠기)] : 기쁨, 성남, 슬픔, 은혜, 사랑, 놀람, 두려움의 일곱 가지 마음의 감정
[七面鳥(칠면조)] : 꿩과의 새로서 얼굴 색깔이 여러 가지로 변하는 새
[七書(칠서)] : 동양의 고전 사서와 삼경을 합쳐서 이르는 말
[七夕(칠석)] : 음력 칠월 칠일의 밤
[七星(칠성)] : 북두칠성
[七旬(칠순)] : 나이 일흔 살(칠십)

급수 | 8급
음훈 | ① 석 삼 ② 거듭 삼
부수 | 一(한 일) 부 2획
　　　총 3획

필순 一 二 三

<글자풀이> 회의(會意)문자. 세 개의 가로 금을 그어 숫자 셋을 나타낸 글자.

[참고] 수의 변조를 막기 위해 갖은자 參(삼)을 주요 문서에서 씀.

<뜻풀이> ① 세 개 ② 셋 째 ③ 거듭, 여러 번

<예>[三綱(삼강)] : 임금과 신하(君臣), 부모와 자식(父子), 남편과 아내(夫

婦) 사이에 지켜야 할 올바른 도리
[三更(삼경)] : 밤 11시부터 새벽 1시 사이의 깊은 밤
[三國(삼국)] : 고구려 백제 신라의 세 나라
[三權(삼권)] : 나라 다스리는 세 가지 주요 권력. 입법, 사법, 행정
[三三五五(삼삼오오)] : 몇 사람 씩 떼 지어 다니는 모습
[三省(삼성)] : 거듭 반성함
[三族(삼족)] : 부계(친가)와 모계(외가)와 처계(처가)의 족속
[三尺童子(삼척동자)] : 키가 석자 밖에 안 되는 아주 어린아이
[三韓(삼한)] : 부족 국가 시대의 세 나라 마한, 진한, 변한
[三寒四溫(삼한사온)] : 겨울철에 3일간 춥다가 4일 동안 따뜻함이 되풀이 되는 우리 나라 기후의 특징

급수 | **7급**
음훈 | ① 위 상:
부수 | 一(한 일) 부 2획
　　　　총 3획

필순 丨 ト 上

글자풀이 　지사 문자. 한 일(一)자 위에 점을 찍어 상대적으로 어떤 위치의 위를 나타낸 글자.

[참고] 반대자 : 下(하)

뜻풀이 　① 위 ② 하늘 ③ 임금 ④ 오르다

예 [上京(상:경)] : 지방에서 서울로 올라옴
[上古(상:고)] : 아주 오랜 옛날
[上官(상:관)] : 자기보다 벼슬이나 지위가 높은 사람
[上陸(상:륙)] : 바다에서 육지로 올라옴
[上書(상:서)] : 윗사람에게 올리는 글
[上席(상:석)] : 높은 자리, 윗사람 자리
[上映(상:영)] : 영화관 같은 데서 영화를 영사하여 관람객에게 보임
[引上(인상)] : 끌어 올림. 물건 값, 요금, 봉급 등을 올림
[頂上(정상)] : 가장 꼭대기, 최상의 지도자
[進上(진:상)] : 지방에서 생산된 물품을 임금이나 상관에게 바침

급수 | **7급**
음훈 | ① 아래 하:
부수 | 一(한 일) 부 2획
　　　　총 3획

필순 一 丅 下

급수 | **7**급
음훈 | ① 아닐 불(부)
부수 | 一(한 일) 부 3획
　　　총 4획

필순 一 フ 丆 不

글자풀이 지사 문자. 한 일(一)자 아래에 점을 찍어 상대적으로 어떤 위치의 아래를 나타낸 글자.

[참고] 반대자 : 上(상)

뜻풀이 ① 아래 ② 낮은 곳 ③ 아랫사람 ④ 내리다

예 [下降(하:강)] : 아래로 내려옴
[下敎(하:교)] : 윗사람이 아랫사람에게 가르침을 줌
[下校(하:교)] : 공부를 끝내고 학교에서 집으로 돌아옴
[下剋上(하:극상)] : 계급이 낮은 사람이 예의나 규율을 무시하고 윗사람을 꺾고 오름
[下待(하:대)] : 업신여겨 소홀히 대접함, 낮은 말을 씀
[下落(하:락)] : 아래로 떨어짐
[下馬(하:마)] : 말에서 내려옴
[下命(하:명)] : 명령, 명령을 내림
[下野(하:야)] : 관직에서 물러남
[下人(하:인)] : 남의 부림을 받는 아랫사람
[下直(하:직)] : 먼 길을 떠날 때 웃어른에게 작별을 고함

글자풀이 아니 불(不)자의 위 한 일(一)자는 하늘을 뜻하고 그 아래는 새가 날아서 위로 올라가는 형상으로 새가 날아서 하늘로 올라가 내려오지 아니한다는 데서 부정을 뜻하는 글자임.

[참고] 아닐 부(不)자 다음에 'ㄷ'이나 'ㅈ'을 첫 소리로 하는 글자가 오면 '부'로 발음함.

뜻풀이 ① 아니다 ② 하지 마라

예 [不可(불가)] : 옳지 않음, 가능하지 않음
[不潔(불결)] : 깨끗하지 못함
[不敬(불경)] : 공경할 줄 모름, 예의에 어긋남
[不當(부당)] : 정당하지 못함
[不正(부정)] : 옳지 못함
[不足(부족)] : 흡족하지 못함
[不平(불평)] : 마음에 들지 않아 투덜댐

급수 | **7**급
음훈 | ① 인간 세:
부수 | 一(한 일) 부 4획
　　　총 5획

필순 一十卅卅世

글자풀이　지사 문자. 열 십(十)자 세 개를 겹쳐 쓰고 아래 부분을 연결한 모양으로, '30'년을 나타내며 인간의 한 세대(태어나서 후손을 생산할 때까지의 기간 30년)를 뜻함.

뜻풀이　① 세상 ② 세대 ③ 인간 ④ 때, 시대

예 [世界(세:계)] : 지구 상의 온 나라
　[世代(세:대)] : 한 시대 30년
　[世帶主(세:대주)] : 한 세대의 주인, 한 가정을 책임지는 자
　[世上(세:상)] : 사람이 사는 온 누리
　[世俗(세:속)] : 세상의 풍속
　[世襲(세:습)] : 재산이나 권력을 내를 이어 물려줌
　[世子(세:자)] : 다음 왕위를 이어받을 왕자
　[亂世(난:세)] : 어지러운 세상
　[永世(영:세)] : 오랜 세월

│ (뚫을 곤) 部

＊ 부수 설명 : 지사 문자로 1획으로 된 부수 글자이며, 위 아래를 꿰뚫음을 뜻한다. 위에서 밑으로 그어 '물러섬'을 나타내고, 밑에서 위로 그어 '나아감'을 나타내어 상하(上下)로 꿰뚫어 통함을 뜻한다. 끝을 구부린 갈고리 궐(亅)과 구분한다.

1획

급수 | **8**급
음훈 | ① 가운데 중
부수 | │(뚫을 곤) 부 3획
　　　총 4획

필순 丨口曰中

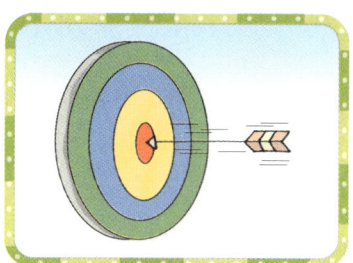

글자풀이　입 구(口)에 뚫을 곤(│). 사람 얼굴에서 입의 한 가운데를 위 아래로 그은 모양으로 '가운데'를 뜻함.

뜻풀이　① 가운데 ② 맞다, 일치하다 ③ 치우치지 아니하다 ④ 안, 속

예 [中間(중간)] : 가운데
　[中年(중년)] : 노년과 청년 사이의 나이
　[中斷(중단)] : 중간에서 끊어짐

[中毒(중독)] : 음식이나, 약물 또는 어떤 행위의 나쁜 영향에 빠져서 장애를 일으킴
[中退(중퇴)] : 하던 일을 중도에서 그만 두고 물러섬
[百發百中(백발백중)] : 백번 쏘아 백번 명중하는 놀라운 솜씨
[心中(심중)] : 마음 속
[的中(적중)] : 목표에 어김없이 들어맞음.

ヽ (점 주) 部

✱ **부수 설명** : 한 획으로 된 부수 글자임. 점을 찍어 위치를 가리키는 지사문자라는 설과 등불의 불꽃 모양을 그린 상형문자라는 두 가지 설이 있음.

급수 | **7**급
음훈 | ① 주인(임금) 주
부수 | ヽ(점 주) 부 4획
　　　총 5획

필순 ヽ ㆍ 亠 ㆍ 主

글자풀이 등잔을 올려놓거나 초를 꽂아놓는 촛대 모양을 그린 상형 문자. 등잔이나 촛대는 방의 한 가운데에 놓기 때문에 그 집안의 중심인물인 '주인'이나, 나라의 중심인물인 '임금'을 뜻함.

[참고] 반대자 : 客(객)

뜻풀이 ① 주인 ② 임자 ③ 임금 ④ 하나님

예 [主客(주객)] : 주인과 손님
　[主觀(주관)] : 자기대로의 생각
　[主動(주동)] : 어떤 일에 주장이 되어 움직임
　[主流(주류)] : 중심이 되는 흐름
　[主演(주연)] : 연극·영화 등에서 주인공으로 출연함
　[主張(주장)] : 자기 의견을 내세움
　[主體(주체)] : 주인되고 중심되는 것
　[公主(공주)] : 왕후의 몸에서 태어난 임금의 딸
　[翁主(옹주)] : 임금의 후궁에게서 태어난 딸

乙 (새 을) 部

✱ **부수 설명** : 물 위에 떠서 돌아다니는 오리 따위의 '새' 모양을 본따 그린 상형 문자로 '새'를 뜻하고, 글자 모양처럼 '구부러지다'를 나타내는 글자임.

급수 | 8급
음훈 | ① 아홉 구
② 모을 규
부수 | 乙(새 을) 부 1획 총 2획
필순 丿 九

글자풀이 숫자 아홉(9)을 나타내는 글자.

뜻풀이 ① 아홉 ② 수효가 많다 ③ 모으다

예 [九曲(구곡)] : 아홉 구비. 굽이 굽이 굴곡이 많음
[九穀(구곡)] : 아홉 가지 곡식 즉, 쌀, 보리, 콩, 팥, 조, 옥수수, 수수, 밀, 깨
[九死一生(구사일생)] : 여러 차례 위험한 고비를 넘기고 겨우 살아남
[九尺長身(구척장신)] : 아홉 자 키가 되는 큰 몸체

급수 | 4급
음훈 | ① 젖 유
부수 | 乙(새 을) 부 7획
총 8획
필순 ⺍ ⺍ ⺌ 孚 孚 乳

글자풀이 회의 문자. 爫(손톱 조), 子(아들 자), 乙(새 을)로 이루어진 글자로서 사람이나 짐승이 손으로 자식을 품에 안고 젖을 먹인다는 뜻.

뜻풀이 ① 젖 ② 젖을 먹이다

예 [乳母(유모)] : 젖을 먹여 아이를 기르는 어미
[乳兒(유아)] : 젖 먹는(갓난) 아이
[乳臭(유취)] : 어린아이 냄새가 나는
[母乳(모:유)] : 어미의 젖
[粉乳(분유)] : 우유가루
[牛乳(우유)] : 쇠(소) 젖

급수 | 4급
음훈 | ① 어지러울 란:
부수 | 乙(새 을) 부 12획
총 13획
필순 ⺈ ⺈ ⺌ 肖 肖 肖 肖 亂

글자풀이   헝클어진 실을 두 손으로 잡고 풀려는 모습을 그린 글자로 어려움을 해결하고 정리한다는 뜻이었으나 '어지럽다'는 뜻으로 사용하게 됨.

[참고] 약자 : 乱

뜻풀이   ① 어지럽다 ② 다스리다 ③ 난리 ④ 반역

예 [亂局(난:국)] : 어려운 상황
[亂刀(난:도)] : 칼로 함부로 베거나 또는 칼로 잘게 다짐
[亂動(난:동)] : 문란하게 행동하거나 또는 그런 행동
[亂民(난:민)] : 무리를 지어 나라의 안녕, 질서를 어지럽히는 백성.
[亂世(난:세)] : 세상이 어지럽고 혼란하며 매우 살아가기 어려움
[亂中(난:중)] : 전쟁이나 어떤 일로 인하여 어지러운 상황 속
[大亂(대:란)] : 큰 소란
[避亂(피:란)] : 난리를 피해 거처를 옮김

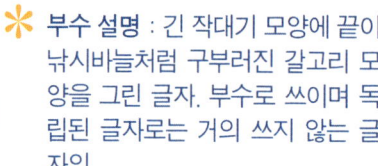
亅 (갈고리 궐) 部

✱ **부수 설명** : 긴 작대기 모양에 끝이 낚시바늘처럼 구부러진 갈고리 모양을 그린 글자. 부수로 쓰이며 독립된 글자로는 거의 쓰지 않는 글자임.

급수 | **7급**
음훈 | ① 일 사 : ② 섬길 사
부수 | 亅(갈고리 궐) 부 7획
총 8획
필순   一ㄱ亏亏亏事事事

글자풀이   열 십(十), 입 구(口), 또 우(又),가 모여서 된 글자. 나무(十) 끝에 깃발(口)을 걸어놓고 손(又)을 써서 일한다는 뜻의 글자.

[참고] 유의자 : 業(업)

뜻풀이   ① 일 ② 전념하다 ③ 정치 ④ 섬기다

예 [事件(사:건)] : 문제가 되거나 주목을 받을 만한 뜻밖의 일
[事故(사:고)] : 뜻밖의 사건, 사정 이유
[事理(사:리)] : 일의 이치
[事變(사:변)] : 보통이 아닌 큰 변고
[事由(사:유)] : 일이 일어난 까닭
[慶事(경:사)] : 매우 축하할 만한 기쁜 일
[古事(고:사)] : 옛날의 일
[凶事(흉사)] : 흉하고 언짢은 일, 사람이 죽은 일

二 (두 이) 部

✱ **부수 설명** : 지사문자(指事文字). 수효만큼 가로로 두 획을 그어 둘을 나타낸 숫자. 위의 가로 획은 '하늘'을 뜻하며 아래의 가로 획은 '땅'을 뜻하기도 함

급수 | **8급**
음훈 | ① 두 이:
부수 | 二(두 이) 부 0획
　　　　총 2획

필순 ㅡ 二

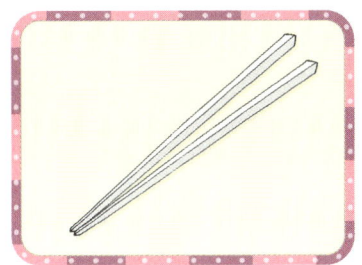

글자풀이　수를 나타내는 지사 문자로 수효만큼 가로 획을 그어 수 '둘(2)'을 나타냄. 주요 문서에서는 글자의 변조를 막기 위해 갖은자 貳(이)를 사용함.

뜻풀이　① 둘 ② 두 째 ③ 두 마음 ④ 의심하다

예 [二氣(이:기)] : 음과 양
　　[二心(이:심)] : 두 가지 마음
　　[二重(이:중)] : 두 겹
　　[二次(이:차)] : 두 차례, 두 번째

급수 | **8급**
음훈 | ① 다섯 오:
부수 | 二(두 이) 부 2획
　　　　총 4획

필순 ㅡ 丁 五 五

글자풀이　숫자 다섯(5)을 의미하는 글자.

뜻풀이　① 다섯 ② 다섯 번

예 [五車書(오:거서)] : 다섯 개의 수레에 실을 만큼 많은 책, 책을 많이 읽은 사람
[五根(오:근)] : 외부 감각을 느끼는 다섯 가지 기관인 눈, 귀, 코, 혀, 피부
[五福(오:복)] : 사람들이 갖기 원하는 다섯 가지 복으로 수(壽), 부(富), 강녕(康寧), 유호덕(攸好德), 고종명(考終命)
[五色(오:색)] : 청, 백, 저, 흑, 황이 다섯 가지 색깔
[五十步百步(오:십보백보)] : 전쟁 때 오십 보 도망한 자가 백보 도망한 자를 비겁하다고 흉본다는 말. 즉, 작은 차이는 있으나 본질적으로

서로 같다는 뜻
[五義(오:의)] : 다섯 가지 의리. 父義(부의), 母慈(모자), 兄友(형우), 弟恭(제공), 子孝(자효)

亠 (돼지해머리 두) 部

* **부수 설명** : 음은 '두'인데 훈은 알 수 없고 그 쓰임도 찾기 힘들다. 돼지 해(亥)자의 머리 모양 같아서 붙여진 이름으로 부수로 쓰이며 독립된 글자로 사용되지 않는다.

급수 | **5**급
음훈 | ① 망할 망
부수 | 亠(돼지해머리 두) 부
　　　1획 총 3획

필순 ` 一 亡

 돼지해머리 두(亠) 밑에 구부러진 사람 모양을 붙인 글자. 잘못을 저지른 사람을 구덩이에 넣고 뚜껑을 덮어 가둔 형상의 글자로 '망하다', '없어지다'의 뜻임.

[참고] 반대자 : 興(흥)

뜻풀이 ① 망하다 ② 달아나다 ③ 죽다 ④ 없다

예 [亡國(망국)] : 망하여 없어진 나라
[亡命(망명)] : 남의 나라로 피하여 몸을 옮김
[亡身(망신)] : 잘못으로 인하여 자신의 지위나 명예를 망침
[亡失(망실)] : 잃어버려서 없어짐
[亡羊之歎(망양지탄)] : 여러 갈림길로 달아난 양을 찾지 못함. 즉, 학문의 길이 여러 갈래여서 진리를 구하기 어려움을 한탄한다는 뜻
[亡人(망인)] : 죽은 이
[逃亡(도망)] : 피하여 달아남, 쫓겨 달아남
[興亡(흥망)] : 국가나 민족의 흥기와 멸망, 잘 되고 못 됨

급수 | **6**급
음훈 | ① 사귈 교
부수 | 亠(돼지해머리 두) 부
　　　4획 총 6획

필순 ` 一 亠 ナ 交 交

글자풀이 大(대)자 밑에 乂(예)자를 붙인 글자로 大는 큰 사람을 뜻하고 乂는 사람의 두 다리가 엇갈린 모양. 그래서 交는 사람이 서로 '엇갈린다', '섞이다', '바뀐다'는 뜻임.

뜻풀이 ① 사귀다 ② 주고받다 ③ 서로

예 [交代(교대)] : 차례에 따라 일을 맡은 사람
  [交流(교류)] : 문화나 사상 등이 서로 통함
  [交信(교신)] : 통신을 주고받음
  [交易(교역)] : 나라끼리 물품을 팔고 삼
  [交友(교우)] : 벗과 사귐
  [交通(교통)] : 서로 통하여 오고 감
  [交換(교환)] : 서로 바꿈, 서로 주고받음

급수 | 6급
음훈 | ① 서울 경
부수 | 亠(돼지해머리 두) 부
     6획 총 8획
필순 ` 一 亠 亣 亩 亨 京 京

글자풀이 높을 고(高)자 밑에 뚫을 곤(丨)을 더하여 만든 글자. 높은 건물이 많이 있는 큰 도시 '서울'을 뜻함.
[참고] 반대자 : 鄕(향)

뜻풀이 ① 서울 ② 크다 ③ 높다 ④ 큰 수 '경'(1조의 만 배가 되는 수)

예 [京畿(경기)] : 서울을 중심으로 한 가까운 주위의 지방
  [京都(경도)] : 서울의 옛 이름
  [京鄕(경향)] : 서울과 시골
  [歸京(귀경)] : 서울로 다시 돌아옴
  [上京(상경)] : 지방에서 서울로 옴
  [在京(재경)] : 서울에 머물러 있음

人 (사람 인) 部

 부수 설명 : 사람이 팔을 뻗치고 서 있는 모습을 옆에서 보고 그린 상형 문자. 단독으로 쓸 때는 人으로 쓰고 다른 글자의 변으로 붙어 쓰일 때는 亻으로 모양이 바뀌며, 발로 붙을 때는 儿으로 바뀐다. 모두 사람을 뜻하고 사람의 행동이나 품성과 관계있는 글자를 만든다.

급수 | 8급
음훈 | ① 사람 인
부수 | 人(사람 인) 부 0획
     총 2획

필순 ノ 人

급수 | **6급**
음훈 | ① 이제 금
부수 | 人(사람 인) 부 2획
　　　총 4획

필순 ノ 人 亽 今

글자풀이　사람이 서있는 모양을 옆에서 보고 그린 상형 문자.

뜻풀이　① 사람, 인간 ② 남, 타인 ③ 인품, 인격 ④ 사람을 세는 단위

예 [人間(인간)] : 사람 인류
　　[人格(인격)] : 사람의 품격
　　[人德(인덕)] : 사람이 지닌 덕
　　[人道(인도)] : 사람이 지켜야 할 도리, 사람 다니는 길
　　[人命(인명)] : 사람의 목숨
　　[人死留名(인사유명)] : 사람은 죽은 뒤에도 그 이름을 남기도록 값진 삶을 살아야 한다는 말
　　[人性(인성)] : 사람의 성품
　　[人情(인정)] : 남을 동정하는 아름다운 마음씨
　　[人中(인중)] : 코와 입술 사이의 오목한 부분
　　[人質(인질)] : 약속을 지키도록 잡아두는 물건이나 사람
　　[人波(인파)] : 사람의 물결, 많은 무리의 사람들
　　[人和(인화)] : 여러 사람이 서로 마음이 통하여 화목함

글자풀이　사람이 모여야 할 곳에 시간에 맞추어 간다는 글자로 '도달했다', '지금'의 뜻을 나타냄.

[참고] 반대자 : 古(고)

뜻풀이　① 지금 ② 오늘

예 [今年(금년)] : 올 해
　　[今方(금방)] : 이제 곧, 지금 막
　　[今上(금상)] : 현재의 임금
　　[今生(금생)] : 지금 세상, 이 세상
　　[今日(금일)] : 오늘
　　[今週(금주)] : 이번 주
　　[今回(금회)] : 이번 차례
　　[古今(고금)] : 옛날과 지금

급수 | **4급**
음훈 | ① 어질 인
부수 | 亻(사람 인) 부 2획
　　　총 4획

필순 ノ 亻 仁 仁

글자풀이 人(인)이 음 부분. 二(둘)가 뜻 부분으로 된 형성 문자. 두 사람이 나란히 존재하기 위한 마음가짐으로 서로가 서로를 배려하는 '어진 성품'을 뜻함.

[참고] 유의자 : 慈(자)

뜻풀이 ① 어질다 ② 자애롭다 ③ 가엽게 여기다

예 [仁君(인군)] : 어진 임금
[仁德(인덕)] : 어진 덕
[仁山智水(인산지수)] : 어진 사람은 산을 좋아하고 지혜로운 사람은 물을 좋아한다는 뜻
[仁恕(인서)] : 어질고 너그러움
[仁術(인술)] : 사람을 살리는 어진 기술이란 뜻으로 '의술'을 이름
[仁者無敵(인자무적)] : 성격이 어진 사람에게는 적이 없다는 말

급수 | **6**급
음훈 | ① 대신 대:
부수 | 亻(사람 인) 부 3획
　　　총 5획

필순 ノ 亻 仁 代 代

글자풀이 사람 인(亻) 변에 주살 익(弋)자를 붙인 글자. 익(弋)자가 예전에는 '대'로 발음하였으며 사람이 주살에 매어 이어지듯 앞 뒤 세대가 대를 잇고 역할을 대신한다는 뜻임.

뜻풀이 ① 대신하다 ② 번갈아 ③ 시대 ④ 대금, 값

예 [代價(대:가)] : 물건을 산 값, 어떤 일을 하여 생기는 희생이나 손해
[代金(대:금)] : 물건을 사거나 이용한 대가로 치루는 돈
[代理(대:리)] : 남을 대신하여 일을 처리함 또는 그 사람
[代贖(대:속)] : 남의 죄를 대신하여 속죄함
[代表(대:표)] : 전체를 표시할 만한 한 가지 사물 또는 한 부분
[古代(고:대)] : 역사의 시대 구분의 하나, 가장 오래된 시대
[交代(교대)] : 어떤 일을 서로 번갈아 가며 함
[歷代(역대)] : 지금껏 지내 내려온 여러 대(代)
[現代(현:대)] : 지금 사는 이 시대

급수 | **5**급
음훈 | ① 하여금 령(:)
② 명령할 령
부수 | 人(사람 인) 부 3획 총 5획
필순 ノ 人 人 今 令

글자풀이 큰 집 지붕 밑에서 사람이 무릎 꿇은 모양으로 위에서 내리는 '명령'을 듣는다는 뜻.

[참고] 유의자 : 命(명)

뜻풀이 ① 명령 ② 우두머리 ③ 남을 높여 부르는 경칭 ④ 하여금

예 [令監(영:감)] : 높은 벼슬이나 지체 높은 사람을 존대하여 부르는 말, 명령하고 감독하는 사람
[令夫人(영부인)] : 남의 아내에 대한 경칭
[令息(영식)] : 남의 아들을 귀히 여겨 부르는 말
[令愛(영애)] : 남의 딸을 귀히 여겨 부른 말
[口令(구:령)] : 단체 행동의 동작을 일제히 하도록 호령함
[命令(명:령)] : 윗사람이 아랫사람에게 무엇을 하도록 지시함

[指令(지령)] : 지시하고 명령함
[號令(호:령)] : 아주 큰 소리로 명령을 내림

급수 | **5**급
음훈 | ① 섬길 사(:)
② 벼슬 사(:)
부수 | 亻(사람 인) 부 3획 총 5획
필순 ノ 亻 亻 仕 仕

글자풀이 사람 인(亻) 변에 선비 사(士)로 선비가 되었다. 즉, '벼슬을 하여 백성을 섬긴다'는 뜻임.

뜻풀이 ① 벼슬하다 ② 섬기다 ③ 일삼다

예 [仕官(사관)] : 관리가 되어 일을 함
[仕宦(사:환)] : 공무원이 되어 나라 일을 맡아 함
[給仕(급사)] : 관공서에서 잡일을 하는 사람
[奉仕(봉:사)] : 남을 위해 희생하며 일함
[出仕(출사)] : 명을 받고 임무를 처리하러 나감, 벼슬을 하여 처음으로 출근함

급수 | **5**급
음훈 | ① 신선 선
부수 | 亻(사람 인) 부 3획
　　　총 5획

필순 ノ 亻 亻 仙 仙

글자풀이 　사람 인(亻) 변에 메 산(山). 산에서 도를 닦는 사람, 신선을 뜻함.

뜻풀이 　① 신선 ② 고상한 사람

예 [仙境(선경)] : 속세를 떠난 깨끗한 곳으로 신선이 산다는 곳
　[仙果(선과)] : 복숭아의 다른 이름
　[仙女(선녀)] : 선경에 살고 있는 여자 신선
　[仙童(선동)] : 선경에 산다는 아이
　[詩仙(시선)] : 시 짓는 일에만 몰두하여 세상일을 잊은 사람
　[神仙(신선)] : 도를 닦아 도에 통한 사람

글자풀이 　땅을 파는데 사용하는 쟁기 모양 옆에 사람 인(人)을 붙인 글자로 '…로써' 의 뜻임.

뜻풀이 　① …써 ② 부터 ③ 까닭

예 [以內(이:내)] : 일정한 범위 안
　[以上(이:상)] : 수량이나 정도 등을 나타내는 명사 뒤에 붙여 그것보다 더 많거나 큼
　[以心傳心(이:심전심)] : 마음에서 마음으로 전달됨
　[以前(이:전)] : 그보다 앞서
　[以珠彈雀(이주탄작)] : 구슬을 쏘아 참새를 잡다. '경중을 헤아리지 못함' 을 비유한 말
　[以下(이:하)] : 수량이나 정도 등을 나타내는 명사 뒤에 붙여 그것보다 적거나 못함
　[以後(이:후)] : 그 뒤

급수 | **5**급
음훈 | ① 써 이:
부수 | 亻(사람 인) 부 3획
　　　총 5획

필순 ㅣ ㄴ 以 以 以

급수 | **5**급
음훈 | ① 다를 타
부수 | 亻(사람 인) 부 3획
　　　총 5획

필순 ノ 亻 亻 他 他

필순 ノ 亻 亻 仁 仁 件

글자풀이 사람 인(亻) 변에 어조사 야(也). 也는 '무엇 무엇이다'라고 단정짓는 말로 他는 '남이다' 라는 뜻.

[참고] 반대자 : 自(자)

뜻풀이 ① 남 ② 다르다 ③ 두마음

예 [自他(자타)] : 자기와 남
[他界(타계)] : '사망'을 높임말로 이르는 말
[他官(타관)] : 타향(他鄕)
[他山之石(타산지석)] : 남의 산에 있는 쓸모없는 돌도 자기의 구슬을 가는 데 요긴하게 쓰인다는 뜻으로, 하찮은 언행일지라도 자기의 지덕(知德)을 연마하는 데 도움이 된다는 말
[他意(타의)] : 다른 생각, 딴마음
[他人(타인)] : 남, 다른 사람
[他薦(타천)] : 후보자로 다른 사람이 추천함

글자풀이 사람 인(亻) 변에 소 우(牛). 사람이 소를 끌고 갈 때는 '사건(일)'이 있어서 이거나 '물건'을 싣고 가기 위함이기 때문에 件(건)은 '사건'이나 '물건'을 뜻함.

[참고] 유의자 : 物(물)

뜻풀이 ① 물건 ② 사건

예 [件名(건명)] : 일이나 물건의 이름
[件數(건수)] : 사물이나 사건의 수
[物件(물건)] : 일정한 형체를 갖춘 모든 물질
[事件(사:건)] : 문제가 되거나 주목을 받을 만한 뜻밖의 일
[事事件件(사사:건건)] : 모든 일, 온갖 일마다
[用件(용:건)] : 볼일
[條件(조건)] : 내놓는 요구나 견해

급수 | **5**급
음훈 | ① 물건 건
　　　② 사건 건
부수 | 亻(사람 인) 부 4획 총 6획

급수 | 준**4**급
음훈 | ① 칠 벌 ② 뽐낼 벌
부수 | 亻(사람 인) 부 4획
　　　총 6획

필순 ノ 亻 亻 代 伐 伐

글자풀이 사람 인(亻) 변에 창 과(戈). 사람이 창을 들고 공격하여 친다는 뜻.

[참고] 유의자 : 토(討)

뜻풀이 ① 치다 ② 베다 ③ 공을 세우다 ④ 뽐내다

예 [伐木(벌목)] : 나무를 베다
[伐善(벌선)] : 자기의 언행이나 아주 잘하는 일을 뽐냄
[伐草(벌초)] : 무덤의 잡초를 베어서 깨끗이 함
[間伐(간:벌)] : 빽빽한 숲에서 사이사이 나무를 베어냄
[盜伐(도벌)] : 허락 없이 몰래 벰
[征伐(정벌)] : 적이나 죄 있는 무리를 무력으로 침
[討伐(토벌)] : 군대의 힘으로 도둑이나 반항자의 무리를 쳐서 없앰

급수 | 4급
음훈 | ① 엎드릴 복
부수 | 亻(사람 인) 부 4획
　　　　총 6획

필순 ノ 亻 仁 仕 伏 伏
[참고] 반의어 : 起(기)

글자풀이 사람 인(亻)변에 개 견(犬). 개가 주인에게 복종하고 주인 옆에 엎드려 있듯이 '엎드려 복종한다'는 뜻.

뜻풀이 ① 엎드리다 ② 복종하다 ③ 숨다 ④ 절후

예 [伏望(복망)] : 웃어른의 처분을 삼가 바람
[伏拜(복배)] : 엎드려 절 함
[伏兵(복병)] : 적을 공격하기 위해 요긴한 목에 군사를 숨겨 두거나 숨어 있는 군사
[伏暑(복서)] : 음력 6월의 심한 복더위
[屈伏(굴복)] : 머리를 숙이고 꿇어 엎드림
[末伏(말복)] : 입추 후 첫째 庚日
[埋伏(매복)] : 상대편의 동태를 살피거나 불시에 해치려고 일정한 곳에 숨어 있음
[潛伏(잠복)] : 몰래 숨어 있음
[中伏(중복)] : 하지 후 넷째 庚日
[初伏(초복)] : 하지 후 셋째 庚日
[降伏(항복)] : 싸움에 진 것을 상대에게 인정하고 굴복함

급수 | 5급
음훈 | ① 맡길 임(:)
부수 | 亻(사람 인) 부 4획
 총 6획

필순 ノ 亻 亻 仁 任 任

글자풀이 사람 인(亻) 변에 짊어질 임(壬). 사람에게 일을 '맡긴다'는 뜻.

[참고] 반대자 : 免(면)

뜻풀이 ① 맡기다 ② 책임 ③ 공을 세우다 ④ 짐, 부담

예 [任期(임:기)] : 일을 맡아보는 일정한 기한
[任命(임:명)] : 일을 맡김
[任務(임:무)] : 맡아서 처리해야 할 일, 맡은 일
[任氏(임씨)] : 성씨 임
[任用(임:용)] : 일을 맡겨 사람을 씀
[任員(임:원)] : 어떤 단체를 운영, 감독하는 일을 맡아 처리하는 사람
[兼任(겸임)] : 한 사람이 두 가지 이상의 직무를 겸함
[放任(방:임)] : 되는대로 내버려둠 간섭하지 않고 내버려둠

[辭任(사임)] : 맡아보던 직책을 그만두고 물러남
[退任(퇴:임)] : 하던 일에서 물러남

급수 | 7급
음훈 | ① 쉴 휴
부수 | 亻(사람 인) 부 4획
 총 6획

필순 ノ 亻 亻 什 休 休

글자풀이 사람 인(亻) 변에 나무 목(木). 사람이 나무 그늘 밑에서 더위나 비를 피해 잠시 '쉰다'는 뜻.

[참고] 유의자 : 憩(게)

뜻풀이 ① 쉬다 ② 그치다 ③ 휴가

예 [休暇(휴가)] : 직장, 학교, 군대 등의 단체에서 일정한 기간 쉬는 일 또는 그 겨를
[休校(휴교)] : 학교의 과업을 한동안 쉼
[休息(휴식)] : 잠깐 쉼
[休紙(휴지)] : 허드레로 쓰는 종이 화장지
[休會(휴회)] : 하던 회의를 멈추고 잠깐 쉼

[公休(공휴)] : 국경일, 일요일같이 공적으로 쉬기로 정하여진 날
[連休(연휴)] : 휴일이 이틀 이상 겹쳐 잇따라 노는 일 또는 그 휴일

급수 | 준 **4**급
음훈 | ① 부처 불
부수 | 亻(사람 인) 부 5획
　　　총 7획

필순 ノ 亻 亻' 亻' 佲 佛 佛

글자풀이　사람 인(亻) 변에 아닐 불(弗). 사람이라고 말 할 수 없을 정도의 훌륭한 품성과 능력을 지닌 분으로 '부처'를 뜻함.

[참고] 약자 : 仏

뜻풀이　① 부처 ② 불교

예 [佛家(불가)] : 불교를 믿는 사람
[佛敎(불교)] : 기원전 5세기 경 인도의 석가모니가 베푼 종교
[佛心(불심)] : 자비스러운 부처의 마음
[佛土(불토)] : 부처가 살고 있는 극락 정토
[成佛(성불)] : 모든 번뇌를 해탈하고 도를 깨우침. 사람의 죽음을 비유적으로 이르는 말
[念佛(염:불)] : 부처의 모습이나 공덕을 생각하면서 입으로 아미타불의 이름을 부르는 일

급수 | **5**급
음훈 | ① 자리 위
부수 | 亻(사람 인) 부 5획
　　　총 7획

필순 ノ 亻 亻' 亻" 伫 位 位

글자풀이　사람 인(亻) 변에 설 립(立). 사람이 서있는 위치 즉 '각자의 자리'를 뜻함.

뜻풀이　① 자리 ② 신분 직위 ③ 품위 품격.

예 [位階(위계)] : 지위나 계층 따위의 등급
[位相(위상)] : 어떤 사물이 다른 사물과의 관계 속에서 가지는 위치나 상태
[位置(위치)] : 놓여 진 자리
[方位(방위)] : 어떠한 방향의 위치
[水位(수위)] : 바다, 강, 호수, 댐 등

의 수면의 높이
[地位(지위)] : 신분에 따르는 어떠한 자리나 계급
[退位(퇴:위)] : 왕위에서 물러남 ↔ 즉위(卽位)
[品位(품:위)] : 사람이 갖추고 있는 기품이나 위엄, 또는 인격적 가치

이르는 말
[改作(개:작)] : 이미 만든 작품을 다시 고쳐 지음. 또는 그 작품
[耕作(경작)] : 땅을 갈아서 농사를 지음
[動作(동:작)] : 몸과 손발을 움직임 또는 그 모양
[名作(명작)] : 이름난 훌륭한 작품

급수 | **6**급
음훈 | ① 지을 작
부수 | 亻(사람 인) 부 5획
총 7획
필순 ノ 亻 亻 亻 作 作 作

급수 | 준**4**급
음훈 | ① 낮을 저:
부수 | 亻(사람 인) 부 5획
총 7획
필순 ノ 亻 亻 亻 低 低 低

글자풀이 사람 인(亻) 변에 지을 사(乍). 사람이 손을 써서 '만듦'을 뜻함.
[참고] 동의자 : 造(조)
뜻풀이 ① 만들다 ② 짓다 ③ 농사 짓다 ④ 공사
예 [作故(작고)] : '죽다'라는 말의 높임 말
[作名(작명)] : 이름을 지음
[作文(작문)] : 글을 지음
[作心三日(작심삼일)] : 결심이 사흘을 가지 못함. 결심이 굳지 못함을

글자풀이 사람 인(亻) 변에 근본 저(氐), 사람이 고개를 숙이고 몸을 낮춘 모습의 글자로 '낮다'를 뜻함.
[참고] 반대자 : 高(고)
뜻풀이 ① 낮다 ② 숙이다 ③ 구부리다
예 [低價(저:가)] : 헐한 값, 싼 값
[低廉(저:렴)] : 물건 값이 싸다
[低俗(저:속)] : 성질·취미 등이 낮고 속됨

[低音(저:음)] : 낮은 소리
[低下(저:하)] : 낮아짐
[高低(고저)] : 높고 낮음

급수 | **7**급
음훈 | ① 살 주:
부수 | 亻(사람 인) 부 5획
　　　총 7획

필순 　亻 亻 亻 亻 亻 住 住

글자풀이 사람 인(亻) 변에 주인 주(主). 사람이 머물면서 주인 노릇하며 사는 것을 뜻함.

[참고] 유의자 : 居(거)

뜻풀이 ① 살다 ② 사는 곳 ③ 살고 있는 사람

예 [住居(주:거)] : 어떤 곳에 자리 잡고 삶. 또는 그 집
[住持(주:지)] : 한 절을 책임지고 주관하는 중
[住宅(주:택)] : 사람이 들어가 살 수 있게 지은 집
[永住(영:주)] : 한 곳에서 오래 머물러 삶
[移住(이주)] : 다른 곳이나 다른 나라로 옮겨가서 삶
[入住(입주)] : 특정한 땅이나 새로 마련한 집 등에 들어가 삶

급수 | **7**급
음훈 | ① 올 래(:)
부수 | 人(사람 인) 부 6획
　　　총 8획

필순 　一 一 一 一 一 來 來 來

글자풀이 보리 이삭 모양을 본뜬 글자로 '보리나 밀'을 뜻하는 글자였는데 후에 '오다'의 뜻으로 쓰게 됨.

[참고] 반대자 : 往(왕)　약자 : 来

뜻풀이 ① 오다, 이르다 ② 장래, 미래

예 [來客(내:객)] : 찾아온 손님
[來年(내년)] : 올해의 다음 해, 명년이라고도 함
[來訪(내방)] : 멀리서 만나기 위하여 찾아옴
[來賓(내:빈)] : 회장이나 식장 등에 공식으로 초대를 받아 찾아온 손님
[來世(내:세)] : 불교에서 말하는 죽은 뒤에 다시 태어나 산다는 미래의

세상
[來往(내왕)] : 오고 감
[來日(내일)] : 오늘의 바로 다음 날
[去來(거:래)] : 상인과 상인 또는 고객 사이에 돈을 주고받거나 물품을 사고파는 일
[未來(미:래)] : 앞으로 올 때, 앞날, 장래
[傳來(전래)] : 전해 내려옴

급수 | 6급
음훈 | ① 법식 례:
부수 | 亻(사람 인) 부 6획 총 8획
필순 ノ 亻 亻 佁 佟 佟 例 例

사람 인(亻), 뼈앙상할 알(歹), 칼 도(刂)가 합쳐져 만들어진 글자로 사람이 시체(歹)를 칼(刂)로 해부하여 격에 맞추어 벌려놓은 것으로 '법식', '본보기'를 뜻함.

① 법식 ② 본 보기

[例規(예:규)] : 관례와 규칙
[例年(예:년)] : 매년, 해마다
[例文(예:문)] : 예(例)로써 설명하는 문장
[例事(예:사)] : '예상사(例常事)'의 준말로 흔히 있는 일
[例外(예:외)] : 일반의 규칙이나 통례(通例)를 벗어나는 일
[例題(예:제)] : 연습을 위해 보기로 내는 문제
[先例(선례)] : 이전에 이미 있었던 비슷한 일
[實例(실례)] : 실제로 있었던 예

급수 | 6급
음훈 | ① 부릴 사: ② 하여금 사:
부수 | 亻(사람 인) 부 6획 총 8획
필순 ノ 亻 亻 亻 佢 佢 使 使

사람 인(亻) 변에 벼슬아치 리(吏). 사람에게 벼슬을 주어 일을 '시킨다'는 뜻.

① 하여금 ② 시키다 ③ 좇다 ④ 사신

[使命(사:명)] : 맡겨진 임무
[使臣(사:신)] : 임금이나 국가의 명령으로 외국에 심부름 가던 신하

[使役(사:역)] : 다른 사람을 부리어 일을 시킴
[使節(사:절)] : 나라의 대표로 사명을 띠고 남의 나라에 가는 사람
[勞使(노사)] : 노동자와 사용자
[大使(대:사)] : '특명 전권 대사'의 준말. 국가를 대표하여 특별한 명령과 권한을 가지고 파견되는 사람

급수 | 4급
음훈 | ① 의지할 의
부수 | 亻(사람 인) 부 6획
총 8획
필순 ノ 亻 亻 亻 仁 仔 依 依

글자풀이 사람 인(亻) 변에 옷 의(衣). 사람이 옷으로 몸을 보호하듯 어떤 것에 의지하고 지탱한다는 뜻.
뜻풀이 ① 의지하다 ② 지탱하다
예 [依據(의거)] : 어떤 사실이나 원리에 근거함
[依然(의연)] : 본디대로, 옛 그대로
[依存(의존)] : 도움을 받으며 의지하고 있음
[依支(의지)] : 다른 것에 몸을 기댐

[依託(의탁)] : 어떤 것에 몸이나 마음을 의지하여 맡김
[歸依(귀의)] : 돌아가 의지함

급수 | 준4급
음훈 | ① 맬 계:
부수 | 亻(사람 인) 부 7획
총 9획
필순 ノ 亻 亻 亻 仁 伫 伾 係 係

글자풀이 사람 인(亻) 변에 이을 계(系). 사람이 사물을 '이어놓는다'는 뜻.
뜻풀이 ① 걸리다 ② 관계되다 ③ 잇다
예 [係累(계:루)] : 일이나 사물에 끌리고 얽매여 관계됨
[係員(계:원)] : 한 계(係)에서 일하는 사람
[係風捕影(계:풍포영)] : 바람을 잡아 묶고 그림자를 붙잡는다는 말로 도저히 할 수 없는 불가능한 일을 비유하는 말
[關係(관:계)] : 둘 이상의 사람, 사물, 현상 등이 서로 관련을 맺음

 급수 | 준 **4**급
음훈 | ① 지킬 보(:)
부수 | 亻(사람 인) 부 7획
총 9획

필순 ノ 亻 亻 亻 ㅁ ㅁ 仔 仔 保

글자풀이 사람 인(亻) 변에 어리석을 매(呆). 좀 모자라는 사람(呆)을 다른 사람(人)이 지켜주고 보호해 준다는 뜻.

[참고] 유의자 : 守(수)

뜻풀이 ① 지키다 ② 편안하게 하다 ③ 돕다

예 [保健(보:건)] : 건강을 관리하고 지켜 나가는 일
[保管(보:관)] : 물건을 맡아서 잘 간직하여 관리함
[保留(보:류)] : 그 자리에서 결정하지 않고, 결정을 뒤로 미룸
[保證(보증)] : 어떤 사물에 대하여 책임지고 틀림없음을 증명함
[保險(보:험)] : 손해를 물어 주겠다는 보증
[保護(보:호)] : 보전하여 호위함, 돌보아 잘 지킴
[確保(확보)] : 확실하게 보증함

 급수 | 준 **4**급
음훈 | ① 풍속 속
부수 | 亻(사람 인) 부 7획
총 9획

필순 ノ 亻 亻 亻 ㅆ ㅆ 伀 俗 俗

글자풀이 사람 인(亻) 변에 골 곡(谷). 한 골짜기에 모여 사는 사람들이 만들어 낸 풍속을 뜻함.

뜻풀이 ① 풍속 ② 바라다 ③ 잇다, 계승하다

예 [俗談(속담)] : 옛날부터 민간에 전하여 오는 쉬운 격언이나 잠언
[俗物(속물)] : 교양이 부족하거나 식견이 좁고 세속적인 일에만 급급한 사람
[俗世(속세)] : 속인의 세상 즉, 일반 사회
[俗人(속인)] : 속세의 사람을 일컫는 말로, 학문이 없거나 풍류를 모르는 속된 사람
[民俗(민속)] : 민간인들의 생활에서 만들어져 대대로 전해지는 신앙이나 풍속
[風俗(풍속)] : 예로부터 그 사회에

전해 오는 의·식·주 그 밖의 모든 생활에 관한 습관

급수 | **6**급
음훈 | ① 믿을 신:
부수 | 亻(사람 인) 부 7획
총 9획

필순 ノ 亻 亻 信 信 信 信 信 信

글자풀이 사람 인(亻) 변에 말씀 언(言). 사람이 하는 말에는 믿음이 있어야 한다는 뜻.

뜻풀이 ① 믿다 ② 진실 ③ 분명하다 ④ 소식

예 [信徒(신:도)] : 종교를 믿는 사람들
[信奉(신:봉)] : 굳게 믿고 받듦
[信仰(신:앙)] : 신이나 초자연적인 절대자를 믿고 받드는 일
[信用(신:용)] : 틀림없다고 믿고 씀
[信任(신:임)] : 믿고 일을 맡김
[信號(신:호)] : 서로 떨어져 있는 곳에서 일정한 부호를 써서 의사를 통하는 방법
[交信(교신)] : 통신을 주고받음
[書信(서신)] : 편지

[自信(자신)] : 자기의 능력이나 가치를 확신함
[通信(통신)] : 소식을 전함

급수 | 준**4**급
음훈 | ① 침노할 침
부수 | 亻(사람 인) 부 7획
총 9획

필순 ノ 亻 亻 伊 伊 伊 侵 侵 侵

글자풀이 사람이(亻) 손으로(又) 비(帚=비 추)를 들고 땅을 쓸고 있는 글자로 '침략하다, 싹 쓸어버리다' 의 뜻임.

[참고] 유의자 : 犯(범)

뜻풀이 ① 침노하다 ② 습격하다

예 [侵攻(침공)] : 다른 나라에 침범하여 쳐들어감
[侵掠(침략)] : 침범하여 약탈함
[侵犯(침범)] : 남의 권리나 영토 따위를 침노하여 범함.
[侵奪(침탈)] : 침범하여 빼앗음
[侵透(침투)] : 스며 들어감
[侵害(침해)] : 침범하여 여러 가지로 손해를 끼침

급수 | **7**급
음훈 | ① 편할 편(:)
　　　② 똥오줌 변
부수 | 亻(사람 인) 부 7획 총 9획
필순 ノ 亻 亻 仁 佢 佢 侢 便 便

글자풀이 사람 인(亻) 변에 고칠 경(更). 사람이 사용하다가 불편하여 고친 것이니 당연히 '편한 것'을 뜻하는 글자. 한편 똥, 오줌을 뜻하기도 함.

[참고] 유의자 : 安(안)

뜻풀이 ① 편하다 ② 소식 ③ 똥, 오줌

예 [便所(변소)] : 대소변을 보는 곳, 뒷간, 측간
[便覽(편람)] : 보기에 편리하도록 간단명료하게 만든 책
[便利(편리)] : 편하고 쉬움
[便安(편안)] : 몸과 마음이 편하고 좋음
[便殿(편전)] : 임금이 평상시에 거처하던 궁전
[便紙(편:지)] : 소식을 서로 알리거나 용무를 적어 보내는 글
[簡便(간편)] : 간단하고 편리함

[方便(방편)] : 목적을 위해 이용되는 일시적인 수단
[小便(소:변)] : 오줌
[用便(용:변)] : 대소변을 봄
[郵便(우편)] : 편지나 물품 등을 보내 주는 통신 제도

급수 | 준**4**급
음훈 | ① 낱 개(:)
부수 | 亻(사람 인) 부 8획
　　　총 10획
필순 ノ 亻 亻 们 们 佣 佣 個 個 個

글자풀이 사람 인(亻) 변에 굳을 고(固). 固에서 음을 빌어 만든 글자로 본래는 대나무를 세는 단위로 쓰이던 글자에 사람 인(人)을 붙여 물건을 세는 단위로 쓰게 됨.

뜻풀이 ① 물건을 세는 단위

예 [個別(개:별)] : 하나하나, 따로따로 나눔
[個性(개:성)] : 사물이나 사람 저마다의 독특한 성질
[個人(개인)] : 국가나 사회를 구성하는 낱낱의 사람

[個人主義(개:인주의)] : 자기 자신을 중심으로 모든 행동을 규정하는 주의
[個體(개:체)] : 낱낱의 물체
[各個(각개)] : 몇 개가 있는 것의 하나하나
[別個(별개)] : 서로 다른 것, 관련성이 없는 것

급수 | **5**급
음훈 | ① 곱 배(:)
부수 | 亻(사람 인) 부 8획
총 10획

필순 ノ 亻 亻' 亻'' 亻'''' 亻''''' 倍 倍 倍 倍

사람 인(亻) 변에 가를 부(音). 물건을 둘로 가르면 곱으로 늘어난다는 뜻.

뜻풀이 ① 곱 ② 더해지다

예 [倍加(배:가)] : 갑절로 늘어남
[倍達族(배달족)] : 우리 민족의 옛 이름
[倍數(배:수)] : 곱이 되는 수
[倍率(배:율)] : 늘어나는 비율
[倍前(배:전)] : 이전의 곱

급수 | 준**4**급
음훈 | ① 닦을 수
부수 | 亻(사람 인) 부 8획
총 10획

필순 ノ 亻 亻' 亻'' 亻''' 攸 攸 修 修 修

글자풀이 닦을 유(攸) 밑에 터럭 삼(彡). 머리를 닦아(감다) 곱게 단장하듯 마음을 닦는다는 뜻.

[참고] 유의자 : 飾(식)

뜻풀이 ① 닦다 ② 익히다 ③ 연구하다

예 [修道(수도)] : 도를 닦음
[修練(수련)] : 몸과 마음을 단련함
[修身(수신)] : 마음과 행실을 바르게 하도록 심신을 닦는 일
[修養(수양)] : 몸과 마음을 닦아 품성이나 지식, 도덕심 따위를 높은 경지로 끌어올림
[修學(수학)] : 학업을 닦음
[監修(감수)] : 책을 써서 펴내는 일을 지도·감독함
[硏修(연:수)] : 연구하고 닦음
[履修(이:수)] : 차례를 밟아 학과를 공부하여 마침

급수 | **4**급
음훈 | ① 기후 후:
부수 | 亻(사람 인) 부 8획
　　　총 10획

필순 ノ 亻 亻 亻' 亻" 亻" 亻" 候 候 候

글자풀이 사람 인(亻)과 과녁 후(侯)가 합쳐져 된 글자로 화살을 쏘아 과녁에 맞추기 위해 날씨 바람 등을 '묻는 것'을 뜻하는 글자.

뜻풀이 ① 계절 ② 묻다, 안부 ③ 염탐, 살피다

예 [候補(후:보)] : 어떤 지위나 신분에 나가기를 바람. 또는 그 사람
[候鳥(후:조)] : 철새
[氣候(기후)] : 기온·비·눈·바람 따위의 대기 상태
[徵候(징후)] : 어떤 일에 대한 좋거나 언짢은 조짐

글자풀이 사람 인(亻) 변에 빌 가(叚). 남으로부터 빌려온 것 즉 제 것이 아닌 거짓을 뜻함.

[참고] 반대자 : 眞(진) 약자 : 仮

뜻풀이 ① 거짓 ② 임시 ③ 빌리다

예 [假契約(가:계약)] : 임시로 맺은 계약
[假令(가:령)] : 예를 들면, 이를테면
[假面(가:면)] : 거짓으로 꾸민 얼굴 표정
[假釋放(가:석방)] : 옥에 갇힌 죄수를 형기 전에 임시로 풀어줌
[假飾(가:식)] : 말이나 행동을 거짓으로 꾸밈
[假日(가:일)] : 한가한 날
[假定(가:정)] : 확실하지 않은 사항으로 임시로 정함
[假借(가:차)] : 임시로 빌림

급수 | 준**4**급
음훈 | ① 거짓 가:
부수 | 亻(사람 인) 부 9획
　　　총 11획

필순 ノ 亻 亻 亻' 亻" 亻" 伊 仴 伊 假 假

급수 | **5**급
음훈 | ① 굳셀 건:
부수 | 亻(사람 인) 부 9획
　　　총 11획

필순 ノ 亻 亻 亻一 亻= 亻ヨ 亻ヨ 亻聿 健 健 健

글자풀이 사람 인(亻) 변에 세울 건(建). 사람이 눕지 않고 반듯하게 서 있으니 '건강하다' 는 뜻.

[참고] 유의자 : 康(강)

뜻풀이 ① 튼튼하다 ② 강하다

예 [健脚(건:각)] : 튼튼한 다리
[健康(건:강)] : 정신적으로나 육체적으로 탈이 없고 튼튼함
[健全(건:전)] : 튼튼하고 온전함
[健鬪(건:투)] : 씩씩하게 잘 싸움
[强健(강건)] : 튼튼하고 건강함

급수 | 5급
음훈 | ① 클 위
부수 | 亻(사람 인) 부 9획
총 11획

필순 ノ 亻 亻' 亻" 伊 伊 偉 偉 偉 偉

글자풀이 사람 인(亻) 변에 다룸가죽 위(韋). 좋은 가죽옷으로 치장한 지위가 높거나 훌륭한 사람을 뜻함.

[참고] 유의자 : 大(대)

뜻풀이 ① 훌륭하다 ② 크다 ③ 뛰어나다

예 [偉大(위대)] : 능력이나 업적이 뛰어나고 훌륭한
[偉力(위력)] : 위대한 힘
[偉業(위업)] : 훌륭한 업적, 훌륭한 사업
[偉容(위용)] : 훌륭하고 뛰어난 용모나 모양, 당당한 모양
[偉人(위인)] : 큰 업적을 남긴 사람

급수 | 5급
음훈 | ① 머무를 정
부수 | 亻(사람 인) 부 9획
총 11획

필순 ノ 亻 亻' 亻" 伫 伫 停 停 停 停

글자풀이 사람 인(亻) 변에 정자 정(亭). 사람이 정자에 올라가서 '머물러' 쉰다는 뜻.

[참고] 유의자 : 留(류)

뜻풀이 ① 머물다 ② 쉬다 ③ 그만두다

예 [停年(정년)] : 공무원이나 회사의 직원이 일정한 나이에 이르면 퇴직하도록 정해진 연령
[停留場(정류장)] : 버스나 택시 등이 사람이 타고 내리도록 잠시 머무르는 일정한 장소
[停電(정전)] : 송전이 한때 그침
[停止(정지)] : 움직이고 있던 것이 멈추거나 그침
[停車(정차)] : 자동차의 움직임을 멈춤
[停會(정회)] : 회의를 잠시 멈춤

급수 | 4급
음훈 | ① 뛰어날 걸
부수 | 亻(사람 인) 부 10획
총 12획

필순 ノ 亻 亻 亻 佟 佟 佟 俠 傑 傑 傑 傑

글자풀이 사람 인(亻) 변에 뛰어날 걸(桀). 뛰어난 사람을 뜻함.

[참고] 유의자 : 俊(준)

뜻풀이 ① 뛰어나다 ② 뛰어난 사람

예 [傑作(걸작)] : 썩 뛰어난 작품
[傑出(걸출)] : 남보다 훨씬 뛰어남 또는 그 사람
[女傑(여걸)] : 여장부
[人傑(인걸)] : 특히 뛰어난 인재
[俊傑(준:걸)] : 뭇사람 중에서 뚜렷이 뛰어난 사람
[豪傑(호걸)] : 재주와 슬기가 뛰어나며 도량이 넓은 사람

급수 | 준4급
음훈 | ① 갖출 비:
부수 | 亻(사람 인) 부 10획
총 12획

필순 ノ 亻 亻 亻 亻 併 併 併 備 備 備

글자풀이 사람이 화살 통을 메고 있는 모양의 글자로 화살 통에 늘 화살을 넣어 두듯 갖추어 준비한다는 뜻.

[참고] 유의자 : 具(구)

뜻풀이 ① 갖추다 ② 준비하다

예 [備考(비:고)] : 참고하기 위해 준비해 둠

[備忘錄(비:망록)] : 잊어버리지 않으려고 적어 두는 책자
[備蓄(비:축)] : 만약의 경우를 위하여 미리 저축해 둠
[備置(비:치)] : 갖추어 둠
[設備(설비)] : 어떤 목적에 필요한 기계·기구·건물 등을 설치함
[完備(완비)] : 빠짐없이 모두 갖춤
[整備(정:비)] : 정돈(整頓)하여 갖춤

급수 | 4급
음훈 | ① 기울 경
부수 | 亻(사람 인) 부 11획
총 13획

필순 亻 亻 亻 亻 亻 佰 佰 佰 佰 傾 傾

글자풀이 사람 인(亻), 견줄 비(比), 머리 혈(頁)로 이루어진 글자. 사람의 머리가 옆으로 갸우뚱 하듯 기울어짐을 뜻함.

[참고] 유의자 : 斜(사)

뜻풀이 ① 기울다 ② 뒤집히다 ③ 눕다 ④ 위태롭다

예 [傾國之色(경국지색)] : 임금이 반하여 나라가 망해도 모를 정도로 흠뻑 빠지게 하는 아름다운 여인
[傾斜(경사)] : 비스듬히 기울어짐 또는 그 정도
[傾聽(경청)] : 귀를 기울여 열심히 들음
[傾向(경향)] : 한 쪽으로 기울어지는 성향

급수 | 4급
음훈 | ① 다칠 상
부수 | 亻(사람 인) 부 11획
총 13획

필순 亻 亻 亻 亻 亻 佰 佰 伊 傷 傷 傷

글자풀이 사람 인(亻)변에 다칠 상. 사람이 신체의 일부분에 상처를 입었다는 글자로 '다쳤다'를 뜻함.

뜻풀이 ① 다치다 ② 해치다

예 [傷心(상심)] : 마음을 상함, 마음을 태움, 속을 써임
[傷處(상처)] : 다친 곳
[傷害(상해)] : 상처가 나서 해를 입음
[輕傷(경상)] : 가벼운 상처
[負傷(부:상)] : 몸에 상처를 입음

[火傷(화:상)] : 불이나 뜨거운 열에 데어서 상처를 입음

급수 | 5급
음훈 | ① 전할 전
부수 | 亻(사람 인) 부 11획
　　　총 13획

필순 亻 亻 亻 仁 佢 伸 俥 傳 傳 傳

글자풀이　사람 인(亻) 변에 오로지 전(專). 專은 실패에서 실을 푸는 모양. 따라서 傳(전)은 실을 풀어 다른 사람에게 쥐어주듯 전해준다는 뜻.

약자 : 伝

뜻풀이　① 전해지다 ② 보내다 ③ 옮기다

예 [傳記(전기)] : 개인의 한 평생 살아온 모습을 기록한 것
[傳達(전달)] : 전하여 이르게 함
[傳說(전설)] : 예로부터 전해 내려오는 이야기
[傳言(전언)] : 전하는 말
[口傳(구:전)] : 입에서 입으로 전함
[急傳(급전)] : 급히 전함
[宣傳(선전)] : 널리 전하여 퍼뜨림

급수 | 5급
음훈 | ① 값 가
부수 | 亻(사람 인) 부 13획
　　　총 15획

필순 亻 亻 價 價 價 價 價 價

글자풀이　사람 인(亻) 변에 장사 고(賈). 물건을 사는 사람(人)과 장사(賈) 간에 거래하는 '가격'을 뜻함.

[참고] 유의어 : 値(치)　약자 : 価

뜻풀이　① 값 ② 대금

예 [價格(가격)] : 돈으로 나타내는 상품의 가치
[價値(가치)] : 값, 값어치
[減價(감:가)] : 값을 감함, 값이 떨어짐
[高價(고가)] : 비싼 가격 또는 값비싼 것
[代價(대:가)] : 물건을 산 대신 치르는 값
[原價(원가)] : 본디 사들일 때의 값
[定價(정:가)] : 상품에 일정한 값을 매김, 또는 그 값
[呼價(호가)] : 물건의 값을 외침

급수 | 4급
음훈 | ① 검소할 검:
부수 | 亻(사람 인) 부 13획
　　　총 15획

필순 ノ 亻 亻 亻 ㇒ 俭 俭 俭 俭 俭 儉 儉 儉 儉 儉

글자풀이　사람 인(亻) 변에 다 첨(僉). 僉의 발음과 또 가려 뽑는다는 뜻을 빌어서 만든 글자로 '검소하다', '적다', '흉작'의 뜻임.

[참고] 반대자 : 侈(치)　약자 : 倹

뜻풀이　① 검소하다 ② 적다 ③ 흉작

예 [儉年(검:년)] : 흉년
[儉朴(검박)] : 차림새나 생활이 검소하고 질박함
[儉素(검:소)] : 사치하지 않고 꾸밈이 없이 수수함
[儉約(검:약)] : 돈이나 물건 등을 낭비하지 않고 아껴씀
[儉節(검절)] : 검소하고 절약함
[勤儉(근검)] : 사치하지 않으며 부지런하고 검소함

급수 | 5급
음훈 | ① 억 억
부수 | 亻(사람 인) 부 13획
　　　총 15획

필순 亻 亻 亻 亻 倍 倍 倍 倍 億 億 億

글자풀이　사람 인(亻) 변에 뜻 의(意). 사람의 생각으로 헤아릴 수 있는 가장 큰 수 '일 억'을 뜻하는 수.

뜻풀이　① 큰 수 일 억 ② 헤아리다

예 [億丈(억장)] : 썩 높은 것 또는 그 높이
[億兆蒼生(억조창생)] : 수많은 백성, 수많은 세상 사람
[億中(억중)] : 생각하고 계획한 것이 잘 들어맞음
[一億(일억)] : 일만의 만 배 되는 수
[數億(수:억)] : 일억의 두서너 곱절이 되는 수효

급수 | 4급
음훈 | ① 거동 의
부수 | 亻(사람 인) 부 13획
　　　총 15획

필순 亻 亻 亻 亻 俨 俨 俨 俨 儀 儀 儀

글자풀이 사람 인(亻) 변에 옳을 의(義). 사람으로서 지켜야 할 올바른 행동절차를 뜻함.

뜻풀이 ① 거동 ② 올바른 자태 ③ 본보기

예 [儀禮(의례)] : 형식과 절차를 갖춘 행사나 의식
[儀式(의식)] : 일정한 격식을 갖추어 치르는 행사나 예식
[儀容(의용)] : 예절을 갖춘 태도
[儀典(의전)] : 예의의 규범
[賻儀(부:의)] : 초상난 집에 부조로 금품을 보내는 일
[葬儀(장:의)] : 죽은 사람을 매장하는 의식
[祝儀(축의)] : 축하하는 뜻을 나타내기 위하여 성의로 내는 돈이나 물건

급수 | 4급
음훈 | ① 선비 유
부수 | 亻(사람 인) 부 14획
총 16획

필순 亻 亻 亻 俨 俨 俨 儒 儒 儒 儒

글자풀이 사람 인(亻) 변에 기우제 수(需). 기우제(需)를 지내는 사람(人) 즉 학식과 덕망 있는 '선비'를 뜻함.

[참고] 유의자 : 士(사)

뜻풀이 ① 선비 ② 유학 ③ 너그럽다

예 [儒敎(유교)] : 공자의 학문을 신봉하는 학파
[儒生(유생)] : 공자의 학문을 익히는 학자
[焚書坑儒(분서갱유)] : 중국 진시황이 민간이 지닌 유교 서적을 불사르고 많은 학자들을 잡아들여 구덩이에 묻어 죽인 일
[先儒(선유)] : 유학을 연수한 선대의 학자
[崇儒(숭유)] : 유학을 신봉하고 높이 받듦

급수 | 4급
음훈 | ① 넉넉할 우
부수 | 亻(사람 인) 부 15획
총 17획

필순 亻 亻 亻 俨 俨 優 優 優 優

급수 | **5**급
음훈 | ① 으뜸 원
부수 | 儿(어진사람 인)부
2획 총 4획

필순 一 二 テ 元

글자풀이 사람 인(亻) 변에 근심할 우(憂). 憂는 기우제를 드리는 무당을 뜻하며 따라서 優는 비를 불러올 수 있는 뛰어나고 넉넉한 능력을 뜻함.

[참고] 반대자 : 劣(열)

뜻풀이 ① 넉넉하다 ② 우수하다 ③ 뛰어나다

예 [優待(우대)] : 특별히 잘 대우함
[優等(우등)] : 우수한 등급, 훌륭하게 빼어난 등급
[優良(우량)] : 뛰어나게 좋음.
[優秀(우수)] : 여럿 가운데 뛰어나고 빼어남
[優勝(우승)] : 경기에서의 1등

儿 (어진사람 인) 部

★ **부수 설명** : 사람이 한 쪽 무릎을 꿇고 어른 앞에서 예의 바르게 앉아 있는 모양. 한편 걸어가는 다리 모양 같다고 해서 '걷는사람 인' 이라 부르기도 함. 독립된 글자로는 쓰이지 않고 다른 글자의 밑에 붙어 사람의 의미를 줌.

글자풀이 위 상(上) 밑에 어진사람 인(儿). 사람의 형체에다 위 상(上)을 올려놓은 글자로 '머리', '우두머리'를 뜻함.

뜻풀이 ① 으뜸 ② 처음 ③ 근본

예 [元旦(원단)] : 음력 1월 1일
[元首(원수)] : 한 나라의 최고 통치권자
[元祖(원조)] : 어떤 일을 처음으로 시작한 사람
[元勳(원훈)] : 나라를 세우는데 이바지한 공신
[紀元(기원)] : 연대를 계산하는 데 기초가 되는 해
[身元(신원)] : 개인 형편에 관계되는 자료 즉, 주소·본적·신분·직업·품행 등
[還元(환원)] : 본디의 상태로 되돌아감

급수 | **8급**
음훈 | ① 형 형
부수 | 儿(어진사람 인) 부
3획 총 5획

필순 ㅣ ㅁ ㅁ 모 兄

글자풀이 입 구(口) 밑에 어진사람 인(儿). 한 집안의 대표자가 되는 맏아들, '형'을 뜻함.

[참고] 반대자 : 弟(제)

뜻풀이 ① 맏이 ② 형 ③ 상대를 높이어 부르는 말

예 [兄夫(형부)] : 언니의 남편
[兄嫂(형수)] : 형의 아내
[兄弟(형제)] : 형과 아우
[妹兄(매형)] : 누나의 남편
[父兄(부형)] : 아버지와 형
[仲兄(중:형)] : 자기의 둘째 형
[親兄(친형)] : 부모가 같은 형

급수 | **6급**
음훈 | ① 빛 광
부수 | 儿(어진사람 인)부
4획 총 6획

필순 ㅣ ㅣ ㅆ ㅆ 屶 光

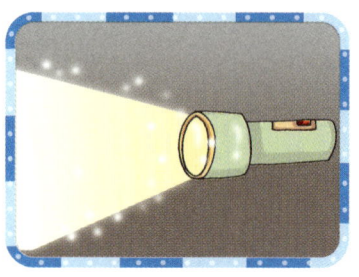

글자풀이 불 화(火) 밑에 어진사람 인(儿). 불(火)이 사람의 머리 위에 있으니 번쩍번쩍 빛이 난다는 뜻.

[참고] 유의자 : 彩(채)

뜻풀이 ① 빛 ② 빛나다 ③ 명예

예 [光景(광경)] : 어떤 일이나 현상이 벌어진 모양이나 형편
[光明(광명)] : 밝고 환함
[夜光(야:광)] : 어두운 밤에 빛을 내는 물질 또는 그 빛
[榮光(영광)] : 빛나는 영예
[螢光(형광)] : 반딧불

급수 | **8급**
음훈 | ① 먼저 선
부수 | 儿(어진사람 인) 부
4획 총 6획

필순 ㅣ ㅗ 屮 屮 先 先

글자풀이 갈 지(之) 밑에 어진사람 인(儿). 앞서가는 사람을 뜻함.

[참고] 반대자 : 後(후)

뜻풀이 ① 앞 ② 먼저 ③ 죽은 아버지

예 [先覺者(선각자)] : 남보다 먼저 깨우친 사람
[先見之明(선견지명)] : 앞일을 미리 내다보는 밝은 지혜
[先頭(선두)] : 앞머리
[先輩(선배)] : 학문·덕행·경험·연령 등이 자기보다 많거나 훌륭한 사람
[先生(선생)] : 스승
[先親(선친)] : 돌아가신 아버지

급수 | **5**급
음훈 | ① 채울 충
부수 | 儿(어진사람 인) 부
　　　 4획 총 6획

필순 `ᅟ一ᅟ二ᅟ云ᅟ产ᅟ充`

글자풀이 어린아이 모양에 두 다리를 붙인 글자로 어린아이가 걸어다닐 만큼 '충분히' 자랐음을 뜻하는 글자.

[참고] 유의자 : 滿(만)

뜻풀이 ① 가득하다 ② 기르다 ③ 충분하다

예 [充棟(충동)] : 汗牛充棟(한우충동)의 준말로, 짐으로 실으면 소가 땀을 흘리고, 쌓으면 천장까지 가득 찰 만큼 많은 책을 가리킴
[充分(충분)] : 모자람이 없음
[充實(충실)] : 내용이 알참
[補充(보:충)] : 모자람을 채움
[擴充(확충)] : 넓혀 충실하게 함

급수 | **5**급
음훈 | ① 아이 아
부수 | 儿(어진사람 인) 부
　　　 6획 총 8획

필순 `ᅟ′ᅟ⺊ᅟ⺊ᅟ臼ᅟ臼ᅟ臼ᅟ兒ᅟ兒`

글자풀이 맏 형(兄)자의 머리에서 입 구(口)자 대신 절구 구(臼)자를 올려놓아 아직 머리뼈가 다 자라지 않은 '어린아이'를 나타내는 글자.

[참고] 유의자 : 童(동)　약자 : 児

뜻풀이 ① 아이 ② 자식

예 [兒童(아동)] : 어린아이
[男兒(남아)] : 남자 아이
[乳兒(유아)] : 젖 먹는 어린 아이
[育兒(육아)] : 아이를 기름
[風雲兒(풍운아)] : 좋은 때를 타고 나서 세상에 두각을 나타내는 사람.
[幸運兒(행:운아)] : 좋은 운을 만나 일이 뜻대로 잘 되어 가는 사람

入 (들 입) 部

* 부수 설명 : 하나의 줄기 밑에 두 가닥의 뿌리 모양을 그린 글자로 뿌리가 땅 속으로 뻗 듯 안으로 '들어감' 을 나타낸 글자

급수 | 7급
음훈 | ① 들 입
부수 | 入(들 입) 부 0획
　　　총 2획

필순 ノ 入

글자풀이 식물의 뿌리가 땅 속으로 들어가듯 안으로 '들어간다' 는 뜻.

[참고] 반대자 : 出(출)

뜻풀이 ① 들어가다 ② 수입

예 [入閣(입각)] : 각료(장관)가 되어 정부에 들어감
[入口(입구)] : 들어가는 문
[入山(입산)] : 산에 들어감
[入室(입실)] : 방 안으로 들어감
[入院(입원)] : 병원에 치료하러 들어감
[入場(입장)] : 극장·식장·경기장 따위의 장내로 들어감.
[收入(수입)] : 금품 등을 거두어들임 또는 그 금품

급수 | 7급
음훈 | ① 안 내:
부수 | 入(들 입) 부 2획
　　　총 4획

필순 丨 冂 内 内

글자풀이 덮을 멱(冖) 안에 들 입(入). 가려진 곳 안으로 들어갔다는 글자로 '안' 을 뜻함.

[참고] 반대자 : 外(외)

뜻풀이 ① 안, 속 ② 들어가다 ③

어머니

예 [內官(내:관)] : 궁중에서 일하는 여자 관리
[內面(내:면)] : 물건의 안쪽, 인간의 정신·심리에 관한 면
[內命婦(내:명부)] : 조선 때, 왕·왕비·왕세자를 받들어 모시고 궁중의 일을 보며 품계를 가졌던 궁녀
[內容(내:용)] : 속 모양
[宅內(댁내)] : 집안
[室內(실내)] : 방이나 건물의 안

급수 | **7**급
음훈 | ① 온전 전
부수 | 入(들 입) 부 4획
　　　총 6획

필순 ノ 人 入 仐 全 全

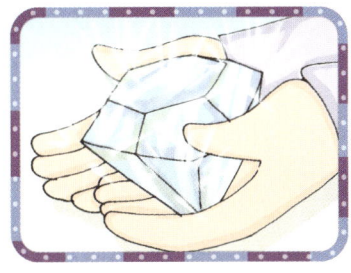

글자풀이 들 입(入) 안에 구슬 옥(玉). 구슬이 사람의 손 안에 들어갔다는 글자로 손에 들어가 잘 갈고 다듬어져 온전한 보석이 되듯 '온전하다'는 뜻.

[참고] 유의자 : 完(완)

뜻풀이 ① 온전하다 ② 완전히

예 [全國(전국)] : 온 나라 안

[全面(전면)] : 모든 부문, 모든 면
[全部(전부)] : 모두 다
[全額(전액)] : 액수의 전부
[全員(전원)] : 전체의 인원
[萬全(만:전)] : 조금도 허술함이 없음. 아주 안전함
[保全(보:전)] : 보호하여 안전하게 유지함

급수 | 준**4**급
음훈 | ① 두 량:
부수 | 入(들 입) 부 6획
　　　총 8획

필순 一 丆 丂 兩 兩 兩 兩 兩

글자풀이 하나를 둘로 나누었다는 뜻으로 '둘', '양쪽'을 뜻함.

뜻풀이 ① 둘 ② 양 쪽

[참고] 약자 : 両

예 [兩脚(양:각)] : 두 다리
[兩立(양:립)] : 둘이 서로 맞섬
[兩面(양:면)] : 겉과 안, 두 쪽 면
[兩方(양:방)] : 이쪽과 저쪽
[兩手(양:수)] : 두 손
[兩親(양:친)] : 아버지와 어머니

八 (여덟 팔) 部

* **부수 설명** : 사물이 둘로 나뉘어져 서로 등지고 있는 모양. 숫자로는 가장 잘 나누어지는 기본 수 8을 뜻하며 나누어지고 등진 모양에서 '배반'의 뜻도 있음.

급수 | 8급
음훈 | ① 여덟 팔
부수 | 八(여덟 팔) 부 0획
　　　　총 2획

필순 ノ 八

글자풀이 사물이 둘로 나뉘어져 서로 등지고 있는 형상으로 숫자 8을 나타냄.

뜻풀이 ① 여덟 ② 나뉘다 ③ 팔 방향 ④ 배반하다

예 [八道江山(팔도강산)] : 우리나라 전 국토
[八方(팔방)] : 동서남북과 그 사이까지 여덟 방위
[八方美人(팔방미인)] : 모든 것을 다 잘하는 큰 재주꾼

[八朔(팔삭)] : 아홉 달을 미처 채우지 못하고 여덟 달 만에 태어난 아이를 '팔삭동이'라 함
[八字(팔자)] : 사람의 평생의 운수

급수 | 6급
음훈 | ① 공평할 공
　　　② 존칭 공
부수 | 八(여덟 팔) 부 2획 총 4획
필순 ノ 八 公 公

글자풀이 여덟 팔(八) 밑에 사사 사(厶). 사사로움을 배반(八)하는 것 즉, '공평함'을 뜻함.

[참고] 반대자 : 私(사)

뜻풀이 ① 공평하다 ② 공직 ③ 귀한 사람을 부르는 존칭

예 [公務(공무)] : 공적인 일
[公私(공사)] : 공공의 일과 사사로운 일
[公益(공익)] : 공공의 이익
[公主(공주)] : 왕비의 몸에서 태어난 임금의 딸
[公職(공직)] : 관청이나 공공 단체의 직무

급수 | **8**급
음훈 | ① 여섯 륙
부수 | 八(여덟 팔) 부 2획
　　　총 4획

필순 `丶一ナ六`

글자풀이 돼지해머리 두(亠) 밑에 여덟 팔(八). 숫자 여섯(6)을 나타낸 지사문자.

뜻풀이 ① 여섯

예 [六甲(육갑)] : '육십갑자'의 준말 남의 언행을 얕잡아 일컫는 말
[六書(육서)] : 한자가 만들어진 여섯 가지 원리의 명칭으로 지사, 상형, 회의, 형성, 전주, 가차를 이름
[六旬(육순)] : 나이 60
[六親(육친)] : 자기와 아주 가까운 여섯 사람. 부, 모, 형, 제, 처, 자의 총칭

급수 | **6**급
음훈 | ① 한가지 공:
부수 | 八(여덟 팔) 부 4획
　　　총 6획

필순 `一十卄丑共共`

글자풀이 스물 입(卄) 밑에 두 손 맞잡을 공(廾). 여러 사람이 함께 손으로 들어 올린다는 뜻.

[참고] 유의자 : 同(동)

뜻풀이 ① 함께 ② 같이 ③ 한가지로

예 [共感(공:감)] : 남의 의견·주장·감정 따위에 대하여 자기도 그렇다고 느낌
[公共(공:공)] : 국가나 사회의 구성원에게 두루 관계가 되는 것
[共同(공:동)] : 여러 사람이 모두 같이 함
[共鳴(공:명)] : 남의 사상이나 감정, 행동 따위에 공감하여 찬성함
[共謀(공:모)] : 두 사람 이상이 공동으로 어떤 일을 모의함
[共生(공:생)] : 서로 도와 가며 같이 삶
[共用(공:용)] : 함께 사용함 또는 그런 물건
[共有(공:유)] : 공동으로 소유함
[共通(공:통)] : 여럿 사이에 두루 통용되거나 관계가 있음

급수 | **5급**
음훈 | ① 병사 병
부수 | 八(여덟 팔) 부 5획
　　　총 7획

필순 ノ ｢ ｢ Ｆ 斤 丘 乒 兵

급수 | **5급**
음훈 | ① 갖출 구(:)
부수 | 八(여덟 팔) 부 6획
　　　총 8획

필순 丨 冂 冃 目 目 具 具 具

글자풀이 날 근(斤)자를 두 손으로 받들고 있는 모습으로, 무기(斤)를 두 손으로 들고 있는 '병사'를 뜻함.

[참고] 유의자 : 卒(졸)

뜻풀이 ① 군사 ② 병기 ③ 전쟁

예 [兵器(병기)] : 전쟁에 쓰이는 모든 기구
　　[兵力(병력)] : 군대의 힘, 전투력
　　[兵馬(병마)] : 병사와 말
　　[兵士(병사)] : 사병, 병졸
　　[兵卒(병졸)] : 졸병, 계급이 비교적 낮은 군사
　　[近衛兵(근위병)] : 왕족이나 대통령을 가까이서 호위하는 군인
　　[騎兵(기병)] : 말 타고 싸우는 병사
　　[砲兵(포병)] : 대포를 사용하여 싸우는 병사
　　[海兵(해:병)] : 바다에서 육지로 상륙하여 전투하는 병사

글자풀이 무엇이든지 살 수 있는 화폐인 조개 패(貝)와 두 손을 뜻하는 공(廾)자가 합쳐서 된 글자로 손에 항상 돈을 준비하고 있으니 늘 '갖추고 있다'는 뜻임.

[참고] 유의자 : 備(비)

뜻풀이 ① 갖추다 ② 준비하다 ③ 함께 ④ 늘어놓다

예 [具備(구비)] : 빠짐없이 갖춤
　　[具色(구색)] : 여러 가지 물건을 고루 갖춤
　　[具全(구전)] : 온전히 다 갖춤
　　[具足(구족)] : 충분히 갖춤
　　[家具(가구)] : 장롱·책상·탁자 등과 같은 집안 살림 기구
　　[工具(공구)] : 물건을 만들거나 고치는 데 쓰이는 기구
　　[器具(기구)] : 세간·그릇·연장·기계 등의 총칭

급수 | **5**급
음훈 | ① 법 전:
부수 | 八(여덟 팔) 부 6획
　　　총 8획

필순 ｜ 冂 冂 帀 帀 典 典 典

글자풀이 책 책(冊) 밑에 대 기(丌).
선반(丌) 위에 귀하게 모셔놓은 성스러운 책으로 경전이나 법전을 뜻함.

[참고] 유의자 : 籍(적)

뜻풀이 ① 법, 규정 ② 예, 의식 ③ 책

예 [典禮(전:례)] : 왕실 또는 국가에서 행하는 의식
[典籍(전:적)] : 경전이 되는 책
[典型(전:형)] : 기준이나 모범이 될 만한 본보기
[經典(경전)] : 성인(聖人)이 지은 글 또는 성인의 언행을 적은 글
[古典(고:전)] : 오랜 세월 동안 많은 사람들에게 읽혀져 내려오면서 높이 평가되고 애호된 모범이 될 만한 저술 또는 작품
[事典(사:전)] : 여러 가지 사항을 모아 하나하나에 해설을 붙인 책

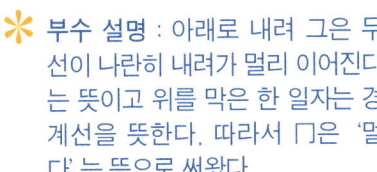

冂 (멀 경) 部

＊ 부수 설명 : 아래로 내려 그은 두 선이 나란히 내려가 멀리 이어진다는 뜻이고 위를 막은 한 일자는 경계선을 뜻한다. 따라서 冂은 '멀다'는 뜻으로 써왔다.

급수 | **4**급
음훈 | ① 책 책
부수 | 冂(멀 경) 부 3획
　　　총 5획

필순 ｜ 冂 冂 冊 冊

글자풀이 옛날에 종이가 없었던 시대에 대쪽에 글씨를 썼고. 글씨 쓴 대쪽 여러 개를 구멍뚫고 꿰어 책을 만들었다. 이렇게 대쪽을 모아 만든 책 모양을 본 딴 글자임.

[참고] 유의자 : 書(서)

뜻풀이 ① 책 ② 책을 세는 단위 ③ 문서

예 [冊立(책립)] : 황후나 황태자를 세우는 일

[冊房(책방)] : 책 가게
[冊床(책상)] : 앉아서 책을 읽거나 글씨를 쓰는 데 받치고 쓰는 상
[冊子(책자)] : 책
[別冊(별책)] : 따로 나누어 엮어 만든 책
[分冊(분책)] : 두꺼운 책을 나누어 가른 책

급수 | **5**급
음훈 | ① 두 재:
부수 | 冂(멀 경) 부 4획
　　　총 6획

필순 一 厂 冂 冂 再 再

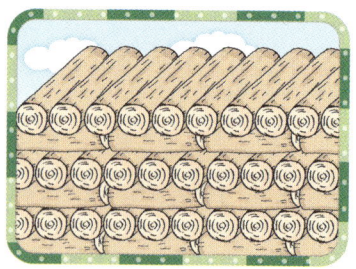

글자풀이 나무를 차곡차곡 쌓은 위에 또 쌓은 모습의 글자로 '다시, 두 번'의 뜻임.

뜻풀이 ① 둘 ② 재차 ③ 거듭

예 [再考(재:고)] : 다시 생각함
[再起(재:기)] : 다시 일어남
[再發(재:발)] : 다시 발생함
[再拜(재:배)] : 두 번 절함
[再生(재:생)] : ① 죽게 되었다가 다시 살아남 ② 낡아서 못쓰게 된 것을 가공하여 다시 씀 ③ 필름이나 테이프의 본래 모습을 다시 보여줌
[再選(재:선)] : 다시 뽑음
[再任(재:임)] : 재차 전의 관직에 임명됨
[再會(재:회)] : 또 다시 모임

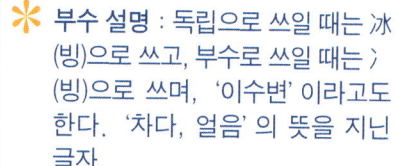

冫 (얼음 빙) 部

* **부수 설명** : 독립으로 쓰일 때는 冰(빙)으로 쓰고, 부수로 쓰일 때는 冫(빙)으로 쓰며, '이수변' 이라고도 한다. '차다, 얼음' 의 뜻을 지닌 글자.

급수 | **7**급
음훈 | ① 겨울 동(:)
부수 | 冫(얼음 빙) 부 3획
　　　총 5획

필순 ノ ク 夂 冬 冬

글자풀이 뒤져올 치(夂) 밑에 얼음 빙(冫). 마지막으로(夂) 오는 추운(冫) 계절 '겨울'을 뜻함.

[참고] 반대자 : 夏(하)

뜻풀이 ① 겨울

예 [冬眠(동:면)] : 동물들의 겨울 잠, 어떤 활동이 일시적으로 휴지 상태에 이름의 비유
[冬節(동:절)] : 겨울 철
[冬至(동지)] : 24절기 중의 하나, 양력 12월 22일 경
[嚴冬(엄동)] : 몹시 추운 겨울
[越冬(월동)] : 겨울을 넘김

급수 | **5**급
음훈 | ① 찰 랭:
부수 | 冫(얼음 빙) 부 5획
　　　총 7획

필순 `丶 冫 冫 冷 冷 冷 冷`

글자풀이 얼음 빙(冫) 변에 하여금 령(令). 령에서 음을 빌고 빙(冫)에서 차다는 뜻을 따다 만든 글자.

[참고] 유의자 : 寒(한), 반대자 : 溫(온)

뜻풀이 ① 차갑다 ② 서늘하다 ③ 식히다

예 [冷却(냉:각)] : 식혀서 차게 만듦

[冷待(냉:대)] : 쌀쌀맞게 대접함
[冷凍(냉:동)] : 차갑게 얼림
[冷房(냉:방)] : 기온이 낮아 서늘하거나 추운 방
[冷水(냉:수)] : 차고 시원한 물
[冷藏庫(냉:장고)] : 식품 따위를 차갑게 저온으로 저장하는 상자 모양의 전자제품
[冷靜(냉:정)] : 감정에 사로잡히지 않고 침착함

凵 (입벌릴 감) 部

입을 벌리고 있는 모양도 같고 땅이 파여진 구덩이 모양 같기도 한 글자. 그래서 붙여진 이름이 '입벌릴 감' 이며 뜻으로는 '구덩이' 라는 뜻으로 많이 사용된다.

급수 | **5**급
음훈 | ① 흉할 흉
부수 | 凵(입벌릴 감) 부 2획
　　　총 4획

필순 `丿 乂 凵 凶`

글자풀이 나쁜 것(X)을 구덩이(凵) 속에 묻은 모양의 글자로 더럽고 흉한 것을 뜻함.

[참고] 유의자 : 惡(악), 반대자 : 吉(길)

뜻풀이 ① 흉하다 ② 재앙 ③ 흉년

예 [凶家(흉가)] : 흉측한 일이 잘 일어나는 집
[凶計(흉계)] : 흉악한 계략
[凶年(흉년)] : 농사가 잘 안 된 해
[凶物(흉물)] : 더럽고 흉한 물건
[凶事(흉사)] : 흉하고 나쁜 일
[凶作(흉작)] : 작물이 제대로 잘 자라지 못함
[吉凶(길흉)] : 좋은 일과 나쁜 일

급수 | **7**급
음훈 | ① 날 출
부수 | 凵(입벌릴 감) 부 3획 총 5획

필순 ㅣ 屮 屮 出 出

글자풀이 식물의 싹이 두 가닥씩 싹을 내며 땅 위로 자라 나오는 모양을 그린 글자로 '나온다' 는 뜻을 나타냄.

[참고] 반대자 : 入(입)

뜻풀이 ① 나가다 ② 내보내다 ③ 뛰어나다

예 [出家(출가)] : 집을 떠남. 세속의 인연을 버리고 절이나 수도원 등으로 들어가 수행의 생활을 함
[出嫁(출가)] : 여자가 시집감
[出庫(출고)] : 생산자가 생산품을 시장에 냄
[出國(출국)] : 외국으로 나감
[出馬(출마)] : 선거 등에 입후보함
[出席(출석)] : 어떤 모임에 나가 참여함.
[出品(출품)] : 전람회ㆍ전시회ㆍ품평회 같은 곳에 물건을 내어 놓음

刀 (칼 도) 部

※ 칼날이 굽은 칼 모양을 본떠서 그린 글자로 칼을 뜻하며 다른 글자의 옆에 붙는 변으로 쓰일 때는 刂로 모양이 바뀐다. 이때는 '선 칼 도' 라 이름 하여 刀와 구별하지만 모두 '칼' 이라는 뜻이다.

급수 | **6**급
음훈 | ① 나눌 분(:) ② 신분 분(:)

부수 | 刀(칼 도) 부 2획 총 4획

필순 ノ 八 分 分

글자풀이 여덟 팔(八) 밑에 칼 도(刀). 八은 수 8을 나타내면서 한 편 '나눈다'는 뜻도 있다. 그래서 分은 칼(刀)로 '나눈다'는 뜻임.

[참고] 유의자 : 離(리), 割(할), 반대자 : 合(합)

뜻풀이 ① 나누다 ② 구별하다 ③ 헤아리다 ④ 시간의 단위

예 [分家(분가)] : 가족의 한 구성원이 딴살림을 차려 나감
[分校(분교)] : 본교 소재지 이외의 지역에 따로 세운 학교
[分權(분권)] : 권리나 권력을 나눔
[分斷(분단)] : 두 개 이상으로 나누어 끊음
[分量(분:량)] : 부피·수효·무게 등의 많고 적음과 크고 작은 정도
[分明(분명)] : 틀림이 없고 확실함
[分別(분별)] : 세상 물정을 알아서 가림
[分福(분:복)] : 타고난 복
[分數(분:수)] : 자기 신분에 맞는 한도, 어떤 정수를 다른 정수로 나눈 결과를 가로줄을 그어 나타낸 수

급수 | **5**급
음훈 | ① 끊을 절
　　　② 온통 체

부수 | 刀(칼 도) 부 2획 총 4획
필순 - ㄣ 切切

글자풀이 일곱 칠(七)과 칼 도(刀) 로 이루어진 글자. 일곱 칠(七)은 절단한다는 뜻도 있기 때문에 切은 칼로 자른다는 뜻이 된다. 또한 切은 '모두, 온통'의 뜻도 있는데 이때는 '절'로 읽지 않고 '체'로 읽는다.

[참고] 유의자 : 斷(단)

뜻풀이 ① 끊다 ② 잘게 썰다 ③ 온통, 모두

예 [切斷(절단)] : 끊어 냄, 끊어 짐
[切望(절망)] : 간절히 바람
[切齒腐心(절치부심)] : 몹시 분하여 이를 갈고 속을 썩임
[切親(절친)] : 끊을 수 없이 아주 친한, 親切(친절)
[懇切(간:절)] : 지성스럽고 절실하게 바람
[一切(일체)] : 모든 것, 온갖 사물 모두 다

급수 | 준 **4** 급
음훈 | ① 벌릴 렬
부수 | 刂(칼 도) 부 4획
총 6획

필순 ᅳ ㄱ ㄅ ㄯ 列 列

글자풀이 뼈 앙상할 알(歹) 변에 칼 도(刂). 칼로 뼈를 발라 늘어놓는다는 글자로 질서있게 '벌려놓는다' 는 뜻.

뜻풀이 ① 벌이다 ② 가지런하다 ③ 차례 ④ 줄, 행렬

예 [列擧(열거)] : 하나씩 예를 들어가며 말함
[列聖(열성)] : 대대로 이어진 임금
[列傳(열전)] : 여러 사람의 전기를 차례로 엮은 책
[列中(열중)] : 늘어선 줄의 가운데
[列車(열차)] : 기관차에 사람과 화물을 실을 차량을 연결한 기차
[隊列(대열)] : 질서 있게 죽 늘어선 행렬
[序列(서:열)] : 순서에 따라 늘어놓은 차례
[行列(항렬)] : 같은 혈족들을 세대별로 맞추어 늘어놓은 차례

급수 | **4** 급
음훈 | ① 형벌 형
부수 | 刂(칼 도) 부 4획
총 6획

필순 ᅳ 二 チ 开 刑 刑

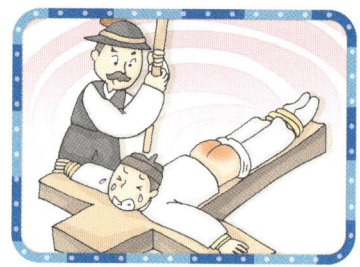

글자풀이 열 개(開) 변에 칼 도(刂), 开는 형틀을 뜻하고 刂는 칼을 뜻하여 刑은 형틀을 씌우거나 칼을 씌워 벌을 준다는 뜻.

[참고] 유의자 : 罰(벌)

뜻풀이 ① 형벌 ② 벌주다 ③ 법 ④ 죽이다

예 [刑罰(형벌)] : 죄지은 자에게 벌을 내림
[刑法(형법)] : 범죄와 형벌에 관한 규정
[刑事(형사)] : 형법의 적용을 받는 사건
[減刑(감:형)] : 지은 죄의 사연을 감안하여 형벌을 가볍게 함
[實刑(실형)] : 집행유예가 아닌 실제로 받는 체형(體刑)
[斬刑(참:형)] : 목을 베어 죽임 또는 그런 형벌

급수 | **6**급
음훈 | ① 이할 리:
　　　② 도울 리:
부수 | 刂(칼 도) 부 5획 총 7획
필순 ノ 二 チ 矛 禾 利 利

글자풀이 벼 화(禾) 변에 칼 도(刂). 벼를 베는 칼은 날카롭고 이롭게 사용한다. 그래서 '날카롭다', '이롭다'는 뜻으로 쓰임.

[참고] 반대자 : 害(해)

뜻풀이 ① 이롭다 ② 도움 ③ 날카롭다

예 [利器(이:기)] : ① 썩 잘 드는 연장이나 도구 ② 편리한 기구, 이용할 만한 기계
　[利用(이:용)] : 편리하게 사용함
　[利益(이:익)] : 물질적으로나 정신적으로 보탬이 되는 것
　[利子(이:자)] : 빌리거나 맡긴 돈에 대하여 대가로 주는 돈
　[利敵(이:적)] : 적에게 이롭게 하는 행위
　[權利(권리)] : 권세와 이익, 일을 자유로이 처리할 수 있는 권한

[勝利(승리)] : 겨루어 이김
[有利(유리)] : 이로움이 있음
[便利(편리)] : 편하고 쉬움

급수 | **6**급
음훈 | ① 나눌 별
　　　② 다를 별
부수 | 刂(칼 도) 부 5획 총 7획
필순 ノ 口 ロ 马 另 別 別
[참고] 유의어 : 離(리)

글자풀이 헤어질 령(另) 변에 칼 도(刂). 칼로 베어 따로따로 떼어 나누어 놓는다는 뜻.

[참고] 유의자 : 特(특)

뜻풀이 ① 나누다 ② 헤어지다 ③ 구별하다 ④ 다르다

예 [別居(별거)] : 부부나 한집안 식구가 따로 떨어져 삶
　[別味(별미)] : 특별히 좋은 맛 또는 그 음식
　[別世(별세)] : 세상을 떠남
　[別種(별종)] : 특별히 다른 종자
　[別稱(별칭)] : 달리 부르는 이름
　[區別(구별)] : 종류에 따라 나눔

[死別(사:별)] : 죽어서 이별함
[差別(차별)] : 차등이 있게 구별함
[判別(판별)] : 옳고 그름을 판단하여 구별함

[初志(초지)] : 맨 처음에 품은 뜻
[始初(시:초)] : 맨 처음
[太初(태초)] : 천지가 개벽한 처음

급수 | 5급
음훈 | ① 처음 초
부수 | 刀(칼 도) 부 5획
　　　총 7획

필순 ` ㄱ ㅊ ㅊ ㅊ 初 初

글자풀이 　옷 의(衤) 변에 칼 도(刀). 옷을 만들 때 맨 처음 하는 일이 천을 칼로 자르는 것이다. 그래서 初는 '처음'을 뜻함.

[참고] 유의자 : 始(시), 반대자 : 終(종)

뜻풀이 　① 처음 ② 비로소 ③ 시작

예 [初更(초경)] : 하룻밤을 다섯 등분한 맨 첫 번째 부분에 해당하는 저녁 7시에서 9시 사이
[初等(초등)] : 맨 처음 등급
[初步(초보)] : 학문, 기술 등의 첫 걸음
[初心(초심)] : 처음에 먹은 마음
[初夜(초야)] : 초저녁, 첫날 밤

급수 | 4급
음훈 | ① 판단할 판
부수 | 刂(칼 도) 부 5획
　　　총 7획

필순 ` ´ ㅛ ㅗ 半 判 判

글자풀이 　반 반(半) 변에 칼 도(刂). 칼로 반을 잘라서 나누어 구별한다. 즉, 판별한다는 뜻.

뜻풀이 　① 판가름 하다 ② 나누다 ③ 반 쪽

예 [判決(판결)] : 시비나 선악을 판단하여 결정함
[判官(판관)] : 심판하고 재판하는 일을 맡은 관리
[判斷(판단)] : 사물이나 상황을 인식하고 스스로 판정을 내림
[判事(판사)] : 각급 법원에서 재판을 행하고 판결을 내리는 법관
[判定(판정)] : 판별하여 결정함

[誤判(오:판)] : 그릇된 판단. 틀린 심판
[裁判(재판)] : 옳고 그름을 살피어 판단함

급수 | 4급
음훈 | ① 새길 각
부수 | 刂(칼 도) 부 6획
　　　총 8획

필순 ` 一 亠 亥 亥 亥 刻 刻

글자풀이 돼지 해(亥) 변에 칼 도(刂). 돼지발톱으로 파헤치듯 긁거나 벗기거나 깎거나 혹은 칼로 새긴다는 뜻.

[참고] 유의자 : 彫(조)

뜻풀이 ① 새기다 ② 벗기다 ③ 깎다 ④ 심하다

예 [刻苦(각고)] : 몹시 애씀
[刻骨難忘(각골난망)] : 은혜가 뼈에 사무쳐 잊혀지시 않음
[刻本(각본)] : 조각한 판목으로 인쇄한 책
[刻舟求劍(각주구검)] : 배에서 칼을 떨어뜨리고 뱃전에 빠뜨린 자리를 표시해 두었다가 배가 정박한 뒤에 칼을 찾으려 했다는 고사(故事)로 미련하고 융통성이 없음의 비유
[時刻(시각)] : 시간의 한 점
[彫刻(조각)] : 돌, 나무, 금속 등에 글자나 형상을 새겨서 만듦
[寸刻(촌:각)] : 아주 짧은 시간

급수 | 4급
음훈 | ① 문서 권
부수 | 刀(칼 도) 부 6획
　　　총 8획

필순 ` ` ` ⺍ 兰 关 券 券

글자풀이 손 수(手)자 둘을 마주한 글자 밑에 칼 도(刀). 칼로 나누어 두 손에 각각 쥐고 있는 '증서'를 뜻함.

뜻풀이 ① 문서 ② 증서 ③ 어음 쪽

예 [券面(권면)] : 증권의 액수를 적은 문서의 겉면
[券書(권서)] : 사실을 증명하는 문서
[旅券(여권)] : 외국 여행자의 신분과 국적을 증명하고, 그 보호를 의뢰하는 문서
[證券(증권)] : 증거가 되는 문권

급수 | **5**급
음훈 | ① 이를 도:
부수 | ⺉(칼 도) 부 6획 총 8획
필순 ` ㄱ �535 至 至 到 到

글자풀이 이를 지(至) 변에 칼 도(⺉). 至(이르다)에서 뜻을 따고 ⺉(도)에서 음을 따서 만든 글자로 '이르다, 도착하다'는 뜻.

[참고] 유의자 : 達(달), 着(착)

뜻풀이 ① 이르다 ② 닿다

예 [到達(도:달)] : 정한 곳이나 어떤 수준에 이르러 다다름
[到來(도:래)] : 어떤 시기나 기회가 닥쳐옴
[到任(도:임)] : 지방의 관리가 근무지에 도착함
[到着(도:착)] : 목적지에 다다름
[到處(도:처)] : 가는 곳, 여러 곳, 방방곡곡

급수 | 준**4**급
음훈 | ① 절제할 제:
　　　② 마를 제:
부수 | ⺉(칼 도) 부 6획 총 8획
필순 ` ㄠ ㄠ 午 生 制 制 制

글자풀이 未와 ⺉자가 합쳐진 글자로 나무 가지들을 칼로 잘라 다듬고 억제하고 마르고 만든다는 뜻을 나타냄.

뜻풀이 ① 마르다 ② 만들다 ③ 절제하다

예 [制度(제:도)] : 관습, 도덕, 법률에 대하여 지키기로 정한 내용
[制壓(제:압)] : 눌러 억제함
[制定(제:정)] : 제도 따위를 만들어서 정함
[制限(제:한)] : 한도를 넘지 못함
[抑制(억제)] : 억눌러서 그치게 함
[自制(자제)] : 자기 욕심이나 감정을 스스로 눌러 참음
[體制(체제)] : 사회적인 제도나 조직의 양식

급수 | **7**급
음훈 | ① 앞 전
부수 | ⺉(칼 도) 부 7획 총 9획
필순 ` ㄚ ㄚ 广 广 扩 前 前 前 前

필순 | 丨 冂 冂 冃 目 貝 貝 則

글자풀이 배 주(舟)와 칼 도(刂)가 합쳐져 된 글자로 배를 묶어놓은 밧줄을 칼(刂)로 끊어 앞으로 나아가게 한다는 글자.

[참고] 반대자 : 後(후)

뜻풀이 ① 앞 ② 나아가다 ③ 자르다

예 [前官(전관)] : 앞서 담당했던 관리
[前途(전도)] : 앞 길, 미래 장래
[前面(전면)] : 앞면, 앞쪽
[前無後無(전무후무)] : 이전에도 없었고 이후에도 없을
[前夜(전야)] : 어떤 일이 일어나기 전날 밤
[前篇(전편)] : 두세 편으로 나뉜 책의 앞의 편 ↔ 후편(後篇).
[面前(면:전)] : 얼굴을 마주 대한 앞, 눈앞
[生前(생전)] . 살아 있는 동안

글자풀이 조개 패(貝) 변에 칼 도(刂). 재물(貝)을 칼(刂)로 나눌 때는 공평하게 나누기 위해 일정한 '법칙'을 적용해야 한다는 데서 생긴 글자로 '법'을 뜻함.

[참고] 유의자 : 規(규)

뜻풀이 ① 곧, 즉 ② 법 ③ 규칙

예 [則度(칙도)] : 법, 표준
[則效(칙효)] : 모범을 삼아 배움
[校則(교:칙)] : 학교의 규칙
[規則(규칙)] : 여러 사람이 다 같이 지키기로 작정한 법칙
[罰則(벌칙)] : 법규를 어긴 행위에 대한 처벌을 정해 놓은 규칙
[原則(원칙)] : 근본이 되는 법칙
[準則(준:칙)] : 표준으로서 적용할 규칙

급수 | **5**급
음훈 | ① 곧 즉 ② 법칙 칙
부수 | 刂(칼 도) 부 7획
　　　총 9획

급수 | 준**4**급
음훈 | ① 버금 부: ② 쪼갤 복
부수 | 刂(칼 도) 부 9획 총 11획
필순 ｀ ｰ ｰ ｰ ｰ 咅 咅 咅 咅 副 副

글자풀이 술 항아리 모양의 가득 찰 복(畐) 옆에 칼 도(刂). 칼로 항아리를 '쪼갠다.'는 뜻과 쪼개지는 항아리는 중요하지 않고 '버금가는 것'이란 뜻.

[참고] 유의자 : 次(차)

뜻풀이 ① 버금, 둘째 ② 도움 ③ 쪼개다

예 [副車(부거)] : 여벌로 가는 수레
[副賞(부:상)] : 정식 상(賞) 이외에 덧붙여 주는 상금이나 상품
[副食(부:식)] : 주식에 곁들여 먹는 음식
[副業(부:업)] : 본업 외에 갖는 직업
[副作用(부:작용)] : 그 본래의 작용에 부수하여 일어나는 작용
[副次(부:차)] : 이차(二次)
[副會長(부:회장)] : 회장의 다음 직위, 또는 그 사람

급수 | 준**4**급
음훈 | ① 비롯할 창:
부수 | 刂(칼 도) 부 10획
총 12획

필순 ノ 𠂉 𠂉 𠂉 今 今 仝 仝 仝 倉 倉 創 創

글자풀이 곳집 창(倉) 변에 칼 도(刂). 倉에서 음을 따오고 刂에서 뜻을 따온 글자. 칼로 깎고 다듬어서 처음으로 만들었다는 뜻.

[참고] 유의자 : 始(시)

뜻풀이 ① 비롯하다, 처음 ② 만들다 ③ 상처

예 [創建(창:건)] : 건물이나 조직 등을 처음으로 만들어 세움
[創傷(창:상)] : 칼, 창, 총검 따위에 다친 상처
[創世(창:세)] : 세상이 처음 열림
[創始(창:시)] : 처음 시작하거나 내세움
[創作(창:작)] : 새로운 것을 처음 만듦
[創製(창:제)] : 전에 없던 것을 처음으로 만듦
[創造(창:조)] : 전에 없던 것을 처음으로 만듦 ↔ 모방(模倣)
[獨創(독창)] : 혼자의 힘으로 처음으로 생각해 내거나 만들어 냄
[草創(초창)] : 사업을 일으켜 시작함 또는 그 시초

급수 | **4**급
음훈 | ① 심할 극
　　　② 연극 극
부수 | ⺉(칼 도) 부 13획 　총 15획
필순 `ᅠ ᅠ ⼴ ⼧ ⼧ ⼧ ⼧ ⼧ ⼧ ⼧ 劇`

글자풀이 얼굴에 범(虎)과 돼지(豕)의 탈을 쓰고, 손에 칼(⺉)을 들고 심하게 싸우는 연극을 한다는 글자로 '심하다, 연극, 장난'을 뜻함.

뜻풀이 ① 심하다 ② 연극

예 [劇本(극본)] : 연극, 영화, 드라마 등의 대본을 적은 책
[劇藥(극약)] : ① 심한 병에 쓰는 약 ② 극단적인 해결 방법의 비유
[劇場(극장)] : 연극, 음악, 무용, 뮤지컬 따위를 공연하거나 영화를 상영하는 곳
[歌劇(가극)] : 말대신 노래로써 펼치는 연극
[悲劇(비극)] : 매우 비참한 사건
[唱劇(창:극)] : 창(唱)으로 펼쳐내는 연극
[喜劇(희극)] : 사람을 웃길 만한 일이나 사건 또는 연극

力 (힘 력) 部

✱ 팔에 힘을 주었을 때 근육이 불거진 모양을 나타낸 글자로, '힘'을 뜻함.

급수 | **7**급
음훈 | ① 힘 력
부수 | 力(힘 력) 부 0획
　　　총 2획

필순 `フ 力`

글자풀이 팔에 힘을 주었을 때 근육이 불거진 모양을 나타낸 상형 문자로 '힘'을 뜻하는 글자.

뜻풀이 ① 힘 ② 운동 ③ 일꾼

예 [力道(역도)] : 역기(力器)를 들어 올리는 경기
[力士(역사)] : 뛰어나게 힘이 센 사람
[力說(역설)] : 특히 강조하여 말함
[力作(역작)] : 힘들여 만든 작품
[强力(강력)] : 보다 훨씬 강한 힘
[國力(국력)] : 나라의 힘

[死力(사:력)] : 목숨을 아끼지 아니하고 쓰는 힘
[風力(풍력)] : 바람의 힘
[學力(학력)] : 학문의 실력이나 학문을 쌓은 정도

[累加(누:가)] : 계속하여 더해줌
[增加(증가)] : 수량을 늘림

급수 | **5**급
음훈 | ① 더할 가
부수 | 力(힘 력) 부 3획
총 5획

필순 ㄱ 力 加 加 加

급수 | **6**급
음훈 | ① 공 공
부수 | 力(힘 력) 부 3획
총 5획

필순 ㄱ 工 工 功 功

글자풀이 힘 력(力) 변에 입 구(口). 일 하는 사람 옆에서 더욱 힘쓰도록 입으로 응원하여 힘을 '더하다' 는 뜻.

[참고] 유의자 : 增(증), 반대자 : 減(감)

뜻풀이 ① 더하다 ② 입다 ③ 베풀다

예 [加減乘除(가감승제)] : 덧셈 뺄셈 곱셈 나눗셈의 네 가지 연산
[加工(가공)] : 원자재나 반제품에 손을 더 대어 새로운 제품을 만듦
[加勢(가세)] : 힘을 보태거나 거들어 줌
[加速(가속)] : 속도를 더 높임

글자풀이 장인 공(工) 변에 힘 력(力). 물건 만드는 장인이 힘들여 좋은 작품을 만들어 '공'을 세운다는 뜻.

[참고] 반대자 : 過(과)

뜻풀이 ① 공로 ② 직무 ③ 공을 세움 ④ 공교롭다

예 [功德(공덕)] : 공로와 인덕(仁德)
[功勞(공로)] : 어떤 일에 애쓰고 이바지한 공적
[功名(공명)] : 공을 세워서 빛내는 이름
[武功(무:공)] : 전쟁에 나가 세운 공
[成功(성공)] : 목적하는 바를 이룸 ↔ 실패(失敗)
[有功(유:공)] : 공로가 있음
[恩功(은공)] : 은혜와 공로

급수 | 준 **4**급
음훈 | ① 힘쓸 노
부수 | 力(힘 력) 부 5획
　　　 총 7획

필순 〈 夕 女 奴 奴 努 努

글자풀이　종 노(奴) 밑에 힘 력(力).
종처럼 '힘써' 일한다는 뜻.

[참고] 반대자 : 使(사)

뜻풀이　① 힘쓰다 ② 힘써 일하다

예 [努力(노력)] : 목적을 이루기 위하여 몸과 마음을 다해 힘씀

글자풀이　또 차(且) 변에 힘 력(力).
힘(力)을 또 더하여(且) 남을 '돕는다'는 뜻.

뜻풀이　① 돕다 ② 구조 ③ 이루다

예 [助力(조:력)] : 남이 하는 일에 힘이 되어 줌
[助産(조:산)] : 아이 낳는 것을 옆에서 도와 줌
[助手(조:수)] : 기술적인 일을 보조하는 사람
[助言(조:언)] : 도움되는 말을 해줌
[助長(조:장)] : 어떤 일이 일어나고 커지도록 부추김
[內助(내:조)] : 안에서 드러나지 않게 힘이 되어줌
[援助(원:조)] : 밀고 끌어 도와줌
[協助(협조)] : 함께 힘을 모아 서로 도와줌

급수 | 준 **4**급
음훈 | ① 도울 조:
부수 | 力(힘 력) 부 5획
　　　 총 7획

필순 丨 冂 日 且 且 町 助

급수 | **4**급
음훈 | ① 힘쓸 면:
부수 | 力(힘 력) 부 7획
　　　 총 9획

필순 ' ⺈ ⺈ ⺈ 各 冎 免 免 勉

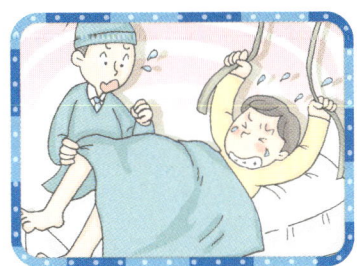

글자풀이 면할 면(免) 변에 힘 력(力). 免은 여자가 다리를 벌리고 아이를 낳으려는 자세. 勉은 여자가 아이를 낳을 때 힘쓰듯 온갖 힘을 다 쓴다는 뜻.

[참고] 유의자 : 勵(려)

뜻풀이 ① 힘쓰다 ② 부지런하다 ③ 권하다

예 [勉勵(면:려)] : ① 스스로 애써 노력하거나 힘씀 ② 남을 다독거리며 위로하여 힘쓰게 함
[勉學(면:학)] : 힘써 학문을 익힘
[勉行(면:행)] : 맡은 일을 힘써 행함
[勤勉(근:면)] : 부지런하게 힘씀

급수 | **6**급
음훈 | ① 날랠 용:
부수 | 力(힘 력) 부 7획
총 9획
필순 ⺈ ⺄ 乊 乑 乕 甬 勇 勇

글자풀이 길 용(甬) 밑에 힘 력(力). '甬'은 물길이 솟아오르는 모양. 따라서 '勇'은 물 솟아오르듯 힘차고 용감하다는 뜻.

[참고] 유의자 : 猛(맹)

뜻풀이 ① 날쌔다 ② 겁 없다 ③ 결단력 있다

예 [勇敢(용:감)] : 힘세고 과감하다
[勇氣(용:기)] : 씩씩하고 굳센 기운이나 겁내지 않는 기개
[勇斷(용:단)] : 용기를 가지고 결단을 내림
[勇猛(용:맹)] : 용감하고 사납다
[勇士(용:사)] : 날래고 힘센 장사
[蠻勇(만용)] : 사리를 분간하지 않고 함부로 날뛰는 용맹
[武勇(무용)] : 무예와 용맹

급수 | **7**급
음훈 | ① 움직일 동:
부수 | 力(힘 력) 부 9획
총 11획
필순 ⺈ 二 千 千 盲 盲 重 重 動 動

글자풀이 무거울 중(重) 변에 힘 력(力). 정지한 물체에 무거운 힘을 가하면 '움직인다'는 뜻.

[참고] 유의자 : 搖(요), 반대자 : 靜(정)

뜻풀이 ① 움직이다 ② 살아나다 ③ 흩뜨리다 ④ 다투다

예 [動力(동:력)] : 어떠한 물체를 움직이게 하는 힘
[動物(동:물)] : 제 스스로 움직여 활동하는 생물
[動産(동:산)] : 형상, 성질을 변하지 않고 움직일 수 있는 재산
[動作(동:작)] : 몸과 손발을 움직임 또는 그 모양
[感動(감:동)] : 가슴 깊이 느껴 마음이 움직임
[生動(생동)] : 생기 있게 활동적으로 살아 움직임
[移動(이동)] : 움직여 옮기거나, 자리를 바꿈
[活動(활동)] : 기운차게 움직임

[참고] 유의자 : 努(노)

뜻풀이 ① 힘쓰다 ② 일하다 ③ 업신여기다 ④ 일

예 [務農(무:농)] : 농사짓는 일에 힘씀
[務望(무:망)] : 힘써 바람
[務實力行(무:실역행)] : 참되고 실속 있도록 힘써 실행함
[勤務(근:무)] : 직장에 적(籍)을 두고 직무에 종사함
[業務(업무)] : 맡아서 하는 일
[雜務(잡무)] : 여러 가지 자질구레한 일
[職務(직무)] : 직책이나 직업상 맡은 사무

務

급수 | 준 4급
음훈 | ① 힘쓸 무:
부수 | 力(힘 력) 부 9획
총 11획

필순 ノ マ ヌ 予 矛 矛 孜 矝 務 務 務

勞

급수 | 5급
음훈 | ① 일할 로
부수 | 力(힘 력) 부 10획
총 12획

필순 ˋ ˇ ⺌ ⺌⺌ ⺍⺌ 炏 炒 勞

글자풀이 창 모(矛)와 칠 복(攵) 그리고 힘 력(力)으로 된 글자로서 창과 몽둥이 등 온갖 도구를 가지고 '힘을 다해 일한다.' 는 뜻.

글자풀이 불 화(火)와 덮을 멱(冖), 힘 력(力)으로 이루어진 글자. 밤늦도록 불(火)을 밝히고 천막(冖)을 치고 힘(力)써 '일한다' 는 뜻.

[참고] 약자 : 労

뜻풀이 ① 일하다 ② 위로하다 ③ 지치다

예 [勞苦(노고)] : 수고스럽게 애씀
[勞動(노동)] : 몸을 움직여 일을 함
[勞使(노사)] : 노동자와 사용자
[勞心焦思(노심초사)] : 마음을 괴롭히며 속을 태움
[勞賃(노임)] : 노동한 대가로 주는 품삯
[過勞(과:로)] : 힘에 부치도록 지나치게 일함
[慰勞(위로)] : 괴로움, 슬픔을 어루만져 마음을 편하게 해 줌
[疲勞(피로)] : 지쳐 고단하게 됨

급수 | **6**급
음훈 | ① 이길 승
부수 | 力(힘 력) 부 10획
총 12획

필순 丿 几 月 月 月 肟 胖 胖 朕 勝 勝

글자풀이 육달 월(月) 변에 주먹 권(拳)과 힘 력(力)이 합쳐진 글자로 힘을 다 해서 경주에서 '이긴다'는 뜻.

[참고] 반대자 : 敗(패)

뜻풀이 ① 이기다 ② 뛰어나다 ③ 견디다

예 [勝利(승리)] : 겨루어서 이김
[勝者(승자)] : 싸움이나 경기에서 이긴 사람
[勝戰(승전)] : 싸움에서 이김
[勝地(승지)] : 경치 좋은 이름난 곳, 경승지, 명승지
[勝敗(승패)] : 이기고 짐, 승부(勝負)
[決勝(결승)] : 최후의 승패를 결정함
[大勝(대:승)] : 크게 이김
[辛勝(신승)] : 간신히 이김
[優勝(우승)] : 경기에서 첫째 등위
[必勝(필승)] : 꼭 이김

급수 | **4**급
음훈 | ① 부지런할 근(:)
부수 | 力(힘 력) 부 11획
총 13획

필순 一 十 卄 丗 艹 廿 苫 苩 堇 董 菫 勤 勤

글자풀이 제비꽃 근(堇) 변에 힘력(力). 堇에서 음을 따오고 力에서 뜻을 따 만든 글자. 부지런히 힘쓴다는 뜻.

[참고] 유의자 : 勉(면), 반대자 : 慢(만)

뜻풀이 ① 부지런하다 ② 직책 ③ 근심 걱정

예 [勤儉(근:검)] : 부지런하고 검소함
[勤勞(근:로)] : 부지런히 일함
[勤務(근:무)] : 직장에 적(籍)을 두고 직무에 종사함
[勤行(근:행)] : 불전에서 독경, 예불 드리는 일
[夜勤(야:근)] : 밤에 근무함
[退勤(퇴:근)] : 직장에서 근무를 마치고 물러 나옴 ↔ 출근(出勤)

급수 | 준 **4**급
음훈 | ① 형세 세:
부수 | 力(힘 력) 부 11획
총 13획

필순 ⺀ ⺁ ⺇ ⺈ ⺉ ⺊ ⺋ ⺌ 埶 埶 勢

글자풀이 심을 예(埶)밑에 힘 력(力). 땅에 심은 식물이 힘차게(力) 자라는 '형세'라는뜻.

뜻풀이 ① 기세, 세력 ② 무리 ③ 불알

예 [勢客(세:객)] : 권세 있는 사람
[勢力(세:력)] : 남을 복종시키는 기세와 힘
[時勢(시세)] : 그 당시의 물건 값
[破竹之勢(파:죽지세)] : 한 칼에 대를 쪼개듯 적을 거침없이 물리치고 쳐들어가는 당당한 기세
[虛勢(허세)] : 실속이 없는 거짓 기세
[形勢(형세)] : 살림살이의 경제적 형편

급수 | **4**급
음훈 | ① 권할 권:
부수 | 力(힘 력) 부 18획
총 20획

필순 ⺾ ⺿ 苩 苩 萑 萑 雚 雚 雚 勸

글자풀이 황새 관(雚) 변에 힘력(力). 황새처럼 큰 새가 될 수 있도록 힘써(力) 일하라고 '권한다'는 뜻.

[참고] 유의자 : 獎(장) 약자 : 勧

뜻풀이 ① 권하다 ② 힘쓰다

예 [勸善(권:선)] : 착한 일을 하라고 권하고 장려함
[勸誘(권:유)] : 권해서 하도록 함
[勸學(권:학)] : 학문에 힘쓰도록 함
[强勸(강:권)] : 억지로 권함

勹 (쌀 포) 部

* **부수 설명** : 사람 인(人)자의 오른쪽 획이 안쪽으로 굽혀진 모양 즉 사람이 팔로 보따리를 감싸 안고 있는 모양의 글자로 '싸다'의 뜻을 나타낸 글자임.

급수 | 준**4**급
음훈 | ① 쌀 포(:)
부수 | 勹(쌀 포) 부 3획
　　　　총 5획

필순 ノ 勹 夕 包 包

글자풀이　사람이 몸을 구부려 물건을 안고 있는 모양의 포(勹)자 안에 뱃속의 태아 모양인 巳 자를 넣어 만든 글자로 '싸다, 품다, 포함하다'의 뜻임.

[참고] 유의자 : 含(함)

뜻풀이　① 싸다, 감싸다 ② 꾸러미, 보따리

예 [包括(포:괄)] : 있는 대로 온통 휩쓸어 모음
[包容(포:용)] : 휩싸서 들임, 도량이 넓어서 남의 잘못을 싸 덮어 줌
[包圍(포:위)] : 주위를 둘러 에워쌈
[包裝(포장)] : ① 물건을 싸거나 꾸림 또는 그 천이나 종이 ② 겉으로만 그럴듯하게 꾸밈
[包含(포함)] : 속에 싸여 있음 또는 함께 넣음

匕 (비수 비) 部

* **부수 설명** : 끝이 뾰족한 숟가락의 모양을 본떠서 만든 글자로 '숟가락', '날카로운 연모'를 뜻함.

급수 | **5**급
음훈 | ① 될 화(:)
부수 | 匕(비수 비) 부 2획
　　　　총 4획

필순 ノ 亻 化 化

글자풀이 사람 인(人) 옆에 변한 사람 인(匕). '변하여 다른 것이 됨'을 뜻함.

뜻풀이 ① 되다, 모양이 바뀌다 ② 고쳐지다 ③ 가르치다

예 [化石(화:석)] : 동식물의 유해 및 유적이 퇴적물 중에 묻힌 채 굳어 남은 흔적
[敎化(교:화)] : 가르치어 착한 사람이 되게 함
[文化(문화)] : 사람의 지혜가 깨고 세상이 열리어 밝게 되는 일
[變化(변:화)] : 사물의 형상, 성질 등이 달라짐

급수 | 8급
음훈 | ① 북녘 북 ② 달아날 배

부수 | 匕(비수 비) 부 3획 총 5획
필순 | ㅣ ㅓ ㅓ 北 北

글자풀이 두 사람이 서로 등을 대고 있는 모양의 글자. 해를 등진 쪽 '북'쪽을 뜻하고 서로 '배반함'을 뜻함.

뜻풀이 ① 북쪽 ② 배반하다 ③ 달아나다

예 [北京(북경)] : 중국의 수도 베이징
[北極星(북극성)] : 작은곰자리의 별. 위치가 거의 변하지 않고 항상 북쪽을 가리키는 별로 거리는 약 400광년
[北堂(북당)] : 주부가 거처하는 곳 또는 늙은 주부
[北面(북면)] : 북쪽을 향함
[北伐(북벌)] : 북쪽을 토벌함
[北狄(북적)] : 북쪽의 오랑캐. 중국인이 대륙 북쪽의 다른 민족을 얕잡아 부르는 말
[北窓三友(북창삼우)] : 거문고와 술과 시의 세 가지를 벗으로 삼는다는 말
[敗北(패:배)] : 싸움에 져서 달아남

匸 (감출 혜) 部

※ 부수 설명 : 물건을 숨겨 두는 곳을 뜻하는 숨을 은(ㄴ) 자 위에 한 일(ㅡ)자를 얹어 뚜껑을 덮은 모양 그래서 물건을 숨겨 감춘다는 뜻의 글자임

급수 | 6급
음훈 | ① 구분할 구 ② 지경 구

부수 | 匸(감출 혜) 부 9획 총 11획
필순 | 一 ㄒ ㅠ 쯔 쯔 哥 哥 品 品 區

급수 | **8**급
음훈 | ① 열 십
부수 | 十(열 십) 부 0획
　　　총 2획

필순 一 十

글자풀이 감출 혜(匸) 안에 물건 품(品). 물건을 감춘 곳, 어떤 장소를 뜻하는 글자.

[참고] 유의자 : 界(계) 약자 : 区

뜻풀이 ① 지경, 장소 ② 나누다 ③ 숨기다 ④ 행정 구역

예 [區間(구간)] : 일정한 지점의 사이
[區別(구별)] : 종류에 따라 나타나는 차이, 또는 그것을 갈라놓음
[區分(구분)] : 따로따로 갈라 나눔
[區域(구역)] : 갈라놓은 지역
[學區(학구)] : 아동이 취학할 학교를 지정하여 갈라놓은 구역

十 (열 십) 部

✱ **부수 설명** : 가로 획 一은 東西(동서)를 나타내고 세로 획 丨은 南北(남북)을 나타내어 東西南北(동서남북) 네 방향과 중앙을 모두 나타내는 완벽하게 갖추어진 모습이다. 숫자 중에서 완벽하게 갖추어진 수 '열'을 뜻하는 글자임.

글자풀이 동서남북과 중앙 즉 모든 방향을 완벽하게 갖춘 숫자 '열'을 뜻함.

[참고] 글자의 변조를 막기 위해 중요한 문서에서는 갖은 수 拾(십) 자를 사용한다

뜻풀이 ① 열 ② 열 배 ③ 전부

예 [十干(십간)] : 열 가지 천간(天干), 갑(甲), 을(乙), 병(丙), 정(丁), 무(戊), 기(己), 경(庚), 신(辛), 임(壬), 계(癸)
[十誡(십계)] : '십계명(十誡命)'의 준 말로 하나님이 모세에게 내려 지키도록 명하신 열 가지 조항의 계명(誡命)
[十二支(십이지)] : 열두 가지 지지(地支) 즉 자(子), 축(丑), 인(寅), 묘(卯), 진(辰), 사(巳), 오(午), 미(未), 신(申), 유(酉), 술(戌), 해(亥)

[十人十色(십인십색)] : 생각이나 취향이 사람마다 다르다는 말
[十長生(십장생)] : 오래 산다는 열 가지 즉 '해, 산, 물, 돌, 구름, 소나무, 불로초, 거북, 학, 사슴'

급수 | 7급
음훈 | ① 일천 천
부수 | 十(열 십) 부 1획
　　　총 3획

필순 ˊ 二 千

글자풀이 백의 열 배를 뜻하는 수. 일천을 나타낸 글자.

뜻풀이 ① 수 일천 ② 많다

예 [千慮一失(천려일실)] : 지혜로운 사람도 많은 생각 가운데는 혹간 실책이 있을 수 있다는 말
[千里眼(천리안)] : 먼 데서 일어난 일을 직간적으로 감지하는 능력
[千辛萬苦(천신만고)] : 마음과 힘을 한없이 수고롭게 하여 애를 씀
[千載一遇(천재일우)] : 좀처럼 만나기 어려운 좋은 기회
[千秋(천추)] : 오랜 세월, 먼 미래

급수 | 7급
음훈 | ① 낮 오:
부수 | 十(열 십) 부 2획
　　　총 4획

필순 ˊ 二 午

글자풀이 한 낮을 뜻하는 글자. 달(月)로는 음력 5월. 시각으로는 정오, 방위로는 정남, 오행으로는 화(火), 동물로는 말(馬)을 나타냄.

뜻풀이 ① 일곱째 지지 ② 낮 ③ 교착하다, 엇갈리다

예 [午門(오:문)] : 북경 자금성의 정문
[午睡(오:수)] : 낮 잠
[午前(오:전)] : 낮 열두 시 이전
[午寢(오:침)] : 낮잠
[端午(단오)] : 음력 5월 5일
[正午(정:오)] : 낮 12시
[下午(하:오)] : 낮 12시 이후

급수 | 6급
음훈 | ① 반 반:
부수 | 十(열 십) 부 3획
　　　총 5획

필순 ˋ ˊ 二 半 半

글자풀이 八과 牛로 된 글자. 八은 나눈다는 뜻이고 牛는 덩치가 큰 '소'를 의미한다. 따라서 半은 덩치 큰 소를 나눈다는 글자. 나누어진 한 쪽 즉 '반'을 뜻하는 글자임.

뜻풀이 ① 반 ② 한창 절정 ③ 조각 ④ 나누다

예 [半徑(반:경)] : 반지름
[半島(반:도)] : 우리 나라와 이탈리아처럼 세 면이 바다에 싸이고 한 면은 육지에 이어진 땅
[半信半疑(반:신반의)] : 반쯤은 믿고 반쯤은 의심함
[半折(반:절)] : 하나를 반으로 가름 또는 그렇게 가른 반
[過半數(과:반수)] : 반이 넘는 수
[下半身(하:반신)] : 몸에서 허리 아래의 부분

글자풀이 옷 의(衣)자에 한 일(一)을 더 그은 글자. 즉 표시(一) 있는 옷을 입은 '하인, 졸병'을 뜻함.

[참고] 유의자 : 兵(병)

뜻풀이 ① 군사 ② 마치다 ③ 졸병, 하인

예 [卒兵(졸병)] : 지위가 낮은 병사
[卒業(졸업)] : 규정된 교과 또는 교육 과정을 마침
[軍卒(군졸)] : 군사
[驛卒(역졸)] : 옛날 역에 딸려 심부름하던 사람

급수 | **5**급
음훈 | ① 높을 탁
부수 | 十(열 십) 부 6획
　　　　총 8획
필순 ` 丨 忄 ㅏ 占 卢 卣 卓

급수 | **5**급
음훈 | ① 마칠 졸
　　　② 군사 졸
부수 | 十(열 십) 부 6획 총 8획
필순 ` 亠 厃 疒 亣 玄 쥬 卒

글자풀이 위 상(上) 밑에 새벽 조(早). 새벽에(早) 떠오르는 해가 위(上)로 올라가는 모양의 글자로 '높다' 또는 다리가 높은 '책상'을 뜻함.

[참고] 유의자 : 越(월)

뜻풀이 ① 높다, 뛰어나다 ② 세우다 ③ 다리 높은 책상

예 [卓拔(탁발)] : 여럿 중에서 뛰어남
[卓越(탁월)] : 남보다 훨씬 뛰어남
[卓子(탁자)] : 다리 높은 책상
[敎卓(교:탁)] : 가르치는 교단 앞에 놓은 탁자
[食卓(식탁)] : 다리 높은 밥상
[圓卓(원탁)] : 둥글게 모여 앉아 일 보는 탁자

급수 | 준 **4**급
음훈 | ① 화할 협
② 합할 협
부수 | 十(열 십) 부 6획 총 8획
필순 - 一 十 十" 十カ 払カ カカ 協 協

글자풀이 열 십(十) 변에 힘력 셋을 더한 글자. 여러 사람의 힘을 모은다는 글자로 '모으다 화합하다 돕다'는 뜻.

뜻풀이 ① 화합하다 ② 합하다 ③ 모으다

예 [協攻(협공)] : 여럿이 힘을 모아 공격함
[協同(협동)] : 마음과 힘을 합함
[協心(협심)] : 여럿이 마음을 합침
[協助(협조)] : 서로 힘을 모아 도움

급수 | **8**급
음훈 | ① 남녘 남
부수 | 十(열 십) 부 7획
총 9획
필순 - 一 十 广 冇 肉 肉 南 南 南

글자풀이 식물의 싹이 햇빛을 받아 땅을 뚫고 올라오는 모양의 글자로 양지바른 '남쪽'을 뜻하는 글자임.

뜻풀이 ① 남쪽

예 [南極(남극)] : 지구의 남쪽 끝 지방
[南海(남해)] : 남쪽 바다
[江南(강남)] : 강 건너 남쪽 지방
[嶺南(영남)] : 조령(鳥嶺)의 남쪽지방 즉 경상도를 가리킴
[湖南(호남)] : 큰 호수가 있던 지역의 남쪽 지방 즉 전라도를 가리킴

급수 | 준 **4**급
음훈 | ① 넓을 박
부수 | 十(열 십) 부 10획
　　　총 12획
필순 - 一 十 十 忄 忄 忄 忄 博 博 博 博 博

글자풀이 열 십(十)변에 펼 부(尃). 널리 사방(十)으로 편다(尃). 그래서 '넓다'는 뜻.

약자 : 博

뜻풀이 ① 넓다 ② 넓히다 ③ 깊이 알다

예 [博覽(박람)] : 책을 많이 읽음, 사물을 널리 봄
[博聞(박문)] : 사물을 널리 들어 많이 앎. 흡문(洽聞)
[博物館(박물관)] : 고고학(考古學) 자료와 미술품, 역사적 유물(遺物) 그 밖의 학술적 자료를 널리 수집·보존(保存)·진열하고 일반에 전시(展示)하는 시설
[博士(박사)] : 어떤 일에 능통하거나 널리 아는 것이 많은 사람
[博識(박식)] : 학식이 많음, 견문이 넓어 아는 것이 많음

[博愛(박애)] : 모든 사람을 차별 없이 사랑함
[該博(해박)] : 여러 방면으로 아는 것이 많다

卜 (점 복) 部

＊ 부수 설명 : 거북이의 등껍질에 나타난 무늬를 본따서 만든 글자. 옛날에 거북이를 구워서 그 등껍질에 나타나는 무늬를 보고 점을 쳤다는 데서 '점치다'의 뜻으로 쓰게 됨.

급수 | **4**급
음훈 | ① 점령할 점:
　　　② 점칠 점
부수 | 卜(점 복) 부 3획 총 5획
필순 丨 卜 占 占 占

글자풀이 거북 등(口)에 나타난 무늬 금(卜)을 그린 글자. '점, 점치다'를 뜻함.

뜻풀이 ① 점치다 ② 차지하다 ③ 묻다

예 [占據(점:거)] : 차지하여 자리 잡음

[占領(점:령)] : 일정한 땅을 차지하여 제 것으로 함
[占術(점술)] : 점을 치는 술법
[獨占(독점)] : 독차지

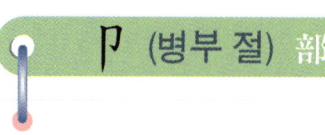

* 부수 설명 : 왕이 신하에게 내려준 신표의 반쪽을 나타낸 글자. 옛날 임금이 신하에게 병사를 지휘할 수 있는 권한을 내려줄 때 주는 신표가 병부임. 이 신표를 반으로 나누어 임금과 신하가 각각 가지게 되는 것이 '병부'임. 卩로도 쓰고, 㔾로도 씀.

[참고] 유의자 : 殆(태), 반대자 : 安(안)

뜻풀이 ① 위태하다 ② 높다 ③ 엄하다 ④ 병이 무겁다

예 [危機(위기)] : 위험한 고비, 위험한 경우
[危篤(위독)] : 병세가 중하여 생명이 위태로움
[危重(위중)] : 병세가 무겁고 위태롭다
[危險(위험)] : 실패하거나 목숨을 위태롭게 할 만큼 안전하지 못함
[累卵之危(누란지위)] : 계란을 포개어 쌓아놓은 듯 곧 무너질 듯 한 위태로운 상태

급수 | **4**급
음훈 | ① 위태할 위
부수 | 㔾(병부 절) 부
    4획 총 6획

필순 ´ ⺈ ⺈ 产 产 危

급수 | 준**4**급
음훈 | ① 도장 인
부수 | 㔾(병부 절) 부 4획
    총 6획

필순 ´ 𠂉 𠂉 E 印 印

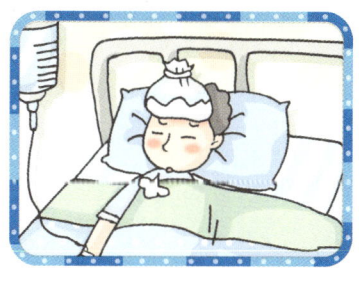

글자풀이 사람이 언덕 위 낭떠러지에서 몸을 굽히고 꿇어앉은 모양으로 '위태하다'를 뜻하는 글자.

글자풀이 손톱 조(爪) + 병부 절(卩). 爪는 손에 들고 다닌다는 뜻이고 卩은 나라에서 인정해 주는 신표로 '도장을 찍는다'는 뜻의 글자.

뜻풀이 ① 도장 ② 찍다, 인정하다 ③ 벼슬

예 [印度(인도)] : 나라 이름 인디아의 한자식 표기
[印象(인상)] : 마음에 새겨져 잊혀지지 않는 모습
[印刷(인쇄)] : 그림이나 글자를 종이나 천에 찍어내는 일
[捺印(날인)] : 도장을 찍음
[調印(조인)] : 약정서나 조약 문서에 책임자가 도장을 찍음

급수 | 4급
음훈 | ① 알 란:
부수 | 卩(병부 절) 부 5획
　　　　총 7획
필순 ` ㄷ ㅌ 厈 卵 卵 卵

글자풀이 알을 밴 벌레의 배가 볼록하게 나온 모양을 본뜬 글자.

뜻풀이 ① 알 ② 기르다 ③ 불알

예 [卵生(난:생)] : 알에서 태어남
[卵子(난:자)] : 성숙한 난세포 ↔ 정자(精子)
[鷄卵(계란)] : 달걀
[累卵(누:란)] : 쌓아 놓은 새 알. 곧, 위태로운 형편의 비유
[産卵(산:란)] : 알을 낳음
[抱卵(포:란)] : 암새가 부화하기 위해 알을 품어 따스하게 하는 일

급수 | 4급
음훈 | ① 책 권(:)
　　　② 말 권(:)
부수 | 卩(병부 절) 부 6획 총 8획
필순 ` ´ ㅛ 二 半 关 兴 卷

글자풀이 손 수(手)자 둘을 맞대어 놓은 모양 밑에 몸을 둥글게 말아 굽힌 모양의 병부 절(卩)을 더한 글자로 손으로 움켜쥔 두루마리 '책'을 뜻하는 글자.

[참고] 유의자 : 籍(적)

뜻풀이 ① 책 ② 둘둘 말다 ③ 굽히다, 구부리다

예 [卷頭言(권두언)] : 책 머리에 쓰는 말
[卷數(권수)] : 책의 수
[卷煙(권:연)] : '궐련'의 본딧말 돌돌 말아 피우는 담배

[席卷(석권)] : 자리를 말 듯이 무서운 기세로 영토를 남김없이 빼앗거나 세력 범위를 넓힘
[壓卷(압권)] : 가장 뛰어난 부분. 또는 그런 물건

厂 (언덕 한) 部

부수 설명 : 언덕 모양을 그린 글자로 위가 낭떠러지이고 아래에 사람이 숨거나 살 수 있게 된 곳을 나타낸 글자. 주로 언덕을 나타내며, 덮거나 가린다는 뜻으로도 쓰인다. 엄 호(广)자와 비교하여 점이 없는 엄호 모양이어서 '민엄호' 또는 '기슭 엄'이라 부르기도 한다.

향(享)으로 남의 집에 찾아가 섬기고 드리는 마음이 '두텁고 무겁고 정성스럽다'는 뜻.

[참고] 반대자 : 薄(박)

뜻풀이 ① 두껍다 ② 정성스럽다

예 [厚待(후:대)] : 매우 따뜻하고 정성스런 접대, 아주 잘 대접함 또는 그런 대접
[厚德(후:덕)] : 넓고 큰 덕
[厚朴(후:박)] : 인정이 많고 꾸밈이 없음
[厚謝(후:사)] : 후하게 상을 내림
[厚生(후:생)] : 백성의 생활을 넉넉하도록 돌봄
[溫厚(온후)] : 태도가 부드럽고 착실함

 厚
급수 | 4급
음훈 | ① 두터울 후:
부수 | 厂(언덕 한) 부 7획
총 9획
필순 ｀厂厂厂厂厚厚厚厚

 原
급수 | 5급
음훈 | ① 언덕 원
부수 | 厂(언덕 한) 부 8획
총 10획
필순 ｀厂厂厂厂厂原原原原

글자풀이 언덕 한(厂) 안에 날 일(日)과 아들 자(子). 본디는 厂 밑에 드릴

글자풀이 언덕 한(厂) 밑에 샘 천(泉). 언덕 아래에서 샘물이 흘러내리는 것

을 나타낸 글자로 어떤 일의 근원, 시작을 뜻함.

뜻풀이 ① 근원 ② 들, 벌판 ③ 기인하다

예 [原理(원리)] : 사물이 근거로 하여 성립할 수 있는 근본 이치나 법칙, 원칙
[原本(원본)] : 근본이 되는 서적
[原産(원산)] : 그 물건이 본래의 산지에서 생산되는 일
[原色(원색)] : 더 이상 분해할 수 없는 근본 색
[原始(원시)] : 처음, 자연 그대로
[原因(원인)] : 어떤 일이나 사건이 일어나게 된 근본

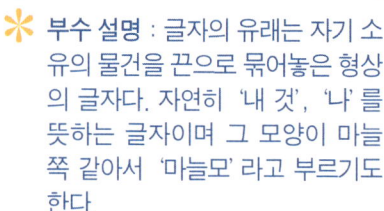

* 부수 설명 : 글자의 유래는 자기 소유의 물건을 끈으로 묶어놓은 형상의 글자다. 자연히 '내 것', '나'를 뜻하는 글자이며 그 모양이 마늘쪽 같아서 '마늘모'라고 부르기도 한다.

급수 | 5급
음훈 | ① 갈 거:
부수 | ㅿ(사사 사) 부 3획
       총 5획

필순 一 十 土 去 去

글자풀이 윗 부분의 土자는 大자의 변형이다. 큰 사람(大의 변형인 土)이 움 집(厶)앞에 서있는 모양의 글자로. 사람이 집 앞에 나왔으니 어딘가로 '간다.'는 뜻.

[참고] 유의자 : 往(왕), 반대자 : 來(래)

뜻풀이 ① 가다. 떠나다 ② 잃다 ③ 과거 ④ 죽이다

예 [去頭截尾(거:두절미)] : 앞 뒤 사설 빼고 요점만 말함
[去來(거:래)] : 돈을 빌리거나 물품을 사고 팜
[去留(거:류)] : 떠남과 머무름, 죽음과 삶
[去勢(거:세)] : 동물 수컷의 불알을 까버리거나, 암컷의 난소를 없애 버림
[過去(과:거)] : 지나간 때
[逝去(서:거)] : '죽음'의 높임 말
[除去(제거)] : 덜어 없앰

급수 | 5급
음훈 | ① 참여할 참
       ② 석 삼

부수 | ㄥ(사사 사) 부 9획 총 11획
필순 ˊ ˊ ˊ ㄥ ㄥ ㄥ 乆 夵 夵 叅 參

글자풀이 사람 인(人)에 반짝이는 별 (ㄥ) 3개와 멀리 퍼뜨린다는 터럭 삼(彡)으로 된 글자. '끼리끼리 참여하다'의 뜻과 수 '셋'을 나타 냄.
[참고] 三(삼)의 갖은 자로 參(삼)을 사용함 약자 : 参

뜻풀이 ① 참여하다 ② 수 셋 ③ 반짝이는 별

예 [參見(참견)] : 자기와 관계없는 일 등에 끼어들어 아는 체함
[參考(참고)] : 대조하여 생각함
[參祀(참사)] : 제사에 참석함
[參席(참석)] : 자리에 낌
[古參(고:참)] : 오래 전부터 한 직장이나 직위에 머물러 있는 사람, 선임자
[同參(동참)] : 어떤 모임이나 일에 같이 참석함
[新參(신참)] : 새로 들어옴 또는 그 사람
[持參(지참)] : 무엇을 가지고 가서 참석함

又 (또 우) 部

* 부수 설명 : 오른 손과 그 손가락을 본 뜬 글자. 다섯 개의 손가락을 단순화해서 세 개로 나타내었다.
독립으로 쓰일 때는 "또"라는 뜻으로 사용되지만 부수로 쓰일 때는 '오른손'의 뜻을 나타낸다.

급수 | 6급
음훈 | ① 돌이킬 반:
② 돌아올 반:
부수 | 又(또 우) 부 2획 총 4획
필순 ˊ 厂 厅 反

글자풀이 언덕 한(厂) 밑에 또 우(又). 厂은 덮어 가림을 뜻하고 又는 오른 손을 뜻한다. 따라서 反은 덮어 가린 것을 오른손으로 '뒤집는다'는 뜻임.

뜻풀이 ① 되돌린다 ② 뒤집다

예 [反擊(반:격)] : 쳐들어오는 적을 되받아 공격함
[反對(반:대)] : 남의 말이나 의견을 찬성하지 않고 맞서서 거스름

[反亂(반:란)] : 정부나 지배자에 대항하여 내란을 일으킴
[反目(반:목)] : 사이가 좋지 않고 서로 미워함
[反射(반:사)] : 일정한 방향으로 나아가는 파동이 다른 물체에 부딪쳐서 그 방향을 바꾸는 현상
[反省(반:성)] : 자신의 언행이나 생각에 대하여 그 잘못이나 옳고 그름 따위를 스스로 돌이켜 생각함

급수 | **5**급
음훈 | ① 벗 우:
부수 | 又(또 우) 부 2획
총 4획

필순 一 ナ 方 友

글자풀이 又자를 둘 겹쳐서 만들어진 글자로 손과 손을 맞잡은 '벗'을 뜻함.
[참고] 유의자 : 朋(붕)
뜻풀이 ① 벗 ② 우애 ③ 친교
예 [友邦(우:방)] : 서로 친교(親交)가 있는 나라
[友愛(우:애)] : 형제 사이의 사랑, 벗 사이의 정분(情分)

[友情(우:정)] : 벗 사이의 정
[交友(교우)] : 벗을 사귐
[五友歌(오우가)] : 수(水), 석(石), 송(松), 죽(竹), 월(月) 다섯 가지 자연을 벗하며 여유 있게 산다는 고산(孤山) 윤선도의 시

급수 | 준**4**급
음훈 | ① 받을 수(:)
부수 | 又(또 우) 부 6획
총 8획

필순 ⺥ ⺥ ⺥ ⺥ ⺥ 乎 受 受

글자풀이 손톱 조(⺥), 덮을 멱(冖), 또 우(又)로 이루어진 글자, 손(⺥)과 손(又)으로 물건을 주고받는다는 뜻의 글자.
[참고] 반대자 : 授(수)
뜻풀이 ① 받다 ② 얻다 ③ 들어주다
예 [受苦(수:고)] : 고통을 받아들임
[受難(수난)] : 견디기 어려운 일을 당함
[受侮(수모)] : 모욕을 당함
[受賞(수상)] : 상을 받음

[受信(수신)] : 우편 · 전보 따위의 통신을 받음
[受容(수용)] : 거두어서 넣어 둠
[受益(수익)] : 이익을 얻거나 받음
[甘受(감수)] : 책망이나 고통 따위를 불만 없이 달게 받음
[引受(인수)] : 권리를 넘겨받음

급수 | **4**급
음훈 | ① 아재비 숙
부수 | 又(또 우) 부 6획
　　　총 8획

필순 ｜ ｜ ｜ ｜ ｜ ｜ ｜ 叔

글자풀이 　손(又)으로 콩(朩)을 솎아낸다는 글자로 '어리다, 젊다, 아저씨, 아우' 를 뜻함.

[참고] 반대자 : 姪(질)

뜻풀이　① 아재비 ② 셋째 아우 ③ 젊나 ④ 끝

예 [叔父(숙부)] : 작은아버지
　　[堂叔(당숙)] : 아버지의 사촌 형제
　　[伯叔(백숙)] : 네 형제 가운데 맏이와 셋
　　[外叔(외:숙)] : 어머니의 남자 형제

급수 | 준**4**급
음훈 | ① 가질 취:
부수 | 又(또 우) 부 6획
　　　총 8획

필순 ｜ ｜ ｜ ｜ ｜ 耳 取 取

글자풀이 　귀 이(耳) 변에 또 우(又), 又는 손. 싸움터에 나가서 적을 무찌르고 적의 귀를 잘라 손에 쥐었다는 글자로 승리하여 손에 넣었다는 뜻.

[참고] 유의자 : 得(득)

뜻풀이　① 취하다 ② 골라 뽑다 ③ 가지다

예 [取扱(취:급)] : 사물을 다룸. 다루어 처리함
　　[取得(취:득)] : 수중에 넣어 자기 소유로 함
　　[取消(취:소)] : 이미 행하였던 일을 없었던 일로 함
　　[取食(취:식)] : 음식을 먹음. 남의 밥을 염치없이 먹는 일
　　[取材(취:재)] : 작품, 기사의 재료 또는 제재(題材)를 얻음
　　[爭取(쟁취)] : 다투어 빼앗아 가짐
　　[奪取(탈취)] : 억지로 빼앗아 가짐

口 (입 구) 部

* **부수 설명** : 사람 얼굴에서 입 모양을 본뜬 글자.
입과 말은 관계가 깊 듯이. 입 구(口)자 또한 말(言)과 관계가 깊다. 한자 구성에서 입 구(口)가 포함된 글자는 입이나 말과 관계가 있다.

급수 | **7**급
음훈 | ① 입 구(:)
부수 | 口(입 구) 부 0획
　　　총 3획

필순 ㅣ 冂 口

글자풀이 사람의 얼굴에서 입 모양을 본뜬 글자로 '입, 드나드는 어귀, 말하다' 를 뜻하는 글자.

뜻풀이 ① 입 ② 구멍 ③ 어귀, 드나드는 첫머리

예 [口腔(구:강)] : 입 안
　[口頭(구:두)] : 마주 대하여 입으로 하는 말
　[口文(구문)] : 흥정을 붙이고 그 대가로 받는 돈
　[口辯(구:변)] : 말솜씨
　[口述(구:술)] : 말로 이야기함
　[口傳(구:전)] : 말로 전해줌
　[口錢(구전)] : 흥정을 붙이고 그 대가로 받는 돈
　[食口(식구)] : 한집에서 같이 살며 끼니를 함께 하는 사람
　[入口(입구)] : 들어가는 문
　[出口(출구)] : 나가는 문

급수 | **5**급
음훈 | ① 옳을 가:
부수 | 口(입 구) 부 2획
　　　총 5획

필순 一 丁 丅 可 可

글자풀이 도끼자루(丁)를 들고 있는 권위 있는 사람이 입(口)으로 허락함 즉, '옳다' 고 인정했다는 뜻임.

[참고] 반대자 : 否(부)

뜻풀이 ① 옳다 ② 허락하다

예 [可決(가:결)] : 회의 등에서 나온 의견이 좋다고 인정함
　[可能(가:능)] : 할 수 있음, 될 수 있음, 가망이 있음

[可當(가:당)] : 사리에 맞음
[可變(가:변)] : 사물의 모양이나 성별이 바뀌거나 달라질 수 있음
[可否(가:부)] : 옳고 그름, 찬성과 반대
[不可(불가)] : ① 옳지 않음 ② 가능하지 않음 ③ 반대
[許可(허가)] : 허락함, 들어줌

급수 | **6급**
음훈 | ① 예 고:
부수 | 口(입 구) 부 2획
총 5획

필순 一十十古古

글자풀이 열 십(十) 밑에 입 구(口). 어떤 사실이 대대로 입(口)을 통해 십(十)대가 전해지듯 '오랜 옛적'을 뜻함.

[참고] 반대자 : 今(금)

뜻풀이 ① 옛날 ② 오래 ③ 하늘

예 [古宮(고:궁)] : 옛날 궁전
[古今(고:금)] : 옛적과 지금
[古代(고:대)] : 옛시대
[古木(고:목)] : 오래된 나무
[古書(고:서)] : 옛 서적

[古蹟(고:적)] : 남아 있는 옛적 물건이나 건물
[古典(고:전)] : 오랜 세월 동안 많은 사람들에게 높이 평가되고 애호된 저술 또는 작품
[古宅(고:택)] : 옛날에 지은 집, 오래된 집
[古風(고:풍)] : 옛 풍속, 예스러운 풍취나 모습
[古稀(고:희)] : 나이 70을 달리 부르는 말

급수 | 준**4급**
음훈 | ① 글귀 구
부수 | 口(입 구) 부 2획
총 5획

필순 ′ ク 勹 句 句

글자풀이 쌀 포(勹) 안에 입 구(口), 口는 입에서 나온 말소리, 勹는 그것들을 싸서 묶은 한 묶음으로 여러 낱말로 짜여진 하나의 문장 '글귀'를 뜻함.

[참고] 유의자 : 章(장)

뜻풀이 ① 글귀, 문장 ② 구부러지다

 [句讀點(구두점)] : 글을 읽기 편하도록 끊어 읽게 만든 점 또는 글을 마칠 때 찍는 쉼표
[句節(구절)] : 한 도막의 말이나 글
[警句(경구)] : 삶에 대한 느낌이나 생각을 간결하게 표현한 도막 글
[文句(문구)] : 글의 구절
[詩句(시구)] : 시의 한 구절

되는 문헌이나 유물 따위의 재료
[史蹟(사:적)] : 역사적으로 남은 중요한 사건이나 시설
[先史(선사)] : 역사적 기록이 있기 이전의 역사
[女史(여사)] : '시집간 여자'에 대한 존칭
[歷史(역사)] : 인류 사회의 흥망과 변천의 과정 또는 그 기록

급수 | 5급
음훈 | ① 사기 사:
부수 | 口(입 구) 부 2획
       총 5획

필순 ﾉ 口 口 史 史

급수 | 7급
음훈 | ① 오른 우:
부수 | 口(입 구) 부 2획
       총 5획

필순 ﾉ ナ 才 右 右

글자풀이 가운데 중(中)과 또 우(又)가 합하여 된 글자. 어느 쪽으로도 기울지 않고 정확하게 사실만을 손으로 기록하는 사관(역사를 기록하는 관리) 또는 사관이 기록한 역사를 뜻함.

뜻풀이 ① 역사 ② 사관(史官) ③ 벼슬이름

 [史觀(사:관)] : 역사를 보는 관점
[史記(사:기)] : 사관이 쓴 기록
[史料(사:료)] : 역사 기술의 소재가

글자풀이 오른 손과 입을 나타낸 글자로 본래는 손으로 일할 때 입으로 돕는다는 뜻으로 써온 글자였는데 후에 佑(우)를 만들어 돕는다는 뜻을 나타내게 되었고 右는 '오른쪽'을 나타내는 데 쓰이게 됨.

[참고] 반대자 : 左(좌)

뜻풀이 ① 오른쪽 ② 숭상하다 ③ 서쪽

예 [右手(우:수)] : 오른손
　[右翼(우:익)] : 오른쪽 날개, 보수파
　[右往左往(우:왕좌왕)] : 이리 갔다 저리 갔다 갈팡질팡 당황함
　[右史(우:사)] : 임금의 말을 기록하는 관리
　[左之右之(좌지우지)] : 남을 마음대로 다루거나 휘두름

급수 | **6**급
음훈 | ① 각각 각
부수 | 口(입 구) 부 3획
　　　총 6획

필순　′ ⁄ 夂 夂 各 各

글자풀이　뒤져올 치(夂) 밑에 입 구(口). 제각각 따로따로를 뜻함.

뜻풀이　① 각각 ② 여러 ③ 서로

예 [各各(각각)] : 제각기, 따로따로
　[各國(각국)] : 나라마다
　[各色(각색)] : 각각의 빛깔, 여러 가지 모습
　[各樣(각양)] : 여러 가지 모양
　[各自(각자)] : 제각기
　[各種(각종)] : 종류마다

급수 | **5**급
음훈 | ① 길할 길
부수 | 口(입 구) 부 3획
　　　총 6획

필순　一 十 士 吉 吉 吉

글자풀이　선비 사(士) 밑에 입 구(口). 선비가 하는 말은 언제나 길하고 좋은 말이라는데서 '길하다'는 뜻.

[참고] 반의어 : 凶(흉)

뜻풀이　① 길하다. 운이 좋다 ② 좋다 ③ 복

예 [吉禮(길례)] : 경사스런 예식
　[吉祥(길상)] : 운수가 좋을 조짐. 경사가 날 조짐
　[吉兆(길조)] : 운수가 좋을 조짐
　[吉凶(길흉)] : 좋은 일과 언짢은 일 행복과 재앙
　[不吉(불길)] : 좋지 못한

급수 | **7**급
음훈 | ① 한가지 동
부수 | 口(입 구) 부 3획
　　　총 6획

필순　丨 冂 冂 冋 同 同

글자풀이 여러 사람들이 모두 한가지로 말 한다는 뜻의 글자. '모두, 한가지'의 뜻.

[참고] 유의자 : 共(공), 반대자 : 異(이)

뜻풀이 ① 한가지 ② 같다 ③ 모이다

예 [同價紅裳(동가홍상)] : 같은 값이면 다홍치마라는 말로 기왕이면 더 좋은 것을 선택한다는 비유
[同感(동감)] : 같은 느낌, 남과 같게 느낌
[同苦同樂(동고동락)] : 고통과 즐거움을 같이하며 지냄
[同業(동업)] : ① 같은 종류의 직업이나 업종 ② 같이 사업을 함
[同一(동일)] : 어떤 것과 비교하여 똑같음
[同族(동족)] : 같은 민족
[同質(동질)] : 같은 품질. 같은 성질
[同窓(동창)] : 같은 학교에서 공부한 사이
[同胞(동포)] : 같은 겨레, 같은 민족
[共同(공동)] : 두 사람 이상이나 단체가 함께 일을 함
[不同(부동)] : 서로 같지 않음
[協同(협동)] : 여러 사람이 마음과 힘을 합침

급수 | **7**급
음훈 | ① 이름 명
부수 | 口(입 구) 부 3획
총 6획

필순 ノクタタ名名

글자풀이 저녁 석(夕) 밑에 입 구(口). 저녁 어두울 때 집으로 들어오라고 입으로 부르는 '이름'.

[참고] 어른의 이름은 銜字(함자), 죽은 어른의 이름은 諱字(휘자)

뜻풀이 ① 이름 ② 이름 나다

예 [名家(명가)] : 훌륭한 집안
[名聲(명성)] : 세상에 널리 떨친 이름, 세상에 알려진 좋은 평판
[名作(명작)] : 이름난 훌륭한 작품
[名筆(명필)] : 매우 잘 쓴 글씨
[姓名(성명)] : 성과 이름
[有名(유:명)] : 잘 되어 이름을 날림
[作名(작명)] : 이름을 지음
[呼名(호명)] : 이름을 부름

급수 | **6**급
음훈 | ① 합할 합
부수 | 口(입 구) 부 3획
　　　총 6획

필순 ノ 人 스 수 合 合

글자풀이 삼합 집(亼) 밑에 입 구(口). 여러 방향에서 모인 (亼) 사람들의 말 (口)이 모두 일치한다는 글자. 그래서 '모이다, 합하다'의 뜻을 나타냄.

[참고] 유의자 : 集(집), 반대자 : 分(분)

뜻풀이 ① 합하다 ② 만나다 ③ 맞다

예 [合格(합격)] : 어떤 조건·격식에 적합함
　[合計(합계)] : 수나 양을 합하여 셈함
　[合同(합동)] : 둘 이상의 조직이나 개인이 모여 행동이나 일을 함께 하는 것
　[合理(합리)] : 이치에 합당함
　[合意(합의)] : 서로 마음을 합함
　[合資(합자)] : 자본을 함께 합침
　[野合(야:합)] : 좋지 못한 목적을 가지고 서로 어울림
　[混合(혼:합)] : 뒤섞어서 한데 합함

급수 | **6**급
음훈 | ① 향할 향:
부수 | 口(입 구) 부 3획
　　　총 6획

필순 ノ 丿 向 向 向 向

글자풀이 집 모양에 창 모양을 그린 글자로 처음에는 '창문'을 뜻하는 글자로 쓰다가 점차 '향하다'의 뜻으로 바꾸어 쓰게 되었음.

[참고] 반대자 : 背(배)

뜻풀이 ① 향하다 ② 나아가다

예 [向方(향:방)] : 향하여 나아가는 쪽. 일정한 방향
　[向上(향:상)] : 생활·기능 등의 수준이 높아짐
　[向學(향:학)] : 학문에 뜻을 둠
　[傾向(경향)] : 마음·현상·사상·형세 등이 한쪽으로 기울어져 쏠리는 현상
　[動向(동:향)] : 정세·행동 등이 움직이는 방향
　[方向(방향)] : ① 향하는 쪽 ② 방위의 한 쪽 ③ 생각하는 곳
　[風向(풍향)] : 바람이 불어오는 방향

급수 | **5**급
음훈 | ① 고할 고:
　　　② 청할 곡
부수 | 口(입 구) 부 4획 총 7획
필순 ＇ ㅗ ㅑ 生 告 告 告

글자풀이　소 우(牛) 밑에 입 구(口). 소를 제물로 바치고 신에게 제사 드리며 복을 달라고 입으로 '알린다'는 뜻.

[참고] 유의자 : 報(보)

뜻풀이　① 알리다 ② 고하다 ③ 청하다

예 [告發(고:발)] : 피해자가 아닌 제삼자가 범죄 사실을 수사 기관에 신고하여 기소하기를 요구하는 일

[告由(고:유)] : 가정집이나 나라에서 큰일이 있을 때 사당·신명(神明)에게 고함

[廣告(광:고)] : 널리 알림

[密告(밀고)] : 남몰래 넌지시 일러바침, 고자질함

[宣告(선고)] : 재판의 판결을 내림.

[出必告(출필곡)] : 밖에 나갈 때 반드시 어른께 알려 허락을 받고 나간다는 말 ↔ 반필면(反必面)

[忠告(충고)] : 충심으로 남의 허물을 고치도록 타이름

급수 | **4**급
음훈 | ① 임금 군
부수 | 口(입 구) 부 4획
　　　총 7획
필순 ７ ３ ョ 尹 尹 君 君

글자풀이　다스릴 윤(尹) 밑에 입 구(口). 입으로 명령하여 다스리는 사람 즉 임금을 뜻함.

[참고] 유의자 : 王(왕), 반대자 : 臣(신)

뜻풀이　① 임금 ② 주권자

예 [君臨(군림)] : 군주로서 그 나라를 거느려 다스림

[君師父(군사부)] : 자기에게 큰 은혜를 베푼 세 사람 즉 임금과 스승과 부모

[君臣(군신)] : 임금과 신하

[君臣有義(군신유의)] : 임금과 신하 사이에는 의리(義理)가 있어야 한다는 뜻

[君子(군자)] : 학식과 덕망이 높은 사람

[夫君(부군)] : 남의 남편을 높여 부르는 말
[父君(부군)] : 남의 아버지를 높여 부르는 말

급수 | **4**급
음훈 | ① 아닐 부:
　　　② 막힐 비
부수 | 口(입 구) 부 4획 총 7획
필순 ㄱ ㄱ 丆 不 不 否 否

글자풀이 아닐 불(不) 밑에 입 구(口). 아니라고 말 한다는 글자로 '부정'의 뜻. 다른 낱말의 앞에 붙어 본 뜻을 부정하는 글자.

[참고] 반대자 : 可(가)

뜻풀이 ① 아니다 ② 부정하다 ③ 거절하다 ④ 막히다

예 [否認(부:인)] : 인정하지 않음
[否定(부:정)] : 그렇지 않다고 단정하거나 옳지 않다고 반대함
[否塞(비:색)] : 운수가 꽉 막힘
[否運(비:운)] : 어려운 처지의 운수
[拒否(거:부)] : 승낙하지 않고 물리침

[安否(안부)] : 편안 여부를 묻는 인사나 소식

급수 | 준**4**급
음훈 | ① 마실 흡
부수 | 口(입 구) 부 4획
　　　총 7획
필순 丨 口 口 叨 叨 吸 吸

글자풀이 입 구(口) 변에 미칠 급(及). 입으로 들이마셔 폐에까지 미치게 한다는 뜻.

[참고] 반대자 : 呼(호)

뜻풀이 ① 숨을 들이쉬다 ② 마시다 ③ 잡아당기다

예 [吸氣(흡기)] : 공기를 들이마심
[吸收(흡수)] : 빨아들임
[吸煙(흡연)] : 연기를 마심. 담배를 피움
[吸引(흡인)] : 빨아들임
[吸入(흡입)] : 안으로 들이마심
[吸着(흡착)] : 어떤 물질이 달라붙음 또는 그 현상
[呼吸(호흡)] : ① 숨을 내쉼 ② 함께 일하는 사람들과 조화를 이룸

급수 | **7**급
음훈 | ① 목숨 명:
부수 | 口(입 구) 부 5획
　　　총 8획

필순 ノ 人 人 亼 亼 合 合 命 命

글자풀이 입 구(口)와 하여금 령(令)이 합하여 된 글자. 令은 임금의 명령으로 이 명령이 입(口)을 통해 내려지는 것이 命이고 이 명령은 목숨과도 같다는 뜻.

뜻풀이 ① 목숨 ② 운명 ③ 명령 ④ 규정. 규칙

예 [命令(명:령)] : 윗사람이나 상위 조직이 아랫사람이나 하위 조직에 무엇을 하게 함
[命名(명:명)] : 사람·사건·사물 등에 이름을 지어 붙임
[命中(명:중)] : 화살이나 총알 따위가 겨냥한 곳을 바로 맞춤
[使命(사:명)] : 사자(使者)로서 받은 명령
[生命(생명)] : 산 목숨
[運命(운:명)] : 사람의 몸을 둘러싸고 닥치는 선악·길흉의 사정

[天命(천명)] : 타고 난 수명
[革命(혁명)] : 급격한 변혁, 비합법적 수단으로 국가의 체제를 뒤엎어 변혁하는 일

급수 | 준**4**급
음훈 | ① 맛 미:
부수 | 口(입 구) 부 5획
　　　총 8획

필순 ノ 口 口 口 吁 吁 味 味

글자풀이 입 구(口) 변에 아닐 미(未). 未는 가늘고 섬세한 나뭇가지로 여기에 입을 더하여 입으로 음식의 섬세한 맛을 맛본다는 뜻.

뜻풀이 ① 맛 ② 맛보다

예 [味覺(미:각)] : 음식의 맛을 느끼는 감각으로 단맛, 신맛, 짠맛, 쓴맛의 네 가지 기본 감각
[味讀(미:독)] : 글의 내용을 충분히 이해하며 읽음
[加味(가:미)] : 음식에 양념이나 향신료 등을 넣어 맛을 더함
[妙味(묘:미)] : ① 미묘한 재미나 흥취. ② 뛰어난 맛

[吟味(음미)] : 사물의 내용이나 속뜻을 깊이 새기어 맛봄
[意味(의미)] : 말이나 글의 뜻
[趣味(취:미)] : 미적 대상을 감상하고 비판하는 능력

급수 | 4급
음훈 | ① 두루 주
부수 | 口(입 구) 부 5획
　　　 총 8획

필순) 刀 月 円 円 円 周 周 周

골자풀이　쓸 용(用)과 입 구(口)가 합쳐서 된 글자. 입을 잘 써서 할 말을 두루 다 한다는 뜻.

[참고] 유의자 : 圍(위)

뜻풀이　① 두루 ② 고루 미치다 ③ 둘레 주위

예 [周邊(주변)] : 주위의 가장자리
[周旋(주선)] : 일이 잘되도록 이리저리 힘씀
[周圍(주위)] : 어떤 곳의 둘레
[周知(주지)] : 두루 다 잘 알고 있음
[圓周(원주)] : 원둘레
[一周(일주)] : 한 바퀴

급수 | 준 4급
음훈 | ① 부를 호
부수 | 口(입 구) 부 5획
　　　 총 8획

필순) 口 口 口' 口" 口" 呼 呼

골자풀이　口에서 입의 의미를 따고 乎(호)에서 소리를 따온 글자로 입으로 호! 하고 '분다'는 뜻.

[참고] 반대자 : 吸(흡)

뜻풀이　① 부르다 ② 숨을 내쉬다 ③ 호통, 탄식

예 [呼價(호가)] : 팔려고 부르는 값
[呼客(호객)] : 시장이나 음식점 따위에서 말이나 손짓 등으로 손님을 부름
[呼名(호명)] : 이름을 부름
[呼訴(호소)] : 억울하거나 딱한 사정을 남에게 하소연함
[呼應(호응)] : 한 쪽이 부르면 다른 쪽이 이에 답함
[呼稱(호칭)] : 이름을 지어 부르거나 그 이름을 일컬음
[歡呼(환호)] : 기뻐서 큰 소리로 고함을 지름

급수 │ **6급**
음훈 │ ① 화할 화
부수 │ 口(입 구) 부 5획
　　　총 8획

필순 ノ 二 千 千 禾 禾 和 和

글자풀이 벼 화(禾) 변에 입 구(口). 먹거리(禾)가 입(口) 가까이 풍족하게 있으니 모두가 '화목' 하다는 뜻.

[참고] 반대자 : 爭(쟁)

뜻풀이 ① 화목하다 ② 서로 응하다 ③ 합치다

예 [和氣(화기)] : ① 따스하고 화창한 기운 ② 온화한 기색
[和答(화답)] : 시(詩)나 노래 등에 대해 맞받아 대답함
[和睦(화목)] : 서로서로 뜻이 맞고 정다움
[和音(화음)] : 높이가 다른 둘 이상의 음이 함께 울릴 때 어울려 나는 고운 소리
[和平(화평)] : 서로 뜻을 맞추어 평화로움
[和解(화해)] : 싸움하던 것을 멈추고 서로가 가지고 있던 안좋은 감정을 풀어 없앰
[溫和(온화)] : 성질·태도가 온순하고 인자함
[平和(평화)] : ① 평온하고 화목함 ② 전쟁이나 갈등 없는 평온한 상태

급수 │ **5급**
음훈 │ ① 물건 품:
부수 │ 口(입 구) 부 6획
　　　총 9획

필순 ㅣ 口 口 吅 믐 品 品 品 品

글자풀이 입 구(口)는 사람을 뜻하는데, 입 구(口)가 셋 모인 글자로 여러 사람이 모인 것을 나타내어 많은 사람들의 각각의 '품계'를 뜻하고 사람마다의 옳고 그름을 평하는 '품평'을 뜻함.

[참고] 유의자 : 物(물)

뜻풀이 ① 물건 ② 품평 ③ 품계

예 [品階(품:계)] : 종9품부터 정1품까지 18단계로 구분되는 옛 벼슬아치들의 계급
[品名(품:명)] : 물품의 이름
[品目(품:목)] : 모인 물건의 목록
[品質(품:질)] : 물품의 성질

[名品(명품)] : 뛰어나거나 이름이 유명한 물건 또는 그런 작품
[賞品(상:품)] : 상으로 주는 물품
[商品(상품)] : 팔려고 내놓은 물품
[上品(상:품)] : 품질이 썩 좋은 물품
[珍品(진품)] : 귀중한 물품

급수 | 준 **4**급
음훈 | ① 인원 원
② 관원 원
부수 | 口(입 구) 부 7획 총 10획
필순 ` ᄀ ᄆ 尸 尸 月 月 肙 員 員

글자풀이 사람(口)과 재물(貝)이 합쳐진 글자. 월급을 받는 사람인 관원, 인원, 사람 수를 뜻함.

뜻풀이 ① 사람. 조직원 ② 사람 수 ③ 둥글다

예 [減員(감:원)] : 인원을 줄임
[滿員(만원)] : 정한 인원이 다 참
[定員(정원)] : 정해진 사람수
[增員(증원)] : 조직의 인원을 늘임
[職員(직원)] : 일정한 직무(職務)를 담당하는 사람
[會員(회:원)] : 모임에 소속된 사람

급수 | **7**급
음훈 | ① 물을 문:
부수 | 口(입 구) 부 8획
총 11획
필순 | ᄂ ᄂ ᄂ ᄂ ᄂ 門 門 門 問 問

글자풀이 문 문(門) 몸 안에 입 구(口). 문틈에 입을 대고 방 안 사람에게 '묻는다' 는 뜻.

[참고] 반대자 : 答(답)

뜻풀이 ① 묻다 ② 질문하다 ③ 분부 ④ 소식

예 [問答(문:답)] : 묻고 답함
[問病(문:병)] : 앓고 있는 사람을 찾아가 위로함
[問喪(문:상)] : 남의 죽음에 대하여 슬픔의 뜻을 표하고 위로함
[問安(문:안)] : 웃어른께 안부를 여쭘 또는 그런 인사
[問題(문:제)] : 해답을 필요로 하는 물음
[問責(문:책)] : 잘못을 캐묻고 꾸짖음
[訪問(방:문)] : 남을 찾아가서 봄
[質問(질문)] : 이유를 캐어물음

급수 | **5**급
음훈 | ① 장사 상
부수 | 口(입 구) 부 8획
　　　총 11획
필순 `亠 冖 ㅗ 产 产 产 芮 商 商 商 商`

글자풀이　소리 음(音)과 안 내(內)가 합쳐서 된 글자. 처음엔 안에 있는 것을 '헤아려 안다'는 뜻이었고 뒤에 '장사'의 뜻으로 확대되어 쓰고 있음.

뜻풀이　① 헤아리다 ② 장사 ③ 상인

예 [商街(상가)] : 가게가 죽 늘어서 있는 거리
　[商術(상술)] : 장사하는 솜씨나 꾀
　[商業(상업)] : 상품을 사고팔아 이익을 얻는 영업
　[商人(상인)] : 장사하는 사람, 장수
　[商店(상점)] : 일정한 시설을 갖추고 물건을 파는 곳
　[商品(상품)] : 팔려고 내 놓은 물건
　[雜商(잡상)] : 이것 저것 잡동사니를 파는 장사
　[行商(행상)] : 물건을 지고 다니며 파는 장사

급수 | **5**급
음훈 | ① 부를 창:
부수 | 口(입 구) 부 8획
　　　총 11획
필순 `丨 冂 口 口 口口 吅 吅 唱 唱 唱`

글자풀이　입 구(口) 변에 아름다울 창(昌). 입으로 '아름답게 소리 낸다' 즉 '노래한다'는 뜻.

뜻풀이　① 노래 ② 노래하다 ③ 주장하다

예 [唱歌(창:가)] : 곡조에 맞추어 노래를 부름 또는 그 노래
　[唱劇(창:극)] : 노래로 하는 연극 (서양의 오페라)
　[獨唱(독창)] : 혼자서 부르는 노래
　[名唱(명창)] : 노래를 썩 잘 부르는 사람
　[復唱(복창)] : 남의 말을 받아서 그대로 다시 욈
　[先唱(선창)] : 맨 먼저 주장함. 맨 먼저 부름
　[主唱(주창)] : 앞장서서 부르짖음
　[合唱(합창)] : 여러 사람이 목소리를 맞추어 노래를 부름

급수 | 준 **4**급
음훈 | ① 홑 단
부수 | 口(입 구) 부 9획
　　　총 12획

필순 ` ㄇ ㅁ ㅁㅁ ㅁㅁ ㅁㅁ ㅁㅁ ㅁㅁ 單 單

글자풀이 본디는 나뭇가지에 돌을 매단 원시적인 무기를 뜻했는데 뒤에 짝 없는 '홑' 의 뜻으로 쓰이게 됨.

[참고] 유의자 : 獨(독)　약자 : 単

뜻풀이 ① 홑, 하나 ② 단자, 물목 ③ 복잡하지 않다

예 [單騎(단기)] : 혼자 말을 타고 감. 또는 그 사람
[單獨(단독)] : 오직 혼자
[單純(단순)] : 복잡하지 않고 간단하며 꾸밈이 없음
[單位(단위)] : 길이·무게·수효·시간 등을 나타내는 일정한 기준
[單子(단자)] : 물목이나 사실을 죽 적어놓은 종이
[名單(명단)] : 이름을 죽 적은 종이
[食單(식단)] : 음식의 종목과 값을 적은 표, 차림표, 메뉴
[傳單(전단)] : 선전하는 광고지

급수 | **5**급
음훈 | ① 착할 선:
부수 | 口(입 구) 부 9획
　　　총 12획

필순 ` ㆍ ㅛ ㅛ 丯 丯 芏 羊 羔 善 善 善

글자풀이 양 양(羊)자와 말씀 언(言)자를 합쳐서 만든 글자. 양(羊)의 울음소리(言)가 '순하고 착하다' 는 뜻임.

[참고] 반대자 : 惡(악)

뜻풀이 ① 착하다 ② 잘 한다 ③ 좋아한다

예 [善導(선:도)] : 올바른 길로 인도함.
[善良(선:량)] : 행실이나 성질이 착하고 어짊 ↔ 불량
[善心(선:심)] : 선량한 마음, 남에게 베푸는 후한 마음
[善惡(선:악)] : 착함과 악함
[善行(선:행)] : 착한 행실
[改善(개선)] : 잘못된 것이나 부족한 것을 좋게 고침
[獨善(독선)] : 자기 혼자만이 옳다고 생각하고 행동하는 일
[親善(친선)] : 서로 친하여 사이가 좋음

급수 | **4급**
음훈 | ① 기쁠 희
부수 | 口(입 구) 부 9획
　　　　총 12획

필순 ー+ ＋ 圭 喜 喜 喜 喜 喜 喜

글자풀이 악기 이름 주(壴)와 입 구(口)가 합쳐져 된 글자로 음악 소리나 노래 소리를 들었을 때 마음이 '기쁘다'는 뜻.

[참고] 유의자 : 悅(열), 반대자 : 怒(노)

뜻풀이 ① 기쁘다 ② 즐겁다

예 [喜劇(희극)] : 사람을 웃길 만한 일이나 사건 연극 ↔ 비극(悲劇)
[喜怒哀樂(희로애락)] : 기쁨과 노여움과 슬픔과 즐거움
[喜報(희보)] : 기쁜 소식
[喜悲(희비)] : 기쁨과 슬픔을 아울러 이르는 말
[喜捨(희사)] : 즐거운 마음으로 재물을 내놓음
[喜色(희색)] : 기뻐하는 얼굴빛
[喜壽(희수)] : 나이 77살을 달리 부르는 말
[歡喜(환희)] : 기쁘고 즐거움, 큰 기쁨

급수 | 준**4급**
음훈 | ① 그릇 기
부수 | 口(입 구) 부 13획
　　　　총 16획

필순 ` ㅁ ㅁ ㅁㅁ ㅁㅁㅁ 뭐 뭐 哭 哭 哭 哭 哭 器 器

글자풀이 입 구(口)와 개 견(犬)으로 이루어진 글자. 개 들이 네 방향에서 입을 벌리고 모인 모양으로 개의 밥그릇과 같은 '그릇'을 뜻하는 글자.

[참고] 유의자 : 皿(명)

뜻풀이 ① 그릇 ② 생물체의 기관

예 [器具(기구)] : 세간·그릇·연장·기계 등의 총칭
[器樂(기악)] : 악기를 사용해서 연주하는 음악 ↔ 성악(聲樂)
[農器具(농기구)] : 농사일에 사용하는 기구
[便器(변기)] : 용변 보는데 사용하는 기구
[食器(식기)] : 밥그릇
[樂器(악기)] : 음악을 연주하기 위한 기구
[鐵器(철기)] : 쇠로 만든 그릇

급수 | **4**급
음훈 | ① 엄할 엄
부수 | 口(입 구) 부 17획
　　　총 20획

필순 ` ´ ´´ ´´´ ｴｴ ｴｴ ｴｴ ｴｴ ｴｴ
　　　ｴｴ ｴｴ ｴｴ ｴｴ ｴｴ ｴｴ 嚴

글자풀이　엄하다, 급하다 혹독하다는 뜻.

[참고] 유의자 : 肅(숙)　약자 : 厳

뜻풀이　① 엄하다　② 임박하다　③ 혹독하다　④ 아버지

예 [嚴格(엄격)] : 말과 행실에 있어서 매우 엄숙함
　[嚴禁(엄금)] : 엄중하게 금지 함
　[嚴冬(엄동)] : 몹시 추운 겨울
　[嚴正(엄정)] : 엄격하고 바름
　[嚴罰(엄벌)] : 무섭고 혹독한 벌
　[嚴守(엄수)] : 명령이나 약속 등을 어기지 않고 시킴
　[嚴命(엄명)] : 엄하게 명령함
　[嚴親(엄친)] : 남에게 자기 아버지를 일컫는 말
　[威嚴(위엄)] : 점잖고 엄숙함 또는 그런 태도나 분위기

口 (큰입구) 部

✳ **부수 설명** : 사방을 빙 둘러 싼 모양으로 몸 안에 다른 글자를 넣어서 새로운 글자를 만든다.
입 구 자에 비해서 보다 크기 때문에 큰입 구라 부른다.

급수 | **8**급
음훈 | ① 넉 사:
부수 | 口(큰입 구) 부 2획
　　　총 5횤

필순 ` 冂 冂 四 四

글자풀이　큰입구(口) 몸 안에 여덟 팔(八)자를 넣어 만든 글자. 口는 일정한 영토, 八은 나눈다는 뜻으로, 빙 둘러 싼 영토를 가로 세로로 나누어 '넷'이 되었음을 뜻함.

뜻풀이　① 숫자 넷

예 [四季(사:계)] : 봄, 여름, 가을, 겨울 네 계절
　[四面(사:면)] : 앞 뒤 좌 우 네 면
　[四方(사:방)] : 동 서 남 북 네 방향

[四柱(사:주)] : 사람이 태어난 년 월 일 시 네 가지
[四通五達(사:통오달)] : 이러 저리 모두 두루 잘 통함
[四海(사:해)] : 사방의 바다, 온 천하, 온 세계

급수 | **5**급
음훈 | ① 인할 인
부수 | 囗(큰입 구) 부 3획
총 6획

필순 | 丨 冂 冂 冈 因 因

글자풀이 관(囗) 속에 시체(大)가 누워있는 모양으로 죽거나 갇히게 된 '원인'을 뜻함.

[참고] 반대자 : 果(과)

뜻풀이 ① 인하다, 원인 ② 유래 ③ 인연

예 [因果(인과)] : 원인과 결과
[因緣(인연)] : 서로의 연분(緣分)
[因子(인자)] : 어떤 결과의 원인이 되는 낱낱의 요소
[原因(원인)] : 어떤 일을 일으키게 하는 근본이 되는 조건

급수 | 준 **4**급
음훈 | ① 돌아올 회
부수 | 囗(큰입 구) 부 3획
총 6획

필순 | 丨 冂 冂 回 回 回

글자풀이 물이 일정한 곳을 중심으로 빙빙 도는 모습의 글자로 '돈다'는 뜻.

[참고] 유의어 : 週(주)

뜻풀이 ① 돌다 ② 돌아오다 ③ 돌리다

예 [回甲(회갑)] : 나이 60을 이르는 말, 환갑
[回顧(회고)] : 돌이켜 생각함
[回軍(회군)] : 환군
[回歸性(회귀성)] : 태어나서 다른 곳에서 성장하다 알을 낳을 때는 태어난 곳으로 돌아오는 습성
[回生(회생)] : 쇠하여 가던 것이 다시 기운을 얻어 살아남
[回信(회신)] : 보낸 소식에 대하여 답하여 돌아온 소식
[回轉(회전)] : 빙글빙글 굴러감
[回春(회춘)] : 젊음을 다시 찾음
[回避(회피)] : 피하여 돌아감

급수 | 4급
음훈 | ① 곤할 곤:
부수 | 口(큰입 구) 부 4획
　　　총 7획
필순 | 丨 冂 冂 冂 困 困 困

글자풀이 큰입 구(口) 몸 안에 나무 목(木). 갇혀 있는 나무가 가지를 마음대로 뻗지 못하는 것처럼 옹색하고 피곤하다는 뜻.

뜻풀이 ① 괴롭다 ② 난처하다 ③ 가난하다

예 [困境(곤:경)] : 매우 어려운 형편이나 처지
[困窮(곤:궁)] : 가난하고 구차함
[困難(곤:란)] : 사정이 매우 딱하고 어려움. 또는 그런 일
[貧困(빈곤)] : 가난해서 살림이 군색함
[食困(식곤)] : 음식을 먹은 후 몸이 느른하고 자꾸 졸음이 오는 증세
[春困(춘곤)] : 봄날에 느끼는 느른한 기운
[疲困(피곤)] : 몸이나 마음이 지치고 고달픔

급수 | 5급
음훈 | ① 굳을 고(:)
부수 | 口(큰입 구) 부 5획
　　　총 8획
필순 | 丨 冂 冂 冂 固 固 固 固

글자풀이 큰입 구(口) 안에 오랠 고(古). 그릇 안에 넣어두고 오래 동안 지나면 딱딱하게 '굳는다' 는 뜻.

[참고] 유의자 : 確(확)

뜻풀이 ① 굳다 ② 방비한다 ③ 단단하다

예 [固辭(고사)] : 제의나 권유 따위를 굳이 사양함
[固城(고:성)] : 강원도의 지역 이름
[固守(고수)] : 튼튼하게 잘 지킴
[固有(고:유)] : 본래부터 가지고 있는 특유의 것
[固定(고정)] : 일정한 곳에 있어 움직이지 않음
[固執(고집)] : 자기의 의견을 굽히지 아니함
[古體(고체)] : 단단하여 겉모양이 변하지 않는 물체
[確固(확고)] : 단단하여 변치 않음

 급수 | **8**급
음훈 | ① 나라 국
부수 | 口(큰입 구) 부 8획
　　　총 11획
필순 | 丨冂冂冂冃冃国國國國國

글자풀이 口, 一, 戈를 큰 입구로 둘러 싼 모양의 글자. 영토 안에 있는 백성(口)과 땅(一)을 창(戈)을 들고 지켜주는 '국가'라는 뜻.

[참고] 유의자 : 邦(방)　약자 : 国

뜻풀이　① 국가

예 [國家(국가)] : 나라
　[國民(국민)] : 백성
　[國語(국어)] : 그 나라의 말
　[國王(국왕)] : 나라의 임금
　[國土(국토)] : 나라의 영토
　[歸國(귀:국)] : 자신의 나라로 다시 돌아옴
　[亡國(망국)] : 망하여 없어진 나라
　[富國(부:국)] : 부자 나라
　[愛國(애:국)] : 나라를 사랑 함
　[祖國(조국)] : 조상 때부터 살아온 나라
　[他國(타국)] : 남의 나라

 급수 | **4**급
음훈 | ① 에워쌀 위
부수 | 口(큰입 구) 부 9획
　　　총 12획
필순 | 丨冂冂冂門門周周周周圍圍

글자풀이 큰입 구(口) 몸 안에 다룸가죽 위(韋). 口는 성으로 둘러싸인 영토, 韋는 제복을 입은 관원으로, 영토를 지키기 위하여 관원들이 성 안을 빙 둘러싸고 있다는 뜻.

[참고] 유의자 : 周(주)　약자 : 囲

뜻풀이　① 둘레 ② 두르다 ③ 지키다

예 [範圍(범:위)] : ① 한정된 구역의 언저리 ② 어떤 힘이 미치는 한계
　[周圍(주위)] : ① 어떤 곳의 바깥 둘레 ② 어떤 사물이나 사람을 둘러싸고 있는 것
　[包圍(포:위)] : 주위를 에워쌈

 급수 | 준**4**급
음훈 | ① 둥글 원
부수 | 口(입 구) 부 10획
　　　총 13획

필순 | 丨 冂 冂 冃 周 周 周 周 圓 圓 圓

글자풀이 큰 입 구(口) 안에 인원 원(員). 성곽 안을 관원들이 빙 둘러 서서 지키는 모습의 글자로 '둥글다'를 뜻함.

[참고] 반대자 : 方(방)

뜻풀이 ① 둥글다 ② 둘레 ③ 새알

예 [圓滿(원만)] : 성격이 모나지 않고 부드럽다

[圓熟(원숙)] : 매우 숙련되어 능숙함

[圓卓(원탁)] : 둥글고 다리 높은 상

[圓筒(원통)] : 원기둥

[圓形(원형)] : 둥근 모형

[圓滑(원활)] : ① 모난테가 없이 원만함 ② 일이 잘 진행됨

[天圓地方(천원지방)] : 하늘은 둥글고 땅은 모났다고 믿는 사상

[半圓(반원)] : 원을 지름으로 이등분히였을 때의 한 쪽

급수 | 6급
음훈 | ① 동산 원
부수 | 口(큰입 구) 부 10획
       총 13획

필순 | 丨 冂 冂 厂 円 周 周 園 園 園

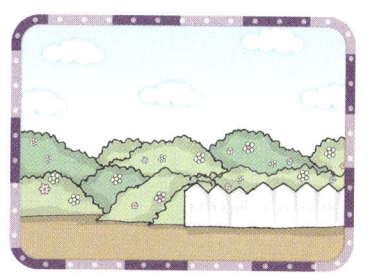

글자풀이 큰입 구(口) 몸 안에 옷 길 원(袁). 울타리 안에 옷이 치렁치렁 하듯 과일이 많이 열린 '동산'을 나타낸 글자.

뜻풀이 ① 동산 ② 과수원 ③ 울타리 있는 밭

예 [園頭幕(원두막)] : 과수원에 높다랗게 지은 막

[公園(공원)] : 여러 사람이 쉴 수 있게 만들어 놓은 휴식처 동산

[樂園(낙원)] : 안락하게 살 수 있는 즐거운 곳

[農園(농원)] : 주로, 원예 작물을 심어 가꾸는 농장

[陵園(능원)] : 왕가의 묘

[田園(전원)] : 논밭과 동산

급수 | 5급
음훈 | ① 둥글 단
부수 | 口(큰입 구) 부 11획
       총 14획

필순 | 丨 冂 冂 冃 同 同 周 周 團 團 團 團

글자풀이 성 안에 많은 사람들이 모여 둥글게 무리진 모습. 둥글다는 뜻과 무리라는 뜻이 있음.

[참고] 약자 : 団

뜻풀이 ① 둥글다 ② 모이다 ③ 덩어리 ④ 조직, 무리

예 [團結(단결)] : 여러 사람이 하나로 뭉침
[團束(단속)] : 경계(警戒)를 단단히 하여 다잡음
[團員(단원)] : 어느 집단의 인원
[團地(단지)] : 주택·공장·작물 재배지 등이 집단을 이루고 있는 일정한 지역
[團體(단체)] : 같은 목적을 달성하기 위하여 모인 사람들
[瓊團(경:단)] : 수수나 찹쌀가루 따위로 둥글고 작게 빚어 만든 떡
[集團(집단)] : 모임, 떼, 단체

급수 | **6급**
음훈 | ① 그림 도
부수 | 囗(큰입 구) 부 11획
       총 14획

필순 ⎕ ⎕ ⎕ ⎕ ⎕ ⎕ ⎕ ⎕ ⎕

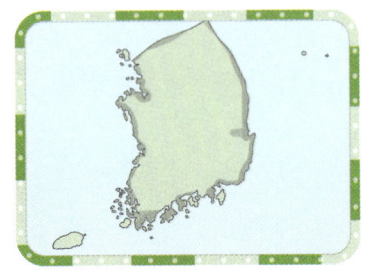

글자풀이 경계 지역 안의 토지와 주택 산 강 등을 그린 지도를 뜻함.

[참고] 유의자 : 畵(화) 약자 : 図

뜻풀이 ① 그림 ② 꾀하다 ③ 책

예 [圖面(도면)] : 그림으로 나타낸 면
[圖謀(도모)] : 어떤 일을 이루려고 수단과 방법을 꾀함
[圖書(도서)] : 책
[圖案(도안)] : 미술품·공예품·건축물·상품 등을 만들거나 꾸미기 위하여 고안한 것을 설계하여 그림으로 나타낸 것
[圖表(도표)] : 그림과 표
[意圖(의도)] : 생각이나 계획
[地圖(지도)] : 땅 모양을 그린 그림

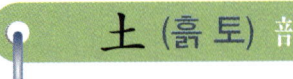

土 (흙 토) 部

✱ **부수 설명** : 밑에서부터 위로 식물의 싹이 자라 올라오는 땅 모양을 나타낸 글자. '흙'과 '땅'을 뜻함

급수 | **8**급
음훈 | ① 흙 토
부수 | 土(흙 토) 부 0획
　　　총 3획

필순 一 十 土

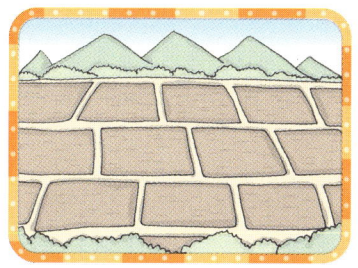

글자풀이 식물의 싹이 자라서 위로 올라오는 땅 모양을 나타낸 글자로 '흙, 땅'을 뜻함.

뜻풀이 ① 흙 ② 땅 ③ 토지

예 [土窟(토굴)] : 땅 굴
　[土砂(토사)] : 흙과 모래
　[土壤(토양)] : 농작물 등이 생장(生長)할 수 있는 흙
　[土地(토지)] : 논 밭 집터의 땅
　[國土(국토)] : 한 나라의 영토
　[農土(농토)] : 농사지을 수 있는 땅
　[沃土(옥토)] : 기름진 땅
　[黃土(황토)] : 누렇고 거무스름한 흙

급수 | **6**급
음훈 | ① 있을 재:
부수 | 土(흙 토) 부 3획
　　　총 6획

필순 一 ナ 才 才 存 在

글자풀이 재주 재(才) 변에 흙 토(土). 땅 위로 새싹이 돋아나는 모양을 나타낸 글자로, 땅 속에 싹이 '숨어있음'을 나타내는 글자로 '있다'는 뜻.

[참고] 유의자 : 存(존)

뜻풀이 ① 있다 ② 살다 ③ 존재한다

예 [在庫(재:고)] : 아직 팔리지 않고 창고 따위에 남아 있음
　[在來(재:래)] : 전부터 있어 내려옴
　[在野(재:야)] : 벼슬길에 오르지 않고 민간에 있음
　[在學(재:학)] : 학교에 학적을 둠
　[實在(실재)] : 현실에 존재함
　[存在(존재)] : 현실에 있음 또는 그런 대상
　[現在(현:재)] : 이제. 지금

급수 | **7**급
음훈 | ① 땅 지
부수 | 土(흙 토) 부 3획
　　　총 6획

필순 一 十 土 뇨 地 地

글자풀이 흙 토(土) 변에 어조사 야(也). 也는 '무엇 무엇이다' 라는 매김말. 따라서 地는 '흙이다, 땅이다' 라고 단정 짓는 뜻.

뜻풀이 ① 땅 ② 영토 ③ 신분 지위

예 [地價(지가)] : 땅 값
[地殼(지각)] : 지구의 표면
[地圖(지도)] : 지구 표면의 상태를 약속된 기호로 나타낸 그림
[地名(지명)] : 땅 이름, 고장 이름
[地上(지상)] : 땅의 위
[地位(지위)] : 신분에 따르는 어떠한 자리나 계급
[窮地(궁지)] : 매우 어려운 처지
[陸地(육지)] : 물에 잠기지 않은 땅
[處地(처:지)] : 자기가 처해 있는 경우 또는 환경
[平地(평지)] : 바닥이 편편한 땅

글자풀이 흙 토(土) 변에 가지런히 할 균(勻). 흙을 가지런히 고르듯 균등하게 한다는 뜻.

[참고] 유의자 : 等(등)

뜻풀이 ① 고르다 ② 밭을 갈다 ③ 평평하게 하다

예 [均等(균등)] : 기울어지지 않고 평평하게 고르다
[均配(균배)] : 고르게 나눔
[均一(균일)] : 차이가 없이 한결같이 고름
[均田(균전)] : 토지를 고루 나눠줌
[均質(균질)] : 성질이 같음
[均衡(균형)] : 어느 한쪽으로 치우침이 없이 쪽 고름
[平均(평균)] : 여러 사물의 질이나 양 따위에 많고 적음이 없이 균일하게 한 것

급수 | 4급
음훈 | ① 고를 균
부수 | 土(흙 토) 부 4획
　　　총 7획

필순 - ㅡ + 土 圠 圴 均 均

급수 | 준4급
음훈 | ① 재 성
부수 | 土(흙 토) 부 7획
　　　총 10획

필순 - ㅡ + 土 圵 圵 圵 城 城 城

 흙 토(土) 변에 이룰 성(成). 土에서 의미를 成에서 음을 따서 만든 글자. 흙을 쌓아 이루어 만든 '성'을 뜻함.

뜻풀이 ① 성벽 ② 나라, 도읍

예 [城門(성문)] : 성 안을 드나드는 문
[城壁(성벽)] : 성곽의 담벼락
[古城(고:성)] : 오랜 옛날에 쌓은 성
[山城(산성)] : 산에 쌓은 성
[入城(입성)] : 성안으로 들어감
[築城(축성)] : 성을 쌓아 만듦

급수 | 4급
음훈 | ① 굳을 견
부수 | 土(흙 토) 부 8획
　　　총 11획
필순 　一 ｜ ｜ ｜ ｜ ｜ ｜ ｜ ｜ ｜ 堅

글자풀이 굳을 간(臤) 밑에 흙 토(土). 흙(土)을 손(又)으로 단단하게 다져 굳게 한다는 뜻.

[참고] 유의자 : 固(고)

뜻풀이 ① 굳다 ② 튼튼하다 ③ 갑옷

예 [堅固(견고)] : 굳고 튼튼한
[堅果(견과)] : 껍데기가 단단하며 열매가 익어도 벌어지지 않는 과실류. 밤·호두 따위
[堅忍(견인)] : 굳게 참고 견딤
[中堅(중견)] : 어떤 단체나 사회에서 중심이 되는 사람

급수 | 5급
음훈 | ① 터 기
부수 | 土(흙 토) 부 8획
　　　총 11획
필순 　一 ｜ ｜ ｜ ｜ ｜ ｜ 其 其 其 基

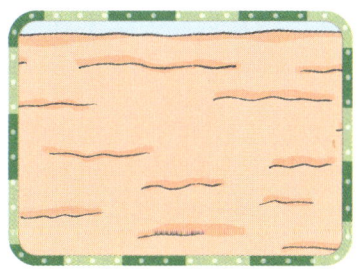

글자풀이 그 기(其) 밑에 흙 토(土). 집을 짓기 전에 다져놓은 키 모양의 네모 꼴 땅. 즉, 기초가 되고 터전이 되는 밑바탕을 뜻함.

뜻풀이 ① 터 ② 기초

예 [基幹(기간)] : 기초가 되는 줄기
[基盤(기반)] : 기본이 되는 토대
[基本(기본)] : 기초와 근본
[基準(기준)] : 기본이 되는 표준
[基礎(기초)] : 사물의 밑바탕

급수 | 6급
음훈 | ① 집 당
부수 | 土(흙 토) 부 8획
     총 11획

필순 ⎯ ⎯ ⎯ ⎯ ⎯ ⎯ ⎯ 堂 堂 堂 堂

글자풀이 숭상할 상(尙) 밑에 흙 토(土). 토지 신을 숭상하여 받드는 곳 즉 '큰 집'을 뜻함.

[참고] 유의자 : 殿(전), 宮(궁)

뜻풀이 ① 집 ② 대청 ③ 사당

예 [堂上(당상)] : 대청 위, 옛날 벼슬로 정3품 이상의 벼슬
[堂叔(당숙)] : 아버지의 사촌
[堂姪(당질)] : 사촌의 아들
[講堂(강:당)] : 강의나 의식을 행하는 건물 또는 방

[明堂(명당)] : 좋은 묘지나 집터
[書堂(서당)] : 옛날 글공부 하던 집
[食堂(식당)] : 음식점. 또는 요리하고 음식 먹는 집이나 방

급수 | 4급
음훈 | ① 지경 역
부수 | 土(흙 토) 부 8획
     총 11획

필순 ⎯ ⎯ ⎯ ⎯ ⎯ ⎯ ⎯ 域 域 域

글자풀이 土, 와 戈, 口, 一 자로 구성된 글자. 창(戈)을 들고 사람(口)과 토지(一)를 지키는 구역(土)을 뜻함.

뜻풀이 ① 지역 ② 구역 ③ 국토 ④ 묘지

예 [域內(역내)] : 구역 안
[廣域(광:역)] : 넓은 지역
[區域(구역)] : 갈라놓은 지역
[聖域(성:역)] : 신성한 지역
[領域(영역)] : 관리하는 지역
[異域(이:역)] : 자기의 고장이 아닌 딴 곳
[海域(해:역)] : 바다 위의 일정하게 정해진 지역

급수 | 준 **4**급
음훈 | ① 갚을 보:
② 알릴 보:
부수 | 土(흙 토) 부 9획 총 12획
필순 ᅩ ᅩ ᅮ ᆷ ᅭ ᆕ 후¹ 훠 蔔 報

글자풀이 다행 행(幸) 변에 미칠 급(及). 입은 은혜(幸)에 감사하여 '보답한다'는 뜻.

[참고] 유의자 : 償(상), 告(고)

뜻풀이 ① 갚다 ② 알리다 ③ 보복하다

예 [報告(보:고)] : 어떤 임무를 띤 사람이 그 일의 내용이나 결과를 글 또는 말로 알림
[報答(보:답)] : 남에게서 입은 호의나 은혜를 갚음
[報道(보:도)] : 대중 매체를 통하여 새로운 소식을 널리 알림
[報復(보:복)] : 원수를 갚음
[報酬(보:수)] : 근로의 대가로 주는 금전이나 물품
[報恩(보:은)] : 입은 은혜를 갚음
[情報(정보)] : 사정이나 정황에 관한 소식이나 자료

급수 | **7**급
음훈 | ① 마당 장
부수 | 土(흙 토) 부 9획
총 12획
필순 ᅳ ᅡ ᅩ ᆜ ᆉ ᅶ 坩 坬 圻 場 場 場

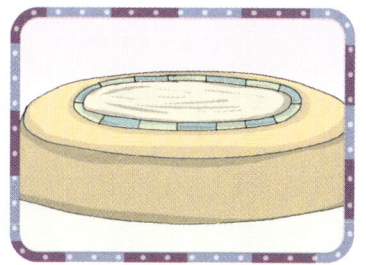

글자풀이 흙 토(土) 변에 볕 양(昜). 양지 바른 넓은 마당을 뜻함.

뜻풀이 ① 마당, 뜰 ② 시험장 ③ 무대

예 [場面(장면)] : 어떠한 장소에서 실제로 드러난 모습 또는 그 상황
[場所(장소)] : 어떤 일이나 사건이 벌어지는 곳
[工場(공장)] : 물건 만드는 곳
[廣場(광:장)] : 넓은 마당
[登場(등장)] : 무대 같은 데 나옴
[市場(시:장)] : 상품을 사고파는 곳

급수 | 준 **4**급
음훈 | ① 지경 경
부수 | 土(흙 토) 부 11획
총 14획
필순 ᅳ ᅡ ᅩ ᆜ ᆉ ᆊ ᅷ 圻 圻 培 培 培 境 境

글자풀이 흙 토(土) 변에 다할 경(竟). 자기의 땅(土)이 끝나는(竟) 곳. 즉 '땅의 경계선, 형편' 등을 뜻함.

[참고] 유의자 : 界(계)

뜻풀이 ① 땅의 경계 ② 곳, 장소

예 [境界(경계)] : 지역이 구분되는 한계
　 [境內(경내)] : 일정한 지역의 안
　 [境遇(경우)] : 놓여 있는 조건이나 놓이게 된 형편 또는 사정
　 [國境(국경)] : 나라간의 경계 지역
　 [心境(심경)] : 마음의 상태
　 [逆境(역경)] : 어려운 처지나 환경
　 [接境(접경)] : 경계가 서로 접함, 두 지역이 서로 접한 경계
　 [環境(환경)] : 생물에게 직접·간접으로 영향을 주는 모든 것

글자풀이 없을 막(莫) 밑에 흙 토(土). 땅 속에 묻혀 없어지는 사람의 '무덤'을 뜻함.

[참고] 유의자 : 墳(분)

뜻풀이 ① 무덤

예 [墓碣(묘:갈)] : 무덤 앞에 세우는 둥그스름한 작은 돌비석
　 [墓地(묘:지)] : 무덤이 있는 땅
　 [陵墓(능묘)] : 능과 묘, 능은 왕과 왕비의 무덤, 묘는 일반인의 무덤
　 [省墓(성묘)] : 묘지를 살펴봄

급수 | 4급
음훈 | ① 무덤 묘:
부수 | 土(흙 토) 부 11획
　　　　총 14획

필순 ㅡ ㅏ ㅓ ㅑ ㅕ 艹 萏 莒 草 莫 墓 墓 墓

급수 | 준 4급
음훈 | ① 더할 증
부수 | 土(흙 토) 부 12획
　　　　총 15획

필순 ㅡ ㅏ 土 ㅓ ㅕ 圹 圹 圹 培 增 增 增 增 增

글자풀이 흙 토(土) 변에 일찍 증(曾). 흙(土)을 포개어(曾) 쌓아간다는 글자로 '더한다, 불린다' 는 뜻임.

[참고] 유의자 : 加(가), 반대자 : 減(감)
약자 : 増

뜻풀이 ① 불어나다 ② 더하다 ③ 높다

예 [增加(증가)] : 양이나 수치가 더 늘어 많아짐
[增減(증감)] : 불어나거나 줄어듦
[增産(증산)] : 생산을 늘임
[增員(증원)] : 인원을 늘임
[急增(급증)] : 빠른 속도로 늘어남
[割增(할증)] : 일정한 액수에 얼마를 더 얹음

급수 | **5**급
음훈 | ① 단 단
부수 | 土(흙 토) 부 13획
총 16획

필순 ⼟ ⼟⼟⼟⼟⼟⼟壇壇壇壇

글자풀이 흙 토(土)변에 클 단(亶). 흙을 크게 쌓아 높게 만든 '단' 을 뜻함.

뜻풀이 ① 제단 ② 제터 ③ 뜰, 곳. 장소

예 [壇上(단상)] : 교단이나 강단 등의 단위
[講壇(강단)] : 강의나 설교를 할 때 올라서는 자리
[敎壇(교:단)] : 교실에서 선생이 강의할 때 서는 단
[文壇(문단)] : 문인들의 사회
[演壇(연:단)] : 강연·연설 등을 하는 사람이 올라서는 단
[祭壇(제:단)] : 제사(祭祀)를 지내게 만들어 놓은 단
[花壇(화단)] : 꽃을 심기 위해 만든 꽃밭

급수 | 준**4**급
음훈 | ① 벽 벽
부수 | 土(흙 토) 부 13획
총 16획

필순 ⼁⼁⼁尸尸尸尸尸壁壁壁壁

글자풀이 물리칠 벽(辟) 밑에 흙 토(土). 적을 물리치기 위해 흙을 쌓아 만들어놓은 '벽' 을 뜻함.

뜻풀이 ① 벽 ② 울타리 ③ 벼랑

예 [壁報(벽보)] : 벽에 써 붙여서 여러 사람에게 알리는 글
[壁書(벽서)] : 벽에 글을 쓰거나 써 붙임. 또는 그 글
[壁欌(벽장)] : 벽을 뚫어 작은 문을 내고 장을 짜 달아서 물건을 넣게 된 곳
[壁紙(벽지)] : 벽에 바르는 종이
[壁畵(벽화)] : 벽에 그린 그림
[城壁(성벽)] : 성곽의 담벼락
[岩壁(암벽)] : 바위로 된 벽
[絶壁(절벽)] : 바위가 깎아 세운 것처럼 솟아 있는 험한 낭떠러지

급수 | 준 4급
음훈 | ① 누를 압
부수 | 土(흙 토) 부 14획
　　　 총 17획

필순 ｢ ｢ ｢ ｢ ｢ ｢ ｢ 厓 厓 厭 厭 厭 厭 壓 壓 壓

글자풀이 누를 염(厭) 밑에 흙 토(土). 위에 흙을 쌓듯 무겁게 '누른다' 는 뜻.

[참고] 유의자 : 押(압) 약자 : 圧

뜻풀이 ① 누르다 ② 평정하다 ③ 항복받다

예 [壓卷(압권)] : 여럿 가운데 가장 뛰어난 부분 또는 그런 물건
[壓力(압력)] : 남을 자기 의지에 따르도록 압박하는 힘
[壓勝(압승)] : 압도적으로 이김.
[强壓(강:압)] : 강한 힘으로 짓누름
[水壓(수압)] : 물이 누르는 힘
[鎭壓(진:압)] : 난동 소란을 눌러 안정시킴

士 (선비 사) 部

* 부수 설명 : 한 일(一) 위에 열 십(十). 하나에서 열까지 모두 다 잘하는 유식한 '선비' 를 뜻하는 글자. 독립으로도 쓰고 부수로도 쓰인다.

급수 | 5급
음훈 | ① 선비 사:
부수 | 士(선비 사) 부 0획
　　　 총 3획

필순 一 十 士

글자풀이 한 일(一) 위에 열 십(十). 하나에서 열까지 모두 다 잘하는 유식한 '선비'.

[참고] 유의자 : 儒(유)

뜻풀이 ① 선비 ② 직무를 맡은 사람 ③ 벼슬

예 [士氣(사기)] : 선비의 장한 기개
 [士大夫(사:대부)] : 벼슬이 높은 사람 또는 그 집안
 [士林(사:림)] : 선비들의 사회
 [士民(사:민)] : 양반과 평민
 [技士(기사)] : 기술을 가진 사람
 [道士(도:사)] : 무슨 일에 도가 트이어서 썩 잘하는 사람.
 [博士(박사)] : 어떤 일에 능통하거나 널리 아는 것이 많은 사람.
 [力士(역사)] : 다른 사람에 비해 뛰어나게 힘이 센 사람

급수 | 4급
음훈 | ① 장할 장:
부수 | 士(선비 사) 부 4획
　　　총 7획

필순 | ㅣ ㅓ ㅕ 爿 爿-爿土 壯

글자풀이 장수 장(爿)과 선비 사(士)가 합쳐진 형성 문자. 도끼(士)를 들고 서있는 장정(爿)처럼 '씩씩하다,'는 뜻.

[참고] 약자 : 壮

뜻풀이 ① 씩씩하다 ② 장하다 ③ 젊다

예 [壯觀(장:관)] : 훌륭하고 장대한 볼거리
 [壯年(장:년)] : 30대 후반에서 40대 후반까지의 혈기 왕성한 나이
 [壯烈(장:렬)] : 씩씩하고 열렬함
 [壯丁(장:정)] : 혈기가 왕성한 남자
 [勇壯(용:장)] : 용감하고 씩씩한

夂 (천천히 걸을 쇠) 部

✻ **부수 설명** : 왼쪽으로 향한 두 개의 삐침은 앞으로 나아가려는 두 다리를 나타내고 오른쪽으로 그은 파임 획은 두 다리의 나아감을 억제하는 역할. 즉, 빨리 나가지 못하게 천천히 걷게 한다는 글자임. 독립으로는 쓰이지 않고 밑에 붙어 발로 쓰이고 있음.

급수 | 7급
음훈 | ① 여름 하:
부수 | 夂(천천히걸을 쇠)
　　　부 7획 총 10획

필순 ー 丆 丆 万 页 百 百 頁 夏 夏

골자풀이 머리 혈(頁)과 천천히걸을 쇠(夊)가 합쳐져서 된 글자. 발걸음을 느리게 하는 여름을 뜻함.

뜻풀이 ① 여름

예 [夏穀(하:곡)] : 보리 밀 따위로 여름에 추수하는 곡식
[夏至(하:지)] : 6월 22일 경의 낮이 가장 긴 날
[孟夏(맹:하)] : 초여름, 음력 사월
[盛夏(성:하)] : 한여름, 더위가 맹렬한 여름

夕 (저녁 석) 部

✱ 부수 설명 : 달 월(月)자에서 한 획을 뺀 글자로 초저녁에 달이 지평선 위로 떠오르다가 그 꼬리가 지평선에 걸려 미처 다 올라오지 못한 달의 형상을 그린 글자 달이 미처 다 올라오지 못한 때 즉 '초저녁을 나타내는 글자로, 독립된 글자로도 쓰이고 부수로도 많이 쓰이는 글자임.

급수 | 7급
음훈 | ① 저녁 석
부수 | 夕(저녁 석) 부 0획
　　　　총 3획

필순 ノ ク 夕

골자풀이 초저녁에 달이 지평선에 걸려있는 모양을 나타낸 글자로 '저녁'을 뜻함.

[참고] 반대자 : 朝(조)

뜻풀이 ① 저녁 ② 밤 ③ 옛날

예 [夕陽(석양)] : 저녁 무렵, 저녁노을
[月夕(월석)] : 달 밝은 밤, 음력 팔월 보름날 밤
[日夕(일석)] : 저녁
[朝夕(조석)] : 아침 저녁
[秋夕(추석)] : 음력 8월 보름, 중추절, 한가위

급수 | 8급
음훈 | ① 밖 외:
부수 | 夕(저녁 석) 부 2획
　　　　총 5획

필순 ノ ク 夕 夘 外

글자풀이 저녁 석(夕) 변에 점 복(卜). 저녁에 점치는 행위를 나타내고 그것은 상식 밖의 행위라 해서 '밖'을 뜻함.

[참고] 반대자 : 內(내)

뜻풀이 ① 밖 ② 이전 ③ 남 ④ 사랑방

예 [外家(외:가)] : 어머니의 친정
[外國(외:국)] : 다른 나라
[外貌(외:모)] : 겉모습
[外傷(외:상)] : 몸의 겉에 난 상처
[外出(외:출)] : 잠시 밖에 나감
[外貨(외:화)] : 외국의 화폐

급수 | 6급
음훈 | ① 많을 다
부수 | 夕(저녁 석) 부 3획
총 6획

필순 ` ク 夕 多 多 多

글자풀이 저녁 석(夕)을 둘 포개놓은 글자. 저녁이 지나면 또 돌아와 무수히 많다는 뜻. 또는 夕자를 月(육달월)의 변형으로 보아 고기(月)가 두 덩어리나 있어 많다는 뜻으로 해석하기도 함.

[참고] 반대자 : 少(소)

뜻풀이 ① 많다 ② 넓다 ③ 겹치다

예 [多感(다감)] : 감정이 풍부함
[多難(다난)] : 어려움이 많음
[多多益善(다다익선)] : 많으면 많을수록 좋음
[多福(다복)] : 복이 많음
[多情(다정)] : 인정이 많음
[多幸(다행)] : 운이 좋음
[多血(다혈)] : 몸에 피가 많음, 혈기가 넘쳐 쉽게 감정에 치우침

급수 | 6급
음훈 | ① 밤 야:
부수 | 夕(저녁 석) 부 5획
총 8획

필순 ` 亠 广 疒 疒 夜 夜 夜

글자풀이 저녁 어두울 무렵부터 새벽까지의 기간 '밤'을 뜻함.

[참고] 반대자 : 晝(주)

① 밤 ② 저녁

[夜間(야:간)] : 밤 동안
[夜景(야:경)] : 밤 풍경
[夜勤(야:근)] : 밤에 근무함
[夜學(야:학)] : 밤에 하는 공부
[深夜(심:야)] : 깊은 밤

大 (큰 대) 部

* 부수 설명 : 사람의 모습을 정면에서 쳐다보고 그린 글자로 머리와 양 팔 그리고 두 다리를 그려서 '큰 사람' 즉 '크다' 는 뜻을 지닌 글자이다. 독립으로 쓰일 때는 '크다' 는 뜻으로 쓰이고, 다른 글자와 합성할 때는 '큰 사람' 이란 뜻을 포함하게 된다.

급수 | 8급
음훈 | ① 큰 대(:)
부수 | 大(큰 대) 부 0획
　　　총 3획

필순 一 ナ 大

큰 사람의 모습을 정면에서 보고 그린 글자로 '크다' 는 뜻.

[참고] 반대자 : 小(소)

① 크다 ② 넓다 ③ 많다 ④ 훌륭하다

[大過(대:과)] : 큰 허물이나 잘못
[大國(대:국)] : 크고 강한 나라
[大盛況(대:성황)] : 매우 큰 성황
[大斗(대두)] : 콩
[大量(대:량)] : 아주 많은 분량
[大陸(대:륙)] : 지구 상의 넓고 큰 육지
[大望(대:망)] : 큰 희망
[大成(대:성)] : 크게 성공함
[大田(대전)] : 충청남도 중심에 있는 큰 도시
[大寒(대:한)] : 큰 추위가 있는 이십사절기 중 마지막 절후

급수 | 7급
음훈 | ① 지아비 부
　　　② 사내 부
부수 | 大(큰 대) 부 1획 총 4획

필순 一 二 夫 夫

글자풀이 큰 대(大) 자에 한 일(一)자를 덧그어 만든 글자로 큰 사람이 머리에 관을 쓴 모습으로 장성한 사람 장정 사나이를 뜻함

[참고] 반대자 : 婦(부), 妻(처)

뜻풀이 ① 지아비. 남편 ② 장정 ③ 하인, 인부

예 [夫君(부군)] : 임금, 또는 남편을 높이어 부르는 말
[夫婦(부부)] : 남편과 아내
[夫人(부인)] : 남의 아내의 높임말
[夫唱婦隨(부창부수)] : 남편이 부르면 아내가 따른다 즉 부부가 뜻을 잘 맞춘다는 뜻
[農夫(농부)] : 농사일을 업으로 삼는 사람.
[亡夫(망부)] : 죽은 남편
[妹夫(매부)] : 누이의 남편.
[漁夫(어부)] : 물고기 잡는 일을 업으로 하는 사람
[人夫(인부)] : 품삯을 받고 일하는 막벌이꾼
[雜夫(잡부)] : 특별한 기술 없이 막일을 하는 인부
[兄夫(형부)] : 언니의 남편

급수 | **7**급
음훈 | ① 하늘 천
부수 | 大(큰 대) 부 1획
　　　　총 4획

필순 一 二 F 天

글자풀이 큰 대(大)자 위에 한 일(一). 큰 사람(大)의 머리 위(一)를 가리키는 글자로 하늘을 뜻함.

[참고] 반대자 : 地(지)

뜻풀이 ① 하늘 ② 천체 ③ 태양 ④ 임금

예 [天干(천간)] : 갑(甲), 을(乙), 병(丙), 정(丁), 무(戊), 기(己), 경(庚), 신(辛), 임(壬), 계(癸)
[天高馬肥(천고마비)] : 하늘 높고 말이 살찐다는 좋은 계절 '가을'을 뜻함
[天倫(천륜)] : 부자·형제 사이에서 마땅히 지켜야 할 떳떳한 도리
[天罰(천벌)] : 하늘이 내리는 무섭고 피할 수 없는 벌
[天性(천성)] : 선천적으로 타고난 성품
[天災(천재)] : 지연의 현상으로 일어나는 재난. 태풍·홍수·지진 등 ↔ 인재(人災)
[天職(천직)] : 타고난 직업이나 직분
[雨天(우:천)] : 비가 오는 날

급수 | **6급**
음훈 | ① 클 태
부수 | 大(큰 대) 부 1획
　　　총 4획

필순 一 ナ 大 太

글자풀이 큰 대(大)자 밑에 점을 찍어 위의 글자를 거듭 나타낸 것. 즉 크고 또 크다는 뜻으로 '아주 크다' 라고 강조한 글자.

[참고] 유의자 : 泰(태)

뜻풀이 ① 크다 ② 매우 ③ 콩

예 [太古(태고)] : 아주 오랜 옛날
[太上(태상)] : 천자(天子), 임금
[太陽(태양)] : 해
[太初(태초)] : 천지가 개벽한 처음
[太平(태평)] : 세상이 안정되어 아무런 근심이 없고 평안함
[太平洋(태평양)] : 아시아와 아메리카 사이에 있는 큰 바다

급수 | **6급**
음훈 | ① 잃을 실
부수 | 大(큰 대) 부 2획
　　　총 5획

필순 ′ ㅗ 느 失 失

글자풀이 사람이 머리를 풀어헤친 모양의 글자로 정신을 '잃다, 허물'을 뜻함.

[참고] 유의자 : 損(손) 반대자 : 得(득)

뜻풀이 ① 잃다, 놓치다 ② 허물, 과실

예 [失格(실격)] : 꼭 갖추어야 할 자격을 잃음
[失禮(실례)] : 말이나 행동이 예의에 벗어남
[失命(실명)] : 목숨을 잃음
[失手(실수)] : 부주의로 잘못함 또는 그러한 행위
[失言(실언)] : 실수로 잘못 말함 또는 그 말
[失政(실정)] : 정치의 방법을 그르침. 또는 잘못된 정치
[失策(실책)] : 잘못된 계책
[失火(실화)] : 잘못해 불을 냄 또는 그 불
[過失(과:실)] : 잘못이나 허물
[消失(소실)] : 사라져 없어짐 또는 그렇게 잃어버림

급수 | **4**급
음훈 | ① 기특할 기
부수 | 大(큰 대) 부 5획
총 8획

필순 ノ 大 太 本 卒 卒 查 奇

글자풀이 큰 대(大) 밑에 옳을 가(可). 可에서 음을 빌어 만든 글자로 크게 옳다 그래서 '신기하다, 특별하다' 는 뜻.

[참고] 유의자 : 怪(괴)

뜻풀이 ① 기이하다 ② 뛰어나다 ③ 홀수

예 [奇骨(기골)] : 남다른 기풍이 있어 보이는 골격 또는 그런 골격을 지닌 사람
[奇談(기담)] : 이상야릇하고 재미나는 이야기
[奇拔(기발)] : 아주 빼어남
[奇想天外(기상천외)] : 보통 사람이 생각할 수 없는 엉뚱한 생각
[奇人(기인)] : 행동이나 성격 말 등이 보통 사람들과는 다른 사람
[奇蹟(기적)] : 사람이 생각할 수 없는 아주 신기한 일
[奇行(기행)] : 기이한 행동

급수 | **5**급
음훈 | ① 받들 봉:
부수 | 大(큰 대) 부 5획
총 8획

필순 一 二 三 丰 夫 表 麦 奉

글자풀이 손 수(手) 자 둘에 받들 공(卄) 자를 더한 글자로 두 손으로 공손히 받들어 모신다는 뜻.

[참고] 유의자 : 獻(헌)

뜻풀이 ① 받들다 ② 드리다 ③ 기르다

예 [奉讀(봉:독)] : 귀한 글, 높은 사람의 글을 받들어 읽음
[奉仕(봉:사)] : 국가 사회 또는 남을 위해 헌신적으로 일함
[奉先(봉:선)] : 선조의 뜻을 이어받고 제사지냄
[奉養(봉:양)] : 부모 · 조부모를 받들이 모심.
[奉行(봉:행)] : 웃어른이 시키는 대로 좇아 행함
[奉獻(봉:헌)] : 물건을 바침
[信奉(신:봉)] : 사상이나 학설 교리 따위를 옳다고 믿고 받듦

女 (계집 녀) 部

* **부수 설명** : 여자가 두 손을 모으고 무릎을 굽히고 공손하게 앉아있는 모습을 그린 글자로 '여자'를 뜻함

급수 | 8급
음훈 | ① 계집 녀
부수 | 女(계집 녀) 부 0획
　　　총 3획

필순 ㄑ ㄨ 女

여자가 손을 모으고 무릎을 꿇고 얌전히 앉아있는 모습. '여자'를 뜻함.

[참고] 반대자 : 男(남)

① 여자 ② 딸

[女傑(여걸)] : 용기가 뛰어나고 기개와 풍모가 있는 여자, 여장부
[女史(여사)] : 결혼한 여자를 높여 부르는 말
[女性(여성)] : 여자
[女息(여식)] : 딸
[女弟(여제)] : 누이동생

[宮女(궁녀)] : 궁에서 일하는 여인, 나인
[仙女(선녀)] : 선경에 사는 여자 신선
[淑女(숙녀)] : 교양·예의·품격을 갖춘 점잖은 여자
[處女(처:녀)] : 성숙한 미혼의 여성. 낭자(娘子), 처자(處子)

급수 | 준 4급
음훈 | ① 같을 여
부수 | 女(계집 녀) 부 3획
　　　총 6획

필순 ㄑ ㄨ 女 如 如 如

계집 녀(女) 변에 입 구(口). 女에서 음을 따온 글자로 '같다'는 뜻.

① 같다 ② 따르다 ③ 만일

[如干(여간)] : 얼마간, 약간
[如來(여래)] : 진리를 따라온 사람 즉, 석가모니를 이르는 말
[如反掌(여반장)] : 손바닥을 뒤집는 것처럼 매우 쉽다는 뜻
[如實(여실)] : 사실과 같음
[如意(여의)] : 일이 뜻대로 잘 되어 감

[如前(여전)] : 먼저와 같이
[如意珠(여의주)] : 이것을 얻으면 무엇이든 마음대로 만들어 낼 수 있다는 용의 턱 아래에 있다는 구슬
[如何(여하)] : 형편이나 정도가 어떠한가를 묻는 말
[缺如(결여)] : 빠져서 모자람
[或如(혹여)] : 만일

급수 | 준 **4**급
음훈 | ① 좋을 호:
부수 | 女(계집 녀) 부 3획
총 6획

필순 〈 〈 女 女 好 好

여자가 아기를 안고 있는 모습의 글자로 아기를 안고 '좋아한다' 는 뜻.

[참고] 반대자 : 惡(오)

① 좋다 ② 좋아한다

[好感(호:감)] : 좋게 느껴지는 감정
[好機(호:기)] : 좋은 기회
[好奇心(호:기심)] : 새롭고 신기한 것을 좋아하거나 모르는 것을 알고 싶어 하는 마음

[好男(호:남)] : 성격 좋은 남자
[好色(호:색)] : 여색(女色)을 몹시 좋아함
[好意(호:의)] : 친절한 마음씨, 좋게 생각하여 주는 마음
[好衣好食(호:의호식)] : 잘 먹고 잘 입음 즉 풍족한 생활을 함
[好轉(호:전)] : 무슨 일이 잘되어 가기 시작함
[好評(호:평)] : 좋은 평판

급수 | **4**급
음훈 | ① 묘할 묘:
부수 | 女(계집 녀) 부 4획
총 7획

필순 〈 〈 女 女 女 妙 妙

계집 녀(女) 변에 젊을 소(少). 젊고 예쁜 여자에게 묘한 매력이 있다해서 '묘하다' 는 뜻.

① 묘하다 ② 예쁘다 ③ 젊다 ④ 신기하다

[妙技(묘:기)] : 교묘한 기술과 재주
[妙齡(묘:령)] : 여자의 꽃다운 나이, 이십 전후의 여자 나이

[妙手(묘:수)] : 절묘한 방법, 바둑이나 장기 등에서 생각해 내기 힘든 좋은 수
[妙藥(묘:약)] : ① 신통하게 잘 듣는 약 ② 어떤 문제를 해결하는데 매우 효과적인 방법
[妙策(묘:책)] : 매우 교묘한 꾀
[巧妙(교묘)] : 썩 잘되고 묘함. 솜씨 따위가 공교로움
[奇妙(기묘)] : 신기하고 묘한
[微妙(미묘)] : 어떤 현상이나 내용이 뚜렷하게 드러나지 않으면서 야릇하고 묘한
[絶妙(절묘)] : 더할 수 없이 교묘한

급수 | **4**급
음훈 | ① 방해할 방
부수 | 女(계집 녀) 부 4획
　　　 총 7획

필순 ㄑ 乄 女 女 圤 妨 妨

계집 녀(女) 변에 모 방(方). 이리저리 돌아다니며 일을 저지르듯 '방해' 한다는 뜻.

① 방해하다 ② 거리끼다

[妨害(방해)] : 남의 일에 헤살을 놓아 못 하게 함
[妨害物(방해물)] : 방해가 되는 물건
[妨賢(방현)] : 어진 사람의 앞 길을 방해함
[無妨(무방)] : 방해되는 것이 없음

급수 | **4**급
음훈 | ① 누이 매
부수 | 女(계집 녀) 부 5획
　　　 총 8획

필순 ㄑ 乄 女 女゛妡 姅 妹 妹

계집 녀(女) 변에 아닐 미(未). 손아래 여동생을 나타내는 글자.
[참고] 반대자 : 姉(자)

① 손아래 누이 ② 여동생 ③ 소녀

[妹夫(매부)] : 누이의 남편
[妹氏(매씨)] : 남의 여동생을 높여 부르는 말
[妹弟(매제)] : 누이동생의 남편 ↔ 매형(妹兄)
[男妹(남매)] : 오누이, 오빠와 여동생 또는 누나와 남동생

[妹妹(영매)] : 남의 누이동생에 대한 경칭
[姉妹(자매)] : 언니와 여동생

급수 | **7**급
음훈 | ① 성 성:
부수 | 女(계집 녀) 부 5획
총 8획

필순 ㄥ ㄥ ㄠ 女 女 姓 姓 姓

글자풀이 계집 녀(女) 변에 날 생(生). 생(生)에서 음을 빌어 만든 글자로 여자가 아이를 낳으면 그 근본을 나타내기 위해 붙여주는 조상으로부터 이어온 성.

뜻풀이 ① 족속 간의 구별 ② 겨레

예 [姓名(성:명)] : 성과 이름
[姓銜(성함)] : '성명'의 높임말
[同姓同本(동성동본)] : 같은 피붙이를 이르는 말로 성과 본이 서로 같은 무리
[百姓(백성)] : 나라의 근본을 이루는 일반 국민을 예스럽게 부르는 말
[二姓(이성)] : 혼인을 한 남자와 여자의 양쪽 집

급수 | **6**급
음훈 | ① 비로소 시:
부수 | 女(계집 녀) 부 5획
총 8획

필순 ㄥ ㄥ ㄠ 女 女 始 始 始

글자풀이 계집 녀(女) 변에 기를 태(台). 여자의 뱃속에 들어있는 아기(台)가 생명의 '시초'라는 뜻.

[참고] 유의자 : 創(창) 반대자 : 終(종), 末(말)

뜻풀이 ① 비로소 ② 시작 ③ 처음

예 [始發(시:발)] : 맨 처음의 출발이나 발차
[始作(시:작)] : 어떤 일이나 행동, 현상의 처음
[始祖(시:조)] : 한 겨레의 맨 처음이 되는 조상 = 鼻祖(비조)
[始終(시:종)] : 처음과 끝
[始初(시:초)] : 맨 처음
[開始(개:시)] : 처음으로 시작함
[原始(원:시)] : 본디대로여서 진화 또는 발전하지 않음, 시작하는 처음
[創始(창:시)] : 처음 시작하거나 내세움

급수 | 4급
음훈 | ① 맡길 위
부수 | 女(계집 녀) 부 5획
총 8획

필순 ˊ ˊ ㅜ ㅊ ㅊ 秂 委 委

글자풀이 벼 화(禾) 밑에 계집 녀(女). 한 집안에서 곡식(禾)의 관리를 여자(女)에게 맡긴다는 뜻.

[참고] 유의자 : 任(임)

뜻풀이 ① 맡기다 ② 버리다 ③ 두다

예 [委員(위원)] : 특정한 사항의 처리를 위임받은 사람
[委任(위임)] : 일의 처리를 남에게 맡김
[委嘱(위촉)] : 어떤 일을 맡기어 부탁함
[委託(위탁)] : 남에게 사람이나 사물의 책임을 맡김

급수 | 4급
음훈 | ① 손위누이 자
부수 | 女(계집 녀) 부 5획
총 8획

필순 ㄑ ㄠ 女 女ˊ 女ˋ 妒 妒 姉 姉

글자풀이 본래는 자(姉)자로 맏누이 즉 손윗누이나 다 자란 여자를 뜻함.

[참고] 반대자 : 妹(매)

뜻풀이 ① 손위 누이 ② 여자를 친근하게 부르는 말

예 [姉妹(자매)] : 언니와 여동생
[姉兄(자형)] : 누나의 남편

급수 | 4급
음훈 | ① 위엄 위
부수 | 女(계집 녀) 부 6획
총 9획

필순 一 厂 厂 厃 厃 厃 威 威 威

글자풀이 도끼 월(戌)과 계집 녀(女)가 합쳐진 글자로 여자에게 도끼를 들이대고 '협박, 위협' 한다는 뜻.

뜻풀이 ① 위엄 ② 협박 ③ 구박

예 [威力(위력)] : 사람을 억눌러 복종시키는 강한 힘
[威勢(위세)] : 사람을 두렵게 하여 복종시키는 힘
[威壓(위압)] : 위엄이나 위력 따위로 압박하거나 정신적으로 억누름
[威脅(위협)] : 힘으로 으르고 억눌러 협박힘
[權威(권위)] : 어떤 분야에서 사회적으로 인정을 받고 영향을 끼칠 수 있는 능력이나 위신
[猛威(맹:위)] : 사나운 위세, 맹렬한 위력

급수 | **4급**
음훈 | ① 모양 자:
부수 | 女(계집 녀) 부 6획
　　　　총 9획

필순 ` ゛ ゛ ゛ 冫 次 次 姿 姿

글자풀이 계집 녀(女)에서 '여자'의 뜻을 따오고 버금 차(次)에서 음을 빌어 만든 글자로 여자가 맵시 있게 앉아 있는 '모양'을 뜻하는 글자.

[참고] 유의자 : 態(태)

뜻풀이 ① 맵시 ② 바탕 ③ 모양

예 [姿勢(자:세)] : 몸을 움직이거나 가누는 모양
[姿態(자:태)] : 몸가짐과 맵시
[芳姿(방:자)] : 아름다운 자태
[雄姿(웅:자)] : 웅장한 모습

급수 | 준**4**급
음훈 | ① 며느리 부
부수 | 女(계집 녀) 부 8획
　　　　총 11획

필순 ` 〈 女 女´ 女⁻ 女⁼ 妒 妒 婦 婦 婦

글자풀이 계집 녀(女) 변에 비 추(帚). 빗자루 들고 있는 여자. 즉 집안 살림을 맡아하는 '며느리, 부인'을 뜻함.

[참고] 반의어 : 姑(시어미 고), 夫(부)

뜻풀이 ① 며느리 ② 아내 ③ 시집간 여자

예 [婦女(부녀)] : 부녀자의 준말, 결혼한 여자, 성숙한 여자
[婦德(부덕)] : 부인의 아름다운 덕행
[婦人(부인)] : 시집간 여자, 남의 아내를 높여 부르는 말

[姑婦(고부)] : 시어미와 며느리
[新婦(신부)] : 갓 결혼한 여자
[宗婦(종부)] : 종가의 맏며느리
[主婦(주부)] : 집안의 살림살이를 꾸려 가는 안주인, 가정주부
[村婦(촌:부)] : 시골 아낙네

급수 | **4**급
음훈 | ① 혼인할 혼
부수 | 女(계집 녀) 부 8획
　　　 총 11획

필순 ⸝ ⸝ 女 女 女ˊ 女ʼ 妒 娇 娇 婚 婚

 계집 녀(女) 변에 저물 혼(昏). 저물 무렵에 여자를 만나 혼인 한다는 뜻.

[참고] 유의자 : 姻(인)

 ① 혼인하다 ② 아내의 친정

예 [婚家(혼가)] : 혼사를 치르는 집
[婚期(혼기)] : 결혼할 나이
[婚禮(혼례)] : 혼인 예식
[婚配(혼배)] : 혼인하여 부부가 됨 혼인하는 짝
[婚約(혼약)] : 혼인하기로 약속함

[婚主(혼주)] : 혼사를 치르는 주인
[結婚(결혼)] : 남녀가 부부 관계를 맺음
[旣婚(기혼)] : 이미 혼인함
[新婚(신혼)] : 갓 결혼함
[定婚(정:혼)] : 혼인하기로 정함
[初婚(초혼)] : 첫혼인(婚姻)
[破婚(파:혼)] : 혼인하기로 한 약속을 깨뜨림

子 (아들 자) 部

✱ 부수 설명 : 포대기로 싼 갓난아기 모습을 그린 글자입니다. 머리 부분과 두 팔을 나타내고 다리는 강보로 싸있어서 하나만 보입니다. 갓 낳은 아이를 뜻하는 글자랍니다.

급수 | **7**급
음훈 | ① 아들 자
부수 | 子(아들 자) 부 0획
　　　 총 3획

필순 ㇈ 了 子

글자풀이 갓 낳은 아이를 강보로 싼 모습을 나타낸 글자로 아기, 아들, 자식을 뜻함.

뜻풀이 ① 어린 아기 ② 아들 ③ 자식 ④ 씨

예 [子女(자녀)] : 아들과 딸
[子婦(자부)] : 며느리
[子息(자식)] : 아들과 딸의 총칭
[子午(자오)] : 子는 정북, 午는 정남, 그래서 子午는 정북에서 정남으로 그은 선
[子正(자정)] : 밤 12시
[王子(왕자)] : 왕의 아들
[種子(종자)] : 대를 이을 씨
[太子(태자)] : '황태자'의 준말로 다음 왕위에 오를 왕자
[孝子(효:자)] : 부모를 잘 섬기는 아들(자식), 맏아들

급수 | 4급
음훈 | ① 구멍 공:
부수 | 子(아들 자) 부 1획
총 4획

필순 ⺁ 了 孑 孔

글자풀이 아들 자(子) 변에 새 을(乙). 새(乙)가 새끼(子)를 낳아 기르는 나무 '구멍'을 뜻하며 중국의 옛 성인 공자를 뜻함.

[참고] 유의어 : 穴(혈)

뜻풀이 ① 구멍 ② 공자

예 [孔孟(공:맹)] : 공자와 맹자, 공자의 가르침
[孔明(공:명)] : 재갈 양의 자(字), 지혜가 매우 밝은 사람을 이르는 말
[孔穴(공:혈)] : 구멍
[瞳孔(동:공)] : 눈동자
[毛孔(모공)] : 털구멍
[鼻孔(비:공)] : 콧구멍

급수 | 7급
음훈 | ① 글자 자
부수 | 子(아들 자) 부 3획
총 6획

필순 ⺁ ⺌ 宀 宀 宁 字 字

글자풀이 집 면(宀) 밑에 아들 자(子). 집 안에서 자식에게 가르치는 '글자'를 뜻함.

 ① 글자 ② 장가나 시집 간 뒤에 부르는 이름

예 [字源(자원)] : 문자가 구성된 근원
[字解(자해)] : 글자의 해석, 특히 한자(漢字)의 해석
[文字(문자)] : 예전부터 전하여 내려오는 어려운 문구
[正字(정:자)] : 똑똑하고 체가 바른 글자
[脫字(탈자)] : 글이나 인쇄물 등에서 빠뜨린 글자 또는 빠져 없어진 글자
[漢字(한자)] : 중국에 만든 글자
[活字(활자)] : 활판 인쇄에 쓰는 글자 모형

[참고] 유의자 : 在(재)

 ① 있다, 살아있다 ② 안부를 묻다

예 [存立(존립)] : 생존하여 자립함
[存亡(존망)] : 생존과 사망
[存續(존속)] : 계속 남아있음
[存在(존재)] : 거기 혹은 현실에 실재로 있음
[保存(보:존)] : 보호하고 간수하여 남김
[生存(생존)] : 살아 있음, 끝까지 살아서 남음
[實存(실존)] : 실제로 존재함, 또는 그런 존재
[現存(현:존)] : 지금까지 남아 있음

存
급수 | 4급
음훈 | ① 있을 존
부수 | 子(아들 자) 부 3획
총 6획
필순 一ナオ右存存

孝
급수 | 7급
음훈 | ① 효도 효:
부수 | 子(아들 자) 부 4획
총 7획
필순 一十土耂耂孝孝

글자풀이 있을 재(在)와 아들 자(子)가 합쳐서 된 글자로 '살아있음'을 뜻하는 글자.

글자풀이 늙을 노(老) 밑에 아들 자(子). 자식이 늙은이를 잘 받들고 섬기는 일 즉, '효도'를 뜻함.

[참고] 孝는 맏아들 이란 뜻도 있음.

뜻풀이 ① 효도 ② 맏아들

예 [孝女(효:녀)] : 효성스러운 딸
[孝道(효:도)] : 부모를 정성껏 잘 섬기는 도리
[孝婦(효:부)] : 시부모를 잘 섬기는 며느리
[孝行(효:행)] : 효도를 잘 실천함
[不孝(불효)] : 효도를 하지 않음
[忠孝(충효)] : 충성과 효도

급수 | 4급
음훈 | ① 계절 계:
부수 | 子(아들 자) 부 5획
　　　총 8획

필순 ノ 二 千 千 禾 季 季 季

글자풀이 벼 화(禾) 밑에 아들 자(子). 벼(禾)의 씨앗(子)을 나타내는 글자 로 '막내, 젊다, 계절' 을 뜻함.

뜻풀이 ① 계절 ② 끝 ③ 젊다 ④ 막내

예 [季父(계:부)] : 아버지의 막내아우
[季氏(계:씨)] : 남의 아우를 높이어 부르는 말

[季月(계:월)] : 각 철의 끝 달
[季節(계:절)] : 일 년을 봄·여름·가을·겨울의 넷으로 나눈 그 한 동안, 철
[四季(사:계)] : 봄, 여름, 가을, 겨울
[春季(춘계)] : 봄 절기

급수 | 4급
음훈 | ① 외로울 고
부수 | 子(아들 자) 부 5획
　　　총 8획

필순 ノ 了 孑 孑 孒 孤 孤 孤

글자풀이 아들 자(子) 변에 오이 과(瓜). 오이(瓜)처럼 뿌리가 약한 아들(子)로 즉 부모 없이 자란 외로운 자식 이란 의미.

[참고] 유의자 : 獨(독)

뜻풀이 ① 외롭다 ② 홀로 ③ 고아

예 [孤高(고고)] : 혼자 오뚝 높이 있어 있음
[孤軍(고군)] : 후원 없이 외롭게 버티고 있는 군사
[孤島(고도)] : 본토로부터 홀로 멀리 떨어져 있는 섬

[孤立(고립)] : 혼자 외롭게 서있음
[孤兒(고아)] : 부모를 여의거나 부모에게 버림받아 외로운 아이
[孤子(고자)] : 아버지가 돌아가시어 초상을 치루고 있는 자식
[孤掌難鳴(고장난명)] : 한쪽 손으로 손뼉을 칠 수 없다. 혼자서는 일을 이루기 어렵다는 말
[孤魂(고혼)] : 의지할 데 없이 혼자 떠돌아다니는 외로운 넋

급수 | **6**급
음훈 | ① 손자 손(:)
부수 | 子(아들 자) 부 7획
　　　총 10획

필순 ` 了 子 子 孑 孙 孫 孫 孫 孫

글자풀이 아들 자(子) 변에 이을 계(系). 아들의 뒤를 이을 후손인, '자식 손자'를 뜻함.

[참고] 반대자 : 祖(조)

뜻풀이 ① 손자 ② 후손 ③ 움, 싹 ④ 성씨

예 [孫女(손녀)] : 아들의 딸
　　[孫婦(손부)] : 손자의 아내

[孫世(손:세)] : 자손의 늘어가는 정도, 손자의 세대
[孫子(손자)] : 아들의 아들
[世孫(세:손)] : '왕세손(王世孫)'의 준말, 현 왕의 손자로 앞으로 왕이 될 사람
[王孫(왕손)] : 임금의 손자나 후손
[子孫(자손)] : 아들과 손자 그 후손
[曾孫(증손)] : 손자의 아들
[玄孫(현손)] : 손자의 손자(고손이라 하지 않고 현손이라 부름)
[後孫(후:손)] : 몇 대가 지난 뒤의 자손

급수 | **8**급
음훈 | ① 배울 학
부수 | 子(아들 자) 부 13획
　　　총 16획

필순 ` ´ ſ ʄ ʄ ʄ ʄ ʄ ʄ 朗 朗 朗 朗 與 與 學 學

글자풀이 자식이(子) 어진 행실을 본받도록(爻) 감싸서 '배우게 한다'는 뜻.

[참고] 유의자 : 習(습), 반대자 : 敎(교)
　　약자 : 学

뜻풀이 ① 배우다 ② 학문 ③ 가르침

예 [學校(학교)] : 일정한 장소에서 일정한 목적·교육 과정·설비·제도 및 법규에 의하여 교육을 하는 곳
[學問(학문)] : 어떤 분야를 체계적으로 배워서 익힘
[學生(학생)] : 학교에서 공부하는 사람
[學習(학습)] : 지식이나 기술 등을 배워서 익힘
[夜學(야:학)] : 밤에 공부하는 일 또는 그런 학교
[停學(정학)] : 교칙을 위반한 학생을 일시적으로 등교 정지시키는 학교의 처벌
[通學(통학)] : 매일 매일 집에서 학교를 다니며 배움
[休學(휴학)] : 일정 기간 학교를 쉼

宀 (집 면) 部

★ **부수 설명** : 집의 지붕 모양을 본떠서 만든 글자.
독립으로 쓰이지 않고 다른 글자의 위에 붙어 새로운 글자를 만든다. 그 모양이 마치 사람 머리에 쓰는 갓과 같아서 '갓머리' 라고 부르기도 한다. 이 집 면(宀) 부수의 글자들은 사람이 사는 집이나 방과 관계가 있다.

급수 | 준 **4** 급
음훈 | ① 지킬 수
부수 | 宀(집 면) 부 3획
　　　총 6획
필순　丶丶宀宀守守

글자풀이 면(宀)은 집을 의미하면서 특히 공무를 처리하는 관청의 의미를 가졌고, 촌(寸)은 법도를 뜻함. 그래서 수(守)는 '법도에 맞게 공무를 처리하는 것' 이 본뜻 이었고 점차 '지킨다', 보살핀다' 는 뜻으로 확대되었음.

[참고] 유의자 : 衛(위)

뜻풀이 ① 지키다 ② 직무 ③ 보살피다

예 [守備(수비)] : 외부의 침략이나 공격을 막아 지킴
[守城(수성)] : 적의 공격으로부터 성을 잘 지킴
[守節(수절)] : 여자가 설개들 시킴
[守株待兎(수주대토)] : 나무 그루터기에 토끼가 부딪혀 기절하길 기다린다는 말로 매우 어리석음을 비유한 말
[守護(수호)] : 지키어 잘 보호함

[郡守(군:수)] : 군의 모든 살림을 맡아 다스리는 우두머리
[保守(보:수)] : 재래의 풍속·습관과 전통을 중요시하여 그대로 지킴

급수 | **7**급
음훈 | ① 편안 안
부수 | 宀(집 면) 부 3획
　　　총 6획

필순 ` ´ 宀 宁 安 安

글자풀이　집 면(宀) 안에 계집 녀(女). 여자가 집 안에서 살림을 하기 때문에 온 가족이 '편안'하다는 뜻.

[참고] 유의어 : 寧(령), 반대자 : 危(위)

뜻풀이　① 편안함 ② 즐거움

예 [安家(안가)] : 어떤 일을 하기에 편안한 가옥
　[安居(안거)] : 평안히 있음
　[安寧(안녕)] : 안전하고 태평함
　[安息(안식)] : 편안하게 쉼
　[安靜(안정)] : 마음과 정신이 편안하고 고요함
　[問安(문:안)] : 웃어른께 안부를 여쭘 또는 그런 인사

급수 | **5**급
음훈 | ① 집 택 ② 집 댁
부수 | 宀(집 면) 부 3획
　　　총 6획

필순 ` ´ 宀 宁 宅 宅

글자풀이　집 면(宀) 밑에 맡길 탁(乇). 면(宀)에서 '집'이란 뜻을 따오고 탁(乇)에서 음을 빌어 만든 글자로 사람이 사는 '집' 또는 그 집안 '가계'를 뜻한다. '택'으로도 읽고 '댁'으로도 읽는다.

[참고] 유의자 : 家(가)

뜻풀이　① 집 ② 무덤 ③ 가정

예 [宅內(댁내)] : 남의 집안을 높여 이르는 말
　[宅地(택지)] : 집 지을 땅
　[家宅(가택)] : 사람이 살고 있는 집이나 그 가정
　[古宅(고:택)] : 옛날에 지은 집
　[幽宅(유택)] : '죽은 이의 집'이라는 뜻으로, '무덤'을 달리 이르는 말로 쓰임
　[自宅(자택)] : 자기의 집
　[邸宅(저:택)] : 규모가 큰 집

급수 | **5**급
음훈 | ① 완전할 완
부수 | 宀(집 면) 부 4획
총 7획

필순 ' ' 宀 宀 宀 宍 完

급수 | 준**4**급
음훈 | ① 벼슬 관
부수 | 宀(집 면) 부 5획
총 8획

필순 ' ' 宀 宀 宀 宀 官 官

글자풀이 집 면(宀) 밑에 으뜸 원(元). 으뜸되는 훌륭한 사람이 사는 집으로 모자람이 없이 '완전하다'는 뜻.

[참고] 유의자 : 全(전)

뜻풀이 ① 완전하다 ② 끝내다

예 [完工(완공)] : 공사가 끝남. 공사를 완성함
[完了(완료)] : 완전히 끝마침
[完備(완비)] : 빠짐없이 갖춤
[完成(완성)] : 완전히 이룸.
[完全(완전)] : 부족함이 없음. 결점이 없음
[完治(완치)] : 병이 다 낫도록 완전히 치료함
[完快(완쾌)] : 병이 완전히 나음
[未完(미:완)] : 끝을 다 맺지 못함. 미완성
[補完(보:완)] : 모자라는 것을 보충하여 완전하게 함

글자풀이 집(宀) 아래 많은 사람이 모여 있는 모양의 글자로 관청에서 일하는 '벼슬아치'들을 뜻함.

[참고] 반대자 : 民(민)

뜻풀이 ① 벼슬 ② 관리 ③ 기관. 관청

예 [官公署(관공서)] : 정부의 일을 맡아보는 부서나 기관
[官僚(관료)] : 직업적인 관리 또는 그들의 집단
[官吏(관리)] : 관직에 있는 사람
[官民(관민)] : 공무원과 일반 시민
[官舍(관사)] : 관리가 살도록 관청에서 지은 집
[官職(관직)] : 관리가 국가로부터 위임받은 일정한 범위의 직무 또는 그 지위
[器官(기관)] : 일정한 모양과 생리 기능을 갖는 생물체의 부분

[上官(상:관)] : 관공서나 군대에서 자기보다 직위나 계급이 윗자리인 사람
[長官(장:관)] : 국무를 분장한 행정 각부의 장

급수 | **6**급
음훈 | ① 정할 정:
부수 | 宀(집 면) 부 5획
　　　 총 8획

필순 丶丶宀宀宁宇定定

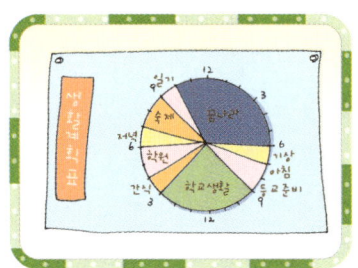

글자풀이 갓머리(宀) 밑에 발족(足). 집 안에서 발이 머무르니 쉴 곳을 '정했다'는 뜻.

뜻풀이 ① 정하다, 결정 ② 준비하다

예 [定價(정:가)] : 물건에 일정한 값을 매김 또는 그 값
[定期(정:기)] : 정한 기한 또는 기간
[定石(정:석)] : 일정한 방식
[定說(정:설)] : 일반적으로 바르다고 알려진 생각이나 학설
[定式(정:식)] : 방식이나 격식을 일정하게 함

[定員(정:원)] : 일정한 규정에 의하여 정해진 인원
[定義(정:의)] : 말이나 사물의 뜻을 명백히 규정함
[指定(지정)] : 가리키어 확실하게 정함
[確定(확정)] : 틀림없이 정함.

급수 | 준**4**급
음훈 | ① 마루 종
부수 | 宀(집 면) 부 5획
　　　 총 8획

필순 丶丶宀宀宁宇宗宗

글자풀이 집 면(宀) 밑에 보일 시(示). 宀은 '집'을 뜻하고 示는 '신'을 뜻하므로 宗은 신을 모신 집 '신전, 사당' 등을 뜻함.

뜻풀이 ① 마루 ② 사당 ③ 겨레

예 [宗家(종가)] : 한 문중에서 맏이로만 이어 온 집안
[宗敎(종교)] : 신 또는 초자연적인 힘에 대해 인간이 신앙하는 일
[宗廟(종묘)] : 조선 때, 역대 제왕의 위패를 모시던 제왕가의 사당

[宗孫(종손)] : 종가의 큰 손자
[宗族(종족)] : 성과 본이 같은 겨레붙이
[宗親(종친)] : 동성동본으로 유복친 안에 들지 않는 일가붙이
[改宗(개:종)] : 믿던 종교를 바꿈

급수 | 5급
음훈 | ① 손 객
부수 | 宀(집 면) 부 6획
　　　　총 9획
필순 ` ´ 宀 宀 宀 夾 夾 客 客

글자풀이　집 면(宀) 밑에 각각 각(各). 잔치가 끝나면 제각각(各) 자기 집(宀)으로 돌아가는 '손님'(客)을 뜻함.
[참고] 유의자 : 賓(빈), 반대자 : 主(주)
뜻풀이　① 손님 ② 의탁하다 ③ 여행

예 [客苦(객고)] : 객지에서 겪는 고통
[客談(객담)] : 낯선 사람끼리 주고받는 한가로운 이야기
[客舍(객사)] : 여행객이 묵는 숙소
[客席(객석)] : 극장 따위에 손님이 앉는 자리

[客室(객실)] : 여관 방
[客地(객지)] : 여행하는 사람이 잠시 머물고 있는 곳
[劍客(검객)] : 칼솜씨가 능한 사람
[觀客(관객)] : 공연 따위를 구경하는 사람
[賓客(빈객)] : 점잖고 귀한 손님
[乘客(승객)] : 배나 차·비행기 등을 타는 손님
[旅客(여객)] : 여행 차 찾아온 손님
[賀客(하:객)] : 남의 잔치에 참석하여 축하하는 손님

급수 | 4급
음훈 | ① 베풀 선
부수 | 宀(집 면) 부 6획
　　　　총 9획
필순 ` ´ 宀 宀 宀 宗 宣 宣 宣

글자풀이　집 면(宀)밑에 걸칠 궁(亘). 집집마다 두루 걸쳐서 사방에 알린다는 뜻.
[참고] 유의자 : 施(시), 布(포)
뜻풀이　① 베풀다 ② 펴다 ③ 말하다

예 [宣告(선고)] : 선언하여 널리 알림, 판결을 내림
[宣敎(선교)] : 종교를 선전하여 널리 퍼뜨림
[宣誓(선서)] : 널리 여러 사람 앞에서 맹서함
[宣言(선언)] : 널리 펴서 말함. 의견을 공표함
[宣傳(선전)] : 주의나 주장, 사물의 존재, 효능 등을 많은 사람이 알 수 있도록 설명하여 널리 알림
[宣布(선포)] : 세상에 널리 알림

급수 | 8급
음훈 | ① 집 실
부수 | 宀(집 면) 부 6획
총 9획
필순 `丶宀宁宇宏宝室室`

글자풀이 집 면(宀) 밑에 이를 지(至). 사람이 머물러 쉬며 사는 곳 즉, '집이나 방'을 의미함.

[참고] 유의자 : 堂(당)

뜻풀이 ① 집 ② 방 ③ 아내 ④ 가족

예 [室內(실내)] : 방이나 건물의 안
[室人(실인)] : 안 주인
[居室(거실)] : 가족이 일상 모여서 생활하는 양식(洋式)의 방, 리빙 룸
[敎室(교:실)] : 학교의 공부방
[密室(밀실)] : 남이 함부로 출입하지 못하게 한 비밀스런 방
[病室(병실)] : 환자가 거처하는 방
[浴室(욕실)] : 목욕하는 곳
[化粧室(화장실)] : 변소(便所)

급수 | 7급
음훈 | ① 집 가
부수 | 宀(집 면) 부 7획
총 10획
필순 `丶丶宀宁宇宇家家家家`

글자풀이 집 면(宀) 밑에 돼지 시(豕). 돼지가 많은 새끼를 낳아 기르듯 집 안에 많은 식구들이 모여 사는 '가족', '집'을 뜻함.

[참고] 유의자 : 屋(옥), 宅(택)

뜻풀이 ① 집 ② 가정 ③ 전문가

예 [家屋(가옥)] : 사람이 사는 집
[家長(가장)] : 한 집안의 어른. 호주

[家庭(가정)] : 한 가족이 살림하고 있는 집 안
[家畜(가축)] : 집에서 기르는 짐승
[家出(가출)] : 가정을 버리고 집에서 뛰쳐 나옴
[家訓(가훈)] : 한 가정에서 자녀에게 가르치려는 교훈
[音樂家(음악가)] : 음악에 대하여 전문 지식이 있는 사람
[妻家(처가)] : 아내의 친정집
[出家(출가)] : 속세를 떠나 중이 됨

[宮女(궁녀)] : 궁 안에서 근무하는 여인, 나인(內人)
[宮合(궁합)] : 혼담이 있는 남녀의 사주를 오행에 맞추어 보아 합당한지 알아보는 내용
[東宮(동궁)] : 대전의 왼쪽 즉 동쪽에 있는 왕자궁, 왕자
[王宮(왕궁)] : 임금이 거처하는 궁
[行宮(행궁)] : 임금이 거동 할 때 머물던 별궁
[後宮(후:궁)] : 대전의 뒤에 지은 궁. 그곳에 거처하는 여인. 즉 제왕의 첩

급수 | 준4급
음훈 | ① 집 궁
부수 | 宀(집 면) 부 7획
　　　총 10획
필순 ＇ ＇ 宀 宁 宁 宫 宫 宫 宫 宮

글자풀이 큰 집의 지붕 밑에 여러 개의 방이 있는 모습의 글자로 '큰 집, 궁궐'을 뜻함.
[참고] 유의어 : 殿(전)
뜻풀이 ① 집 ② 담 ③ 임금의 아내
예 [宮闕(궁궐)] : 임금이 거처하는 집. 대궐, 궁전

급수 | 준4급
음훈 | ① 얼굴 용
　　　② 담을 용
부수 | 宀(집 면) 부 7획 총 10획
필순 ＇ ＇ 宀 宁 宁 宁 宊 宊 容 容

글자풀이 집 면(宀) 밑에 골 곡(谷). 宀이나 谷 모두가 물건을 넣어두거나 갈무리 하는 곳을 뜻하며 두 자를 합친 容자는 '물건을 담다' 라는 뜻과 '얼굴, 모양, 허용'의 뜻을 나타냄.

[참고] 유의자 : 貌(모).

 ① 얼굴 ② 몸가짐 ③ 허용 ④ 쉽다

예[容器(용기)] : 물건을 담는 그릇.
[容納(용납)] : 너그러운 마음으로 남의 언행을 받아들임.
[容恕(용서)] : 죄나 잘못한 일을 꾸짖거나 벌하지 않고 덮어 줌.
[容易(용이)] : 어렵지 않고 쉽다
[內容(내:용)] : 글이나 말 따위에 들어 있는 속 모양. 속 뜻
[美容(미:용)] : 아름다운 얼굴, 얼굴을 아름답게 꾸밈

害

급수 | **5**급
음훈 | ① 해할 해:
부수 | 宀(집 면) 부 7획
　　　　총 10획
필순 ` ⺊ ⺌ ⺍ 宀 宇 宅 宝 実 害 害

 집안(宀)의 예쁜(丯) 싹들을 가축들이 입(口)으로 물어뜯어 '해친다.' 는 뜻

[참고] 유의자 : 毒(독). 반대자 : 利(리)

 ① 해치다 ② 손해 ③ 훼방

예[害毒(해:독)] : 해롭고 독이 있는
[害惡(해:악)] : 해가 되는 나쁜 일
[害蟲(해:충)] : 사람이나 농작물·과수 등에 해를 끼치는 벌레
[加害(가해)] : 남에게 손해를 끼침
[冷害(냉:해)] : 냉기가 평년보다 일찍 와서 입는 농작물의 피해
[損害(손:해)] : 금전적·물질적으로 본디보다 밑짐
[被害(피:해)] : 재산·명예·신체상의 손해를 입음

寄

급수 | **4**급
음훈 | ① 부칠 기
부수 | 宀(집 면) 부 8획
　　　　총 11획
필순 ` ⺊ ⺌ 宀 宀 宇 宇 宊 寄 寄 寄

 집 면(宀) 밑에 기특할 기(奇). 기특한 재주를 가진 사람들을 집안에 살도록 '부친다, 기탁하게 한다, 기이하다, 의탁하게 한다'의 뜻임.

[참고] 유의자 : 託(탁)

 ① 부치다 ② 맡기다 ③ 의지한다

예 [寄居(기거)] : 남에게 덧붙어서 삶
[寄附(기부)] : 어떠한 일에 협조하는 뜻으로 재물을 내어 줌
[寄生(기생)] : 스스로 생활하지 못하고 남에게 의지하여 생활함
[寄宿(기숙)] : 남의 집에서 먹고 자고 함
[寄與(기여)] : 도와서 이바지함
[寄贈(기증)] : 선물이나 기념으로 남에게 물품을 보내어 증정함

급수 | 준 4급
음훈 | ① 빽빽할 밀
부수 | 宀(집 면) 부 8획
총 11획

필순 ` 宀 宀 宀 宓 宓 宓 宓 密 密

글자풀이 빽빽할 복(宓) 밑에 뫼 산(山). 무성하게 자란 산의 나무처럼 빽빽하고 은밀하다는 뜻.

뜻풀이 ① 빽빽하다 ② 비밀스럽다 ③ 숨기다

예 [密計(밀계)] : 남 몰래 세운 꾀
[密告(밀고)] : 남몰래 넌지시 일러 바침, 고자질함

[密談(밀담)] : 남 모르게 이야기함 또는 그렇게 하는 이야기
[密書(밀서)] : 비밀리 보내는 편지
[密輸(밀수)] : 법을 어기고 비밀히 하는 수입이나 수출
[密約(밀약)] : 비밀히 약속함
[密偵(밀정)] : 몰래 사정을 살핌 또는 그 사람
[密集(밀집)] : 빽빽이 모인 상태
[秘密(비:밀)] : 숨기어 남에게 공개하지 않는 일
[精密(정밀)] : 가늘고 촘촘함, 자세하고 치밀함

급수 | 5급
음훈 | ① 잘 숙
② 별자리 수:
부수 | 宀(집 면) 부 8획 총 11획

필순 ` 宀 宀 宀 宀 宿 宿 宿 宿

글자풀이 집 면(宀) 밑에 사람 인(人)과 일백 백(百). 사람들이 지붕 아래서 자리 잡고 있는 글자로 '거주한다, 지킨다, 머무른다, 오래 묵다, 잠잔다'는 뜻.

뜻풀이 ① 묵다, 머무는 집 ② 번들다 ③ 지키다 ④ 별자리

예 [宿命(숙명)] : 날 때부터 타고난 정해진 운명

[宿泊(숙박)] : 여관이나 호텔 따위에 들어 잠을 자고 머무름

[宿所(숙소)] : 머물러 묵는 곳

[宿願(숙원)] : 오래전부터 품어온 염원이나 소망

[宿題(숙제)] : 두고 생각해 보거나 해결할 문제, 학교에서 내주는 과제

[宿直(숙직)] : 관청·회사 등의 직장에서 잠자며 밤을 지킴 또는 그 사람

[宿患(숙환)] : ① 오래 묵은 병 ② 오래된 걱정거리

[露宿(노숙)] : 집이나 방이 아닌 한데서 이슬을 맞으며 잠을 잠

[野宿(야:숙)] : 산이나 들 따위의 한데에서 잠, 노숙

[星宿(성수)] : 별자리

[下宿(하숙)] : 남의 집에서 오래 묵음

[合宿(합숙)] : 여러 사람이 한곳에 집단으로 머물어 묵음.

급수 | 준4급
음훈 | ① 부자 부:
부수 | 宀(집 면) 부 9획
총 12획

필순 ` ` 宀宀宀宀宁宁宕宕富富富

글자풀이 집 면(宀) 밑에 술 항아리 모양(畐=찰 복)을 그린 글자로 집 안에 술이 가득하니 '부자' 라는 뜻.

[참고] 반대자 : 貧(빈)

뜻풀이 ① 부자 ② 넉넉하다 ③ 행복하다

예 [富强(부:강)] : 국민의 살림살이가 넉넉하고 나라의 세력이 강함

[富國(부:국)] : 나라를 부유하게 만듦 또는 그 나라

[富貴(부:귀)] : 재산이 많고 지위가 높음

[富者(부:자)] : 재물이 많아 살림이 넉넉한 사람

[甲富(갑부)] : 첫째 가는 큰 부자

[猝富(졸부)] : 벼락부자

[致富(치:부)] : 재물을 많이 모아 부자가 됨

급수 | 5급
음훈 | ① 찰 한
부수 | 宀(집 면) 부 9획
총 12획

필순 ` ` 宀宀宀宇宙宭寒寒寒寒

글자풀이 지붕 밑에 나무를 대충 얽어 만든 집 모양에 얼음 빙(冫) 자를 넣어 '차다, 춥다'는 뜻을 나타낸 글자.

[참고] 유의자 : 冷(냉) 반대자 : 暑(서)

뜻풀이 ① 차다. 춥다 ② 얼다 ③ 괴롭다 ④ 가난하다

예 [寒氣(한기)] : 추운 기운. 추위
[寒冷(한랭)] : 날씨 따위가 춥고 참
[寒流(한류)] : 온도가 비교적 차가운 해류(海流)
[寒門(한문)] : 가난하고 보잘 것 없는 가문, 자기 집을 낮추어 겸손하게 일컫는 말
[寒暑(한서)] : 추위와 더위
[寒波(한파)] : 겨울철 차가운 공기의 이동으로 기온이 급격히 내려가는 현상
[防寒(방한)] : 추위를 막음
[脣亡寒齒(순망한치)] : '입술이 없으면 이가 시리다', 즉, 자기 주변에서 보살펴주던 자가 없어지면 자기에게 큰 위험이 닥친다는 말
[惡寒(오한)] : 몸이 오슬오슬 춥고 떨리는 증세

급수 | **5**급
음훈 | ① 열매 실
부수 | 宀(집 면) 부 11획
　　　총 14획
필순 　宀宀宀宵宵宵宵宵宵宵實實

글자풀이 갓 머리(宀) 밑에 꿸 관(貫). 지붕 밑에 꿰어 매달아놓은 '과일'이나 '열매'를 뜻하며 '일의 결과'를 나타내기도 함.

[참고] 유의자 : 果(과) 약자 : 実

뜻풀이 ① 열매, 과일 ② 가득차다 ③ 담다, 채우다 ④ 행하다

예 [實果(실과)] : 열매로 된 과자 ↔ 조과(造果)
[實技(실기)] : 실제로 부릴 수 있는 기술
[實錄(실록)] : 사실 그대로 기록해 놓은 역사
[實名(실명)] : 진짜 이름, 본명 ↔ 가명
[實相(실상)] : 실제의 모양
[實存(실존)] : 실제로 존재함. 또는 그런 존재

[實驗(실험)] : 실제로 시험함
[結實(결실)] : 열매가 맺힘, 일의 결과가 잘 맺어짐
[行實(행실)] : 일상 하는 행동

급수 | 준 **4**급
음훈 | ① 살필 찰
부수 | 宀(집 면) 부 11획
　　　　총 14획

필순 宀宀宀宀宀宀宀察察察

글자풀이 집 면(宀) 밑에 제사 제(祭). 제사 지내기 전에 집안(宀) 곳곳을 자세히 '살펴본다' 는 뜻.

[참고] 유의자 : 省(성)

뜻풀이 ① 살펴보다 ② 조사하다

예 [監察(감찰)] : 감시하여 살핌, 감독하고 단속함
[檢察(검:찰)] : 범죄를 수사하여 증거를 수집함 또는 그 일을 하는 사람
[警察(경:찰)] : 국민의 안전과 재산을 보호해 주는 일을 하는 기관
[觀察(관찰)] : 사물을 주의 깊게 살펴봄

[省察(성찰)] : 자기의 마음을 반성하여 살핌
[巡察(순찰)] : 여러 곳을 돌아다니며 사정을 살핌
[視察(시:찰)] : 두루 돌아다니며 실지 사정을 살핌

급수 | **4**급
음훈 | ① 잘 침:
부수 | 宀(집 면) 부 11획
　　　　총 14획

필순 丶丶宀宀宀宀宀宀宀宀宀寑寢

글자풀이 집 안(宀)의 침대(爿)와 빗자루(帚)가 있는 곳으로 안방, 침실과 잠자는 자리를 나타낸 글자.

[참고] 유의어 : 眠(면)　약자 : 寝

뜻풀이 ① 잠자다 ② 눕다 ③ 안방

예 [寢具(침:구)] : 잠잘 때 쓰는 물건
[寢臺(침:대)] : 사람이 누워서 잠자는 가구
[寢牀(침:상)] : 침대
[寢室(침:실)] : 잠자는 방
[陵寢(능침)] : 왕이나 왕비의 무덤

급수 | **5**급
음훈 | ① 베낄 사
부수 | 宀(집 면) 부 12획
　　　총 15획

필순 ` 宀 寫 寫
寫 寫 寫

글자풀이 갓머리(宀) 밑에 까치 석(舃). 까치가 똑같은 모양의 집을 짓듯 '똑같이 베낀다, 옮긴다.'는 뜻.

[참고] 유의어 : 筆(필) 약자 : 写

뜻풀이 ① 베끼다 ② 옮겨놓다 ③ 본뜨다, 그려놓다

예 [寫本(사본)] : 원본을 옮기어 베낌. 또는 베낀 책이나 서류
　[複寫(복사)] : 원본을 베낌
　[映寫(영사)] : 영화나 환등 따위의 필름을 비추어 영상을 비춤

급수 | 준**4**급
음훈 | ① 보배 보:
부수 | 宀(집 면) 부 17획
　　　총 20획

필순 ` 宀 宀 宀 宀 宀 宀 宀 宀 宀 宀 寶 寶 寶 寶 寶 寶 寶 寶

글자풀이 宀, 玉, 缶(장군 부), 貝로 된 글자로, 집안의 상자(缶) 안에 들어 있는 옥(玉)이나 조개(貝)등의 귀중품 '보배'를 뜻함.

[참고] 유의자 : 珍(진) 약자 : 宝

뜻풀이 ① 보배, 보물

예 [寶劍(보:검)] : 보배로운 칼
　[寶庫(보:고)] : 귀중한 것이 많은 곳
　[寶物(보:물)] : 보배로운 물건
　[寶石(보:석)] : 귀하고 값진 돌
　[家寶(가보)] : 한 집안에서 귀히 여기는 물건
　[國寶(국보)] : 나라에서 지정하여 법률로 보호하는 문화재

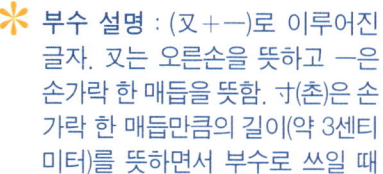

※ 부수 설명 : (又+一)로 이루어진 글자. 又는 오른손을 뜻하고 一은 손가락 한 매듭을 뜻함. 寸(촌)은 손가락 한 매듭만큼의 길이(약 3센티미터)를 뜻하면서 부수로 쓰일 때는 '손, 법도'의 의미를 지님.

급수 | 8급
음훈 | ① 마디 촌:
부수 | 寸(마디 촌) 부 0획
　　　　총 3획

필순 一 寸 寸

글자풀이 오른손을 뜻하는 又와 한 매듭을 가리키는 一이 합쳐서 된 글자. 한 마디의 길이, 법도를 뜻함.

뜻풀이 ① 마디 ② 한 치(3센티) ③ 촌수 ④ 약간

예 [寸劇(촌:극)] : 아주 짧은 단편적인 연극
[寸數(촌:수)] : 피붙이 사이의 멀고 가까운 정도를 나타내는 수
[寸陰(촌:음)] : 얼마 안 되는 썩 짧은 시간
[寸鐵殺人(촌:철살인)] : 한 치의 쇠붙이로도 살인한다는 뜻으로, 간단한 경구(警句)로도 남을 감동시키거나 남의 약점을 찌를 수 있다는 비유의 말
[寸評(촌:평)] : 매우 짧고 간명하게 비평함
[三寸(삼촌)] : 아버지의 형제

급수 | 준 4급
음훈 | ① 절 사 ② 내시 시
부수 | 寸(마디 촌) 부 3획
　　　　총 6획

필순 一 十 土 士 寺 寺

글자풀이 흙 토(土) 밑에 마디 촌(寸). 부처를 모시고 불법을 수행하는 '절'을 나타낸 글자

[참고] 유의자 : 刹(찰)

뜻풀이 ① 절 ② 내시 ③ 관청

예 [寺院(사원)] : 절이나 암자
[寺刹(사찰)] : 절
[古寺(고:사)] : 역사가 오래된 절
[司僕寺(사복시)] : 고려 · 조선 때, 궁중의 가마나 말에 관한 일을 맡아 보던 관아
[山寺(산사)] : 산에 지은 절

급수 | 4급
음훈 | ① 쏠 사(:)
부수 | 寸(마디 촌) 부 7획
　　　　총 10획

필순 ′ ⺈ ⺈ ⺈ 亓 亓 身 身 射 射

글자풀이 몸 신(身)과 마디 촌(寸)으로 된 회의 문자. 본디는 身+矢의 글자로 '사람이 화살을 쏜다'는 뜻의 글자였음.

[참고] 유의자 : 發(발)

뜻풀이 ① 쏘다 ② 궁술 ③ 벼슬이름

예 [射擊(사격)] : 총·활 등을 쏨
[射手(사수)] : 총포·활 등을 쏘는 사람, 사격수
[反射(반:사)] : 앞으로 나가던 파동이 다른 물체에 부딪쳐서 그 방향을 바꾸는 현상
[發射(발사)] : 총포·미사일·로켓 따위를 쏨
[注射(주:사)] : 주사기로 약물 따위를 몸 안으로 밀어 넣음

급수 | 준 4급
음훈 | ① 장수 장(:)
부수 | 寸(마디 촌) 부 8획
총 11획

필순 丨丬爿爿爿爿將將將將將

글자풀이 조각 장(爿)에서 음을 따오고 月(肉)과 寸에서 뜻을 따온 글자. 상(爿)위에 고기(肉)를 올려놓고 제사지내는 일을 법도(寸)에 맞게 지휘하는 통솔자 '장수'를 뜻함.

[참고] 반대자 : 卒(졸) 약자 : 将

뜻풀이 ① 장차 ② 장수

예 [將軍(장:군)] : 군을 통솔·지휘하는 무관
[將來(장:래)] : 앞으로 닥쳐올 때. 앞날. 미래
[將兵(장병)] : 장교와 병사
[將帥(장수)] : 군사를 거느리는 우두머리
[將次(장:차)] : 앞으로. 미래에
[老將(노:장)] : 늙은 장수. 노련(老鍊)한 장군
[智將(지장)] : 지혜가 뛰어난 장수

급수 | 4급
음훈 | ① 오로지 전
부수 | 寸(마디 촌) 부 8획
총 11획

필순 一厂戸戸亘車車車専専専

글자풀이 손으로 실패를 잡고 있는 모습의 상형문자. 실패를 감을 때는 오직 한 방향으로만 감아야 함으로 '오직, 오로지'의 뜻을 나타냄.

[참고] 약자 : 専

뜻풀이 ① 오로지 ② 홀로 ③ 섞이지 아니 한

예 [專決(전결)] : 혼자서 제 마음대로 결정함
　[專攻(전공)] : 어떤 학문이나 한 분야를 전문적으로 연구함
　[專念(전념)] : 오로지 한 가지 일에만 마음을 씀
　[專擔(전담)] : 전문적으로 맡아 봄, 혼자서 담당함
　[專門(전문)] : 한 가지 일만을 연구하거나 맡음
　[專制(전제)] : 혼자서 일을 결행함

　급수 | 준 **4** 급
　음훈 | ① 높을 존
　부수 | 寸(마디 촌) 부 9획
　　　　총 12획

필순 ´ ⺍ ⺌ ⺍ ⺠ ⺩ 酋 酋 尊 尊

글자풀이 술병 추(酋) 밑에 마디 촌(寸). 두 손으로 공손히 술병을 받들고 있는 모습으로 어른을 공경하는 모습을 나타낸 글자.

[참고] 반대자 : 卑(비) 약자 : 尊

뜻풀이 ① 높다 ② 중히 여기다 ③ 존경하다

예 [尊敬(존경)] : 높여 공경함
　[尊貴(존귀)] : 지위가 높고 귀함
　[尊待(존대)] : 존중히 여겨 귀하게 대접함
　[尊重(존중)] : 높이고 중히 여김.
　[尊稱(존칭)] : 공경하는 뜻으로 높이 부름 또는 그 칭호 ↔ 비칭(卑稱)
　[尊銜(존함)] : 상대방의 이름을 높여 이르는 말
　[世尊(세:존)] : '석가세존'의 준말

　급수 | **6** 급
　음훈 | ① 대할 대:
　부수 | 寸(마디 촌) 부 11획
　　　　총 14획

필순 ´ ⺀ ⺀ ⺀ ⺀ ⺀ ⺀ ⺀ ⺀ 對 對 對

글자풀이 서로 '마주하다, 응대한다'는 뜻.

[참고] 약자 : 対

뜻풀이 ① 대답하다 ② 대하다 ③ 만나다 ④ 상대하다

예 [對決(대:결)] : 서로 맞서서 우열을 결정함
[對答(대:답)] : 물음에 대하여 답함
[對備(대:비)] : 어떤 일에 대응할 준비를 함
[對應(대:응)] : 상대의 행동에 맞추어 태도와 행동을 취함
[對敵(대:적)] : 적과 마주하여 겨룸
[對策(대:책)] : 일에 대처할 계획이나 수단
[反對(반:대)] : 어떤 사물이나 생각이 서로 등지거나 맞섬

급수 | 준 4급
음훈 | ① 인도할 도:
부수 | 寸(마디 촌) 부 13획
　　　총 16획

필순 ⺍ ⺍ ⺍ ⺍ 丷 䒑 䒑 首 首 首 道 道
道 道 導 導

글자풀이 길 도(道) 밑에 마디 촌(寸). 가는 길(道)을 손(寸)으로 이끌어 인도한다는 뜻.

뜻풀이 ① 인도한다 ② 안내, 충고한다 ③ 가르치다

예 [導入(도:입)] : 이끌어 끌어들임
[導火線(도:화선)] : 화약을 터뜨리도록 불을 붙이는 선, 사건을 발생시키는 직접 원인
[善導(선:도)] : 착한 일을 하도록 이끌어줌
[誘導(유도)] : 일정한 방향으로 나아가도록 꾀어서 이끎
[指導(지도)] : 일정한 목적이나 방향으로 가르쳐 이끎

小 (작을 소) 部

* 부수 설명 : 八 + 丨 로 된 글자. 八은 나눈다는 뜻이고 丨은 작은 것을 나타내어, 작은 것(丨)을 또 나눈다(八)는 글자로 '작다' 는 뜻.

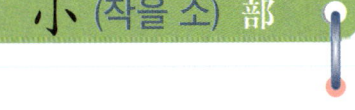

급수 | **8급**
음훈 | ① 작을 소:
부수 | 小(작을 소) 부 0획
　　　총 3획

필순 ｜ 亅 小 小

글자풀이 八 + 亅로 된 글자. 八은 나눈다는 뜻이고 亅은 작은 것을 나타낸다. 그래서 작은 것(亅)을 또 나눈다(八)는 글자로 '작다'는 뜻.

[참고] 반대자 : 大(대)

뜻풀이 ① 작다 ② 적다 ③ 짧다 ④ 조금

예 [小便(소:변)] : 오줌
[小說(소:설)] : 사실을 근거하거나 상상하여 쓴 이야기
[小心(소:심)] : 대범하지 못함
[小寒(소:한)] : 겨울철 중 강한 추위가 몰아닥치는 기간

급수 | **7급**
음훈 | ① 적을 소:
　　　② 젊을 소:
부수 | 小(작을 소) 부 1획　총 4획
필순 ｜ 亅 小 少

글자풀이 소(小)에서 음과 뜻을 따다 만든 글자로 '적다, 젊다'는 뜻.

[참고] 반대자 : 多(다), 老(노)

뜻풀이 ① 적다, 많지 않다 ② 젊다. 늙지 않다

예 [少年(소:년)] : 아주 어리지도 않고 완전히 성숙하지도 않은 사내아이
[過少(과:소)] : 지나치게 적음 ↔ 과다(過多)
[僅少(근:소)] : 아주 적어서 얼마 되지 않음
[老少(노:소)] : 늙은이와 젊은이
[多少(다소)] : 분량이나 정도의 많음과 적음

尢 (절름발이 왕) 部

* 부수 설명 : 사람의 모습을 정면에서 본 모양이 大자 이고 尢은 사람이 한 쪽 다리를 굽히고 있는 모습이어서 '절름발이 왕'이란 이름이 붙여졌고 쩔뚝쩔뚝 걷는다는 뜻을 가진 글자임. 부수로 쓰일 때는 尢이 尣이나 兀로 모양이 바뀜.

급수 | **4**급
음훈 | ① 나아갈 취:
부수 | 尢(절름발이 왕) 부
9획 총 12획

필순 ` 一 亠 亣 宁 宁 京 京 亰 尌 就 就

글자풀이 서울 경(京=크다) 변에 절름발이 왕(尢=더욱 우). 더욱 높고 크게 쌓는다. 즉 '더 나아간다, 이룬다'는 뜻.

[참고] 유의자 : 進(진)

뜻풀이 ① 이루다 ② 나아가다 ③ 좇다

🔴 [就任(취:임)] : 맡은 자리에 처음으로 나아감
[就職(취:직)] : 직업을 얻음, 취업
[就學(취:학)] : 학교에 입학하여 공부함
[就航(취:항)] : 배나 비행기가 항로에 오름
[成就(성취)] : 목적한 바를 이룸
[進就(진:취)] : 차차 성취되어 감

尸 (주검 시) 部

✱ **부수 설명** : 사람이 배를 깔고 엎느려 있는 모습을 나타낸 글자. 위의 머리 부분과, 밑으로 내려간 허리 부분을 그린 모습. 마치 몸을 굽히고 엎드려 있는 모습이 죽은 자 같아서 '주검시' 라 부른다.

급수 | **5**급
음훈 | ① 판 국
부수 | 尸(주검 시) 부 4획
총 7획

필순 ᄀ ᄀ 尸 尸 局 局 局

글자풀이 자 척(尺) 밑에 입 구(口)를 붙인 글자로 규격에 맞게 말하고 처리한다는 뜻.

뜻풀이 ① 판, 상황 ② 관청 ③ 일하는 곳

🔴 [局面(국면)] : 어떤 일이 되어 가는 형세나 벌어진 상황
[局限(국한)] : 일정 부분에 한정함
[亂局(난:국)] : 어지러운 판국
[對局(대:국)] : 어떤 상황이나 형편에 당함
[時局(시국)] : 당면한 국내 및 국제적 정세, 현재의 판국

급수 | **4**급
음훈 | ① 살 거
부수 | 尸(주검 시) 부 5획
총 8획

필순 ᄀ ᄀ 尸 尸 尸 居 居 居

글자풀이 주검 시(尸) 안에 예 고(古). 엎드려 오래 있다는 글자 즉 오래 머물러 '살고 있다'는 뜻임.

[참고] 유의자 : 住(주)

뜻풀이 ① 있다 ② 살다 ③ 머물다

예 [居留(거류)] : 임시로 머물러 삶
[居室(거실)] : 거처하는 방, 가족이 일상 모여서 생활하는 양식(洋式)의 방, 리빙 룸
[居住(거주)] : 일정한 곳에 자리를 잡고 머물러 삶
[居宅(거택)] : 주택, 집
[同居(동거)] : 한집이나 한방에서 같이 삶
[別居(별거)] : 부부나 한 가족이 따로 떨어져 삶
[隱居(은거)] : 세상을 등지고 피해서 숨어 삶

글자풀이 주검 시(尸) 안에 날 출(出). 몸을 굽힌 자세로 밖으로 나간다는 글자로 그러기 위해 '굽힌다, 꺽는다'는 뜻임.

[참고] 유의자 : 折(절), 曲(곡)

뜻풀이 ① 굽히다 ② 접어서 꺾다

예 [屈曲(굴곡)] : 이리저리 꺾이고 굽음. 또는 그 굽이
[屈服(굴복)] : 상대보다 힘이 모자라서 엎드려 복종함
[屈身(굴신)] : 몸을 앞으로 굽힘, 겸손하게 처신함
[屈辱(굴욕)] : 남에게 꺾여 업신여김을 받음
[屈折(굴절)] : 휘어서 꺾임
[不屈(불굴)] : 어려움이 닥쳐도 굽히지 않음
[卑屈(비:굴)] : 용기가 없고 비겁함

급수 | **4**급
음훈 | ① 굽힐 굴
부수 | 尸(주검 시) 부 5획
　　　총 8획

필순 ᄀ ᄀ 尸 尺 屈 屈 屈

급수 | **5**급
음훈 | ① 집 옥
부수 | 尸(주검 시) 부 6획
　　　총 9획

필순 ᄀ ᄀ 尸 尸 尾 居 居 屋 屋

글자풀이 주검 시(尸) 엄에 이를 지(至). 사람이 들어와서 엎드려 쉬는 곳 즉 '집'을 뜻함.

[참고] 유의자 : 家(가)

뜻풀이 ① 집 ② 덮개. 지붕

예 [屋上(옥상)] : 아파트나 현대식 양옥 건물 위에 마당처럼 편평하게 만든 곳.
[屋內(옥내)] : 집 안, 건물 안
[屋塔(옥탑)] : 주택이나 빌딩의 건물 꼭대기에 세운 작은 건물
[家屋(가옥)] : 사람이 사는 집
[社屋(사옥)] : 회사가 들어 있는 집. 회사의 건물
[洋屋(양옥)] : 서양식으로 지은 집, ↔ 한옥(韓屋)
[草屋(초옥)] : 갈대나 짚으로 지붕을 인 집, 초가

글자풀이 주검 시(尸) 안에 옷 의(衣). 좋은 옷을 입고 엎드려 자랑삼아 남에게 '펴 보인다'는 뜻.

뜻풀이 ① 펴다, 벌리다 ② 늘이다 ③ 베풀다

예 [展開(전:개)] : ① 눈앞에 벌어짐 ② 시작하여 벌림 ③ 내용을 진전시켜 나감
[展覽(전:람)] : 여러 가지 물건을 펼쳐놓고 여러 사람에게 보임
[展望(전:망)] : 넓고 먼 곳을 바라봄 또는 그 경치
[展示(전:시)] : 물품 따위를 한곳에 벌여 놓고 보임
[發展(발전)] : 더 낫고 좋은 상태로 나아감
[進展(진:전)] : 진보하고 발전함

급수 | 5급
음훈 | ① 펼 전:
부수 | 尸(주검 시) 부 8획
　　　 총 11획
필순 ㄱ ㄱ 尸 尸 尸 屈 屈 屈 展 展

급수 | 4급
음훈 | ① 층 층
부수 | 尸(주검 시) 부 12획
　　　 총 15획
필순 ㄱ ㄱ 尸 尸 尸 尸 屌 屌 屌 屌 屌 層 層 層

글자풀이 주검 시(尸) 안에 더할 증(曾). 엎다(尸)는 뜻과 쌓다(曾)는 뜻이 합쳐서 된 글자로 포개어 쌓은 '층'을 뜻함.

뜻풀이 ① 층, 겹 ② 층집 ③ 계단 ④ 높다

예 [層階(층계)] : 층층이 높이 올라가게 만들어 놓은 설비 계단
[層塔(층탑)] : 겹겹이 쌓은 탑
[高層(고층)] : 겹겹이 쌓은 높은 층
[單層(단층)] : 하나로 이루어진 층
[底層(저:층)] : 밑바닥 층
[層層(층층)] : 여러 층으로 겹겹이 쌓인층, 여러 단계
[下層(하:층)] : 탑이나 건물의 아래층, 사회적 지위나 경제적 생활수준이 낮은 계층 ↔ 상층(上層)

글자풀이 주검 시(尸)와 털 모(毛) 벌레 촉(蜀)으로 구성된 글자. 시체의 몸에 벌레가 달라붙었음을 상징하는 글자로 '따라가다, 붙다, 좇다'를 뜻함.

[참고] 유의자 : 附(부) 약자 : 属

뜻풀이 ① 잇다 ② 붙다 ③ 무리

예 [屬國(속국)] : 다른 나라의 지배를 받고 있는 나라
[屬性(속성)] : 사물의 본질을 이루는 성질
[屬託(촉탁)] : 남에게 일을 부탁하여 맡김
[卑屬(비:속)] : 혈연 관계에서 자기보다 손아래가 되는 자손
[尊屬(존속)] : 부모 또는 그와 같은 항렬 이상의 혈족

급수 | **4**급
음훈 | ① 붙일 속
       ② 이을 촉
부수 | 尸(주검 시) 부 18획 총 21획
필순 : ㄱ ㄲ ㄸ ㄸ ㄸ ㄸ ㄸ ㄸ 屌 屌 屌 屬 屬 屬 屬 屬 屬 屬 屬 屬

山 (뫼 산) 部

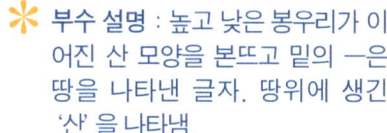

✻ 부수 설명 : 높고 낮은 봉우리가 이어진 산 모양을 본뜨고 밑의 一은 땅을 나타낸 글자. 땅위에 생긴 '산'을 나타냄.

급수 | **8**급
음훈 | ① 뫼 산
부수 | 山(뫼 산) 부 0획
　　　총 3획

필순 ｜ 凵 山

글자풀이 높고 낮은 봉우리가 이어진 산 모양을 본뜨고 밑의 一은 땅을 나타낸 글자. 땅위에 생긴 '산'을 나타냄.

[참고] 유의자 : 嶽(악)

뜻풀이 ① 산 ② 산신 ③ 무덤. 분묘

예 [山林(산림)] : 산에 있는 숲
　[山脈(산맥)] : 산이 길게 연속되어 생긴 줄기
　[山上(산상)] : 산 위 ↔ 산하(山下).
　[山城(산성)] : 산 위에 쌓은 성
　[山所(산소)] : 조상의 무덤 '뫼'의 높임 말
　[山賊(산적)] : 산 도둑
　[山中(산중)] : 산 속
　[山火(산화)] : 산 불
　[登山(등산)] : 산에 오름
　[名山(명산)] : 경치가 빼어난 이름난 산

급수 | **5**급
음훈 | ① 섬 도
부수 | 山(뫼 산) 부 7획
　　　총 10획

필순 ´ ｢ ｢ ｢ ｢ 鳥 鳥 島 島

글자풀이 새 조(鳥) 밑에 뫼 산(山). 새(鳥)가 바다를 날다가 쉬어가는 바다의 산 '섬'을 뜻함.

[참고] 유의자 : 嶼(서)

뜻풀이 ① 섬

예 [島民(도민)] : 섬에 사는 주민
　[島配(도배)] : 죄인을 섬으로 귀양 보냄
　[島嶼(도서)] : 크고 작은 섬들
　[孤島(고도)] : 육지에서 멀리 떨어진 작고 외딴 섬
　[落島(낙도)] : 외따로 멀리 떨어져 있는 섬
　[獨島(독도)] : 동해에 끝에 있는 대한민국 영토의 섬
　[無人島(무인도)] : 사람이 살고 있지 않은 섬
　[半島(반:도)] : 세 면이 바다에 싸이고 한 면은 육지에 이어진 땅

급수 | **4**급
음훈 | ① 높을 숭
부수 | 山(뫼 산) 부 8획
　　　총 11획

필순 ` ⺊ 屮 屮 岁 岁 峃 崇 崇 崇 崇

글자풀이 뫼 산(山) 밑에 마루 종(宗). 산마루처럼 높은 존재로 받들고 숭상한다는 뜻.

[참고] 유의자 : 尊(존), 仰(앙)

뜻풀이 ① 높다, 높이다 ② 존중하다

예 [崇高(숭고)] : 높고 고상하다
　　[崇拜(숭배)] : 우러러 공경함
　　[崇尙(숭상)] : 높여 소중히 여김
　　[崇祖(숭조)] : 조상을 숭상함

巛 (개미허리 천) 部

✱ **부수 설명** : 도랑을 파서 물을 흐르게 하는 형상. 물이 졸졸 흘러내려 가는 모양을 문자화 한 것 그 모양이 마치 개미허리처럼 잘록하여 '개미허리 천' 이라 부른다.

급수 | **7**급
음훈 | ① 내 천
부수 | 巛(개미허리 천) 부
　　　0획 총 3획

필순 ノ ノ 川

글자풀이 시냇물이 졸졸 흘러가는 모양을 본떠서 만든 글자.

[참고] 유의자 : 河(하)

뜻풀이 ① 내, 냇물 ② 물귀신 ③ 굴

예 [川防(천방)] : 내 둑
　　[川邊(천변)] : 냇가
　　[大川(대천)] : 큰 강
　　[山川(산천)] : 산과 내, 자연
　　[淸溪川(청계천)] : 서울 시내 중심을 흐르는 작은 시내
　　[河川(하천)] : 강과 시내를 아울러 이르는 말

급수 | **5**급
음훈 | ① 고을 주
부수 | 巛(개미허리 천) 부
　　　3획 총 6획

필순 ` ノ 丿 刈 州 州

글자풀이 강가나 시내(川)가 곳곳에 사람들이 모여 살며 이룬 마을 즉 '고을'을 뜻함.

[참고] 유의자 : 邑(읍)

뜻풀이 ① 고을 ② 섬 ③ 마을

예 [慶州(경주)] : 경상도에 있는 옛 고을 신라의 수도
[公州(공주)] : 충청도에 있는 옛 고을 백제의 수도
[全州(전주)] : 전라도에 있는 도시

工 (장인 공) 部

* 부수 설명 : 무엇인가를 만들어 내는데 사용했던 도구를 본떠 만든 글자로 '만들다, 기술자'라는 의미를 가짐.

급수 | 7급
음훈 | ① 장인 공
부수 | 工(장인 공) 부 0획
　　　총 3획

필순 一 丁 工

글자풀이 하늘과 땅 사이에서 온갖 물건을 만들어 내는 장인. 즉 기술자를 나타내는 글자로 '만들다, 기술자'라는 의미를 지녔음.

뜻풀이 ① 장인 ② 교묘하다 ③ 일, 만드는 일

예 [工具(공구)] : 물건을 만들거나 고치는 데에 쓰이는 기구
[工事(공사)] : 토목·건축 등에 관한 일
[工業(공업)] : 물품을 만들어 내는 일. 그 직업
[工場(공장)] : 물품을 만들어 내는 곳
[木工(목공)] : 나무를 다루어 물건을 만드는 일, 그 일을 하는 목수
[石工(석공)] : 돌을 다루어 물건을 만드는 일. 그 일을 하는 석수
[完工(완공)] : 공사가 끝남. 공사를 완성함
[職工(직공)] : 자기의 손 기술로써 물건을 만드는 일을 직업으로 하는 사람
[着工(착공)] : 공사를 시작함.

급수 | **4**급
음훈 | ① 클 거:
부수 | 工(장인 공) 부 2획
총 5획

필순 一 厂 厅 巨 巨

글자풀이 목수들이 사용하는 큰 곡자(기역자형 굽은 자)를 손에 들고 있는 형상으로 크기가 매우 '크다' 는 뜻.

[참고] 유의자 : 大(대)

뜻풀이 ① 크다 ② 많다 ③ 거칠다 ④ 자, 곡척

예 [巨金(거:금)] : 아주 많은 돈
[巨大(거:대)] : 엄청나게 큼
[巨木(거:목)] : ① 굵고 큰 나무
[巨物(거:물)] : 큰 물건. 학문·경력·세력이 크고 중요한 위치에 있는 사람
[巨富(거:부)] : ① 대단히 많은 재산 ② 돈이 썩 많은 큰 부자
[巨商(거:상)] : 밑천을 많이 가지고 큰 규모로 하는 장사 또는 그런 사람
[巨室(거:실)] : 규모가 큰 방
[巨人(거:인)] : 등치가 큰 사람

급수 | **7**급
음훈 | ① 왼 좌:
부수 | 工(장인 공) 부 2획
총 5획

필순 一 ナ ナ 左 左

글자풀이 왼손을 뜻하는 ナ와 일을 뜻하는 工이 모여서 된 글자로 일할 때 도와주는 '왼손' 을 뜻함.

[참고] 반대자 : 右(우)

뜻풀이 ① 왼쪽 ② 어긋나다 ③ 돕다

예 [左傾(좌:경)] : 왼쪽으로 기욺, 사회주의·공산주의 등 좌익으로 기울어짐
[左相(좌:상)] : '좌의정' 의 별칭
[左右(좌:우)] : ① 왼쪽과 오른쪽 ② 측근자 ③ 마음대로 움직임
[左翼(좌:익)] : 왼 쪽 날개. 급진적이고 과격한 당파
[左遷(좌:천)] : 낮은 관직이나 지위로 떨어지거나 외직으로 전근됨
[左衝右突(좌:충우돌)] : 왼쪽 오른쪽 이리저리 되는대로 부딪혀 아무하고나 다툼

급수 | **4**급
음훈 | ① 다를 차
부수 | 工(장인 공) 부 7획
　　　총 10획

필순 ` ⺍ ⺍ ᅭ ᅭ ᅭ ᅭ ᅭ 差 差

글자풀이 양 양(羊)과 왼 좌(左)가 합쳐진 글자. 한쪽으로 치우쳐 가즈런하지 않고 '들쑥날쑥'하다는 뜻.

[참고] 유의자 : 異(이), 반대자 : 等(등)

뜻풀이 ① 어긋나다 ② 다르다 ③ 나머지 ④ 층이 생기다

예 [差度(차도)] : 병이 나아가는 정도
　　[差別(차별)] : 차등이 있게 구별함
　　[差額(차액)] : 어떤 액수에서 다른 어떤 액수를 제한 나머지 액수
　　[隔差(격차)] : 동떨어진 차이
　　[誤差(오:차)] : 참값과 근삿값의 차

己 (몸 기) 部

✱ 부수 설명 : 사람이 몸을 굽히고 있는 형상을 그린 글자로. 자기 몸을 뜻함.

급수 | **5**급
음훈 | ① 몸 기
부수 | 己(몸 기) 부 0획
　　　총 3획

필순 ᄀ ᄀ 己

글자풀이 사람이 몸을 굽히고 있는 형상을 본뜬 글자로 자기 몸을 뜻함.

뜻풀이 ① 몸 ② 여섯 번째 천간

예 [克己(극기)] : 자기의 감정이나 욕심을 의지로 눌러 이김
　　[利己(이:기)] : 자기 이익만을 꾀함
　　[自己(자기)] : 그 사람 자신
　　[知己(지기)] : 제 스스로를 잘 파악하여 앎

巾 (수건 건) 部

✱ 부수 설명 : ⼌과 ㅣ이 합쳐서 된 글자로 ⼌은 한 조각의 천, ㅣ은 기다란 띠. 그래서 巾은 본래 한 조각의 천을 띠에 매어 허리에 두르는 '행주'를 뜻하였는데 후에 수건 등의 뜻을 나타내게 됨.

급수 | **7**급
음훈 | ① 저자 시:
부수 | 巾(수건 건) 부 2획
　　　총 5획

필순 `一ナ方市`

글자풀이 갈 지(之) 밑에 수건 건(巾). 베나 천을 사려고 가는 곳 '저자거리, 시장, 도시'를 뜻함.

뜻풀이 ① 저자 ② 시가지 ③ 상가

예 [市街(시:가)] : 도시의 큰 길거리
　　[市內(시:내)] : 시의 구역 안, 도시의 안
　　[市民(시:민)] : 시에 살고 있는 사람, 시의 주민
　　[市長(시:장)] : 시 행정의 집행·직원의 감독을 맡아 하는 시의 책임
　　[市場(시:장)] : 여러 가지 상품을 사고파는 장소
　　[市廳(시:청)] : 시의 행정 사무를 맡아보는 관청
　　[都市(도시)] : 사람들이 많이 모여 사는 도회지
　　[盛市(성:시)] : 사람들이 많이 모여들어 북적거리는 시장(市場)

급수 | 준**4**급
음훈 | ① 베 포(:) ② 보시 보:
부수 | 巾(수건 건) 부 2획
　　　총 5획

필순 `ノナオ右布`

글자풀이 수건(巾)을 손(又)에 들고 있는 모양의 글자로. '넓게 펴다' 옷감의 재료인 '베'의 뜻임.

뜻풀이 ① 베 ② 돈, 화폐 ③ 펴다 ④ 남에게 베풀다

예 [布告(포:고)] : 일반에게 널리 알림
　　[布笠(포립)] : 베·모시 따위로 싸개를 한 갓
　　[布木(포목)] : 베와 무명
　　[布施(보시)] : 불법이나 재물을 남에게 베풂
　　[公布(공포)] : 널리 알림
　　[宣布(선포)] : 세상에 널리 알림

급수 | 준**4**급
음훈 | ① 바랄 희
부수 | 巾(수건 건) 부 4획
　　　총 7획

필순 `ノメナチ齐希希`

글자풀이 엇갈릴 효(爻) 밑에 수건 건(巾). 엇갈린 고운 무늬(爻)가 있는 좋은 옷감(巾)을 나타낸 글자로 '귀하다 드물다, 바란다' 는 뜻.

[참고] 유의자 : 望(망)

뜻풀이 ① 바라다 ② 드물다 ③ 수를 놓은 옷

예 [希求(희구)] : 바라고 구함
[希望(희망)] : 어떤 일을 이루거나 얻고자 기대하고 바람
[希向(희향)] : 바라고 지향함

급수 | 4급
음훈 | ① 임금 제:
부수 | 巾(수건 건) 부 6획
     총 9획

필순 ` 亠 亠 ㅗ ㅗ 产 产 帝 帝

글자풀이 큰 대(大), 덮을 멱(冖), 수건 건(巾) 으로 구성된 글자. 높은 깃발(巾)을 세우고 단위에(冖) 우뚝 서있는 큰 사람(大) 즉 임금을 뜻함.

[참고] 유의자 : 王(왕), 君(군), 皇(황)

뜻풀이 ① 임금. 천자 ② 하느님

예 [帝國(제:국)] : 황제가 통치하는 국가
[帝弓(제:궁)] : 천제가 사용 할 만한 큰 활 즉 무지개를 뜻함 天弓(천궁)
[帝王(제:왕)] : 황제와 국왕
[上帝(상:제)] : 하느님
[五帝(오:제)] : 고대 중국의 다섯 성군. 소호(少昊)·전욱(顓頊)·제곡(帝嚳)·요(堯)·순(舜)
[皇帝(황제)] : 제국의 군주

급수 | 준 4급
음훈 | ① 스승 사
부수 | 巾(수건 건) 부 7획
     총 10획

필순 ` 亻 亻 亻 亻 𠂤 𠂤 𠂤 師 師

글자풀이 장수 수(帥)자의 머리에 한 획을 더 그은 글자가 師(스승 사). 그래

서 師는 장수(帥)를 가르치어 키운 '스승'이란 뜻.

[참고] 반대자 : 弟(제)

 ① 스승, 선생 ② 전문인 ③ 군사

 [師姑(사고)] : 여자 스승
[師範(사범)] : 모범 본보기
[師師(사사)] : 본받을 만한 훌륭한 스승
[師承(사승)] : 어떤 학문이나 기량을 스승으로부터 배워서 이어 받음
[敎師(교:사)] : 학술·기예를 가르치는 스승
[牧師(목사)] : 기독교회의 교직
[恩師(은사)] : 가르친 선생님을 높여 이르는 말

席

급수 | **6**급
음훈 | ① 자리 석
부수 | 巾(수건 건) 부 7획
총 10획

필순 ` ^ 广 广 广 广 庐 庐 席 席

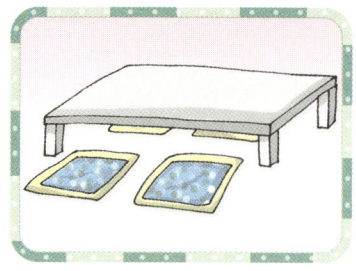

집안의 바닥에 사람들이 깔고 앉을 수 있게 만든 자리

[참고] 유의자 : 座(좌)

① 자리 ② 깔다 ③ 베풀다

[席卷(석권)] : 자리를 돌돌 말아 쥐듯 모조리 손에 넣어 차지함
[席門(석문)] : 돗자리로 문을 가린다는 말로 몹시 가난한 집을 뜻함
[客席(객석)] : 극장 따위에서 손님이 앉는 자리
[缺席(결석)] : 출석해야 할 경우에 출석하지 않음
[次席(차석)] : 수석(首席) 다음 자리
[着席(착석)] : 자리에 앉음
[寒席(한석)] : 추운 자리, 직장의 직책에서 별 볼일 없는 자리

帶

급수 | 준**4**급
음훈 | ① 띠 대(:)
부수 | 巾(수건 건) 부 8획
총 11획

필순 一 十 卅 丗 丗 丗 丗 带 带 带 带

허리에 허리띠(각띠)를 두른 모양의 글자로 '허리띠, 띠 두르다'의 뜻임.

[참고] 약자 : 帯

 ① 옷에 두르는 띠 ② 두르다 ③ 허리에 차다

예 [帶甲(대갑)] : 갑옷 입은 병사
[帶劍(대:검)] : 허리띠에 거는 칼
[帶同(대:동)] : 함께 데리고 감
[帶狀(대상)] : 좁고 길어서 띠같이 생긴 모양
[帶率(대솔)] : '대솔하인'의 준말 귀인을 모시고 다니는 하인
[帶妻僧(대:처승)] : 결혼하여 아내를 데리고 사는 스님
[冠帶(관대)] : 머리에 두르는 띠
[連帶(연대)] : 2인 이상이 공동으로 책임을 지는 일
[溫帶(온대)] : 지구의 한대와 열대 사이의 지대로 기후가 온화한 지대
[携帶(휴대)] : 손에 들거나 몸에 지니고 다님

급수 | 준 **4**급
음훈 | ① 떳떳할 상
부수 | 巾(수건 건) 부 8획
총 11획
필순 ⺌ ⺌ ⺌ 尚 尚 尚 常 常 常

글자풀이 높을 상(尙) 밑에 수건 건(巾). 신전(尙)에 깃발(巾)을 높이 걸쳐 놓는 일은 '항상' 하는 일. 그래서 '항상'을 뜻함.

 ① 항상 ② 보통 ③ 떳떳함

예 [常綠樹(상록수)] : 늘 푸른 나무
[常備(상비)] : 늘 준비하여 둠
[常事(상사)] : '예상사(例常事)'의 준말. 흔히 있는 일
[常駐(상주)] : 언제나 주재·주둔하거나 주차(駐箚)하고 있음
[凡常(범:상)] : 특별하지 않고 항상 있을 수 있는
[非常(비:상)] : 심상치 않음, 예사롭지 않음
[正常(정:상)] : 변동이나 탈이 없이 제대로인 상태
[平常(평상)] : 보통, 평상시의 준말

급수 | **4**급
음훈 | ① 장막 장
부수 | 巾(수건 건) 부 8획
총 11획
필순 丨 冂 巾 忄 忙 忙 帄 帳 帳 帳

글자풀이 巾에서 뜻을 따오고 長에서 음을 딴 글자. 어른이 거처하는 곳에 둘러치는 '장막'을 뜻하며 공책 장부를 뜻하기도 함.

[참고] 유의자 : 幕(막)

뜻풀이 ① 휘장 ② 군막 ③ 공책. 장부

예 [帳幕(장막)] : 한데에서 볕 또는 비를 막고 사람이 들어가 지낼 수 있도록 둘러치는 막
[帳簿(장부)] : 금품의 수입과 지출을 기록하는 책
[記帳(기장)] : 장부에 적음 또는 그 장부
[通帳(통장)] : 금융 기관에서, 예금한 사람에게 출납(出納) 상태를 기록해 주는 장부
[布帳(포장)] : 베·무명 등으로 만든 휘장
[揮帳(휘장)] : 여러 폭의 피륙을 이어 만든 둘러치는 장막

干 (방패 간) 部

* 부수 설명 : '막는다'는 뜻과 '들어간다'는 뜻의 두 글자가 합쳐진 글자로. '방패, 범한다'는 뜻으로 사용됨.
독립된 글자로도 쓰고 부수로도 쓰인다.

급수 | 4급
음훈 | ① 방패 간
부수 | 干(방패 간) 부 0획
　　　총 3획

필순 一二干

글자풀이 '막는다'는 뜻과 '들어간다'는 뜻의 두 글자가 합쳐진 글자로. '방패, 범한다'는 뜻.

뜻풀이 ① 방패 ② 범하다 ③ 막다

예 [干戈(간과)] : 방패와 창, 방어와 공격용 무기 모든 무기
[干滿(간만)] : 밀물과 썰물
[干涉(간섭)] : 남의 일에 끼어들어 참견함
[干支(간지)] : 10간과 12지
[若干(약간)] : 얼마 안 됨, 얼마쯤
[如干(여간)] : (주로 부정하는 말과 함께 쓰여) 보통으로, 조금

급수 | 7급
음훈 | ① 평평할 평
부수 | 干(방패 간) 부 2획
　　　총 5획

필순 一丆丆平平

글자풀이 좌 우 아무 쪽으로도 기울지 않고 평평함을 나타낸 글자.

뜻풀이 ① 평평하다 ② 다스리다 ③ 바르다 ④ 화목하다

예 [平康(평강)] : 걱정이나 탈이 없이 무사히 잘 있음 평안(平安)
[平生(평생)] : 일생(一生)
[平身(평신)] : 엎드려 절을 한 뒤 몸을 일으킴
[平野(평야)] : 기복이 매우 작고 지표면이 평평하고 너른 들
[平穩(평온)] : 평화롭고 조용함
[平定(평정)] : 난리나 소요 따위를 누르고 평온하게 진정시킴
[平和(평화)] : 평온하고 화목함
[水平線(수평선)] : 하늘과 바다가 맞닿아 경계를 이루는 것처럼 보이는 선 ↔ 지평선(地平線)

급수 | 8급
음훈 | ① 해 년
부수 | 干(방패 간) 부 3획
총 6획

필순 ノ ヽ ヶ 二 午 年

글자풀이 365일 동안의 한 해를 나타내는 글자.

[참고] 유의자 : 歲(세)

뜻풀이 ① 해, 365일간 ② 나이 ③ 새해 ④ 때

예 [年間(년간)] : 한 해 동안
[年功(연공)] : 여러 해 동안 일하여 쌓은 공로
[年末年始(연말연시)] : 한 해가 끝나고 새로운 해가 시작되려는 때
[年輩(연배)] : 서로 비슷한 나이. 그런 사이
[去年(거:년)] : 지난 해
[今年(금년)] : 올해
[來年(내년)] : 오는 해
[每年(매:년)] : 해마다
[凶年(흉년)] : 자연 재해로 인하여 농작물이 잘되지 않은 해

급수 | 6급
음훈 | ① 다행 행:
부수 | 干(방패 간) 부 5획
총 8획

필순 一 十 土 土 圥 坴 幸 幸

글자풀이 매울 신(辛)자에 가로로 한 획을 더 그은 글자로 날카로운 칼(辛)로부터 벗어났으니 참으로 '다행스럽다'는 뜻.

뜻풀이 ① 다행 ② 바라다 ③ 요행

예 [幸福(행:복)] : 복된 좋은 운수
[幸運(행:운)] : 행복한 운수
[幸州(행주)] : 서울에서 경기도 고양시로 건너는 다리 목에 있는 지역
[多幸(다행)] : 운수가 좋음. 일이 좋게 됨. 뜻밖에 잘됨
[不幸(불행)] : 운수가 사나움
[天幸(천행)] : 하늘이 준 뜻 밖의 좋은 운수

广 (집 엄) 部

* **부수 설명** : 언덕 한(厂) 위에 점 주(丶). 언덕 위에 있는 지붕 그래서 언덕위에 지은 집을 뜻하는 글자. 위와 뒤는 비바람을 가려 주고 앞이 터져 사람 살기 알맞은 옛날의 움집 모양이다. 독립된 글자로는 거의 쓰이지 않고 부수로 쓰인다.

床

급수 | 준 **4**급
음훈 | ① 상 상
부수 | 广(집 엄) 부 4획
　　　총 7획
필순 ` 一 广 广 庄 床 床

글자풀이 牀(평상 상)과 같은 글자. 네 개의 다리 위에 넓은 나무 조각을 받쳐놓은 '밥상'이나 '책상', '침대' 등을 뜻하는 글자.

뜻풀이 ① 상. 밥상, 책상, 침상 ② 소반 ③ 잠자리 ④ 못자리

예 [床石(상석)] : 무덤 앞에 만들어 놓은 상돌
[床卓(상탁)] : 제상과 향탁(香卓)
[起床(기상)] : 잠을 깨어 자리에서 일어남
[病床(병:상)] : 병자가 눕는 침상
[溫床(온상)] : 식물의 자람에 알맞도록 추위를 막고 따뜻하게 장치하여 묘목을 기르는 곳
[寢床(침:상)] : 누워서 잘 수 있도록 만든 평상
[平床(평상)] : 나무로 평평하게 만든 침상

급수 | **5**급
음훈 | ① 차례 서:
부수 | 广(집 엄) 부 4획
　　　총 7획

필순 　`丶亠广广序序序`

글자풀이 집 엄(广) 안에 줄 여(予). 집 안으로 들어갈 때 지키는 '차례' 라는 뜻.

[참고] 유의자 : 秩(질)

뜻풀이 ① 차례 ② 차례 매김 ③ 실마리 ④ 집안의 담

예 [序曲(서:곡)] : 가극·성극(聖劇)에서 막을 열기 전이나 주요 부분 전에 연주하는 기악곡
[序頭(서:두)] : 일이나 말의 첫머리
[序論(서:론)] : 말이나 글 따위에서, 본론에 들어가기 전의 실마리가 되는 부분
[序文(서:문)] : 책의 머리말
[序列(서:열)] : 순서를 좇아 늘어섬. 또는 그 순서
[順序(순:서)] : 차례
[秩序(질서)] : 사물의 조리. 또는 그 순서

급수 | 준**4**급
음훈 | ① 마을 부(:)
부수 | 广(집 엄) 부 5획
　　　총 8획

필순 　`丶亠广广疒府府府`

글자풀이 집 엄(广)이 뜻 부분. 부칠 부(付)가 음 부분. 사람들이(人) 손으로(寸) 무엇인가 주고받고 하는 집(广) 즉 '관청'이란 뜻.

뜻풀이 ① 곳집 ② 마을 ③ 관청

예 [府君(부:군)] : 죽은 아버지
[府使(부사)] : 조선 때 대도호부사와 도호부사
[府院君(부원군)] : 조선 때, 왕비의 친아버지나 정1품 공신에게 주던 작호(爵號)
[春府丈(춘부장)] : 남의 아버지를 높여 부르는 말

급수 | **4**급
음훈 | ① 밑 저:
부수 | 广(집 엄) 부 5획
　　　총 8획

필순 　`丶亠广广广底底底`

글자풀이 집 엄(广) 안에 근본 저(氐). 집의 제일 '밑바닥'을 뜻하며 밑에 '이르다' 는 뜻도 있음.

뜻풀이 ① 밑 ② 속, 안 ③ 이르다

예 [底力(저:력)] : 밑에 깔린 끈기 있는 든든한 힘
[底邊(저:변)] : 사물의 밑바닥을 이루는 부분
[基底(기저)] : 기초가 되는 밑바닥
[徹底(철저)] : 속 깊이 밑바닥까지 투철함
[海底(해:저)] : 바다 속 밑바닥

급수 | **5급**
음훈 | ① 가게 점:
부수 | 广(집 엄) 부 5획
　　　　　총 8획
필순 ` 一 广 广 广 店 店 店

글자풀이 집 엄(广) 안에 차지할 점(占). 앞이 열린 집에 자리 잡고 물건을 파는 '가게' 라는 의미.

뜻풀이 ① 가게, 상점 ② 여관 ③ 주막

예 [店員(점:원)] : 상점에 고용되어 가게에서 일하는 직원
[店鋪(점:포)] : 가게를 벌인 집, 가게, 가겟집
[開店(개점)] : 새로 가게를 내어 영업을 시작함, 개업
[露店(노점)] : 길가의 한데에 벌여 놓은 가게
[買占(매:점)] : 물건 값이 오를 것을 예상한 상인이, 폭리를 얻기 위해 물건을 몰아 사 둠
[書店(서점)] : 책을 파는 가게
[本店(본점)] : 본거지가 되는 점포

급수 | **6급**
음훈 | ① 법도 도:
　　　　② 헤아릴 탁
부수 | 广(집 엄) 부 6획 총 9획
필순 ` 一 广 广 广 庐 庐 庐 度

글자풀이 길이나 무게 등을 손으로 헤아려 정한다는 의미를 지닌 글자.

뜻풀이 ① 법도 ② 제도 ③ 헤아리다 ④ 각도, 온도의 단위

예 [度量(도:량)] : 너그러운 마음과 깊은 생각, 재거나 되거나 하여 사물의 양을 헤아림
[度內(탁내)] : 가슴 속을 헤아림
[度地(탁지)] : 토지를 측량함
[速度(속도)] : 빠르고 느린 정도
[溫度(온도)] : 덥고 찬 정도
[忖度(촌탁)] : 남의 마음을 미루어 헤아림
[態度(태:도)] : 몸의 동작. 몸을 거두는 모양새

급수 | 4급
음훈 | ① 곳집 고
부수 | 广(집 엄) 부 7획
총 10획

필순 ` 亠 广 广 广 庐 庐 庐 庫 庫

글자풀이 집 엄(广)안에 수레 거(車). 무기나 농기구 서류 등 여러 가지 물건을 넣어두는 '창고'를 뜻함.

뜻풀이 ① 곳집 ② 창고 ③ 차고

예 [庫樓(고루)] : 창고로 지은 다락
[金庫(금고)] : 돈이나 중요 서류를 보관하는 튼튼한 궤
[冷藏庫(냉:장고)] : 식품 따위를 저온으로 저장하는 기구
[武器庫(무:기고)] : 무기를 보관하는 곳집
[書庫(서고)] : 책(册)을 보관하여 두는 건물이나 방, 문고(文庫)
[在庫(재:고)] : 물건 따위가 창고에 남겨져 보관됨
[車庫(차고)] : 차를 넣어두는 곳집
[倉庫(창고)] : 물품이나 자재를 저장하거나 보관하는 건물

급수 | 6급
음훈 | ① 뜰 정
부수 | 广(집 엄) 부 7획
총 10획

필순 ` 亠 广 广 广 庄 庄 庭 庭 庭

글자풀이 집 엄(广)과 조정 정(廷)이 합쳐져 된 글자로 여러 사람이 모일 수 있는 넓은 '마당'을 뜻하는 글자.

뜻풀이 ① 뜰 ② 집안 ③ 조정 ④ 관청

예 [庭園(정원)] : 집 안의 뜰이나 꽃밭.
[家庭(가정)] : 한 가족이 살림하고 있는 집 안
[宮庭(궁정)] : 궁 안의 정원
[法庭(법정)] : 법원이 소송 절차에 따라 송사를 심리하고 판결하는 곳
[親庭(친정)] : 시집간 여자의 본집
[後庭(후:정)] : 뒷 뜰

[座談(좌:담)] : 여러 사람이 한자리에 모여서 형식에 구애됨이 없이 의견을 나누는 일
[座席(좌:석)] : 앉는 자리 ↔ 입석(立席)
[座中(좌:중)] : 여러 사람이 모인 자리 또는 모여 앉은 여러 사람
[講座(강:좌)] : 대학에서 교수가 맡아 강의하는 학과목
[權座(권좌)] : 권세의 자리
[王座(왕좌)] : 임금이 앉는 자리. 또는 임금의 지위

급수 | 4급
음훈 | ① 자리 좌:
부수 | 广(집 엄) 부 7획
총 10획

필순 ` 亠 广 广 广 庐 座 座 座

급수 | 준 4급
음훈 | ① 편안 강
부수 | 广(집 엄) 부 8획
총 11획

필순 ` 亠 广 户 户 户 庚 庚 康 康 康

글자풀이 집 엄(广)안에 앉을 좌(坐). 사람이 앉을 수 있는 자리. 또는 직장에서의 자리인 '직위'를 뜻함.

[참고] 유의자 : 席(석)

뜻풀이 ① 자리 ② 위치, 직위

예 [座客(좌:객)] : 좌석에 앉은 손님

글자풀이 곳간(广) 안에 가득 찬 곡식(米)위에 손을 얹고 있는 글자로 넉넉하여 마음이 '편안하다'는 뜻.

[참고] 유의자 : 寧(령)

뜻풀이 ① 편안하다 ② 온화하다 ③ 즐거워하다

예 [康健(강건)] : 몸과 마음의 편안하고 즐겁다
[康寧(강녕)] : 몸이 건강하고 마음이 편안하다
[健康(건:강)] : 정신적 육체적으로 탈이 없음
[小康(소:강)] : 병이 조금 나은 기색이 있음, 소란하던 상태가 조금 잠잠해짐
[平康(평강)] : 평안하고 건강함

급수 | **5**급
음훈 | ① 넓을 광:
부수 | 广(집 엄) 부 12획
총 15획
필순 ` 一 广 广 广 广 产 庐 庐 序 廣 廣 廣

글자풀이 집 엄(广)안에 누를 황(黃). 집 앞에 누런 벼가 넘실대는 넓은 들이 보인다는 글자로 '넓다, 평야'를 뜻함.

[참고] 약자 : 広

뜻풀이 ① 넓다

예 [廣告(광:고)] : 널리 알림
[廣大(광:대)] : 넓고 큰
[廣德(광:덕)] : 널리 여러 사람에게 베푸는 덕
[廣野(광:야)] : 넓은 평야
[廣場(광:장)] : 넓은 마당
[廣闊(광:활)] : 넓고 전망(展望)이 트여 있는

급수 | **4**급
음훈 | ① 관청 청
부수 | 广(집 엄) 부 22획
총 25획
필순 ` 一 广 广 广 广 广 广 广 庐 庐 庐 庐 庐 庐 庐 廊 廊 廊 廊 廊 廳 廳 廳

글자풀이 집 엄(广)안에 들을 청(聽), 백성들의 말을 듣고(聽) 정사를 처리하는 집(广) 즉 '관청'을 뜻함.

[참고] 약자 : 庁

뜻풀이 ① 관청 ② 대청, 마루

예 [廳舍(청사)] : 관아의 집, 관청의 건물
[廳長(청장)] : 관청의 행정을 책임지는 우두머리
[官廳(관청)] : 국가의 일을 보는 곳
[大廳(대:청)] : 넓고 큰 마루

廴 (끌 인) 部

* **부수 설명** : 조금씩 걷는다는 뜻의 '彳' 자에서 밑으로 내려 그은 획을 옆으로 길게 늘인 글자이다.
그래서 붙여진 이름이 길게 끌었다는 '끌 인' 이며 辶(책받침)자에서 위의 점이 없는 모양이기에 '민책받침' 이라고도 부른다. 뜻과 의미는 길게 끈다 늘인다는 의미를 지닌다. 필순은 받침 위의 글자를 먼저 쓰고 난 뒤 받침인 끌 인(廴)자를 나중에 쓴다.

급수 | **4**급
음훈 | ① 늘일 연
부수 | 廴(끌 인) 부 4획
　　　총 7획
필순　丶丿ㄏ下正延延

글자풀이　끌 인(廴) 받침 위에 그칠 지(止). 천천히 걸어서 지체한다. 즉 도착시간을 '늘인다' 는 뜻.

뜻풀이　① 끌다 ② 끌어들이다

예 [延期(연기)] : 기한을 물려서 늘임

[延命(연명)] : 목숨을 겨우 이어감
[延長(연장)] : 길게 늘임
[延着(연착)] : 정해진 시간보다 늦게 도착함
[遲延(지연)] : 더디게 끌거나 끌리어 나감
[遷延(천:연)] : 시일을 미루어 감. 지체함

급수 | **5**급
음훈 | ① 세울 건:
부수 | 廴(끌 인) 부 6획
　　　총 9획
필순　フヨヨ肀聿聿津建建

글자풀이　조정(나라)을 뜻하는 廴자와 법을 뜻하는 붓 율(聿)자를 합한 글자로 나라에서 법으로 기강을 '세운다' 는 뜻.

[참고] 유의자 : 立(립)

뜻풀이　① 세우다 ② 베풀다 ③ 열쇠

예 [建國(건:국)] : 나라를 세움
[建物(건:물)] : 집·공장·창고용으로 지은 집 따위의 총칭

[建設(건:설)] : 건물이나 시설물 따위를 새로 만들어 세움
[建議(건:의)] : 의견이나 희망을 내놓음 또는 그 의견
[建築(건:축)] : 집·성·다리 등을 세워 지음

[참고] 유의자 : 法(법)

뜻풀이 ① 법, 규정 ② 본받다 ③ 의식

예 [式年(식년)] : 과거 시험을 보기로 정해진 해로 자(子), 오(午), 묘(卯), 유(酉)의 해
[式辭(식사)] : 식장에서 그 식에 대해 인사로 말함
[式順(식순)] : 의식의 순서
[式場(식장)] : 식을 올리는 장소
[格式(격식)] : 격에 맞는 법식
[禮式(예식)] : 예법에 따라 행하는 의식
[韓式(한:식)] : 한국적인 방식
[形式(형식)] : 사물이 겉으로 나타나 보이는 모양. 겉모습

弋 (주살 익) 部

* 부수 설명 : 오늬에 줄을 매어 쏘는 화살인 '주살' 모양을 그린 글자로 병기, 무기를 뜻함.

급수 | 6급
음훈 | ① 법 식
부수 | 弋(주살 익) 부 3획
　　　총 6획
필순 一 二 ㄔ 式 式

글자풀이 주살 익(弋) 밑에 장인 공(工). 장인들이 의식을 치를 때는 창이나 칼을 들고 춤을 추기 때문에 붙여진 뜻으로 '의식, 법'을 나타냄.

弓 (활 궁) 部

* 부수 설명 : 활 모양을 본떠서 그린 글자로 활, 궁술(활 쏘는 기술)을 뜻함. 독립된 글자로도 쓰이고 부수로도 쓰임.

급수 | 준4급
음훈 | ① 끌 인
부수 | 弓(활 궁) 부 1획
　　　총 4획
필순 ㄱ 弓 引

글자풀이 활에 화살을 먹여 쏘아 나가게 한다는 뜻으로 '끌다, 활을 쏘다, 잡아당긴다'는 의미.

[참고] 유의자 : 牽(견), 導(도).

뜻풀이 ① 끌다 ② 잡아당기다 ③ 이끌다

예 [引繼(인계)] : 끌어다 넘겨줌
　　[引導(인도)] : 가르쳐 이끎
　　[引力(인력)] : 잡아끄는 힘
　　[引上(인상)] : 물건 값·요금·봉급 등을 올림
　　[引率(인솔)] : 이끌어 통솔함
　　[引用(인용)] : 남의 말이나 글 가운데서 필요한 부분을 끌어다 씀
　　[引火(인화)] : 불이 붙음. 또는 불을 붙임
　　[誘引(유인)] : 꾀어내어 끌어들임
　　[吸引(흡인)] : 빨아들이거나 끌어당김 또는 그런 힘

급수 | **8**급
음훈 | ① 아우 제:
부수 | 弓(활 궁) 부 4획
　　　총 7획

필순 ` ´ ´´ ´´ ´´ 弟 弟

글자풀이 창의 손잡이 부분을 가죽 끈으로 돌돌 감은 모양을 본뜬 글자로, 차례로 감아 내려온 아래를 나타내어 형제 중 '아우'를 뜻하는 글자.

[참고] 상대자 : 兄(형)

뜻풀이 ① 아우 ② 나이 어린 사람 ③ 제자 ④ 순서

예 [弟嫂(제:수)] : 아우의 아내
　　[弟夫(제:부)] : 여동생의 남편
　　[弟子(제:자)] : 스승으로부터 가르침을 받거나 받는 사람
　　[妹弟(매제)] : 손아래 누이동생의 남편
　　[師弟(사제)] : 스승과 제자를 아우르는 말
　　[從弟(종:제)] : 사촌 아우
　　[兄弟(형제)] : 형과 아우

급수 | **6**급
음훈 | ① 약할 약
부수 | 弓(활 궁) 부 7획
　　　총 10획

필순 ` ´ 弓 弓 弓 弓´ 弓´ 弱 弱 弱

글자풀이 끝이 갈라져 힘이 없는 활 두 개를 겹쳐 그린 글자로 '약하다'는 뜻을 나타냄.

[참고] 유의자 : 衰(쇠) 반대자 : 强(강)

뜻풀이 ① 약하다 ② 모자란다 ③ 젊다

예 [弱冠(약관)] : 남자 나이 20세의 일컬음
　 [弱小(약소)] : 약하고 작음
　 [弱質(약질)] : 약골(弱骨). 몸이 약한 사람
　 [弱體(약체)] : 약한 몸
　 [强弱(강약)] : 강하고 약함 또는 그런 정도
　 [老弱(노:약)] : 늙어 몸이 약한
　 [病弱(병:약)] : 병들어 허약함
　 [心弱(심약)] : 마음이 약함
　 [虛弱(허약)] : 힘이나 기운이 약함

급수 | **4**급
음훈 | ① 베풀 장
부수 | 弓(활 궁) 부 8획
　　　 총 11획
필순 ˊ ˊ 弓 弖 弖 弖 張 張 張 張

글자풀이 활 궁(弓) 변에 긴 장(長). 활시위를 길게 늘인다는 글자로 '늘이다, 넓히다, 당기다'의 뜻으로 쓰다가 뒤에 '베풀다'는 뜻으로 확대되었음.

뜻풀이 ① 베풀다, 벌이다 ② 넓히다, 크게하다 ③ 뽐내다

예 [張力(장력)] : 길게 늘어나는 힘
　 [張目(장목)] : 눈을 크게 부릅뜸
　 [張皇(장황)] : 번거롭고 너절하게 길어서 지루함
　 [誇張(과:장)] : 사실보다 지나치게 부풀림
　 [主張(주장)] : 자기 의견을 굳이 내세움. 또는 그 의견이나 주의
　 [出張(출장)] : 용무를 위해 외부에 나감
　 [擴張(확장)] : 범위·규범·세력 등을 늘여 넓힘

급수 | **6**급
음훈 | ① 굳셀 강(:)
부수 | 弓(활 궁) 부 9획
　　　 총 12획
필순 ˊ ˊ 弓 弘 弘 弘 弘 强 强 强

급수 | **4**급
음훈 | ① 탄알 탄:
부수 | 弓(활 궁) 부 12획
  총 15획

필순 ` ˊ ᄀ ᄀ ᄀ ᄀ` ᄀ`` ᄀ`` ᄀ`` ᄀ`` ᄀ`` 彈 彈 彈

글자풀이 활궁(弓) 변에 마늘 모(厶)와 벌레 충(虫). 클 홍(弘) 밑에 벌레 충(虫). 큰 벌레처럼 크고 강하다는 뜻.

[참고] 상대자 : 弱(약) 약자 : 強

뜻풀이 ① 굳세다 ② 힘세다 ③ 세차다 ④ 나이 40살

예 [強姦(강:간)] : 폭행·협박 따위의 수단을 써서 부녀를 간음함
[強硬(강경)] : 굳세게 버티어 굽히지 않음
[強權(강권)] : 강한 권력
[強盜(강:도)] : 폭행·협박 등의 수단으로 남의 재물을 빼앗는 도둑
[強力(강력)] : 센 힘
[強壓(강:압)] : 강한 힘으로 내리누름. 강제로 억압함
[強要(강:요)] : 강제로 요구함
[強制(강:제)] : 마음에 없는 일을 억지로 시키는 일
[強行(강:행)] : ① 어려움을 무릅쓰고 행함 ② 강제로 시행함
[強化(강화)] : 더욱 강하게 만듦
[補強(보:강)] : 보태거나 채워서 빈약한 것을 튼튼하게 함

글자풀이 활 궁(弓)에서 쏜다는 뜻을 가져오고, 홑 단(單)에서 음을 빌어온 글자로 총이나 활을 쏘아 날아가는 탄알을 나타냄.

[참고] 약자 : 弾

뜻풀이 ① 탄알 ② 열매, 과실 ③ 손가락으로 튀기다 ④ 따지고 힐책하다

예 [彈琴(탄:금)] : 거문고를 손가락으로 튀겨 연주함
[彈力(탄:력)] : 팽팽하게 버티는 힘
[彈劾(탄:핵)] : 죄상을 들어서 논란하여 책망함
[彈丸(탄:환)] : 총 포에서 쏘아 나가는 탄알
[飛彈(비:탄)] : 날아가는 총알
[實彈(실탄)] : 쏘아서 실제로 효과가 있는 탄알

[指彈(지탄)] : 손끝으로 튀김, 지적하여 비난함
[爆彈(폭탄)] : 금속 용기에 폭약을 채워서 만든 폭발물

彡 (터럭 삼) 部

✴ **부수 설명** : 털을 빗질하여 가지런히 한 모양으로 마치 머리털 세 개를 그린 것 같아 '터럭 삼'이라 부른다.

급수 | **6**급
음훈 | ① 모양 형
부수 | 彡(터럭 삼) 부 4획
　　　총 7획
필순 ˊ ニ Ŧ 开 开 形 形

글자풀이 평평한 판대기(开)를 손질(彡)하여 만든 어떤 '모양'이란 뜻.
[참고] 유의자 : 態(태)
뜻풀이 ① 모양 ② 몸, 육체 ③ 형상
예 [形象(형상)] : 생김새

[形聲(형성)] : 한자 육서 중 한 가지로 모양과 소리를 빌어다 만든 글자를 가리킴
[形勢(형세)] : 살림살이의 경제적 형편
[形式(형식)] : 사물이 겉으로 나타나 보이는 모양, 겉모습
[形質(형질)] : 생긴 모양과 그 성질
[形態(형태)] : 사물의 생김새나 모양, 어떤 구성체의 모습
[形便(형편)] : 일이 되어가는 모양·경로·결과
[三角形(삼각형)] : 세 개의 선분으로 이루어진 평면도형

彳 (조금걸을 척) 部

✴ **부수 설명** : 넓적다리와 정강이와 발을 그린 글자로 아장아장 걷는 모습을 나타낸 글자이다. 사람 인(亻)자와 비교하여 한 획이 더 중복된 모습이라 '중인 변'이라고도 부른다. 이 부수의 글자들은 '걷는다, 천천히 움직인다'와 같은 의미를 지닌다.

급수 | 준 **4**급
음훈 | ① 갈 왕:
부수 | 彳(조금걸을 척)
　　　 부 5획 총 8획
필순 ˊ ㄅ 彳 彳 彳 彳 徃 往 往

글자풀이 천천히 걸어서(彳) 밝은 촛불(主)이 보이는 곳으로 '간다' 는 뜻.

[참고] 유의자 : 去(거), 반대자 : 來(래)

뜻풀이 ① 가다 ② 옛날 ③ 보내다 ④ 뒤

예 [往年(왕:년)] : 지나간 해, 옛날
[往來(왕:래)] : ① 오고 감 ② 서로 사귀어 오고감
[往復(왕:복)] : 갔다가 돌아옴
[往生(왕:생)] : 목숨이 다하여 다른 세계에 가서 다시 태어남
[往信(왕:신)] : 남에게 보내는 통신 ↔ 반신(返信)
[往往(왕:왕)] : 이따금, 때때로
[往診(왕:진)] : 의사가 병원 밖의 환자가 있는 곳으로가서 진찰함
[旣往(기왕)] : 이미 지나간 이전

글자풀이 조금 걸을 척(彳) 변에 절 사(寺). 절이나 관청에 가는 사람들은 차례를 지켜 기다린다는 뜻.

뜻풀이 ① 기다리다 ② 대비하다 ③ 막다 ④ 기대를 걸다

예 [待賈(대:고)] : 물건값이 오르기를 기다림
[待機(대:기)] : 때나 기회를 기다림
[待年(대:년)] : 나이 들기를 기다림
[待命(대:명)] : 관원이 과실이 있을 때 윗사람의 처분 명령을 기다림
[待遇(대:우)] : 예의를 갖추어 대함
[待罪(대:죄)] : 죄를 지은 사람이 처벌을 기다림
[苦待(고대)] : 몹시 애타게 기다림
[冷待(냉:대)] : 정겹지 않고 쌀쌀맞게 대접함
[優待(우대)] : 특별히 잘 대우함
[招待(초대)] : ① 사람을 불러서 대접함 ② 어떤 모임에 참가해 줄것을 부탁함
[虐待(학대)] : 몹시 괴롭히거나 가혹하게 대우함
[歡待(환대)] : 반겨 후하게 접대함

급수 | **6**급
음훈 | ① 기다릴 대:
부수 | 彳(조금걸을 척)
부 6획 총 9획

필순 ' ’ 彳 彳 彳 待 待 待 待

급수 | 준 **4**급
음훈 | ① 법칙 률
부수 | 彳(조금걸을 척)
　　　　부 6획 총 9획

필순 ノ ㇁ 彳 彳 彳 彳 律 律 律

글자풀이 조금걸을 척(彳) 변에 붓 률(律). 사람 다니는 길옆에 붓으로 크게 써 붙여 놓은 게시문 즉 널리 알리는 '법률' 을 뜻함.

[참고] 유의자 : 法(법)

뜻풀이 ① 법 ② 정도 ③ 가락 ④ 자리 등급

예 [律動(율동)] : 일정한 규칙을 따라 가락에 맞추어 추는 춤
　[律法(율법)] : 사람이 사회적으로 지켜야 하는 규정
　[律士(율사)] : 법률가
　[戒律(계:율)] : 경계하고 지켜야 할 규식
　[法律(법률)] : 사회생활을 유지하기 위한 강제적인 규범
　[音律(음률)] : 음악의 가락
　[自律(자율)] : 스스로 자기의 행동을 규제함

[調律(조율)] : 서로 다른 의견 따위를 알맞게 맞춤

급수 | **7**급
음훈 | ① 뒤 후:
부수 | 彳(조금걸을 척)
　　　　부 6획 총 9획

필순 ノ ㇁ 彳 彳 彳 彳 後 後 後

글자풀이 조금걸을 척(彳)과 어릴 요(幺), 뒤져올 치(夂)가 모여서 된 글자로 어린 사람이 천천히 걸어서 오기 때문에 남보다 '뒤' 에 온다는 뜻.

[참고] 반대자 : 前(전)

뜻풀이 ① 뒤 ② 늦다

예 [後繼(후:계)] : 뒤를 이음
　[後輩(후:배)] : 학문·덕행·경험·나이 등이 자기보다 낮거나 늦게 시작한 사람들
　[後世(후:세)] : 다음에 오는 세상 또는 다음 세대의 사람들
　[後送(후:송)] : 적군과 맞대고 있는 지역에서 후방으로 보냄
　[後援(후:원)] : 뒤에서 도와줌
　[後進(후:진)] : ① 뒤쪽으로 나아감

② 어떤 발전 수준에서 뒤치거나 뒤떨어짐 또는 그런 사람
[後退(후:퇴)] : 뒤로 물러남
[後悔(후:회)] : 이전의 잘못을 깨치고 뉘우침
[落後(낙후)] : 뒤떨어짐
[背後(배:후)] : ① 등 뒤 ② 어떤 일의 들어나지 않은 이면
[午後(오:후)] : 낮 12시 이후

급수 | 4급
음훈 | ① 무리 도
부수 | 彳(조금걸을 척)
　　　부 7획 총 10획

필순 ' ⼃ ⼻ 彳 彳⼂ 彳⼂ 彳⼂ 彳⼂ 徒 徒

글자풀이　조금걸을 척(彳)변에 달릴 주(走). 길거리(彳)에서 사람들이 떼 지어 달려가는 형상의 글자로 '무리, 제자, 종'을 뜻함.

[참고] 유의자 : 黨(당)

뜻풀이　① 무리 ② 걷다 ③ 하인 ④ 죄수

예 [徒黨(도당)] : 떼를 지은 무리를 얕잡아 이르는 말

[徒弟(도제)] : 스승의 밑에서 심부름하며 기술이나 지식을 지도 받는 어린 제자
[生徒(생도)] : ① 중등학교 이하의 학생을 일컫던 말 ② 군의 교육 기관 특히 사관학교의 학생
[暴徒(폭도)] : 폭동을 일으켜 치안을 문란시키는 무리
[學徒(학도)] : 학문을 닦는 사람들

급수 | 준4급
음훈 | ① 얻을 득
부수 | 彳(조금걸을 척)
　　　부 8획 총 11획

필순 ' ⼃ ⼻ 彳 彳⼂ 彳⼂ 彳⼂ 彳⼂ 得 得 得

글자풀이　본디 모양은 조금걸을 척(彳)변에 貝와 마디 촌(寸)이 합쳐진 글자로. 길을 가다가(彳) 재물을(貝) 손(寸)에 '얻는다'는 뜻임.

[참고] 반대자 : 失(실)

뜻풀이　① 얻다 ② 이익 ③ 이루다 ④ 만나다

예 [得男(득남)] : 남자아이를 낳음, 생남(生男)

[得道(득도)] : 오묘한 이치나 도를 깨침
[得勢(득세)] : 권세를 얻음
[得點(득점)] : 경기에서 점수를 얻음
[所得(소:득)] : 어떤 일의 결과로 얻은 것
[拾得(습득)] : 주워서 얻음
[利得(이:득)] : 이익을 얻음
[取得(취:득)] : 자기 소유로 함. 수중에 넣음

급수 | **4급**
음훈 | ① 좇을 종(:)
② 시중들 종(:)
부수 | 彳(조금걸을 척) 부 8획 총 11획
필순 ′ ㇀ 彳 彳 彳 彳 彳 彳 從 從 從

글자풀이 조금걸을 척(彳)변에 사람 인(人) 자 둘과, 그칠 지(止)로 구성한 글자. 앞서 가는 사람이 걷는 대로 걷다가 서다가 하면서 좇아간다는 뜻.

[참고] 약자 : 従

뜻풀이 ① 좇아 따르다 ② 순종하다 ③ 시중들다 ④ 세로

예 [從軍(종군)] : 군인이 아닌 자가 군대를 따라 전지로 나감
[從列(종렬)] : 세로로 늘어선 줄
[從事(종사)] : ① 어떤 일에 매달려 일함 ② 어떤 사람을 쫓아 섬김
[從善如流(종선여류)] : 착한 일을 행함에는 주저하지 않고 물 흐르듯 재빨리 함
[從戰(종전)] : 군대를 따라 전지로 나감
[從弟(종:제)] : 사촌 아우
[從祖(종:조)] : '종조부(從祖父)'의 준말로 할아버지의 형제
[從姪(종:질)] : 사촌 형제의 자식으로 오촌인 조카
[盲從(맹종)] : 무조건 따름
[服從(복종)] : 명령대로 좇음
[順從(순종)] : 순순히 복종함

급수 | 준 **4급**
음훈 | ① 회복할 복
② 다시 부:
부수 | 彳(조금걸을 척) 부 9획
총 12획
필순 ′ ㇀ 彳 彳 彳 彳 彳 彳 復 復 復 復

글자풀이 조금걸을 척(彳) 변에 돌아올 복(夏). 가다가(彳) 다시 돌아온다(夏)는 뜻. '돌아오다, 뒤집다, 다시'의 뜻임.

뜻풀이 ① 돌아오다 ② 돌려보내다 ③ 갚다 ④ 겹치다

예 [復命(복명)] : 명령을 받은 자가 일을 처리한 뒤 보고함
[復讐(복수)] : 원수를 갚음. 앙갚음
[復習(복습)] : 배운 것을 다시 익힘
[收復(수복)] : 잃었던 땅을 되찾음
[往復(왕:복)] : 갔다가 돌아옴
[回復(회복)] : 이전 상태로 돌이키거나 원래의 상태를 되찾음
[復活(부:활)] : 죽었다가 다시 살아남
[復興(부:흥)] : 쇠퇴하였던 것이 다시 일어남

급수 | 5급
음훈 | ① 큰 덕
부수 | 彳(조금걸을 척) 부
　　　12획　총 15획

필순 ノ ノ 彳 彳 彳 𢔛 𢔜 𢔝 𢔞 徳 徳 德 德 德

글자풀이 조금 걸을 척(彳)과 곧을 직(直), 마음 심(心)으로 이루어진 글자. 정직한 마음을 가지고 행하는 행실을 뜻함.

뜻풀이 ① 덕, 품격 ② 어진 행위

예 [德望(덕망)] : 덕행으로 얻은 명망
[德性(덕성)] : 어질고 착하고 너그러운 성질
[德長(덕장)] : 어진 성품을 갖춘 장수 또는 무리의 우두머리
[德行(덕행)] : 어질고 너그럽고 두터운 행실
[功德(공덕)] : 공로와 인덕(仁德)
[道德(도:덕)] : 인간으로서 마땅히 지켜야 할 도리 및 그에 준한 행위
[美德(미:덕)] : 남에게 모범이 될 아름답고 갸륵한 덕행
[薄德(박덕)] : 심덕이 두텁지 못하거나 덕행이 적음
[失德(실덕)] : 덕망을 잃음
[恩德(은덕)] : 은혜로 입은 신세

心 (마음 심) 部

＊ 부수 설명 : 염통 모양을 본떠서 만든 글자로 '심장'을 뜻함. 독립된 글자로도 쓰이며 부수로도 쓰임. 특히 부수 중에서 변으로 쓰일 때는 忄자로 모양이 바뀌고 발로 쓰일 때는 㣺모양으로 바뀜.

급수 | **7급**
음훈 | ① 마음 심
부수 | 心(마음 심) 부 0획
　　　총 4획

필순 ˊ 心心心

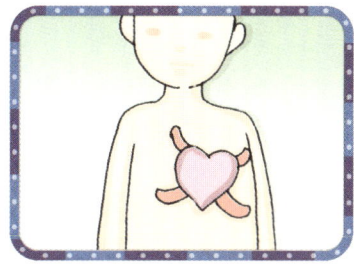

글자풀이 염통 모양을 본떠서 만든 글자로 '심장'을 뜻함.

[참고] 상대어 : 身(신)

뜻풀이 ① 마음 ② 생각 ③ 가슴 ④ 염통

예 [心動(심동)] : 마음이 움직임, 마음이 솔깃함
[心臟(심장)] : 염통
[心情(심정)] : 마음 속에 품고 있는 생각과 감정
[心中(심중)] : 속마음, 마음 속
[心血(심혈)] : 심장의 피, 가지고 있는 최대의 힘
[決心(결심)] : 마음을 굳게 정함. 단단히 마음먹음
[丹心(단심)] : 한결같은 정성스러운 마음, 충성스러운 마음
[疑心(의심)] : 믿지 못해 이상히 여기는 마음이나 생각

급수 | **5급**
음훈 | ① 반드시 필
부수 | 心(마음 심) 부 1획
　　　총 5획

필순 ˋ ㇚ 必必必

글자풀이 마음(心) 속에 표시(ノ) 해두어 잊지 않게 한다는 글자로 '반드시'를 뜻함.

뜻풀이 ① 반드시 ② 오로지 ③ 틀림없이

예 [必讀(필독)] : 반드시 읽어야 함 또는 반드시 읽음
[必需(필수)] : 꼭 쓰이는 없어서는 안 되는
[必勝(필승)] : 반드시 이김
[必然(필연)] : 그리 되는 수밖에 다른 도리가 없음
[必要(필요)] : 꼭 소용이 있음

급수 | 준**4급**
음훈 | ① 뜻 지
부수 | 心(마음 심) 부 3획
　　　총 7획

필순 一 十 士 志 志 志 志

글자풀이 갈 지(之) 밑에 마음 심(心). 之가 士로 변한 글자로서 마음(心)이 가는(之) 쪽 즉 그 사람의 '뜻, 의지'를 나타내는 글자임.

[참고] 유의자 : 意(의)

뜻풀이 ① 뜻, 마음 ② 의지 ③ 알다

예[志望(지망)] : 뜻을 두고 이루어지기를 바람 또는 그런 뜻
[志士(지사)] : ① 고매한 뜻을 품은 사람 ② 나라와 민족을 위하여 제 몸을 바쳐 일하려는 뜻을 가진 사람
[志願(지원)] : 어떤 조직이나 일에 뜻을 두고 끼이길 바람
[同志(동지)] : 뜻이 서로 같음 또는 그런 사람
[雄志(웅지)] : 웅대한 뜻, 큰 뜻
[有志(유:지)] : ① 어떤 일에 뜻이 있는 사람 ② 영향력이 있는 사람
[遺志(유지)] : 죽은 사람이 이루지 못하고 남긴 뜻
[寸志(촌:지)] : ① 마음이 담긴 작은 선물 ② 정성을 드러내기 위하여 드리는 돈

급수 | 준 4급
음훈 | ① 쾌할 쾌
부수 | 忄(마음 심) 부 4획
　　　총 7획
필순 ⸱ ⸱ 忄 忄 忄 快 快

글자풀이 마음 심(忄) 변에 터놓을 쾌(夬). 마음을 확 터놓아 '상쾌하고 활달하다'는 뜻.

뜻풀이 ① 쾌하다 ② 병세가 좋아지다 ③ 기뻐하다 ④ 즐기다

예[快擧(쾌거)] : 통쾌하고 장한 일
[快刀(쾌도)] : 아주 잘 드는 칼
[快樂(쾌락)] : 느낌이 만족스럽고 욕망의 충족에서 오는 유쾌하고 즐거운 감정
[快馬(쾌마)] : 빠르고 잘 달리는 말
[快癒(쾌유)] : 병이나 상처가 깨끗이 나음
[快晴(쾌청)] : 날씨가 맑음
[快活(쾌활)] : 성격이 명랑하고 활발한
[不快(불쾌)] : 기분이 좋지 아니함
[愉快(유쾌)] : 마음이 즐겁고 기분이 상쾌한

급수 | 5급
음훈 | ① 생각 념:
부수 | 心(마음 심) 부 4획
총 8획

필순 ノ 人 𠆢 今 念 念 念 念

글자풀이 이제 금(今) 밑에 마음 심(心). 마음(心)속에 간직한 것을 지금(今)도 잊지 않고 '생각한다'는 뜻.

[참고] 유의자 : 思(사)

뜻풀이 ① 생각 ② 외다 ③ 스물

예 [念慮(염:려)] : 마음을 놓지 못하고 걱정함

[念佛(염:불)] : 부처의 모습·공덕을 염(念)하면서, 입으로 아미타불의 이름을 부르는 일

[念願(염:원)] : 마음속으로 생각하고 원함

[紀念(기념)] : 뜻 깊은 일이나 훌륭한 인물 등을 오래도록 잊지 아니하고 마음에 간직함

[想念(상:념)] : 마음속에 품은 여러 가지 생각

[信念(신:념)] : 스스로 그렇다고 굳게 믿는 마음

[雜念(잡념)] : 여러 가지 쓸데없는 생각

급수 | 5급
음훈 | ① 성품 성:
부수 | 忄(마음 심) 부 5획
총 8획

필순 ノ 丶 忄 忄 忄 性 性 性

글자풀이 마음 심(心) 변에 날 생(生). 마음속에서 우러나는 그 사람의 성품을 뜻함.

뜻풀이 ① 성품 ② 성질 ③ 생명 ④ 모습

예 [性格(성:격)] : 말이나 행동을 통하여 나타나는 개인의 특별한 성질

[性急(성:급)] : 성미가 팔팔하고 매우 급함

[性味(성:미)] : 성정과 취미

[性別(성:별)] : 남녀 또는 암수 따위의 구별

[性品(성:품)] : 사람의 성질과 됨됨이, 성질과 품격

[本性(본성)] : 본디부터 가진 성질, 천성(天性)

[人性(인성)] : 사람의 성품
[特性(특성)] : 그것에만 있는 특수한 성질

급수 | 준 4급
음훈 | ① 충성 충
부수 | 心(마음 심) 부 4획
총 8획

필순 ` 口 口 中 忠 忠 忠

글자풀이 가운데 중(中) 밑에 마음 심(心). 조금도 삐뚤거나 기울지 않은 곧고 바른 마음 즉 '진실과 충성'을 뜻함.

뜻풀이 ① 충성 ② 진심 ③ 정성 ④ 바르다, 곧다

예 [忠告(충고)] : 충심으로 남의 허물을 고치도록 타이름
[忠臣(충신)] : 충성스런 신하
[忠心(충심)] : 충성스러운 마음. 진실된 마음
[忠言(충언)] : 충직하고 바른 말을 함, 충고의 말을 함
[忠直(충직)] : 충성스럽고 정직함
[忠孝(충효)] : 충성과 효도
[不忠(불충)] : 충성스럽지 아니함

급수 | 6급
음훈 | ① 급할 급
부수 | 心(마음 심) 부 5획
총 9획

필순 ` ⺈ ⺈ ⺈ 刍 刍 急 急 急

글자풀이 미칠 급(及)과 마음 심(心)이 합하여 된 글자로 남을 따라가려고 마음이 '급하다'는 뜻임.

[참고] 유의자 : 速(속), 반대자 : 緩(완)

뜻풀이 ① 급하다, 서두르다 ② 갑자기 ③ 빠르다

예 [急救(급구)] : 물건이나 사람을 급히 구함
[急難(급난)] : 시급한 곤란. 급하고 어려운 일
[急流(급류)] : 빠르고 급하게 흐르는 물
[急賣(급매)] : 빨리 팔고자 함
[急迫(급박)] : 사태가 조금의 여유도 없이 매우 급한 상태
[急變(급변)] : 갑자기 달라짐
[急速(급속)] : 매우 빠른
[急行(급행)] : 빨리 다님, 빠른 속도로 달림

[危急(위급)] : 몹시 위태롭고 급함
[應急(응:급)] : 급한 상황에 대처함, 급한 대로 우선 처리함
[火急(화:급)] : 당장 불을 꺼야 하듯 몹시 급함

급수 | 준4급
음훈 | ① 성낼 노:
부수 | 心(마음 심) 부 5획
총 9획

필순 ㄥ ㄥ 女 女 奴 奴 怒 怒 怒

글자풀이 종 노(奴) 밑에 마음 심(心). 늘 억압받고 사는 종의 마음처럼 불평 불만으로 '성'을 낸다는 뜻.

[참고] 반대자 : 喜(희)

뜻풀이 ① 성내다 ② 화가 나다 ③ 힘쓰다 ④ 꾸짖다

예 [怒氣(노:기)] : 성이 난 얼굴빛, 화가 난 기색
[怒濤(노:도)] : 무섭게 밀려오는 큰 파도 또는 어떤 무리가 무섭게 달려 나가는 모습
[怒馬(노:마)] : 화가 나서 날뛰는 말
[激怒(격노)] : 몹시 분하고 화가나

감정이 복받쳐 오름
[大怒(대:로)] : 크게 화가 남
[忿怒(분:노)] : 분개하여 성을 냄
[喜怒(희로)] : 기쁨과 노여움

급수 | 5급
음훈 | ① 생각 사(:)
부수 | 心(마음 심) 부 5획
총 9획

필순 ㅣ 冂 冂 田 田 思 思 思

글자풀이 밭 전(田) 밑에 마음 심(心). 농사짓는 사람은 밭(田)에 마음(心)을 두고 농사만 '생각'한다는 뜻

[참고] 유의자 : 慮(려)

뜻풀이 ① 생각하다 ② 판단하다

예 [思考(사고)] : 생각하고 궁리함
[思念(사념)] : 깊이 생각함
[思慮(사려)] : 여러 가지 일에 대하여 깊게 생삭함
[思慕(사모)] : 정을 들이어 애틋하게 생각하며 그리워함
[思想(사:상)] : 깊이 생각하고 궁리하여 얻은 질서 있게 정리된 지식 내용

[多思(다사)] : 많은 생각이나 느낌
[心思(심사)] : 마음 속, 고약한 마음보
[意思(의:사)] : 무엇을 하고자 하는 생각, 마음, 뜻

급수 | 4급
음훈 | ① 원망할 원(:)
부수 | 心(마음 심) 부 5획
총 9획

필순 ﾉ ｸ ﾀ ｸﾞ 処 処 怨 怨 怨

글자풀이 누워 뒹굴 원(夗) 밑에 마음 심(心). 누워서(夗) 생각해도 마음(心)이 상하는 '원망'이나 '원망의 대상인 원수'를 뜻함.

[참고] 유의자 : 恨(한)

뜻풀이 ① 원망 ② 슬퍼하다 ③ 미워하다

예 [怨望(원:망)] : 억울하게 여기는 마음 또는 탓하거나 분하게 여김
[怨聲(원:성)] : 원망하는 소리
[怨讐(원수)] : 원한이 맺힐 정도로 자기에게 해를 끼친 집단이나 사람
[怨惡(원:오)] : 남을 원망하고 미워함 또는 그런 마음
[怨恨(원:한)] : 억울하고 원통한 마음
[私怨(사원)] : 사사로운 원한
[宿怨(숙원)] : 오래 묵은 원한

급수 | 4급
음훈 | ① 한 한:
부수 | 忄(마음 심) 부 6획
총 9획

필순 ﾉ ﾉ 忄 忄 忄 忄 ﾖ 忄 忄 恨 恨 恨

글자풀이 마음 심(忄) 변에 어긋날 간(艮). 마음속에서 사라지지 않고 거스르는 억울하고 원통한 생각을 뜻함.

[참고] 유의자 : 怨(원)

뜻풀이 ① 원통하다 ② 뉘우치다 ③ 억울하다

예 [恨歎(한:탄)] : 원망을 하거나 뉘우치는 일이 있을 때에 한숨을 쉬며 탄식함
[餘恨(여한)] : 풀지 못하고 남은 한이나 원한
[痛恨(통:한)] : 가슴 아프게 몹시 한탄함
[悔恨(회:한)] : 뉘우치고 한탄함

급수 | 준4급
음훈 | ① 쉴 식
부수 | 心(마음 심) 부
6획 총 10획

필순 ´ ⺅ ⺊ ⺊ 自 自 自 息 息 息

글자풀이 스스로 자(自) 밑에 마음 심(心). 自는 원래는 코를 뜻하는 글자. 코로 숨 쉬는 것과 심장이 뛰는 것을 편안하게 해 주는 것 즉 쉬게 하는 것을 뜻함.

[참고] 유의자 : 休(휴), 憩(게)

뜻풀이 ① 숨쉬다 ② 쉬다 ③ 살다 ④ 자식

예 [姑息(고식)] : ① 우선 당장에 탈이 없이 편안함 ② 잠시 숨을 쉼 ③ 부녀자와 어린아이를 이르는 말
[消息(소식)] : 안부를 전하거나 어떤 형세 따위를 알리거나 전함
[安息(안식)] : 편안하게 쉼
[子息(자식)] : 아들 딸
[窒息(질식)] : 숨이 막히거나 산소가 부족하여 숨을 쉴 수 없음
[歎息(탄ː식)] : 한숨을 쉬며 뉘우침
[休息(휴식)] : 잠깐 쉼

급수 | 준4급
음훈 | ① 은혜 은
부수 | 心(마음 심) 부 6획
총 10획

필순 丨 冂 冂 囗 因 因 因 恩 恩 恩

글자풀이 인할 인(因) 밑에 마음 심(心). 因은 관 속에 들어있는 죽은 사람을 뜻한다. 따라서 恩은 죽은 사람을 생각하는 측은한 마음과 그로부터 입은 '은혜'라는 뜻.

[참고] 반대자 : 怨(원)

뜻풀이 ① 은혜 ② 사랑하다 ③ 동정하다 ④ 측은하게 여기다

예 [恩師(은사)] : 가르친 선생님을 높여 이르는 말
[恩人(은인)] : 은혜를 베푼 사람, 신세 진 사람
[恩寵(은총)] : 높은 사람으로부터 받는 특별한 은혜와 사랑
[恩惠(은혜)] : 고맙게 베풀어 주는 신세나 혜택
[背恩(배ː은)] : 은혜를 저버리고 돌아섬 ↔ 보은(報恩)
[報恩(보ː은)] : 은혜를 갚음

[謝恩(사:은)] : 은혜를 감사히 여겨 사례함

급수 | 5급
음훈 | ① 뜻 정
부수 | 忄(마음 심) 부 7획
총 11획

필순 ﾉ 丶 忄 忄 忄 忄 恃 恃 情 情 情

글자풀이 마음 심(忄) 변에 푸를 청(靑). 때 묻지 않은 깨끗한(靑) 마음(忄)을 뜻함.

[참고] 약자 : 情

뜻풀이 ① 뜻 ② 정 ③ 본성

예 [情談(정담)] : 다정한 이야기
[情報(정보)] : 사정이나 정황에 관한 소식이나 자료
[情分(정분)] : 정이 넘치는 따뜻한 마음, 사귀어 정이 든 정도
[情緖(정서)] : 마음에서 일어나는 온갖 감정
[情勢(정세)] : 일이 되어 가는 사정과 형세
[冷情(냉:정)] : 감정에 사로잡히지 않고 침착함

[多情(다정)] : 정이 많음
[無情(무정)] : 인정이 없음
[溫情(온정)] : 따뜻한 인정

급수 | 5급
음훈 | ① 근심 환:
부수 | 心(마음 심) 부 7획
총 11획

필순 ﾉ 口 口 口 吕 吕 串 串 患 患 患

글자풀이 꿸 관(串) 밑에 마음 심(心). 심장(心)을 꼬챙이로 꿰니까(串) 마음이 '아프고, 근심'이 생긴다는 뜻.

[참고] 유의자 : 憂(우)

뜻풀이 ① 근심 ② 걱정 ③ 앓다

예 [患難(환:난)] : 근심과 재난
[患部(환:부)] : 병이나 상처가 난 곳
[患者(환:자)] : 병을 앓고 있는 사람, 병자(病者)
[內患(내:환)] : 아내의 병
[病患(병:환)] : 병의 높임말
[憂患(우환)] : 집안에 환자나 복잡한 일이 있어 근심함
[疾患(질환)] : 질병(疾病)
[後患(후:환)] : 뒷날의 걱정과 근심

급수 | 준 **4**급
음훈 | ① 슬플 비:
부수 | 心(마음 심) 부 8획
　　　총 12획
필순 ノ 丿 丬 彐 非 非 非 悲 悲 悲

글자풀이 아닐 비(非) 밑에 마음 심(心). 心에서 뜻을, 非(비)에서 음을 따온 글자로 마음이 마치 새의 두 날개가 갈라지듯(非) 하여 '슬프다'는 뜻.

[참고] 유의자 : 哀(애)

뜻풀이 ① 슬프다 ② 가엾다

예 [悲劇(비:극)] : 매우 비참한 사건, 슬픈 사연의 연극
　[悲鳴(비:명)] : 위험·공포 등을 느낄 때 갑자기 외마디 소리를 지름. 또는 그 소리
　[悲憤(비:분)] : 슬프고 분함
　[悲哀(비:애)] : 슬픔과 설움 또는 그런 것
　[悲痛(비:통)] : 몹시 슬퍼서 마음이 아픔
　[喜悲(희비)] : 기쁨과 슬픔
　[慈悲(자비)] : 남을 사랑하고 가엾게 여김

급수 | **5**급
음훈 | ① 악할 악
　　　② 미워할 오
부수 | 心(마음 심) 부 8획 총 12획
필순 一 丆 丌 亞 亞 亞 亞 惡 惡 惡

글자풀이 亞(버금 아)는 등이 굽고 흉측하게 생긴 사람의 모습. 惡은 흉측한 마음 그래서 '악하다,' 또 악한 것이니까 '미워한다'는 뜻.

[참고] 반대자 : 善(선) 약자 : 悪

뜻풀이 ① 악하다 ② 미워하다 ③ 불길하다

예 [惡毒(악독)] : 마음이 악하고 독살스러움
　[惡夢(악몽)] : 불길하고 무서운 꿈
　[惡運(악운)] : 사나운 운수
　[惡質(악질)] : 성질이 모질고 나쁨
　[惡臭(악취)] : 나쁜 냄새
　[惡漢(악한)] : 모질게 악독한 짓을 하는 사람
　[惡寒(오한)] : 몸이 오슬오슬 춥고 떨리는 증세
　[憎惡(증오)] : 몹시 미워함
　[嫌惡(혐오)] : 싫어하고 미워함

급수 | 준 **4**급
음훈 | ① 은혜 혜:
부수 | 心(마음 심) 부 8획
총 12획

필순 ノ 厂 亓 亓 亩 車 車 曺 恵 恵 惠 惠

글자풀이 오로지 전(專) 밑에 마음 심(心). 오로지 남을 위해 마음 쓴다. 즉 '은혜를 베푼다'는 뜻.

[참고] 유의자 : 恩(은) 약자 : 恵

뜻풀이 ① 은혜 ② 은혜를 베풀다 ③ 사랑

예 [惠民院(혜:민원)] : 대한제국 때 가난한 백성을 구호하고 치료해 주는 일을 맡아보던 관아
[惠雨(혜:우)] : 은혜로운 단 비
[惠存(혜:존)] : '받아 간직해 주십사'의 뜻으로 자신의 책이나 작품을 증정할 때 상대방 이름 아래 씀
[惠澤(혜:택)] : 은혜와 덕택
[受惠(수혜)] : 은혜를 입음. 혜택을 받음, 덕을 봄
[恩惠(은혜)] : 고맙게 베풀어 주는 혜택
[特惠(특혜)] : 특별히 베푸는 은혜

급수 | **6**급
음훈 | ① 느낄 감:
부수 | 心(마음 심) 부 9획
총 13획

필순 丿 厂 厂 厂 厂 厅 咸 咸 咸 咸 感 感

글자풀이 다 함(咸) 밑에 마음 심(心). 마음속에 꽉 차도록 전해지는 '느낌'을 뜻함.

[참고] 유의자 : 覺(각)

뜻풀이 ① 느끼다 ② 감동 ③ 생각하다

예 [感激(감:격)] : 마음에 깊이 느끼어 크게 감동함
[感動(감:동)] : 크게 느끼어 마음이 움직임
[感謝(감:사)] : 고맙게 여김
[感情(감:정)] : 어떤 현상이나 일에 대하여 느끼어 일어나는 기분
[共感(공:감)] : 남의 의견·주장·감정 따위에 대하여 자기도 그렇다고 느낌
[音感(음감)] : 음에 대한 감각
[快感(쾌감)] : 상쾌하고 무척 즐거운 느낌

[好感(호감)] : 좋은 감정

급수 | 준 4급
음훈 | ① 생각 상:
부수 | 心(마음 심) 부 9획
　　　총 13획

필순 ー 十 才 木 朴 相 相 相 相 相 想 想

글자풀이　서로 상(相) 밑에 마음 심(心). 마음속을(心) 자세히 본다(相), 즉 깊이 '생각한다' 는 뜻.

[참고] 유의자 : 思(사)

뜻풀이　① 생각하다 ② 생각 ③ 모양

예 [想起(상:기)] : 지난 일을 생각해 냄
[想念(상:념)] : 마음속에 품은 여러 가지 생각
[想像(상:상)] : 마음속으로 그리며 미루어 생각함
[空想(공:상)] : 현실적이지 못하고 실현 가능성이 없는 일을 생각함
[妄想(망:상)] : 이치에 어그러진 생각을 함 또는 그런 생각
[豫想(예:상)] : 미루어 짐작함
[回想(회:상)] : 지난 일을 돌이켜 생각함

급수 | 6급
음훈 | ① 사랑 애(:)
부수 | 心(마음 심) 부 9획
　　　총 13획

필순 ノ ノ ノ ハ ハ ツ 产 产 戶 感 感 愛 愛 愛

글자풀이　손(爫)으로 감싸(冖)주는 마음(心)이 바닥(夊)까지 느껴지게 하는 '사랑' 을 뜻함.

[참고] 반대자 : 憎(증)

뜻풀이　① 사랑하다 ② 즐기다 ③ 사모하다 ④ 아끼다

예 [愛國(애국)] : 자기 나라를 사랑함
[愛讀(애:독)] : 책 따위를 즐겨 읽음
[愛玩(애:완)] : 동물이나 물품 따위를 아끼고 사랑하여 가까이 두고 다루며 즐김
[愛用(애:용)] : 좋아하여 애착을 가지고 자주 사용함
[愛人(애인)] : 이성 간에 사랑하는 사람, 연인
[愛情(애정)] : 사랑하는 마음
[愛聽(애:청)] : 즐겨 들음
[愛好(애:호)] : 곁에 두고 아끼고 즐김

[敬愛(경:애)] : 공경하고 사랑함
[戀愛(연:애)] : 남녀가 서로 그리워하며 사랑함
[友愛(우:애)] : 형제나 친구 사이의 사랑

급수 | **6**급
음훈 | ① 뜻 의:
부수 | 心(마음 심) 부 9획
총 13획

필순 ` ㅗ ㅛ 产 产 音 音 音 音 意 意 意

글자풀이 소리 음(音) 밑에 마음 심(心). 마음 속에 있는 것을 소리 내어 남에게 알리는 자기의 생각이나 뜻을 나타냄.

[참고] 유의자 : 志(지)

뜻풀이 ① 뜻 ② 생각

예 [意見(의:견)] : 어떤 대상이나 일에 대한 생각
[意味(의:미)] : 말·문장·행위 등이 지니고 있는 뜻
[意思(의:사)] : 마음먹은 생각
[意識(의:식)] : 사물에 대하여 깨달은 생각

[意志(의:지)] : 어떤 일을 이루려는 굳은 마음.
[意表(의:표)] : 생각 밖이나 예상 밖
[故意(고:의)] : 일부러 하는 태도나 생각
[民意(민의)] : 국민의 의사
[他意(타의)] : 다른 사람의 뜻

급수 | 준**4**급
음훈 | ① 모습 태:
부수 | 心(마음 심) 부 10획
총 14획

필순 ` ㅅ ㅅ 育 育 育 育 能 能 能 能 能 態 態

글자풀이 능할 능(能) 밑에 마음 심(心). 마음(心)먹은 것을 할 수 있는 능력(能). 즉 표현할 수 있는 '모양과 몸짓'을 뜻함.

[참고] 유의자 : 姿(자), 形(형)

뜻풀이 ① 모양 ② 몸짓 ③ 재능

예 [態度(태:도)] : 몸의 동작, 몸을 거두는 모양새
[態勢(태:세)] : 상황에 대처하는 태도나 자세

[嬌態(교태)] : 아름답고 아양 부리는 자태
[舊態(구:태)] : 뒤떨어진 예전 그대로의 모양
[動態(동:태)] : 움직이는 상태. 활동하는 상태, 변동하는 상태
[狀態(상태)] : 사물이나 현상이 놓여 있는 형편이나 모양
[姿態(자태)] : 몸가짐과 맵시
[醜態(추태)] : 추한 태도, 수치스런 몰골
[形態(형태)] : 사물의 생김새·모양

급수 | 준 4급
음훈 | ① 경사 경:
부수 | 心(마음 심) 부 11획
총 15획
필순 ` ー 广 广 广 严 严 庐 庐 庐 廃 廃 慶 慶 慶

글자풀이 사슴 록(鹿), 마음 심(心), 뒤져올 치(夊)자가 합쳐진 글자로. 사슴을 잡아오게 되어 마음속으로 크게 기뻐하고 좋아한다는 뜻.

[참고] 반대자 : 弔(조)

뜻풀이 ① 경사 ② 축하 ③ 상을 받다

예 [慶事(경:사)] : 축하할 만큼 기쁜 일.
[慶弔(경:조)] : 경사스러운 일과 궂은 일
[慶祝(경:축)] : 경사를 축하함
[慶賀(경:하)] : 경사스러운 일을 축하함
[國慶日(국경일)] : 국가적으로 경사를 축하하기 위해 법률로 정한 날

급수 | 4급
음훈 | ① 생각할 려:
부수 | 心(마음 심) 부 11획
총 15획
필순 ` ー 广 广 卢 卢 虍 虍 虐 虜 虜 慮 慮 慮

글자풀이 범 호(虍) 엄에 생각 사(思), 사나운 범(虎)을 생각(思)하면 잡혀갈까봐 '걱정하고 염려한다' 는 뜻.

[참고] 유의자 : 思(사) 약자 : 虑

뜻풀이 ① 생각하다 ② 피하다 ③ 근심하다 ④ 조사하다

예 [慮無(여:무)] : 없는 바를 공연히 걱정함
[慮患(여:환)] : 마음에 두고 걱정함
[考慮(고려)] : 생각하고 헤아려 봄
[配慮(배:려)] : 관심을 가지고 이리저리 마음을 씀
[思慮(사려)] : 여러 가지 일에 대하여 깊게 생각함
[心慮(심려)] : 마음속의 근심. 마음으로 걱정함
[念慮(염:려)] : 마음을 놓지 못함, 걱정함
[憂慮(우려)] : 근심과 걱정

급수 | **4**급
음훈 | ① 분할 분:
부수 | 忄(마음 심) 부 12획
총 15획

필순 憤憤憤憤憤憤憤憤憤憤憤憤憤憤憤

글자풀이 마음 심(忄) 변에 클 분(賁). 마음이(心) 부풀어 오르다(賁). 즉 '흥분되고, 화나고 괴로워한다.'는 뜻.

[참고] 유의자 : 慨(개)

뜻풀이 ① 괴로워하다 ② 흥분하다 ③ 원망하다

예 [憤慨(분:개)] : 몹시 분하게 여김
[憤怒(분:노)] : 분개하여 성을 냄
[憤痛(분:통)] : 몹시 분개하여 마음이 쓰리고 아픔
[憤敗(분:패)] : 경기나 싸움에서 이길 수 있는 것을 분하게 짐
[激憤(격분)] : 몹시 분개함
[發憤(발분)] : 갑자기 분한 마음이 일어남
[悲憤(비:분)] : 슬프고 분함

급수 | **4**급
음훈 | ① 위로할 위
부수 | 心(마음 심) 부 11획
총 15획

필순 慰慰慰慰慰慰慰慰慰慰慰慰慰慰慰

글자풀이 벼슬 위(尉) 밑에 마음 심. 尉는 '다림질하다'의 뜻. 다림질(尉)하여 주름을 펴주듯 마음속의 걱정거리를 없애도록 '위로한다'는 뜻.

뜻풀이 ① 위로하다 ② 우울해지다

예 [慰勞(위로)] : 괴로움과 슬픔을 어루만져 마음을 편하게 해 줌
[慰撫(위무)] : 위로(慰勞)하고 어루만져 달램
[慰問(위문)] : 불행한 사람이나 수고하는 사람을 위로하고 격려함
[慰安(위안)] : 위로하여 마음을 편안하게 함
[自慰(자위)] : 자기 마음을 스스로 위로함
[弔慰(조:위)] : 죽은 사람을 조상(弔喪)하고 유족을 위문함

뜻풀이 ① 법 ② 모범 ③ 관청, 관리

예 [憲法(헌:법)] : 근본이 되는 법규
[憲兵(헌:병)] : 군대에서 질서를 바로잡기 위해서 활동하는 군대 경찰
[憲章(헌:장)] : 어떤 사실에 대하여 약속을 지키기 위해 정한 규범
[官憲(관헌)] : 정부·관청의 법규
[違憲(위헌)] : 헌법이나 헌장에 어긋나는
[立憲(입헌)] : 헌법을 제정함
[護憲(호:헌)] : 헌법을 보호하며 지킴

급수 | 4급
음훈 | ① 법 헌:
부수 | 心(마음 심) 부 12획
  총 16획

필순 ` ´ ⺮ ⺮ ⺮ 宀 宀 宀 害 害 害 害 害 憲 憲 憲

글자풀이 해로울 해(害) 밑에 눈 목(目)과 마음 심(心). 해로운(害) 일이 생기지 않도록 잘 보고(目) 마음(心) 써서 꼭 지켜야하는 '법' 을 뜻함.

[참고] 유의자 : 法(법)

급수 | 준4급
음훈 | ① 응할 응:
부수 | 心(마음 심) 부 13획
  총 17획

필순 ` ´ 广 广 广 广 府 府 府 府 雁 雁 雁 應 應 應

글자풀이 매 응(雁) 밑에 마음 심(心). 사냥하는 매가 사냥꾼의 마음을 잘 따른다고 해서 '따르다, 응하다' 의 뜻으로 쓰임.

[참고] 약자 : 応

① 감당하다 ② 응하다 ③ 대답하다 ④ 받다

[應答(응:답)] : 부름이나 물음에 응하여 대답함
[應手(응:수)] : 바둑·장기 등에서, 상대편의 수에 응하여 둠
[應用(응:용)] : 어떤 원리나 지식, 기술 따위를 다른 일을 하는 데 활용함
[應援(응:원)] : 운동 경기 등에서 선수들의 힘을 북돋우는 일
[對應(대:응)] : 어떤 일이나 사태에 알맞은 태도나 행동을 취함
[反應(반:응)] : 작용이나 자극에 의하여 일어나는 현상
[副應(부:응)] : 무엇에 좇아서 응함
[適應(적응)] : 어떤 상황이나 환경에 익숙해져 어울림
[呼應(호:응)] : 부름에 대답한다는 뜻으로 부름이나 호소 따위에 대답하거나 응함

戈 (창 과) 部

✽ 부수 설명 : 주살 익(弋)에 날을 하나 더 붙인 글자이다. 날카로운 병기로서 찌르거나 잡아당겨 사용하는 무기로 오늘날의 '창'에 해당함.

급수 | 4급
음훈 | ① 경계할 계:
부수 | 戈(창 과) 부 3획
총 7획

필순 一 二 F 开 戒 戒 戒

창 과(戈) 밑에 두 손으로 받들 공(廾). 두 손으로 창을 높이 들고 '경계' 한다는 뜻.

① 경계하다 ② 조심하다 ③ 타이르다 ④ 교훈

[戒禁(계:금)] : 경계하여 금지시킴
[戒嚴(계:엄)] : 경계를 엄중히 함 또는 그런 경계
[戒責(계:책)] : 허물이나 잘못을 꾸짖고 경계하여 각성하도록 함
[警戒(경:계)] : 잘못이 없도록 미리 조심함
[懲戒(징계)] : 허물을 뉘우치도록 주의를 주고 나무람
[破戒(파:계)] : 불교에서 계를 받은 사람이 그 계율을 깨뜨리어 지키지 않음을 뜻함
[訓戒(훈:계)] : 타일러서 잘못이 없도록 주의를 줌

급수 | **6**급
음훈 | ① 이룰 성
부수 | 戈(창 과) 부 3획
　　　총 7획

필순 ノ 厂 厂 厅 成 成 成

글자풀이 무성할 무(戊)에 장정 정(丁). 씩씩하게 일하여 풍성하게 '이룬다'는 뜻.

[참고] 유의자 : 就(취) 반대자 : 敗(패)

뜻풀이 ① 이루다 ② 완성하다

예 [成功(성공)] : 목적이나 뜻을 이룸
　[成果(성과)] : 이루어낸 결과
　[成事(성사)] : 일이 잘 이루어짐
　[成人(성인)] : 자라서 어른이 됨
　[成就(성취)] : 목적한 바를 이룸
　[達成(달성)] : 목적한 바를 이룸
　[完成(완성)] : 완전히 다 이룸
　[育成(육성)] : 길러서 키움

급수 | **4**급
음훈 | ① 혹 혹
부수 | 戈(창 과) 부 4획
　　　총 8획

필순 一 厂 戸 冃 巨 或 或 或

글자풀이 戈, 口, 一로 된 글자. 창(戈)을 들고 일정한 땅(一)의 둘레(口)를 지킨다는 글자로 본래는 '나라'를 뜻하였는데 변하여 '혹, 혹은'의 뜻으로 쓰게 됨.

뜻풀이 ① 혹시 ② 늘 ③ 누구

예 [或間(혹간)] : 어쩌다
　[或是(혹시)] : 만일 그렇다하여도
　[或如(혹여)] : 혹시
　[間或(간:혹)] : 이따금 간간이

급수 | **6**급
음훈 | ① 싸움 전:
부수 | 戈(창 과) 부 12획
　　　총 16획

필순 ᾿ ᾿ ᾿ ᾿ ᾿᾿ 严 咢 咢 單 單
單 戰 戰 戰

글자풀이 홑 단(單＝원시인들의 무기) 변에 창 과(戈). 무기를 들고 '싸운다'는 뜻.

[참고] 유의자 : 爭(쟁), 반대자 : 和(화)
　　　 약자 : 戰

뜻풀이 ① 싸우다 ② 전쟁 ③ 두려워하다 ④ 흔들리다

예 [戰亂(전:란)] : 전쟁으로 인한 난리
　 [戰死(전:사)] : 싸움터에서 싸우다 죽음
　 [戰場(전:장)] : 싸움터
　 [戰爭(전:쟁)] : 군대를 동원하여 나라끼리 싸우는 싸움
　 [戰鬪(전:투)] : 두 편의 군대가 무장하여 싸움
　 [冷戰(냉:전)] : 무기는 쓰지 않으나 전쟁을 방불케 하는 국제간의 심한 대립 상태
　 [舌戰(설:전)] : 말다툼
　 [熱戰(열전)] : 기세가 심한 싸움
　 [參戰(참전)] : 전쟁에 참가함
　 [休戰(휴전)] : 하던 전쟁을 얼마 동안 쉼

戶 (지게 호) 部

＊ 부수 설명 : 마루나 마당에 설치한 여닫는 외짝 문 모양을 그린 글자로, 문이나 집, 출입구 등을 나타내는 글자이다.

급수 | 준 4급
음훈 | ① 집 호:
부수 | 戶(지게 호) 부 0획
　　　 총 4획

필순 ` ´ ⼾ 戶

글자풀이 마루나 마당에 설치한 여닫는 외짝 문 모양을 그린 글자로, 문이나 집 출입구 등을 나타내는 글자.

[참고] 유의자 : 門(문)

뜻풀이 ① 지게 ② 지게문 ③ 출입구 ④ 집, 방

예 [戶籍(호:적)] : 한 가구의 식구들에 대한 일체의 문서
　 [戶主(호:주)] : 한 집안의 주장이 되는 사람
　 [門戶(문호)] : 외부와의 교류를 위한 통로나 수단
　 [窓戶(창호)] : 창과 문

급수 | 준 4급
음훈 | ① 방 방
부수 | 戶(지게 호) 부 4획
　　　 총 8획

필순 ` ´ ⼾ 戶 戶 房 房 房

글자풀이 戶에서 뜻을 方에서 음을 따온 글자로 집안에 딸린 각각의 방.

[참고] 유의자 : 室(실)

뜻풀이 ① 방 ② 새나 짐승의 집 ③ 아내

예 [工房(공방)] : 공예가의 작업장
　[冷房(냉:방)] : 찬 방, 더위를 막기 위해 실내의 온도를 낮추는 일
　[獨房(독방)] : 혼자서 사용하는 방
　[廚房(주방)] : 음식을 만들거나 차리는 방, 부엌

급수 | **7**급
음훈 | ① 바 소:
부수 | 戶(지게 호) 부 4획
　　　총 8획

필순 ` ˊ ˋ ㅋ 戶 戶 所 所 所

글자풀이 지게 호(戶) 변에 날 근(斤). 戶는 '집'을 뜻하고 斤은 '도끼'를 뜻하여 所는 집에서 도끼를 두는 '곳, 장소'를 뜻함.

뜻풀이 ① 장소 ② 지위 ③ 경우 ④ …하는 것

예 [所感(소:감)] : 마음에 느낀 바
　[所見(소:견)] : 사물을 보고 살펴 가지게 된 생각이나 의견
　[所得(소:득)] : 어떤 일의 결과로 얻은 것
　[所願(소:원)] : 바라고 원하는 것
　[所在(소:재)] : 있는 곳
　[居所(거소)] : 거주하는 장소
　[急所(급소)] : 신체 중에서 그 곳을 해치면 생명에 관계되는 부분
　[名所(명소)] : 경치나 고적 등으로 이름난 곳
　[宿所(숙소)] : 머물러 묵는 곳
　[場所(장소)] : 무엇을 두거나 일이 벌어지는 곳

手 (손 수) 部

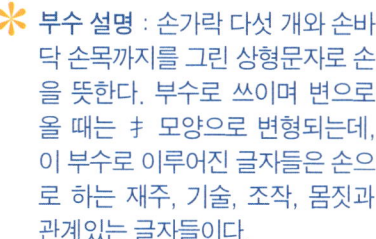

✱ **부수 설명** : 손가락 다섯 개와 손바닥 손목까지를 그린 상형문자로 손을 뜻한다. 부수로 쓰이며 변으로 올 때는 扌 모양으로 변형되는데, 이 부수로 이루어진 글자들은 손으로 하는 재주, 기술, 조작, 몸짓과 관계있는 글자들이다.

 급수 | **6급**
음훈 | ① 재주 재
부수 | 手(손 수) 부 0획
총 3획

필순 一 十 才

글자풀이 새싹이 땅을 뚫고 올라오는 모양을 본따서 만든 글자. 새싹처럼 온갖 가능성이 감춰져 있다고 해서 '재주'를 뜻하는 글자.

뜻풀이 ① 재주 ② 재능 ③ 재주군

예 [才能(재능)] : 재주와 능력
[才談(재담)] : 익살을 섞어 가며 재치 있게 하는 재미있는 이야기
[才量(재량)] : 재주와 도량
[才士(재사)] : 재주 있는 남자
[才色(재색)] : 여자의 재주와 용모
[才質(재질)] : 재주와 기질
[才致(재치)] : 눈치 빠른 재주
[多才(다재)] : 재주가 많음
[秀才(수재)] : 뛰어난 재주 또는 그런 재주를 가진 사람
[天才(천재)] : 선천적으로 타고난 뛰어난 재주 또는 그런 재능을 가진 사람

 급수 | **7급**
음훈 | ① 손 수(:)
부수 | 手(손 수) 부 0획
총 4획

필순 ノ 二 三 手

글자풀이 손가락 다섯이 달린 손 모양을 본떠서 만든 글자로 손을 뜻함.

[참고] 반대자 : 足(족)

뜻풀이 ① 손 ② 기술을 지닌 사람 ③ 힘 ④ 솜씨

예 [手巾(수:건)] : 얼굴·몸 등을 닦기 위한 헝겊 조각, 타월
[手工(수공)] : 손으로 하는 공예
[手記(수기)] : 자기의 생활이나 체험 따위를 직접 쓴 기록
[手段(수단)] : 일을 처리해 나가는 솜씨와 꾀
[手術(수술)] : 피부나 기타 조직을 외과 기구로 째거나 자르거나 하여 병을 고치는 일
[手足(수족)] : 손발
[手帖(수첩)] : 간단한 기록을 하기 위하여 몸에 지니고 다니며 메모하는 작은 공책

[手話(수화)] : 언어 장애자들이 손짓으로 표현하는 말
[歌手(가수)] : 노래 부르는 것을 업으로 삼는 사람
[名手(명수)] : 어떤 일에 훌륭한 소질과 솜씨가 있는 사람
[木手(목수)] : 나무를 다루어 가구·기구 따위를 만드는 사람
[石手(석수)] : 돌을 다루어 물건을 만드는 사람, 석공(石工)
[失手(실수)] : 부주의로 일을 그르침
[敵手(적수)] : 재주나 힘이 서로 비슷하여 상대가 되는 사람

량의 단위 12개

예 [打擊(타:격)] : 때려서 침
[打倒(타:도)] : 때리어 거꾸러뜨림, 쳐서 부수어 버림
[打者(타:자)] : 야구에서, 배트로 공을 치는 공격진(陣)의 선수
[打作(타:작)] : 곡식의 알을 떨어서 거두는 일
[打電(타:전)] : 전보나 무전을 침
[打鐘(타:종)] : 종을 침
[亂打(난:타)] : 마구 침
[安打(안타)] : 야구에서, 타자가 베이스에 나아갈 수 있도록 공을 치는 일, 히트(hit)

급수 | 5급
음훈 | ① 칠 타:
부수 | 扌(손 수) 부 2획
총 5획
필순 - 亅 扌 打

글자풀이 손(扌)으로 못(丁)을 박는 모습으로 '치다, 때리다'의 뜻.
[참고] 유의자 : 擊(격)
뜻풀이 ① 치다 ② 공격하다 ③ 수

급수 | 5급
음훈 | ① 재주 기
부수 | 扌(손 수) 부 4획
총 7획
필순 - 亅 扌 扌 扩 抟 技

글자풀이 손 수(扌)에서 뜻을 따오고 가지 지(支)에서 음을 빌어 만든 글자로 손으로 부리는 여러 가지 재주와 능력을 뜻함.

[참고] 유의자 : 藝(예), 術(술)

뜻풀이 ① 재주 ② 의술 ③ 장인, 기술자

예 [技巧(기교)] : 아주 묘한 솜씨
[技能(기능)] : 기술상의 재능(才能)
[技士(기사)] : 기술을 지닌 사람
[技術(기술)] : 만들거나 짓거나 하는 재주 또는 솜씨, 기예(技藝)
[妙技(묘:기)] : 절묘한 기술과 재주
[演技(연:기)] : 구경꾼 앞에서 연극·곡예·가무·음곡 등의 재주를 나타내 보이는 일
[長技(장기)] : 가장 능한 재주
[特技(특기)] : 남이 가지지 못한 특별한 기술이나 기능

급수 | 4급
음훈 | ① 비평할 비:
부수 | 扌(손 수) 부 4획
총 7획

필순 ˉ 亅 扌 扌 扌 批 批 批

글자풀이 손 수(扌) 변에 견줄 비(比). 손에 들고 비교하여 '비평하고, 바로잡는다' 는 뜻.

뜻풀이 ① 비교하다 ② 때리다 ③ 바로잡다 ④ 평하다

예 [批難(비:난)] : 남의 잘못이나 흠을 나쁘게 말함
[批准(비:준)] : 체결된 조약에 대해 당사국에서 최종적으로 동의함
[批判(비:판)] : 비평하고 판단함
[批評(비:평)] : 사물의 선악·시비를 평가하여 논하는 일
[批頰(비:협)] : 남의 뺨을 때림

급수 | 4급
음훈 | ① 꺾을 절
부수 | 扌(손 수) 부 4획
총 7획

필순 ˉ 亅 扌 扌 扩 折 折

글자풀이 손 수(扌) 변에 날 근(斤). 손에 쥔 도끼로 풀이나 나무를 '자른다.' 는 뜻.

[참고] 유의자 : 屈(굴)

뜻풀이 ① 꺾다 ② 자르다 ③ 결단하다

예 [折骨(절골)] : 뼈가 부러짐. 골절

[折短(절단)] : 짧게 자름
[折半(절반)] : 하나를 반으로 가름. 또는 그 반
[折衝(절충)] : 적의 창끝을 꺾어 막는다는 뜻에서, 외교(外交), 기타의 교섭(交涉)에서 담판(談判)하거나 흥정하는 일
[曲折(곡절)] : 복잡한 사정이나 이유, 까닭
[屈折(굴절)] : 휘어서 꺾임, 생각·말 등이 어떤 것에 영향을 받아 본래의 모습과 달라짐
[夭折(요:절)] : 젊은 나이에 죽음
[挫折(좌:절)] : 마음과 기운이 꺾임

급수 | **4**급
음훈 | ① 던질 투
부수 | 扌(손 수) 부 4획
　　　총 7획

필순 - 十 扌 扌 扩 护 投

글자풀이 손 수(扌) 변에 창 수(殳). 손으로 창을 들고 '던진다' 는 뜻.
[참고] 반대자 : 打(타)
뜻풀이 ① 던지다 ② 주다 ③ 편들다 ④ 떨치다

예 [投稿(투고)] : 요청을 받지 않은 사람이 원고를 신문사·잡지사 등에 보냄
[投機(투기)] : 기회를 엿보아 큰 이익을 보려는 짓
[投手(투수)] : 야구 경기에서 상대방이 칠 공을 던져주는 선수
[投宿(투숙)] : 여관·호텔 따위에 들어서 묵음
[投身(투신)] : 어떤 일에 몸을 던져 관계함
[投入(투입)] : 던져서 넣음
[投資(투자)] : 사업에 밑천을 댐, 출자(出資)
[投槍(투창)] : 창던지기
[投票(투표)] : 선거 또는 채결(採決)할 때 각 사람의 의사를 투표용지에 표시하여 투표함에 넣는 일

급수 | **4**급
음훈 | ① 겨룰 항:
부수 | 扌(손 수) 부 4획
　　　총 7획

필순 - 十 扌 扌 扩 扩 抗

글자풀이 손 수(扌) 변에 목 항(亢). 손으로 상대방의 목을 조르는 글자, 그래서 '겨루다, 물리치다, 밀어내다'의 뜻이 있음.

[참고] 유의자 : 爭(쟁), 拒(거)

뜻풀이 ① 막다 ② 구하다 ③ 겨루다 ④ 건너다

예 [抗拒(항:거)] : 순종하지 않고 맞서서 대항함
[抗命(항:명)] : 명령·제지(制止)에 따르지 아니하고 반항함
[抗訴(항:소)] : 판결에 불복하고 상급 법원에 그 판결의 취소·변경을 청구하는 일
[抗議(항:의)] : ① 반대의 뜻을 주장함 ② 국가 간의 언행에 대하여 반대의 뜻을 정식으로 통보함
[抗爭(항:쟁)] : 대항하여 맞서 싸움
[抗戰(항:전)] : 적에 대항하여 싸움
[對抗(대:항)] : 서로 맞서서 버티어 겨룸
[反抗(반:항)] : 다른 사람이나 대상에 맞서서 반대함
[抵抗(저:항)] : 어떤 힘이나 압력에 굴하지 않고 맞서서 버팀

급수 | **4**급
음훈 | ① 막을 거:
부수 | 扌(손 수) 부 5획
　　 총 8획

필순 ﹀ 一 十 扌 扌' 扌' 扩 拒 拒

글자풀이 손 수(手) 변에 클 거(巨). 손을 들어 크게 흔들어 '막는다'는 뜻.

[참고] 유의어 : 抗(항)

뜻풀이 ① 막다 ② 지키다 ③ 겨루다 ④ 물리치다

예 [拒否(거:부)] : 요구나 제의등을 승낙하지 않고 물리침
[拒逆(거:역)] : 윗사람의 뜻이나 명령을 어겨 거스름
[拒絶(거:절)] : 요구나 의견 또는 물건 등을 받아들이지 않고 물리침

급수 | **4**급
음훈 | ① 칠 박
부수 | 扌(손 수) 부 5획
　　 총 8획

필순 ﹀ 一 十 扌 扌' 扌' 扩 拍 拍

글자풀이 손 수(扌)에서 뜻을 따오고 흰 백(白)에서 음을 빌어서 만든 형성문자로 '손으로 치다, 어루만지다, 박자를 젓는다.' 는 뜻.

뜻풀이 ① 손뼉을 치다 ② 어루만지다 ③ 박자, 리듬 ④ 병기

예 [拍刀(박도)] : 기다란 쌍날 칼
 [拍手(박수)] : 손뼉을 침
 [拍掌(박장)] : 손바닥을 마주 침
 [拍車(박차)] : 말을 달리도록 자극하는 기구로 말 탄 사람의 구두에 달린 장치
 [急迫(급박)] : 조금의 여유도 없이 절박한
 [緊迫(긴박)] : 매우 다급하고 절박함이 바싹 닥쳐 몹시 급함
 [節拍(절박)] : 아악의 한 곡조마다 박자를 쳐서 음조의 마디를 지음

급수 | 준4급
음훈 | ① 이을 승
부수 | 手(손 수) 부 4획
    총 8획
필순 フ了了了手手承承

글자풀이 도울 승(丞)과 손 수(手)가 합쳐진 글자. 윗사람으로부터 손으로 건네받는 모양으로 전해 '받아 잇다, 이어가다' 의 뜻임.

뜻풀이 ① 받들다 ② 잇다 ③ 받아들이다 ④ 후계. 후사

예 [承繼(승계)] : 뒤를 이어받음
 [承諾(승낙)] : 청하는 바를 들어줌
 [承命(승명)] : 임금이나 부모의 명령을 받듦. 승령(承令)
 [承服(승복)] : 납득하여 따름
 [承認(승인)] : 어떤 사실을 마땅하다고 인정함
 [承重(승중)] : 장손으로 아버지와 할아버지를 대신하여 조상의 제사를 받듦
 [承旨(승지)] : 조선 때, 왕명의 출납을 맡아보던 승정원의 도승지·좌승지·우승지·좌부승지·우부승지·동부승지의 총칭
 [繼承(계:승)] : 조상의 전통이나 문화 유산·업적 따위를 물려받아 대대로 이어감
 [奉承(봉:승)] : 웃어른의 뜻을 이어받음

급수 | 4급
음훈 | ① 부를 초
부수 | 扌(손 수) 부 5획
    총 8획
필순 一十扌 扌 扣 招 招

글자풀이 손 수(手) 변에 부를 소(召). 손짓하여 사람을 불러 온다는 뜻.

[참고] 유의어 : 請(청)

뜻풀이 ① 부르다 ② 구하다

예 [招待(초대)] : 사람을 정중히 청하여 대접함
 [招來(초래)] : 어떤 결과를 가져오게 함. 그렇게 되게 함
 [招聘(초빙)] : 예를 갖춰 불러 맞아들임
 [招宴(초연)] : 연회에 초대함
 [超人鐘(초인종)] : 사람을 부르는 신호로 울리는 종
 [招請(초청)] : 청하여 부름
 [招討使(초토사)] : 폭동을 진압하고 항복한 자를 무마하기위하여 중앙에서 파견한 무관
 [招魂(초혼)] : 죽은자의 혼을 부름

급수 | 준 4급
음훈 | ① 절 배:
부수 | 手(손 수) 부 5획
　　　　총 9획

필순 ´ ⺈ ⺕ 手 ⺩ ⺩ ⺩ ⺩ 拜

글자풀이 손 수(手) 자 둘을 나란히 배열한 글자로서 사람이 두 손을 공손히 맞잡고 몸을 낮추어 절하는 것을 나타낸 글자.

[참고] 약자 : 拝

뜻풀이 ① 절 ② 감사하다 ③ 내려주고 받다

예 [拜官(배:관)] : 벼슬아치가 됨
 [拜禮(배:례)] : 절하는 예법 또는 절을 하여 예를 표함
 [拜墓(배:묘)] : 산소에 찾아가 절함
 [拜授(배:수)] : 벼슬을 줌. 관직에 임명함
 [拜謁(배:알)] : 지위가 높거나 존경하는 어른을 만나 뵘
 [敬拜(경:배)] : ① 존경하여 공손히 절함 ② 신령·부처 등을 숭배함
 [歲拜(세:배)] : 섣달그믐이나 정초에 하는 인사
 [禮拜(예배)] : 신자들이 교회에 가서 경배의식에 참석함
 [再拜(재:배)] : ①두 번 절함. 또는 그 절 ② 웃어른께 편지쓸 때 마지막에 자기 이름 뒤에 쓰는 글

급수 | 준 4급
음훈 | ① 가리킬 지
부수 | 扌(손 수) 부 6획
총 9획

필순 ｜ 一 十 扌 扌 扩 扩 指 指 指

글자풀이 손 수(扌) 변에 맛있을 지(旨). 맛있는 것을 손가락으로 가리킨다는 뜻.

뜻풀이 ① 손가락 ② 가리키다 ③ 지시하다

예 [指導(지도)] : 가르쳐서 이끌어 줌
[指紋(지문)] : 손가락 끝마디 안쪽에 있는 피부의 무늬
[指示(지시)] : 가리켜 보임
[指摘(지적)] : 손가락질해 가리킴
[指彈(지탄)] : 지적하여 비난함
[指向(지향)] : 지정한 방향으로 나아감. 또는 그 방향
[指環(지환)] : 가락지
[指揮(지휘)] : 지시해 일을 하도록 시킴
[屈指(굴지)] : 무엇을 셀 때, 손가락을 꼽음, 여럿 가운데서 손가락을 꼽아 셀 만큼 뛰어남

급수 | 4급
음훈 | ① 가질 지
부수 | 扌(손 수) 부 6획
총 9획

필순 ｜ 一 十 扌 扌 扩 扩 挂 持 持

글자풀이 손 수(扌) 변에 절 사(寺). 손에 넣어 가지다, 손을 대어 지탱하고 버틴다는 뜻.

뜻풀이 ① 가지다 ② 보전하다 ③ 지키다 ④ 버티다

예 [持久力(지구력)] : 오래 견디어 내는 힘
[持論(지론)] : 늘 주장하는 의견
[持病(지병)] : 오랫동안 앓아온 잘 낫지 아니하는 병
[持續(지속)] : 어떤 일이나 상태가 오래 계속됨
[持參(지참)] : 무엇을 가지고 모임 등에 참석함
[堅持(견지)] : 굳게 지켜 지님
[維持(유지)] : 지탱하여 감, 지니어 감, 어떤 상태나 상황을 그대로 보존하거나 변함없이 계속하여 지키어 감

급수 | 준 4급
음훈 | ① 쓸 소(:)
부수 | 扌(손 수) 부 8획
　　총 11획

필순 - 一 亅 亅 扌 扌' 扌" 扌" 扌帚 扌帚 掃 掃

글자풀이　손 수(扌) 변에 받을 수(受). 상대방이 받을 수 있도록 손으로 전해 준다는 뜻.

[참고] 반대자 : 受(수)

뜻풀이　① 주다 ② 내려지다

예 [授受(수수)] : 물품을 주고받음
　[授業(수업)] : 주로 학교에서 학업이나 기술을 가르쳐 주는 일
　[授與(수여)] : 상장이나 훈장 따위를 줌
　[授乳(수유)] : 어린아이에게 젖을 먹임
　[授爵(수작)] : 작위나 벼슬 따위를 내려 줌
　[敎授(교:수)] : ① 학문이나 기예를 가르침 ② 가르치고 연구하는 사람
　[傳授(전수)] : 기술이나 비법을 남에게 전하여 줌

글자풀이　손 수(扌) 변에 비 추(帚). 손에 비를 들고 쓸고 청소하고 버린다는 의미로 '버린다'는 뜻.

뜻풀이　① 쓸다 ② 버리다 ③ 멸망시킨다 ④ 휘두르다

예 [掃灑(소쇄)] : 비로 먼지를 쓸고 물을 뿌림
　[掃除(소제)] : 쓸어서 깨끗하게 함
　[掃蕩(소탕)] : 휩쓸어 모두 다 없애 버림
　[一掃(일소)] : 모조리 쓸어버림
　[淸掃(청소)] : 더럽거나 어지러진 것을 쓸고 닦아서 깨끗이 함

급수 | 준 4급
음훈 | ① 줄 수
부수 | 手(손 수) 부 8획
　　총 11획

필순 - 一 亅 亅 扌 扌' 扌" 扌" 护 护 授 授

급수 | 준 4급
음훈 | ① 이을 접
부수 | 扌(손 수) 부 8획
　　총 11획

필순 - 一 亅 亅 扌 扌' 扌" 扌" 护 挓 接 接

급수 | **4**급
음훈 | ① 캘 채:
부수 | 扌(손 수) 부 8획
총 11획
필순 ｀ 一 十 扌 扌 扌 扌 扩 护 拌 採 採

글자풀이 손 수(扌) 변에 첩 첩(妾).
첩(예쁜 아내)과 손을 잡는다는 글자로
'사귄다, 대접한다, 잇는다' 는 의미.

뜻풀이 ① 사귀다 ② 대우하다 ③ 이어맞추다 ④ 이어 연결하다

예 [接客(접객)] : 손님을 접대함
[接境(접경)] : 경계가 서로 마주 닿음 또는 그 경계
[接待(접대)] : 손님을 맞아 그 시중을 듦
[接線(접선)] : 곡선의 한 점에 닿은 직선, 줄을 댐, 비밀리에 만남
[接續(접속)] : 맞대서 이음
[接戰(접전)] : 서로 맞부딪쳐 싸움 서로의 힘이 비슷한 승부
[接觸(접촉)] : 맞붙어 닿음
[間接(간접)] : 바로 대하지 않고 중간에 무엇을 통하여 연결되는 관계
[近接(근:접)] : 가까이 접촉함, 가까이 닿음
[面接(면:접)] : ① 서로 대면하여 만나 봄 ② 면접 시험
[直接(직접)] : 중간에 아무 것도 거치지 않고 바로 연결되는 관계

글자풀이 손 수(扌) 변에 캘 채(采).
손(手)과 손가락 끝(爪)으로 나물(木)을 캔다는 뜻.

뜻풀이 ① 캐다, 따다 ② 가려내다

예 [採鑛(채:광)] : 광석을 캐냄
[採掘(채:굴)] : 땅속의 물건을 캐내는 일
[採根(채:근)] : 식물의 뿌리를 캠 일의 내용이나 근원 따위를 캐어 알아냄
[採用(채:용)] : 인재를 등용함, 사람을 뽑아 씀
[採種(채:종)] : 좋은 씨앗을 골라서 받음
[採取(채:취)] : 땅에서 풀·나무·광석 등을 찾아 베거나 뜯거나 따거나 캐어 냄
[採擇(채:택)] : 작품·의견·제도 따위를 골라서 다루거나 뽑아서 씀

급수 | **4**급
음훈 | ① 밀 추 ② 밀 퇴
부수 | 扌(손 수) 부 8획
총 11획

필순 - 一 † 扌 扌 扩 扩 护 拃 推 推 推

급수 | **4**급
음훈 | ① 찾을 탐
부수 | 扌(손 수) 부 8획
총 11획

필순 - 一 † 扌 扌 扩 扩 扲 抨 探 探 探

글자풀이 손 수(扌) 변에 새 추(隹). 수(扌)에서 뜻을 따오고 추(隹)에서 음을 따다 만든 형성 문자로 손으로 민다는 뜻.

뜻풀이 ① 밀다 ② 옮기다 ③ 추천하다 ④ 추궁하다

예 [推戴(추대)] : 윗사람으로 떠받듦
[推理(추리)] : 알고 있는 것을 바탕으로 알지 못하는 것을 미루어서 생각함
[推仰(추앙)] : 높이 받들어 우러러봄
[推進(추진)] : 물체를 밀어 앞으로 내보냄
[推測(추측)] : 미루어 헤아림
[推敲(퇴고)] : 시문을 지을 때 자구(字句)를 여러 번 생각하여 고침
[推戶(퇴호)] : 지게문이나 사립문을 밀어서 여닫음

글자풀이 손 수(扌)와 깊을 심(深)이 합쳐져 된 글자로서 손을 깊숙이 넣어 찾는다는 뜻.

[참고] 유의자 : 訪(방)

뜻풀이 ① 찾다 ② 시험하다 ③ 엿보다 ④ 깊이 연구하다

예 [探究(탐구)] : 진리나 법칙 등을 더듬어 깊이 연구(硏究)함
[探訪(탐방)] : 어떤 일의 진상을 탐문하려고 찾아봄
[探査(탐사)] : 드러나지 않은 현상을 더듬어 조사함
[探索(탐색)] : 실상을 살피어 찾음
[探險(탐험)] : 위험을 무릅쓰고 어떤 곳을 찾아가서 살펴보고 조사함
[廉探(염탐)] : 비밀히 사정을 살펴 조사함
[偵探(정탐)] : 비밀히 깊은 사정을 더듬어서 살핌

급수 | **4**급
음훈 | ① 도울 원:
부수 | 扌(손 수) 부 9획
　　　총 12획

필순 - 一 十 扌 扌 扩 扩 护 护 援 援 援 援

글자풀이 손 수(扌) 변에 이에 원(爰=끌 원). 위험에 처한 사람을 손으로 잡아끌어 구해준다고 해서 '돕는다'는 뜻.

[참고] 유의자 : 助(조)

뜻풀이 ① 돕다 ② 당기다 ③ 잡다 ④ 뽑다

예 [援軍(원:군)] : 전쟁에서 자기 편을 도와주는 군대
[援助(원:조)] : 도와줌
[救援(구:원)] : 어려움이나 위험에 빠진 사람을 구하여 줌
[聲援(성원)] : 소리쳐서 사기를 북돋우어 줌
[應援(응:원)] : 운동 경기 등에서 선수들의 힘을 낼 수 있도록 격려하고 도와 주는 일
[支援(지원)] : 지지해 도움 원조함
[後援(후:원)] : 뒤에서 도움

급수 | 준**4**급
음훈 | ① 끌 제
부수 | 扌(손 수) 부 9획
　　　총 12획

필순 - 一 十 扌 扌 扩 押 押 押 捍 捍 提 提

글자풀이 손 수(扌)와 이 시(是)가 합쳐서 된 글자. 是가 본래는 匙(숟가락 시)로서 손(扌)으로 숟가락(匙)을 든다는 뜻이었는데 '끌다'로 변했음.

뜻풀이 ① 끌고 가다, ② 들다 ③ 걸다 ④ 돕다

예 [提起(제기)] : 의견을 붙여 의논할 것을 내놓음
[提供(제공)] : 바치어 이바지함. 쓰라고 줌
[提案(제안)] : 의안을 제출함
[提出(제출)] : 의견이나 문안·법안(法案) 따위를 내어 놓음

급수 | **4**급
음훈 | ① 휘두를 휘
부수 | 扌(손 수) 부 9획
　　　총 12획

필순 - 一 十 扌 扌 扩 扩 押 捐 捐 揎 揮

글자풀이 손 수(扌) 변에 군사 군(軍). 손(扌)을 휘둘러 군사(軍)들을 '지휘 통솔한다'는 뜻.

뜻풀이 ① 휘두르다. ② 떨치다 ③ 지휘하다 ④ 날아오르다

예 [揮發(휘발)] : 보통 온도에서 액체가 기체로 변하면서 날아 흩어지는 현상
[揮手(휘수)] : 손짓해 거절하는 뜻을 보임
[揮帳(휘장)] : 여러 폭의 피륙을 이어 만든 둘러치는 장막
[揮毫(휘호)] : 붓을 휘둘러 글씨를 쓰거나 그림을 그림
[發揮(발휘)] : 재능이나 능력 따위를 충분히 밖으로 드러냄
[指揮(지휘)] : 지시해 일을 하도록 시킴

글자풀이 손 수(扌) 변에 인원 원(員). 재물(貝)에 입(口)이나 손(手)을 대어 줄어들게 함으로써 '손해본다'는 뜻.

[참고] 유의자 : 失(실), 傷(상).

뜻풀이 ① 덜다, 줄이다 ② 잃다, 손해보다 ③ 해치다 ④ 헐뜯다.

예 [損減(손감)] : 덜어서 줄임
[損失(손:실)] : 덜리어 잃거나 축이 나서 손해를 봄
[損益(손:익)] : 손해와 이익
[損害(손:해)] : 금전적·물질적으로 본디보다 밑짐
[缺損(결손)] : 축이 나서 모자람
[汚損(오:손)] : 더럽히고 손상함
[破損(파:손)] : 깨어져 못 쓰게 됨
[毁損(훼:손)] : 체면·명예를 손상함. 헐거나 깨뜨려 못 쓰게 함

급수 | **4**급
음훈 | ① 덜 손:
부수 | 扌(손 수) 부 10획
총 13획

필순 ‐ 十 扌 扌 扌¨ 扩 抈 捐 捐 揖 損

급수 | **4**급
음훈 | ① 근거 거:
부수 | 扌(손 수) 부 13획
총 16획

필순 ‐ 十 扌 扌 扌¨ 扩 扩 扩 护 拌 拌 拌 挦 据 据 據

글자풀이 손 수(扌) 변에 원숭이 거(豦). 호랑이(虎)가 돼지(豕)를 잡을 때 앞 발(扌)에 의지하듯 '의지한다, 근거로 한다'는 뜻.

[참고] 약자 : 拠

뜻풀이 ① 의지하다 ② 증거로 삼다 ③ 지키다

예 [據點(거:점)] : 전투 등의 활동의 근거가 되는 지점
[據火(거화)] : 개똥벌레의 딴이름
[根據(근거)] : 근본이 되는 터전
[本據地(본거지)] : 근거지
[引據(인거)] : 인용하여 근거로 삼음 또는 그 근거
[證據(증거)] : 증명할 수 있는 근거
[割據(할거)] : 땅을 나누어 차지하고 지배함

글자풀이 손 수(扌) 변에 이를 첨(詹). 손으로 들어서 끌어낸다, 끌다 어깨에 멘다 또는 일감을 맡는다는 뜻.

[참고] 유의자 : 任(임) 약자 : 担

뜻풀이 ① 메다 ② 맡다 ③ 짐지다 ④ 책임지다

예 [擔當(담당)] : 어떤 일을 맡음
[擔保(담보)] : 맡아서 보증함
[擔任(담임)] : 어떤 일을 책임지고 맡아 봄 또는 그 사람
[加擔(가담)] : 거들어 도와줌
[負擔(부담)] : 어떤 일을 맡아 의무나 책임을 짐
[分擔(분담)] : 일을 나누어서 맡음
[專擔(전담)] : 전문적으로 담당함, 혼자서 담당함

급수 | 준4급
음훈 | ① 멜 담
부수 | 扌(손 수) 부 13획
총 16획

필순 - 扌 扌 扌 扩 扩 扩 扩 护 捲 擔 擔 擔 擔

급수 | 5급
음훈 | ① 잡을 조(:)
부수 | 扌(손 수) 부 13획
총 16획

필순 - 扌 扌 扌 扩 扩 扩 护 挕 挕 挕 操 操 操 操

글자풀이 손 수(扌) 변에 울 소(喿). 나무위에 앉아 우는 새를 손으로 '잡는다'는 뜻

뜻풀이 ① 잡다 ② 부리다 ③ 조종하다

예 [操鍊(조:련)] : 훈련을 거듭하여 쌓음 또는 쌓게 함
[操心(조:심)] : 실수가 없도록 마음을 삼가서 경계함
[操業(조업)] : 작업을 실시함
[操作(조작)] : 기계·장치를 다루어 움직임
[操縱(조종)] : 기계·항공기 따위를 다루어 부림
[志操(지조)] : 옳은 원칙과 신념을 지켜 끝까지 굽히지 않는 꿋꿋한 의지 또는 그런 기개

글자풀이 손 수(扌) 변에 끌어당길 역(睪). 잘 보고 가려내어 손으로 끌어당겨 취한다는 뜻.

[참고] 유의자 : 選(선) 약자 : 択

뜻풀이 ① 가려내다 ② 고르다 ③ 뽑다

예 [擇良(택량)] : 보다 좋은 것을 가려 뽑음
[擇善(택선)] : 선(善)을 택함
[擇日(택일)] : 어떤 일을 치르거나 길을 떠날 때 좋은 날짜를 고름, 택길(擇吉)
[簡擇(간:택)] : 여럿 중에서 골라냄
[選擇(선:택)] : 여럿 가운데서 필요한 것을 골라 뽑음
[採擇(채:택)] : 작품·의견·제도 따위를 골라서 다루거나 뽑아서 씀

급수 | 4급
음훈 | ① 가릴 택
부수 | 扌(손 수) 부 13획
　　　총 16획

필순 一 十 扌 扌 扌' 扌'' 扌''' 扌'''' 擇 擇 擇 擇 擇

급수 | 4급
음훈 | ① 칠 격
부수 | 手(손 수) 부 13획
　　　총 17획

필순 一 ㄧ ㄇ ㄇ 亘 車 車 車 軎 軎 軗 軗 擊 擊 擊 擊 擊

글자풀이 손으로 치거나 두드려 깨뜨린다는 뜻.

[참고] 유의자 : 打(타)

뜻풀이 ① 치다 ② 때리다 ③ 공격하다, 물리치다 ④ 부딪치다

예 [擊毬(격구)] : 구장(毬場)에서 말을 타거나 걸어 다니면서 막대기로 공을 치던 무예 또는 운동
[擊破(격파)] : 단단한 물체를 손이나 발로 쳐서 깨뜨림
[攻擊(공:격)] : 적을 침, 남을 비난하거나 반대하여 나섬
[突擊(돌격)] : 냅다 덤벼 침
[目擊(목격)] : 일이 벌어진 광경을 직접 봄
[排擊(배격)] : 남의 의견·사상·행위·풍조 따위를 물리침
[射擊(사격)] : 대포나 총·활 등을 씀
[打擊(타:격)] : 때려 침. 어떤 영향을 받아 기운이 크게 꺾이거나 손해·손실을 봄
[砲擊(포격)] : 대포나 그와 유사한 포를 쏘아 공격함

급수 | **5**급
음훈 | ① 들 거:
부수 | 手(손 수) 부 14획
총 18회

필순

글자풀이 더불어 여(與) 밑에 손 수(手). 여러 사람이 손을 써서 '들어 올린다' 는 뜻.

[참고] 약자 : 挙

뜻풀이 ① 들다 ② 권하다 ③ 오르다 ④ 가려뽑다

예 [擧國(거:국)] : 온 나라, 전국
[擧事(거:사)] : 큰일을 일으킴.
[擧手(거:수)] : 손을 위로 들어 올림
[擧族(거:족)] : 온 민족 모두
[輕擧(경거)] : 경솔하게 행동함
[選擧(선:거)] : 일정한 조직이나 집단의 많은 사람 가운데서 적당한 사람을 대표로 뽑는 일
[列擧(열거)] : 여러 가지 예나 사실을 낱낱이 죽 늘어놓음
[快擧(쾌거)] : 아주 통쾌하고 대단히 장한 일

支 (지탱할 지) 部

✱ **부수 설명** : 十자와 又자가 합쳐진 글자로 대나무 잎(竹)의 반 쪽(十)을 손(又)에 들고 있는 모양으로 '가지', '나누다', '지탱하다' 의 뜻임.

[支持(지지)] : 붙들어서 버팀
[支出(지출)] : 어떤 목적을 위해 금전을 지급하는 일
[干支(간지)] : 천간(天干)과 지지(地支), 십간(十干)과 십이지(十二支)
[收支(수지)] : 수입과 지출

급수 | 준 **4** 급
음훈 | ① 지탱할 지
부수 | 支(지탱할 지) 부 0획
　　　　총 4획

필순 一 十 𠁼 支

攴 (칠 복) 部

✱ **부수 설명** : 점 복(卜)과 또 우(又)로 구성된 글자. 손으로(又) '폭' 소리가 나도록(卜) 두들겨 때린다는 글자. 그래서 붙여진 이름이 '칠 복'이다. 손에 든 도구나 기구 또는 그 도구가 하는 역할을 뜻한다. 부수로 쓰일 때 자형이 攵로 바뀌기도 하는데 이를 '등글월 문' 이라고도 부른다.

글자풀이 대나무 잎(竹)의 반 쪽(十)을 손(又)에 들고 있는 모양으로 '가지, 나누다, 지탱하다' 의 뜻임.

뜻풀이 ① 가르다 ② 가지 ③ 지탱하다 ④ 유지하다

예 [支給(지급)] : 지출해 급여함, 몫만큼 내줌
[支配(지배)] : 거느리어 통치함
[支分(지분)] : 잘게 나눔
[支拂(지불)] : 값을 내어 줌, 돈을 치러 줌

급수 | 준 **4** 급
음훈 | ① 거둘 수
부수 | 攵(칠 복) 부 2획
　　　　총 6획

필순 ⎜ ⎟ 𠂉 𠂊 收 收

글자풀이   도구(攵)를 이용하여 무엇을 '거두어들인다' 는 뜻임.

[참고] 유의자 : 拾(습) 반대자 : 支(지)
       약자 : 収

뜻풀이   ① 거두다 ② 거두어 정리하다

예 [收監(수감)] : 사람을 구치소나 교도소에 가두어 넣음
[收拾(수습)] : ① 흩어진 재산이나 물건을 주워 거둠 ② 어수선한 사태나 마음을 가라앉히어 바로잡음
[收入(수입)] : ① 금품 등을 거두어 들임 또는 그 금품 ② 개인, 단체, 국가 등이 합법적으로 얻어 들이는 일정액
[收穫(수확)] : 익은 농산물을 거두어들임
[領收(영수)] : 돈이나 물품을 받아 들임
[月收(월수)] : '월수입'의 준말
[秋收(추수)] : 가을에 익은 곡식을 거둬들이는 일
[回收(회수)] : 도로 거두어 들임
[吸收(흡수)] : 빨아서 거두어들임

급수 | **5**급
음훈 | ① 고칠 개(:)
부수 | 攵(칠 복) 부 3획
      총 7획

필순 ᄀ ᄀ ᄅ ᄅ' 玫 玫 改

글자풀이   몸 기(己) 변에 칠 복(攵). 자기 몸을 회초리로 때려 잘못을 '고친다' 는 뜻.

[참고] 유의자 : 更(경)

뜻풀이   ① 고치다 ② 다시

예 [改嫁(개:가)] : 시집갔던 여자가 남편과 사별하거나 이혼한 후 다시 딴 남자에게 시집감
[改良(개:량)] : 나쁜 점을 보완하여 더 좋게 고침
[改善(개:선)] : 잘못된 것이나 부족한 것을 더 좋게 고침
[改作(개:작)] : 고쳐서 다시 지음 또는 그 작품
[改正(개:정)] : 고쳐서 바르게 함
[改造(개:조)] : 고쳐서 다시 만듦
[改札(개찰)] : 차표나 입장권 따위를 들어가는 입구에서 조사함
[改築(개:축)] : 다시 고쳐서 짓거나 쌓음
[改漆(개칠)] : 다시 고쳐 칠함
[改憲(개:헌)] : 헌법의 내용을 고침
[朝令暮改(조령모개)] : 일관성이 없고 수시로 변하고 바꾸어 혼란함

4획

급수 | 준 4급
음훈 | ① 칠 공:
부수 | 攵(칠 복) 부 3획
총 7획

필순 ー T エ I' I' 攻 攻

글자풀이 장인 공(工)에서 음을 따온 글자. 손에 몽둥이를 들고 '공격한다.'는 뜻.

[참고] 반대자 : 守(수)

뜻풀이 ① 치다 ② 다스리다 ③ 길들이다

예 [攻擊(공:격)] : 나아가 적을 침, 남을 비난하거나 반대하고 나섬
[攻掠(공:략)] : 공격하여 약탈함
[攻勢(공:세)] : 공격하는 태세 또는 세력
[攻守(공:수)] : 공격과 수비
[攻襲(공:습)] : 비행기로 적진이나 적의 영토를 공격하는 일
[難攻(난공)] : 공격하기 어려움
[先攻(선공)] : 운동경기나 전투에서 먼저 공격하는 일
[速攻(속공)] : 재빠른 동작으로 공격함 또는 그런 공격

[火攻(화:공)] : 전쟁 때에 불로써 적을 공격함

급수 | 6급
음훈 | ① 놓을 방(:)
부수 | 攵(칠 복) 부 4획
총 8획

필순 ` 一 亍 方 方' 扩 放 放

글자풀이 모 방(方) 변에 칠 복(攵). 손(攵)으로 쟁기(方)를 '풀어준다'는 뜻.

[참고] 유의자 : 釋(석)

뜻풀이 ① 놓다 ② 내치다 ③ 버리다

예 [放棄(방:기)] : 내버리고 돌아보지 아니함
[放尿(방:뇨)] : 아무데나 오줌을 눔
[放談(방:담)] : 생각나는 대로 거리낌 없이 말함 또는 그런 이야기
[放免(방:면)] : 붙잡아 가두어 두었던 사람을 놓아 줌
[放送(방:송)] : 라디오·텔레비전의 전파에 실어 뉴스·음악·강연·연예 등을 보냄

[放心(방:심)] : 마음을 다잡지 않고 놓아 버림, 정신을 차리지 않음
[放出(방:출)] : 비축해 두었던 물품이나 자금 따위를 내놓음
[放置(방:치)] : 돌보지 않고 그대로 내버려둠
[放學(방학)] : 학교에서 학기가 끝난 뒤에 수업을 일정 기간 쉬는 일 또는 그 기간
[開放(개방)] : 문이나 어떤 공간 따위를 열어 자유롭게 이용하게 함
[奔放(분방)] : 제멋대로 행동함
[追放(추방)] : 쫓아서 내보냄

예 [政權(정권)] : 정부를 구성하고 나라의 정치를 담당하는 권력
[政黨(정당)] : 같은 뜻을 가지고 정치하려고 모여 만든 단체
[政府(정부)] : 국가의 통치권을 행사하는 기관
[政事(정사)] : 정치상의 일, 행정상의 사무
[政治(정치)] : 국가의 주권자가 그 영토 및 국민을 통치함
[善政(선:정)] : 바르고 착한 정치
[失政(실정)] : 정치의 방법을 그르침 또는 잘못된 정치
[暴政(폭정)] : 포악한 정치

政
급수 | 준 4급
음훈 | ① 정사 정
부수 | 攵(칠 복) 부 5획
　　　총 9획
필순 ー ㅜ ㅜ 下 正 正 政 政 政

글자풀이 　바를 정(正)변에 칠 복(攵). 바르게 살도록 회초리로 쳐서(攵) 이끌어가는 '정치'를 뜻함.

뜻풀이 　① 정치 ② 다스리다 ③ 벼슬아치 ④ 법규

故
급수 | 준 4급
음훈 | ① 연고 고(:)
부수 | 攵(칠 복) 부 5획
　　　총 9획
필순 ー 十 十 古 古 古 古 故 故

글자풀이 　古(예 고)에서 발음을 따온 글자. 오래(古) 전에 손으로 쳤다(攵)는 글자로 '옛날, 사고, 인연, 죽음'을 뜻하는 글자.

뜻풀이 ① 이미 지난 때 ② 원래 ③ 죽다 ④ 관례, 관습

예 [故國(고:국)] : 조상이 살던 고향인 나라
[故意(고:의)] : 일부러 하는 태도나 생각
[故障(고:장)] : 기계·기구·설비 따위의 기능에 탈이 생기는 일
[故鄕(고향)] : 자기가 태어나서 자라난 곳
[無故(무고)] : 아무 탈 없이 평안함
[事故(사고)] : ① 뜻밖에 일어난 불행한 일 ② 말썽을 일으킴
[緣故(연고)] : 혈통·정분 또는 법률상으로 맺어진 관계

급수 | 5급
음훈 | ① 본받을 효:
부수 | 攵(칠 복) 부 6획
　　　총 10획

필순 ` 亠 亠 六 方 攴 訪 圽 效 效

글자풀이 사귈 교(交) 변에 칠 복(攵). 어진 사람과 사귀어 좋은 행실을 본받도록 한다는 뜻.

뜻풀이 ① 본받다 ② 주다 ③ 힘쓰다 ④ 밝히다

예 [效果(효:과)] : 목적을 가진 행위에 대한 보람이 있는 좋은 결과
[效能(효능)] : 보람. 효험(效驗)
[效力(효:력)] : 효과·효험 등을 나타내는 힘
[效用(효:용)] : 보람있게 쓰임
[效率(효:율)] : 애쓴 노력(勞力)과 얻은 결과와의 비율, 일의 능률
[效驗(효:험)] : 일의 좋은 보람, 어떤 작용의 결과
[發效(발효)] : 조약·법령·공문서 등의 효력이 나타남
[藥效(약효)] : 약의 효험
[卽效(즉효)] : 즉시 나타나는 효험
[特效(특효)] : 특별히 그것만이 나타나게 하는 효험

급수 | 8급
음훈 | ① 가르칠 교:
부수 | 攵(칠 복) 부 7획
　　　총 11획

필순 ` 亠 亠 孝 孝 孝 敎 敎 敎 敎 敎

글자풀이 爻(효)와 子(자)와 攵(복)으로 이루어진 글자로서 자식이 배워서 본받도록 회초리를 가지고 가르쳐 이끌어간다는 뜻 즉 '가르친다'는 뜻.

[참고] 반대자 : 學(학) 약자 : 教

뜻풀이 ① 가르치다 ② 학교 ③ 스승

예 [教具(교:구)] : 칠판·표본·모형 등 학습의 구체화를 위해 효과적으로 지도하기 위해 사용되는 도구
[教權(교:권)] : 교사로서의 권위와 권리
[教壇(교:단)] : 교실에서 선생이 강의할 때 서는 단
[教師(교:사)] : 주로 초·중·고등학교에서 일정한 자격을 가지고 학생들에게 학술·기예를 가르치는 사람
[教室(교:실)] : 학교에서 주로 학습활동이 이루어지는 방
[教育(교:육)] : 지식과 기술 따위를 가르치며 인성을 길러줌
[教鞭(교:편)] : 선생이 수업하면서 사용하는 가느다란 막대기
[教會(교:회)] : 종교 신앙을 같이하는 이들의 조직체

급수 | **5**급
음훈 | ① 구원할 구:
부수 | 攵(칠 복) 부 7획
    총 11획

필순

글자풀이 (목숨을) 구(求)하는 자에게 지팡이(攵)를 주어 '구해준다'는 뜻.

[참고] 유의자 : 濟(제), 援(원)

뜻풀이 ① 건지다, 돕다 ② 고치다 ③ 막다

예 [救急(구:급)] : 위급한 상황에서 구해 냄
[救難(구:난)] : 재난을 당한 자를 구조함
[救命(구:명)] : 사람의 목숨을 구함
[救世主(구:세주)] : 인류를 죄악에서 구원하는 예수, 어려움이나 고통에서 벗어나게 도와주는 사람을 비유함
[救援(구:원)] : 어려움이나 위험에 빠진 사람을 구하여 줌
[救濟(구:제)] : 자연적인 재해나 사회적인 피해를 당하여 어려운 처지에 있는 사람을 도와줌
[救助(구:조)] : 곤경에 빠진 사람을 구하여 줌
[救護(구:호)] : 재해나 재난으로 어려움에 처한 사람을 도와 보호함
[救荒(구:황)] : 흉년에 빈민을 구함

급수 | **5**급
음훈 | ① 패할 패:
부수 | 攵(칠 복) 부 7획
　　　총 11획

필순 ｜ 冂 冃 月 目 貝 貝' 貯 敗 敗

글자풀이 조개 패(貝) 변에 칠 복(攵). 보배로운 것(貝)을 몽둥이(攵)로 쳐서 '깨뜨린다, 망가뜨리다, 깨지다'는 뜻.

[참고] 반대자 : 勝(승)

뜻풀이 ① 깨뜨리다 ② 무너지다 ③ 해치다, 손상시키다

예 [敗家(패:가)] : 재산을 다 써 버려 집안을 망침
[敗亡(패:망)] : 싸움에 져서 망함
[敗北(패:배)] : 싸움에 져서 달아남
[敗色(패:색)] : 싸움에서 질 기미
[敗因(패:인)] : 싸움에 지거나 일에 실패한 원인
[敗殘(패:잔)] : 싸움에서 지고 살아 남음
[敗將(패:장)] : 패군지장(敗軍之將)의 준말, 싸움에서 진 군사의 대장
[敗戰(패:전)] : 전투에서 짐
[敗退(패:퇴)] : 패하여 물러섬

[腐敗(부:패)] : 썩어서 못쓰게 됨, 정치·사상·의식 따위가 타락함
[惜敗(석패)] : 아깝게 짐
[失敗(실패)] : 일을 잘못하여 뜻대로 되지 않고 그르침

급수 | **4**급
음훈 | ① 감히 감:
부수 | 攵(칠 복) 부 8획
　　　총 12획

필순 ｆ ｆ ｆ ｆ ｆ 干 干 耳 耳' 軠 敢 敢

글자풀이 손톱 조(爪), 귀 이(耳), 칠 복(攵)이 합쳐져 된 글자. 손(爪)에 무기(攵)를 들고 나가 싸워서 적의 귀(耳)를 잘라오는 공을 세우겠다며 '용감하게' 나간다는 뜻.

뜻풀이 ① 감히, 주제넘게 ② 굳세다 ③ 감행하다

예 [敢當(감:당)] : 과감히 떠 맡음
[敢鬪(감:투)] : 용감하게 싸움
[敢行(감:행)] : 과감하게 실행함
[果敢(과:감)] : 결단성있고 용감함
[勇敢(용:감)] : 씩씩하고 용맹스러운 모습

급수 | **4**급
음훈 | ① 흩을 산:
부수 | 攵(칠 복) 부 8획
　　　총 12획

필순　一 十 卄 丱 丱 芇 芇 芇 背 背 散 散

글자풀이 고기(月=肉)를 잘게 찢어 흩어 뿌린다는 글자. '흩어지다, 풀어놓다' 라는 뜻.

[참고] 유의자 : 離(리) 반의자 : 集(집), 合(합)

뜻풀이 ① 흩어지다 ② 내치다 ③ 나누어지다 ④ 풀어놓다

예 [散漫(산:만)] : 정돈되지 않고 흩어져 혼란스러움
[散文(산:문)] : 글자의 수나 운율 등에 제한 없이 자유롭게 쓰는 보통의 문장, 줄글
[散發(산:발)] : 때때로 일어남
[散在(산:재)] : 여기저기에 흩이져 있음
[散策(산:책)] : 바람을 쐬기 위해 구경도 하며 이리저리 거닒
[分散(분산)] : 갈라져서 이리저리 흩어짐

[閑散(한산)] : 한가롭고 여유로움
[解散(해:산)] : 모여있던 무리들이 흩어져 헤어짐

급수 | **5**급
음훈 | ① 공경 경:
부수 | 攵(칠 복) 부 9획
　　　총 13획

필순　一 十 十 十 艹 芍 荀 荀 散 散 敬

글자풀이 진실로 구(苟)변에 칠 복(攵). 진실 되도록 가르쳐주는 사람을 '공경' 한다는 뜻.

뜻풀이 ① 공경하다 ② 훈계하다 ③ 정중하다 ④ 감사하는 예(禮)

예 [敬虔(경:건)] : 공경하는 마음으로 깊이 삼가고 조심함
[敬老(경:로)] : 노인을 공경함
[敬拜(경:배)] : 존경하여 공손히 절한 신령·부처 등을 숭배한
[敬愛(경:애)] : 공경하고 사랑함
[敬語(경:어)] : 공경하는 뜻을 나타내는 말, 높임말
[敬意(경:의)] : 존경하는 뜻
[敬弔(경:조)] : 삼가 애도를 표함

[敬稱(경:칭)] : 사람을 공경하여 부르는 이름
[恭敬(공경)] : 공손히 섬김
[尊敬(존경)] : 높여 공경함

급수 | **7**급
음훈 | ① 셈 수: ② 자주 삭
③ 촘촘할 촉
부수 | 攵(칠 복) 부 11획 총 15획
필순 丨口曰申串婁婁婁婁數數數

글자풀이 자주 루(婁) 변에 칠 복(攵). 여러 번 두들긴다는 의미에서 '수'를 뜻하고 '자주'를 뜻함.

[참고] 약자 : 数

뜻풀이 ① 수효 ② 세다 ③ 자주 ④ 촘촘하다

예 [數飛(삭비)] : 새가 날개 짓을 자주 자주 연습하여 잘 날게 되듯 학문을 열심히 익힌다는 비유
[數數(삭삭)] : 자주 자주 여러 번
[數罟(촉고)] : 그물코가 촘촘한 그물
[數理(수:리)] : 수학의 이론·이치

[數學(수:학)] : 수량 및 공간 도형의 성질을 연구하는 학문
[術數(술수)] : 꾀, 술책
[運數(운:수)] : 사람에게 정해진 운명의 좋고 나쁨. 곧, 인간의 능력을 초월하는 천운(天運)과 기수(氣數)

급수 | 준**4**급
음훈 | ① 대적할 적
부수 | 攵(칠 복) 부 11획
총 15획
필순 丶亠䒑产产产商商商商敵敵敵

글자풀이 뿌리 적(啇) 변에 칠 복(攵). 啇에서 음을 따온 글자로 몽둥이로 쳐서(攵) 뿌리를 뽑아내야 할 '적'을 뜻하는 글자.

뜻풀이 ① 적 ② 원수 ③ 상대방 ④ 겨루다

예 [敵軍(적군)] : 적의 군대
[敵兵(적병)] : 적의 병졸
[敵手(적수)] : 재주나 힘이 서로 비슷한 상대
[敵陣(적진)] : 적의 진지

[强敵(강적)] : 무너뜨리기 어려운 강한 적
[宿敵(숙적)] : 오래 전부터의 원수
[天敵(천적)] : 먹이사슬에서 잡아먹는 태어날 때부터의 적(쥐의 천적은 고양이)

급수 | **4**급
음훈 | ① 가지런할 정:
부수 | 攵(칠 복) 부 12획
　　　 총 16획

필순 　一　г　г　申　束　束　敕　敕　敕　敕
　　　 敕　敕　整　整

글자풀이　束(속)＋攵(복)＋正(정)으로 된 글자. 사물을 도구로 치고(攵) 다발로 묶어서(束) 바르게(正) 놓는다는 뜻.

뜻풀이　① 가지런하다 ② 정돈되다 ③ 우수리 없는 모양

[整頓(정:돈)] : 가지런히 하여 바로잡음
[整理(정:리)] : 흐트러진 것을 가지런히 바로잡음
[整備(정:비)] : 정돈하여 갖춤, 기계나 설비를 손보아 살핌

[修整(수정)] : 고치어 정돈함
[調整(조정)] : 기준이나 실정에 알맞게 정돈함
[平整(평정)] : 고르게 조정함

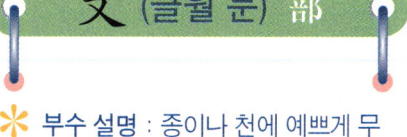

　✱　부수 설명 : 종이나 천에 예쁘게 무늬 놓은 모양을 본뜬 글자로 '무늬 문양 글자'를 뜻함.

급수 | **7**급
음훈 | ① 글월 문
부수 | 文(글월 문) 부 0획
　　　 총 4획

필순 　丶　一　ナ　文

글자풀이　종이나 천에 예쁘게 무늬 놓은 모양을 본뜬 글자로 '무늬 문양 글자'를 뜻함.

[참고] 유의자 : 章(장)

뜻풀이　① 무늬 ② 채색 ③ 글월 ④ 글자

예 [文庫(문고)] : 책이나 문서를 넣어 두는 상자
[文盲(문맹)] : 배우지 못하여 글을 읽고 쓸 줄을 모름
[文物(문물)] : 법률·학문·예술·종교 등 문화의 산물
[文房四友(문방사우)] : 문구류 네 가지로 종이·붓·벼루·먹
[文書(문서)] : 글로써 적어 남긴 것들의 총칭
[文人(문인)] : 문필(文筆)에 종사하는 사람
[文章(문장)] : 한 줄거리의 생각이나 느낌을 글자로 기록해 나타내는 최소 단위
[文筆(문필)] : 글과 글씨
[文學(문학)] : 글쓰기에 관한 학문
[文化(문화)] : ① 인지가 깨고 세상이 열리어 밝게 되는 일 ② 사회 구성원에 의하여 습득·공유·전달되는 행동이나 생활에서 얻어지는 모든 것
[作文(작문)] : 글을 지음 또는 지은 그 글

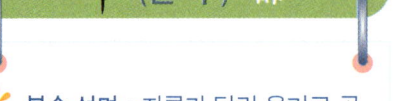

※ **부수 설명** : 자루가 달린 용기로 곡식이나 액체의 양을 재는 기구 모양을 그린 글자.

급수 | 준 **4** 급
음훈 | ① 말 두
부수 | 斗(말 두) 부 0획
　　　총 4획

필순 ` ´ 二 斗

글자풀이 자루가 달린 용기로 곡식이나 액체의 양을 재는 기구 모양을 그린 글자.

뜻풀이 ① 말(열 되에 해당되는 양) ② 자루가 달린 기구

예 [斗遁(두둔)] : 약한자를 편들어 감싸주거나 보호해 줌
[斗星(두성)] : 북두칠성의 준말
[斗屋(두옥)] : 아주 작고 초라한 집, 작은 방
[斗酒(두주)] : 한 말의 술, 술을 많이 마시는 사람
[火斗(화:두)] : 다리미

급수 | **5** 급
음훈 | ① 헤아릴 료(:)
부수 | 斗(말 두) 부 6획
　　　총 10획

필순 ` ´ 二 キ 米 米 米 料 料 料

글자풀이 쌀 미(米) 변에 말 두(斗). 쌀을 말로 되어 그 양을 '헤아린다'는 뜻.

[참고] 유의자 : 量(량)

뜻풀이 ① 헤아리다 ② 세다 ③ 재료, 감 ④ 삯

예 [料金(요:금)] : 물건을 사용·소비·관람한 대가로 치르는 돈
[料量(요량)] : 앞일에 대해 잘 생각하여 헤아림
[料理(요리)] : 입에 맞도록, 식품의 맛을 돋우어 조리함
[給料(급료)] : 일에 대한 대가로 고용주가 지급하는 보수
[肥料(비:료)] : 식물의 성장을 돕기 위해 주는 거름
[思料(사료)] : 생각하여 헤아림
[原料(원료)] : 어떤 물건을 만드는 데 바탕이 되는 재료
[飮料(음:료)] : 갈증을 풀거나 맛을 즐기기 위하여 마시는 액체의 총칭
[資料(자료)] : 바탕이 되는 재료
[材料(재료)] : 물건을 만드는 데 드는 원료

斤 (날 근) 部

✱ **부수 설명** : 손잡이가 달리고 날이 선 도끼 형상을 본떠서 만든 글자. '도끼 근' 또는 '날 근'이라 부르며 독립된 글자로도 쓰이고 부수로도 쓰인다. 주로 방의 부수로 많이 쓰이며 '자른다, 벤다'의 뜻을 지니며, 도끼나 자귀 칼 등의 연모를 뜻한다.

4획

급수 | **6**급
음훈 | ① 새 신
부수 | 斤(날 근) 부 9획
총 13획

필순 ` ㅡ ㅗ ㅛ ㅍ 흐 亥 亲 亲 新 新 新

글자풀이 설 립(立), 나무 목(木), 날 근(斤)으로 구성된 글자. 나무 가지를 도끼나 칼 등의 날로 자르면 다시 새로운 순이 나오게 되는데 자른 가지에서 나오는 새 순처럼 새 것을 뜻하는 글자.

[참고] 반대자 : 舊(구)

뜻풀이 ① 새롭다 ② 처음 ③ 새해 ④ 새로 안 사람

예[新刊(신간)] : 책을 새로 발행함 또는 그 책
[新舊(신구)] : 새것과 헌것
[新年(신년)] : 새해
[新郞(신랑)] : 곧 결혼할 남자나 갓 결혼한 남자, 새서방
[新聞(신문)] : 새로운 소식이나 견문(見聞)을 알리는 인쇄물
[新婦(신부)] : 곧 결혼할 여자나 갓 결혼한 여자
[新生(신생)] : 사물이 새로 생김. 새로 태어남
[新式(신식)] : 새로운 방식·형식 ↔ 구식(舊式)
[新人(신인)] : 예술계·체육계 등 어떤 사회에 새로 나타난 신진(新進)의 사람
[新築(신축)] : 새로 건축함
[新春(신춘)] : 겨울을 보내고 맞이하는 첫봄, 새봄
[改新(개:신)] : 고쳐 새롭게 함
[更新(갱:신)] : 다시 새로워짐. 다시 새롭게 함
[最新(최:신)] : 가장 새로움

급수 | 준 4급
음훈 | ① 끊을 단:
부수 | 斤(날 근) 부 14획
     총 18획
필순

글자풀이 얽혀있는 실(絲)에 칼날(斤)을 대어 '자른다'는 뜻.

[참고] 유의자 : 切(절) 약자 : 断

뜻풀이 ① 끊다 ② 쪼개다 ③ 베다 ④ 결단하다

예[斷念(단:념)] : 품었던 생각을 미련 없이 잊어버림
[斷食(단:식)] : 일정 기간 동안 의식적으로 음식을 먹지 아니함
[斷腸(단:장)] : 몹시 슬퍼 창자가 끊어지는 듯함, 애끊는 듯함
[斷定(단:정)] : 딱 잘라 결정함
[斷罪(단:죄)] : 죄를 처단함
[決斷(결단)] : 딱 잘라 결정하거나 단정을 내림 또는 결정이나 단정
[獨斷(독단)] : 의논하지 않고 혼자서 결단함
[勇斷(용:단)] : 용기를 가지고 결단을 내림 또는 그 결과
[診斷(진:단)] : 의사가 환자를 진찰하여 병상을 판단함
[判斷(판단)] : 어느 사물에 대하여 옳고 그름 또는 선악 등을 깊이 생각하여 평가함

方 (모 방) 部

※ 부수 설명 : 두 척의 거룻배를 나란히 묶어놓은 형상을 본뜬 글자. 그래서 본뜻은 '나란하다'였는데 '모나다, 사방, 땅, 대지' 등의 뜻으로 확대되었음. 독립된 글자로도 쓰이고 부수로도 쓰임.

급수 | 7급
음훈 | ① 모 방
부수 | 方(모 방) 부 0획
　　　 총 4획

필순 ` 一 亍 方

글자풀이 두 척의 거룻배를 나란히 묶어놓은 형상. 그래서 본뜻은 '나란하다'였는데 '모나다, 사방, 땅, 대지' 등의 뜻으로 확대되었음.

[참고] 반대자 : 圓(원)

뜻풀이 ① 모나다, 각지다 ② 사방 ③ 방향 ④ 나란하다

예 [方法(방법)] : 어떤 일을 해 나가는 수단

[方言(방언)] : 한 지역 또는 계층(階層)에 한해서 쓰여지는 말, 사투리
[方位(방위)] : 어떠한 방향의 위치
[方針(방침)] : 앞으로 일을 할 방향과 계획
[方向(방향)] : 향하는 쪽
[秘方(비:방)] : 비밀한 방법, 비법
[處方(처:방)] : 병의 증세에 따라 약재를 배합하는 방법
[行方(행방)] : 간 곳, 종적

급수 | 준4급
음훈 | ① 베풀 시:
부수 | 方(모 방) 부 5획
　　　 총 9획

필순 ` 一 亍 方 方 扩 沪 施 施

글자풀이 깃 발 언(㫃)과 어조사 야(也)자가 합쳐서 된 글자. 깃발을 세워놓고 어떤 일을 '시행한다'는 글자.

뜻풀이 ① 베풀다 ② 퍼지다 ③ 행하다 ④ 번식하다

예 [施工(시:공)] : 공사를 시행함
　 [施設(시:설)] : 어떤 일을 위해 도구나 기계 장비를 차려놓음

[施政(시:정)] : 정치를 시행함
[施惠(시:혜)] : 은혜를 베품
[普施(보:시)] : 은혜를 널리 베품
[布施(보:시)] : 깨끗한 마음으로 불법이나 재물을 아낌없이 사람에게 베품
[實施(실:시)] : 실제로 시행함

급수 | **5**급
음훈 | ① 나그네 려
부수 | 方(모 방) 부 6획
　　　총 10획

필순 ` ㄧ ㅜ 方 方 方 方 㫃 旅 旅

글자풀이 높이 세운 깃발을 중심으로 많은 사람이 모인 모습의 글자로 각 처에서 뽑혀온 사람들. 고향을 떠난 '나그네'를 뜻함.

[참고] 유의자 : 客(객)

뜻풀이 ① 군사 ② 무리 ③ 나그네 ④ 여행

예 [旅客(여객)] : 여행하는 사람 나그네, 길손
[旅館(여관)] : 돈을 받고 여객을 묵게 하는 집

[旅團(여단)] : 군대 편제 단위의 하나로 보통 2개 연대로 구성
[旅路(여로)] : 나그네의 길, 여행하는 노정(路程)
[旅程(여정)] : 여행의 일정(日程)
[旅行(여행)] : 볼일이나 유람의 목적으로 다른 고장이나 외국으로 나가는 일

급수 | **6**급
음훈 | ① 겨레 족
부수 | 方(모 방) 부 7획
　　　총 11획

필순 ` ㄧ ㅜ 方 方 方 方 㫃 炸 族 族

글자풀이 많은 무리로 이루어진 겨레를 뜻하는 글자.

뜻풀이 ① 겨레 ② 가계 ③ 무리 ④ 친족

예 [族譜(족보)] : 한 가문의 계통과 혈통 관계를 기록한 책.
[族屬(족속)] : 같은 문중이나 계통에 속하는 겨레붙이 같은 패거리
[族叔(족숙)] : 동족 유복친(有服親) 이외의 아저씨뻘 항렬이 되는 남자

[族長(족장)] : 한 종족의 우두머리, 일족의 웃어른
[族戚(족척)] : 동성(同姓) 혹은 타성(他姓)의 겨레붙이
[家族(가족)] : 부부를 기초로 하여 한 가정을 이루는 사람들
[同族(동족)] : 같은 겨레 또는 혈족
[民族(민족)] : 일정한 지역에서 태어나 오랜 세월 공동으로 생활하면서 언어·습관·문화·역사 등을 함께하는 인간 집단
[宗族(종족)] : 동성동본의 겨레붙이, 같은 종류의 생물 전체

예 [旗手(기수)] : 군대나 단체의 행진 등에서, 대열의 앞에 서서 기를 든 사람
[旗幟(기치)] : 예전에 군중(軍中)에서 쓰던 기
[旗幅(기폭)] : 깃발의 나비
[校旗(교:기)] : 학교를 상징하는 기
[國旗(국기)] : 한 나라를 상징하기 위하여 그 나라의 표지로 정한 기
[白旗(백기)] : 바탕이 흰 기로서 항복을 표시하는 기
[弔旗(조:기)] : 조의를 표시하기 위해 세운 기

급수 | **7**급
음훈 | ① 기 기
부수 | 方(모 방) 부 10획
총 14획

필순 ` ´ ﹁ 方 方 方 扩 扩 炉 旌 旌 旗 旗 旗

글자풀이 깃발이 바람에 나부끼는 모양을 본따 만든 글자로 '기'를 뜻함.
[참고] 유의자 : 幟(치)
뜻풀이 ① 기 ② 표

日 (날 일) 部

✱ 부수 설명 : 둥근 원 안에 점을 하나 찍어 하늘에 떠 있는 태양을 나타낸 글자였으나 둥근 모양이 점차 변하여 오늘날의 모양으로 변했음. 태양을 뜻하고 하루의 날짜를 뜻하며 독립된 글자로도 쓰이고 부수로도 많이 쓰이는 글자.

급수 | **8**급
음훈 | ① 날 일
부수 | 日(날 일) 부 0획
총 4획

필순 Ⅰ 冂 日 日

글자풀이 둥근 원 안에 점을 하나 찍어 하늘에 떠 있는 태양을 나타낸 글자. 둥근 모양이 점차 변하여 오늘날의 모양으로 변했음. 태양을 뜻하고 하루의 날짜를 뜻함.

뜻풀이 ① 해, 태양 ② 햇볕 ③ 날, 하루

예 [日課(일과)] : 날마다 규칙적으로 하는 일정한 일
[日記(일기)] : 매일매일 겪은 일들이나 생각 등을 기록한 것
[日氣(일기)] : 날씨
[日時(일시)] : 날짜와 시간을 아울러 이르는 말
[日用(일용)] : 일상생활에서 자주 사용되는 것
[日程(일정)] : 그날에 할 일 또는 그 분량·순서를 짜 놓은 것
[日出(일출)] : 해가 돋음, 해돋이
[今日(금일)] : 오늘
[忌日(기일)] : 사람이 돌아가신 날, 제삿날
[每日(매:일)] : 그날그날, 하루하루
[明日(명일)] : 내일

[生日(생일)] : 출생한 날. 또는 해마다 그 달의 그날
[終日(종일)] : 하루 낮 동안, 하루 내내
[後日(후:일)] : 뒷날

급수 | 준 4급
음훈 | ① 이를 조:
부수 | 日(날 일) 부 2획
     총 6획

필순 丨 冂 日 日 旦 早

글자풀이 태양(日)이 지평선(一) 위로 솟아오르는(丨) 모양으로 '이른 아침', '이르다'의 뜻.

[참고] 반대자 : 晩(만)

뜻풀이 ① 새벽 ② 이르다 ③ 일찍

예 [早起(조:기)] : 아침에 일찍 일어남
[早産(조:산)] : 아이를 해산달이 차기 전에 낳음 ↔ 만산(晩産)
[早熟(조:숙)] : 곡식·과일이 일찍 익음
[早朝(조:조)] : 이른 아침
[早退(조:퇴)] : 정한 시각 이전에 일찍 물러감

 급수 | **6**급
음훈 | ① 밝을 명
부수 | 日(날 일) 부 4획
　　　총 8획
필순 | 丨 冂 闩 日 日' 明 明 明

글자풀이 날 일(日) 변에 달 월(月). 해와 달 모두 밝게 비추는 것들 그래서 밝다는 뜻. 또 날이 밝아지는 내일을 뜻하고, 밝고 환하게 드러난다 해서 분명하다는 뜻을 지님.

[참고] 반대자 : 暗(암)

뜻풀이 ① 밝다 ② 밝히다 ③ 나타나다 ④ 깨끗하다

예 [明年(명년)] : 내년
　[明示(명시)] : 분명하게 드러내어 나타내 보임
　[明暗(명암)] : 밝음과 어둠
　[明月(명월)] : 밝게 비추는 달
　[明哲(명철)] : 사리에 밝고 똑똑힘
　[明確(명확)] : 분명하고 확실함
　[光明(광명)] : 밝고 환함
　[分明(분명)] : 확실히, 틀림없이
　[說明(설명)] : 어떤 일이나 대상의 내용을 상대방이 잘 이해할 수 있도록 밝히어 말함
　[失明(실명)] : 눈이 멂

 급수 | **4**급
음훈 | ① 바꿀 역
　　　② 쉬울 이:
부수 | 日(날 일) 부 4획 총 8획
필순 | 丨 冂 冂 日 月 月 易 易

글자풀이 도마뱀의 머리와 네 개의 발을 그린 글자로 잡혔을 때 꼬리를 자르고 쉽게 달아나는 도마뱀을 뜻하다가 차츰 '바꾸다 쉽다'는 뜻으로 쓰이게 됨.

[참고] 반대자 : 難(난)

뜻풀이 ① 바꾸다 ② 변하다 ③ 쉽다 ④ 점술, 역학

예 [易理(역리)] : 역학의 이치
　[易術(역술)] : 점성학에 관한 기술
　[易學(역학)] : 주역(周易)을 연구하는 학문
　[交易(교역)] : 주로 나라와 나라 사이에서 물품을 서로 사고팔고하여 장사함
　[貿易(무:역)] : 지역이나 나라 사이

에서 서로 물품을 수출입하여 팔고 사고 하는 일 국제간의 교역
[簡易(간:이)] : 간단하고 편리하게 내용이나 형식을 줄임
[容易(용이)] : 이해하기 쉬운
[平易(평이)] : 특별하지 않고 쉬운

급수 | 준 4급
음훈 | ① 별 성
부수 | 日(날 일) 부 5획
　　　총 9획
필순 ㅣ 冂 曰 日 旦 므 旱 星 星

글자풀이 날 일(日) 밑에 날 생(生). 해(日)가 진 뒤 밤하늘에 나타나는(生) 것 즉 '별'을 뜻함.

뜻풀이 ① 별 ② 세월. 광음 ③ 밤

예 [星霜(성상)] : 한 해 동안의 세월
　[星雨(성우)] : 유성우(流星雨) 즉 별똥 별
　[星雲(성운)] : 엷은 구름같이 보이는 천체
　[星座(성좌)] : 별자리
　[金星(금성)] : 지구의 바로 안쪽을 도는 유성(샛별, 명성, 계명성)

[流星(유성)] : 밤하늘에 밝은 빛의 꼬리를 끌며 떨어지는 작은 떠돌이 별들
[將星(장:성)] : '장군(將軍)'의 다른 이름
[彗星(혜:성)] : 큰 빛을 내며 나타나는 꼬리별, 어떤 분야에 갑자기 두각을 나타냄을 비유한 말

급수 | 준 4급
음훈 | ① 이 시:
부수 | 日(날 일) 부 5획
　　　총 9획
필순 ㅣ 冂 曰 日 旦 무 무 昰 是

글자풀이 날 일(日) 밑에 바를 정(正). 태양(日)처럼 밝음을 향해 바르게(正) 나아간다는 글자로서 '옳은 일, 옳다, 옳게 바로잡는다'는 뜻.

[참고] 반대자 : 非(비)

뜻풀이 ① 옳다 ② 바르다 ③ 이것 ④ 대저

예 [是非(시:비)] : 잘잘못, 옳음과 그름을 따지는 말다툼

[是認(시:인)] : 어떤 내용이나 사실이 옳다고 인정함
[是正(시:정)] : 잘못된 것을 옳게 바로잡음
[亦是(역시)] : 또한
[或是(혹시)] : 만일에, 혹 그렇다하여도

급수 | **4**급
음훈 | ① 비칠 영(:)
부수 | 日(날 일) 부 5획
　　　총 9획

필순 | ㅣ ㄇ 月 日 日' 旷 旷 映 映

글자풀이　날 일(日) 변에 가운데 앙(央). 하늘 가운데(央) 있는 해(日)처럼 빛을 비춘다는 뜻.

뜻풀이　① 비추다 ② 비치다

예 [映射(영사)] : 영화나 슬라이더의 빛을 발사힘
[映像(영상)] : 광선의 굴절 또는 반사에 의하여 물체의 상(像)이 비추어진 것
[映窓(영:창)] : 방을 밝게 하기 위해 방과 마루 사이에 낸 두 쪽의 미닫이 창
[映畫(영화)] : 움직이는 대상을 촬영하여 영사기로 영사막에 재현하는 종합 예술
[反映(반:영)] : ① 빛이 반사하여 비침 ② 다른 것에 영향을 받아 어떤 현상이 나타남
[上映(상:영)] : 영화관 같은 데서 영화를 영사하여 관람객에게 보임

급수 | **6**급
음훈 | ① 어제 작
부수 | 日(날 일) 부 5획
　　　총 9획

필순 | ㅣ ㄇ 月 日 日' 旷 昨 昨 昨

글자풀이　날 일(日) 변에 잠깐 사(乍). 잠시 지난 날 '어제'를 뜻함.

[참고] 반대자 : 今(금)

뜻풀이　① 어제 ② 앞서 ③ 옛날

예 [昨今(작금)] : 어제 오늘
[昨年(작년)] : 지난 해
[昨非(작비)] : 지난날의 잘못
[昨夜(작야)] : 지난 밤
[再昨年(재:작년)] : 이년 전

급수 | **7급**
음훈 | ① 봄 춘
부수 | 日(날 일) 부 5획
　　　총 9획

필순 ｢ ｢ 三 _三 夫 夫 春 春 春

글자풀이 풀(艹)이 햇빛(日)을 받아 싹(屯)이 돋는 모양을 그린 글자로 '봄'을 뜻함.

뜻풀이 ① 봄 ② 젊음 ③ 남녀의 정

예 [春困(춘곤)] : 봄날에 느끼는 느른한 기운
[春宮(춘궁)] : '황태자·왕세자'의 별칭, '태자궁(太子宮)·세자궁'의 별칭
[春堂(춘당)] : 춘부장(春府丈), 남의 아버지를 일컫는 존칭
[春夢(춘몽)] : 봄날에 꾸는 꿈, 인생의 덧없음을 비유하는 말
[春秋(춘추)] : 봄과 가을, 어른의 나이에 대한 존칭
[靑春(청춘)] : 새싹이 돋는 봄철, 젊은 나이
[回春(회춘)] : 중한 병이 낫고 건강이 회복됨, 도로 젊어짐

급수 | **7급**
음훈 | ① 때 시
부수 | 日(날 일) 부 6획
　　　총 10획

필순 ｜ 冂 冂 日 日 日+ 日± 日± 時 時

글자풀이 날 일(日) 변에 절 사(寺). 스님들은 산 넘어가는 해를 보고 시각을 짐작했었기에 절(寺)에서는 해(日)가 시계 역할을 했답니다.

[참고] 유의자 : 期(기)

뜻풀이 ① 때 ② 시간 ③ 철

예 [時刻(시각)] : 시간의 한 점
[時間(시간)] : 어떤 시각과 시각과의 사이
[時局(시국)] : 당면한 국내 및 국제적 정세, 현재의 대세의 판국
[時急(시급)] : 시각을 다투어야 할 매우 급한 상황
[時事(시사)] : 그 당시에 일어나는 세상의 일
[時速(시속)] : 한 시간에 갈 수 있는 빠르기
[時雨(시우)] : 적당한 때를 맞추어 내리는 단 비

[當時(당시)] : 일이 생긴 그 때
[隨時(수시)] : 일정하게 정하여 놓은 때 없이 그때그때 상황에 따름
[適時(적시)] : 마침 알맞은 때
[恒時(항시)] : 늘 언제나

급수 | **6**급
음훈 | ① 낮 주
부수 | 日(날 일) 부 7획
총 11획

필순 ㄱ ㄱ ㅋ 聿 聿 書 書 書 書 晝 晝

글자풀이 붓 율(聿) 밑에 아침 단(旦). 아침 해가 떠오르는 모양을 붓으로 그린다는 글자로 해가 떠 있는 '낮 동안'을 뜻함.

[참고] 반대자 : 夜(야) 약자 : 昼

뜻풀이 ① 낮

예 [晝間(주간)] : 낮 동안
[晝耕夜讀(주경야독)] : 낮에는 밭을 갈고 밤에는 책을 읽는다는 뜻으로 바쁜 틈을 이용해서 어렵게 공부한다는 말
[晝夜(주야)] : 밤 낮
[白晝(백주)] : 밝은 대낮

급수 | **5**급
음훈 | ① 볕 경(:)
부수 | 日(날 일) 부 8획
총 12획

필순 ㅣ ㄱ ㄱ 日 日 甲 昌 昌 景 景 景 景

글자풀이 높은 집(京) 위로 해(日)가 넘어가는 모양의 글자로 높이 떠서 비추는 '햇볕'을 뜻하고 해 넘어갈 때의 멋진 '경치'를 뜻함.

[참고] 반대자 : 陽(양)

뜻풀이 ① 볕, 빛 ② 해, 태양 ③ 경치, 풍광

예 [景觀(경관)] : 특색 있는 풍경
[景氣(경기)] : 물건의 생산 소비 매매 등의 상태
[景福(경:복)] : 큰 복
[景況(경황)] : 정신적·시간적인 여유나 형편
[光景(광경)] : 어떤 일이나 현상이 벌어진 모양이나 형편
[絶景(절경)] : 더 말 할 나위 없이 훌륭한 경치
[風景(풍경)] : 경치, 눈앞에 펼쳐진 모습

급수 | **4급**
음훈 | ① 넓을 보:
부수 | 日(날 일) 부 8획
　　　총 12획

필순 ` ⺍ ⺍ ⺍ ⺍ ⺍ 並 並 普 普 普 普

글자풀이 아우를 병(並)과 날 일(日)이 합쳐진 글자로 햇빛(日)이 사방을 비추듯 널리(並) 미친다는 뜻.

뜻풀이 ① 널리 ② 보통

예 [普告(보:고)] : 널리 퍼뜨려 알림
[普及(보:급)] : 널리 퍼지게 하여 많은 사람들이 골고루 누리게 함
[普通(보:통)] : 특별하지도 아니하고 흔히 볼 수 있어 평범함, 뛰어나지도 열등하지도 아니한 중간 정도
[普遍(보:편)] : 두루 널리 미침, 모든 것에 들어 맞음
[普現(보현)] : 빠짐없이 출연함

급수 | **4급**
음훈 | ① 지혜 지
부수 | 日(날 일) 부 8획
　　　총 12획

필순 ` ⺍ ⺍ ⺍ ⺍ 知 知 知 智 智 智

글자풀이 알 지(知) 밑에 날 일(日). 해처럼 밝고 명확하게 아는 지혜, 슬기를 뜻함

뜻풀이 ① 슬기 ② 지혜 ③ 알다

예 [智能(지능)] : 지혜와 능력
[智略(지략)] : 슬기로운 계략
[智識(지식)] : 지혜와 견식
[智將(지장)] : 지혜가 뛰어난 장수
[智慧(지혜)] : 슬기, 꾀
[無智(무지)] : 꾀가 없음, 훨씬 정도에 지나치게
[衆智(중:지)] : 뭇사람의 지혜

급수 | **4급**
음훈 | ① 틈 가: ② 겨를 가:
부수 | 日(날 일) 부 9획
　　　총 13획

필순 ｜ 冂 日 日 旷 旷 旷 旷 旷 旷 暇 暇

글자풀이 날 일(日)변에 빌릴 가(叚). 바쁘지 않아 빌려줄 수 있는(叚) 날(日) 즉 여유 있는 날을 뜻함.

뜻풀이 ① 겨를, 틈 ② 여유

예 [暇日(가일)] : 한가한 날
[病暇(병:가)] : 병을 치료하기 위해 얻은 휴가
[餘暇(여가)] : 일이 없어 한가로운 시간
[閑暇(한가)] : 특별히 할 일이 없고 여유 있음
[休暇(휴가)] : 직장·학교·군대 등의 단체에서 일정한 기간 쉬는 일 또는 그 겨를

급수 | 준 **4** 급
음훈 | ① 따뜻할 난:
부수 | 日(날 일) 부 9획
총 13획

필순 ㅣ 冂 日 日' 日⫶ 日⫶ 日⫶ 旷 旷 暖 暖 暖 暖

글자풀이 날 일(日) 변에 이에 원(爰). 해(日)가 떠오름에 따라서 몸이 축 늘어질(爰) 정도로 날씨가 '따뜻해진다.' 는 뜻.

뜻풀이 ① 따뜻하다 ② 온순하다

예 [暖帶(난:대)] : 기후가 따뜻한 지대
[暖流(난:류)] : 온도가 높고 염분이 많은 해류
[暖房(난:방)] : 방을 덥게 함. 또는 덥게 한 방
[溫暖(온난)] : 날씨가 따뜻함
[寒暖(한난)] : 차가움과 따뜻함

급수 | 준 **4** 급
음훈 | ① 어두울 암:
부수 | 日(날 일) 부 9획
총 13획

필순 ㅣ 冂 日 日' 日⫶ 日⫶ 旷 旷 暗 暗 暗 暗

글자풀이 日과 音이 합한 글자. 音은 소리를 뜻하면서 그늘(陰)을 뜻하기도 한다. 따라서 暗은 '어둡다, 밤, 몰래'를 뜻하고 '소리 내어 왼다'는 뜻도 있음.

[참고] 반대자 : 明(명)

뜻풀이 ① 어둡다 ② 밤 ③ 몰래 ④ 외다

예 [暗去來(암:거래)] : 법을 어기면서 몰래 행해지는 상품 거래

[暗計(암:계)] : 비밀한 꾀 또는 몰래 꾀함, 암모(暗謀)
[暗記(암:기)] : 외워 잊지 않음
[暗賣(암매)] : 물건을 몰래 팖
[暗算(암:산)] : 계산기 등을 쓰지 않고 머릿속으로 계산함
[暗誦(암:송)] : 시나 문장 따위를 보지 않고 소리 내어 욈
[暗室(암:실)] : 밀폐하여 광선이 들어가지 않도록 설비한 방
[暗躍(암:약)] : '暗中飛躍(암중비약)'의 준말 세상에 알려지지 않도록 이면에서 활동함
[暗號(암:호)] : 비밀 유지를 위하여 당사자끼리만 알 수 있도록 꾸민 약속 기호
[明暗(명암)] : 밝음과 어둠, 기쁜 일과 슬픈 일

급수 │ 준 4급
음훈 │ ① 모질 포:
　　　② 사나울 폭
부수 │ 日(날 일) 부 11획 총 15획
필순 │ 丨 冂 日 旦 旦 昇 昇 昇 昇 昇 暴 暴

暴 暴 暴

글자풀이 두 손으로(共) 곡식(米)을 들고 햇볕에(日) 말리는 형상의 글자로 햇볕에 '드러내다'는 뜻이 뒤에 '사납다, 모질다'는 뜻으로 변했음.

[참고] 유의자 : 虐(학)

뜻풀이 ① 사납다 ② 갑자기 ③ 쬐다, 드러내다

예 [暴慢(포:만)] : 사납고 거만함
[暴惡(포:악)] : 사납고 악함
[暴徒(폭도)] : 폭동을 일으켜 치안을 문란시키는 무리
[暴動(폭동)] : 도당을 짜서 불온한 행동을 함
[暴力(폭력)] : 난폭한 힘
[暴利(폭리)] : 부당한 이익. 한도(限度)를 넘는 이익
[暴言(폭언)] : 난폭하게 말함 또는 그런 말
[暴飮(폭음)] : 술을 한꺼번에 많이 마심
[暴漢(폭한)] : 함부로 난폭한 짓을 하는 사람
[暴行(폭행)] : 난폭한 행동
[凶暴(흉포)] : 성질이 흉악하고 사나운

급수 │ 5급
음훈 │ ① 빛날 요:
부수 │ 日(날 일) 부 14획
　　　총 18획
필순 │ 丨 冂 日 日⁷ 日⁷ 日⁷ 日⁷ 睥 睥 曜 曜 曜

글자풀이 새(隹)가 날개(羽)를 흔들 때 햇빛(日)을 받아 반짝반짝 빛난다는 뜻.

뜻풀이 ① 빛나다 ② 일곱 요일

예 [曜靈(요:령)] : 태양(太陽)을 달리 부르는 말
[曜魄(요:백)] : 북두성의 다른 이름
[曜煜(요:욱)] : 번쩍번쩍 빛남
[曜日(요:일)] : 일주일의 하루하루 이름

日 (가로 왈) 部

✳ 부수 설명 : 입(口) 안에서 입김이 밖으로 나오는 모양을 그린 글자로서 입 밖으로 내보내는 말 생각 등을 나타내는 글자.

급수 | **5**급
음훈 | ① 굽을 곡
부수 | 日(가로 왈) 부 2획
　　　총 6획

필순 ㅣ 冂 曰 由 曲 曲

글자풀이 속이 둥글게 생긴 그릇 모양의 글자로 곧지 않고 '굽었다. 옳지 않다' 는 뜻.

[참고] 반대자 : 直(직)

뜻풀이 ① 굽었다 ② 굽히다 ③ 옳지 않다 ④ 땅이름(구)

예 [曲肱(곡굉)] : 팔을 굽힘
[曲面(곡면)] : 평평하지 않고 휘어진 면
[曲線(곡선)] : 모나지 아니하고 부드럽게 구부러진 선
[曲藝(곡예)] : 줄타기 · 공타기 · 곡마 · 재주넘기 따위 연예의 총칭
[曲墻(곡장)] : 능 · 원(園) · 무덤 따위의 뒤에 둘러쌓은 나지막한 담
[曲折(곡절)] : 글의 문맥 등이 단조롭지 않고 변화가 많음, 복잡한 사정이나 이유, 까닭
[曲調(곡조)] : 음악적 통일을 이루는 음의 연속
[曲學(곡학)] : 바른 길에서 벗어난 학문
[曲解(곡해)] : 사실과 어긋나게 잘못 이해함

 급수 | 4급
음훈 | ① 다시 갱:
　　　② 고칠 경
부수 | 曰(가로 왈) 부 3획 총 7회
필순 ｢ ｢ ｢ ｢ ｢ 更 更

글자풀이 밝을 병(丙)과 칠 복(攵)이 합쳐진 글자로. 손에 든 도구로 쳐서 '고친다, 소리 내어 시각을 알린다, 다시 한다'는 뜻으로 쓰임.

[참고] 유의자 : 改(개)

뜻풀이 ① 다시 ② 고치다 ③ 바꾸다 ④ 시각

예 [更生(갱:생)] : 거의 죽을 지경에서 다시 살아남
[更年期(갱:년기)] : 주로 여성의 육체가 성숙기에서 노년기로 접어드는 시기
[更新(갱:신)] : 다시 새로워짐, 다시 새롭게 고침
[更紙(갱:지)] : 좀 거친 양지의 하나. 신문지나 시험지 등에 씀
[更選(경선)] : 다시 가려 뽑음
[更張(경장)] : 사회적·정치적으로 부패한 제도를 개혁함

[更正(경정)] : 잘못된 점이나 미비한 점을 바르게 고침
[更迭(경질)] : 어떤 직위의 사람을 물러나게 하고 딴 사람을 임용함
[改更(개경)] : 다시 바꿈
[變更(변:경)] : 다르게 바꾸어 새롭게 고침
[三更(삼경)] : 한 밤을 다섯 등분한 셋째로 밤 11시부터 오전 1시까지

 급수 | 6급
음훈 | ① 글 서
부수 | 曰(가로 왈) 부 6획
　　　총 10획
필순 ｢ ｢ ｢ ｢ ｢ ｢ 書 書 書 書

글자풀이 붓 율(聿)밑에 가로 왈(曰). 붓에 먹물을 찍는 그림으로 글씨를 '쓴다'는 뜻.

[참고] 유의어 : 章(장), 文(문), 籍(적)

뜻풀이 ① 쓰다 ② 글씨 ③ 책, 문서

예 [書簡(서간)] : 편지글, 書翰(서한)
[書庫(서고)] : 책(册)을 보관하여 두는 건물이나 방, 문고(文庫)

[書堂(서당)] : 글방
[書道(서도)] : 서예(書藝) 즉 붓글씨 쓰기를 정신 수양의 관점에서 이르는 말
[書類(서류)] : 어떤 내용을 적은 문서, 특히 사무에 관한 문서
[書信(서신)] : 편지
[書籍(서적)] : 책
[書店(서점)] : 책가게

급수 | 5급
음훈 | ① 가장 최:
부수 | 曰(가로 왈) 부 8획
총 12획
필순 ㅣ ㄇ ㅁ 므 므 무 뮤 뮤 믓 믅 最 最

글자풀이 가로 왈(曰) 밑에 취할 취(取). 曰은 머리에 쓰는 투구. 전투에서 적장의 목을 베고 투구(曰)를 취해왔다(取)는 글자로 최고의 공을 말하는 '가장 으뜸'을 뜻함.

뜻풀이 ① 가장 ② 으뜸, 최상

예 [最高(최:고)] : 가장 높은
 [最古(최:고)] : 가장 오래된
 [最近(최:근)] : 지금으로부터 가장 가까운 지난 날
 [最大(최:대)] : 가장 큰
 [最少(최:소)] : 가장 젊은
 [最新(최:신)] : 가장 새로운
 [最惡(최:악)] : 가장 나쁜
 [最長(최:장)] : 가장 긴, 가장 먼
 [最低(최저)] : 가장 낮은
 [最初(최:초)] : 맨 처음

급수 | 6급
음훈 | ① 모일 회:
부수 | 가로 曰(왈) 부 9획
총 13획
필순 ノ 人 ㅅ 亼 今 슈 侖 侖 侖 會 會 會

글자풀이 합할 합(合)자와 더할 증(曾)자를 합하여 만든 글자로서 '모인다'는 뜻.

[참고] 약자 : 会

뜻풀이 ① 모이다 ② 만나다 ③ 합치다

예 [會計(회:계)] : 나가고 들어오는 돈을 따져서 셈함
 [會同(회:동)] : 같은 목적으로 여럿이 모임

[會社(회:사)] : 영리를 얻을 목적으로 만든 모임이나 단체
[會食(회:식)] : 여럿이 모여 함께 음식을 먹음
[會員(회:원)] : 어떤 회를 구성(構成)하는 사람들
[會議(회:의)] : 여럿이 모여 의논함 또는 그 모임
[會長(회:장)] : 회무를 총괄하고 회를 대표하는 사람
[會話(회:화)] : 만나서 하는 이야기
[開會(개회)] : 회의나 회합 따위를 시작함
[國會(국회)] : 국가의 법률을 제정하고 수호하는 기관, 입법부
[再會(재:회)] : 다시 또는 두 번째로 모이거나 만남
[停會(정회)] : 회의를 잠시 멈춤

月 (달 월) 部

※ **부수 설명** : 하늘에 떠있는 달 모양을 본뜬 글자. 보름 달 일 때는 둥근 모양이지만 날짜에 따라 그 모양이 커지고 작아지는 것을 염두에 두고 이지러진 모양을 글자로 만들었음. 독립된 글자로도 쓰이며 부수로도 쓰임. 月자의 부수 중에서 고기 육(肉)자가 변한 月이 있는데 이를 '육달월'이라 부르기도 하며 이는 신체, 근육, 고기를 뜻함(肉자 참조).

급수 | 8급
음훈 | ① 달 월
부수 | 月(달 월) 부 0획
　　　총 4획

필순) 几月月

글자풀이 하늘에 떠있는 달 모양을 본 뜬 글자. 본디는 둥근 모양이지만 날짜에 따라 이지러지기도 하기에 이지러진 모양으로 만듦.

뜻풀이 ① 달 ② 달빛 ③ 한 달

예 [月刊(월간)] : 매월 발행하는 일 또는 그 간행물
[月給(월급)] : 일을 한 대가로 다달이 받는 정해진 보수
[月收(월수)] : 월수입의 준말, 매달 벌어들이는 수입
[月蝕(월식)] : 보름달이 뜰 때 달이 지구에 가려져 그 둥근 모양이 점차 감춰지다 나타나는 현상
[月下老人(월하노인)] : 부부의 인연을 맺어주는 신, 중매쟁이를 일컫는 다른 말
[滿月(만:월)] : 조금도 이지러지지 않은 둥근 달, 보름 달

[半月(반:월)] : 반달
[歲月(세월)] : 흘러 가는 시간
[風月(풍월)] : 吟風弄月(음풍농월)의 준말, 맑은 바람과 밝은 달에 대하여 시를 짓고 노는 것, 곁에서 얻어들은 짧은 지식

급수 | **7**급
음훈 | ① 있을 유:
부수 | 月(달 월) 부 2획
      총 6획

필순 ノ ナ オ 有 有 有

글자풀이 오른손에 물건을 들고 있는 모양의 글자로 '있다, 가졌다'는 의미임.

[참고] 반대자 : 無(무)

뜻풀이 ① 있다 ② 가졌다 ③ 지녔다 ④ 많다

예 [有力(유:력)] : 힘이 있음, 세력이 있음
[有利(유:리)] : 이로움이 있음
[有名(유:명)] : 세상에 널리 이름이 알려짐
[有福(유:복)] : 복이 많음

[有識(유:식)] : 학문이 있어 견식이 높음
[有心(유:심)] : 마음 써서 주의를 기울임
[有益(유:익)] : 이로움이 있음
[有志(유:지)] : 마을이나 지역 등에서 이름이 나 있고 영향력을 가진 사람
[有害(유:해)] : 해로움이 있음

급수 | **6**급
음훈 | ① 옷 복
부수 | 月(달 월) 부 4획
      총 8획

필순 ノ 几 月 月 月' 肌 服 服

글자풀이 배 주(月=舟), 병부 절(卩) 또 우(又)로 구성된 글자로서 배를 타고서는 노젓는 사공의 지시에 복종해야 한다는 뜻.

뜻풀이 ① 옷 ② 입다 ③ 좇다 ④ 복종하다

예 [服務(복무)] : 직무를 맡아 일함
[服藥(복약)] : 약을 먹음, 복용(服用)

[服從(복종)] : 남의 명령·의사에 그대로 따름
[感服(감:복)] : 마음에 깊이 느껴 충심으로 복종함
[校服(교:복)] : 학교의 제복
[着服(착복)] : 옷을 입음. 착의(着衣) ↔ 탈의(脫衣)
[平服(평복)] : 평상시에 입는 옷
[韓服(한:복)] : 한국의 고유한 의복. 조선옷

급수 | 5급
음훈 | ① 밝을 랑:
부수 | 月(달 월) 부 7획
　　　　총 11획
필순 ` ㄱ ㅋ ㅋ 户 户 良 刍 朗 朗 朗

글자풀이　良(어질 량)에서 '랑'이라는 음을 따오고 月에서 '밝다.'는 뜻을 따온 글자로 밝다는 뜻.

뜻풀이　① 밝다 ② 유쾌하고 활달하다

예 [朗讀(낭:독)] : 소리 내어 읽음
　[朗誦(낭:송)] : 크게 소리를 내어 글을 읽거나 욈

[朗月(낭:월)] : 맑고 밝은 달
[明朗(명랑)] : 밝고 쾌활함

급수 | 5급
음훈 | ① 바랄 망:
부수 | 月(달 월) 부 7획
　　　　총 11획
필순 ` 亠 亡 亡 刃 切 朗 珂 珂 望 望

글자풀이　亡, 月, 王이 합쳐져 만들어진 글자. 없어진(亡)사람이 돌아오게 해달라고 임금(王)을 향해 달(月)보듯 우러러보며 빌고 '바란다'는 뜻

[참고] 유의자 : 希(희)

뜻풀이　① 바라다 ② 기다리다 ③ 그리워하다 ④ 원망하다

예 [望樓(망:루)] : 적의 동정을 살피기 위해 높다랗게 지은 대
[望夫石(망:부석)] : 멀리 떠난 남편을 기다리다가 죽어서 화석이 되었다는 전설적인 돌
[望遠鏡(망:원경)] : 멀리 있는 물체를 크게 보이도록 만든 장치
[望鄕(망:향)] : 고향을 그리워함
[德望(덕망)] : 덕행으로 얻은 명망

[所望(소:망)] : 어떤 일을 바람 또는 그 바라는 것

급수 | **5**급
음훈 | ① 기약할 기
부수 | 月(달 월) 부 8획
　　　총 12획
필순 ｜ ｜ 丁 甘 甘 甘 苴 其 其 其 期 期 期

글자풀이 그 기(其) 변에 달 월(月). 날짜에 따라 달 모양이 변하는데, 어떤 모양의 달이 될 때까지의 '기간'을 뜻하며 其(그 기)에서 음을 따왔음.

뜻풀이 ① 만나다 ② 정하다 ③ 기약하다 ④ 한 주기

예 [期間(기간)] : 그 사이
[期待(기대)] : 어느 때로 기약하여 성취를 바람
[期約(기약)] : 때를 정하여 약속함
[期限(기한)] : 미리 한정한 시기
[短期(단:기)] : 짧은 기간
[雨期(우:기)] : 일 년 중에서 비가 가장 많이 오는 시기, 장마철
[定期(정:기)] : 정한 기한
[適期(적기)] : 적당한 시기

급수 | **6**급
음훈 | ① 아침 조
부수 | 月(달 월) 부 8획
　　　총 12획
필순 ｜ 十 土 吉 吉 盲 卓 朝 朝 朝 朝

글자풀이 달(月)은 지고 새벽(早) 해가 떠 올라온(十) '아침'을 뜻하는 글자

[참고] 반대자 : 夕(석)

뜻풀이 ① 아침 ② 관청 ③ 뵙다 ④ 임금의 재위기간

예 [朝刊(조간)] : '조간신문'의 준말. ↔ 석간(夕刊)
[朝飯(조반)] : 아침 밥
[朝三暮四(조삼모사)] : 간사한 꾀로 남을 속여 희롱함을 이르는 말
[朝夕(조석)] : 아침과 저녁
[朝野(조야)] : 조정과 민간. 국가와 국민
[朝廷(조정)] : 임금이 나라의 정치를 의논 또는 집행하는 곳
[朝會(조회)] : 학교나 관청 또는 단체가 아침에 모든 구성원이 한 자리에 모여서 인사하고 지시 사항을 전달하고 의논하는 일

木 (나무 목) 部

✻ 부수 설명 : 나무가 가지와 뿌리를 뻗고 자라는 모양을 본뜬 상형 문자. '나무'를 뜻하는 독립된 글자로도 쓰이며, 변이나 발의 부수로 쓰여 나무나 나무 재목을 뜻함.

급수 | 8급
음훈 | ① 나무 목
부수 | 木(나무 목) 부 0획
　　　총 4획

필순 一 十 オ 木

글자풀이　나무가 가지와 뿌리를 뻗고 자라는 모양을 본 뜬 상형 문자.

[참고] 유의자 : 樹(수)

뜻풀이　① 나무 ② 나무로 만든 기구

예 [木工(목공)] : 나무를 다루어 물건을 만드는 일, 목수
[木器(목기)] : 나무로 만든 그릇
[木石(목석)] : 나무와 돌처럼 감정이나 인정이 없는 사람

[木手(목수)] : 나무를 다루어 집을 짓거나 가구·기구 따위를 만드는 일로 업을 삼는 사람
[木耳(목이)] : 나무에서 돋은 버섯 (목이버섯)
[木材(목재)] : 나무로 된 재료
[古木(고:목)] : 오래 묵은 나무
[苗木(묘:목)] : 옮겨 심기 위해 싹틔워 가꾼 어린나무
[草木(초목)] : 풀과 나무
[土木(토목)] : 나무나 철 돌 등을 사용하여 도로·교량·항만·철도·상하수도 등을 건설하는 일

급수 | 5급
음훈 | ① 끝 말
부수 | 木(나무 목) 부 1획
　　　총 5획

필순 一 二 キ オ 末

글자풀이　나무 목(木)자의 꼭대기에 금(一)을 그어 나무의 끝을 가리키며 '끝'을 뜻함.

[참고] 유의자 : 本(본), 端(단), 尾(미)

뜻풀이　① 맨 끝 ② 끝 무렵

예 [末期(말기)] : 어떤 시기나 일의 끝 무렵
[末年(말년)] : 일생의 말기(末期)
[末端(말단)] : 맨 끄트머리
[末尾(말미)] : 말·문장·번호 등의 연속되어 있는 것의 맨 끝
[末席(말석)] : 맨 끝의 자리
[末職(말직)] : 맨 끝자리의 벼슬
[本末(본말)] : 사물이나 일의 처음과 끝, 사물이나 일의 중요한 부분과 중요하지 않은 부분
[終末(종말)] : 일이나 현상의 끝

예 [未開(미:개)] : 꽃이 아직 피지 않음, 문명이 발달하지 못한 상태
[未決(미:결)] : 아직 결정하거나 해결하지 아니함
[未達(미:달)] : 어떤 한도에 이르지 못함
[未來(미:래)] : 앞으로 올 때
[未熟(미:숙)] : 성숙하지 않음, 익숙하지 못함
[未安(미안)] : 남에게 대하여 마음이 편안하지 못함
[未定(미:정)] : 아직 정하지 못함
[未婚(미:혼)] : 아직 결혼하지 않음
[未洽(미:흡)] : 아직 흡족하지 못함. 만족스럽지 않음

급수 | 준 **4**급
음훈 | ① 아닐 미(:)
부수 | 木(나무 목) 부 1획
　　　총 5획

필순 一 二 牛 未 未

글자풀이 木자에서 가지 위쪽에 한 획을 더 그어 만든 글자로 가지와 잎이 무성하여 건너편 쪽을 볼 수 없다하여 부정을 뜻하는 '아니다, 없다'의 뜻으로 쓰임.

뜻풀이 ① 아니다 ② 미래 ③ 아직

급수 | **6**급
음훈 | ① 근본 본
부수 | 木(나무 목) 부 1획
　　　총 5획

필순 一 十 才 木 本

글자풀이 나무 목(木) 자의 뿌리 쪽에 한 획(一)을 더 그어 '뿌리, 근본'을 나타내는 지사 문자.

[참고] 반대자 : 末(말)

뜻풀이 ① 밑 ② 뿌리 ③ 근본, 기원 ④ 책

예 [本家(본가)] : 분가하기 이전의 본디의 집. 본집
[本格(본격)] : 근본에 맞는 올바른 격식이나 규격
[本貫(본관)] : 관향(貫鄕), 한 집안의 시조가 난 땅
[本能(본능)] : 생물이 선천적으로 갖고 있는 동작이나 운동
[本部(본부)] : 각종 기관·관서·단체의 중심이 되는 조직 또는 그 조직이 있는 곳
[本性(본성)] : 본디부터 가진 성질
[本第(본제)] : 고향에 있는 본 집
[本質(본질)] : 본디부터 갖고 있는 사물 스스로의 성질이나 모습
[本鄕(본향)] : 본디의 고향, 본토
[根本(근본)] : 초목의 뿌리, 사물이 발생하는 근원, 기초
[製本(제:본)] : 인쇄물 등을 실로 매거나 풀로 붙이고 표지를 씌워 책으로 만듦

급수 | 6급
음훈 | ① 순박할 박
    ② 성 박
부수 | 木(나무 목) 부 2획
총 6획
필순 ー 十 才 才 村 朴

글자풀이 나무 목(木) 변에 점 복(卜). 木에서 '나무'라는 뜻을 따오고 卜에서 음을 빌어다 만든 글자로 후박나무를 뜻하고 성씨 '박'을 나타냄.

[참고] 유의자 : 素(소)

뜻풀이 ① 후박나무 ② 순박하다 ③ 성씨 '박'

예 [朴刀(박도)] : 주로 들고 다니는 장식도 없고 칼집도 없는 칼
[素朴(소박)] : 무난하고 순수한
[淳朴(순박)] : 꾸밈없고 순수한
[質朴(질박)] : 둔박하고 꾸밈없음

급수 | 4급
음훈 | ① 붉을 주
부수 | 木(나무 목) 부 2획
총 6획
필순 ノ ト 二 牛 牛 朱

글자풀이 木 자에 一 자를 더한 형태로 나무의 자른 면을 가리키고 그 자른 면의 색이 붉은 색임을 뜻함.

[참고] 유의어 : 紅(홍)

뜻풀이 ① 붉다 ② 주사(붉은 모래) ③ 연지

예 [朱丹(주단)] : 곱고 붉은 색 또는 그 칠
[朱木(주목)] : 늘 푸른빛의 상록 침엽수로 비교적 키가 작은 나무
[朱雀(주작)] : 남쪽 방향을 지키는 신령을 상징하는 짐승으로 붉은 봉황을 말함
[朱紅(주홍)] : 주황보다 더 붉은 빛
[朱黃(주황)] : 노란빛을 약간 가진 붉은빛, 빨강과 노랑의 중간
[印朱(인주)] : 도장을 찍는 데 쓰는 붉은빛의 재료

글자풀이 나무 목(木)과 입 구(口)가 합쳐져서 된 글자. 나무의 허리를 끈으로 돌려 묶은 형상으로 '묶음, 묶다'를 나타낸 글자.

뜻풀이 ① 묶다 ② 띠로 매다 ③ 약속하다

예 [束帶(속대)] : 관을 쓰고 띠를 맴 즉 예복을 입음
[束縛(속박)] : 어떤 행위나 권리 행사를 하지 못하도록 얽어매어서 자유를 구속함
[束手無策(속수무책)] : 손이 묶여 어떤 방책을 세울 수 없다는 말로 꼼짝 못한다는 뜻
[結束(결속)] : 한 덩이가 되도록 묶음, 뜻이 같은 사람끼리 단결함
[約束(약속)] : 장래에 할 일에 관해 상대방과 서로 언약하여 정함

급수 | 5급
음훈 | ① 묶을 속
부수 | 木(나무 목) 부 3획
총 7획

필순 一 丆 冂 审 束 束 束

급수 | 6급
음훈 | ① 오얏 리:
부수 | 木(나무 목) 부 3획
총 7획

필순 一 十 才 木 杢 李 李

글자풀이 오얏나무, 오얏나무 열매를 뜻하는 글자.

뜻풀이 ① 오얏 나무 ② 오얏 나무 열매 ③ 성씨 '이'

예 [李氏(이:씨)] : 李(이)자 성을 가진 사람
[李下不整冠(이:하부정관)] : 오얏나무 아래에서는 모자를 고쳐 쓰지 않는다. 즉 남에게 의심받을 행동은 삼가라는 말
[張三李四(장삼이사)] : '장' 씨네 셋째 아들과 '이' 씨네 넷째 아들 즉 평범한 서민을 일컬음(예전에는 형제가 많았으므로 중간 정도의 자식을 의미함)

급수 | 5급
음훈 | ① 재목 재
부수 | 木(나무 목) 부 3획
총 7획

필순 - 十 才 オ 木 木 村 材

글자풀이 나무 목(木)변에 재주 재(才). 木에서 의미를 才에서 음을 따서 만든 글자로 '재료, 재주'를 뜻함.

뜻풀이 ① 재목 ② 원료 ③ 재능. 자질 ④ 재주군

예 [材料(재료)] : 물건을 만드는 데 드는 원료
[材木(재목)] : 건축·기구 제작의 재료가 되는 나무. 어떤 일을 할 수 있는 능력을 가졌거나 어떤 직위에 적당한 인물을 이르는 말
[敎材(교:재)] : 가르치거나 학습하는 데 쓰이는 여러 가지 재료
[木材(목재)] : 건축이나 가구 따위에 쓰이는 나무의 재료
[石材(석재)] : 토목·건축 및 그 밖의 다른 제작 재료로 쓰는 돌
[藥材(약재)] : 약이 되는 재료
[取材(취:재)] : 작품·기사의 재료 또는 그 바탕이 되는 재료를 모음

급수 | 7급
음훈 | ① 마을 촌:
부수 | 木(나무 목) 부 3획
총 7획

필순 - 十 才 オ 木 木 村 村

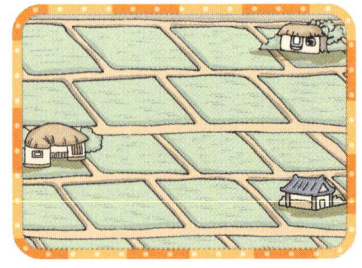

글자풀이 나무 목(木) 변에 마디 촌(寸). 나무들이 모여 있듯 한 종족이 모여서 법도(寸)를 지키며 살고 있는 '마을'을 뜻함.

[참고] 유의자 : 鄕(향)

뜻풀이 ① 마을 ② 촌스러움

예 [村老(촌:로)] : 시골 노인
[村夫(촌:부)] : 시골에 사는 순박한 남자
[村婦(촌:부)] : 시골에 사는 부녀자
[村野(촌:야)] : 시골의 마을과 들
[村長(촌:장)] : 한 마을의 가장 윗어른 또는 우두머리
[農村(농촌)] : 농사를 주업으로 하는 마을이나 지역
[山村(산촌)] : 산 속에 있는 마을
[漁村(어촌)] : 어부들이 모여서 고기잡이를 하며 사는 마을

급수 | 6급
음훈 | ① 실과 과:
부수 | 木(나무 목) 부 4획
     총 8획

필순 一 冂 冃 日 旦 旦 果 果 果

글자풀이 나무 가지에 열매가 주렁주렁 열린 모습을 본따서 만든 글자. 과일을 뜻함.

[참고] 유의자 : 實(실)

뜻풀이 ① 과일 ② 과일나무 ③ 일의 결과

예 [果敢(과:감)] : 과단성있고 용감함
[果實(과:실)] : 과일나무에 열리는 열매
[果樹(과:수)] : 과일나무
[果然(과:연)] : 아닌 게 아니라 정말로, 들은 바와 같이
[結果(결과)] : 어떤 원인으로 결말이 생김 또는 그 상태
[茶果(다과)] : 차와 과일
[因果(인과)] : 원인과 결과
[靑果(청과)] : 신선한 과실과 채소
[效果(효:과)] : 보람있는 좋은 결과

급수 | 8급
음훈 | ① 동녘 동
부수 | 木(나무 목) 부 4획
     총 8획

필순 一 丆 丙 丙 百 亘 車 東 東

글자풀이 날 일(日)과 나무 목(木)이 합쳐서 된 회의(會意) 문자. 아침에 떠오르는 해(日)가 나뭇가지(木)에 걸려 있듯이 보이는 쪽 즉 동쪽을 뜻함. 옛날에 주인이 손님을 맞이할 때 주인이 동쪽에 손님이 서쪽에 마주 서는 예법에 따라 東은 주인을 뜻하기도 함.

뜻풀이 ① 동쪽 ② 주인

예 [東宮(동궁)] : 황태자, 왕세자, 태자궁, 세자궁
[東方(동방)] : 동쪽 지방
[東奔西走(동분서주)] : 이리 저리 바삐 다님
[東流水(동류수)] : 동쪽으로 흐르는 강이나 시냇물
[東洋(동양)] : 동쪽 아시아 및 그 일대를 이르는 말 ↔ 서양(西洋)
[東窓(동창)] : 동쪽으로 난 창
[東風(동풍)] : 동쪽에서 불어오는 바람
[東海(동해)] : 한반도 동쪽의 바다
[東軒(동헌)] : 고을 원이나 또는 감사, 병사, 수사 등이 나라 일을 처리하던 지방 관가의 중심 건물

글자풀이 나무 목(木)이 둘 겹친 글자. 나무가 많이 있는 숲을 뜻함.

뜻풀이 ① 숲 ② 사물이 많이 모이는 곳 ③ 같은 동아리

예 [林産資源(임산자원)] : 산림에서 생산되는 자원
[林野(임야)] : 숲과 들
[林業(임업)] : 각종 임산물에서 얻는 경제적 이득을 목적으로 삼림을 경영하는 사업
[武林(무:림)] : 무사 또는 무협들이 모인 세계
[密林(밀림)] : 큰 나무들이 빽빽하게 들어선 깊은 숲, 정글
[松林(송림)] : 소나무가 빽빽한 숲
[儒林(유림)] : 유학을 신봉하는 학자들이 모인 세계
[竹林(죽림)] : 대나무 숲

급수 | 7급
음훈 | ① 수풀 림
부수 | 木(나무 목) 부 4획
총 8획

필순 - 十 ォ 木 村 材 林

급수 | 4급
음훈 | ① 소나무 송
부수 | 木(나무 목) 부 4획
총 8획

필순 - 十 ォ 木 木 松 松 松

글자풀이 나무 목(木)과 공변될 공(公)자가 합쳐진 회의 문자로 모양이 늠름하고 빛깔이 늘 푸른 '귀공자' 모양의 나무 '소나무'를 뜻함.

뜻풀이 ① 소나무

예 [松都(송도)] : 고려의 수도였던 개성의 옛 이름
[松林(송림)] : 소나무가 빽빽한 숲
[松木(송목)] : 소나무
[松柏(송백)] : 소나무와 잣나무, 지조를 지켜 변치 않는 절개 곧은 사람을 비유함
[松實(송실)] : 소나무 열매
[松魚(송어)] : 연어과의 물고기
[松栮(송이)] : 소나무 숲에서 자라는 버섯
[松津(송진)] : 소나무 줄기의 상처에서 나오는 끈끈한 수액
[松花(송화)] : 소나무 꽃 또는 그 꽃가루
[白松(백송)] : 줄기의 빛깔이 흰빛을 내는 소나무
[赤松(적송)] : 줄기에서 붉은빛이 나는 소나무

급수 | **5**급
음훈 | ① 널 판
부수 | 木(나무 목) 부 4획
　　　총 8획

필순 一 十 才 木 木 杦 板 板

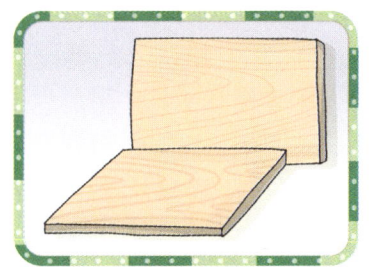

글자풀이 나무(木)에서 의미를 따오고, 반(反)에서 음을 따서 만든 글자. '반'이 '판'으로 바뀐 글자로. 나무를 켜서 만든 넓고 얇은 '널빤지'를 뜻함.

뜻풀이 ① 널빤지 ② 판목 ③ 딱딱이 ④ 홀

예 [板木(판목)] : 두껍고 넓고 평평한 나무 널판지
[板本(판본)] : 판각본의 준말로 목판으로 인쇄한 책
[板子(판자)] : 나무로 만든 널조각, 널빤지
[板蕩(판탕)] : 나라가 어지러워짐
[看板(간판)] : 가게 따위에서 여러 사람의 주의를 끌기 위해 상호·상표명·영업 종목 등을 써서 내건 표지, 대표하여 내세울 만한 사람
[甲板(갑판)] : 큰 배나 군함에서 철판이나 나무로 깐 평평한 바닥

4획

[石板(석판)] : 돌을 넓고 평평하게 깎아 만든 판
[黑板(흑판)] : 교실에서 분필로 글씨를 쓸 수 있게 만들어 걸어놓은 검은 빛 판, 칠판

급수 | 4급
음훈 | ① 버들 류(:)
부수 | 木(나무 목) 부 5획
총 9획

필순 ー 十 才 木 オ 材 柯 柳 柳

글자풀이 나무 목(木) 변에 토끼 묘(卯). 卯는 두 짝의 문이 열려 있는 모습, 봄의 문이 열렸을 때 즉 이른 봄에 새잎이 나오는 '버드나무'를 뜻함.

뜻풀이 ① 버드나무 ② 모이다 ③ 수레의 이름 ④ 성씨 이름

예 [柳器(유기)] : 버들가지를 엮어서 만든 고리(광주리)
[柳眉(유:미)] : 버들잎 모양같은 눈썹이란 뜻으로 미인의 눈썹을 이르는 말
[細柳(세:류)] : 가지가 가는 버들
[楊柳(양류)] : 버드나무

급수 | 5급
음훈 | ① 조사할 사
부수 | 木(나무 목) 부 5획
총 9획

필순 ー 十 才 木 オ 杢 查 查 査

글자풀이 나무 목(木) 밑에 또 차(且), 나무 밑을 또 보고 또 보아 '조사한다'는 뜻.

뜻풀이 ① 조사하다 ② 사돈

예 [査頓(사돈)] : 혼인한 두 집의 부모들끼리 또는 그 두 집의 상대방을 부르는 말
[査閱(사열)] : 조사나 검사를 위해 하나씩 쭉 살펴봄
[査丈(사장)] : 사돈집 웃어른의 높임말
[査正(사정)] : 조사하여 그릇된 것을 바로잡음
[査察(사찰)] : 조사하여 살핌
[檢査(검:사)] : 사실을 조사하여 옳고 그름을 가림
[搜査(수사)] : 찾아다니며 조사함
[調査(조사)] : 내용을 자세히 살펴보거나 찾아봄

249

급수 | **5**급
음훈 | ① 격식 격
부수 | 木(나무 목) 부 6획
    총 10획
필순 一 十 十 才 才 才 杉 校 校 格 格

글자풀이 나무 목(木) 변에 각각 각(各), 나무(木) 도막은 각각(各) '규격'에 맞게 잘라야 물건을 만들 수 있다고 해서 '규격'을 뜻함.

뜻풀이 ① 격식 ② 자격 ③ 바로잡다

예 [格式(격식)] : 격에 어울리는 일정한 방식
[格言(격언)] : 속담 등과 같이 사리에 꼭 들어맞아 교훈이 될 만한 짧은 말, 금언
[格子(격자)] : 바둑판처럼 가로세로를 일정한 간격으로 직각이 되게 짠 무늬
[性格(성:격)] : 그것이 지닌 본바탕 성질
[人格(인격)] : 사람의 품격
[資格(자격)] : 어떤 임무를 맡거나 일을 하는 데 필요한 조건
[品格(품:격)] : 물건의 좋고 나쁨의 정도

급수 | **8**급
음훈 | ① 학교 교:
부수 | 木(나무 목) 부 6획
    총 10획
필순 一 十 十 才 才 才 木 杧 杧 栌 校 校

글자풀이 나무 목(木) 변에 사귈 교(交). 나무가 서로 경쟁하듯 자라는 것처럼 벗과 서로 사귀며 공부하는 '학교'를 뜻함.

뜻풀이 ① 학교 ② 본받다 ③ 가르치다

예 [校歌(교:가)] : 그 학교의 뜻을 기리기 위해 지어 부르는 노래
[校旗(교:기)] : 학교를 대표하고 상징하는 기
[校門(교:문)] : 학교의 정문
[校長(교:장)] : 학교장의 준말, 그 학교의 교육과 행정을 책임진 대표 직위 또는 그 직위에 있는 사람
[校訓(교:훈)] : 학교의 교육이념을 간명하게 나타낸 말

[母校(모:교)] : 자기의 출신 학교
[休校(휴교)] : 학교가 학생을 가르치는 일을 잠시 쉼

根
급수 | 6급
음훈 | ① 뿌리 근
부수 | 木(나무 목) 부 6획
총 10획
필순 一十十才才木[?]村村村根根根

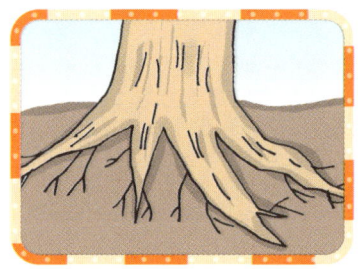

글자풀이 나무 목(木) 변에 어긋날 간(艮). 간(艮)에서 음을 빌어다 만든 글자로 나무 밑의 '뿌리'를 뜻함.

[참고] 유의자 : 本(본)

뜻풀이 ① 뿌리 ② 일의 근본 ③ 본질

예 [根滅(근멸)] : 뿌리째 없애 버림
[根本(근본)] : 사물이 발생하는 근원, 기초
[根性(근성)] : 태어날 때부터 지니고 있는 근본 성질
[根源(근원)] : 사물이 생겨나는 본 바탕
[根絕(근절)] : 다시 살아날 수 없도록 아주 뿌리째 없애 버림

[根腫(근종)] : 덩어리진 근이 박힌 부스럼
[球根(구근)] : 알뿌리
[草根(초근)] : 풀뿌리
[禍根(화:근)] : 재앙의 근원

案
급수 | 5급
음훈 | ① 책상 안:
부수 | 木(나무 목) 부 6획
총 10획
필순 ' ' 宀 宀 宀 安 安 安 案 案 案

글자풀이 편안 안(安) 밑에 나무 목(木). 편안히 공부할 수 있게 나무로 만든 '책상이나 깔고 앉는 방석'을 뜻함.

뜻풀이 ① 책상 ② 방석 ③ 밥상 ④ 생각하고 살피다

예 [案件(안:건)] : 토의하거나 조사해야 할 사실, 문제가 되어 있는 사실
[案內(안:내)] : 인도하여 일러 줌
[案席(안:석)] : 벽에 세워 놓고 앉을 때에 몸을 기대는 방석
[考案(고안)] : 연구하여 생각해 냄
[起案(기안)] : 초안(草案)을 만듦 또는 그 초안

[議案(의안)] : 회의에서 심의하고 토론할 안건
[創案(창:안)] : 어떤 방안·물건 따위를 처음으로 생각하여 냄
[草案(초안)] : 초를 잡음 또는 그 글발. 원안

급수 | **4급**
음훈 | ① 씨 핵
부수 | 木(나무 목) 부 6획
　　　총 10획

필순 ー 十 ナ 木 木 朮 杧 村 核 核

나무 목(木) 변에 돼지 해(亥). 木에서 식물의 뜻을 따오고 亥에서 '해'라는 음과 '단단하다'는 뜻을 따다 만든 형성 문자로 '씨, 알갱이, 단단함'을 뜻함.

① 과일의 씨 ② 굳다 ③ 물건의 중심 알갱이

[核果(핵과)] : 씨가 단단한 핵으로 싸여 있는 열매, 복숭아·살구 따위
[核武器(핵무기)] : 핵에너지를 이용한 각종 무기, 원자 폭탄·수소 폭탄 따위

[核心(핵심)] : 사물의 가장 중심이 되는 부분이나 요점
[核爆彈(핵폭탄)] : 원자 폭탄·수소 폭탄 등과 같이 핵반응을 일으켜 터뜨리는 폭탄
[結核(결핵)] : 결핵균의 기생으로 국부에 맺히는 작은 결절상(結節狀) 망울
[細胞核(세포핵)] : 세포 안에서 세포질과 구별되는 원형질의 한 덩어리
[中核(중핵)] : 사물의 중심에 있어 조직 형성에 있어서 중요한 부분, 핵심, 중심

급수 | **4급**
음훈 | ① 가지 조
부수 | 木(나무 목) 부 7획
　　　총 11획

필순 ノ 亻 亻 亻 亻 攸 攸 攸 攸 條 條

나무 목(木)과 바 유(攸)가 모여서 된 형성 문자. 나무에서 연유하여 길게 뻗은 것 즉 '가지, 갈래'를 뜻함.

① 가지 ② 조목

 [條件(조건)] : 어떤 일을 위해서 갖추어야 할 상태나 요소
[條目(조목)] : 법률·규정 등의 낱낱의 조항이나 항목
[條約(조약)] : 국가 간 또는 국가와 국제기구 사이의 문서에 의한 합의
[條項(조항)] : 조목
[別條(별조)] : 따로 만든 조항
[信條(신:조)] : 굳게 믿어 지키고 있는 생각

급수 | **7**급
음훈 | ① 심을 식
부수 | 木(나무 목) 부 8획 총 12획
필순 - 十 才 木 木 朾 朾 栢 栢 植 植 植

글자풀이 나무 목(木) 변에 곧을 직(直). 나무를 땅 위에 곧게 서도록 '심는다' 는 뜻.

뜻풀이 ① 심다 ② 식물 ③ 근거를 두다 ④ 기둥

 [植木(식목)] : 나무를 심음
[植物(식물)] : 풀이나 꽃나무와 같이 땅에 뿌리박고 사는 생물
[植樹(식수)] : 나무를 심음
[移植(이식)] : 식물을 옮겨 심음

급수 | 준 급
음훈 | ① 극진할 극
       ② 다할 극
부수 | 木(나무 목) 부 9획 총 13획
필순 - 十 才 木 木 朽 朽 朽 柯 極 極 極

글자풀이 나무 목(木) 변에 빠를 극(亟). 위아래가 막힌(二) 갱도에 갇혀 있는 사람이 입(口)과 손(又)을 써서 헤쳐 나오려고 있는 '힘을 다한다' 는 형상의 글자.

[참고] 유의자 : 盡(진)

뜻풀이 ① 다하다 ② 그만두다 ③ 끝 ④ 심하다

 [極口(극구)] : 온갖 말을 다하여
[極東(극동)] : 유럽에서 보아 아시아의 동쪽끝에 위치한 지방으로 한국·중국·일본·필리핀 등
[極甚(극심)] : 매우 심한
[極盡(극진)] : 힘과 정성을 모두 다하여 행함
[登極(등극)] : 임금의 지위에 오름

[北極(북극)] : 북쪽 끝, 북쪽 끝의 지방
[太極(태극)] : 역학(易學)에서 말하는 우주 만물의 근원이 되는 본체(本體)

급수 | 6급
음훈 | ① 업 업 ② 일 업
부수 | 木(나무 목) 부 9획
총 13획
필순 ` ⺌ ⺍ 业 业 业 业 业 莱 莱 業

글자풀이 본디는 악기 등을 걸어두는 널빤지 모양을 본뜬 글자였는데 '일'로 뜻이 바뀜.

[참고] 유의자 : 事(사)

뜻풀이 ① 일 ② 사업. 생계

예 [業務(업무)] : 맡아서 하는 일
[業績(업적)] : 어떤 사업이나 연구 따위에서 세운 업적
[農業(농업)] : 땅에 작물을 심어 농사짓는 일
[失業(실업)] : 일자리를 잃음
[卒業(졸업)] : 규정된 교과 또는 교육 과정을 마침

[職業(직업)] : 생계를 위하여 일상적으로 하는 일
[創業(창:업)] : 나라나 왕조 따위를 처음으로 세움, 사업을 시작함
[就業(취:업)] : 일자리를 얻어 일하러 나감

급수 | 4급
음훈 | ① 얽을 구
부수 | 木(나무 목) 부 10획
총 14획
필순 一 十 才 木 木 朴 朴 栉 栉 構 構 構 構 構

글자풀이 나무 목(木) 변에 얽을 구(冓). 나무를 이리저리 '얽어서 짜 맞춘다' 는 뜻과 또 머리를 써서 '생각해 낸다' 는 뜻을 가진 형성 문자.

[참고] 유의자 : 造(조)

뜻풀이 ① 얽어 짜다 ② 맺다 ③ 만들어내다 ④ 이루다

예 [構內(구내)] : 큰 건물이나 시설 따위의 안
[構成(구성)] : 몇 가지 요소를 조립하여 하나로 만드는 일

[構造(구조)] : 여러 재료를 써서 하나의 것으로 짜서 이룸
[機構(기구)] : 어떤 목적을 이루기 위해 구성한 조직이나 기관
[虛構(허구)] : 사실이 아닌 일을 사실처럼 얽어 조작함

[榮華(영화)] : 겉으로 드러나는 뛰어난 재능이나 명예 따위
[繁榮(번영)] : 일이 성하게 잘되어 영화로움
[虛榮(허영)] : 분수에 넘치는 외관상의 영예, 필요 이상의 겉치레

급수 | 준 **4** 급
음훈 | ① 영화 영
부수 | 木(나무 목) 부 10획 총 14획
필순 ` ´ ᶨ ᶨ ᶨᶨ ᶨᶨ ᶨᶨᶨ ᶨᶨᶨ 𣩂 𣩃 榮 榮 榮

급수 | **6** 급
음훈 | ① 풍류 악 ② 즐거울 락 ③ 좋아할 요
부수 | 木(나무 목) 부 11획 총 15획
필순 ´ ⺍ ⺍⺍ ⺍⺍⺍ 𦥯 𦥯 𦥯 𦥯 樂 樂 樂 樂

글자풀이 높은 나무 위에 두 개의 불(火). 밝은 불빛처럼 멀리까지 알려지는 아름다운 모습 '영광, 번성'을 뜻하는 글자.

[참고] 반대자 : 辱(욕)

뜻풀이 ① 꽃이 피다 ② 무성하다 ③ 영화 ④ 빛, 광명

예 [榮光(영광)] : 빛나는 영예
[榮轉(영전)] : 먼저 있던 자리보다 더 좋은 자리나 지위로 승진하여 옮겨가는 일 ↔ 좌천(左遷)

글자풀이 악기를 연주하는 모양을 나타낸 글자. 악기를 연주하는 '음악'과 음악의 '즐거움' 그 즐거움을 누리는 '멋, 풍류'를 뜻하며 그런 모든 것을 '좋아한다'는 뜻.

[참고] 유의자 : 悅(열), 반대자 : 苦(고)

뜻풀이 ① 풍류 ② 즐거움 ③ 좋아하다

예 [樂園(낙원)] : 안락하게 살 수 있는 즐거운 곳
[樂天(낙천)] : 세상과 인생을 즐겁

게 생각함
[樂曲(악곡)] : 음악의 곡조
[樂器(악기)] : 음악을 연주하기 위해 쓰는 기구의 총칭
[樂山樂水(요산요수)] : 산과 물을 좋아함 곧 자연을 즐기고 좋아함.
[農樂(농악)] : 농촌에서 명절이나 함께 일을 할 때 행하여지는 우리나라 고유의 음악
[聲樂(성악)] : 사람의 목소리로 하는 음악
[音樂(음악)] : 기악 성악 등 소리로 나타내는 예술
[快樂(쾌락)] : 기분이 좋고 즐거움

형성 문자로 '모범, 본보기'를 뜻함.
[참고] 유의자 : 範(범)

뜻풀이 ① 법 ② 본 ③ 모범 ④ 거푸집

예 [模倣(모방)] : 본떠서 흉내를 냄
[模範(모범)] : 본받아 배울 만한 본보기
[摸索(모색)] : 해결 방법을 찾음
[模擬(모의)] : 실제의 것을 본떠서 시험적으로 해봄
[模造(모조)] : 모방하여 만듦
[模糊(모호)] : 일이나 되어가는 모습이 분명하지 않고 애매함

급수 | 4급
음훈 | ① 본뜰 모
부수 | 木(나무 목) 부 11획
총 15획
필순 一 十 十 木 木 木 札 札 札 杧 桓 模 模 模

글자풀이 나무 목(木) 변에 저물 모(莫). 莫에서 음을 따오고 木에서 나무로 만든 '거푸집'의 뜻을 빌어다 만든

급수 | 4급
음훈 | ① 모양 양
부수 | 木(나무 목) 부 11획
총 15획
필순 一 十 十 木 木 术 术 栏 栏 样 样 样 樣 樣 樣

글자풀이 木과 羊과 永으로 된 글자. 본디는 모양이 길쭉한 '도토리 열매'를 뜻하는 글자로 썼는데 후에 '모양'을 뜻하는 글자로 쓰게 됨.

[참고] 유의자 : 形(형)

뜻풀이 ① 모양 ② 본, 법식 ③ 상수리나무

예 [樣式(양식)] : 일정한 형식
[樣態(양태)] : 모양, 상태
[各樣(각양)] : 제각각의 모양
[多樣(다양)] : 여러 가지 모양
[模樣(모양)] : 겉으로 나타나는 생김새나 모습
[文樣(문양)] : 무늬

급수 | **4**급
음훈 | ① 표할 표
부수 | 木(나무 목) 부 11획
　　　총 15획

필순 ー 十 十 木 木 朽 桴 桴 桴 標 標 標 標

글자풀이 나무 목(木)에서 뜻을 따오고, 표(票)에서 음을 따온 형성문자로 본디는 나무 가지의 맨 끝을 나타내는 글자였는데 '표시하다, 적다'의 뜻으로 쓰이게 됨.

뜻풀이 ① 표시, 푯말 ② 기록하다 표하다, ③ 끝 과녁

예 [標記(표기)] : 무슨 표로 기록함 또는 그런 부호
[標本(표본)] : 본보기가 되는 물건
[標語(표어)] : 주의·주장·강령(綱領) 등을 간명하게 표현한 짧은 어구, 슬로건
[標的(표적)] : 목표가 되는 물건
[標識(표지)] : 어떤 사물을 표하기 위한 표시나 특징
[標札(표찰)] : 이름이나 짤막한 좋은 글을 쓴 종이·나무·플라스틱 따위로 만든 표
[指標(지표)] : 방향을 가리키는 표지 사물의 가늠이 되는 안표

급수 | **5**급
음훈 | ① 다리 교
부수 | 木(나무 목) 부 12획
　　　총 16획

필순 ー 十 十 木 木 朽 朽 朽 桥 桥 桥 桥 橋 橋 橋 橋

글자풀이 나무 목(木) 변에 높을 교(喬). 나무를 높다랗게 엮어 만들어 건너다닐 수 있게 만든 다리를 뜻함.

[참고] 유의자 : 梁(량)

뜻풀이 ① 다리 ② 시렁 ③ 굳세다

예 [橋脚(교각)] : 다리를 놓는 기둥
[橋梁(교량)] : 다리
[假橋(가:교)] : 임시로 놓은 다리
[浮橋(부교)] : 배·뗏목을 잇대어 매고 그 위에 널빤지를 깔아 만든 배다리
[陸橋(육교)] : 교통이 번잡한 도로나 철로 위에 사람들이 안전하게 건널 수 있도록 공중으로 가로질러 놓은 다리
[鐵橋(철교)] : 쇠로 만든 다리

급수 | **4**급
음훈 | ① 틀 기
부수 | 木(나무 목) 부 12획
　　　총 16획
필순 ｜ ｜ ｜ ｜ ｜ ｜ ｜ ｜ ｜ ｜ ｜ ｜ 機 機 機

글자풀이 나무 목(木) 변에 기미 기(幾). 木에서 뜻을 따오고 幾에서 음을 따서 만든 형성 문자로 나무를 엮어서 만든 '기계, 베틀'을 뜻함.

[참고] 유의자 : 械(계)

뜻풀이 ① 기계 ② 베틀 ③ 올가미 ④ 문지방

예 [機械(기계)] : 동력을 써서 작업을 하는 장치
[機巧(기교)] : 교묘한 꾀나 장치
[機能(기능)] : 하는 구실이나 작용. 어떤 기관의 역할과 작용
[機心(기심)] : 기회를 보아 움직이는 마음
[待機(대:기)] : 때나 기회를 기다림
[動機(동:기)] : 의사 결정이나 어떤 행위의 직접적인 원인, 계기
[危機(위기)] : 위험한 고비, 위험한 경우
[臨機(임:기)] : 어떤 때에 임함
[投機(투기)] : 기회를 엿보아 큰 이익을 보려는 짓

급수 | **6**급
음훈 | ① 나무 수
부수 | 木(나무 목) 부 12획
　　　총 16획
필순 ｜ ｜ ｜ ｜ ｜ ｜ ｜ ｜ 桔 桔 桔 桔 桂 桂 樹 樹

글자풀이 나무 목(木) 변에 세울 주(尌). 세워있는 나무 즉 심어서 자라고 있는 나무를 뜻함.

[참고] 유의자 : 木(목)

뜻풀이 ① 나무 ② 초목 ③ 담, 담장 ④ 심다

예 [樹根(수근)] : 나무의 뿌리, 근본을 세우다, 기초를 만들다
[樹齡(수령)] : 나무의 나이
[樹木(수목)] : 나무
[樹液(수액)] : 나무껍질에서 나오는 액체
[果樹(과:수)] : 과일나무
[常綠樹(상록수)] : 사철 푸른 나무
[植樹(식수)] : 나무를 심음
[有實樹(유:실수)] : 유용한 열매를 맺는 나무

급수 | 준 4급
음훈 | ① 검사할 검:
부수 | 木(나무 목) 부 13획
      총 17획

필순 - 一 十 十 木 木 朴 朴 朴 朴 檢 檢 檢 檢 檢 檢 檢 檢

글자풀이 나무 목(木) 변에 다 첨(僉). 나무(木) 주변에 많은(僉) 사람들이 모이는 형상의 글자로 행사에 모이는 사람들을 일일이 '검사'한다는 뜻.

뜻풀이 ① 조사하다 ② 봉함하다 ③ 생각하다 ④ 단속하다

예 [檢問(검문)] : 조사하여 물음
[檢査(검:사)] : 사실이나 일의 상태 물질의 구성 성분 따위를 조사함
[檢索(검:색)] : 범죄나 사건을 밝히기 위하여 살펴 조사함
[檢閱(검:열)] : 어떤 행위나 사업 따위를 살펴 조사함
[檢診(검:진)] : 건강 상태와 질병의 유무를 검사하고 진찰하는 일
[檢察(검:찰)] : 검사하여 살핌, 범죄를 수사하고 증거를 물음
[檢討(검:토)] : 사실이나 내용을 분석하여 가면서 따짐
[檢票(검:표)] : 담당 사무원이 차표·배표·비행기표 따위 등을 조사하는 일
[臨劍(임검)] : 현장에 가서 검사함
[點檢(점검)] : 낱낱이 검사함

급수 | 준 4급
음훈 | ① 박달나무 단
부수 | 木(나무 목) 부 13획
      총 17획

필순 - 一 十 十 木 木 朴 朴 朴 柿 柿 檀 檀 檀 檀 檀 檀 檀

글자풀이 나무 목(木) 변에 믿음 단(亶). 木에서 뜻을 따고 단(亶)에서 음을 따서 만든 글자. '박달나무'를 뜻함.

뜻풀이 ① 박달나무 ② 단향목 ③ 베풀다

예 [檀君(단군)] : 우리 민족의 국조(國祖)로 받들어 모시는 태초의 임금님 단군왕검
[檀君朝鮮(단군조선)] : 단군이 기원전 2333년에 건국한 고조선(古朝鮮)
[檀弓(단궁)] : 박달나무로 만든 활
[檀紀(단기)] : '단군기원'의 준말, 서기보다 2333년 앞서가는 기원
[檀木(단목)] : 박달나무
[黑檀(흑단)] : 검은 빛이 나는 박달나무로 고급 가구·악기 등의 재료로 씀

급수 | 준 **4**급
음훈 | ① 권세 권
부수 | 木(나무 목) 부 18획
       총 22획

필순 ─ ┼ ╅ ╈ ╈ ╈ ╈ ╈ ╈ ╈ 枦 枦 栟 栟 栟 榷 榷 權 權 權

글자풀이 나무 목(木) 변에 황새 관(雚). 몽둥이(木)를 들고 큰 새(雚)를 쫓는 다는 글자로 어떤 능력과 힘 권리를 뜻함.

뜻풀이 ① 권리 ② 능력 ③ 저울, 저울질

예 [權能(권능)] : 권세와 능력
[權力(권력)] : 남을 지배하고 복종시킬 수 있는 힘
[權利(권리)] : 권세와 이익
[權謀(권모)] : 그때 그때의 형편에 따라 꾀하는 계략
[權益(권익)] : 권리와 그에 따르는 이익
[實權(실권)] : 실제로 권리를 행사할 수 있는 힘 또는 그런 사람
[人權(인권)] : 인간이 인간으로서 당연히 갖는 기본적 권리
[政權(정권)] : 정부를 구성하고 나라의 정치를 담당하는 권력
[主權(주권)] : 주인으로서 누릴 수 있는 권리
[特權(특권)] : 특별한 대상에게 주어지는 우월한 지위나 권리

欠 (하품 흠) 部

* **부수 설명**: 사람의 입에서 입김이 나오는 모양을 본떠서 만든 글자로 크게 입을 벌려 하품한다는 글자. 독립된 글자로도 쓰이고 부수로도 쓰임.

次
급수 │ 준 4급
음훈 │ ① 버금 차
부수 │ 欠(하품 흠) 부 2획
　　　총 6획

필순 ` ⼎ ⼎ 冫 㐅 次

글자풀이 두 이(二) 변에 하품 흠(欠). 하품하며 따라가는 게으른 동작으로 남의 뒤를 따라간다는 글자로 '둘째' 또는 '차례'를 뜻함.

뜻풀이 ① 버금, 다음 ② 차례, 순서

예 [次期(차기)] : 다음 시기
　[次男(차남)] : 둘째 아들
　[次上(차상)] : 시문(詩文)을 꼲는 등급의 하나, 넷째 등급 중의 첫째 급

[次善(차선)] : 최선의 다음
[目次(목차)] : 차례로 늘어놓은 목록이나 제목

歌
급수 │ 7급
음훈 │ ① 노래 가
부수 │ 欠(하품 흠) 부 10획
　　　총 14획

필순 ` ⼎ ⼎ 冖 可 豆 哥 哥 哥 哥 哥 歌 歌 歌

글자풀이 소리 가(哥) 변에 하품 흠(欠). 입을 크게 벌리고(欠) 소리를 지른다(哥) 즉 입을 벌려 노래한다는 뜻.

[참고] 유의자 : 謠(요)

뜻풀이 ① 노래 ② 노래하다 ③ 소리 내어 읊다

예 [歌曲(가곡)] : 노래
　[歌劇(가극)] : 노래로 엮어가는 연극, 오페라
　[歌手(가수)] : 노래 부르는 것을 업으로 삼는 사람
　[歌謠(가요)] : 민요·동요·속요·유행가 등의 속칭
　[歌唱(가창)] : 노래를 부름

[校歌(교:가)] : 학교의 뜻을 기리기 위해 지어 부르는 노래
[軍歌(군가)] : 군대의 사기를 북돋우기 위해 부르는 노래
[聖歌(성가)] : 교회에서 예배드릴 때 부르는 신성한 노래

급수 | 4급
음훈 | ① 탄식할 탄:
부수 | 欠(하품 흠) 부 11획
총 15획

필순 一 十 卝 艹 莒 莒 莒 뷀 苫 堇 菓 菓 菓 歎 歎 歎

글자풀이 어려울 난(難)과 하품 흠(欠)이 합쳐서 된 글자. 어려움을 만나 한숨 쉬며 '탄식' 한다는 뜻.

뜻풀이 ① 읊다 ② 탄식하다 ③ 한숨 쉬다 ④ 신음하다

예 [歎服(탄:복)] : 깊이 감탄히어 마음으로 따름
[歎聲(탄:성)] : 탄식하여 내는 소리
[歎息(탄:식)] : 한숨을 쉬며 한탄함. 또는 그 한숨
[感歎(감:탄)] : 감동하여 찬탄함
[悲歎(비:탄)] : 슬프게 탄식함
[恨歎(한:탄)] : 원망을 하거나 뉘우침이 있을 때 한숨을 쉬며 탄식함

급수 | 4급
음훈 | ① 기쁠 환
부수 | 欠(하품 흠) 부 18획
총 22획

필순 一 十 卝 艹 艹 芹 芹 芹 芦 茁 茁 茁 藋 藋 藋 藋 藋 歡 歡 歡

글자풀이 황새 관(藋) 변에 하품 흠(欠). 황새(藋)가 먹이를 보고 입을 크게 벌려(欠) 기뻐한다는 뜻.

뜻풀이 ① 기뻐하다 ② 좋아하고 사랑한다

예 [歡談(환담)] : 정답고 즐겁게 서로 주고 받는 얘기
[歡待(환대)] : 반겨 후하게 접대함. 정성껏 대접함
[歡送(환송)] : 기쁜 마음으로 보냄
[歡迎(환영)] : 호의를 가지고 오는 사람을 즐거이 맞음
[歡呼(환호)] : 기뻐서 큰 소리로 고함을 지름

止 (그칠 지) 部

* **부수 설명** : 땅 속에서 새 싹이 돋아나오는 모양을 본뜬 글자. 또는 발목 아래의 발 모양을 그린 글자라는 주장도 있음 그래서 '뿌리, 발' 등의 뜻을 나타내며 독립된 글자로도 쓰이고 부수로도 쓰임.

[止血(지혈)] : 출혈을 멈춤 또는 출혈을 멈추게 함
[禁止(금:지)] : 하지 못하게 함
[停止(정지)] : 움직이던 것이 잠시 멈춤
[中止(중지)] : 하던 일을 중도에서 그만 둠
[廢止(폐:지)] : 실시해 오던 제도나 법규·일 등을 치워서 그만둠

급수 : **5급**
음훈 : ① 그칠 지
부수 : 止(그칠 지) 부 0획
　　　총 4획

필순 ㅣ ㅏ ㅑ 止

글자풀이 발목 밑의 발을 나타낸 글자로서 '그치다, 머무르다, 막다' 등의 뜻을 지님.

뜻풀이 ① 그치다 ② 멎다 ③ 막다

예 [止舍(지사)] : 객사에서 머무름
　　[止水(지수)] : 흐르지 않고 괴어있는 물
　　[止息(지식)] : 진행해 오던 일이나 앓던 병 등이 잠시 멈춤

급수 : **7급**
음훈 : ① 바를 정(:)
부수 : 止(그칠 지) 부 1획
　　　총 5획

필순 ㅡ 丅 下 正 正

글자풀이 한일(一) 밑에 그칠지(止). 단 한번으로 일을 끝내 '바르다' 정확하다는 뜻.

[참고] 반대자 : 誤(오)

뜻풀이 ① 바르다 ② 정당하다 ③ 음력 1월

예 [正月(정월)] : 음력 1월
　　[正答(정:답)] : 옳은 답
　　[正面(정:면)] : 바로 마주 보이는 면

[正午(정:오)] : 낮 12시
[正直(정:직)] : 거짓·허식이 없이 마음이 바르고 곧음
[正確(정:확)] : 바르고 확실함

급수 | 준 4급
음훈 | ① 걸음 보:
부수 | 止(그칠 지) 부 3획
　　　총 7획

필순 ㅣ ㅏ ㅑ 止 止 步 步

글자풀이　왼쪽 발을 뜻하는 그칠 지(止)와 오른쪽 발 모양인 적을 소(少)가 합쳐진 글자로 두 발로 '걷는다'는 뜻.

뜻풀이　① 걷다 ② 걸음

예 [步道(보:도)] : 사람이 통행시 사용하도록 한 도로 걸어다니는 길
[步幅(보:폭)] : 걸음 나비
[步行(보:행)] : 걸어서 감
[競步(경:보)] : 빨리 걷는 육상 경기
[進步(진:보)] : 사물이 점차 발달하는 일, 사물이 차차 나아지는 일
[行步(행보)] : 걸음을 걸음. 어떤 곳으로 장사하러 다님, 어떤 일을 해 나감

급수 | 준 4급
음훈 | ① 호반 무:
부수 | 止(그칠 지) 부 4획
　　　총 8획

필순 ㅡ ㅜ ㅜ 千 千 疜 正 武 武

글자풀이　그칠 지(止)와 창 과(戈)가 합쳐진 글자. 창과 방패로 전쟁을 그치게(止)하는 '군인' 또는 '무기'를 뜻함.

[참고] 반대자 : 文(문)

뜻풀이　① 굳세다 ② 군인 ③ 병법 ④ 무기, 병기

예 [武功(무:공)] : 전장에서 세운 공적
[武器(무:기)] : 전쟁에 쓰는 온갖 기구, 병기(兵器)
[武力(무:력)] : 군사상의 힘, 마구 욱대기는 힘
[武士(무:사)] : 예전에 무예를 익히어 그 방면에 종사하던 사람, 무부(武夫)
[武術(무:술)] : 무도(武道)에 관한 기술
[武臣(무:신)] : 무관인 신하
[武勇談(무:용담)] : 싸움에서 용감하게 활약하여 무공을 세운 이야기

급수 | **5**급
음훈 | ① 해 세:
부수 | 止(그칠 지) 부 9획
　　　총 13획
필순 ノ 丄 ⺊ 止 ⺍ 产 产 产 쓝 歲 歲 歲

글자풀이 1년 365일이 지나 다시 그 날이 될 때까지의 기간을 뜻함.

[참고] 유의자 : 年(년)

뜻풀이 ① 한 해 ② 새해 ③ 시일 ④ 일생

예 [歲暮(세:모)] : 한 해가 끝날 무렵
　[歲拜(세:배)] : 섣달그믐이나 정초에 하는 인사
　[歲月(세:월)] : 흘러가는 시간
　[歲寒(세:한)] : 설 전후의 추위라는 뜻으로 매우 심한 한겨울의 추위
　[萬歲(만:세)] : 영원히 삶

급수 | **5**급
음훈 | ① 지날 력
부수 | 止(그칠 지) 부 12획
　　　총 16획
필순 一 厂 厂 厂 厂 厤 厤 厤 厤 厤 厤 厤 厤 厤 歷 歷

글자풀이 다스릴 력(厤) 밑에 그칠 지(止). 다스리는 행위가 그친 뒤 즉 한 시대가 지난 뒤에 기록하는 통치의 내용 '역사'를 뜻함.

뜻풀이 ① 지내다 ② 뛰어넘다 ③ 지내온 일 ④ 달력

예 [歷代(역대)] : 대대로 이어 내려온 여러 대(代)
　[歷史(역사)] : 인류 사회의 흥망과 변천의 과정 또는 그 기록
　[歷然(역연)] : 뚜렷함, 분명함
　[歷任(역임)] : 차례로 여러 벼슬을 지냄
　[歷程(역정)] : 사람이 살아가며 지내온 경로나 내력
　[經歷(경력)] : ① 겪어 지내 온 일들 ② 여러 가지 일들을 겪어 지내옴
　[來歷(내력)] : 겪어 온 자취
　[病歷(병:력)] : 지금까지 걸린 일이 있는 병의 내력
　[履歷(이:력)] : 지금까지 거쳐 온 학업·직업 등의 내력
　[學歷(학력)] : 수학(修學)한 이력(履歷), 학교를 다닌 경력

급수 | **4**급
음훈 | ① 돌아갈 귀:
부수 | 止(그칠 지) 부 14획
     총 18획

필순 ′ 𠂉 𠂉 ̇𠂉̇ 𠂉̇ 𠂉̇ 𠂉̇ 𠂉̇ 𠂉̇ 𠂉̇ 𠂉̇ 𠂉̇ 𠂉̇ 𠂉̇ 𠂉̇ 歸 歸

글자풀이 쫓을 추(追)와 며느리 부(婦)가 합쳐진 글자. 며느리를(婦) 시집으로 쫓아(追) '돌아가'게 한다는 뜻.

[참고] 유의자 : 還(환), 약자 : 帰

뜻풀이 ① 돌아가다 ② 돌려보내다 ③ 보내다

예 [歸家(귀:가)] : 집으로 돌아감
[歸國(귀:국)] : 외국에 나가 있던 사람이 본국으로 돌아옴
[歸省(귀:성)] : 객지에서 부모를 뵈려 고향으로 돌아옴
[歸鄕(귀:향)] : 고향으로 돌아감
[歸化(귀:화)] : 다른 나라의 국적을 얻어 그 국민이 됨, 향화(向化)
[歸還(귀:환)] : 제자리로 다시 돌아옴 또는 돌아감
[復歸(복귀)] : 본디의 자리·상태로 돌아감

歹 (뼈 앙상할 알) 部

✱ 부수 설명 : 머리뼈에서 살을 발라낸 모양인 뼈 발라낼 과(冎) 자를 반으로 쪼갠 글자. 그래서 뼈 앙상할 알 또는 부서진 뼈 알자로 부르며 대체로 죽음과 관계된 글자의 부수로 쓰임.

급수 | **6**급
음훈 | ① 죽을 사:
부수 | 歹(뼈앙상할 알) 부
     2획 총 6획

필순 一 ㄱ 万 歹 死 死

글자풀이 뼈 앙상할 알(歹) 변에 사람 인(人). 사람의 목숨이 다하여 뼈만 앙상하게 남는다. 즉 '죽음'을 뜻함.

[참고] 반대자 : 生(생)

뜻풀이 ① 죽다 ② 죽이다 ③ 망하다 ④ 목숨을 걸다

예 [死境(사:경)] : 죽을 지경, 죽음에 임박한 경지
[死亡(사:망)] : 사람이 죽음

[死生(사:생)] : 죽음과 삶
[死守(사:수)] : 목숨을 무릅쓰고 끝까지 지켜냄
[死因(사:인)] : 죽게 된 원인
[急死(급사)] : 갑자기 죽음
[飢死(기사)] : 굶어 죽음. 餓死(아사)
[溺死(익사)] : 물에 빠져 죽음
[致死(치:사)] : 죽음에 이름 또는 죽게 함

[殘額(잔액)] : 나머지 액수
[殘忍(잔인)] : 인정이 없고 모짊
[殘存(잔존)] : 없어지지 않고 남아 있음
[殘在(잔재)] : 남아 있음
[殘酷(잔혹)] : 잔인하고 혹독함
[敗殘(패:잔)] : 싸움에 져서 몸만 살아 있음

급수 | **4**급
음훈 | ① 남을 잔
부수 | 歹(뼈앙상할 알) 부
　　　 8획 총 12획

필순 ´ 丆 歹 歹 歹 歺 歺 歺 殘 殘 殘 殘

골자풀이 뼈 앙상할 알(歹) 변에 해칠 잔(戔). 앙상하게 뼈만 남을 때까지 창(戈)으로 모질게 해친다는 뜻.

[참고] 유의자 : 餘(여)

뜻풀이 ① 해치다 ② 남다 ③ 멸하다 ④ 잔인하다

예 [殘金(잔금)] : 쓰고 남은 돈
　 [殘命(잔명)] : 죽음이 가까운 쇠잔한 목숨

殳 (창 수) 部

＊ 부수 설명 : 오른 손(又)에 무기(几)를 들고 있는 형상의 글자. 그래서 '창 수' 라는 이름이 붙고 또 이 글자의 모양이 둥글월 문(攴, 攵)과 비슷하여 갖은 둥글월 문이라고도 한다. 손에 든 무기, 도구, 회초리 등을 뜻하고 있다.

급수 | **4**급
음훈 | ① 층계 단
부수 | 殳(창 수) 부 5획
　　　 총 9획

필순 ´ 丆 丆 丆 𠄌 𠂉 𠂉 段 段

글자풀이 언덕 한(厂) 엄안에 석 삼(三), 창 수(殳)로 된 글자. 도구(殳)를 가지고 언덕길에(厂) 층층으로(三) 만든 계단을 뜻함.

[참고] 유의자 : 階(계)

뜻풀이 ① 구분 ② 문장의 단락 ③ 방법 ④ 층계

예 [段階(단계)] : 일의 과정, 순서
[段落(단락)] : 글을 내용상으로 끊어서 구분한 하나하나의 토막
[段數(단수)] : 수단이나 술수를 쓰는 재간의 정도
[手段(수단)] : 일을 처리해 나가는 솜씨와 꾀
[下段(하단)] : 글의 아래쪽 부분

급수 | 준4급
음훈 | ① 죽일 살
② 감할 쇄:
부수 | 殳(창 수) 부 7획 총 11획
필순 ′ ㇀ 亠 乎 芓 杀 杀 杀 殺 殺 殺

글자풀이 몽둥이(殳)로 쳐서 '죽인다'는 뜻과 죽여 없앰으로 '감한다'는 뜻.

[참고] 반대자 : 活(활)

뜻풀이 ① 죽이다 ② 죽다 ③ 베다 ④ 감하다

예 [殺伐(살벌)] : 분위기가 거칠고 무시무시함
[殺生(살생)] : 사람이나 짐승 따위의 생물을 죽임
[殺意(살의)] : 죽이려는 생각
[殺人(살인)] : 사람을 죽임
[殺蟲(살충)] : 벌레를 죽임
[打殺(타:살)] : 때려서 죽임
[被殺(피:살)] : 죽임을 당함
[殺到(쇄:도)] : 한꺼번에 모여듦
[減殺(감:쇄)] : 덜어서 적게 함
[相殺(상쇄)] : 주고 받을 셈을 서로 비김

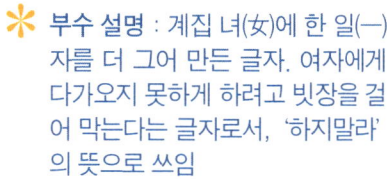

毋 (말 무) 部

✱ 부수 설명 : 계집 녀(女)에 한 일(一) 자를 더 그어 만든 글자. 여자에게 다가오지 못하게 하려고 빗장을 걸어 막는다는 글자로서, '하지말라'의 뜻으로 쓰임

급수 | 8급
음훈 | ① 어미 모:
부수 | 毋(말 무) 부 1획
총 5획

필순 ㄴ 仄 仄 母 母

글자풀이 여자가 어린아이에게 젖을 먹이는 모양을 본뜬 글자로 젖을 먹이는 여자 즉 '어미'를 뜻함.

뜻풀이 ① 어미 ② 할미 ③ 암컷 ④ 근원

예 [母系(모:계)] : 어머니 쪽의 혈통
[母國(모:국)] : 외국에 나가 있는 사람이 자기 나라를 가리키는 말
[母女(모:녀)] : 어머니와 딸
[母情(모:정)] : 자식에 대한 어머니의 심정
[繼母(계:모)] : 아버지의 후취. 의붓어머니. 후모(後母)
[叔母(숙모)] : 작은 어머니
[姨母(이모)] : 어머니의 자매
[丈母(장모)] : 아내의 친어머니. 빙모(聘母)
[祖母(조모)] : 할머니

급수 | **7**급
음훈 | ① 매양 매(:)
부수 | 毋(말 무) 부 3획
　　　총 7획

필순 ノ 一 ヒ 仁 白 丹 毎 毎

글자풀이 사람 인(人) 밑에 어미 모(母). 어린 아이는 언제나 어미의 젖을 먹고 자란다고 해서 '매양, 언제나 늘 항상'의 뜻임.

뜻풀이 ① 매양 ② 늘 ③ 항상 ④ 아름답다

예 [每年(매:년)] : 해마다
[每事(매:사)] : 하나하나의 모든 일
[每時(매:시)] : 시간마다, 때마다
[每日(매일)] : 날마다
[每週(매:주)] : 주일마다

급수 | 준**4**급
음훈 | ① 독 독
부수 | 毋(말 무) 부 4획
　　　총 8획

필순 一 二 ㆍ 圭 ㆍ 声 毒 毒

글자풀이 날 생(生) 밑에 말 무(毋). 태어나는 것(生)을 못하게(毋) 방해하려 한다는 것으로 사람에게 '해로운 독'이란 뜻.

뜻풀이 ① 독 ② 해치다 ③ 아프다

예 [毒氣(독기)] : 독이 있는 기운
[毒蛇(독사)] : 이빨에 독이 있는 뱀
[毒殺(독살)] : 독약을 먹이거나 써서 죽임
[毒藥(독약)] : 독성을 지닌 약
[消毒(소독)] : 병의 감염이나 전염을 예방하기 위하여 병원균을 죽이는 일
[旅毒(여독)] : 여행에 의한 해독이나 피로
[解毒(해:독)] : 독기를 풀어 없앰

比 (견줄 비) 部

※ 부수 설명 : 비수 비(匕) 두 자를 나란히 놓은 글자. 匕는 사람 인(人)자를 뒤집어 놓은 것과 같다. 따라서 比는 두 사람을 나란히 놓고 비교한다는 뜻임.

급수 | 5급
음훈 | ① 견줄 비:
부수 | 比(견줄 비) 부 0획
　　　총 4획

필순 · ㅏ ㅏ 比

글자풀이 두 사람을 나란히 세워놓고 견주어 비교한다는 뜻.

[참고] 유의자 : 較(교)

뜻풀이 ① 견주다 ② 본뜨다 ③ 겨루다 ④ 비기다

예 [比較(비:교)] : 두 개 이상의 사물을 견주어 봄
[比例(비:례)] : ① 한쪽의 양이나 수가 증가하는 만큼 다른쪽의 양이나 수도 증가함 ② 예를 들어 비교함 ③ 양적으로 일정한 관계
[比日(비:일)] : 날마다
[對比(대:비)] : 차이를 알아보기 위하여 서로 맞대어 비교함
[等比(등:비)] : 두 개의 비가 서로 같게 된 비

毛 (터럭 모) 部

※ 부수 설명 : 사람의 머리털이나 짐승의 털이 나란히 늘어선 모양을 본떠서 만든 글자로 '털'을 뜻함.

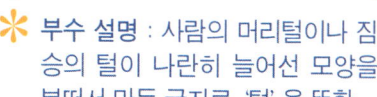

급수 | 준 **4**급
음훈 | ① 터럭 모
부수 | 毛(털 모) 부 0획
　　　총 4획

필순 ノ 二 三 毛

글자풀이 사람의 머리털이나 짐승의 털을 나타낸 글자.

[참고] 유의자 : 髮(발)

뜻풀이 ① 털 ② 가볍다 ③ 짐승. 길짐승 ④ 모피

예 [毛孔(모공)] : 털구멍
　[毛髮(모발)] : 사람의 몸에 난 온갖 털, 머리털
　[毛織(모직)] : 털실로 짠 옷감
　[毛蟲(모충)] : 몸에 털이 있는 벌레
　[毛布(모포)] : 담요
　[毛皮(모피)] : 털이 붙어있는 짐승의 가죽
　[不毛(불모)] : ① 아무런 발전이나 결실이 없는 상태 ② 땅이 거칠고 메말라 식물이나 동물이 도저히 살 수 없는 곳
　[羊毛(양모)] : 양털
　[脫毛(탈모)] : 털이 빠짐

氏 (각시 씨) 部

✻ 부수 설명 : 땅 속으로 내린 식물의 뿌리와 땅 위로 솟은 줄기 모양을 그린 글자로 생명의 근원, 근본을 나타낸 글자입니다. 뿌리가 같은 공동체에 씨(氏)자를 붙여 '이씨', '김씨' 라 부르고 있지요. 또 다른 해석으로는 옷 의(衣)자의 아래 부분을 즉 치마 모양을 나타낸 글자란 해석도 있습니다.

급수 | **4**급
음훈 | ① 각시 씨
부수 | 氏(각시 씨) 부 0획
　　　총 4획

필순 ノ 厂 F 氏

글자풀이 땅 속에 내린 뿌리와 땅 위로 솟은 줄기를 그린 상형 문자로 씨에서 새싹으로 이어지듯 대를 잇는 '혈통' 을 뜻하며 또는 '이름 대신 부르는 존칭' 을 뜻함.

뜻풀이 ① 각시 ② 성 ③ 씨 ④ 뿌리

예 [氏名(씨명)] : 성명

[氏譜(씨보)] : 족보
[氏族(씨족)] : 원시 사회에서 공동의 조상을 가진 혈족 단체
[姓氏(성:씨)] : 성을 높여 부르는 말
[仲氏(중씨)] : 남의 둘째 형

급수 | **8**급
음훈 | ① 백성 민
부수 | 氏(각시 씨) 부 1획
　　　총 5획
필순 ` ㄱ ㄕ ㄕ 民

글자풀이　각시 씨(氏)와 한 일(一)자가 합쳐져서 된 글자. 땅(一)에서 솟아 나오는 수많은 새싹(氏)처럼 많은 '백성'을 뜻함.

뜻풀이　① 백성 ② 국민

예 [民生(민생)] : 일반 국민의 생활
　　[民族(민족)] : 한 지역에서 태어나 오랜 세월 동안 함께 생활하면서 공동 문화를 이룩한 종족
　　[國民(국민)] : 한 나라의 통치권 밑에 같은 국적을 가진 사람
　　[住民(주:민)] : 그 땅에 또는 일정한 지역에 살고 있는 사람

＊ 부수 설명 : 입김이 피어오르는 모양을 본뜬 글자. '기운기 엄' 부수라 이름 함. 대체로 증기 입김 연기 안개 등을 뜻하는 부수로 쓰임.

급수 | **7**급
음훈 | ① 기운 기
부수 | 气(기운 기) 부 6획
　　　총 10획
필순 ' ″ ⺂ 气 气 气 氕 氕 氣 氣

글자풀이　기운 기(气) 엄 안에 쌀 미(米). 쌀로 밥을 지을 때 나오는 김과 냄새를 뜻함.

뜻풀이　① 기운 ② 공기 ③ 숨 ④ 냄새

예 [氣力(기력)] : 사람의 몸으로 활동할 수 있는 정신과 육체의 힘
　　[氣分(기분)] : 대상이나 환경에 따라 마음에 저절로 느껴지는 유쾌함이나 불쾌함 따위의 감정
　　[氣像(기상)] : 날씨

[氣勢(기세)] : 기운차게 뻗어가는 형세나 모양
[氣質(기질)] : 기력과 체질
[氣體(기체)] : 공기나 산소 수소처럼 일정한 형체나 부피를 갖추지 못하는 물체
[氣品(기품)] : 고상한 성품
[空氣(공기)] : 지구를 둘러싸고 있는 무색·투명·무취의 기체
[勇氣(용:기)] : 씩씩하고 굳센 기운, 사물을 겁내지 않는 기개
[血氣(혈기)] : 목숨을 유지하는 피와 기운
[活氣(활기)] : 살아 움직이게 하는 원기

水 (물 수) 部

✱ **부수 설명** : 물이 졸졸 흐르는 모양을 본뜬 글자로 물, 내, 강을 뜻함. 변으로 쓰일 때는 氵 모양으로 변하여 '삼 수'라 부르고, 발로 쓰일 때는 氺로 바뀌며 '물 수 발'이라 부름.

글자풀이 물이 졸졸 흐르는 모양을 본떠서 만든 글자임.

뜻풀이 ① 물 ② 강 ③ 내 ④ 액체

예 [水道(수도)] : 물이 흐르게 만든 길 또는 관
[水面(수면)] : 물의 표면
[水分(수분)] : 물기
[水洗(수세)] : 물로 씻음
[水壓(수압)] : 물이 누르는 압력
[水泳(수영)] : 물속을 헤엄 침
[給水(급수)] : 물을 공급함
[冷水(냉:수)] : 차가운 물
[生水(생수)] : 샘구멍에서 솟아나오는 맑은 물
[溫水(온수)] : 따뜻한 물
[香水(향수)] : 좋은 향기의 액체
[洪水(홍수)] : 장마나 비가 많이 내려 넘쳐흐르는 큰물

급수 | **8**급
음훈 | ① 물 수
부수 | 水(물 수) 부 0획
　　　총 4획

필순 | 亅 亅 氺 水

급수 | **5**급
음훈 | ① 얼음 빙
부수 | 水(물 수) 부 1획
　　　총 5획

필순 | 亅 亅 기 氷 氷

급수 | **6**급
음훈 | ① 길 영:
부수 | 水(물 수) 부 1획
    총 5획

필순 ` 亅 永 永 永

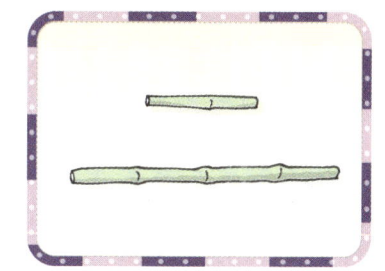

글자풀이 물 수(水)위에 점 주(ヽ). 물 위에 둥둥 떠다니는 '얼음' 덩어리를 뜻함.

[참고] 반대자 : 炭(탄)

뜻풀이 ① 얼음 ② 얼다 ③ 엉기다

예 [氷菓(빙과)] : 얼음과자, 얼음사탕
[氷山(빙산)] : 남극이나 북극 바다에서 산처럼 떠있는 큰 얼음 덩어리
[氷水(빙수)] : 과일 등에 얼음을 뿌리고 팥고물을 얹어 비벼 먹게 만든 시원한 음료
[氷點(빙점)] : 물질의 얼기 시작하는 온도
[氷炭(빙탄)] : 얼음과 숯이라는 뜻으로, 서로 상대를 해치는 관계
[氷板(빙판)] : 얼음으로 깔린 바닥
[氷河(빙하)] : 거대한 얼음 덩어리, 얼어붙은 큰 강
[結氷(결빙)] : 물이 얼어서 얼음이 됨
[碎氷(쇄빙)] : 얼음을 깨뜨려 부숨
[製氷(제빙)] : 물을 얼리어 얼음을 만듦
[解氷(해:빙)] : 얼음이 녹음

글자풀이 물줄기가 길고 여러 갈래로 뻗은 모양을 그린 글자로 '길다'는 뜻.

[참고] 유의자 : 久(구)

뜻풀이 ① 길다 ② 멀다 ③ 오래 ④ 노래를 읊다

예 [永久(영:구)] : 길고 오램
[永眠(영:면)] : 영원히 잠듦 즉 죽음
[永生(영:생)] : 예수를 믿고 그 가르침을 행함으로써 천국에 회생하여 영원토록 삶
[永遠(영:원)] : 한없이 오래 계속되는 일
[永住(영:주)] : 한곳에 오래 삶

급수 | **7**급
음훈 | ① 강 강
부수 | 氵(물 수) 부 3획
    총 6획

필순 ` 丶 氵 江 江 江

글자풀이 삼 수(氵) 변에 장인 공(工). 물(氵)이 흘러가며 만든(工) 물 길 즉 강을 뜻함.

뜻풀이 ① 강 ② 큰 내

예 [江南(강남)] : 강 건너 남쪽 지방, 서울에서 한강의 남쪽 지역
[江邊(강변)] : 강가
[江山(강산)] : 강과 산 즉 국토
[江村(강촌)] : 강가에 있는 마을
[漢江(한:강)] : 우리나라의 중심을 흘러 황해로 들어가는 강

급수 | **5**급
음훈 | ① 결단할 결
부수 | 氵(물 수) 부 4획
　　　총 7획
필순　`丶 丶 氵 汀 江 決 決`

글자풀이 삼 수(氵) 변에 물 터질 쾌(夬). 물 밀려오는 듯 한 대세를 막을 수 없어 '결정한다' 는 뜻.

뜻풀이 ① 터지다 ② 갈라놓다 ③ 정하다 ④ 결연히 결정짓다

예 [決裂(결렬)] : 갈라 찢어짐
[決算(결산)] : 계산을 마감함
[決心(결심)] : 마음을 굳게 정함
[決定(결정)] : 결단하여 정함
[對決(대:결)] : 양자가 서로 맞서 길고 짧음을 겨룸
[未決(미:결)] : 아직 결정되지 않음
[否決(부:결)] : 회의에 제출된 의안을 성립시키지 않기로 결정함
[判決(판결)] : 시비나 선악을 판단하여 결정함

급수 | 준**4**급
음훈 | ① 구할 구
부수 | 水(물 수) 부 3획
　　　총 7획
필순　`一 十 十 才 才 求 求`

글자풀이 본래의 모양이 가죽(丨) 양쪽에 털이 나있는 털가죽을 뜻하는 글

자였는데 털가죽이 추위를 막는 '옷'으로 쓰이자 '돕다, 구원하다'는 뜻으로 변했음.

뜻풀이 ① 구하다 ② 묻다 ③ 취하다 ④ 모으다

예 [求道(구도)] : 종교적 깨달음이나 진리를 추구함
[求愛(구애)] : 이성의 사랑을 구함
[求人(구인)] : 일할 사람을 구함
[求職(구직)] : 일자리를 구함
[要求(요구)] : 받아야 할 것이나 필요한 것을 달라고 청함

급수 | 5급
음훈 | ① 물끓는 김 기
부수 | 氵(물 수) 부 4획
총 7획

필순 丶 丶 氵 氿 浐 浐 汽

글자풀이 삼 수(氵) 변에 기운 기(气). 물이 끓을 때 생기는 '김'을 뜻함.

뜻풀이 ① 김 ② 거의. 거반

예 [汽罐(기관)] : 물을 수증기로 바꾸어 동력을 얻는 장치. 증기기관
[汽船(기선)] : 증기의 힘으로 움직이는 배
[汽笛(기적)] : 기차나 기선에서 증기의 힘으로 내뿜는 경적 소리
[汽車(기차)] : 사람이나 화물을 운반하는 철로 위의 열차

급수 | 5급
음훈 | ① 법 법
부수 | 氵(물 수) 부 5획
총 8획

필순 丶 丶 氵 氵 汢 法 法 法

글자풀이 삼 수(氵) 변에 갈 거(去). 물(氵) 흘러가듯(去) 자연스럽게 살기 위한 규정 즉 법을 뜻함.

[참고] 유의자 : 律(률)

뜻풀이 ① 법 ② 규정

예 [法官(법관)] : 사법권을 행사하여 재판을 맡아보는 공무원
[法律(법률)] : 사회 질서를 유지하기 위한 강제적인 규범
[法院(법원)] : 국가의 사법권을 행사하는 기관
[民法(민법)] : 민간인들끼리의 이해 다툼을 심판하는 법

[不法(불법)] : 법에 어그러짐
[商法(상법)] : 장사의 이치와 방법
[憲法(헌:법)] : 근본이 되는 법규

급수 | **6급**
음훈 | ① 부을 주:
부수 | 氵(물 수) 부 5획
     총 8획

필순 ` ` 氵 氵 氵 泮 注 注

글자풀이 삼 수(氵) 변에 주인 주(主). 氵에서 물의 뜻을 따오고 主에서 '주'라는 음을 따다 만든 글자로 '물을 댄다'는 뜻.

뜻풀이 ① 물을 대다 ② 붓다 ③ 풀이하다

예 [注力(주:력)] : 힘을 기울임
[注文(주:문)] : 어떤 상품을 사기 위해 요구 하는 일
[注射(주:사)] : 약물을 몸 안으로 밀어 넣음
[注視(주:시)] : 집중하여 살핌
[注油(주:유)] : 기름을 기름통에 부어 넣음
[注意(주:의)] : 마음에 새겨 두어 조심함
[注入(주:입)] : 흘러가도록 부어 넣음, 교육할 때 기억하고 암송하도록 지식을 넣어 줌

급수 | **6급**
음훈 | ① 기름 유
부수 | 氵(물 수) 부 5획
     총 8획

필순 ` ` 氵 氵 氵 沪 油 油

글자풀이 삼 수(氵) 변에 말미암을 由(유). 氵는 물, 액체를 뜻하고 由는 매끄럽다, 미끈미끈하다를 뜻하므로 油는 미끈미끈한 액체 즉 기름을 뜻함.

뜻풀이 ① 기름 ② 동식물에서 얻은 액체 ③ 광택

예 [油價(유가)] : 석유의 가격
[油類(유류)] : 기름 종류의 총칭
[油田(유전)] : 석유가 나는 곳
[石油(석유)] : 땅 속에 묻혀 있는 탄화수소의 천연 기름
[食油(식유)] : 요리 하는데 사용되는 동 식물에서 짠 기름
[廢油(폐:유)] : 못 쓰게 된 기름

급수 | 준 **4**급
음훈 | ① 다스릴 치
부수 | 氵(물 수) 부 5획
　　　 총 8획

필순 `丶丶氵氵汁治治治`

글자풀이 삼 수(氵) 부에 별 태(台). 氵는 물, 台는 기른다는 뜻. 그래서 治는 물을 길들이 듯 어떤 것을 물처럼 순하게 길들이고 다스린다는 뜻.

[참고] 유의자 : 理(리)

뜻풀이 ① 다스리다 ② 바로잡다 ③ 길들이다

예 [治家(치가)] : 집안일을 다스림
[治國(치국)] : 나라를 다스림
[治療(치료)] : 병이나 상처를 다스려 낫게 함
[治世(치세)] : 평화로운 세상
[治水(치수)] : 강이나 하천·호수 등을 잘 관리하여 생활에 이롭게 쓸 수 있게 함
[治安(치안)] : 나라를 다스려 편안하게 만듦
[政治(정치)] : 국민이 잘 살도록 나라를 다스림

급수 | 준 **4**급
음훈 | ① 물결 파
부수 | 氵(물 수) 부 5획
　　　 총 8획

필순 `丶丶氵氵汀沪波波`

글자풀이 삼 수(氵) 변에 가죽 피(皮). 물 먹은 가죽 표면이 주름지듯 쭈굴쭈굴 생긴 '물결'을 뜻함.

뜻풀이 ① 물결 ② 물결이 일다 ③ 주름 ④ 방죽. 둑

예 [波及(파급)] : 어떤 일의 영향이 차차 다른곳으로 전하여 미침
[波濤(파도)] : 바다에 이는 큰 물결
[波文(파문)] : 물결 모양의 무늬
[音波(음파)] : 소리로 생기는 공기의 파동
[電波(전:파)] : 전자기가 퍼지면서 생기는 파동

급수 | **5**급
음훈 | ① 물 하
부수 | 氵(물 수) 부 5획
　　　 총 8획

필순 `丶丶氵氵汀河河河`

글자풀이 물 수(氵)에서 의미를, 가(可)에서 소리를 따서 만든 글자인데 뒤에 '하'로 바뀌었고 '큰 강'을 뜻함.

[참고] 유의자 : 川(천)

뜻풀이 ① 큰 강 ② 물 ③ 내

예 [河馬(하마)] : 모양이 말처럼 생긴 물에 사는 큰 짐승
[河川(하천)] : 물이 흐르는 큰 시내
[運河(운하)] : 양쪽 바다를 통할 수 있게 육지를 뚫어 만든 뱃길
[銀河水(은하수)] : 밤하늘에 강줄기처럼 늘어선 하얀 별무리

급수 | 4급
음훈 | ① 상황 황:
부수 | 氵(물 수) 부 5획
총 8획
필순 ˋ ˊ 氵 氵 氵 沪 況

글자풀이 흐르는 강물(氵)이 범람할지 어떨지 그 모습을 집안의 대표인 형(兄)이 살펴 알린다에서 나온 글자로 '상황, 모습'을 뜻함.

뜻풀이 ① 하물며 ② 모양 ③ 형편

예 [況味(황:미)] : 체험의 맛
[況且(황:차)] : 하물며
[近況(근:황)] : 요사이 형편
[狀況(상황)] : 일이 되어가는 형편
[實況(실황)] : 실제 상황
[作況(작황)] : 농사가 잘된 정도

급수 | 7급
음훈 | ① 골 동:
② 살필 통(:)
부수 | 氵(물 수) 부 6획 총 9획
필순 ˋ ˊ 氵 汀 汩 洞 洞 洞 洞

글자풀이 물 수(氵) 변에 한가지 동(同). 같이 모여 한 우물을 사용하는 작은 고을을 뜻함.

[참고] 유의자 : 察(찰)

뜻풀이 ① 골 ② 골짜기 마을 ③ 통하다 ④ 살피다(통)

예 [洞口(동:구)] : 마을 입구
[洞窟(동:굴)] : 깊고 넓은 굴
[洞民(동:민)] : 한 동네에 사는 사람
[洞察(통:찰)] : 온통 밝혀 살핌
[洞燭(통:촉)] : 밝게 살핌

급수 | 5급
음훈 | ① 흐를 류
부수 | 氵(물 수) 부 6획
총 9획

필순 ` ` 氵 氵 汒 汒 浐 浐 流 流

글자풀이 개천(川)에 빠진 어린아이가 물(氵)에 떠내려가듯 그렇게 '흘러간다'는 뜻.

뜻풀이 ① 흐르다 ② 흘리다 ③ 옮겨가다 ④ 돌아다니다

예 [流頭(유두)] : 음력 유월 보름날, 동류수에 머리 감는 우리 명절
[流浪(유랑)] : 일정한 거처도 없이 떠돌아다님
[流配(유배)] : 죄인을 귀양 보냄
[流速(유속)] : 물이 흐르는 속도
[流水(유수)] : 흐르는 물과 같이 빠른 세월을 비유

[流行(유행)] : 어떤 새로운 양식이나 현상이 사회에 널리 퍼짐
[暖流(난:류)] : 온도가 높고 염분이 많은 해류
[風流(풍류)] : 속된 일을 떠나 풍치가 있고 멋스럽게 노는 일
[寒流(한류)] : 온도가 비교적 차가운 해류(海流)의 하나

급수 | 5급
음훈 | ① 씻을 세:
부수 | 氵(물 수) 부 6획
총 9획

필순 ` ` 氵 氵 汫 汫 洪 洗 洗

글자풀이 삼 수(氵) 변에 먼저 선(先). 깨끗이 하려면 먼저(先) 물(氵)로 '씻는다'는 뜻.

[참고] 유의자 : 滌(척)

뜻풀이 ① 씻다 ② 깨끗이하다 ③ 신선하다

예 [洗練(세:련)] : 수양을 쌓아, 인격이 원만하고 성품이나 취미가 고상하고 우아함
[洗手(세:수)] : 손을 씻음

[洗足(세:족)] : 발을 씻음
[洗滌(세:척)] : 깨끗이 씻음
[洗濯(세:탁)] : 빨래
[水洗(수세)] : 물로 깨끗이 씻음

급수 | **6**급
음훈 | ① 큰바다 양
부수 | 氵(물 수) 부 6획
　　　총 9획

필순 ` ` 氵 氵 氵 浐 洋 洋 洋

글자풀이 삼 수(氵) 변에 양 양(羊). 양(羊)을 제물로 바치고 건너야 하는 큰 '바다'를 뜻함.

뜻풀이 ① 바다 ② 큰 물결 ③ 외국

예 [洋國(양국)] : 서양 나라
　[洋服(양복)] : 서양식 의복
　[洋屋(양옥)] : 서양식으로 지은 집
　[遠洋(원양)] : 육지에서 멀리 떨어진 바다

급수 | **4**급
음훈 | ① 샘 천
부수 | 水(물 수) 부 5획
　　　총 9획

필순 ` ´ 冖 白 白 白 身 泉 泉

글자풀이 흰 백(白) 밑에 물 수(水). 깨끗한(白) 물(水)이 솟는 '샘'을 뜻함.

[참고] 유의자 : 井(정)

뜻풀이 ① 샘 ② 돈

예 [泉布(천포)] : 화폐, 돈
　[九泉(구천)] : 죽은 뒤에 넋이 돌아간다는 저승
　[溫泉(온천)] : 땅 속 깊은데서 솟아오르는 따뜻한 물
　[黃泉(황천)] : 사람이 죽어서 돌아간다는 저승

급수 | **4**급
음훈 | ① 갈래 파
부수 | 氵(물 수) 부 6획
　　　총 9획

필순 ` ` 氵 氵 氵 浐 浐 派 派

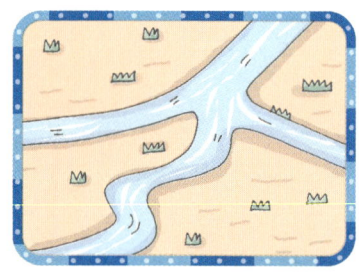

글자풀이 물 수(氵)와 줄기 맥(脈)이 합쳐진 글자. 물이 줄기를 이루며 흐르는 모양 즉 '줄기, 갈래, 떨어져 나감'을 뜻함.

뜻풀이 ① 갈래 ② 계통 ③ 나누다 ④ 파견하다

예 [派遣(파견)] : 임무를 주어 사람을 보냄
[派兵(파병)] : 군대를 떼어 보냄
[派生(파생)] : 근원지로부터 떨어져 나와 다시 생김
[分派(분파)] : 하나가 여러 갈래로 나뉘어 갈라짐
[特派(특파)] : 특별한 임무를 주어 보냄

급수 | 7급
음훈 | ① 살 활
부수 | 氵(물 수) 부 6획
총 9획
필순 ` ` 氵氵汗汗活活活

글자풀이 삼 수(氵) 변에 혀 설(舌). 혀를 통하여 목구멍으로 물이 흘러 넘어간다 즉 '살아있다'는 뜻.

뜻풀이 ① 살다 ② 생기있다 ③ 태어나다 ④ 물이 콸콸 흐르다

예 [活氣(활기)] : 활동하는 원기
[活動(활동)] : 기운차게 움직임
[活力(활력)] : 살아 움직이는 힘
[活潑(활발)] : 매우 힘차고 생기가 있음
[活性(활성)] : 물질이 활발하게 반응하는 성질
[活用(활용)] : 기능을 살리어 잘 이용함
[生活(생활)] : 일정한 환경에서 활동하며 살아감

급수 | 6급
음훈 | ① 사라질 소
부수 | 氵(물 수) 부 7획
총 10획
필순 ` ` 氵氵氵氵消消消消

글자풀이 삼 수(氵) 변에 닮을 초(肖). 작은(小) 고깃덩어리가(月) 물에(氵) 떨어져 '사라진다'는 뜻.

뜻풀이 ① 사라지다 ② 빠지다 ③ 써서 없어지다 ④ 불을 끄다

예 [消毒(소독)] : 독이나 균을 없앰
[消耗(소모)] : 써서 없앰
[消費(소비)] : 돈·물건·시간 따위를 써서 없앰
[消息(소식)] : 안부를 전하는 말이나 글
[消日(소일)] : 하는 일 없이 세월을 보냄, 작은 일을 취미로 살아감
[消風(소풍)] : 운동이나 자연관찰을 위해 나들이 함
[消火(소화)] : 불을 끔

급수 | **5**급
음훈 | ① 목욕할 욕
부수 | 氵(물 수) 부 7획
총 10획
필순 ` ` 氵 氵 氵 浐 浴 浴 浴

골자풀이 삼 수(氵) 변에 골 곡(谷). 물로 몸의 구석구석을 깨끗이 '목욕한다.' 는 뜻.
[참고] 유의자 : 沐(목). 沐은 머리감기, 浴은 몸 씻기
뜻풀이 ① 목욕하다 ② 미역감다 ③ 몸을 씻다

예 [浴室(욕실)] : 목욕하도록 꾸민 방
[浴湯(욕탕)] : 목욕탕
[冷水浴(냉:수욕)] : 찬물로 목욕함
[足浴(족욕)] : 발을 담가 씻음
[海水浴(해:수욕)] : 소금기 있는 바닷물로 목욕함

급수 | **7**급
음훈 | ① 바다 해:
부수 | 氵(물 수) 부 7획
총 10획
필순 ` ` 氵 氵 氵 汇 江 海 海 海 海

골자풀이 삼 수(氵) 변에 매양 매(每). 물이 마르지 않고 언제나(每) 가득 차 있는 '바다'를 뜻함.
[참고] 유의자 : 洋(양)
뜻풀이 ① 바다 ② 바닷물 ③ 사람이나 물산이 많이 모인 곳
예 [海邊(해:변)] : 바닷가
[海産物(해:산물)] : 생선 조개 해초 등 바다에서 산출되는 물품
[海岸(해:안)] : 바다와 육지가 만나는 곳
[海外(해:외)] : 바다 건너 다른 나라

[海賊(해:적)] : 해상에서 선박을 위협하여 재물을 강탈하는 도둑
[海風(해:풍)] : 바다 쪽에서 불어오는 바람
[近海(근:해)] : 육지로부터 가까운 바다
[深海(심:해)] : 깊은 바다
[領海(영해)] : 한 나라의 통치권 안에 들어있는 바다

급수 | 준 4급
음훈 | ① 깊을 심
부수 | 氵(물 수) 부 8획
총 11획
필순 丶丶氵氵汙沪泙涇深深深

글자풀이 물 수(氵)와 덮을 멱(冖), 儿(사람 인)과 나무 목(木)으로 이루어진 글자. 사람이 물구덩이에 나무 작대기를 넣어 깊이를 재다는 글자로 '깊다'는 뜻.

뜻풀이 ① 깊다 ② 심하다 ③ 짙다

예 [深刻(심:각)] : 깊이 새김
[深慮(심:려)] : 마음 깊이 염려함
[深山(심:산)] : 깊은 산속

[深夜(심:야)] : 깊은 밤
[深淺(심:천)] : 깊고 얕음

급수 | 준 4급
음훈 | ① 진 액
부수 | 氵(물 수) 부 8획
총 11획
필순 丶丶氵氵氵沪泞浟液液液

글자풀이 삼 수(氵) 변에 밤 야(夜). 氵에서 물기의 뜻을 따오고 夜에서 음을 빌어온 글자로 물이나 술과 같은 '액체'를 뜻함.

뜻풀이 ① 진액 ② 담그다

예 [液狀(액상)] : 물질이 액체로 되어 있는 상태
[液汁(액즙)] : 짜서 얻은 국물
[液體(액체)] : 물이나 기름처럼 일정한 부피는 있으나 일정한 모양을 갖지 못 하는 물체
[液化(액화)] : 액체로 변하는 현상
[果液(과액)] : 과일 즙
[溶液(용액)] : 어떤 물질이 다른 물질에 녹아 혼합된 액체
[血液(혈액)] : 피

급수 | **6급**
음훈 | ① 맑을 청
부수 | 氵(물 수) 부 8획
　　총 11획

필순 ` ` 氵 氵 汁 汢 浐 清 清 清 清

글자풀이 삼 수(氵) 변에 푸를 청(靑). 파랗게 보이는 물처럼 맑고 깨끗하다는 뜻.

[참고] 반대자 : 濁(탁)

뜻풀이 ① 맑다 ② 선명하다 ③ 순수하다 ④ 깨끗하다

예 [淸廉(청렴)] : 성품과 행실이 고결하고 탐욕이 없음
　[淸白(청백)] : 맑고 깨끗함, 그렇게 사는 관리(청백리)
　[淸掃(청소)] : 쓸고 닦아 깨끗이 함
　[淸酒(청주)] : 맑은 술, 정종
　[淸泡(청포)] : 녹두 묵

급수 | **4급**
음훈 | ① 섞을 혼:
부수 | 氵(물 수) 부 8획
　　총 11획

필순 ` ` 氵 氵 汨 汨 汨 涃 混 混 混

글자풀이 삼 수(氵) 변에 형 곤(昆). 여러 물줄기가 모인 곳에서 물이 한데 '섞인다' 는 뜻.

[참고] 유의자 : 雜(잡)

뜻풀이 ① 섞다 ② 흐리다 ③ 합침

예 [混同(혼:동)] : 서로 뒤섞여 구별하기 어려움
　[混聲(혼:성)] : 뒤섞인 소리
　[混用(혼:용)] : 한데 섞어서 사용함
　[混濁(혼:탁)] : 맑지 못하고 흐림
　[混合(혼:합)] : 뒤섞어 한데 합침

급수 | 준**4급**
음훈 | ① 덜 감:
부수 | 氵(물 수) 부 9획
　　총 12획

필순 ` ` 氵 氵 汜 汜 浐 浐 減 減 減

글자풀이 삼 수(氵) 변에 다 함(咸). 그릇에 물(氵)이 가득 찬(咸) 모양. 가득 찬 물은 흘러 넘쳐 '줄어들고 덜어내게 된다'는 뜻.

[참고] 반대자 : 加(가)

뜻풀이 ① 덜다 ② 감하다 ③ 빼다 ④ 지치다

예 [減價(감:가)] : 값을 감함
[減量(감:량)] : 양을 줄임
[減産(감:산)] : 생산을 줄임
[減少(감:소)] : 줄어서 적어짐
[減員(감:원)] : 인원을 줄임
[減刑(감:형)] : 죄인의 형량을 줄임
[削減(삭감)] : 깎아서 줄임

급수 | 준 **4**급
음훈 | ① 헤아릴 측
부수 | 氵(물 수) 부 9획
총 12획

필순 ` ` 氵 氵 汀 洷 淠 測 測 測 測

글자풀이 삼 수(氵) 변에 법 칙(則). 則에서 음을 빌어 만든 글자. 어떤 도구를 써서 물(氵)의 깊이나 양을 '헤아린다, 잰다'는 뜻.

[참고] 유의자 : 料(료), 量(량)

뜻풀이 ① 재다, 헤아리다 ② 알다 ③ 맑다

예 [測量(측량)] : 기계 기구를 써서 길이나 무게 부피 따위를 잼
[測定(측정)] : 헤아려 정함
[觀測(관측)] : 자연 현상의 추이·변화를 관찰하고 측정함
[臆測(억측)] : 이유나 근거가 없는 추측
[豫測(예:측)] : 어떤 근거를 바탕으로 미리 추측함

급수 | 준 **4**급
음훈 | ① 항구 항:
부수 | 氵(물 수) 부 9획
총 12획

필순 ` ` 氵 氵 江 汫 洪 浩 浩 浩 港

글자풀이 삼 수(氵) 부에 거리 항(巷). 바다를 다니던 배들이 쉬어가는 거리(巷) 즉 배를 대는 '항구'를 뜻함.

뜻풀이 ① 항구 ② 도랑 ③ 뱃길

예 [港口(항:구)] : 바닷가에 배를 댈 수 있게 시설한 곳

[港都(항:도)] : 항구가 있는 도시
[港灣(항:만)] : 해안이 만으로 이루어진 항구
[開港(개항)] : 항구를 개방하여 외국 선박의 출입을 허가함
[軍港(군항)] : 함대의 근거지로서, 특수한 시설을 하여 놓은 항구
[漁港(어항)] : 고깃배가 많이 드나드는 항구
[出港(출항)] : 항구에서 배가 떠남

급수 | 5급
음훈 | ① 호수 호
부수 | 氵(물 수) 부 9획
총 12획

필순 : 氵 氵 汁 汁 汁 法 沽 沽 湖 湖 湖

글자풀이 삼 수(氵) 변에 클 호(胡). 많은 물이 담겨 있는 '호수'를 뜻함.

뜻풀이 ① 호수

예 [湖畔(호반)] : 호수 가
[湖水(호수)] : 육지 안의 깊고 너른 큰 연못
[江湖(강호)] : 강과 호수 즉 사람이 사는 인간 사회

급수 | 6급
음훈 | ① 따뜻할 온
부수 | 氵(물 수) 부 10획
총 13획

필순 : 氵 氵 汀 汀 汩 沮 渭 渭 渭 溫 溫 溫

글자풀이 물 수(氵)와 가둘 수(囚) 그릇 명(皿)으로 된 글자. 그릇에(皿) 물을(氵) 담아 목마른 죄수(囚)에게 주는 사람의 마음씨가 '따뜻하다'는 글자.

[참고] 반대자 : 冷(냉)

뜻풀이 ① 따뜻하다 ② 온화하다 ③ 순수하다

예 [溫氣(온기)] : 따뜻한 기운
[溫度(온도)] : 덥고 찬 정도
[溫水(온수)] : 따뜻한 물
[溫熱(온열)] : 따뜻한 열기
[溫情(온정)] : 따뜻한 인정
[體溫(체온)] : 몸에서 나는 열

급수 | 4급
음훈 | ① 근원 원
부수 | 氵(물 수) 부 10획
총 13획

필순 : 氵 氵 汀 汀 汀 沪 浉 渭 源 源 源

글자풀이 물 수(氵), 언덕 한(厂), 샘 천(泉)으로 구성된 글자. 물이(氵) 졸졸 흘러내리는 근원지가 언덕(厂) 밑 샘(泉)으로부터라는 의미. 어떤 일의 '근원'을 뜻함

뜻풀이 ① 근원 ② 사물의 근본 ③ 물이 흐르는 모양

예 [源泉(원천)] : 사물의 근원
[根源(근원)] : 사물이 비롯되는 근본이나 원인
[起源(기원)] : 사물이 생긴 근원
[發源(발원)] : 사회 현상이나 사상 따위가 맨 처음 생겨나는 것 또는 그 근원
[資源(자원)] : 생산에 이용되는 여러 가지 물자
[電源(전:원)] : 기계 등에 전력을 공급하는 원천

글자풀이 삼 수(氵)부에 새매 준(隼). 매(隼)가 물고기를 잡을 때 물 위를 수평으로 날아다니는 것을 나타낸 글자로 '수평, 기준'을 뜻함.

뜻풀이 ① 수준 ② 수평 ③ 법 ④ 본받다

예 [準據(준:거)] : 표준을 삼아 의거함
[準備(준:비)] : 미리 마련하여 갖춤
[準用(준:용)] : 표준으로 정해 씀
[準則(준:칙)] : 표준으로서 적용할 규칙
[準行(준:행)] : 표준으로 삼아 그대로 행함
[水準(수준)] : 사물의 일정한 표준이나 정도
[標準(표준)] : 사물의 정도를 정하는 기준

급수 | 준 **4** 급
음훈 | ① 준할 준:
부수 | 氵(물 수) 부 10획
　　　총 13획

필순 丶 冫 冫 冫 冫 汁 汁 汁 淮 淮 準 準

급수 | 준 **4** 급
음훈 | ① 찰 만(:)
부수 | 氵(물 수) 부 11획
　　　총 14획

필순 丶 冫 氵 汀 汁 洪 洪 涉 浩 満 満 満 満 満

급수 | **5**급
음훈 | ① 고기잡을 어
부수 | 氵(물 수) 부 11획
　　　총 14획
필순 ` ´ 氵 氵 氿 汸 浙 渔 渔 渔 渔
　　 漁 漁

글자풀이 그릇에 물이 가득 들어있음을 나타낸 글자로 '가득하다', '꽉 차다', '둥그렇다. 원만하다'는 뜻.

[참고] 유의자 : 充(충)

뜻풀이 ① 가득 차다 ② 속이 차다 ③ 뽐내다. 교만하다 ④ 번민하다

예 [滿開(만:개)] : 꽃이 활짝 핌
[滿堂(만:당)] : 집이나 대청 마당에 가득 참
[滿壘(만:루)] : 야구 경기에서 루마다 주자가 모두 들어 있음
[滿了(만료)] : 한도나 기한이 꽉 차서 끝남
[滿面(만:면)] : 온 얼굴. 얼굴 가득
[滿發(만:발)] : 많은 꽃들이 모두 활짝 다 핌
[滿員(만:원)] : 정한 인원이 다 참
[滿足(만족)] : 마음에 부족함이 없이 흡족함
[不滿(불만)] : 불만족의 준말. 마음에 흡족하지 못함
[圓滿(원만)] : 모 난 데가 없고 서글서글함
[充滿(충만)] : 가득하게 꽉 참

글자풀이 삼 수(氵) 변에 고기 어(魚). 물(氵)에서 고기(魚)를 구해온다. 즉 물고기를 잡는다는 뜻.

뜻풀이 ① 고기 잡다 ② 고기잡는 일 ③ 어부

예 [漁撈(어로)] : 고기잡이ㆍ조개잡이ㆍ미역 따기 등과 같이 수산물을 채취하는 일
[漁網(어망)] : 고기 잡는 그물
[漁夫(어부)] : 고기잡이를 업으로 하는 사람
[漁船(어선)] : 고기잡이배
[漁業(어업)] : 영리를 목적으로 고기잡이를 하는 직업
[漁村(어촌)] : 어부들이 모여 사는 마을
[禁漁(금어)] : 고기잡이를 금지함
[豊漁(풍어)] : 고기가 많이 잡힘

급수 | 준4급
음훈 | ① 펼 연:
부수 | 氵(물 수) 부 11획
       총 14획

필순 ` ` 氵 氵 氵 汈 汈 洅 洅 渲 渲 演 演 演

글자풀이 삼 수(氵) 변에 당길 인(寅). 수(氵)에서 뜻을 따오고 인(寅)에서 음을 빌어서 만든 글자로, 마치 물이 흘러 사방에 넘치듯 '퍼진다', '펼쳐서 보인다' 는 뜻.

뜻풀이 ① 멀리 흐르다 ② 스며들다 ③ 펼쳐 보이다 ④ 연극등을 행하다

예 [演劇(연:극)] : 배우가 무대에서 극을 펼쳐 보임
[演技(연:기)] : 구경꾼 앞에서 연극·곡예·가무·음곡 등의 재주를 나타내 보이는 일
[演說(연:설)] : 여러 사람들 앞에서 자기의 주장이나 의견을 진술함
[演義(연:의)] : 사실을 부연하여 재미있게 설명함
[講演(강:연)] : 일정한 주제로 청중 앞에서 이야기함

[公演(공연)] : 사람들 앞에서 연극·무용·음악 따위를 나타내 보임
[試演(시:연)] : 일반에게 보이기 전에 미리 시험 삼아 보임
[出演(출연)] : 연극·영화·TV 등에 나가서 연기함

급수 | 7급
음훈 | ① 한수 한:
       ② 한나라 한:
부수 | 氵(물 수) 부 11획 총 14획

필순 ` ` 氵 氵 汀 汢 汢 洅 渲 渲 渲 漢 漢

글자풀이 중국 양쯔강 상류의 진흙이 많은 강 '한수'를 뜻함.

뜻풀이 ① 한수 ② 은하수 ③ 사나이, 장정 ④ 종족 이름

예 [漢江(한:강)] : 우리나라의 중심을 흘러, 항해로 들어가는 강
[漢文(한:문)] : 한자로 쓴 문학작품
[漢方(한:방)] : 중국의 의술
[漢陽(한:양)] : 서울의 옛 이름
[惡漢(악한)] : 나쁜 짓을 버릇삼아 저지르는 남자

 급수 | 준 4급
음훈 | ① 깨끗할 결
부수 | 氵(물 수) 부 12획
　　　총 15획
필순 ` ㆍ ㆍ 氵 氵 汁 津 洯 渿 渿 潔
　　　潔 潔 潔

글자풀이 물(氵)로 씻고 예쁘게(丰) 칼(刀)로 다듬고 천(糸)으로 걸레질하여 '깨끗하게' 한다는 뜻.

뜻풀이 ① 깨끗하다 ② 닦다

예 [潔白(결백)] : 행동이나 마음씨가 깨끗하고 흠이 없음
[潔癖(결벽)] : 남달리 깨끗함을 좋아하는 성질
[簡潔(간결)] : 번잡하지 않게 쉽고 깔끔함
[高潔(고결)] : 성품이 고상하고 순결함
[純潔(순결)] : 마음에 사욕(私慾)·사념(邪念) 따위가 없이 깨끗함
[淨潔(정결)] : 정조가 굳고 행실이 결백함
[淸潔(청결)] : 맑고 깨끗함 ↔ 불결(不潔)

급수 | 4급
음훈 | ① 조수 조
　　　② 밀물 조
부수 | 氵(물 수) 부 12획 총 15획
필순 ` ㆍ ㆍ 氵 氵 汁 汁 泔 泔 淖 淖 潮
　　　潮 潮 潮

글자풀이 삼 수(氵) 변에 아침 조(朝). 물이(氵) 모였다(朝)가 밀려가는 의미의 글자로 '물이 밀려오다, 흘러가다, 습기 차다'의 뜻임

뜻풀이 ① 조수 ② 밀려오고 밀려가다 ③ 흘러가다 ④ 습기차다

예 [潮流(조류)] : ① 밀물과 썰물 때문에 일어나는 바닷물의 흐름 ② 시세의 동향이나 경향
[潮水(조수)] : 밀려왔다 나가는 바닷물
[干潮(간조)] : 조수가 빠져 바닷물의 수위가 가장 낮은 상태
[滿朝(만조)] : 밀물이 꽉 차서 바닷물의 수위가 가장 높은 상태
[思潮(사조)] : 한 시대의 일반적 사상의 흐름
[逆潮(역조)] : ① 바람의 방향과 반

대로 흐르는 조류 ② 시대나 일반적인 흐름에 거슬러 거꾸로 흐르는 일
[風潮(풍조)] : 시대에 따라 변하는 세상의 풍습

급수 | 4급
음훈 | ① 격할 격
부수 | 氵(물 수) 부 13획
　　　총 16획
필순 : ㆍ ㆍ 氵 氵 氵 氵 泊 泊 泊 洎 澋 澋 激 激

글자풀이 물 수(氵)와 흰 백(白), 놓을 방(放)으로 된 글자. 부딪힌 물이 사방으로 흩어지도록 '심하게', '부딪힌다'는 뜻.

뜻풀이 ① 부딪히다 ② 심하다 ③ 격렬하다

예 [激突(격돌)] : 심하게 부딪침
　　[激動(격동)] : 급격하게 움직임
　　[激烈(격렬)] : 몹시 세차고 사나움
　　[激奮(격분)] : 몹시 흥분함
　　[激甚(격심)] : 크게 충격을 받음
　　[激情(격정)] : 강렬하게 일어나 누르기 어려운 감정

[過激(과:격)] : 지나치게 큰 충격
[衝激(충격)] : 갑자기 큰 힘을 가함

급수 | 준 4급
음훈 | ① 건널 제:
부수 | 氵(물 수) 부 14획
　　　총 17획
필순 : ㆍ ㆍ 氵 氵 氵 疒 疒 洴 洴 沭 沭 沭 沭 濟 濟

글자풀이 삼 수(氵) 변에 가지런할 제(齊). 물(氵)을 잠잠하게(齊) 한다는 뜻으로 만든 글자. '물을 건너가다', '어려운 사람을 구하다', '그만두게 하다'는 뜻임.

뜻풀이 ① 물을 건너다 ② 건지다. 구하다 ③ 그만두다 ④ 비가 그치다

예 [濟民(제:민)] : 도탄에 빠진 백성을 구함
　　[濟世(제:세)] : 세상을 구제함
　　[經濟(경제)] : 인간 생활에 필요한 물자를 만들고 운반하고 소비하는 모든 활동
　　[救濟(구:제)] : 구하여 도와 줌

火 (불 화) 部

* **부수 설명** : 모닥불에서 불꽃이 활활 타는 모양을 본뜬 글자.
불과 열을 뜻하며 독립된 글자로도 쓰이고 부수로도 쓰인다. 특히 한자 구성에서 발이 될 때는 네 개의 점으로 모양이 바뀐다(灬).

급수 | 8급
음훈 | ① 불 화(:)
부수 | 火(불 화) 부 0획
　　　총 4획

필순 ⼂ ⼃ ⼇ 火

글자풀이 모닥불에서 불꽃이 활활 타는 모양을 본뜬 글자. '불'을 뜻함.

뜻풀이 ① 불 ② 타다 ③ 급하다

예 [火急(화:급)] : 걷잡을 수 없이 타는 불과 같이 매우 급함
　[火氣(화:기)] : ① 불기운 ② 가슴이 번거롭고 답답하여지는 기운
　[火力(화:력)] : ① 불이 탈 때 나는 열의 힘 ② 무기의 위력

[火病(화:병)] : 울화병
[火傷(화:상)] : 불에 덴 상처
[火災(화:재)] : 불로 인한 재난
[發火(발:화)] : 불이 일어나거나 타기 시작함
[放火(방:화)] : 일부러 불을 지름
[防火(방화)] : 화재를 미리 막음
[引火(인:화)] : 불이 옮겨 붙음

급수 | 4급
음훈 | ① 재 회
부수 | 火(불 화) 부 2획
　　　총 6획

필순 ⼀ ⼇ ナ ナ ナ 灰

글자풀이 오른 손을 뜻하는 又와 불 화(火) 자로 이루어진 글자. 불에 타고 난 뒤 손으로 잡을 수 있는 '재'를 뜻함.

뜻풀이 ① 재 ② 재가 되다 ③ 활기를 잃은 것

예 [灰滅(회멸)] : 재가 되어 없어짐
　[灰色(회색)] : 잿빛, 쥐색
　[石灰(석회)] : 석회암에서 얻은 물질로 생석회와 소석회

급수 | **5급**
음훈 | ① 재앙 재
부수 | 火(불 화) 부 3획
총 7획

필순 ` ˝ ˝˝ ˝˝˝ ⫸ ⫸⫸ 災

글자풀이 개미허리 천(巛)과 불 화(火)를 합쳐 만든 글자로, 큰 홍수나 화재 등으로 인하여 생기는 '재난, 재앙'을 뜻함.

[참고] 유의자 : 殃(앙)

뜻풀이 ① 재난 ② 재앙

예 [災難(재난)] : 뜻밖에 일어난 불행한 일
[災殃(재앙)] : 천재 지변으로 일어난 불행한 사고, 뜻하지 아니하게 일어난 불행한 변고
[災害(재해)] : 재앙으로 인해 받은 피해, 지진·태풍·홍수·가뭄·해일·전염병·화재 등
[水災(수재)] : 홍수나 장마로 인한 재해
[天災(천재)] : 지진·가뭄·홍수 등 자연 현상으로 일어난 재난
[火災(화:재)] : 불이 나서 입은 재앙

급수 | **5급**
음훈 | ① 숯 탄:
부수 | 火(불 화) 부 5획
총 9획

필순 ` ⼧ ⼭ ⼭⼧ ⼧ 岸 岸 炭 炭

글자풀이 산(山) 아래 언덕(厂) 밑에 묻혀있는 땔감(火) 즉 '숯'이나 '석탄'을 뜻함.

뜻풀이 ① 숯 ② 석탄 ③ 재

예 [炭鑛(탄:광)] : 석탄을 캐는 광산
[炭素(탄:소)] : 석탄·목탄 등에 들어있는 비금속성의 화학 원소
[木炭(목탄)] : 땔감으로 쓰기 위해서 나무를 태워서 만든 숯
[石炭(석탄)] : 태고 때의 식물이 지하에 묻혀 오랜 기간 땅의 압력과 열을 받아 변화된 화석 연료
[黑炭(흑탄)] : 역청탄, 검정 숯

급수 | **4급**
음훈 | ① 매울 렬
부수 | 灬(불 화) 부 6획
총 10획

필순 ⼀ ⼻ ⼽ ⽍ ⽍ 列 列 烈 烈 烈

글자풀이 벌릴 렬(列) 밑에 불 화(灬) 발. 여러 개를 줄지어 늘어놓고(列) 불을 붙였을 때(灬) '세차게' 탄다는 뜻.

뜻풀이 ① 세차다 ② 위엄 ③ 맵다 ④ 기세가 사납다

예 [烈烈(열렬)] : 세력이 강한 모양
[烈士(열사)] : 나라를 위하여 지키며 충성을 다하여 싸운사람
[猛烈(맹:렬)] : 기세가 사납고 세참
[先烈(선열)] : 정의를 위해 싸우다 죽은 열사
[壯烈(장렬)] : 씩씩하고 맹렬함

급수 | 5급
음훈 | ① 없을 무
부수 | 灬(불 화) 부 8획
총 12획
필순 ノ ト ト 仁 仁 征 征 征 無 無 無 無

글자풀이 양손으로 새를 잡아서 불에 굽는 모양을 본뜬 글자로 '죽었다' 목숨이 '없다'를 뜻함.

[참고] 반대자 : 有(유)

뜻풀이 ① 없다 ② 하지 말라 ③ 아니다 ④ 무릇 대저

예 [無告(무고)] : 괴로운 처지를 하소연 할 곳이 없음 또는 그런 사람
[無故(무고)] : 아무런 연고가 없음
[無名(무명)] : 이름이 없음, 잘 알려져 있지 않음
[無常(무상)] : 모든 것이 덧없음
[無想(무상)] : 마음 속에 아무런 상념이 없음
[無償(무상)] : 어떤 행위에 대하여 아무런 대가나 보상이 없음
[無視(무시)] : ① 사물의 존재나 가치를 알아주지 아니함 ② 사람을 깔보거나 업신여김
[無心(무심)] : 감정이나 생각하는 마음이 없음
[無二(무이)] : ① 둘도 없음 ② 가장 뛰어남
[無人島(무인도)] : 환경이 나빠서 사람이 살지 않는 섬
[無情(무정)] : 정이 없음
[無知(무지)] : 아는 것이 없음
[無風(무풍)] : 바람이 없음, 아무런 장애가 없음
[無害(무해)] : 해롭지 아니함

급수 | **7**급
음훈 | ① 그럴 연
부수 | 灬(불 화) 부 8획
　　　총 12획

필순 ╱ ⼣ ⼣ ⼣ ⺼ ᄽ 奴 然 然 然 然 然

글자풀이 개고기 연(肰) 밑에 불 화(灬). 개고기는 불에 그을려 먹는 것이 당연하다는 데서 생긴 글자. '당연하다, 마땅하다, 그러하다' 는 뜻.

뜻풀이 ① 그러하다 ② 그렇다면 ③ 동의하다 ④ 타다

예 [然則(연즉)] : 그런 즉
[然後(연후)] : 그리한 후
[不然(불연)] : 그렇지 않으면
[自然(자연)] : 사람의 힘이 더해지지 아니하고 저절로 이루어진 모든 존재나 상태
[必然(필연)] : 꼭 그렇게
[浩然(호연)] : 호기롭고 활달한

필순 火 ㅊ 灯 灯 炉 炬 煙 煙 煙 煙

글자풀이 불 화(火) 변에 막을 인(垔). 불길이 막히는 곳에서 생기는 검은 '연기' 를 뜻함

뜻풀이 ① 연기 ② 그을음 ③ 담배

예 [煙氣(연기)] : 물건이 탈 때에 나는 검거나 뿌연 기체
[煙幕(연막)] : ① 시야를 가리기 위해 뿜어대는 연기 장막 ② 어떤 사실을 숨기기 위하여 부리는 교묘한 수단과 능청스러운 말
[煙霧(연무)] : 연기와 안개를 아울러 이르는 말
[煙雨(연우)] : 안개비
[煙草(연초)] : 담배
[禁煙(금:연)] : 담배를 피우지 못하게 함, 담배를 피우지 않음
[吸煙(흡연)] : 연기를 들이마심. 담배를 피움

급수 | 준**4**급
음훈 | ① 연기 연
부수 | 火(불 화) 부 9획
　　　총 13획

급수 | **5**급
음훈 | ① 더울 열
부수 | 灬(불 화) 부 11획
　　　총 15획

필순 `一 十 土 去 去 去 幸 幸 幸 刲 執 執 執 熱 熱 熱`

글자풀이 기세 세(勢)와 불 화(灬)가 합하여 이루어진 글자. 불기운이 세차게 일어나서 생기는 '더운 열'을 뜻함.

뜻풀이 ① 덥다 ② 열 ③ 바쁘다

예 [熱狂(열광)] : 너무 기쁘거나 흥분하여 미친 듯이 날뜀
[熱帶(열대)] : 지구상의 적도 부근의 지대로 기온이 높고 강우량이 많은 지역
[熱心(열심)] : 한 가지 일에 정성을 다하여 깊이 마음을 기울여 힘씀
[熱中(열중)] : 한 가지 일에 정신을 쏟음
[微熱(미열)] : 조금 있는 열, 그다지 높지 않은 열
[發熱(발열)] : 열을 냄, 열이 남
[廢熱(폐:열)] : 쓰고 난 뒤에 버려지는 열

급수	준 4급
음훈	① 등 등
부수	火(불 화) 부 12획

총 16획

필순 `丶 ⺊ ⺊ ⺊ ⺊ ⺊ ⺊ ⺊ 燈 燈 燈 燈 燈 燈 燈`

글자풀이 불 화(火) 변에 오를 등(登). 불을 붙여 높은 곳에 올려놓아 사방을 밝게 비추는 '등불'을 뜻함.

[참고] 약자 : 灯

뜻풀이 ① 등잔 ② 등불 ③ 부처의 가르침

예 [燈臺(등대)] : ① 밤에 뱃길을 안내하려고 불을 밝혀주는 높은 누대 ② 나아갈 방법을 알려줌을 비유
[燈盞(등잔)] : 기름을 태워 불을 밝히는 기구
[燈火可親(등화가친)] : 가을밤은 등불을 밝히고 책 읽기에 좋은 계절이란 뜻
[街路燈(가로등)] : 길거리를 밝히려고 설치한 등
[燃燈(연등)] : 등불을 밝히고 석가의 탄생을 축하하는 연등절의 준말
[電燈(전:등)] : 전기의 힘으로 밝히는 등
[點燈(점:등)] : 등에 불을 켬

급수 | **4급**
음훈 | ① 탈 연
부수 | 火(불 화) 부 12획
총 16획

필순 ・ ・ ナ 火 火 炒 炒 炒 炒 炒 燃 燃 燃 燃 燃 燃

글자풀이 불 화(火) 변에 그러할 연(然). 화(火)에서 불의 의미를 연(然)에서 음을 따서 만든 글자로 불에 '태운다'는 뜻.

뜻풀이 ① 사르다 ② 태우다

예 [燃燈會(연등회)] : 정월 보름에 등불을 켜고 부처님께 복을 비는 놀이
[燃料(연료)] : 땔감, 태워서 에너지를 얻을 수 있는 물질
[燃眉(연미)] : 눈썹이 탄다는 말로 매우 급한 상황을 뜻함
[燃燒(연소)] : 불이 붙어 탐
[可燃性(가:연성)] : 불에 달 수 있기나 타기 쉬운 성질
[不燃性(불연성)] : 불에 타지 않는 성질 ↔ 가연성(可燃性)
[再燃(재:연)] : 꺼졌던 불이 다시 살아나 탐

급수 | **4급**
음훈 | ① 경영할 영
부수 | 火(불 화) 부 13획
총 17획

필순 ・ ・ ナ ᅩ ᅪ ᅫ ᅬ 丱 丱 丱 丱 營 營 營 營 營 營

글자풀이 불 화(火)와 집 궁(宮)이 합쳐진 글자로 큰 규모의 집에서 밤까지 불을 밝히고 일한다. 즉 어떤 일을 '경영한다'는 뜻.

[참고] 약자 : 营

뜻풀이 ① 경영하다 ② 짓다 만들다 ③ 모여살다 ④ 진영

예 [營利(영리)] : 재산상의 이익
[營業(영업)] : 영리를 목적으로 하는 사업
[官營(관영)] : 정부가 하는 사업
[軍營(군영)] : 군대가 주둔하고 있는 곳
[民營(민영)] : 민간인이 경영 하는
[兵營(병영)] : 군대가 들어가 거처하는 곳
[陣營(진영)] : 군대가 진치고 있는 곳, 대립된 세력의 어느 한쪽

급수 | **4**급
음훈 | ① 불터질 폭
부수 | 火(불 화) 부 15획
　　　총 19획

필순 ` ´ ㅏ ㅑ ㅕ ㅖ ㅖ ㅖ ㅖ 焯 焯 煝 煝 爆 爆 爆 爆

글자풀이 　불 화(火) 변에 사나울 폭(暴). 火에서 불의 뜻을 따고 暴에서 '폭'의 음을 따서 만든 글자로 맹렬한 화력을 가지고 '폭' 하고 터진다는 뜻.

뜻풀이 　① 터지다, 폭발하다 ② 사르다 ③ 튀기다 ④ 불길이 사납다

예 [爆擊(폭격)] : 비행기가 폭탄 등을 투하해 적의 군대나 시설물 또는 국토를 파괴하는 일
[爆發(폭발)] : 불이 일어나며 갑자기 터짐
[爆笑(폭소)] : 폭발하듯 갑자기 터져나와 웃는 웃음, 많은 사람들이 한꺼번에 크게 웃는 것
[爆音(폭음)] : 화약·화산 등이 폭발하는 소리, 폭발음
[爆彈(폭탄)] : 화약이 터져 파편이 날아가게 만든 무기

[猛爆(맹:폭)] : 사납게 폭격함
[自爆(자폭)] : 자기가 지닌 폭발물을 폭발시켜 스스로 죽음

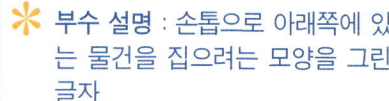

* 부수 설명 : 손톱으로 아래쪽에 있는 물건을 집으려는 모양을 그린 글자
손톱, 깍지, 긁다 할퀴다 잡다 등의 뜻으로 쓰이며 부수로 쓰일 때는 爫 모양으로서 머리에 위치한다

급수 | **5**급
음훈 | ① 다툴 쟁
부수 | 爫(손톱 조) 부 4획
　　　총 8획

필순 ` ´ ´ ´ 爫 爫 争 争

글자풀이 　손톱(爫)과 몽둥이를 든 손으로 서로 당기며 '다툰다'는 뜻.

[참고] 유의자 : 競(경) 약자 : 争

뜻풀이 　① 다투다 ② 잡아끌다 ③ 논의, 말다툼하다

예 [爭訴(쟁소)] : 서로 소송하여 다툼. 쟁송(爭訴)
[爭議(쟁의)] : 서로 자기의 의견을 주장하여 다툼
[爭點(쟁점)] : 서로 다투는 논쟁의 중심이 되는 요점
[爭取(쟁취)] : 겨루어 싸워서 얻음
[爭奪(쟁탈)] : 서로 다투어 빼앗음
[論爭(논쟁)] : 서로 다른 의견을 가진 사람끼리 각자 자기의 주장을 말이나 글로 논하여 다툼
[言爭(언쟁)] : 말다툼
[戰爭(전:쟁)] : 국가 끼리 또는 단체끼리 병력을 동원하여 싸움

급수 | 준 4급
음훈 | ① 하 위:
부수 | 爫(손톱 조) 부 8획
　　　총 12획

필순 ´ ´ ´ ´ ᄼ ᄼ ᄼ 爲 爲 爲 爲 爲

글자풀이 손톱 조(爪) 밑에 코끼리 모양을 그린 글자로서 손으로 코끼리를 부려 일을 '한다' 는 뜻.

[참고] 약자 : 為

뜻풀이 ① 하다 ② 되다 ③ 시키다 ④ 위하다

예 [爲己(위기)] : 자기 자신을 위하여
[爲先(위선)] : 선조 조상을 위하여
[爲人(위인)] : 남을 위하여
[爲政(위정)] : 정치를 맡아 함
[所爲(소:위)] : 하는 일, 하는 짓
[行爲(행위)] : 행하는 일
[虛僞(허위)] : 진실이 아닌 것을 진실인 것처럼 꾸미는 것

父 (아비 부) 部

✱ 부수 설명 : 오른손에 작대기를 들고 있는 형상의 글자이다.
한 집안의 어른으로서 가족을 지휘하는 아버지를 나타낸 글자.

급수 | 8급
음훈 | ① 아비 부
부수 | 父(아비 부) 부 0획
　　　총 4획

필순 ´ ´ ᄼ 父

글자풀이 오른손에 작대기를 들고 있는 형상의 글자. 한 집안의 어른으로서 가족을 지휘하는 아버지를 나타낸 글자.

뜻풀이 ① 아버지

예 [父女(부녀)] : 아버지와 딸
[父母(부모)] : 아버지와 어머니
[父傳子傳(부전자전)] : 습성이나 인품이 아버지에서 아들로 대대로 전해지는
[父親(부친)] : 아버지의 높임 말
[父兄(부형)] : 아버지와 형
[大父(대:부)] : 할아버지와 한 항렬 또는 그 위 항렬의 유복친(有服親) 이외의 남자 친척
[伯父(백부)] : 큰아버지
[叔父(숙부)] : 작은 아버지

牛 (소 우) 部

✻ 부수 설명 : 소의 형상을 그린 글자. 머리의 뿔, 몸통, 꼬리까지를 나타낸 글자로 '소'를 뜻함.

글자풀이 소의 머리와 뿔, 몸통과 꼬리까지를 나타낸 글자로 '소'를 뜻함.

뜻풀이 ① 소

예 [牛車(우거)] : 삼거(三車)의 하나 보살승(菩薩乘)에 비유하는 말
[牛耕(우경)] : 소를 부려 밭을 갊
[牛馬(우마)] : 소와 말
[牛耳讀經(우이독경)] : 쇠귀에 경 읽기라는 말로 공들여 충고해도 들은 채 만 채하는 경우 쓰는 말
[農牛(농우)] : 농사일에 부리는 소
[黃牛(황우)] : 누런 소, 황소

급수 | **5**급 준
음훈 | ① 칠 목
부수 | 牛(소 우) 부 4획
　　　총 8획

필순 ノ 亠 牛 牜 牧 牧

급수 | **5**급
음훈 | ① 소 우
부수 | 牛(소 우) 부 0획
　　　총 4획

필순 ノ 亠 二 牛

글자풀이 소 우(牛) 변에 칠 복(攵). 목동이 회초리(攵)를 들고 소(牛)를 친다는 글자로 '목동, 다스리다, 목장' 등의 뜻임.

뜻풀이 ① 치다 ② 목동 ③ 목장 ④ 다스리다

例 [牧童(목동)] : 목장에서 소나 양 등을 치는 아이
[牧夫(목부)] : 목장에서 소·말·양 등을 돌보며 키우는 사람
[牧使(목사)] : 고려 중기 이후와 조선시대 때 관찰사 아래에서 지방 행정 단위인 목을 맡아 다스리던 정3품 외직 문관
[牧師(목사)] : 기독교회의 교직자로서 예배를 인도하고 신자를 지도하는 사람
[牧場(목장)] : 양이나 말 소를 기르는 곳
[牧畜(목축)] : 가축을 기름
[放牧(방:목)] : 풀밭에서 짐승을 풀어 놓고 기름
[遊牧(유목)] : 거처를 정하지 않고 물과 풀밭을 찾아다니며 소나 양 따위의 가축을 기르는 일

급수 | **7급**
음훈 | ① 물건 물
부수 | 牛(소 우) 부 4획
　　　총 8획

필순 ′ ⺁ 牛 牛 牜 牧 物 物

글자풀이 소 우(牛) 변에 말 물(勿). 소의 털처럼 많은 온갖 물건을 뜻함.

[참고] 유의어 : 品(품)

뜻풀이 ① 만물 ② 일 ③ 무리. 종류 ④ 견주다

例 [物件(물건)] : 일정한 형체를 갖춘 모든 물질적 대상
[物心(물심)] : 물질적인 것과 정신적인 것
[物慾(물욕)] : 금전이나 물품을 탐내는 마음
[物議(물의)] : 세간의 평판, 어떤 사람이나 단체가 한 말이나 행동에 대하여 많은 사람들이 하는 말
[物資(물자)] : 경제나 생활의 바탕이 되는 물품이나 자재
[建物(건:물)] : 사람이 들어가 살거나 일하거나 물건을 넣어 두기 위해 지은 집
[見物生心(견:물생심)] : 물건을 보면 가지고 싶은 욕심이 생김
[動物(동:물)] : 사람을 제외한 짐승
[貨物(화:물)] : 운반할 수 있는 형태의 재화나 물품

 급수 | **6급**
음훈 | ① 특별할 특
　　　② 수컷 특
부수 | 牛(소 우) 부 6획 총 10획
필순 ' ㅗ ㅓ 㐅 㐅 㐅 特 特 特 特

글자풀이 소 우(牛) 변에 절 사(寺). 절에 제물로 바치는 소를 나타낸 글자로 흠이 없는 소로 '특별' 하다는 뜻.

[참고] 유의자 : 別(별)

뜻풀이 ① 홀로 ② 특별한 ③ 수컷 ④ 뛰어난

예 [特急(특급)] : 매우 급하고 빠른
　[特等(특등)] : 특히 뛰어난 등급
　[特命(특명)] : 특별하고 중요한 명령, 특별히 임명함
　[特別(특별)] : 보통과는 다른
　[特産物(특산물)] : 특별히 그 지방에서만 생산되는 물품
　[特賞(특상)] : 특별히 뛰어난 상
　[特色(특색)] : 보통의 것과는 특별히 다른 점
　[特性(특성)] : 일정한 사물에만 있는 특수한 성질
　[特殊(특수)] : ① 특별히 다름 ② 어

떤 종류 전체에 걸치지 아니하고 부분에 한정됨 또는 그런 것
　[特徵(특징)] : 다른 것과 다른 독특한 징후

犬 (개 견) 部

✱ **부수 설명** : 개가 옆을 보고 있는 모양을 본 뜬 글자. 독립된 글자로도 쓰이고 부수로도 쓰인다. 특히 변으로 쓰일 때는 자형이 犭로 변한다.

 급수 | **4급**
음훈 | ① 개 견
부수 | 犬(개 견) 부 0획
　　　총 4획

필순 一 ナ 大 犬

글자풀이 개가 옆을 보고 있는 모양을 본 뜬 글자로 '개'를 뜻함.

뜻풀이 ① 개 ② 하찮은 것

예 [犬公(견공)] : 개를 의인화한 말
　[犬馬(견마)] : 개나 말 즉 짐승
　[犬猿(견원)] : 개와 원숭이, 사이가

나쁜 두 관계
[犬兔之爭(견토지쟁)] : 개와 토끼의 싸움 서로 득이 없는 공연한 싸움
[犬吠(견폐)] : 개가 짖음
[狂犬(광견)] : 미친 개
[軍犬(군견)] : 전투에 이용하려고 군대에서 훈련시켜 기르는 개
[猛犬(맹:견)] : 사나운 개
[愛犬(애:견)] : 곁에 두고 아끼고 돌보는 개

예 [犯法(범:법)] : 법을 어김
[犯人(범:인)] : 죄인
[犯罪(범:죄)] : 죄를 지음
[犯行(범:행)] : 범죄 행위를 함
[輕犯(경범)] : 가벼운 죄를 범함
[共犯(공:범)] : 두 사람 이상이 공모하여 죄를 범함
[侵犯(침:범)] : 남의 권리 · 영토 따위를 침노하여 차지함

급수 | 4급
음훈 | ① 범할 범:
부수 | 犭(큰개 견) 부 2획
       총 5획

필순 ノ 丿 犭 犭 犯

급수 | 준4급
음훈 | ① 형상 상
       ② 문서 장:
부수 | 犬(개 견) 부 4획 총 8획

필순 丨 丬 丬 爿 爿 壯 狀 狀

글자풀이 큰개 견(犭) 변에 사람이 꿇어앉은 형상인 병부 절(卩)을 더한 글자로 개가 으르렁대며 꿇어앉은 범인을 지키는 모습. '죄, 죄를 범하다'를 뜻함.

[참고] 유의자 : 侵(침)

뜻풀이 ① 범하다 ② 저촉되다 ③ 죄 ④ 죄인

글자풀이 장수 장(爿) 변에 개 견(犬). 나무 판(爿)에 개(犬)의 그림을 그린 것으로 물체의 '형상, 문장'을 뜻함.

[참고] 유의자 : 書(서) 약자 : 状

뜻풀이 ① 형상 ② 문서 ③ 편지

예 [狀啓(장:계)] : 지방에 나간 관원이 글로 써서 올리던 보고
[狀態(상태)] : 사물이나 현상이 놓여 있는 형편이나 모양

[狀況(상황)] : 되어가는 형편이나 모양
[賞狀(상장)] : 상으로 주는 증서
[現狀(현:상)] : 눈앞에 나타나 보이는 현재의 상태
[招請狀(초청장)] : 와 주십사 청하여 부르는 편지

급수 | 4급
음훈 | ① 장려할 장:
부수 | 犬(개 견) 부 11획
    총 15획

필순 丨 丬 爿 爿 爿ㆍ 爿ㆍ 爿ㆍ 將 將 將 獎 獎

글자풀이 장수 장(將) 밑에 개 견(犬) 또는 장수 장(將) 밑에 큰 대(大)자로 將(장)에서 음을 따고 장수처럼 큰(大) 인물이 되도록 '권장' 한다는 뜻.

[참고] 유의자 : 勸(권)

뜻풀이 ① 권면하다 ② 돕다 ③ 이루다 ④ 칭찬하다

예 [獎勵(장:려)] : 좋은 일에 힘쓰도록 권하여 북돋아 줌
[獎學(장:학)] : 공부나 학문에 힘쓰도록 권장함
[勸獎(권:장)] : 많은 사람들에게 널리 권하여 장려함

급수 | 5급
음훈 | ① 홀로 독
부수 | 犭(큰개 견) 부 13획
    총 16획

필순 ´ 犭 犭 犭' 犭' 犭' 犭 獨 獨 獨 獨

글자풀이 개사슴 록(犭) 변에 촉나라 촉(蜀). 촉나라의 개는 크고 사나워 따로 떼어놓고 길렀다는데서 유래하여 獨은 '홀로, 외로이' 의 뜻임.

[참고] 유의자 : 孤(고) 약자 : 独

뜻풀이 ① 홀로 ② 홀몸

예 [獨居(독거)] : 혼자 살고 있음
[獨立(독립)] : 남에게 의지하지 않고 홀로 섬
[獨房(독방)] : 혼자 사용하는 방
[獨身(독신)] : 형제나 자매가 없는 사람, 결혼하지 않은 사람
[獨奏(독주)] : 하나의 악기로 혼자 연주함
[孤獨(고독)] : 쓸쓸하고 외로움

玉 (구슬 옥) 部

* **부수 설명** : 구슬 세 개를 한 줄로 뚫어 꿴 모양. 구슬을 뜻하며 이 글자가 부수로 쓰이며 변으로 올 때는 王 으로 바뀐다. 이때 임금 왕 변이라 잘 못 부르기도 하는데 '구슬 옥 변' 이라 말해야 옳다.

급수 | **8**급
음훈 | ① 임금 왕
부수 | 王(구슬 옥) 부 0획
　　　총 4획

필순 ー=干王

글자풀이 석 삼(三) 자에 뚫을 곤(|)으로 꿰뚫은 글자. 즉 하늘과 땅과 사람, 이 세 가지를 꿰뚫어 통치하는 '임금' 을 뜻함.

[참고] 유의자 : 君(군)

뜻풀이 ① 임금 ② 우두머리

예 [王宮(왕궁)] : 임금이 거처하는 큰 대궐

[王陵(왕릉)] : 임금의 무덤
[王妃(왕비)] : 왕의 아내
[王室(왕실)] : 임금의 집안
[王者(왕자)] : 임금
[國王(국왕)] : 나라의 임금

급수 | 준**4**급
음훈 | ① 구슬 옥
부수 | 玉(구슬 옥) 부 0획
　　　총 5획

필순 ー=干王玉

글자풀이 구슬 세 개를 세로로 꿴 모양 '구슬' 을 뜻함.

뜻풀이 ① 옥 ② 귀하게 여기는 말

예 [玉童子(옥동자)] : 옥 같이 예쁘고 귀한 어린 아들

[玉石(옥석)] : 옥과 돌 즉 귀한 것과 흔한 것

[玉碎(옥쇄)] : 옥저럼 아름답게 깨어져 부서진다는 뜻으로 명예나 충절을 위해 깨끗이 죽음

[玉手(옥수)] : 임금의 손, 아름답고 고운 여자의 손

[玉座(옥좌)] : 임금이 앉는 자리

급수 | **4**급
음훈 | ① 보배 진
부수 | 玉(구슬 옥) 부 5획
　　　총 9획

필순 ｀ ⼀ ⼆ ⺌ 王 王 玘 珍 珍 珍

글자풀이 구슬 옥(玉)에서 귀중품의 뜻을 따오고 숱 많을 진(㐱)에서 음을 따서 만든 글자로 옥처럼 귀하고 여인의 머리결처럼 아름다운 '보배'를 뜻함.

[참고] 유의자 : 寶(보)

뜻풀이 ① 보배 ② 진귀하다 ③ 맛좋은 음식

예 [珍奇(진기)] : 보배롭고 기이한
[珍談(진담)] : 진귀하고 기이한 이야기
[珍味(진미)] : 음식의 좋은 맛 또는 그런 맛이 나는 음식물
[珍寶(진보)] : 진기한 보배
[珍羞盛饌(진수성찬)] : 맛좋고 푸짐하게 차려놓은 음식
[珍珠(진주)] : 진주 조개·대합 전복 따위의 살 속에 생기는 아름다운 빛깔의 보석
[珍饌(진찬)] : 맛있는 요리

급수 | **6**급
음훈 | ① 나눌 반
부수 | 玉(구슬 옥) 부 6획
　　　총 10획

필순 ｀ ⼀ ⼆ ⺌ 王 王 玘 玘 珡 班 班

글자풀이 구슬 옥(玉)자 둘 사이에 칼 도(刂)자를 끼워서 둘로 '나눈다'는 뜻을 지님.

[참고] 반대자 : 常(상).

뜻풀이 ① 나누다 ② 헤어지다 ③ 펴다 ④ 차례

예 [班閥(반벌)] : 양반의 문벌
[班常(반상)] : 양반과 상사람을 아울러 이르는 말
[班長(반장)] : 반의 대표
[班村(반촌)] : 예전에 양반이 많이 모여 살던 동네를 이르는 말
[文班(문반)] : 양반 중 학문으로서 높은 지위를 얻은 반벌
[分班(분반)] : 한 무리의 조직을 다시 여러 반으로 나눔
[兩班(양:반)] : 옛날에 지배층을 이루던 신분으로 높은 지위를 얻은 문반과 무반, 점잖고 예의바른 사람

급수 | **6급**
음훈 | ① 공 구
부수 | 玉(구슬 옥) 부 7획
　　　총 11획

필순　一 Ｔ Ｆ 王 玉 圤 玗 玣 球 球 球

글자풀이 구슬 옥(玉) 변에 구할 구(求). 玉에서 형태를 나타내고 求에서 음을 빌어 만든 글자로 구슬처럼 둥근 '공'을 뜻함.

뜻풀이 ① 공 ② 아름다운 옥

예 [球根(구근)] : 알뿌리
[球技(구기)] : 둥근 공을 가지고 하는 경기
[排球(배구)] : 공을 손으로 쳐내서 상대편으로 넘기는 경기
[眼球(안:구)] : 눈알의 전문 용어
[野球(야:구)] : 공을 방망이로 쳐내고 달리는 경기
[電球(전:구)] : 전기의 힘으로 밝은 빛을 내는 등
[地球(지구)] : 우리가 살고있는 태양에서 세 번째 행성
[投球(투구)] : 야구 등에서 공을 던짐 또는 그 공

급수 | **6급**
음훈 | ① 다스릴 리:
부수 | 玉(구슬 옥) 부 7획
　　　총 11획

필순　一 Ｔ Ｆ 王 玉 玨 玾 理 理 理 理

글자풀이 구슬 옥(玉) 변에 마을 리(里). 임금(王)의 명을 받고 마을(里)을 다스린다는 글자.

[참고] 유의자 : 治(치)

뜻풀이 ① 다스리다 ② 길 ③ 조리 ④ 관리

예 [理念(이:념)] : 한 사회나 개인이 이상으로 여기는 근본적인 사상
[理論(이:론)] : 어떤 사물에 관하여 원리나 법칙에 맞추어 조리 있게 설명한 내용
[理性(이:성)] : 사물의 이치를 논리적으로 정리하는 능력
[理由(이:유)] : 원인 까닭
[理財(이:재)] : 재물을 유리하게 잘 관리함
[理解(이:해)] : 사리를 분별하여 앎
[順理(순:리)] : 도리나 이치에 순종하여 따름

급수 | **6**급
음훈 | ① 나타날 현:
부수 | 王(구슬 옥) 부 7획
　　　총 11획
필순 ` ´ ヂ 王 王 玑 玑 珇 珇 現 現

글자풀이 구슬 옥(玉) 변에 볼 견(見). 구슬이 '나타나' 보인다는 뜻.

뜻풀이 ① 나타나다 ② 보이다 ③ 밝다

예 [現金(현:금)] : 현재 가지고 있는 돈, 정부에서 발행한 지폐와 동전
[現代(현:대)] : 지금 바로 이 시대
[現夢(현:몽)] : 꿈에 나타나 보임
[現在(현:재)] : 이제 지금
[現行(현:행)] : 현재 행하고 있는
[出現(출현)] : 나타나 보임
[表現(표현)] : 겉으로 드러내 보임

급수 | **4**급
음훈 | ① 고리 환(:)
부수 | 王(구슬 옥) 부 13획
　　　총 17획
필순 ` ´ ヂ 王 王 王' 王'' 王''' 王'''' 王''''' 王'''''' 環
環 環 環 環 環

글자풀이 구슬 옥(玉)과 쳐다볼 경(睘). 놀라서 쳐다보는 눈처럼 둥글게 다듬은 '옥고리'를 뜻함.

뜻풀이 ① 고리 ② 돌다

예 [環境(환:경)] : 생물에게 영향을 주는 주변의 모든 상태
[環狀(환:상)] : 고리처럼 둥글게 생긴 형상
[循環(순환)] : 주기적으로 되풀이하여 돎
[玉環(옥환)] : 옥으로 만든 고리. 옥가락지
[指環(지환)] : 반지
[花環(화환)] : 꽃송이 여러 개를 둥그렇게 꽂아 꾸민 것

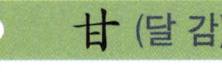

甘 (달 감) 部

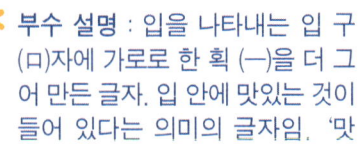

✱ 부수 설명 : 입을 나타내는 입 구(口)자에 가로로 한 획(一)을 더 그어 만든 글자. 입 안에 맛있는 것이 들어 있다는 의미의 글자임. '맛 좋다, 달다' 는 뜻 임.

급수 | **4**급
음훈 | ① 달 감
부수 | 甘(달 감) 부 0획
　　　총 5획

필순 一十廾廾甘

글자풀이 입 을 나타내는 입 구(口)자에 가로로 한 획 (一)을 더 그어 만든 글자. 입 안에 맛있는 것이 들어 있다는 의미의 글자로 '맛 좋다, 달다' 는 뜻 을 나타낸다.

뜻풀이 ① 달다 ② 맛있다 ③ 익다 ④ 간사하다

예 [甘瓜(감과)] : 참외
[甘露(감로)] : 단 이슬, 천하가 태평하면 내린다는 전설의 이슬
[甘味(감미)] : 단 맛
[甘受(감수)] : 군말 없이 기꺼이 받아들임
[甘言利說(감언이설)] : 남의 비위에 맞도록 꾸민 달콤한 말과 이로운 조건을 내세워 꾀는 말
[甘酒(감주)] : 단 술, 식혜
[甘呑苦吐(감탄고토)] : '달면 삼키고 쓰면 뱉는다' 는 뜻으로 사리의

옳고 그름에 관계없이 그저 자기 마음에 맞으면 좋아하고 안 맞으면 싫어한다는 말
[甘肴(감효)] : 맛 좋은 안주

※ **부수 설명** : 땅 위로 새싹이 돋아나는 모양을 그린 상형문자로 나온다, 살아있다 는 뜻을 나타낸다.

급수 | **8**급
음훈 | ① 날 생
부수 | 生(날 생) 부 0획
　　　총 5획

필순 丿𠂉𠂉牛生

글자풀이 땅 위로 새싹이 돋아나는 모양을 그린 상형 문자로 '나온다, 살아있다' 는 뜻을 나타낸다.

[참고] 반대자 : 死(사)

뜻풀이 ① 나다 ② 낳다 ③ 살다 ④ 삶

예 [生家(생가)] : 태어난 집
[生計(생계)] : 살아갈 방도
[生動(생동)] : 살아 움직임
[生命(생명)] : 산 목숨
[生産(생산)] : 아이를 낳음, 물자를 만들어냄
[生辰(생신)] : 생일의 높인 말
[生存(생존)] : 살아 존재함
[生活(생활)] : 활동하며 살아감

급수 | 5급
음훈 | ① 낳을 산:
부수 | 生(날 생) 부 6획
　　　총 11획

필순 ` 一 亠 立 产 产 产 产 彦 库 産

글자풀이 　立, 厂, 生이 합쳐진 글자. 사람(立=大)의 힘으로 이제까지 없었던 물건을 캐내거나 가꾸거나 만들어 '나오게(生)한다' 는 뜻.

뜻풀이 　① 낳다 ② 만들어내다 ③ 재산

예 [産氣(산:기)] : 아이를 낳을 기미
[産母(산:모)] : 아이를 갓 낳은 어미
[産物(산:물)] : 생산된 물품

[産業(산:업)] : 물자를 생산하는 업
[動産(동:산)] : 돈이나 귀금속 등과 같이 형체나 성질을 변치 않고 이동할 수 있는 재산
[破散(파:산)] : 재산을 잃고 망함

用 (쓸 용) 部

✱ 부수 설명 : 점 복(卜)자와 맞을 중(中)자가 합해서 된 글자. 예전에는 일을 하거나 사람을 쓸 때는 먼저 점(卜)을 쳐봐서 맞으면(中) 쓴다고 해서 생긴 글자로 '쓴다' 는 뜻임. 독립된 글자로도 사용하고 부수로도 쓰인다.

급수 | 6급
음훈 | ① 쓸 용:
부수 | 用(쓸 용) 부 0획
　　　총 5획

필순) 刀 月 月 用

글자풀이 　점 복(卜)자와 맞을 중(中)자가 합하여 된 글자로 점을 쳐서 딱 맞기 때문에 쓴다는 뜻

뜻풀이 ① 쓰다 ② 사용하다 ③ 작용 ④ 용도

예 [用件(용:건)] : 볼 일
[用途(용:도)] : 쓰이는 길
[用務(용:무)] : 볼 일
[食用(식용)] : 먹을 것으로 씀
[利用(이:용)] : 이롭게 사용 함
[引用(인용)] : 남의 말이나 글 가운데서 필요한 부분을 끌어다 씀
[作用(작용)] : 어떤 현상을 일으켜 영향을 끼침

田 (밭 전) 部

* 부수 설명 : 경계선이 있고 이랑을 만들어 놓은 토지. 밭을 뜻함. 독립된 글자로 밭을 뜻하며 부수로서 경작지 토지의 뜻을 지님.

급수 | 4급
음훈 | ① 갑옷 갑
부수 | 田(밭 전) 부 0획
     총 5획

필순 ㅣ ㄇ ㄇ 日 甲

글자풀이 거북의 등딱지 무늬를 본뜬 글자. 그래서 이름이 갑옷 갑. 천간의 첫 번째를 나타냄.

뜻풀이 ① 첫째 천간 ② 등딱지 ③ 껍질 ④ 첫째

예 [甲殼(갑각)] : 딱딱한 껍질
[甲論乙駁(갑논을박)] : 이러쿵저러쿵 서로 논쟁함
[甲富(갑부)] : 첫째가는 큰 부자
[同甲(동갑)] : 같은 나이
[回甲(회갑)] : 만 60세를 이르는 말

급수 | 준4급
음훈 | ① 납 신
부수 | 田(밭 전) 부 0획
     총 5획

필순 ㅣ ㄇ ㄇ 日 申

글자풀이 모양이 오그라졌다 펴졌다 함을 나타낸 글자로서 '편다, 거듭한다, 말한다, 늘이다'의 뜻으로 쓰임.

뜻풀이 ① 아홉 번째 지지 ② 거듭하다 ③ 말하다 ④ 알리다

예 [申告(신고)] : 알려 고함

[申請(신청)] : 신고하여 청구함
[內申(내:신)] : 학력이나 인사 문제를 비공개로 상급 기관에 보고함
[答申(답신)] : 상부나 상사의 물음에 보고함 또는 그런 보고
[上申(상:신)] : 윗사람에게 고하여 알림
[追申(추신)] : 편지할 때 글을 추가하여 덧붙임

급수 | **6**급
음훈 | ① 말미암을 유
부수 | 田(밭 전) 부 0획
     총 5획

필순 ㅣ 冂 曰 由 由

꼭지 달린 과일 모양의 글자로 어떤 일로 생겨난 '결과'를 뜻함.

① …로부터 ② 곡절 ③ 오히려 ④ 인연, 연유

[由來(유래)] : 전해 내려옴
[由緒(유서)] : 전하여 오는 까닭
[理由(이:유)] : 까닭, 원인
[自由(자유)] : 남에게 구속을 받거나 무엇에 얽매이지 않고 자기 마음대로 행동함

급수 | 준**4**급
음훈 | ① 밭 전
부수 | 田(밭 전) 부 0획
     총 5획

필순 ㅣ 冂 曰 田 田

사방의 경계선과 이랑을 표시한 토지로서 '밭'을 나타내는 글자를 뜻함

[참고] 반대자 : 畓(답)

① 밭 ② 토지 ③ 밭을 갈다

[田畓(전답)] : 밭과 논
[田園(전원)] : 논과 밭, 시골 교외
[田作(전작)] : 밭농사
[油田(유전)] : 석유가 묻혀있는 곳
[菜田(채:전)] : 채소 밭
[火田(화:전)] : 산에 불을 놓아 그 자리를 일구어 만든 밭

급수 | **7**급
음훈 | ① 사내 남
부수 | 田(밭 전) 부 2획
     총 7획

필순 ｜ 冂 日 田 田 男 男

글자풀이 밭 전(田) 밑에 힘 력(力). 들에 나가 힘든 일을 하는 '사나이'를 의미함.

[참고] 반대자 : 女(녀)

뜻풀이 ① 사나이 ② 아들 ③ 젊은이

예 [男女(남녀)] : 남자와 여자
　[男丁(남정)] : 15세 이상의 젊은 남자를 말함
　[男便(남편)] : 여자의 배필, 지아비
　[得男(득남)] : 아들을 낳음
　[美男(미:남)] : 썩 잘생긴 남자
　[長男(장:남)] : 맏아들, 큰아들
　[次男(차남)] : 한 집안의 둘째 아들
　[妻男(처남)] : 아내의 오라비나 남동생

界
급수 ｜ **6**급
음훈 ｜ ① 지경 계:
부수 ｜ 田(밭 전) 부 4획
　　　총 9획

필순 ｜ 冂 日 田 田 罘 界 界 界

글자풀이 밭 전(田) 밑에 낄 개(介). 밭과 밭 사이에 낀 '경계선'이란 뜻.

[참고] 유의자 : 境(경)

뜻풀이 ① 경계 ② 사이하다 ③ 경계 안

예 [界標(계:표)] : 경계 표시
　[境界(경계)] : 구역과 구역을 나누는 선
　[世界(세:계)] : 온 세상
　[市界(시계)] : 시(市)와 시의 경계선
　[視界(시계)] : 맨 눈으로 볼 수 있는 경계 안
　[外界(외:계)] : 바깥 세계
　[財界(재계)] : 실업가 및 금융계의 사회
　[政界(정계)] : 정치가들의 사회
　[學界(학계)] : 학자들의 사회
　[限界(한계)] : 정하여 놓은 범위

留
급수 ｜ 준**4**급
음훈 ｜ ① 머무를 류(:)
부수 ｜ 田(밭 전) 부 5획
　　　총 10획

필순 ´ ⺈ ⺈ 匆 囟 网 卯 留 留 留

글자풀이 토끼 묘(卯) 밑에 밭 전(田). 토끼가 밭에서는 풀을 뜯기 위하여 쉬 떠나지 않고 '머무른다'는 뜻.

[참고] 유의자 : 停(정)

뜻풀이 ① 머물다 ② 지체하다 ③ 기다리다

예 [留宿(유숙)] : 남의 집에서 묵음
[留任(유임)] : 직위에 그대로 머물어 일을 맡아봄
[留置(유치)] : 남의 물건을 맡아 둠
[居留(거:류)] : 남의 나라 영토에 머물어 삶
[保留(보:류)] : 어떠한 일을 당장 처리하지 않고 잠시 뒤로 미룸
[殘留(잔류)] : 남겨 머물게 함
[停留(정류)] : 가던 길을 멈추고 머물러 쉼

略

급수 | 4급
음훈 | ① 간략할 약
부수 | 田(밭 전) 부 6획
총 11획

필순 

글자풀이 밭 전(田) 변에 각각 각(各). 제각각 밭에 가서 일한다는 글자로 '다스리다, 간략하다'의 뜻임.

뜻풀이 ① 다스리다 ② 둘러보다 ③ 범하다 ④ 꾀하다

예 [略圖(약도)] : 간략하게 줄여서 그린 지도
[略少(약소)] : 적고 변변치 못한
[略式(약식)] : 간단하고 임시변통의 방식
[計略(계:략)] : 계책과 책략
[謀略(모략)] : 좋지 않은 꾀로 남을 구렁에 몰아 넣는 일
[省略(생략)] : 덜어서 줄임
[戰略(전략)] : 싸움을 승리로 이끌어 갈 방도
[侵略(침:략)] : 남의 나라에 쳐들어가 빼앗음

異

급수 | 4급
음훈 | ① 다를 이:
부수 | 田(밭 전) 부 6획
총 11획

필순 

필순 ノ ヽ ㄱ ㅛ ㅉ 乎 乎 乎 番 番 番 番

글자풀이 얼굴에 탈을 쓰고(田) 우뚝 서서(兀) 두 손을 들고(廾) 있는 모습을 그린 글자로. 탈의 모양이 얼굴과 '다르다'는 뜻.

[참고] 반대자 : 同(동)

뜻풀이 ① 다르다 ② 달리하다 ③ 의심하다 ④ 재앙

예 [異見(이:견)] : 서로 다른 소견
[異口同聲(이구동성)] : 여러사람이 하는 말이 한결 같음
[異端(이:단)] : 전통·권위에 반항하는 설 또는 이론
[異變(이:변)] : 괴이한 변고
[異常(이:상)] : 평소와 다른 상태
[異性(이성)] : ① 성질·성품이 다름 ② 남자 여자가 서로 상대를 지칭함
[特異(특이)] : 보통과는 아주다른
[判異(판이)] : 아주 색다른

글자풀이 분별할 변(釆) 밑에 밭 전(田). 짐승의 발톱(釆) 자국과 발바닥(田) 자국이 땅에 '번갈아 가며 차례대로' 찍힘을 나타낸 글자로 그 자국이 차례로 '번갈아가며 나타난다'는 뜻.

[참고] 유의자 : 順(순)

뜻풀이 ① 차례, 순서 ② 번갈아 나타나다

예 [番號(번호)] : 차례를 나타내거나 알기 쉽도록 붙여준 기호
[交番(교번)] : 번갈아 정한 차례
[當番(당번)] : 어떤 일을 책임지고 차례에 따라 맡게 된 순서
[背番(배번)] : 운동 선수의 등에 붙이는 번호
[順番(순:번)] : 차례대로 돌아가는 순서 또는 번호

급수 | **6**급
음훈 | ① 차례 번
부수 | 田(밭 전) 부 7획
    총 12획

급수 | **6**급
음훈 | ① 그림 화:
    ② 그을 획
부수 | 田(밭 전) 부 7획 총 12획
필순 ㄱ ㄱ ㄱ 聿 聿 畫 畫 畫 畫 畫 畫 畫

글자풀이 붓 율(聿)과 밭 전(田) 그리고 땅을 뜻하는 한 일(一)로 이루어진 글자. 붓으로 밭의 경계선을 그린다는 글자로 '그림, 경계선'을 뜻함.

[참고] 유의자 : 圖(도)

뜻풀이 ① 그림 그리다 ② 획을 긋다 ③ 고르다 ④ 꾀하다

예 [畵家(화:가)] : 그림 그리기를 전문으로 하는 사람

[畵面(화:면)] : 텔레비전이나 컴퓨터에서 영상이 나타나는 면

[畵餠(화병)] : 그림의 떡. 눈에는 보이나 먹을 수 없어 '실용되지 못함'을 이르는 말

[畵室(화:실)] : 그림 그리는 방

[畵順(획순)] : 글씨를 쓸 때 획을 긋는 순서

[映畵(영화)] : 영사막에 기록했던 극을 재현하는 종합 예술, 시네마

급수 | 5급
음훈 | ① 마땅 당
부수 | 田(밭 전) 부 8획
      총 13획

필순 丶丨丷⺍尚尚尚當當當

글자풀이 숭상 상(尚) 밑에 밭 전(田). 신을 모시는 신전(尚=숭상할 상)에 밭(田=밭 전)을 주어 경비로 쓰게 하는 것은 너무나 '당연하다'는 뜻.

[참고] 유의자 : 然(연). 반대자 : 否(부). 약자 : 当

뜻풀이 ① 마땅하다 ② 당면하다 ③ 주관하다 ④ 맞다

예 [當到(당도)] : 목적한 곳에 다다름

[當面(당면)] : 일이 눈앞에 닥침

[當付(당부)] : 말로써 어찌하라고 단단히 부탁함

[當選(당선)] : 선거에서 뽑힘, 심사나 선발에서 뽑힘

[當然(당연)] : 마땅히 그렇게 되어야 할

[當直(당직)] : 숙직할 차례가 옮

[宜當(의당)] : 마땅히 으레

[適當(적당)] : 그 상황에 절절하게 들어맞음

[合當(합당)] : 적당하게 들어맞음

[該當(해당)] : 무엇과 관련이 있는 바로 그것

疋 (짝 필) 部

✱ **부수 설명** : 무릎 아래의 다리 모양을 본떠서 만든 글자이다. 발 족(足)과 같은 뜻으로도 사용된다. 그래서 다른 이름으로는 '발 소'라 부르기도 하며 한편 그 뜻이 옷감이나 동물의 수를 세는 단위로 쓰이기 때문에 필 필(匹)과도 통한다. 말 한 필, 비단 한 필 등과 같이 무엇을 세는 단위로 쓰이기 때문이다.

급수 | **4**급
음훈 | ① 의심할 의
부수 | 疋(짝 필) 부 9획
　　　총 14획

필순 ` ㄴ ㅌ ㅌ ㅌ 뚠 뚳 뚳 뚳 疑 疑 疑 疑

글자풀이 어린아이가 단검(匕)과 화살(矢)을 가지고 걸어가는(疋) 글자로 왜 그런지 '의심'한다는 뜻.

뜻풀이 ① 의심하다 ② 두려워하다 ③ 엉기다 ④ 비기다. 견주다

예 [疑問(의문)] : 의심스럽게 생각함

[疑似(의사)] : 비슷하여 가려내기 어려운
[疑心(의심)] : 믿지 못해 이상하게 여기는 마음
[疑惑(의혹)] : 의심하여 수상하게 여김
[質疑(질의)] : 의심나는 점을 물음
[嫌疑(혐의)] : 꺼려하고 싫어함
[懷疑(회의)] : 의심을 품음

疒 (병질 역) 部

✱ **부수 설명** : 병들어 몸이 아픈 사람이 벽에 몸을 기대고 있는 형상으로, 한자로는 '병들어 기댈 역'이고 부수로는 '병질 엄'이다. 이 부수에 속하는 글자들은 모두가 질병과 관계되는 글자들이다.

급수 | **6**급
음훈 | ① 병 병:
부수 | 疒(병질 녁) 부 5획
　　　총 10획

필순 ` 一 广 广 疒 疒 疒 病 病 病

글자풀이 병질 엄(疒) 안에 남녘 병(丙). 엄(疒)에서 질병의 뜻을 따오고 병(丙)에서 발음을 따다 만든 글자로 온갖 질병을 나타내는 글자임.

[참고] 유의자 : 患(환)

뜻풀이 ① 병 ② 괴로워하다 ③ 시들다 ④ 주리다

예 [病苦(병:고)] : 질병으로 인한 고통
[病菌(병:균)] : 병을 일으키고 옮기는 균
[病床(병:상)] : 병자가 눕는 침상
[病院(병:원)] : 병자를 진찰하고 치료하는 곳
[病者(병:자)] : 병을 앓고 있는 사람
[病患(병:환)] : '병'을 높이어 일컫는 말
[看病(간병)] : 병자를 간호하는 일
[疾病(질병)] : 몸의 질환과 병

급수 | **4급**
음훈 | ① 피곤할 피
부수 | 疒(병질 녁) 부 5획
　　　총 10획

필순 ` 一 广 广 疒 疒 疒 扩 疖 疲

글자풀이 병질 엄(疒) 안에 거죽 피(皮). 피(皮)에서 음을 따온 글자. 피곤하면 몸의 거죽인 얼굴에서 병색이 나타나므로 만든 글자임.

[참고] 유의자 : 困(곤)

뜻풀이 ① 지치다 ② 피곤하다 ③ 병들고 괴로워하다

예 [疲竭(피갈)] : 몸이 지쳐서 나른함
[疲困(피곤)] : 몸이 지쳐 고달픔
[疲勞(피로)] : 지치고 고단함
[疲厭(피염)] : 지쳐서 싫증이 남

급수 | **4급**
음훈 | ① 아플 통:
부수 | 疒(병질 녁) 부 7획
　　　총 12획

필순 ` 一 广 广 疒 疒 疒 疖 痈 痈 痛

글자풀이 역(疒)에서 질병의 뜻을 따오고 솟을 용(甬)에서 음을 빌어 만든 글자로 병의 증세가 솟아올라 기승을 부려 '아프고 괴롭다'는 뜻.

뜻풀이 ① 아프다 ② 슬프다 ③ 괴롭다

🔴 [痛憤(통:분)] : 원통하고 분함
[痛症(통:증)] : 아픈 증세
[痛快(통:쾌)] : 아주 즐겁고 시원하게 유쾌함
[痛恨(통:한)] : 몹시 원통함
[苦痛(고통)] : 몸이나 마음의 괴로움과 아픔
[頭痛(두통)] : 머리가 아픈 증세
[腹痛(복통)] : 복부의 통증, 배가 아픈 증세
[悲痛(비:통)] : 몹시 슬퍼서 마음이 아픔
[冤痛(원통)] : 분하고 억울함

癶 (등질 발) 部

✱ **부수 설명** : 왼쪽 발과 오른쪽 발 두 발을 그린 상형 문자이다. 두 다리가 뻗쳐 있기 때문에 '간다' 는 뜻이지만 한편 두 다리가 서로 등지고 있는 형상이다. 그래서 '등질 발' 이라 부르고 다른 이름으로 '필 발(發) 머리' 라고도 부른다.

글자풀이 필 발 머리(癶) 밑에 콩 두 (豆). 癶은 걷는다, 豆는 제사상에 올리는 제기를 뜻함. 登은 제사상에 음식 담은 제기를 올려놓는다는 데서 '올리다, 오르다' 를 뜻함.

[참고] 반대자 : 落(락)

뜻풀이 ① 오르다 ② 올리다 ③ 높다

🔴 [登校(등교)] : 학생이 학교에 가다
[登極(등극)] : 지극히 높은 자리에 오르다 즉 임금이 되다
[登錄(등록)] : 장부에 이름을 올림
[登山(등산)] : 산에 오르다
[登用(등용)] : 인재를 골라 쓰다
[登龍門(등용문)] : 출세하기 위하여 거치는 문
[登頂(등정)] : 산 꼭대기에 오름
[登板(등판)] : 투수가 마운드에 섬

급수 | **7급**
음훈 | ① 오를 등
부수 | 癶(등질 발) 부 7획
　　　총 12획
필순 ノ フ ヌ ヌ ㇇ 癶 癶 癶 癶 登 登 登

급수 | **6급**
음훈 | ① 필 발 ② 쏠 발
부수 | 癶(등질 발) 부 7획
　　　총 12획
필순 ノ フ ヌ ヌ ㇇ 癶 癶 癶 癶 發 發 發

글자풀이 필 발머리(癶) 밑에 활 궁(弓)과 칠 수(殳). 두 발을 딛고 손으로 활을 당기는 모습으로 활을 '쏜다, 나간다, 떠난다'를 뜻함.

[참고] 반대자 : 着(착) 약자 : 発

뜻풀이 ① 쏘다 ② 가다 ③ 싹이 트다 ④ 꽃이 피다

예 [發見(발견)] : 아직 알려지지 않은 사물이나 현상·사실 따위를 처음으로 찾아냄

[發明(발명)] : 아직 없었던 기술이나 물건을 처음으로 만들어 냄

[發病(발병)] : 병이 생겨 나타남

[發射(발사)] : 총이나 활 대포 따위를 쏨

[發足(발족)] : 어떤 기관이나 단체 등의 조직체가 새로 만들어져 활동을 시작함

[啓發(계:발)] : 슬기와 재능 따위를 일깨워 키워줌

[滿發(만:발)] : 많은 꽃들이 활짝 다 핌

[妄發(망발)] : 잘못된 말이나 행동

[出發(출발)] : 갈 곳을 향해 떠남

白 (흰 백) 部

* **부수 설명** : 날 일(日)자에 삐침 별(丿)을 붙인 글자. 해로부터 나오는 빛이 번쩍번쩍 빛나고 그 빛이 하얗다는 뜻.

급수 | **8**급
음훈 | ① 흰 백
부수 | 白(흰 백) 부 0획
　　　 총 5획

필순 ′ ′ 冂 白 白

글자풀이 날 일(日) 자에 삐침 별(丿)을 붙인 글자. 해로부터 비치는 빛이 번쩍번쩍 빛나고 '하얗다'는 뜻.

[참고] 반대자 : 黑(흑)

뜻풀이 ① 희다 ② 깨끗하다 ③ 밝다 ④ 아뢰다, 고백하다

예 [白骨(백골)] : 죽어서 남는 하얀 뼈

[白髮(백발)] : 하얀 머리털, 늙은이를 이르는 말

[白衣(백의)] : 흰 옷. 제복이 아닌 옷 즉 조직에서 제명된 사람

[白紙(백지)] : 흰 색의 한지, 아무것도 적지 않은 종이
[白痴(백치)] : 지식 수준이 아주 낮은 어리석은 사람
[告白(고:백)] : 숨김이 없이 사실대로 말함
[淸白(청백)] : 인품이 고상하여 지조 있고 행실이 깔끔함

급수 | **7**급
음훈 | ① 일백 백
부수 | 白(흰 백) 부 1획
　　　총 6획

필순 ー ア ァ ァ 百 百 百

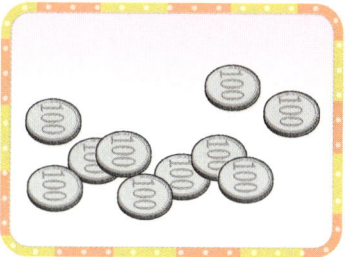

글자풀이 　수 일백을 나타내는 숫자

뜻풀이 　① 백, 십의 열 갑절

예 [百方(백방)] : 온갖 수단
　[百姓(백성)] : 온 국민
　[百歲(백세)] : 백년, 나이 백 살
　[百戰百勝(백전백승)] : 싸우는 족족 모두 이김, 능숙하고 월등한 솜씨
　[百濟(백제)] : 고대 한반도에 있었던 삼국 중의 한 나라

급수 | **5**급
음훈 | ① 과녁 적
부수 | 白(흰 백) 부 3획
　　　총 8획

필순 ′ ⺁ ⺁ 白 白 白 的 的

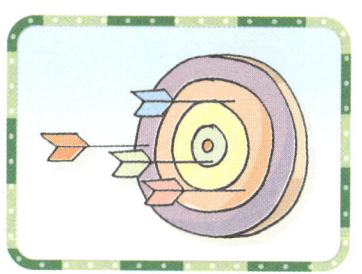

글자풀이 　흰 백(白) 변에 작을 작(勺). 작은 표시를 한 흰 표적 즉 '과녁'을 뜻함.

뜻풀이 　① 과녁 ② 표준 ③ 밝다 ④ 조사 (…의)

예 [的當(적당)] : 꼭 들어 맞음
　[的中(적중)] : 과녁에 정확히 맞음
　[端的(단적)] : 간단하고 분명한
　[目的(목적)] : 일을 이루고자 하는 목표
　[標的(표적)] : 목표가 되는 물건

皿 (그릇 명) 部

✱ 부수 설명 : 음식을 담는 그릇(접시) 모양을 본뜬 글자로 그릇, 접시를 뜻함.

급수 | 준 **4** 급
음훈 | ① 더할 익
부수 | 皿(그릇 명) 부 5획
총 10획

필순 ノ 八 ハ 公 公 쏘 쏘 谷 益 益

글자풀이 물 수(水) 자를 그릇 명(皿) 자 위에 옆으로 뉘어놓은 글자. 그릇에 물을 붓는 것을 나타낸 글자로 '더한다, 넘친다'는 뜻임.

[참고] 약자 : 益

뜻풀이 ① 더하다 ② 증가하다 ③ 유익하다 ④ 넉넉하다 넘친다

🔴 [益壽(익수)] : 나이를 더한다, 오래 산다
[益友(익우)] : 사귀어 도움을 주는 유익한 친구
[益鳥(익조)] : 사람에게 유익한 새
[共益(공:익)] : 공동의 이익
[公益(공익)] : 사회 전체의 이익
[無益(무익)] : 도무지 아무런 이로움이 없음
[損益(손익)] : 손해와 이익
[實益(실익)] : 실질적인 이익
[利益(이익)] : 기업에서 돈을 남김

급수 | **4** 급
음훈 | ① 도둑 도(:)
부수 | 皿(그릇 명) 부 7획
총 12획

필순 ヽ ヽ 冫 冫 氵 汏 次 次 咨 咨 盜 盜

글자풀이 물 수(氵)와 하품 흠(欠), 그릇 명(皿)으로 된 글자. 그릇 위의 음식을 보고 입을 벌려 침을 흘리며 훔쳐 먹는다는 의미로 '훔치다'의 뜻임.

[참고] 유의자 : 賊(적)

뜻풀이 ① 훔치다 ② 밀통하다 ③ 도둑 ④ 천인

🔴 [盜掘(도굴)] : 몰래 고분 따위를 파거나 광물을 훔쳐감
[盜癖(도벽)] : 남의 물건을 훔치는 버릇
[盜用(도용)] : 남의 물건이나 이름을 허락 없이 몰래 사용함
[盜跖(도:척)] : 중국 춘추시대의 큰 도적, 몹시 악한 짓을 하는 사람
[盜聽(도청)] : 남의 이야기나 회의 내용 또는 전화 통화 등을 몰래 엿들음
[盜汗(도한)] : 몸이 허약한 증세로

잠잘 때나는 식은 땀
[强盜(강:도)] : 폭행이나 협박으로 남의 것을 빼앗음
[大盜(대:도)] : 큰 도둑
[竊盜(절도)] : 남의 재물을 훔침 또는 그런 사람

급수 | 준 4급
음훈 | ① 성할 성:
부수 | 皿(그릇 명) 부 7획
총 12획

필순 ノ 厂 厂 厂 成 成 成 成 盛 盛 盛 盛

글자풀이 이룰 성(成) 밑에 그릇 명(皿). 그릇에 꽉 차도록 '번성한다' 는 뜻임.
[참고] 유의자 : 旺(왕), 반대자 : 衰(쇠)

뜻풀이 ① 그릇에 담다 ② 이루다 ③ 크게 성하다 ④ 세차다

예 [盛大(성:대)] : 크고 풍성함
[盛衰(성:쇠)] : 흥함과 쇠퇴함
[盛市(성:시)] : 크게 풍성한 시장
[盛業(성:업)] : 사업이 번창함
[極盛(극성)] : 몹시 왕성함, 성질이나 행동이 거칠고 드셈

[旺盛(왕:성)] : 한창 성함
[豊盛(풍성)] : 넉넉하고 성함

급수 | 준 4급
음훈 | ① 볼 감
부수 | 皿(그릇 명) 부 9획
총 14획

필순 ⌐ ㄱ ㅋ ㅋ ㅋ 臣 臣ˊ 臣ˋ 臣ˋ 臣ˋ 監 監 監 監

글자풀이 엎드릴 와(臥) 밑에 그릇 명(皿). 그릇에 무엇이 있는지 엎드려 살펴본다는 글자로 '살핀다, 본다' 는 뜻.
[참고] 유의자 : 察(찰)

뜻풀이 ① 보다 ② 살핀다 ③ 감옥 ④ 거울

예 [監農(감농)] : 농사일을 보살피고 감독함
[監督(감독)] : 보살피고 단속함
[監修(감수)] : 책이나 원고를 잘 살펴보고 다듬음
[監視(감시)] : 경계하여 살펴봄
[監護(감호)] : 감독하고 보호함
[校監(교:감)] : 교장을 도와 학교일을 관리 수행하는 일. 그런 직책

[舍監(사감)] : 기숙사에서 기숙생을 감독함
[統監(통:감)] : 감독하고 거느림

급수 | **4**급
음훈 | ① 다할 진:
부수 | 皿(그릇 명) 부 9획
　　　총 14획

필순 ７ ３ ヲ 肀 聿 聿 肀 肀 肀 肀 盡 盡 盡

글자풀이 손으로 수세미 따위를 잡고 (聿) 그릇(皿)을 씻는 모습. 설거지는 어떤 행사에서 마지막에 하는 일 그래서 '다 끝냈다, 진력했다'를 뜻함.

[참고] 유의자 : 極(극)　약자 : 尽

뜻풀이 ① 다 되다 ② 끝나다 ③ 진력하다

예 [盡力(진:력)] : 힘을 모두 쏟음
[盡心(진:심)] : 마음과 정성을 다함
[盡忠(진:충)] : 충성을 다함
[賣盡(매:진)] : 물건이나 표 등이 다 팔림
[無盡(무진)] : 무궁무진의 준말로 한이 없고 끝이 없음

目 (눈 목) 部

✱ 부수 설명 : 사람의 눈 모양을 본뜬 상형 문자로 '눈'을 뜻함.

급수 | **6**급
음훈 | ① 눈 목
부수 | 目(눈 목) 부 0획
　　　총 5획

필순 | 冂 冂 目 目

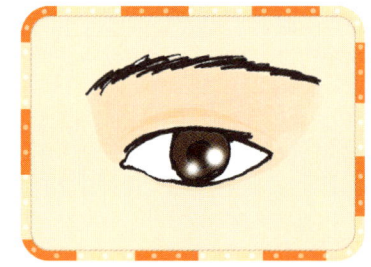

글자풀이 사람의 눈 모양을 본뜬 글자로 '눈'을 뜻함.

뜻풀이 ① 눈 ② 보다 ③ 품명 ④ 우두머리

예 [目禮(목례)] : 눈짓으로 하는 간단한 인사
[目錄(목록)] : 물품의 품목을 정리하여 적은 표, 물건·생각·수집된 것들을 나열하여 적은 것
[目不忍見(목불인견)] : 눈앞에 벌어진 상황 따위를 차마 눈을 뜨고는 볼 수 없음

[目的(목적)] : 일을 이루려고 하는 목표나 방향
[目次(목차)] : 목록이나 제목·조항 따위의 차례
[盲目(맹목)] : ① 눈이 멀어서 보지 못하는 눈 ② 이성을 잃어 분별이나 판단을 못하는 것
[題目(제목)] : 글·강연·작품 등에서 그것을 대표하거나 내용을 알아볼 수 있도록 붙이는 이름

급수 | **7**급
음훈 | ① 곧을 직
부수 | 目(눈 목) 부 3획
　　　총 8획
필순 一十十广方方首直直

글자풀이 열 십(十), 눈 목(目), 숨길 은(乚)으로 이루어진 글자. 열 개의 눈으로 지켜보기 때문에 아무리 숨겨도 바르게 드러난다는 글자로 '바르게 본다, 정직하다'는 뜻.
[참고] 반대자 : 曲(곡)
뜻풀이 ① 곧다 ② 바르다 ③ 정직하다

예 [直角(직각)] : 90도가 되는 각
[直感(직감)] : 마음으로 느껴 앎
[直線(직선)] : 곧게 뻗은 선
[直說(직설)] : 바른대로 있는 그대로 말함
[直言(직언)] : 옳고 그른 것에 대한 자신의 생각을 서슴지 않고 기탄 없이 말함
[直行(직행)] : 도중에 다른 곳에 머무르거나 들르지 않고 목적지를 향해 바로 감
[硬直(경직)] : 몸과 마음이 긴장되어 유연하지 못하고 뻣뻣함
[率直(솔직)] : 거짓이나 꾸밈이 없고 바름
[正直(정:직)] : 마음에 거짓이나 꾸밈이 없이 바르고 곧음
[忠直(충직)] : 충성스럽고 정직함

급수 | **4**급
음훈 | ① 볼 간
부수 | 目(눈 목) 부 4획
　　　총 9획
필순 ノ二三チ手看看看看

글자풀이 손 수(手) 밑에 눈 목(目). 손을 눈썹 위 이마에 올려놓고 살펴본다는 글자로 자세히 들여다보고 '살핀다'는 뜻.

뜻풀이 ① 보다 ② 지키다 ③ 살펴보다

예 [看過(간과)] : 큰 관심 없이 대충 살펴보고 지나감
[看病(간병)] : 병자를 보살펴 줌
[看守(간수)] : ① 보살피고 지킴 ② 교도관 ③ 철길 건널목 지킴이
[看破(간파)] : 사물의 진상을 꿰뚫어 봄
[看板(간판)] : 가게나 회사 또는 건물의 이름을 여러 사람이 쉽게 볼 수 있도록 걸어 붙인 표지
[看護(간호)] : 환자나 노약자 등을 보살펴 돌봄

급수 | 5급
음훈 | ① 서로 상
부수 | 目(눈 목) 부 4획
　　　총 9획
필순 ー 十 ナ 木 机 相 相 相 相

글자풀이 나무 목(木) 변에 눈 목(目). 나무들이 서 있는 것 처럼 서로 마주하고 쳐다본다는 뜻.

[참고] 유의자 : 互(호)

뜻풀이 ① 서로 ② 보다 ③ 돕다 ④ 정승

예 [相談(상담)] : 문제를 해결하기 위하여 서로 의논함
[相面(상면)] : 서로 얼굴을 마주함
[相扶相助(상부상조)] : 서로가 서로를 도움
[相臣(상신)] : 조선시대 때의 정승 벼슬(영의정, 좌의정, 우의정)
[相議(상의)] : 서로 의논함
[相互(상호)] : 이쪽과 저쪽 모두, 상대방과 자신
[眞相(진상)] : 사물이나 형상의 거짓 없는 실제의 참 모습

급수 | 6급
음훈 | ① 덜 생 ② 살필 성
부수 | 目(눈 목) 부 4획
　　　총 9획
필순 丶 丿 小 少 丬 省 省 省 省

글자풀이 젊을 소(少) 밑에 눈 목(目). 젊은 눈으로 보다 즉 자세히 '살펴 본다' 는 뜻.

[참고] 유의자 : 察(찰)

뜻풀이 ① 살피다 ② 분명하다 ③ 깨닫다 ④ 덜다, 줄이다

예 [省略(생략)] : 전체에서 일부를 줄이거나 빼서 간단히 함
[省墓(성묘)] : 조상의 산소를 찾아가서 돌봄
[省察(성찰)] : 자기의 마음을 반성하고 살핌
[歸省(귀:성)] : 객지에서 생활하다 부모를 뵈러 고향으로 돌아감
[反省(반:성)] : 자신의 언행에 대하여 잘못이나 부족함이 없는지 돌이켜 스스로를 살펴 깨우침
[自省(자성)] : 자기 스스로 반성함

글자풀이 솥 정(鼎) 위에 숟가락 비(匕). 솥 안의 음식을 숟가락으로 맛보아 제사에 써도 좋은 음식인지 가려낸다는 글자로 '참되다, 진실 되다' 를 뜻함.

[참고] 반대자 : 僞(위) 약자 : 眞

뜻풀이 ① 참됨 ② 변치 않는 진실 ③ 본질

예 [眞價(진가)] : 참된 값어치
[眞理(진리)] : 변치 않는 참된 이치
[眞實(진실)] : 거짓이 없이 참되고 바름
[眞心(진심)] : 거짓 없는 마음
[眞僞(진위)] : 참됨과 거짓
[眞意(진의)] : 속에 품고 있는 참뜻
[寫眞(사진)] : 물체의 모습을 꾸밈 없이 그대로 베낀 것으로 종이나 영상으로 볼 수 있는 형상

급수 | 준 4급
음훈 | ① 참 진
부수 | 目(눈 목) 부 5획
　　　총 10획
필순 　　　　　　　眞 眞 眞

급수 | 준 4급
음훈 | ① 눈 안:
부수 | 目(눈 목) 부 6획
　　　총 11획
필순 | 冂 冂 月 月 目¹ 目² 眼 眼 眼

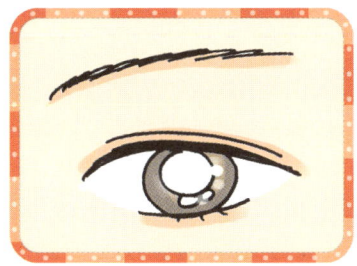

글자풀이 눈목(目)변에 어긋날 간(艮). 눈동자(目) 둘이 나란히(艮)있음을 나타낸 글자 즉 '두 눈'을 뜻함.

[참고] 유의자 : 目(목)

뜻풀이 ① 눈 ② 보다 ③ 바늘구멍

예 [眼鏡(안:경)] : 눈에 잘 보이도록 쓰는 기구
[眼球(안:구)] : 눈알
[眼目(안:목)] : 사물을 보고 식별하는 능력
[眼下無人(안:하무인)] : '눈 아래 사람이 없다'는 뜻으로 남을 무시하고 교만하게 구는 행위
[老眼(노:안)] : 나이가 들어 시력이 나빠짐 또는 그런 눈
[血眼(혈안)] : 기를 쓰고 덤벼드는 충혈된 눈, 어떤 일에 몹시 흥분된 상태의 눈

급수 | 5급
음훈 | ① 붙을 착
부수 | 目(눈 목) 부 7획
총 12획

필순 ˋ ˊ ˇ ˋ 羊 羊 羊 着 着 着

글자풀이 양 양(羊) 밑에 눈 목(目). 양치기가 양떼들을 눈을 떼지 않고 지켜본다는 뜻.

[참고] 반대자 : 發(발)

뜻풀이 ① 붙다 ② 입다 ③ 머리에 쓰다 ④ 신다

예 [着工(착공)] : 공사를 시작함
[着陸(착륙)] : 비행기 따위가 공중에서 육지에 닿도록 내림
[着帽(착모)] : 모자를 씀
[着發(착발)] : 도착과 출발
[着服(착복)] : ① 제복을 입음 ②남의 금품을 부당하게 가져감
[着手(착수)] : 어떤 일을 시작함
[到着(도:착)] : 목적한 곳에 다달음 ↔ 출발(出發)
[安着(안착)] 어떠한 곳에 무사히 잘 도착함

급수 | 준 4급
음훈 | ① 감독할 독
부수 | 目(눈 목) 부 8획
총 13획

필순 ˋ ㅏ ㅑ ㅕ 叔 叔 督 督 督 督

글자풀이 아재비 숙(叔) 밑에 눈 목(目). 叔은 '콩'의 뜻도 있으므로 콩의 싹을 눈으로 본다는 글자로 즉 '살펴보고 감독한다'는 뜻.

뜻풀이 ① 살펴보다 ② 바로잡다 ③ 꾸짖다 ④ 우두머리

예 [督勵(독려)] : 감독하고 격려함
[監督(감독)] : 보살펴 단속함
[提督(제독)] : 해군 함대의 사령관
[總督(총:독)] : 식민지에서 정치와 군사의 일을 지휘하는 우두머리

矢 (화살 시) 部

✱ **부수 설명** : 화살 모양을 본뜬 글자로 독립된 글자로도 쓰이고 부수로도 쓰임

급수 | **5**급
음훈 | ① 알 지
부수 | 矢(화살 시) 부 3획
　　　총 8획

필순 ノ 一 ㄷ 乍 矢 矢 知 知

글자풀이 화살 시(矢) 변에 입 구(口). 옛날의 통신 수단으로 화살에 전하려는 말을 적은 쪽지를 묶어 쏘아 전했다는 데서 '통지하다, 알다'의 뜻.

[참고] 유의어 : 識(식)

뜻풀이 ① 알다 ② 알리다 ③ 통지하다 ④ 지식

예 [知己(지기)] : 자기를 진정 알아주는 친구
[知能(지능)] : 지혜와 지능, 두뇌의 능력
[知性(지성)] : 사고하고 이해하고, 판단하는 능력
[知行(지행)] : 지식과 행위
[無知(무지)] : 아는 것이 없음
[通知(통지)] : 기별하여 알림

급수 | **6**급
음훈 | ① 짧을 단(:)
부수 | 矢(화살 시) 부 7획
　　　총 12획

필순 ノ 一 ㄷ 乍 矢 矢 矢 矩 知 知 短 短

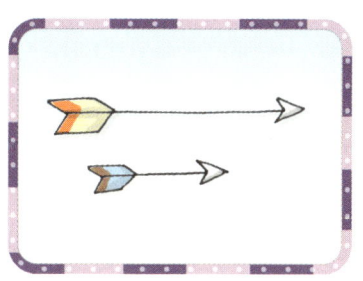

글자풀이 화살 시(矢) 변에 콩 두(豆). 짧은 길이를 재는 데는 화살을 사용하

고 적은 양을 재는 데는 말(豆)을 사용하였으므로 '짧다'를 뜻함.

[참고] 반대자 : 長(장)

뜻풀이 ① 짧다 ② 작다 ③ 모자라다 ④ 결점

예 [短歌(단:가)] : 짧은 노래
[短距離(단거리)] : 짧은 거리
[短刀(단:도)] : 길이가 짧은 칼
[短命(단:명)] : 목숨이 짧음
[短簫(단:소)] : 우리 나라의 향악기(鄕樂器)에 속하며 통소보다 짧고 가는 피리의 한 가지
[短身(단:신)] : 작은 키
[短杖(단:장)] : 길이가 짧은 지팡이
[短點(단:점)] : 잘못되고 모자라는 점 ↔ 장점(長點)
[短縮(단:축)] : 시간이나 거리 등을 짧게 줄임
[短篇(단:편)] : 문학 작품에서 짧막하게 지은 글
[短靴(단:화)] : 목이 발목 아래 오는 짧은 구두
[長短(장단)] : 길고 짧음, 좋고 나쁨

石 (돌 석) 部

※ **부수 설명** : 언덕(厂) 밑에 굴러다니는 돌(口)을 나타낸 글자. 크고 작은 '돌'을 뜻한다. 독립된 글자로도 쓰이고 부수로도 쓰인다.

급수 | **6**급
음훈 | ① 돌 석
부수 | 石(돌 석) 부 0획
　　　총 5획

필순 一ㄧㄒ石石

글자풀이 언덕(厂) 아래 굴러다니는 크고 작은 돌(口)을 의미하는 글자.

뜻풀이 ① 돌 ② 비석 ③ 화살 촉

예 [石工(석공)] : 돌로 물건을 만드는 사람
[石橋(석교)] : 돌다리
[石佛(석불)] : 돌부처
[石像(석상)] : 돌로 만든 형상
[石淸(석청)] : 산 속 돌 틈에 벌들이 모아놓은 꿀
[石塔(석탑)] : 돌탑
[寶石(보:석)] : ① 귀하고 아름다운 돌 ② 귀한 사람·존재

급수 | 준**4**급
음훈 | ① 깨뜨릴 파:
부수 | 石(돌 석) 부 5획
　　　총 10획

필순 一ㄧㄒ石石石 矿砂破破

급수 | 준 **4**급
음훈 | ① 대포 포:
부수 | 石(돌 석) 부 5획
　　　총 10획

필순 ` ´ 丆 石 石 石 石 砂 砲 砲

글자풀이　돌 석(石) 변에 쌀 포(包). 대포 알로 사용한 크고 둥근 돌덩이.

뜻풀이　① 돌 노쇠 ② 대포 알

예 [砲擊(포:격)] : 대포를 쏘아 공격함
[砲兵(포:병)] : 포를 주요 무기로 사용하는 군사
[砲聲(포:성)] : 대포 터지는 소리
[砲彈(포:탄)] : 대포 탄
[砲火(포:화)] : 총포를 쏠 때 일어나는 불
[銃砲(총포)] : 총과 대포
[祝砲(축포)] : 축하의 뜻을 알리기 위해 쏘는 대포 소리

글자풀이　돌 석(石) 변에 가죽 피(皮). 돌로 가죽을 짓이기면 찢어지고 헤어지고 '깨진다'는 뜻.

뜻풀이　① 깨뜨리다 ② 째다 ③ 무너지다 ④ 망치다

예 [破鏡(파:경)] : 깨어진 거울, 부부의 인연이 끊어짐
[破壞(파:괴)] : 깨뜨리어 헐어 버림, 조직·질서·기능을 무너뜨림
[破産(파:산)] : 가지고 있던 재산을 모두 잃고 망함
[破顔大笑(파:안대소)] : 매우 즐거운 표정으로 활짝 크게 웃음
[破竹之勢(파:죽지세)] : 대나무를 쪼개어 가르듯 적을 거침없이 물리치고 쳐들어가는 기세
[破婚(파:혼)] : 약혼한 것을 없었던 일로 함
[擊破(격파)] : 단단한 물체를 손이나 발 따위로 쳐서 깨뜨림
[讀破(독파)] : 많은 분량의 책이나 글 따위의 문서를 처음부터 끝까지 다 읽음
[突破(돌파)] : 뚫고 나아가 이겨냄

급수 | 준 **4**급
음훈 | ① 갈 연:
부수 | 石(돌 석) 부 6획
　　　총 11획

필순 ` ´ 丆 石 石 石 矴 研 研 研

글자풀이 돌 석(石) 변에 평평할 견(幵). 거친 돌을 매끄럽고 평평하게 '간다'는 뜻.

[참고] 유의자 : 修(수) 약자 : 研

뜻풀이 ① 갈다 ② 연마하다 ③ 자세하게 밝히다 ④ 벼루

예 [研究(연:구)] : 어떤 일이나 사물에 대하여 깊이 있게 조사하고 궁리함
[研磨(연:마)] : 갈고 닦음 학문이나 지식·정신을 수양하여 배움
[研修(연:수)] : 연구하고 닦음

급수 | **4급**
음훈 | ① 비석 비
부수 | 石(돌 석) 부 8획
　　　총 13획

필순 ′ ㄱ ㄕ ㄜ 石 石′ 石㇀ 石甲 碑 碑

글자풀이 돌 석(石) 변에 낮을 비(卑). 돌로 나즈막하게 만든 '돌기둥, 돌비석'을 뜻함.

뜻풀이 ① 돌기둥 ② 비석

예 [碑閣(비각)] : 비석을 보호하기 위해 지은 정자
[碑文(비문)] : 비석에 새긴 글
[碑石(비석)] : 돌로 만든 비
[碑表(비표)] : 비문을 새긴 비석의 겉면, 경계 표시
[墓碑(묘:비)] : 묘 앞에 세운 비석

급수 | 준**4급**
음훈 | ① 굳을 확
부수 | 石(돌 석) 부 10획
　　　총 15획

필순 ′ ㄱ ㄕ ㄜ 石 石′ 石㇀ 石甲 碑 碑 碓 碓 確

글자풀이 돌 석(石) 변에 두루미 확(隺). 돌이나 두루미의 부리처럼 굳고 '단단하다'는 뜻.

[참고] 유의자 : 固(고)

뜻풀이 ① 단단하다 ② 강하다 ③ 확실하다

예 [確固(확고)] : 생각이나 마음이 단단하여 변함이 없음
[確立(확립)] : 조직이나 체계·견해 따위의 기초와 내용이 굳게 섬
[確保(확보)] : 확실히 보증하거나 가지고 있음
[確實(확실)] : 틀림 없음
[確證(확증)] : 틀림없는 증거
[明確(명확)] : 분명하고 확실함
[正確(정:확)] : 바르고 확실함, 올바르고 틀림이 없음

示 (보일 시) 部

* **부수 설명** : 위 상(上)자 밑에 작을 소(小)가 붙어서 만들어진 글자로, 하늘에서 작고 밝게 비쳐보이는 해와 달과 별을 암시한다. 이 세 가지는 사람들에게 항상 보이면서 또 경외시하여 신처럼 대하는 대상이기도 하다.
독립된 글자로 쓰일 때는 주로 '보인다'는 뜻으로 쓰이고, 부수로 쓰일 때는 하늘에 있는 섬겨야 할 대상 '신'을 뜻하기도 한다.

글자풀이 上자와 小자가 합쳐져서 된 글자. 하늘(上)에 떠서 보이는 작은 것 해와 달과 별을 암시하며 '보인다'는 뜻과 인간들이 경외시하는 신을 뜻함.

뜻풀이 ① 보이다 ② 알리다 ③ 가르치다 ④ 지신(地神)

예 [示範(시:범)] : 모범을 보임
[示威(시:위)] : 위력이나 기세를 드러내 보임
[告示(고:시)] : 글로 써서 게시하여 널리 알림
[明示(명시)] : 분명하게 드러내 보임
[默示(묵시)] : 직접적인 말이나 행동 없이 은연중에 뜻을 나타내 보임
[暗示(암:시)] : 넌지시 깨우쳐 줌
[指示(지시)] : 가리켜 보임
[表示(표시)] : 겉으로 나타내 보임

급수 | **5**급
음훈 | ① 보일 시:
부수 | 示(보일 시) 부 0획
총 5획

필순 ` 二 亍 亓 示

급수 | **6**급
음훈 | ① 모일 사 ② 토지신 사
부수 | 示(보일 시) 부 3획
총 8획

필순 ` 二 亍 亓 示 示 社 社

글자풀이 보일 시(示) 변에 흙 토(土). 땅(土)의 신(示)을 섬기는 사당. 토지신 사당을 뜻하며 그 사당에 많은 사람들이 '모인다'는 뜻.

뜻풀이 ① 모인다 ② 토지신 ③ 단체

예 [社交(사교)] : 사회적 생활을 통해 서로 어울려 사귐
[社員(사원)] : 회사의 직원
[社長(사장)] : 회사의 우두머리
[社稷壇(사직단)] : 토지신과 곡식신을 모시는 사당
[社會(사회)] : 같은 무리끼리 모여 이루는 집단
[商社(상사)] : 상업적인 활동을 하기 위해 만든 회사
[退社(퇴사)] : 회사에서 하루 일을 마치고 물러남

글자풀이 보일 시(示) 변에 맏 형(兄). 집안이나 집단의 대표자가(兄) 신에게 (示) 복을 주십사 '빈다'는 뜻.

뜻풀이 ① 빌다 ② 원하다 ③ 축하하다 ④ 말하다

예 [祝歌(축가)] : 축하하는 뜻으로 부르는 노래
[祝杯(축배)] : 축하하며 주고받는 술잔
[祝福(축복)] : 복을 달라고 빎
[祝手(축수)] : 두 손을 마주 대고 원하는 것을 빎
[祝願(축원)] : 희망이 이루어지기를 마음속으로 원함
[祝祭(축제)] : 축하하며 벌이는 큰 잔치
[祝賀(축하)] : 좋은 일에 기쁘고 즐겁다는 뜻으로 하는 인사

급수 | **5**급
음훈 | ① 빌 축
부수 | 示(보일 시) 부 4획
　　　총 9획

필순 `一 亠 亍 示 ネ 礻 祝 祝 祝`

급수 | **6**급
음훈 | ① 귀신 신
부수 | 示(보일 시) 부 5획
　　　총 10획

필순 `一 亠 亍 示 ネ 礻 神 神 神 神`

글자풀이 보일 시(示) 변에 납 신(申). 제사(示)로 모셔야 할 위대한 신 '귀신'을 뜻함.

뜻풀이 ① 귀신 ②정신, 혼 ③ 지식 많은 사람

예 [神奇(신기)] : 신묘하고 기이함
[神童(신동)] : 재주와 슬기가 남다르게 뛰어난 아이
[神殿(신전)] : 신을 모신 전각
[神通(신통)] : 신기하고도 묘함
[精神(정신)] : 마음이나 영혼

급수 | 7급
음훈 | ① 할아비 조
부수 | 示(보일 시) 부 5획
    총 10획

필순 ` ᅳ 亍 亓 示 훠 和 祖 祖 祖

글자풀이 보일 시(示) 변에 또 차(且). 하늘에 보이는 세 가지 일(日) 월(月) 성(星) 말고 또 섬겨야 할 대상이 '조상' 신이라는 뜻.

[참고] 반대자 : 孫(손)

뜻풀이 ① 조상 ② 할아버지

예 [祖國(조국)] : 조상 때부터 대대로 살아온 나라
[祖父(조부)] : 할아버지
[祖上(조상)] : 윗대의 할아버지
[祖孫(조손)] : 할아버지와 손자
[先祖(선조)] : 먼 윗대의 조상
[始祖(시조)] : 한 겨레의 맨 윗대가 되는 할아버지. 鼻祖(비조)
[元祖(원조)] : 첫대의 조상. 어떤 일을 처음으로 시작한 사람

급수 | 준 4급
음훈 | ① 제사 제:
부수 | 示(보일 시) 부 6획
    총 11획

필순 ` ク タ 夕 夕' 쭈 줐 쬬 祭 祭 祭

글자풀이 고기를(肉) 손에(又) 들고 신(示)에게 바치며 '제사' 드린다는 뜻.

뜻풀이 ① 제사 드리다 ② 사귀다

예 [祭官(제:관)] : 제사를 맡은 관원
[祭器(제:기)] : 제사 때 음식을 담는 그릇
[祭禮(제:례)] : 제사 때의 예절
[祭文(제:문)] : 돌아가신 분에 대한 슬픈 마음을 적은 글
[祭物(제:물)] : ① 제사 때 올리는 음식물 ② 희생물을 비유하는 말
[祭酒(제:주)] : 제사 때 올리는 술
[忌祭(기제)] : 기일에 지내는 제사, 죽은 날 지내는 제사
[祝祭(축제)] : 축하하여 벌이는 큰 규모의 잔치

급수 | 준 4급
음훈 | ① 표 표
부수 | 示(보일 시) 부 6획
       총 11획

필순 ‵ 〝 ㅜ 币 西 覀 표 票 票 票

글자풀이 허리 부분(覀=덮을 아)에 식별하기 쉽게(示) 달고 다니는 '표'를 뜻함.

뜻풀이 ① 표 ② 쪽지 ③ 입장권

예 [開票(개표)] : 투표함을 열고 투표 결과를 조사함
[檢票(검:표)] : 표를 검사함
[得票(득표)] : 선거에서 얻은 표
[買票(매:표)] : 표를 삼
[賣票(매:표)] : 표를 팖
[車票(차표)] : 차를 타기 위해 돈을 주고 사는 표

급수 | 준 4급
음훈 | ① 금할 금:
부수 | 示(보일 시) 부 8획
       총 13획

필순 ‐ 十 オ 才 村 朴 林 林 埜 埜 禁 禁 禁

글자풀이 수풀 림(林) 밑에 보일 시(示). 신당(示)을 모신 숲에는 가까이 가는 것을 '금한다'는 뜻.

뜻풀이 ① 금하다 ② 꺼리다 ③ 규칙 ④ 감옥

예 [禁忌(금:기)] : 마음에 꺼리어 하지 않거나 피함
[禁門(금:문)] : 출입을 금지한 문, 대궐 문
[禁書(금:서)] : 읽지 못하게 한 책

[禁煙(금:연)] : 담배 피우는 것을 금함, 담배 끊기
[禁足(금:족)] : 일정한 곳에서 머무르게 하고 외출을 금함
[禁酒(금:주)] : 술을 마시지 못하게 함, 술을 끊음
[禁止(금:지)] : 하지 못하게 함
[監禁(감:금)] : 가두어 자유를 빼앗음
[通禁(통금)] : 통행을 못하게 막음
[解禁(해:금)] : 금지하던 사항을 풀어줌

급수 | **5**급
음훈 | ① 복 복
부수 | 示(보일 시) 부 9획
총 14획
필순 ` ー ニ 于 禾 禾 禾 禾 禾 禾 福 福 福 福

글자풀이 신(示)에게 제물을 가득(富) 쌓아놓고 제사 드리며 구하는 것 즉 '복'을 뜻함.
[참고] 유의자 : 祉(지), 반대자 : 禍(화)
뜻풀이 ① 복 ② 복을 내리다 ③ 제사에 쓴 고기와 술

예 [福德(복덕)] : 복과 덕, 타고난 복
[福音(복음)] : 기쁜 소식, 그리스도의 가르침
[福祉(복지)] : 행복한 삶, 행복하게 살 수 있는 사회 환경
[多福(다복)] : 복이 많음
[薄福(박복)] : 복이 없고 팔자가 사나움
[發福(발복)] : 운이 틔어 복이 닥침
[祝福(축복)] : 행복을 빎
[幸福(행:복)] : 복된 좋은 운수

급수 | **6**급
음훈 | ① 예도 례:
부수 | 示(보일 시) 부 13획
총 18획
필순 ` ー ニ 于 禾 禾 禾 禮 禮 禮 禮 禮 禮 禮 禮 禮 禮

글자풀이 보일 시(示) 변에 풍성함 풍(豊). 제물(豊)을 차려놓고 신(示)에게 제사지내는데 따른 '예절'을 뜻함.
뜻풀이 ① 예절 ② 경의 ③ 폐백
예 [禮書(예:서)] : 예법에 관한 책
[禮俗(예:속)] : 예절과 풍속

[禮式(예:식)] : 예법에 따라 치루는 의식
[禮儀(예:의)] : 남과의 관계에서 지켜야 하는 존경심의 표현과 삼가야 하는 말과 몸가짐
[禮節(예:절)] : 예의와 범절
[葬禮(장:례)] : 장사를 지내는 예절
[祭禮(제례)] : 제사지내는 예절
[婚禮(혼례)] : 혼인 절차에 따르는 예절

禾 (벼 화) 部

* 부수 설명 : 나무 목(木) 과 삐침 별(丿)이 모여서 된 글자. 줄기와(木) 고개 숙인 이삭(丿)으로 잘 익은 벼 이삭을 표현한 글자임. 낱자로도 쓰이고 부수로도 쓰임

글자풀이 벼 화(禾) 변에 사사 사(厶). 제 몫으로 받은 벼를 개인적으로 사용한다는 뜻.

[참고] 반대자 : 公(공)

뜻풀이 ① 개인 ② 사사로이 하다 ③ 홀로

예 [私家(사가)] : 민간인의 집, 개인의 가문
[私見(사견)] : 자기 개인의 의견
[私利(사리)] : 사사로운 이익
[私立(사립)] : 개인이나 민간 단체가 설립한
[私物(사물)] : 개인 소유의 물건
[私心(사심)] : 사사로운 마음, 자기 욕심을 채우려는 마음
[私慾(사욕)] : 자기 한 개인의 이익만을 꾀하는 욕심
[私有(사유)] : 개인 소유의

급수 | 4급
음훈 | ① 사사 사
부수 | 禾(벼 화) 부 2획
총 7획
필순 ノ 二 千 千 禾 私 私

급수 | 4급
음훈 | ① 빼어날 수
부수 | 禾(벼 화) 부 2획
총 7획
필순 ノ 二 千 千 禾 秀 秀

글자풀이 벼 화(禾) 밑에 이에 내(乃). 잘 자라서 낟알이 많이 달린 벼 모양의 글자로 '빼어나다, 아름답다' 는 뜻.

뜻풀이 ① 빼어나다 ② 꽃 피다 ③ 아름답다

예 [秀麗(수려)] : 빼어나게 아름답다
[秀峯(수봉)] : 높은 산봉우리
[秀作(수작)] : 우수한 작품
[秀才(수재)] : 뛰어난 재주, 머리가 좋고 재주가 뛰어난 사람
[優秀(우수)] : 여럿 가운데 뛰어남
[俊秀(준수)] : 남달리 빼어남

급수 | **6**급
음훈 | ① 과목 과
부수 | 禾(벼 화) 부 4획
총 9획

필순 ´ 二 千 キ 乔 禾 禾 科科

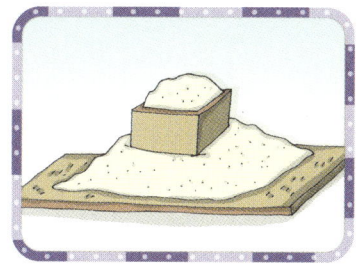

글자풀이 벼화(禾) 변에 말 두(斗). 곡식(禾)을 말(斗)로 되어 나눈다는 뜻이었는데 '조목', '법률' 등을 뜻하는 글자로 쓰게 됨.

뜻풀이 ① 과정 ② 조목 ③ 법 ④ 그루, 갈래

예 [科目(과목)] : 학문의 구분. 교과목
[科學(과학)] : 보편적인 진리나 법칙을 찾아내는 학문
[教科(교과)] : 가르치는 과목의 내용
[法科(법과)] : 법률에 관한 것을 연구하는 학문
[文科(문과)] : 인간과 사회에 관하여 연구하는 학문
[學科(학과)] : 교수 및 연구의 편의상 구분한 학술의 분과

급수 | **7**급
음훈 | ① 가을 추
부수 | 禾(벼 화) 부 4획
총 9획

필순 ´ 二 千 キ 乔 禾 禾´秒秋

글자풀이 벼 화(禾) 변에 불 화(火). 벼에 불이 붙은 듯 누렇게 익은 계절 '가을' 을 뜻함.

뜻풀이 ① 가을 ② 결실 ③ 성숙한 때 ④ 연세

예 [秋穀(추곡)] : 가을에 거두어 들이는 곡식이나 벼 따위
[秋夕(추석)] : 음력 8월 15일 명절

[秋收(추수)] : 가을에 익은 곡식을 거두어 들임
[秋波(추파)] : ① 가을철의 잔잔하고 아름다운 물결 ② 이성에게 관심을 끌기 위해 보내는 은근한 눈빛
[晩秋(만:추)] : 늦가을
[千秋(천추)] : 오랜 세월
[春秋(춘추)] : 봄과 가을, 어른의 나이를 높여 부르는 말

급수 | 4급
음훈 | ① 숨길 비:
부수 | 禾(벼 화) 부 5획
      총 10획

필순 ´ ˊ ㅜ ㅕ ㅕ 禾 秒 秋 秘 秘

글자풀이 벼 화(禾) 변에 반드시 필(必). 벼농사를 잘 짓는데는 반드시 '비밀'스런 농사법이 있다는 뜻.

[참고] 秘(비)는 보일 시(示) 변에 반드시 필(必)로 쓰기도 함

뜻풀이 ① 비밀 ② 숨기다 ③ 향기롭다.

예 [秘訣(비:결)] : 세상에 알려지지 않은 자신만의 좋은 방법

[秘密(비:밀)] : 숨기어 남에게 드러내거나 알리지 말아야 할 일
[秘法(비:법)] : 감추고 혼자만 아는 방법
[秘策(비책)] : 남모르게 세운 계책
[極秘(극비)] : '극비밀'의 준말로 절대 알려서는 안 될 비밀
[神秘(신비)] : 사람의 힘이나 지혜 또는 보통의 상식으로는 생각할 수 없는 신기하고 묘한 비밀

급수 | 준4급
음훈 | ① 옮길 이
부수 | 禾(벼 화) 부 6획
      총 11획

필순 ´ ˊ ㅜ ㅕ ㅕ 禾 秒 移 移 移 移

글자풀이 벼 화(禾) 변에 많을 다(多). 볏단을 쌓아 많아지면 다른 곳으로 '옮겨' 쌓는다는 뜻.

뜻풀이 ① 옮기다 ② 보내다

예 [移動(이동)] : 움직여 옮김, 움직여 자리를 바꿈
[移民(이민)] : 자기 나라를 떠나 다른 나라로 옮겨가 삶

[移徙(이사)] : 사는 곳을 옮김
[移籍(이적)] : 호적을 옮김, 운동 선수가 소속 팀으로부터 다른 팀으로 적을 옮기는 일
[移住(이주)] : 거주지를 옮김
[轉移(전이)] : 퍼져나가 옮김

급수 | 준 4급
음훈 | ① 세금 세:
부수 | 禾(벼 화) 부 7획
     총 12획
필순 ´ ˊ 千 千 禾 禾 禾' 禾' 秎 税 税

글자풀이 벼 화(禾) 변에 바꿀 태(兌). 농사지은 자가 벼(禾)를 수확한 뒤 일부를 땅 주인에게 바치듯 주인에게 내는 '세금'을 뜻함.

뜻풀이 ① 세금 ② 거두다 ③ 바꾸다

예 [稅金(세:금)] : 국가나 지방 자치 단체가 필요한 경비를 마련하기 위하여 국민이나 주민으로부터 거두어들이는 돈
[稅務(세:무)] : 세금을 매기고 거두어들이는 일에 관한 업무

[關稅(관세)] : 국경을 통과하는 화물에 부과하는 세금
[納稅(납세)] : 세금을 냄
[保稅(보:세)] : 관세의 부과가 보류되는 일
[脫稅(탈세)] : 납세자가 납세액의 전부 또는 일부를 내지 않는 일

급수 | 준 4급
음훈 | ① 한도 정 ② 길 정
부수 | 禾(벼 화) 부 7획
     총 12획
필순 ´ ˊ 千 千 禾 禾 禾' 秎 秬 桯 程 程

글자풀이 벼 화(禾) 변에 드릴 정(呈). 벼(禾)를 수확하고 세금을 드릴 때(呈) 잘 '헤아리고' 절차에 맞추어 드린다는 뜻.

뜻풀이 ① 한도 ② 헤아리다 ③ 법도 ④ 길

예 [程度(정도)] : 알맞은 한도, 다른 것과 비교하여 어느 정도의 차이 · 분량 · 우열 · 수준
[過程(과:정)] : 일이 되어가는 경로, 지나온 길

[規程(규정)] : 규정, 모든 행위의 준칙, 사무 집행의 준칙
[路程(노:정)] : 목적지까지 거쳐 가는 길이나 과정
[旅程(여정)] : 여행 길
[日程(일정)] : 그 날에 할 일, 일정한 기간 동안 할 일에 대한 계획

급수 | 5급
음훈 | ① 씨 종(:)
부수 | 禾(벼 화) 부 9획
　　　총 14획
필순 ´ 一 千 千 禾 利 秆 秆 秆 稻 稻 種 種

글자풀이 벼 화(禾) 변에 무거울 중(重). 볍씨 중에서도 무거운(重) 것 즉 낟알이 충실한 것은 골라서 '종자'로 삼는다는 뜻.

뜻풀이 ① 씨 ② 종류 ③ 심다

예 [種瓜得瓜(종과득과)] : '오이를 심으면 오이가 나온다'는 말로 심은 대로 거둔다는 뜻
[種類(종:류)] : 사물을 나눈 갈래
[種目(종:목)] : 종류를 나눈 항목

[種別(종:별)] : 종류에 따라 구별함
[種子(종:자)] : 씨앗, 동물의 혈통
[同種(동종)] : 같은 종류
[純種(순종)] : 다른 계통과 섞이지 아니한 혈통이 순수한 종자
[雜種(잡종)] : 순수하지 못하고 여러 가지가 섞인 품종, 못된 인간
[採種(채:종)] : 좋은 씨앗을 골라서 받음
[播種(파종)] : 논밭에 곡식의 씨앗을 뿌리는 일

급수 | 4급
음훈 | ① 일컬을 칭
부수 | 禾(벼 화) 부 9획
　　　총 14획
필순 ´ 一 千 千 禾 利 秆 秆 秆 稻 稱 稱

글자풀이 벼 화(禾)와 손톱 조(爪) 그리고 두 재(再)의 세 글자로 이루어짐. 두 손에 볏단을 들고 '헤아려본다'는 뜻으로 쓰다가 '헤아려 말하다'는 뜻으로 확대되었음.

[참고] 약자 : 称

뜻풀이 ① 일컫다 ② 칭찬하다 ③ 저울질하다 ④ 들어올리다

예 [稱誦(칭송)] : 칭찬하여 일컬음
[稱讚(칭찬)] : 좋은 점이나 착하고 훌륭한 일을 높이 평가함
[稱號(칭호)] : 이름 대신 부르는 말
[名稱(명칭)] : 사람이나 사물의 이름
[別稱(별칭)] : 이름외의 딴 이름
[愛稱(애:칭)] : 친한 사이에 다정하게 부르는 이름
[尊稱(존칭)] : 상대를 높이어 부르는 말

급수 | 4급
음훈 | ① 곡식 곡
부수 | 禾(벼 화) 부 10획
총 15획

필순 ` 一 十 土 士 吉 吉 声 彗 彗 彗 彗 穀 穀 穀

글자풀이 벼 화(禾) 부에 껍질 각(殼). 禾에서 '알곡'의 뜻을 각(殼)에서는 음을 빌려온 형성 문자로 '알곡'을 뜻하며 후에 음이 '곡'으로 바뀜.

[참고] 약자 : 穀

뜻풀이 ① 양식 ② 곡식 ③ 기르다

예 [穀物(곡물)] : 양식이 되는 알곡식
[穀食(곡식)] : 사람의 식량이 되는 알곡
[穀倉(곡창)] : 곡식을 쌓아 두는 창고, 곡식이 많이 나는 지방
[穀出(곡출)] : 거두어들인 곡식
[米穀(미곡)] : 쌀
[雜穀(잡곡)] : 쌀 이외의 모든 곡식
[夏穀(하곡)] : 여름에 거두는 곡식

급수 | 4급
음훈 | ① 쌓을 적
부수 | 禾(벼 화) 부 11획
총 16획

필순 ` 一 千 禾 禾 禾 禾 秆 秆 秸 積 積 積 積 積

글자풀이 벼 화(禾) 변에 꾸짖을 책(責). 책(責)의 음을 빌어 '적'으로 읽고 禾의 뜻을 빌어 볏단을 차곡차곡 쌓듯 모아서 '쌓는다'는 뜻.

[참고] 유의어 : 蓄(축)

뜻풀이 ① 쌓다 ② 모으다

예 [積金(적금)] : 돈을 모아 둠

[積立(적립)] : 모아서 쌓아둠
[積善(적선)] : 착한 일을 많이 함
[積雪(적설)] : 쌓여 있는 눈
[過積(과:적)] : 지나치게 많이 쌓음
[累積(누:적)] : 계속하여 쌓임

穴 (구멍 혈) 部

✱ 부수 설명 : 집 면(宀) 밑에 여덟 팔(八). 면(宀)은 집을 뜻하고 팔(八)은 나눈다는 뜻. 집이나 방을 여럿으로 나눈 구멍을 뜻하며 독립된 글자로도 쓰이고 부수로도 쓰임.

급수 | 준 **4** 급
음훈 | ① 연구할 구
　　　② 궁구할 구
부수 | 穴(구멍 혈) 부 2획　총 7획
필순 ` ´ 宀 宀 宊 究 究

글자풀이　구멍 혈(穴) 밑에 아홉 구(九). 穴에서 뜻을 따고 九에서 음을 따온 글자. 온갖(九) 것을 꿰뚫을(穴) 수 있도록 '궁리' 한다는 뜻.

뜻풀이　① 궁리하다 ② 끝 ③ 굴 ④ 골짜기

예 [究問(구문)] : 샅샅이 조사함
　[硏究(연구)] : 어떤 일이나 사물에 대하여 조사하고 살피어 진리를 알아냄
　[推究(추구)] : 이치로 미루어 생각하여 밝혀냄
　[探究(탐구)] : 필요한 것을 조사하여 찾아내거나 얻어냄
　[學究(학구)] : 학문을 깊이 있게 파고 들어 연구함

급수 | **7** 급
음훈 | ① 빌 공
부수 | 穴(구멍 혈) 부 3획
　　　총 8획
필순 ` ´ 宀 宀 宊 宊 空 空

글자풀이　구멍 혈(穴) 밑에 장인 공(工). 구멍을 뚫어 텅 비게 만든다는 말로 '비어 있다' 는 뜻.

[참고] 유의자 : 虛(허)

뜻풀이　① 비다 ② 부질없다 ③ 하늘 ④ 구멍

예 [空軍(공군)] : 하늘을 지키는 군대
[空氣(공기)] : 지구를 둘러싸고 있는 무색 무취에 기체
[空論(공론)] : 헛된 이론
[空想(공상)] : 실현 가능성이 없는 일을 상상함, 헛된 구상
[空席(공석)] : 임자 없는 빈 자리
[空中(공중)] : 하늘과 땅 사이
[蒼空(창공)] : 푸른 하늘
[虛空(허공)] : 텅빈 공중

[窓門(창문)] : 벽에 바람이 드나들도록 만든 작은 문
[窓戶(창호)] : 창과 문의 통칭
[同窓(동창)] : 같은 학교에서 공부한 사이
[東窓(동창)] : 동쪽 벽에 낸 창문
[車窓(차창)] : 자동차나 기차의 벽에 낸 문
[鐵窓(철창)] : 쇠로 창을 만든 감옥

급수 | 6급
음훈 | ① 창 창
부수 | 穴(구멍 혈) 부 6획
총 11획

필순 ′ ″ ‴ 宀 宀 空 空 空 窓 窓 窓

글자풀이 구멍 혈(穴) 밑에 마늘 모(厶=작은 구멍)와 마음 심(心). 바쁠 때(悤) 집(宀) 안에서 밖을 내다볼 수 있게 만든 구멍(穴)을 뜻함.

뜻풀이 ① 창 ② 굴뚝

예 [窓口(창구)] : 사무실 따위에서 민원인의 업무를 처리하는 곳. 그 일을 담당하는 담당자나 부서

급수 | 4급
음훈 | ① 다할 궁
부수 | 穴(구멍 혈) 부 10획
총 15획

필순 宀 宀 宀 宀 宀 穷 穷 窘 窘 窮 窮

글자풀이 구멍 혈(穴)밑에 몸 궁(躬). 몸이 구덩이에 빠진 형상으로 '궁색하다, 가난하다'를 뜻함.

[참고] 유의자 : 極(극)

뜻풀이 ① 다하다 ② 궁색하다 ③ 끝 ④ 불행

예 [窮理(궁리)] : 사물의 이치를 깊이 연구함, 이리저리 따져 생각함
[窮色(궁색)] : 곤궁한 모습

[窮乏(궁핍)] : 몹시 가난
[困窮(곤:궁)] : 가난하고 구차함
[無窮(무궁)] : 끝이 없음
[貧窮(빈궁)] : 가난하고 궁색함

立 (설 립) 部

* 부수 설명 : 한 일(一) 자 위에 큰 대(大)를 올려놓은 글자임. 一은 땅을 뜻하고 大는 서 있는 사람을 뜻하여 땅 위에 서있다는 글자임. 독립된 글자로 쓰고 부수로도 쓰임

급수 | **7**급
음훈 | ① 설 립
부수 | 立(설 립) 부 0획
　　　총 5획

필순 ` ＾ ⊥ 立 立

글자풀이 한 일(一)자 위에 큰 대(大)자를 올려놓은 모양으로 큰 사람이 땅 위에 서있는 모습으로 '섰다, 세우다'의 뜻임.

[참고] 유의자 : 建(건)

뜻풀이 ① 서다 ② 세우다 ③ 곧, 즉시 ④ 자리

예 [立國(입국)] : 나라를 세움
[立冬(입동)] : 겨울이 시작된다는 절기의 날짜
[立身(입신)] : 사회에서 자기의 기반을 확고이 세움, 출세함
[立場(입장)] : 당면하고 있는 상황, 형편, 처지
[立志(입지)] : 자기의 나아갈 바 뜻을 바로 세움
[立錐(입추)] : 송곳 끝을 간신히 꽂아 세움. 그렇게 좁은 틈
[立會(입회)] : 어떠한 사실이 존재하는 현장에 나가서 지켜봄
[直立(직립)] : 곧게 바로 섬
[確立(확립)] : 견해나 체제·조직 따위가 굳게섬

급수 | **6**급
음훈 | ① 글 장
부수 | 立(설 립) 부 6획
　　　총 11획

필순 ` ＾ ⊥ 立 产 产 产 咅 咅 童 章

글자풀이 소리 음(音) 밑에 열 십(十). 열 개의 소리가 모여서 하나의 문장을 이룬다 하여 만든 글자로 '문장, 글'을 뜻함.

[참고] 유의자 : 文(문)

뜻풀이 ① 글, 문장 ② 악곡의 절 ③ 조목 ④ 도장

예 [章句(장구)] : 글의 장과 구절, 문장의 단락
[肩章(견장)] : 제복의 어깨에 다는 지위나 계급을 나타내는 표식
[文章(문장)] : 생각이나 감정을 글로 나타내는 최소 단위
[勳章(훈장)] : 나라에 큰 공을 세운 사람에게 내리는 휘장

급수 | 6급
음훈 | ① 아이 동(:)
부수 | 立(설 립) 부 7획
총 12획

필순 `  ㅗ  ㅜ  立  产  音  音  音  音  童  童`

글자풀이 설 립(立) 밑에 마을 리(里). 마을(里) 앞에 서서(立) 놀고 있는 아이들을 나타냄.

[참고] 유의자 : 兒(아)

뜻풀이 ① 아이 ② 어리다 ③ 어리석다

예 [童劇(동:극)] : 어린이를 위해 엮은 연극
[童心(동:심)] : 어린이와 같이 순진한 마음
[童顔(동:안)] : 어린아이의 얼굴, 나이보다 어려 보이는 얼굴
[童謠(동:요)] : 어린이의 마음을 표현한 노래
[童話(동:화)] : 어린이를 위해 지어낸 이야기
[牧童(목동)] : 가축을 기르는 아이
[兒童(아동)] : 어린아이
[學童(학동)] : 초등학교를 다니는 정도의 어린아이

급수 | 준4급
음훈 | ① 끝 단
부수 | 立(설 립) 부 9획
총 14획

필순 `  ㅗ  ㅜ  立  立' 立 立 立 立 端 端 端 端`

글자풀이 설 립(立) 변에 시초 단(耑). 산꼭대기 '끝'이란 뜻과 우뚝 서 있는 산처럼 '단정한' 모습을 뜻함

[참고] 유의자 : 末(말)

뜻풀이 ① 바르다, 단정하다 ② 진실 ③ 끝

예 [端末(단말)] : 끝. 말단
[端午(단오)] : 음력 5월 5일의 명절
[端整(단정)] : 마음이 바르고 자세가 엄정함
[發端(발단)] : 어떤 일이 처음으로 벌어지게 된 실마리
[尖端(첨단)] : 물체의 뾰족한 끝, 시대의 흐름이나 유행의 맨 앞장
[下端(하:단)] : 아래쪽 끝

글자풀이 立과 口와 儿으로 된 글자. 두 사람이(儿) 마주서서(立) 서로 잘 났다고 입 다툼(口)하다 즉 서로 다툰다는 뜻.

[참고] 유의자 : 爭(쟁)

뜻풀이 ① 겨루다, 다투다 ② 나아가다 ③ 나란하다

예 [競技(경:기)] : 일정한 규칙 아래 기량과 기술을 서로 겨루어 다툼
[競馬(경:마)] : 말 달리기 시합
[競爭(경:쟁)] : 서로 겨루고 다툼
[競走(경:주)] : 달리기로 겨룸

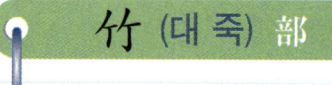

竹 (대 죽) 部

✳ 부수 설명 : 대나무의 줄기와 잎 모양을 본뜬 글자임.

급수 | 5급
음훈 | ① 다툴 경:
부수 | 立(설 립) 부 15획
　　　　총 20획

필순 `ㅗ ㅛ ㅛ ㅛ 효 音 音 竞 竞 竞 竞 竞 竞 竞 竞 竞 竞 競 競

급수 | 준 4급
음훈 | ① 대 죽
부수 | 竹(대 죽) 부 0획
　　　　총 6획

필순 ノ ㅅ ㅅ ㅆ ㅆ 竹

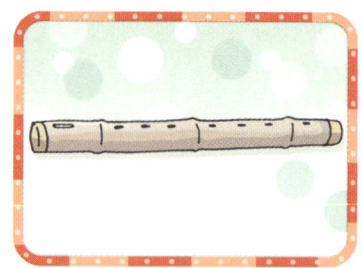

글자풀이 대나무의 줄기가 위로 쭉쭉 뻗고 잎이 아래로 늘어진 모습을 나타낸 글자. '대나무, 대나무로 만든 피리, 죽간'을 뜻함.

뜻풀이 ① 대나무 ② 피리 ③ 죽간

예 [竹簡(죽간)] : 종이가 없던 시절에 글자를 기록하던 대나무 조각
[竹刀(죽도)] : 대나무 칼
[竹林(죽림)] : 대나무 숲, 절개와 지조 높은 선비들의 모임
[竹馬故友(죽마고우)] : 어린 시절 죽마타고 놀던 친구, 허물없는 벗
[竹夫人(죽부인)] : 여름에 더위를 식히기 위해 대나무 줄기로 엮어 만든 끼고 자는 물건
[竹筍(죽순)] : 대나무의 어린 싹
[竹杖(죽장)] : 대나무 지팡이
[竹槍(죽창)] : 대나무로 만든 창

급수 | 준4급
음훈 | ① 웃음 소:
부수 | 竹(대 죽) 부 4획
       총 10획
필순 | ノ ㅅ ㅆ ㅆ ㅆ 竺 竺 笑 笑

글자풀이 대 죽(竹) 밑에 어릴 요(夭). 대나무 잎이 바람에 흔들릴 때 들리는 작은 소리가 마치 사람의 '웃음소리' 같다고 해서 만든 글자.

뜻풀이 ① 웃다 ② 꽃이 피다 ③ 업신여기다

예 [笑談(소:담)] : 우스운 이야기, 웃으며 나누는 이야기
[笑裏藏刀(소:리장도)] : '웃음 속에 숨긴 칼'이라 말로 겉으로 웃으며 속마음에 칼을 품고 있다는 뜻
[笑門萬福來(소:문만복래)] : 웃는 집에 만 가지 복이 온다는 말
[冷笑(냉:소)] : 쌀쌀하게 비웃음
[大笑(대:소)] : 큰 소리로 웃음
[微笑(미소)] : 소리 없이 웃는 웃음
[失笑(실소)] : 자기도 모르게 나오는 웃음

급수 | 6급
음훈 | ① 차례 제:
부수 | 竹(대 죽) 부 5획
       총 11획
필순 | ノ ㅅ ㅆ ㅆ ㅆ 竺 笁 第 第 第

글자풀이 대 죽(竹) 밑에 아우 제(弟). 대나무 막대의 손잡이에 차례로 줄을 감은 모양으로 '차례'를 뜻하는 글자.

뜻풀이 ① 차례 ② 등급 ③ 집

예 [第一(제:일)] : 여럿 가운데 첫째
[及第(급제)] : 시험에 합격함
[落第(낙제)] : 일정한 기준에 미치지 못함
[等第(등제)] : 등과, 과거에 급제함
[本第(본제)] : 고향에 있는 본집

급수 | **4**급
음훈 | ① 힘줄 근
부수 | 竹(대 죽) 부 6획
     총 12획

필순 ノ ㇊ ㇊ ㅅ ㅆ ㅆ ㇈ ㇈ ㇈ 筋 筋

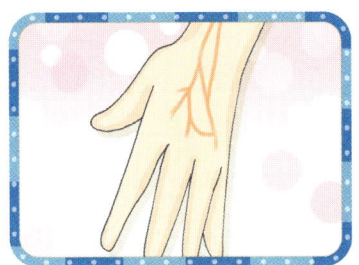

글자풀이 대 죽(竹), 고기 육(肉), 힘 력(力)이 모여서 된 글자. 대나무의 섬유질 처럼 기다랗게 생긴 인체 내의 '힘살'을 뜻함.

뜻풀이 ① 힘줄 ② 힘 ③ 체력

예 [筋骨(근골)] : 힘줄과 뼈
[筋力(근력)] : 근육의 힘
[筋脈(근맥)] : 힘줄과 핏줄
[筋肉(근육)] : 힘줄과 살
[鐵筋(철근)] : 건축 자재로 쓰이는 가늘고 긴 철봉

급수 | **7**급
음훈 | ① 대답 답
부수 | 竹(대 죽) 부 6획
     총 12획

필순 ノ ㇊ ㇊ ㅅ ㅆ ㅆ ㇈ ㇈ ㇈ 答 答 答

글자풀이 대 죽(竹) 밑에 합할 합(合). 대나무 조각에 써서 보낸 편지에 맞추어 '대답한다'는 뜻.

[참고] 반대자 : 問(문),

뜻풀이 ① 대답, 응답 ② 따르다 ③ 갚다

예 [答禮(답례)] : 인사 · 말 · 물건 등 남에게 받은 예를 도로 갚음
[答信(답신)] : 회답으로 통신이나 서신을 보냄
[答狀(답장)] : 회답하는 편지
[名答(명답)] : 질문에 잘 맞는 답
[問答(문답)] : 묻고 답함
[誤答(오:답)] : 잘못된 틀린 답

[應答(응:답)] : 물음에 응하여 대답
[正答(정:답)] : 옳은 답
[確答(확답)] : 확실하게 대답함

급수 | 6급
음훈 | ① 무리 등:
부수 | 竹(대 죽) 부 6획
　　　총 12획

필순 ノ ト ト ← ⺮ ⺮ ⺮ 竿 笁 笁 等 等

글자풀이 대 죽(竹) 밑에 절 사(寺). 절이나 관공서에 서책(竹)이 가지런히 정돈되어 있다는 뜻.

뜻풀이 ① 가지런 하다 ② 등급 ③ 무리 ④ 견주다

예 [等高(등:고)] : 같은 높이
[等級(등:급)] : 높고 낮음 좋고 나쁜 따위의 차이를 구분한 단계
[等身佛(등:신불)] : 사람의 키와 같은 크기의 불상
[均等(균등)] : 가지런하여 차별이 없음, 높고 낮음이 없이 고름
[差等(차등)] : 가지런하지 않고 등급에 차이가 있음
[平等(평등)] : 차별이 없이 똑 같음

급수 | 5급
음훈 | ① 붓 필
부수 | 竹(대 죽) 부 6획
　　　총 12획

필순 ノ ト ト ← ⺮ ⺮ ⺮ 竺 竿 筆 筆 筆

글자풀이 대 죽(竹) 밑에 붓 율(聿). 대나무로 만든 '붓' 또는 붓으로 쓴 '글씨'를 뜻함.

뜻풀이 ① 붓 ② 글씨 ③ 쓰다 ④ 필적

예 [筆頭(필두)] : 뾰족한 붓의 끝, 어떤 단체의 주장이 되는 우두머리
[筆法(필법)] : 붓글씨 쓰는 법
[筆算(필산)] : 숫자를 써가며 수를 셈함
[筆者(필자)] : 글을 쓴 사람
[筆跡(필적)] : 글씨의 모양이나 솜씨
[筆禍(필화)] : 지은 글이 문제가 되어 입은 화
[曲筆(곡필)] : 사실을 바른대로 쓰지 않고 일부러 그릇되게 씀
[速筆(속필)] : 빨리 쓰는 글씨
[絕筆(절필)] : 붓을 놓고 다시는 글을 쓰지 않음

급수 | **4**급
음훈 | ① 대롱 관
　　　② 주관할 관
부수 | 竹(대 죽) 부 8획 총 14획
필순

글자풀이 竹에서 뜻을 따고 官(벼슬 관)에서 음을 따온 형성 문자. 대나무처럼 길고 둥근 '대롱, 붓대'를 뜻하며 '다스리다, 관리하다'의 뜻으로도 씀.

뜻풀이 ① 피리 ② 대롱 ③ 붓대 ④ 다스리다

예 [管理(관리)] : 어떤 일의 사무를 맡아서 처리함
　[管樂器(관악기)] : 둥글고 긴 대롱을 입으로 불어 공기를 진동시켜 소리를 내는 악기
　[管轄(관할)] : 일정한 권한을 가지고 지배함 또는 그런 그 지역
　[氣管(기관)] : 목에서 폐까지 숨 쉴 때 공기가 흐르는 관
　[保管(보:관)] : 물건을 맡아서 간직하고 관리함
　[血管(혈관)] : 핏줄, 혈액이 흐르는 통로

급수 | **7**급
음훈 | ① 셈 산:
부수 | 竹(대 죽) 부 8획
　　　총 14획
필순

글자풀이 대 죽(竹), 눈 목(目), 두 손으로 받칠 공(廾)으로 이루어진 글자. 대나무 조각(竹)을 눈(目)으로 보며 두 손(廾)으로 '세어본다'는 뜻.

뜻풀이 ① 세다 ② 수, 수효 ③ 대그릇 ④ 꾀하다

예 [算數(산:수)] : 수를 셈하다, 수학
　[算出(산:출)] : 셈하여 수를 알아냄
　[加算(가산)] : 덧셈
　[勝算(승산)] : 이길 수 있는 가망성
　[暗算(암:산)] : 머릿속으로 셈함

급수 | **4**급
음훈 | ① 법 범:
부수 | 竹(대 죽) 부 9획
　　　총 15획
필순

글자풀이 수레 거(車)와 법 범(笵)이 합쳐진 글자. '수레(車)를 만드는 데는 정해진 법과 규격(笵)에 맞아야 한다'에서 '법, 모범, 모범을 보이는 스승'을 뜻함.

[참고] 유의자 : 模(모)

뜻풀이 ① 법 ② 모범, 스승 ③ 본보기

예 [範圍(범:위)] : 어떤 힘이 미치는 한계, 정해진 구역
[規範(규범)] : 인간이 생각하고 행동할 때 마땅히 따르고 지켜야 할 가치 판단의 기준
[師範(사범)] : 남의 스승이 되어 가르칠 만한 모범이나 본보기
[垂範(수범)] : 스스로 본보기가 되도록 모범을 보임

급수 | **5**급
음훈 | ① 마디 절
부수 | 竹(대 죽) 부 9획
총 15획

필순 ′ ⺊ ⺊ ⺊ ⺊ ⺊ ⺊ 竹 竹 竹 節 節 節 節 節

글자풀이 대 죽(竹) 밑에 곧 즉(卽). 대나무에서 볼 수 있는 '마디' 또는 '곧은 절개'를 뜻함.

뜻풀이 ① 마디 ② 절개 ③ 규칙. 법도 ④ 시기

예 [節氣(절기)] : 한 해를 스물넷으로 나눈 계절의 구분
[節約(절약)] : 함부로 쓰지 않고 꼭 필요한 데에만 쓰고 아낌
[節制(절제)] : 정도를 넘지 않도록 알맞게 조절함
[節次(절차)] : 일의 순서나 방법
[名節(명절)] : 설날, 추석 등 해마다 일정하게 지키어 즐기는 날
[俗節(속절)] : 제삿날 외에(설날, 한식, 추석 등) 차례를 지내는 날
[禮節(예절)] : 예의에 관한 절차

급수 | **4**급
음훈 | ① 책 편
부수 | 竹(대 죽) 부 9획
총 15획

필순 ′ ⺊ ⺊ ⺊ ⺊ ⺊ ⺊ 竹 竹 竹 篇 篇 篇

글자풀이 대 죽(竹) 밑에 넓적할 편(扁). 글씨 쓴 넓적한 판을 차곡차곡 묶어서 제본한 '책'을 뜻함.

뜻풀이 ① 책 ② 완결된 시문 ③ 시문을 세는 단위

예 [短篇(단:편)] : 짧게 지은 글
[玉篇(옥편)] : 한자를 모아 늘어놓고 풀이하고 활용하도록 엮은 책
[長篇(장편)] : 내용이 긴 글
[千篇一律(천편일률)] : 모두가 한결같이 비슷비슷 함

급수 | 준 4급
음훈 | ① 쌓을 축
부수 | 竹(대 죽) 부 10획
  　 총 16획
필순 ノ ト ト ㅓ ㅓㅓ ㅓㅓ ㅓㅓ ㅓㅓ 筑 筑
築 築 築 築

글자풀이 악기 이름 축(筑)에서 음을 따오고 나무 목(木)에서 뜻을 따서 만든 글자. 흙을 쌓아가며 나무 몽둥이로 쳐서 단단히 다져 '쌓는다'는 뜻.

뜻풀이 ① 쌓다 ② 절구공이 ③ 다지다 ④ 날개치다

예 [築臺(축대)] : 높게 쌓아올린 터
[築城(축성)] : 성을 쌓음
[築堤(축제)] : 강이나 저수지에 둑을 쌓음
[築造(축조)] : 쌓아서 만듦
[建築(건:축)] : 집·다리·탑 등을 세우거나 쌓아 만드는 일
[改築(개:축)] : 다시 고쳐서 쌓음
[新築(신축)] : 건물을 새로 지음

급수 | 4급
음훈 | ① 대쪽 간(:)
  　 ② 간략 할 간(:)
부수 | 竹(대 죽) 부 12획 총 18획
필순 ノ ト ト ㅓ ㅓㅓ ㅓㅓ 笱 笱 笱 箇 簡
簡 簡 簡 簡 簡 簡

글자풀이 글씨나 편지를 쓸 수 있도록 만든 넓적한 대나무 조각을 나타내

며 '편지, 공책, 책'을 뜻하기도 하고 '간단하다'는 뜻도 됨.

뜻풀이 ① 대쪽 ② 편지 ③ 홀 ④ 간략하다

예 [簡潔(간결)] : 간단하고 깔끔함
[簡單(간:단)] : 복잡하지 않음
[簡略(간략)] : 간단하고 복잡하지 아니함
[簡素(간소)] : 간단하고 소박함
[簡易(간:이)] : 간단하고 쉬움, 임시
[簡紙(간:지)] : 편지지로 쓰는 두껍고 질기며 품질이 좋은 종이
[簡便(간편)] : 쉽고 편함

급수 | 4급
음훈 | ① 문서 적
부수 | 竹(대 죽) 부 14획
     총 20획

필순 ` ˊ ˋ ˊ ⺮ ⺮ ⺮ ⺮ 笁 笁 笁 笋 笋 笋 筵 筵 筵 籍 籍 籍

글자풀이 대 죽(竹) 밑에 깔개 자(耤). 대나무 조각 즉 글씨 쓴 판을 깔개처럼 널찍하게 펼쳐 놓은 모양으로 분량이 많은 문서나 장부를 뜻함.

[참고] 유의자 : 冊(책)

뜻풀이 ① 서적 ② 문서

예 [國籍(국적)] : 한 나라의 구성원이 되는 자격
[本籍(본적)] : 그 사람의 호적이 있는 곳
[除籍(제적)] : 소속된 문서(호적, 학적 등)에서 이름을 지움
[戶籍(호:적)] : 호주를 중심으로 그 가족 구성원의 신분을 기록한 문서

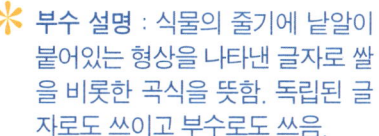

米 (쌀 미) 部

✱ 부수 설명 : 식물의 줄기에 낱알이 붙어있는 형상을 나타낸 글자로 쌀을 비롯한 곡식을 뜻함. 독립된 글자로도 쓰이고 부수로도 쓰음.

급수 | 6급
음훈 | ① 쌀 미
부수 | 米(쌀 미) 부 0획
     총 6획

필순 ` ˊ ˋ ⺌ 半 米 米

글자풀이 식물의 줄기에 낟알이 붙어 있는 형상을 나타낸 글자로 쌀을 비롯한 곡식을 뜻함.

뜻풀이 ① 쌀 ② 열매 ③ 곡식

예 [米糠(미강)] : 쌀겨
　[米穀(미곡)] : 쌀
　[米粒(미립)] : 쌀알
　[白米(백미)] : 흰 쌀
　[玄米(현미)] : 벼의 겉껍질만 벗겨낸 쌀

급수 | 4급
음훈 | ① 가루 분(:)
부수 | 米(쌀 미) 부 4획
　　　총 10획

필순 ` ⺍ ⺍ 丷 才 米 米 粉 粉 粉

글자풀이 쌀 미(米) 변에 나눌 분(分). 곡식 알갱이를 잘게 나눈 것 즉 '가루'를 뜻함.

뜻풀이 ① 가루 ② 가루를 빻다 ③ 분을 발라 단장하다 ④ 채색하다

예 [粉骨碎身(분골쇄신)] : 뼈가 가루가 되고 몸이 부서지도록 노력함
　[粉末(분말)] : 가루
　[粉碎(분쇄)] : 단단한 물건을 잘게 가루가 되도록 부숨
　[粉食(분식)] : 밀가루로 만든 음식
　[粉筆(분필)] : 칠판에 글씨 쓰는 필기구, 백묵(白墨)
　[粉紅(분:홍)] : 분홍색, 엷게 붉은 색
　[白粉(백분)] : 쌀 등의 하얀 가루분

급수 | 준 4급
음훈 | ① 정할 정
부수 | 米(쌀 미) 부 8획
　　　총 14획

필순 ` ⺍ ⺍ 丷 才 米 米 米 料 粍 精 精 精 精

글자풀이 쌀 미(米) 변에 푸를 청(靑). 푸른색이 나도록 잘 찧은 쌀로 '정밀하다, 깨끗하다, 맑다'는 뜻.

뜻풀이 ① 쓿은 쌀 ② 자세하다 ③ 맑다 ④ 깨끗하다

예 [精潔(정결)] : 깨끗하고 깔끔함
　[精巧(정교)] : 세밀하고 교묘함
　[精米(정미)] : 흰색이 나도록 쌀을 찧음

[精舍(정사)] : 학문을 가르치려고 베푼 집, 학교
[精神(정신)] : 마음. 생각. 영혼
[妖精(요정)] : 불가사이한 마력을 지닌 동화 속의 여자

糸 (실 사) 部

✱ **부수 설명** : 작을 요(幺) 밑에 작을 소(小). 아주 작고 가늘게 꼬아서 만든 실 모양을 본뜬 글자로 '실'을 뜻한다. 독립된 글자로 사용 할 때는 둘을 겹쳐 絲로 쓰고 糸는 부수로 사용한다.

급수 | **4**급
음훈 | ① 양식 량
부수 | 米(쌀 미) 부 12획
　　　총 18획

필순 ｀ ゛ ヾ キ 米 米 米¹ 米¹ 米² 料¹ 梢¹ 糎¹ 糎 糧 糧 糧 糧

급수 | **4**급
음훈 | ① 이어맬 계:
부수 | 糸(실 사) 부 1획
　　　총 7획

필순 ｀ ´ 乊 爫 조 系 系

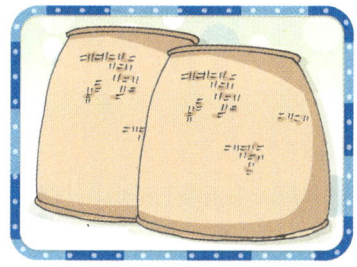

글자풀이 쌀 미(米) 변에 헤아릴 량(量). 먹을만큼 헤아려(量)를 준비한 쌀(米) 양식을 뜻함

[참고] 유의자 : 穀(곡)

뜻풀이 ① 양식 ② 급여, 녹

예 [糧穀(양곡)] : 양식이 될 곡식
[糧食(양식)] : 살아가는데 필요한 먹거리
[軍糧(군량)] : 군대의 식량
[食糧(식량)] : 먹을 양식
[絕糧(절량)] : 양식이 바닥나서 떨어짐

글자풀이 실(糸)이 가로 대 밑에 매달려 늘어진 모습. 위로부터 실에 꿰어 '이어진다'는 뜻.

뜻풀이 ① 잇다 ② 걸러있다 ③ 계보 ④ 실마리

예 [系譜(계:보)] : 조상으로부터 이어진 혈통과 집안 역사를 기록한 책
[系列(계:열)] : 서로 유사한 조직
[系統(계:통)] : 일정한 체계에 따라

서로 관련된 부분의 통일적 조직
[世系(세:계)] : 대대로 이어진 혈통
[體系(체계)] : 형체를 갖추어 이어진 조직

급수 | **4**급
음훈 | ① 벼리 기
부수 | 糸(실 사) 부 3획
총 9획

필순 ' ⺀ ⺀ ⺀ 幺 糸 糸 紀 紀

글자풀이 실 사(糸) 변에 몸 기(己). 실(糸)과 실 감는 실패 모양(己)을 겹쳐 놓은 글자. 일의 '실마리, 줄기'를 뜻함.

[참고] 유의자 : 綱(강)

뜻풀이 ① 실마리 ② 근본

예 [紀綱(기강)] : 규율과 법도
[紀念(기념)] : 뜻 깊은 일이나 훌륭한 인물 등을 오래도록 잊지 아니하고 마음에 간직함
[紀元(기원)] : 새로운 출발이 되는 시대·시기
[紀行文(기행문)] : 여행 중에 보고 듣고 느낀 바를 적어 소개한 글

급수 | **5**급
음훈 | ① 맺을 약
부수 | 糸(실 사) 부 3획
총 9획

필순 ' ⺀ ⺀ ⺀ 幺 糸 紆 約 約

글자풀이 실(糸)로 작은(勺) 매듭을 묶듯 '맺다' 또는 '묶는다'는 뜻.

뜻풀이 ① 묶다 ② 따르다 ③ 약속하다 ④ 검약, 검소

예 [約束(약속)] : 앞으로 할 일에 대해 다른 사람과 미리 정해둠
[約言(약언)] : 간단하게 말함
[約婚(약혼)] : 혼인하기로 약속함
[契約(계:약)] : 약속을 맺음
[密約(밀약)] : 남들 몰래 하는 약속
[要約(요약)] : 말이나 문장의 요점을 잡아서 간추림
[節約(절약)] : 아끼어 씀

급수 | **4**급
음훈 | ① 붉을 홍
부수 | 糸(실 사) 부 3획
총 9획

필순 ' ⺀ ⺀ ⺀ 幺 糸 糸 紅 紅

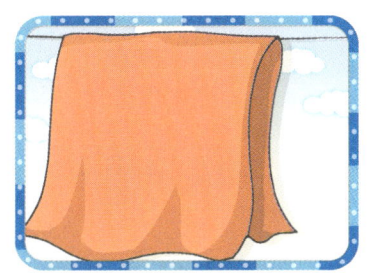

글자풀이　실 사(糸) 변에 장인 공(工). 장인(工)이 실(糸)에다 물감을 들인 것이 붉은 색(紅)이라는 뜻.

[참고] 유의어 : 朱(주)

뜻풀이　① 붉다 ② 붉은 색 ③ 연지

예 [紅蔘(홍삼)] : 수삼을 여러 차례 쪄서 말린 붉은 색이 나는 인삼
　[紅柿(홍시)] : 잘 익어 말랑한 감
　[紅顔(홍안)] : 밝으레 한 빛이 도는 건강하고 예쁜 얼굴
　[紅一點(홍일점)] : 여러 남자들이 모인 가운데 단 한 사람의 여자

급수 | **6**급
음훈 | ① 등급 급
부수 | 糸(실 사) 부 4획
　　　총 10획

필순 ' ㄠ ㄠ 幺 幺 糸 糹 紅 紒 級

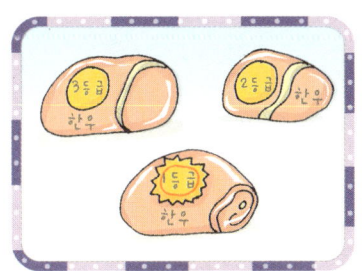

글자풀이　실 사(糸) 변에 미칠 급(及). 실처럼 길게 늘어선 줄에서 다가 온 '차례, 순서'를 뜻함.

뜻풀이　① 등급 ② 층계 ③ 순서

예 [級數(급수)] : 기능 따위의 등급
　[級友(급우)] : 같은 반 친구
　[階級(계급)] : 사회나 조직 내의 직위·관직 따위의 단계
　[等級(등ː급)] : 신분이나 품질을 나타내는 단계
　[進級(진ː급)] : 신분이나 직급이 보다 나아짐

급수 | **4**급
음훈 | ① 들일 납
부수 | 糸(실 사) 부 4획
　　　총 10획

필순 ' ㄠ ㄠ 幺 幺 糸 糹 紀 納 納

글자풀이　실 사(糸) 변에 안 내(內). 糸는 피륙을 內는 거두어 감을 뜻한다. 옛날 세금을 거둘 때 피륙으로 거두어 갔으므로 생긴 글자로 '거두다'는 뜻.

뜻풀이　① 거두다 ② 바치다, 헌납 ③ 들이다, ④ 받아가다

예 [納得(납득)] : 일의 내용을 알아차리고 긍정적으로 이해함
[納凉(납량)] : 여름에 더위를 피하여 시원한 곳에서 서늘함을 느낌
[納付(납부)] : 세금·공과금 따위를 해당 기관에 냄
[納稅(납세)] : 세금을 냄
[未納(미:납)] : 내야 할 것을 내지 못하거나 미처 못 냄
[上納(상:납)] : 윗사람에게 금품을 바침
[完納(완납)] : 내야 할 것을 남김없이 빠뜨리지 않고 모두 다 냄

급수 | 준 **4**급
음훈 | ① 본디 소(:)
       ② 흴 소(:)
부수 | 糸(실 사) 부 4획 총 10획
필순 ᅳ ᆖ ᆂ 主 宇 圭 专 妻 素 素

화장 후   화장 전

글자풀이 날 생(生)과 실 사(糸)가 합쳐서 된 글자. 삶아서 가공하기 전의 비단 실(生絲 : 생사)처럼 꾸밈없는 '소박한' 것을 나타냄.
[참고] 유의자 : 朴(박)

뜻풀이 ① 희다 ② 생명주 ③ 소박함 ④ 무늬 없는 단 색의 피륙

예 [素描(소묘)] : 한 가지 색 특히 검은 색으로 그린 연필이나 목탄 그림
[素朴(소박)] : 깨끗하고 수수함
[素服(소:복)] : 하얗게 차려입은 옷
[素數(소수)] : 1과 그 자신 이외의 자연수로는 똑 떨어지게 나눌 수 없는 자연수
[素材(소재)] : 예술 작품 재료
[素質(소질)] : 타고난 성질
[簡素(간소)] : 간단하고 구수함
[儉素(검소)] : 사치하지 않고 꾸밈없이 수수함

급수 | 준 **4**급
음훈 | ① 순수할 순
부수 | 糸(실 사) 부 4획
       총 10획
필순 ᄼ ᄽ ᄾ 乎 乎 糸 糸 紅 純 純

글자풀이 실 사(糸) 변에 진칠 둔(屯). 屯은 땅위로 막 솟아오른 어린 싹 그래서 실(糸)처럼 가늘게 올라오는 새싹처럼 '순수하고 깨끗함'을 뜻함.

뜻풀이 ① 생사, 순색의 비단 실 ② 순수함 ③ 꾸밈없음 ④ 아름답다

예 [純潔(순결)] : 때 묻지 않고 깨끗함
[純情(순정)] : 순수한 감정. 꾸밈이 없는 애정
[單純(단순)] : 간단하고 복잡하지 않음
[不純(불순)] : 순수하지 못함, 순진하지 않음
[溫純(온순)] : 성품이 따사롭고 순수함
[淸純(청순)] : 깨끗하고 순수함

급수 | **7급**
음훈 | ① 종이 지
부수 | 糸(실 사) 부 4획
총 10획

필순 ` ⺌ ⺌ ⻌ 乡 糸 糸 糸丁 糸丘 紙

글자풀이 실 사(糸) 변에 각시 씨(氏). 식물의 섬유질로 만든 '종이'를 뜻함.

뜻풀이 ① 종이

예 [紙匣(지갑)] : 돈이나 카드·신분증 따위를 넣고 다니는 작은 주머니
[紙幣(지폐)] : 종이 돈
[紙筆(지필)] : 종이와 붓, 필기도구
[用紙(용:지)] : 어떤 일에 쓰는 종이
[便紙(편:지)] : 소식이나 안부를 알리려고 주고받는 글
[休紙(휴:지)] : 허드레로 쓰는 종이, 화장지, 쓸모없는 종이

급수 | 준**4**급
음훈 | ① 가늘 세:
부수 | 糸(실 사) 부 5획
총 11획

필순 ` ⺌ ⺌ ⻌ 乡 糸 糸 糸丁 糸田 細 細

글자풀이 실 사(糸) 변에 밭 전(田). 밭에서 나는 식물의 실뿌리처럼 '가늘다'는 뜻.

[참고] 유의자 : 微(미)

뜻풀이 ① 가늘다 ② 작다 ③ 미미하다 ④ 드물다

예 [細讀(세:독)] : 글의 내용을 자세하게 읽음
[細馬(세:마)] : 잘 길들인 말
[細目(세:목)] : 자세히 분류한 항목
[細分(세:분)] : 자세히 잘게 나눔
[細心(세:심)] : 주의 깊게 마음 씀

[零細(영세)] : 규모가 작고 빈약함, 살림이 변변치 못함

급수 | 4급
음훈 | ① 짤 조
부수 | 糸(실 사) 부 5획
　　　 총 11획

필순 ′ 幺 幺 幺 糸 糸 紗 紗 組 組 組

글자풀이 실 사(糸) 변에 또 차(且). 실올을(糸) 엮고 엮고 또 엮어 베를 '짠다' 는 뜻.

[참고] 유의자 : 織(직)

뜻풀이 ① 끈 ② 짜다 ③ 조직

예 [組閣(조각)] : 정부에서 각료를 임명하여 내각을 조직함
[組成(조성)] : 엮어서 만듦
[組長(조장)] : 한 조직의 책임자
[組織(조직)] : 엮어서 짠 무리

글자풀이 실 사(糸) 변에 겨울 동(冬). 실 짜는 일을 추운 겨울이 오기 전에 마친다는 데서 '마치다, 끝내다' 의 뜻.

[참고] 유의자 : 末(말) 반대자 : 始(시)

뜻풀이 ① 끝, 끝내다 ② 마치다 ③ 죽다 ④ 마지막

예 [終決(종결)] : 끝장이 남, 일을 끝냄
[終了(종료)] : 어떤 행동이나 일 따위를 끝마침
[終身(종신)] : 목숨이 다하기까지의 동안, 한평생을 마침
[終業(종업)] : 업무를 마침, 학교에서 한 학기를 끝냄
[終日(종일)] : 아침부터 저녁까지 온통
[終戰(종전)] : 전쟁이 끝남
[始終(시:종)] : 시작과 끝
[最終(최:종)] : 맨 마지막

급수 | 5급
음훈 | ① 마칠 종
부수 | 糸(실 사) 부 5획
　　　 총 11획

필순 ′ 幺 幺 幺 糸 糸 紗 紗 終 終 終

급수 | 5급
음훈 | ① 맺을 결
부수 | 糸(실 사) 부 6획
　　　 총 12획

필순 ′ 幺 幺 幺 糸 糸 紏 紏 結 結 結

글자풀이 실 사(糸) 변에 길할 길(吉). 좋은 일이 있도록 실로 묶듯이 인연을 '맺어준다'는 뜻.

[참고] 반대자 : 解(해)

뜻풀이 ① 맺다 ② 사귀다 ③ 묶다 ④ 매듭

예 [結果(결과)] : 어떤 원인으로 인하여 생긴 결말, 열매를 맺음
[結末(결말)] : 어떤 일의 끝 모양
[結緣(결연)] : 인연을 맺음
[結晶(결정)] : 어떤 광물질이 일정한 법칙대로 엉겨 굳은 물질
[結草報恩(결초보은)] : 죽어서도 잊지 않고 은혜를 갚음
[結婚(결혼)] : 남녀가 혼인을 맺음
[連結(연결)] : 서로 이어지거나 관계를 맺음
[集結(집결)] : 한 곳으로 모임

글자풀이 실 사(糸) 변에 합할 합(合) 糸는 피륙이고 관리에게 주는 급료 '녹'을 뜻함. 給은 계속해서 주는 '녹'을 뜻함.

[참고] 유의자 : 與(여) 반대자 : 需(수)

뜻풀이 ① 주다 ② 대어주다 ③ 급여 ④ 넉넉하다

예 [給料(급료)] : 일한 대가로 고용주가 주는 보수
[給水(급수)] : 물을 대어줌
[給食(급식)] : 식사를 공급함
[供給(공:급)] : 요구나 필요에 따라 물품을 제공함
[配給(배:급)] : 나누어 줌
[月給(월급)] : 매달 받는 급료
[支給(지급)] : 정해진 몫만큼 물품을 내줌

급수 | 5급
음훈 | ① 줄 급
부수 | 糸(실 사) 부 6획
총 12획

필순 ⺌ ⺌ ⺌ 幺 纟 糸 糹 糾 給 給 給 給

급수 | 4급
음훈 | ① 실 사
부수 | 糸(실 사) 부 6획
총 12획

필순 ⺌ ⺌ ⺌ 幺 纟 糸 糹 絲 絲 絲 絲 絲

글자풀이 섬유질을 가늘게 꼰 모양 즉 실을 뜻하는 글자.

[참고] 약자 : 糸

뜻풀이 ① 실 ② 명주실 ③ 실을 잣다 ④ 가늘고 길다

예 [絲繩(사승)] : 명주실로 꼰 끈
[絲雨(사우)] : 실처럼 가는 비, 실비
[絹絲(견사)] : 명주실
[綿絲(면사)] : 목화 실
[毛絲(모사)] : 털실

 絶

급수 | 준 **4**급
음훈 | ① 끊을 절
부수 | 糸(실 사) 부 6획
　　　총 12획

필순 ' ㄴ ㄠ 幺 糹 糸 糸 紹 紹 絽 絶

글자풀이 실 사(糸) 변에 빛 색(色). 실의 색깔이 '뛰어나게' 아름답다는 뜻과 바느질하는 여자가 칼로 실을 '끊는다' 는 두 가지 뜻이 있음.

뜻풀이 ① 끊다 ② 뛰어나다 ③ 절대로

예 [絶景(절경)] : 더할 나위 없이 뛰어나게 아름다운 경치
[絶交(절교)] : 교제를 끊음
[絶望(절망)] : 모든 희망이 사라짐
[絶世(절세)] : 세상에 견줄 데가 없을 정도로 아주 뛰어난
[絶筆(절필)] : 붓을 놓고 다시는 글을 쓰지 않음
[拒絶(거:절)] : 상대방의 요구·제안·부탁 등을 물리쳐 허락하지 않음

 統

급수 | 준 **4**급
음훈 | ① 거느릴 통:
부수 | 糸(실 사) 부 6획
　　　총 12획

필순 ' ㄴ ㄠ 幺 糹 糸 糸 紵 紵 紵 統

글자풀이 실 사(糸) 변에 채울 충(充). 한 가닥의 실로 전체를 엮었다는 글자. '큰 줄기, 거느린다' 는 뜻임.

[참고] 유의자 : 率(솔)

뜻풀이 ① 큰 줄기 ② 혈통 ③ 거느리다 ④ 법

예 [統帥(통:수)] : 온통 몰아 다스림
[統一(통:일)] : 나뉘어진 것을 하나로 합침
[統治(통:치)] : 나라나 지역을 도맡아 다스림
[統稱(통:칭)] : 통틀어 하나로 묶어 가리킴 또는 그런 이름
[血統(혈통)] : 같은 핏줄로 이어진 겨레붙이

급수 | 준 4급
음훈 | ① 지날 경 ② 글 경
부수 | 糸(실 사) 부 7획
　　　　총 13획

필순 ` ㄥ ㄠ 幺 糸 糸 紅 紅 經 經 經 經

글자풀이 실 사(糸) 변에 물줄기 경(巠). 물줄기가 실처럼 졸졸졸 흘러 '지나가다' 물줄기처럼 자연스럽게 이어지는 '글귀'를 뜻함.

[참고] 약자 : 経

뜻풀이 ① 지나가다 ② 세로 줄 ③ 글귀 ④ 길

예 [經過(경과)] : ① 시간이 지나감 ② 어떤 단계나 시기·장소를 거침 ② 일이 되어 가는 과정
[經國(경국)] : 나라를 다스리다
[經歷(경력)] : 겪어 지내 온 일들
[經營(경영)] : 기업이나 사업을 관리 운영함
[經由(경유)] : 어떤 곳을 거쳐 지남
[經濟(경제)] : 인간생활에 쓰이는 재화의 생산·소비·이동에 관련된 모든 활동
[佛經(불경)] : 부처의 가르침을 모아 적은 책
[聖經(성:경)] : 기독교의 교리와 예수의 가르침을 모아 적은 책

급수 | 6급
음훈 | ① 푸를 록
부수 | 糸(실 사) 부 8획
　　　　총 14획

필순 ` ㄥ ㄠ 幺 糸 糸 紅 紅 紅 絆 絆 絆 綠 綠

글자풀이 실사(糸) 변에 나무 깎을 록(彔). 실에 나무즙을 묻혀 염색하여 생긴 '푸른색'을 뜻함.

[참고] 약자 : 緑

뜻풀이 ① 초록 빛 ② 조개 풀

예 [綠瞳(녹동)] : 푸른 눈동자, 서양 사람을 이르는 말
[綠林(녹림)] : 푸른 숲, 도적떼를 일컫는 딴 이름
[綠雨(녹우)] : 초목이 푸릇푸릇한 계절에 내리는 비
[綠茶(녹차)] : 차나무의 어린 잎을 푸른빛 그대로 말린 찻잎
[常綠(상록)] : 나뭇잎이 사철 푸른
[新綠(신록)] : 늦봄에 새롭게 돋아난 초목의 푸른 빛

급수 | **5급**
음훈 | ① 익힐 련:
부수 | 糸(실 사) 부 9획
　　　총 15획

필순 ⼂ ⼂ ⼂ ⼂ ⼂ ⼂ 糸 糹 紗 紳 紳 紳 紳 練 練

글자풀이 실 사(糸) 변에 가릴 간(柬). 엉킨 실을 풀어낼 수 있듯 능숙한 솜씨가 되도록 되풀이 '연습'함을 뜻함.

[참고] 유의자 : 習(습) 약자 : 练

뜻풀이 ① 익히다 ② 연습하다 ③ 단련하다

예 [練磨(연:마)] : 학문 따위를 익히고 더욱 닦음
[練兵(연:병)] : 병사를 훈련시킴
[練習(연:습)] : 되풀이하여 익힘
[訓練(훈:련)] : 가르치고 연습시켜 익힘

급수 | **6급**
음훈 | ① 줄 선
부수 | 糸(실 사) 부 9획
　　　총 15획

필순 ⼂ ⼂ ⼂ ⼂ ⼂ ⼂ 糸 糹 紗 紳 紳 紳 絹 綿 線

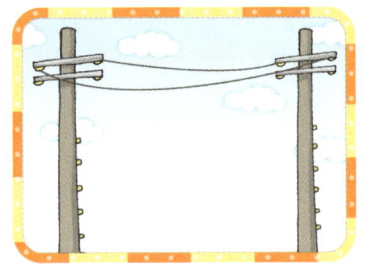

글자풀이 실 사(糸) 변에 샘 천(泉). 샘(泉)에서 흘러넘친 물이 졸졸 흐르며 지나가는 모습으로 실(糸) 같이 가는 물줄기 '선'을 뜻함.

뜻풀이 ① 줄

예 [線路(선로)] : 열차나 전차가 다니도록 레일을 깔아 놓은 길
[幹線(간선)] : 도로·철도 등에서 줄기가 되는 중요한 선
[光線(광선)] : 빛의 줄기
[路線(노:선)] : 차나 비행기·배 등이 다니도록 정해진 길
[單線(단선)] : 외가닥 한 선
[複線(복선)] : 겹으로 된 줄
[電線(전:선)] : 전깃줄
[戰線(전:선)] : 상대편과 서로 맞붙어 전쟁하는 곳

급수 | 4급
음훈 | ① 인연 연
부수 | 糸(실 사) 부 9획
총 15획

필순 ' ⺋ ⺋ 幺 幺 糸 糸' 糸" 紎 紏 終 緣 緣 緣

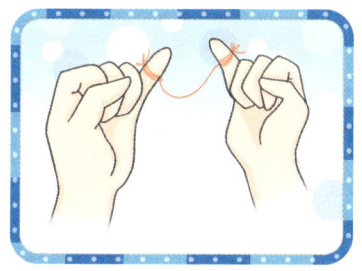

글자풀이 실 사(糸) 변에 단 단(彖). 나풀거리는 옷단을 실로 꿰매듯 얽어서 인연을 맺는다는 뜻.

[참고] 약자 : 縁

뜻풀이 ① 묶음 ② 인연 ③ 연줄

예 [緣故(연고)] : 사유, 혈통·이연·법률 등으로 맺어진 관계
[緣分(연분)] : 하늘에서 베푼 인연, 서로 관계를 맺게 되는 인연
[緣由(연유)] : 사유
[緣坐(연좌)] : 친인척의 죄로 인하여 함께 벌을 받음
[學緣(학연)] : 학교 등 같은 배움터에서 맺은 인연
[血緣(혈연)] : 핏줄로 이어진 인연

급수 | 4급
음훈 | ① 길쌈 적
부수 | 糸(실 사) 부 11획
총 17획

필순 ' ⺋ ⺋ 幺 幺 糸 糸' 糸" 紸 結 績 績 績 績 績 績 績

글자풀이 실 사(糸) 변에 꾸짖을 책(責). 糸에서 실의 뜻을 따오고 책(責)에서 음을 빌어다 만든 형성 문자로 실(糸)을 뽑아서 옷감을 짜는 '길쌈'을 뜻함.

뜻풀이 ① 실잣다 ② 길쌈 ③ 공적 ④ 쌓다

예 [績女(적녀)] : 길쌈하는 여인
[功績(공적)] : 공을 쌓음, 애쓴 보람
[紡績(방적)] : 섬유를 가공하여 실을 뽑는 일
[成績(성적)] : 일의 결과로 얻은 실적, 지식의 평가
[實績(실적)] : 실제로 이룬 업적
[業績(업적)] : 업무 성적
[治績(치적)] : 잘 다스린 공적 또는 정치적의 업적

예 [總角(총:각)] : 머리를 뿔처럼 묶음. 상투를 틀지 않은 미혼의 남자
[總計(총:계)] : 모두 합쳐 계산함
[總理(총:리)] : 전체를 모두 다스림, 국무총리
[總帥(총:수)] : 전군을 지휘하는 사람, 어느 집단의 우두머리
[總裁(총:재)] : 당파나 정당의 최고 책임자

급수 | 준 4급
음훈 | ① 다 총:
부수 | 糸(실 사) 부 11획
총 17획

필순 ' ⺍ ⺍ 幺 幺 糸 糸' 糸' 紒 紒 絪 絪
絪 絪 總 總 總

급수 | 4급
음훈 | ① 줄일 축
부수 | 糸(실 사) 부 11획
총 17획

필순 ' ⺍ ⺍ 幺 幺 糸 糸' 紵 紵 紵 紵
紵 紵 縮 縮 縮

글자풀이 실 사(糸) 변에 바쁠 총(悤). 빠른 솜씨로 실로 묶는다는 글자로. '모두, 모으다, 거느리다'의 뜻임.

[참고] 약자 : 総

뜻풀이 ① 거느리다 ② 합치다 ③ 맺다 ④ 총괄하다

글자풀이 실 사(糸) 변에 묶을 숙(宿). 누에고치에서 나오는 실(糸)을 잠재우면(宿) '줄어든다'는 뜻.

[참고] 반대자 : 伸(신)

뜻풀이 ① 줄다 ② 줄이다 ③ 빼다

예 [縮圖(축도)] : 일정 비율로 작게 줄인 지도
[縮小(축소)] : 줄여서 작게 함

369

[縮約(축약)] : 줄이어 간략하게 함
[縮尺(축척)] : 줄인 자, 줄인 비율
[減縮(감:축)] : 덜어내어 줄임
[軍縮(군축)] : 군대의 규모를 줄임
[短縮(단:축)] : 짧게 줄임

[綿織(면직)] : 무명실로 짠 옷감
[毛織(모직)] : 털옷감
[紡織(방직)] : 기계를 이용하여 피륙 따위를 짬

급수 | 4급
음훈 | ① 짤 직
부수 | 糸(실 사) 부 12획
　　　총 18획
필순 ' ㄠ ㄠ 幺 糸 糸 糸' 紅 絲 絎 絎 縮 縮 織 織 織

급수 | 4급
음훈 | ① 이을 계:
부수 | 糸(실 사) 부 14획
　　　총 20획
필순 ' ㄠ ㄠ 幺 糸 糸 糸' 紅 絲 絲 絲 繼 繼 繼 繼 繼 繼 繼

글자풀이　실 사(糸)와 소리 음(音), 창 과(戈)로 이루어진 글자. 창으로 소리와 표시를 남기듯 실로 무늬를 남기며 '옷감을 짠다' 는 뜻.

[참고] 유의자 : 組(조)

뜻풀이　① 옷감을 짜다 ② 직물 ③ 무늬 비단

예 [織工(직공)] : 베 짜는 일을 하는 사람
[織女(직녀)] : 베짜는 여인
[織造(직조)] : 실로 옷감을 지음
[絹織(견직)] : 비단실로 짠 옷감

글자풀이　실(糸)로 작은 것(幺)들을 앞 뒤 좌우로 연결한다는 뜻으로 즉 '잇는다' 는 뜻.

[참고] 유의자 : 續(속) 약자 : 継

뜻풀이　① 이어주다 ② 이어가다

예 [繼母(계:모)] : 어미가 죽은 뒤 다시 얻은 어머니, 의붓 어머니
[繼續(계:속)] : 끊이지 않고 이어감
[繼承(계:승)] : 뒤를 이어 받음
[引繼(인계)] : 다음 차례로 이어줌
[中繼(중계)] : 중간에서 이어 받아 넘겨줌
[後繼(후:계)] : 뒤를 이어받음

급수 | 준 **4** 급
음훈 | ① 이을 속
부수 | 糸(실 사) 부 15획
총 21획

필순 ` ` 纟 纟 纟 纟 糸 糸 糸⁺ 絲 絲 絲 絲 絲 絲 絲 絲 續 續 續

글자풀이 실 사(糸) 변에 팔 매(賣). 실(糸)을 풀어 내보내듯(賣) 죽 '이어진다' 는 뜻.

[참고] 유의자 : 繼(계) 약자 : 続

뜻풀이 ① 잇다 ② 이어지다 ③ 뒤를 잇다

예 [續刊(속간)] : 간행을 중단하였던 출판물이 계속 이어서 출판됨
[續篇(속편)] : 이미 만들어진 책이나 영화의 뒷이야기로 만든것
[續行(속행)] : 중단되었던 일을 계속 이어서 실행함
[繼續(계:속)] : 끊이지 않고 늘 잇대어 나아감
[手續(수속)] : 어떤 일을 처리하기 전에 거쳐야 하는 과정이나 단계
[連續(연속)] : 끊이지 않고 죽 이어지거나 계속함

缶 (장군 부) 部

부수 설명 : 물이나 기타 액체를 담기 위해 만든 둥글고 길쭉한 통을 뜻하는 글자.

급수 | 준 **4** 급
음훈 | ① 이지러질 결
부수 | 缶(장군 부) 부 4획
총 10획

필순 ` ` ⺊ ⺊ 缶 缶 缶 缶 缺 缺 缺

글자풀이 장군 부(缶) 변에 깍지 결. 물 담는 그릇이 한 쪽으로 기울거나 깨어졌다는 글자로 물이 새서 '기울다, 비우게 된다' 는 뜻.

[참고] 약자 : 欠

뜻풀이 ① 이지러지다 ② 모자라다 ③ 흠, 결점 ④ 빠지다, 비다

예 [缺席(결석)] : 참석할 자리에 빠짐
[缺失(결실)] : 과실, 결함
[缺員(결원)] : 모자라는 인원
[缺點(결점)] : 모자람, 흠

[缺陷(결함)] : 부족하고 모자라 흠이 됨
[缺航(결항)] : 정기적으로 운항(運航)하는 배나 비행기가 출항을 거름
[無缺(무결)] : 흠이나 모자람이 없고 완전함

罒 (그물 망) 部

* 부수 설명 : 본디의 자형은 网 으로 가로 세로 얽어 맨 그물 모양을 본뜬 글자다. 부수로 쓰일 때는 冈, 罒, 罒으로 자형이 바뀐다.

罪
급수 | 5급
음훈 | ① 허물 죄:
부수 | 罒(그물 망) 부 8획
총 13획
필순 ` 冂 冂 罒 罒 罒 罒 罪 罪 罪 罪

글자풀이 그물 망(罒) 밑에 아닐 비(非). 비리를 저지른 자를 그물로 얽어 잡아들이는 모습. 죄를 뜻하는 글자임.

[참고] 유의자 : 過(과)

뜻풀이 ① 허물, 죄 ② 죄주다 ③ 범법

예 [罪目(죄:목)] : 죄 지은 조목
[罪囚(죄:수)] : 죄 지어 갇힌 자
[罪人(죄:인)] : 죄 지은 사람
[斷罪(단:죄)] : 죄를 처단함
[免罪(면:죄)] : 지은 죄를 면하여 줌
[謝罪(사:죄)] : 지은 죄에 대하여 용서를 빎
[重罪(중:죄)] : 무겁고 중한 죄
[治罪(치:죄)] : 죄를 다스림

置
급수 | 준4급
음훈 | ① 둘 치:
부수 | 罒(그물 망) 부 8획
총 13획
필순 ` 冂 冂 罒 罒 罒 罩 罩 罩 置 置 置
置

글자풀이 그물 망(罒) 밑에 곧을 직(直). 죄인이나 짐승을 그물(罒)로 꽁꽁 묶어 똑바로(直) 세워 '놓는다, 둔다' 는 뜻.

뜻풀이 ① 두다 ② 용서하다 ③ 안

치하다
- 예 [置重(치:중)] : 중점을 둠
  [置換(치:환)] : 바꾸어 놓음
  [放置(방:치)] : 내버려 둠
  [配置(배:치)] : 알맞은 자리에 나누어 놓아둠
  [備置(비:치)] : 장래를 위해 미리 준비해 둠
  [設置(설치)] : 시설하여 갖추어 둠

급수 | 준4급
음훈 | ① 벌할 벌
부수 | 罒(그물 망) 부 9획
총 14획

필순 `ㅁㅁㅁ罒罒罒罒罰罰罰罰罰

글자풀이 꾸짖을 리(詈) 변에 칼 도(刂). 죄인을 꾸짖고(詈), 칼로(刂) 겁주며 '벌준다'는 뜻.

[참고] 유의자 : 刑(형)

뜻풀이 ① 벌 ② 벌주다

예 [罰金(벌금)] : 죄 값으로 내는 돈
  [罰酒(벌주)] : 술좌석에서 규정을 어겨 벌로 마시는 술
  [罰則(벌칙)] : 벌에 관한 규칙
  [賞罰(상벌)] : 상이나 벌
  [嚴罰(엄벌)] : 엄한 벌, 무거운 벌
  [天罰(천벌)] : 하늘이 준다는 벌, 자연의 재앙
  [刑罰(형벌)] : 국가가 범죄자에게 내리는 제재

급수 | 준4급
음훈 | ① 벌릴 라
부수 | 罒(그물 망) 부 14획
총 19획

필순 `ㅁㅁㅁ罒罒罒罒罒罒罒羅羅羅羅羅羅

글자풀이 그물 망(罒)과 실 사(糸), 새 추(隹)로 된 글자. 새를 잡으려고 실로 만든 그물을 쳐놓는 것을 뜻하며 그물 치듯 '벌여놓다', 그물 짜듯 실로 짠 '비단'을 뜻하기도 함.

[참고] 유의자 : 列(렬)

뜻풀이 ① 새그물 ② 펴다 ③ 비단

예 [羅立(나립)] : 줄지어 늘어섬
  [羅網(나망)] : 그물을 쳐서 잡음
  [羅列(나열)] : 죽 벌여 펼쳐놓음

[羅卒(나졸)] : 순찰병
[羅針盤(나침반)] : 남북으로 방향을 가리키는 기구
[全羅道(전라도)] : 우리나라 행정구역의 하나로 전주와 나주에서 따온 말, 지금의 전라북도와 전라남도

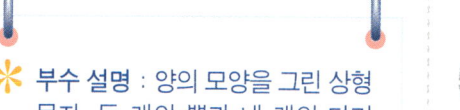

* 부수 설명 : 양의 모양을 그린 상형 문자. 두 개의 뿔과 네 개의 다리 꼬리까지 그린 양의 모습임.

급수 | 준 **4**급
음훈 | ① 양 양
부수 | 羊(양 양) 부 0획
총 6획

필순 ` ´ ´ ´ ´ 羊

글자풀이 양의 모양을 그린 상형 문자. 두 개의 뿔과 네 개의 다리, 꼬리까지 그린 양의 모습임.

뜻풀이 ① 양 ② 상서롭다

예 [羊角風(양각풍)] : 회오리 바람

[羊頭狗肉(양두구육)] : 양 머리를 내걸고 개고기를 팖, 겉모습은 그럴 듯한데 속은 변변하지 못함을 비유
[羊腸(양장)] : 양의 창자처럼 구불구불한 것
[牧羊(목양)] : 양을 치다
[山羊(산양)] : 산에서 자라는 양
[牛羊(우양)] : 소와 양, 가축

급수 | **6**급
음훈 | ① 아름다울 미(:)
부수 | 羊(양 양) 부 3획
총 9획

필순 ` ´ ´ ´ ´ 半 美 美

글자풀이 양 양(羊) 밑에 큰 대(大). 크고 살 찐 양. 맛 좋고 값나가는 좋은 것을 뜻함.

[참고] 반대자 : 醜(추)

뜻풀이 ① 아름답다 ② 맛좋다 ③ 잘한다 ④ 미국

예 [美國(미국)] : 아메리카
[美男(미:남)] : 잘 생긴 남자
[美談(미:담)] : 듣는 사람이 감동할 만한 아름다운 이야기

[美貌(미:모)] : 예쁜 용모
[美術(미:술)] : 그림 조각 건축 등 공간을 예쁘게 꾸미는 예술
[美食(미:식)] : 좋은 먹거리
[美容(미:용)] : 예쁜 얼굴
[美風(미:풍)] : 아름다운 풍속
[美化(미:화)] : 아름답게 꾸밈, 일부러 아름답게 꾸며 지어냄

급수 | 4급
음훈 | ① 무리 군
부수 | 羊(양 양) 부 7획
총 13획
필순 ㄱ ㄱ ㄱ 尹 尹 君 君 君 君' 君' 群 群
群

글자풀이 임금 군(君) 변에 양 양(羊). 임금이 소유한 양떼처럼 많은 무리 라는 뜻.

뜻풀이 ① 떼 ② 무리 ③ 동아리 ④ 친족

예 [群鷄一鶴(군계일학)] : 많은 닭 무리 가운데 한 마리 학. 여럿 중에서 두드러지게 뛰어난 자를 비유
[群島(군도)] : 불규칙하게 모여 있는 크고 작은 섬들
[群落(군락)] : 같은 자연환경에서 자라는 식물의 무리
[群像(군상)] : 여러 사람들 모습
[群雄(군웅)] : 같은 시대에 여기저기에서 일어난 여러 영웅(英雄)
[群衆(군중)] : 한곳에 떼를 지어 모여 있는 사람의 무리
[群集(군집)] : 사람이나 동물 등이 떼 지어 한곳에 모임
[魚群(어군)] : 물고기 떼

급수 | 준 4급
음훈 | ① 옳을 의:
부수 | 羊(양 양) 부 7획
총 13획
필순 ` ´ ゛ ヹ 坓 夬 羊 羊 孝 義 義
義

글자풀이 양 양(羊) 밑에 나 아(我). 손(扌)에 창(戈)을 들고 양(羊)을 잡는 것을 나타낸 글자, 제물로 바치기 위해 양을 잡는 일은 '옳은 일'이란 뜻.

뜻풀이 : ① 옳다 ② 바르다 ③ 도리 ④ 법도. 길

예 [義擧(의:거)] : 정의를 위하여 일으킨 큰일
[義務(의:무)] : 마땅히 하여야 할 일. 도리
[義兵(의:병)] : 의로운 일을 위해 자발적으로 조직된 군대
[義士(의:사)] : 의리와 지조를 굳게 지키는 사람
[義賊(의:적)] : 의로운 일을 하는 도적
[不義(불의)] : 의롭지 못한
[正義(정:의)] : 바르고 의로운

羽 (깃 우) 部

* 부수 설명 : 새의 두 날개 모양을 본뜬 글자. '날개, 깃'을 뜻함.

급수 | 6급
음훈 | ① 익힐 습
부수 | 羽(깃 우) 부 5획
　　　 총 11획

필순 ㄱ ㄱ ㄱ ㄱㄱ ㄱㄱ ㄱㄱ 꺄 꺄 習 習 習

글자풀이 깃 우(羽) 밑에 흰 백(白). 새가 날개짓을 자주 하여 스스로 날 수 있도록 '익힌다'는 뜻.

[참고] 유의자 : 練(련)

뜻풀이 ① 익힌다 ② 연습한다 ③ 길들이다 ④ 숙달하다

예 [習慣(습관)] : 버릇
[習得(습득)] : 배우고 익혀 자기 것으로 함
[習性(습성)] : 버릇이 되어 반복하는 성질
[習作(습작)] : 연습 삼아 만든 작품
[慣習(관습)] : 한 사회에서 오랫동안 지켜 내려와 습관화되어 온 규범이나 생활 방식
[獨習(독습)] : 남의 도움 없이 혼자서 익힘
[復習(복습)] : 되풀이 하여 익힘
[時習(시습)] : 배운 것을 때때로 틈내어 다시 익힘
[傳習(전습)] : 기술이나 지식 따위를 남으로부터 전해 받아 익힘
[風習(풍습)] : 풍속과 습관

耂 (늙을 노) 部

* 부수 설명 : 늙을 노(老) 자의 부수에 해당하는 글자.
'늙다, 늙은이 노인을 섬긴다'는 뜻으로 쓰임.

급수 | **5**급
음훈 | ① 생각할 고(:)
부수 | 耂(늙을 노) 부 2획
총 6획

필순 ㆍ 十 土 耂 耂 考

글자풀이 늙을 로(耂) 엄에 공교할 교(巧). 나이 많은 사람이 이리저리 '궁리한다'는 뜻.
한편 죽은 아버지를 뜻하기도 함

[참고] 유의자 : 思(사)

뜻풀이 ① 상고하다 ② 궁리하다 ③ 죽은 아버지

예 [考古(고:고)] : 옛 유물·유적으로 고대의 사실을 연구 고찰함
[考慮(고려)] : 생각하고 헤아려 봄
[考妣(고:비)] : 부모를 돌아가신 뒤에 부르는 말
[考査(고:사)] : 자세히 생각하고 조사함
[考試(고:시)] : 공무원 등의 임용 자격을 검사하여 합격 여부를 결정하는 시험
[考案(고안)] : 연구하여 생각해 냄
[考察(고:찰)] : 상고하여 살피어 봄

[備考(비:고)] : 참고하기 위하여 준비해 둠
[參考(참고)] : 살펴서 생각함

급수 | **7**급
음훈 | ① 늙을 로:
부수 | 耂(늙을 로) 부 0획
총 6획

필순 ㆍ 十 土 耂 耂 老

글자풀이 허리 구부러진 노인이 지팡이를 짚고 서 있는 형상의 글자로 노인을 뜻함.

뜻풀이 ① 늙은이 ② 늙은이를 잘 섬기다

예 [老少(노:소)] : 늙은이와 젊은이
[老鍊(노:련)] : 어떤 일에 많은 경험을 쌓아서 아주 익숙하고 능란한 솜씨
[老弱(노:약)] : 늙어서 쇠약함
[老人(노:인)] : 나이가 들어서 늙은 사람
[老妻(노:처)] : 늙은 아내
[老患(노:환)] : 늙어서 얻는 병
[老朽(노:후)] : 낡아서 못쓰게 됨

[敬老(경:로)] : 노인을 공경함
[長老(장:로)] : 나이가 많고 학문과 덕이 높은 사람

급수 | 6급
음훈 | ① 놈 자
부수 | 耂(늙을 로) 부 5획
　　　총 9획

필순 ー ＋ 土 耂 耂 耂 者 者 者

글자풀이 늙을 로(耂)밑에 흰 백(白). 머리가 하얀 늙은이. '사람'을 뜻함.

뜻풀이 ① 놈 ② 것 ③ 곳 ④ 라고 하는 것

예 [記者(기자)] : 신문·잡지·방송 등의 기사를 집필·편집하는 사람
[讀者(독자)] : 책·신문·잡지 등 출판물을 읽는 사람
[犯罪者(범:죄자)] : 죄를 범한 사람
[勝者(승자)] : 싸움이나 경기에서 이긴 사람
[愛國者(애:국자)] : 나라를 사랑하는 사람
[敗者(패:자)] : 싸움이나 경기에서 진 사람

耳 (귀 이) 部

✱ 부수 설명 : 사람의 귀 모양을 본떠 만든 글자. 귀를 뜻하고 듣는 것을 뜻함.

급수 | 5급
음훈 | ① 귀 이:
부수 | 耳(귀 이) 부 0획
　　　총 6획

필순 ー Ｔ Ｆ Ｆ 耳 耳

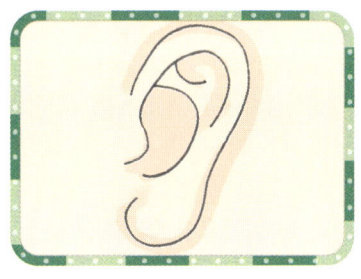

글자풀이 사람의 귀 모양을 본떠 만든 글자. 귀를 뜻하고 듣는 것을 뜻함.

뜻풀이 ① 귀 ② 귀에 익다 ③ 곡식의 싹 ④ 7대 손자

예 [耳力(이:력)] : 듣는 힘
[耳鳴(이:명)] : 귀울림
[耳目(이:목)] : 귀와 눈, 남들의 관심거리
[耳孫(이:손)] : 7대 손, 일명 잉손(仍孫)
[耳順(이:순)] : 나이 60세

급수 | 준 **4**급
음훈 | ① 성인 성:
부수 | 耳(귀 이) 부 7획
총 13획

필순 ｢ ｢ ｢ ｢ 王 耳 耵 耵 耵 聖 聖 聖

글자풀이 귀 이(耳)와 입 구(口)과 임금 왕(王)으로 된 글자. 귀(耳)를 열어 백성들의 말(口)을 듣고 바른 정치를 하는 임금(王)과 같은 훌륭한 '성인'을 뜻함.

뜻풀이 ① 성스럽다 ② 성인 ③ 천자의 존칭 ④ 밝다, 슬기롭다

예 [聖經(성:경)] : 종교상 신앙의 최고 법전이 되는 책
[聖君(성:군)] : 덕이 아주 뛰어난 어진 임금
[聖女(성:녀)] : 청순 고결한 여자
[聖明(성:명)] : 성인이나 임금의 높은 덕
[聖母(성:모)] : 성인(聖人)의 어머니, 성모 마리아
[聖域(성:역)] : 신성한 지역
[聖恩(성:은)] : 임금이 베푸는 은혜

[聖人(성:인)] : 지혜와 덕이 뛰어나 길이길이 우러러 받들고 본받을 만한 사람
[聖地(성:지)] : 성인의 유적지
[聖職(성:직)] : 거룩한 직분, 교직(敎職)의 딴 이름
[聖誕(성:탄)] : 임금이나 훌륭한 성인의 탄생
[詩聖(시성)] : 뛰어난 시인
[樂聖(악성)] : 성인(聖人)이라 불리울 정도의 훌륭한 음악가

급수 | **6**급
음훈 | ① 들을 문(:)
부수 | 耳(귀 이) 부 8획
총 14획

필순 ｜ ｢ ｢ ｢ ｢ 門 門 門 門 門 聞 聞 聞 聞

글자풀이 문 문(門) 안에 귀 이(耳). 문틈에 귀를 대고 방안의 소리를 '엿듣는다' 는 뜻.

[참고] 유의자 : 聽(청)

뜻풀이 ① 듣다 ② 들려주다 ③ 찾다, 방문하다 ④ 소문

379

예 [聞見(문:견)] : 듣고 보아 얻은 지식
[聞慶(문경)] : 경상북도 북서부에 있는 시 이름
[聞達(문:달)] : 이름이 나고 지위가 높아짐
[聞識(문:식)] : 들어서 앎
[聞一知十(문:일지십)] : 하나를 듣고 열을 앎, 총명함
[見聞(견:문)] : 보고 들음 또는 그리하여 알게 됨
[所聞(소:문)] : 사람들의 입에 오르내려 전하여 들리는 말
[新聞(신문)] : 새 소식이나 사건에 대한 사실과 해설을 사람들에게 널리 신속하게 알리기 위한 정기 간행물
[風聞(풍문)] : 바람결에 들리는 뜬소문

급수 | 준 4급
음훈 | ① 소리 성
부수 | 耳(귀 이) 부 11획
총 17획

필순 ⸺ 十 土 吉 志 吉 吉 声 声 殸 殸 殸 殸 殸 聲 聲 聲

글자풀이 손잡이로(殳) 악기를 두들길 때 귀(耳)에 들리는 '소리'를 뜻함.

[참고] 유의자 : 音(음) 약자 : 声

뜻풀이 ① 소리 ② 음악 ③ 소문 ④ 말, 언어

예 [聲東擊西(성동격서)] : 동쪽에서 소리 지르고 서쪽에서 공격함, 기묘한 용병술의 하나
[聲量(성량)] : 사람의 목소리가 크거나 작은 정도
[聲樂(성악)] : 목소리로 나타내는 음악
[名聲(명성)] : 세상에 알려진 좋은 평판
[美聲(미:성)] : 아름다운 목소리
[發聲(발성)] : 목소리를 냄 또는 그 목소리
[肉聲(육성)] : 사람의 입에서 직접 나오는 소리
[混聲(혼:성)] : 뒤섞인 소리, 남녀의 목소리가 섞인 소리
[和聲(화성)] : 잘 어울려 나오는 소리, 일정한 법칙에 따른 화음의 연결, 하모니

급수 | 준 4급
음훈 | ① 직분 직
부수 | 耳(귀 이) 부 12획
총 18획

필순 ⸺ 丆 F F 耳 耳 耵 耵 耵 聆 聆 聆 職 職 職

글자풀이 귀 이(耳)와 소리 음(音)과 창 과(戈)로 된 글자. 창이나 칼 등 무기(戈)를 두들겨 그 소리(音)만 듣고도 (耳) 성능을 알아낸다는 의미로 '직업, 직분'을 뜻함.

뜻풀이 ① 벼슬 ② 직분 ③ 일, 직업

예 [職業(직업)] : 생계를 위하여 자기의 적성과 능력에 따라 일정 기간 동안 일상적으로 종사하는 일
[職場(직장)] : 사람들이 직업을 가지고 맡은 일을 하는 곳
[職責(직책)] : 직무상의 책임
[官職(관직)] : 공무원 또는 관리가 국가로부터 위임 받은 일정한 직무 또는 그런 자리
[求職(구직)] : 일자리를 구함
[辭職(사직)] : 직장을 그만두고 떠남, 맡은 직무를 내놓고 물러감
[失職(실직)] : 직업을 잃음
[移職(이직)] : 직장을 옮김, 전직(轉職)
[休職(휴직)] : 일정한 기간 동안 직무를 잠시 쉼

급수 | 4급
음훈 | ① 들을 청
부수 | 耳(귀 이) 부 16획
총 22획

필순

글자풀이 귀 이(耳), 짊어질 임(壬), 큰 덕(德)이 모여서 된 글자. 덕(德)이 될 좋은 말씀을 귀(耳)로 듣는다는 뜻

[참고] 유의자 : 聞(문) 약자 : 聴

뜻풀이 ① 듣다 ② 기리다 ③ 받아들이다 ④ 용서하다

예 [聽覺(청각)] : 소리를 들어 느끼는 감각
[聽力(청력)] : 귀로 소리를 듣는 힘
[聽音(청음)] : 소리를 알아들음
[聽從(청종)] : 이르는 대로 잘 들어 좇음, 명령에 따름
[聽衆(청중)] : 연설이나 강연을 듣는 군중
[傍聽(방청)] : 회의·공판·공개 방송 등에 참석하여 들음
[視聽(시:청)] : 눈으로 보면서 귀로 들음

聿 (붓 율) 部

※ 부수 설명 : 붓 모양을 나타낸 글자. '붓'을 뜻하는 글자이며 '드디어, 마침내 재빠르다' 등 여러 뜻을 가지고 부수로 쓰인다.

급수 | **4**급
음훈 | ① 엄숙할 숙
부수 | 聿(붓 율) 부 6획
총 12획

필순 ㄱ ㄱ ㅋ ㅋ ㅋ ㅋ 肀 肀 肀 肅 肅 肅
肅

글자풀이 聿(붓 율)과 淵(못 연)이 합하여 된 글자. 붓으로 글씨를 쓸 때나 깊은 연못을 건널 때처럼 '조심하고, 엄숙하다'는 뜻.

[참고] 유의자 : 嚴(엄) 약자 : 肃

뜻풀이 ① 엄숙하다 ② 공경하다 ③ 가지런하다 ④ 정중하다

예 [肅然(숙연)] : 근신하여 삼가함
[肅淸(숙청)] : 세상을 바로잡음
[嚴肅(엄숙)] : 엄하고 정중함

[自肅(자숙)] : 스스로 삼감
[靜肅(정숙)] : 고요하고 엄숙함

肉 (고기 육) 部

※ 부수 설명 : 잘라낸 고깃덩어리를 본뜬 글자로 살코기를 묘사하면서 근육의 결까지 나타낸 것.
고기, 근육, 신체의 장기 등을 나타내는 글자의 부수에 쓰인다. 肉이 한자 구성에서 변으로 쓰일 때는 그 모양이 月로 변하며 달 월(月)과 구분하기 위하여 '육달월'이라 부른다. 육달월과 달월의 차이점은 月 자의 안에 있는 二자가 육달월일 때는 양쪽 벽에 모두 붙여서 쓰고 달월 일 때는 왼쪽에만 붙여서 쓰기로 했었다.

급수 | 준**4**급
음훈 | ① 고기 육
부수 | 肉(한 일) 부 0획
총 6획

필순 ㅣ 冂 内 内 肉 肉

글자풀이 동물의 살코기 덩어리를 나

타낸 글자.

 ① 고기 ② 피부 ③ 살 ④ 근육

예 [肉食(육식)] : 음식으로 고기를 먹음 또는 그런 식사
[肉體(육체)] : 구체적인 물체로서 사람의 몸
[肉親(육친)] : 조부모, 부모 형제와 같이 혈족 관계에 있는 사람 ↔ 정신(精神)
[肉脯(육포)] : 살코기를 얇게 썰어 양념한 뒤 말린 먹거리
[肉筆(육필)] : 본인이 직접 손으로 쓴 글씨
[骨肉(골육)] : 뼈와 살, '골육지친'의 준말로 부모형제등 가까운 혈족
[生肉(생육)] : 날고기
[獸肉(수육)] : 짐승고기

글자풀이 子를 거꾸로 쓴 모양 밑에 육달 월(月). 어린 아이를 살찌워 '기른다'는 글자.

 ① 기르다 ② 자라다 ③ 낳다

예 [育成(육성)] : 몸을 키워 잘 자라게 키움
[育英(육영)] : 영재를 가르쳐 기름, 교육을 의미함
[敎育(교:육)] : 가르치어 기름
[德育(덕육)] : 인격을 닦고 심성을 곱게 기름
[生育(생육)] : 낳아서 기름
[養育(양:육)] : 아이를 보살펴 자라게 함
[訓育(훈:육)] : 타일러 가르침, 감정과 의지를 도야해 성격을 완성시키는 교육

급수 | 7급
음훈 | ① 기를 육
부수 | 月(육달 월) 부 4획
　　　총 8획
필순 `一ナ云方育育育`

급수 | 준 4급
음훈 | ① 등 배:
부수 | 月(육달 월) 부 5획
　　　총 9획
필순 `丿丬北北背背背`

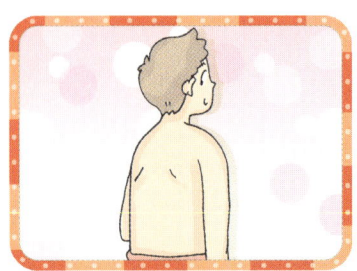

글자풀이 달아날 배(北) 밑에 고기 육(月=肉). 北(배)에서 음을, 육(肉)에서 사람의 몸이라는 뜻을 따다 만든 글자. '사람 몸의 등, 배반'을 뜻함.

뜻풀이 ① 등 ② 뒤, 등 쪽 ③ 배반 ④ 달아나다

예 [背景(배:경)] : 뒤쪽으로 보이는 경치, 사건이나 환경·인물 따위를 둘러싼 주위의 분위기
[背光(배:광)] : 부처의 몸 뒤에서 비치는 빛, 후광(後光)
[背面(배면)] : 위치상으로 등쪽의 면, 뒤쪽, 등쪽
[背水陣(배:수진)] : 강이나 바다를 등지고 진을 침, 어떤 일에 물러설 수 없어 힘을 다해 싸워야 하는 각오
[背信(배:신)] : 믿음을 저버리고 배반함
[背逆(배:역)] : 배반하고 거스름
[背恩(배:은)] : 은혜를 저버리고 돌아섬, 망덕(忘德) ↔ 보은(報恩)
[背任(배:임)] : 주어진 임무를 거스르고 어김
[背行(배:행)] : 등을 보이고 걸어감 즉 앞에서 인도함을 말함

급수 | **4급**
음훈 | ① 세포 포(:)
부수 | 月(육달 월) 부 5획
총 9획
필순) 刀 月 月 旯 肑 朐 胞 胞

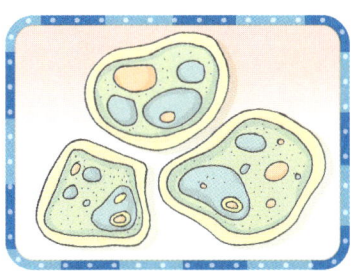

글자풀이 고기 육(肉) 변에 쌀 포(包). 몸, 살을 싸고 있는 주머니를 나타내는 글자로 몸의 일부인 '세포, 태보'를 뜻함.

뜻풀이 ① 세포 ② 태 ③ 종기 ④ 여드름

예 [胞宮(포궁)] : 아기 집, 자궁(子宮)
[胞衣(포의)] : 태아를 싸고 있는 막과 태반
[胞子(포자)] : 식물의 세포
[胞胎(포:태)] : 아이를 뱀, 잉태
[僑胞(교포)] : 다른 나라에 살고있는 동포
[同胞(동포)] : 한 부모에게서 태어난 형제자매, 같은 국민 같은 겨레 같은 나라 사람을 이르는 말
[細胞(세:포)] : 생명체나 단체를 구성하는 가장 작은 조직체

급수 | **5급**
음훈 | ① 능할 능
② 견딜 내
부수 | 月(육달 월) 부 6획 총 10획
필순 ㄙ 厶 自 台 台 台 肻 能 能 能

글자풀이 곰(熊)의 모양을 흉내 낸 글자로 '힘이 세다, 능력이 있다, 재주가 있다'는 뜻임.

뜻풀이 ① 능하다 ② 잘하다 ③ 미치다 ④ 재량, 기술

예 [能動(능동)] : 마음이 내켜서 제 스스로 움직임
[能力(능력)] : 일을 감당해 낼 수 있는 힘
[能通(능통)] : 사물의 이치에 환히 통달함
[可能(가:능)] : 할 수 있거나 될 수 있음
[技能(기능)] : 어떤 작업을 정확하고 손쉽게 해내는 기술적인 능력
[萬能(만:능)] : 모든 일에 다 능통하거나 모든 일을 다 할 수 있음
[本能(본능)] : 생물이 선천적으로 가지고 있는 운동 기능, 선천적으로 가지고 있는 억누를 수 없는 감정
[低能(저:능)] : 뇌의 발육이 부족하여 지능이 모자람
[效能(효:능)] : 효험을 나타내는 능력

급수 | 준 **4**급
음훈 | ① 줄기 맥
부수 | 月(육달 월) 부 6획
　　　총 10획

필순 丿 丌 月 月 月´ 肌 肵 脈 脈 脈

글자풀이 고기 육(肉) 변에 갈래 파(派). 몸(肉) 안의 피가 핏줄을 타고 흐르듯 "이어 뻗는 '줄기, 갈래'"를 뜻함.

[참고] 유의자 : 絡(락)

뜻풀이 ① 맥 ② 혈맥 ③ 줄기 ④ 맥박

예 [脈管(맥관)] : 혈관
[脈絡(맥락)] : 혈관, 사물이 서로 이어져 있는 관계나 연관
[金脈(금맥)] : 돈 줄
[動脈(동:맥)] : 심장에서 인체의 각 부분으로 나가는 핏줄기
[山脈(산맥)] : 여러 봉우리가 계속 길게 뻗치어 줄기를 이룬 지대, 산줄기
[人脈(인맥)] : 사람들 끼리 이어진 인연의 줄기
[靜脈(정맥)] : 심장으로 들어가는 핏줄의 맥

급수 | **4**급
음훈 | ① 벗을 탈
부수 | 月(육달 월) 부 7획
총 11획

필순) 丿 刀 月 月 𦙾 𦙾 脖 脖 脱

글자풀이 고기 육(肉=月) 변에 바꿀 태(兌). 고기 덩이에서 뼈를 발라낸다는 글자로. '벗다, 빠지다, 허물 벗다'는 뜻임.

뜻풀이 ① 벗다 ② 살이 빠지다 ③ 껍질을 벗기다 ④ 허물 벗다

예 [脫却(탈각)] : 잘못된 생각이나 좋지 못한 상황에서 벗어남
[脫稿(탈고)] : 원고 쓰기를 마침
[脫落(탈락)] : 범위에서 벗어나 떨어짐
[脫色(탈색)] : 섬유제품에 들어 있는 색깔을 뺌, 오래되어 색이 바램
[脫衣(탈의)] : 옷을 벗음
[脫脂(탈지)] : 기름기를 뺌
[脫態(탈태)] : 옛 모습을 벗어버림, 형태나 형식을 바꿈
[脫皮(탈피)] : 껍질이나 가죽을 벗김, 어떤 처지에서 벗어남

급수 | **4**급
음훈 | ① 창자 장
부수 | 月(육달 월) 부 9획
총 13획

필순) 丿 刀 月 月 𦙾 𦙾 𦚰 𦚰 腭 腸 腸
腸

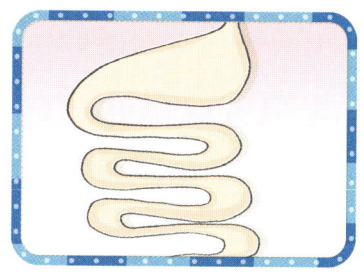

글자풀이 月(=肉)에서 몸의 일부분을 알리고, 昜(볕 양)에서 발음을 따서 만든 글자로 '창자'를 뜻함.

뜻풀이 ① 창자 ② 마음

예 [腸炎(장염)] : 창자의 점막에 생기는 염증
[肝腸(간장)] : 간과 창자
[斷腸(단:장)] : 창자가 끊어질듯 한 심한 괴로움을 이르는 말
[胃腸(위장)] : 위와 장

臣 (신하 신) 部

부수 설명 : 사람이 몸을 구부리고 있는 형태. 임금 앞에서 몸을 굽히고 있는 '신하'를 뜻함. 독립된 글자로도 쓰이면서 부수로도 쓰임.

급수 | **5**급
음훈 | ① 신하 신
부수 | 臣(신하 신) 부 0획
　　　총 6획
필순　一 丆 FT 돈 쥰 臣

글자풀이　사람이 몸을 구부리고 있는 형태. 임금 앞에서 몸을 굽히고 있는 '신하'를 뜻함.

[참고] 반대자 : 君(군)

뜻풀이　① 신하 ② 신하가 되어 섬기다 ③ 하인 ④ 포로

예 [臣民(신민)] : 신하와 백성
[臣事(신사)] : 신하가 되어 윗사람을 섬김
[臣妾(신첩)] : 여자가 임금에 대하여 자기를 낮춰 부르는 지칭
[臣下(신하)] : 임금을 섬기어 벼슬을 하는 사람
[姦臣(간신)] : 간사하여 정사를 그르치게 하는 신하 ↔ 충신(忠臣)
[功臣(공신)] : 나라를 위하여 특별한 공을 세운 신하
[君臣(군신)] : 임금과 신하
[忠臣(충신)] : 충성스런 신하

自 (스스로 자) 部

※ 부수 설명 : 그 모양이 길쭉하고 두 개의 콧구멍을 나타낸 글자로 사람 얼굴의 코를 나타내는 글자였는데 자기를 가리킬 때 손가락으로 코를 가리키는데서 '자기'라는 뜻으로 바뀌게 되었고 이에 鼻(비)자를 새로 만들어 코자로 사용하게 됨.

급수 | **7**급
음훈 | ① 스스로 자
부수 | 自(스스로 자) 부 0획
　　　총 6획
필순　' 亻 冂 冂 自 自

글자풀이　코 모양을 본뜬 글자로 본디는 사람의 '코'를 뜻하는 글자였는데 사람들이 자기 자신을 가리킬 때 손가락으로 코를 가리키자 '자기, 자신'을 뜻하는 자로 쓰게 됨.

참고 : 반대자 : 他(타)

뜻풀이　① 자기 ② 스스로, 저절로 ③ …로부터

예 [自家(자가)] : 자기의 집
[自己(자기)] : 제 몸
[自動(자동)] : 사람의 힘을 빌지 않고 제 스스로 움직임
[自省(자성)] : 제 스스로 뉘우치고 깨우침
[自然(자연)] : 사람의 손을 빌지 않고 저절로 이루어지는 존재나 상태, 저절로 생겨난 산·강·바다·식물·동물 따위의 존재
[自尊(자존)] : 긍지를 가지고 자신의 품위를 높임
[自盡(자진)] : 스스로 죽으려 함
[自讚(자찬)] : 제 스스로 제 몸을 추키어 세움
[自治(자치)] : 남에게 의지하지 않고 스스로 자기 일을 처리함

至 (이를 지) 部

* **부수 설명** : 공중의 새가 날아 내려와 땅에 닿는 모습을 나타낸 글자. '이르다, 닿다.' 는 뜻으로 쓰며 부수로도 쓰임.

글자풀이 새가 위에서 내려와 땅(土)에 앉는다는 글자로 '이르다, 도착하다 닿는다' 는 뜻.

뜻풀이 ① 이르다 ② 내려앉다 ③ 지극하다 ④ 이루다

예 [至極(지극)] : 매우 극진함
[至當(지당)] : 썩 합당함
[至大(지대)] : 매우 큰
[至誠(지성)] : 지극한 정성, 아주 성실함
[至尊(지존)] : 지극히 높은, 임금을 높여 부르는 말
[至孝(지효)] : 매우 정성을 다하는 효성·효도
[冬至(동지)] : 24절기 중의 하나 12월 22일 경 밤이 길고 낮이 짧음
[夏至(하:지)] : 24절기 중의 하나 6월 22일 경 낮이 길고 밤이 짧음

6획

至
급수 | 준 4급
음훈 | ① 이를 지
부수 | 至(이를 지) 부 0획
　　　총 6획
필순 ˊ ㄈ ㄈ ㄈ 至 至

致
급수 | 5급
음훈 | ① 이를 치:
부수 | 至(이를 지) 부 4획
　　　총 10획
필순 ˊ ㄈ ㄈ ㄈ 至 至 至 致 致 致

글자풀이 이를 지(至) 변에 칠 복(攵). 攵은 '친다, 회초리' 등의 뜻을 가지고 있으므로, 致는 어디에 '이르도록'(至) 회초리로 치거나 지시한다는 뜻임.

[참고] 유의자 : 到(도)

뜻풀이 ① 보내다 ② 이르게하다 ③ 나아가다 ④ 극치

예 [致命(치:명)] : 목숨을 버림
[致罰(치:벌)] : 형벌을 가함
[致死(치:사)] : 죽음에 이르게 함
[致賀(치:하)] : 남의 경사에 대해 축하·칭찬의 뜻을 표함
[送致(송:치)] : 보내어 그곳에 도달케 함
[誘致(유치)] : 꾀어서 데려옴
[一致(일치)] : 서로 어긋남이 없이 딱 들어맞음

臼 (절구 구) 部

✱ 부수 설명 : 낟알을 넣고 찧거나 빻는 절구 모양을 본뜬 글자.

與

급수 | 4급
음훈 | ① 더불 여: ② 줄 여:
부수 | 臼(절구 구) 부 8획
총 14획
필순 ` ⺈ ⺈ ⺊ ⺊ ⺊ ⺊ 甪 甪 甪 與 與 與

글자풀이 마주들 여(舁)와 줄 여(与)가 합쳐진 글자로 두 사람이 마주 들어서 높이 올리는 형상으로 '함께하다', '주다'의 뜻임.

[참고] 유의자 : 給(급) 약자 : 与

뜻풀이 ① 주다 ② 베풀다 ③ 더불어 함께하다 ④ 어우르다

예 [與件(여:건)] : 주어진 조건
[與否(여:부)] : 그러함과 그러하지 아니함
[與信(여:신)] : 금융기관에서 고객에게 돈을 빌려주는 일
[與野(여:야)] : 여당과 야당, 지지세력과 반대 세력
[關與(관여)] : 관계를 맺고 함께함
[給與(급여)] : 관청·회사 등에 근무하는 사람에게 지급되는 급료·수당 따위의 총칭

[贈與(증여)] : 물건을 선물로 줌
[參與(참여)] : 끼어들어 관계함

급수 | 준 4급
음훈 | ① 일 흥(:)
부수 | 臼(절구 구) 부 10획
     총 16획
필순 ' ´ ´ ´ ´ ´ ´ ´ ´ ´ ´ ´ ´ ´ ´ ´
     興 興 興 興

글자풀이 마주들 여(舁)와 한가지 동(同)이 합쳐진 글자로. 여러 사람이(同) 두 손으로(臼) 들어 올려(廾) 힘차게 '일어난다'는 뜻.

[참고] 반대자 : 亡(망)

뜻풀이 ① 일어나다 ② 일으키다 ③ 본뜨다 ④ 흥취. 멋

예 [興感(흥감)] : 흥겨운 느낌
[興德(흥덕)] : 도덕을 진흥시킴
[興亡(흥:망)] : 흥하고 망함
[興味(흥미)] : 흥을 느끼게 하는 재미, 마음이 끌리는 관점
[興奮(흥분)] : 감정이 크게 복받쳐 일어남
[興況(흥황)] : 흥미 있는 상황

[感興(감:흥)] : 마음에 깊이 느껴 일어나는 흥취
[酒興(주흥)] : 술로 인하여 일어나는 재미로움
[卽興(즉흥)] : 즉석에서 일어나는 감정이나 기분

급수 | 5급
음훈 | ① 예 구:
부수 | 臼(절구 구) 부 12획
     총 18획
필순 ˉ ´ ´ ´ ´ ´ ´ ´ ´ ´ ´ 舊 舊
     舊 舊 舊 舊 舊 舊

글자풀이 새(隹)가 보금자리(臼) 위에 풀(艹)을 덮고 모여 앉아 있는 모양을 나타낸 글자로 '오래, 옛날, 친구'를 뜻함.

[참고] 상대어 : 新(신)   약자 : 旧

뜻풀이 ① 옛날 ② 오래 ③ 친구 ④ 늙은이

예 [舊官(구:관)] : 떠나간 옛 관리
[舊敎(구:교)] : 기독교에 대칭된 말로 천주교를 뜻함 ↔ 신교(新敎)
[舊面(구:면)] : 옛날부터 아는 얼굴

[舊習(구:습)] : 오래된 관습
[舊惡(구:악)] : 기왕에 저지른 죄악
[舊友(구:우)] : 오랜 옛날 친구
[親舊(친구)] : 오래 두고 가깝게 사귀는 사람, 벗

舌 (혀 설) 部

* 부수 설명 : 범할 간(干) 밑에 입 구. 입 속에서 입을 범하는 혀. 입 안에 있는 방패 같이 생긴 것 '혀'를 뜻함.

급수 | 4급
음훈 | ① 혀 설
부수 | 舌(혀 설) 부 0획
총 6획

필순 ´ 二 千 千 舌 舌

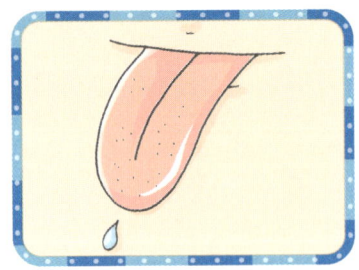

글자풀이 범할 간(干) 밑에 입 구(口). 입 속에서 입을 범하는 혀. 입 안에 있는 방패 같이 생긴 것 등으로 설명되는 '혀'를 뜻함.

뜻풀이 ① 혀 ② 말, 언어

예 [舌端(설단)] : 혀끝
[舌戰(설전)] : 말싸움
[舌禍(설화)] : 혀를 잘 못 놀려 입은 재난이나 비난
[口舌(구:설)] : 남의 입과 혀에 오르내림, 시비하거나 헐뜯는 말
[毒舌(독설)] : 남에게 상처를 주는 심한 말
[牛舌(우설)] : 소의 혀

급수 | 준 4급
음훈 | ① 집 사
부수 | 舌(혀 설) 부 2획
총 8획

필순 ´ 人 스 스 今 今 舍 舍

글자풀이 구덩이를 파고 지붕을 얹어 만든 '집' 모양의 글자로 '집, 관청, 버리다'를 뜻함.

[참고] 유의자 : 宅(댁)

뜻풀이 ① 집 ② 머무는 곳 ③ 관청 ④ 창고

예 [舍短取長(사단취장)] : 나쁜 점은 버리고 좋은 점은 취함
[舍利(사리)] : 시체를 화장하여 만

나중에 남는 구슬 같은 뼈
[舍伯(사백)] : 자기의 맏형을 남에게 겸손하게 이르는 말
[舍宅(사택)] : 기업체 등에서 사원을 위해서 지은 살림집
[客舍(객사)] : 객지의 숙소, 나그네가 쉬어가는 곳
[官舍(관사)] : 관리가 살도록 관청에서 지은 살림집

舛 (어그러질 천) 部

* **부수 설명** : 夕 과 ヰ이 합하여 된 글자인데 ヰ는 夕을 뒤집어 놓은 것. 서로 등지고 반대로 있는 모습을 나타낸 글자로 '어긋나다, 등지다, 배반한다' 는 뜻으로 쓰임.

급수 | **4급**
음훈 | ① 춤출 무:
부수 | 舛(어그러질 천) 부
　　　8획 총 14획
필순　ノ 亠 仁 仨 乍 乍 無 無 無 無 舞 舞

글자풀이　어그러질 천(舛)은 夕자 둘을 등대어 놓은 형상 그래서 두 다리가 엇갈렸다는 뜻이 되고 여기에 無(무)자를 올려놓아 다리를 엇갈리며 '춤춘다' 는 뜻임.

뜻풀이　① 춤 ② 춤추다 ③ 희롱하다 ④ 업신여기다

예 [舞曲(무:곡)] : 춤과 악곡, 춤곡
[舞妓(무:기)] : 춤추는 여자
[舞蹈(무:도)] : 춤을 춤
[舞踊(무:용)] : 음악에 맞추어 몸을 율동적으로 움직여 감정과 의지를 나타내는 예술
[舞姬(무:희)] : 춤을 추는 일을 업으로 삼는 여자
[歌舞(가무)] : 노래와 춤, 여흥
[劍舞(검:무)] : 칼을 휘두르며 추는 춤, 칼춤
[亂舞(난:무)] : 엉키 듯이 어지럽게 추는 춤, 함부로 날뜀을 비유
[僧舞(승무)] : 고깔과 장삼을 걸치고 두 개의 북채를 쥐고 추는 민속춤으로 파계승의 번뇌를 나타냄

舟 (배 주) 部

* **부수 설명** : 통나무를 우벼서 만든 배 모양을 본뜬 글자. 작은 배를 뜻함.

급수 | 준 4급
음훈 | ① 배 항:
부수 | 舟(배 주) 부 4획
총 10획

필순 ′ ⺉ ⺉ 丹 ⺼ 舟 舟`舟´舟゛航

글자풀이 배 주(舟) 변에 목 항(亢). 舟에서 '배'의 뜻을 따오고 亢에서 '항'이라는 음을 따온 글자로 '배, 건너다'를 뜻함.

[참고] 유의자 : 船(선)

뜻풀이 ① 배 ② 배다리 ③ 건너다

예 [航路(항:로)] : 배가 다니는 길
[航海(항:해)] : 배를 타고 바다를 건너다님
[航行(항:행)] : 배를 타고 감
[難航(난항)] : 배를 몰고 가기 어려움, 일이 순조롭게 진행되지 못함
[密航(밀항)] : 법적인 절차를 밟지 않고 몰래 비행기나 배를 타고 외국을 나가거나 들어옴
[直航(직항)] : 다른데를 거치지 않고 직접 목적지로 항행함
[回航(회항)] : 비행기나 배를 몰고 나가다가 다시 되돌아옴

급수 | 5급
음훈 | ① 배 선
부수 | 舟(배 주) 부 5획
총 11획

필순 ′ ⺉ ⺉ 丹 ⺼ 舟 舟`舟´船船船

글자풀이 배 주(舟) 변에 늪 연(?). 늪을 건너다닐 수 있는 큰 배.

[참고] 舟는 아주 작은 배. 여러 개의 방이 있는 '큰 배'가 船

뜻풀이 ① 배 ② 옷깃

예 [船頭(선두)] : 뱃머리
[船員(선원)] : 배에서 일하는 직원
[船主(선주)] : 배의 주인
[船倉(선창)] : 배에서 짐을 싣는 큰 곳간, 배 안의 창고
[客船(객선)] : 사람을 실어 나르는 배, 여객선
[帆船(범:선)] : 바람의 힘으로 움직이는 돛단 배
[商船(상선)] : 장사하는 배
[乘船(승선)] : 배를 탐
[漁船(어선)] : 고기잡이 배
[戰船(전:선)] : 전투용 배
[造船(조:선)] : 배를 만듦

艮 (그칠 간) 部

* **부수 설명**: 본래의 자형은 눈 목(目) 밑에 비수 비(匕)로 된 글자로서 눈과 눈이 나란히(匕) 노려보아 서로 물러섬이 없다는 뜻으로 '어긋나다, 거스르다'는 뜻임.

급수 | **5**급
음훈 | ① 어질 량
부수 | 艮(그칠 간) 부 1획
　　　　총 7획

필순 `　丁　ㅋ　ㅋ　皀　皀　良`

글자풀이 가려낸(艮) 곡식의 낱알(`)을 나타낸 글자로 그 낱알이 특별히 '좋다'는 뜻.

뜻풀이 ① 좋다 ② 편안하다 ③ 뛰어나다

● [良家(양가)] : 양민의 집, 지체 있는 좋은 집안
[良心(양심)] : 도덕적으로 옳고 그름, 선과 악을 깨달아 바르게 행하려는 의식
[良藥(양약)] : 효험이 두드러진 약
[良才(양재)] : 좋은 재주
[良質(양질)] : 좋은 품질
[良妻(양처)] : 착하고 어진 더없이 좋은 아내
[良好(양호)] : 매우 좋음
[改良(개:량)] : 더욱 좋게 고침
[不良(불량)] : 행실이나 성품이 나쁨, 물건 따위의 품질이 나쁨
[閑良(한량)] : 돈 잘 쓰고 잘 노는 사람을 비유

色 (빛 색) 部

* **부수 설명**: 사람 인(人) 밑에 땅이름 파(巴). 사람의 생각에 따라 얼굴빛이 달라진다 하여 생긴 글자로 '빛깔'을 뜻함.

급수 | **7**급
음훈 | ① 빛 색
부수 | 色(빛 색) 부 0획
　　　　총 6획

필순 `′　ク　ク　タ　臽　色`

글자풀이 사람 인(人) 밑에 땅이름 파(巴). 사람의 생각에 따라 얼굴빛이 달라진다 하여 생긴 글자로 '빛깔'을 뜻함.

뜻풀이 ① 빛 ② 갈래 ③ 화장 ④ 여색, 정욕

예 [色感(색감)] : 색채에서 느끼는 감각, 색에서 받는 느낌
[色盲(색맹)] : 색채를 분간하지 못하는 시각 장애
[色養(색양)] : 부모를 모시는 사람이 부모의 안색을 살펴가며 불편 없이 공양함
[色調(색조)] : 색의 조화
[色鄕(색향)] : 미인이 많이 태어나는 고장
[物色(물색)] : 물건의 빛깔, 적당한 물품을 찾아 고름
[正色(정:색)] : 얼굴에 엄정한 빛을 나타냄
[血色(혈색)] : 살갗에 보이는 핏기
[好色(호:색)] : 여색을 좋아함

艹 (풀 초) 部

* 부수 설명 : 초목의 싹이 막 돋아나오는 모양을 그린 글자. 새싹, 풀, 식물을 뜻하며 부수의 머리로 쓰일 때는 ++ 모양으로 바뀜.

급수 | 7급
음훈 | ① 꽃 화
부수 | ++(풀 초) 부 4획
총 8획

필순 ' ' ' ' ' ' 花 花

글자풀이 풀 초(++) 밑에 될 화(化). 풀이 자라서 꽃이 된다고 믿은 옛 사람들의 생각에서 만든 글자. 풀이 변하여 된 '꽃'을 뜻함.

뜻풀이 ① 꽃 ② 무늬

예 [花壇(화단)] : 꽃밭
[花盆(화분)] : 꽃을 심어 가꾸는 항아리
[花信(화신)] : 봄이 되어 꽃이 피었다는 소식
[花園(화원)] : 꽃을 가꾸는 농장, 꽃가게
[花草(화초)] : 꽃 피는 풀과 나무
[國花(국화)] : 그 나라를 대표하여 상징하는 꽃
[生花(생화)] : 뿌리 박고 살아있는 화초에서 꺾은 꽃
[造花(조:화)] : 종이나 천 등으로 만든 모형 꽃

급수 | **6급**
음훈 | ① 쓸 고
부수 | ++(풀 초) 부 5획
　　　　총 9획

필순 ⼀ ⼗ ⼌ ⾋ ⾋ ⾋ 苦 苦 苦

글자풀이 풀 초(++) 밑에 예 고(古). 풀이 돋아나 오래되면 억세어져 그 맛이 '쓰다.' 그래서 '쓰다, 괴롭다' 는 뜻으로 쓰임.

[참고] 반대자 : 甘(감)

뜻풀이 ① 쓰다 ② 괴로워하다 ③ 나쁘다 ④ 거칠다

예 [苦樂(고락)] : 괴로움과 즐거움을 아울러 이르는 말
[苦杯(고배)] : 맛이 쓴 술잔 즉 쓰라린 경험
[苦生(고생)] : 어렵고 괴로운 생활
[苦笑(고소)] : 쓴 웃음
[苦心(고심)] : 몹시 애를 태우며 마음을 씀
[苦言(고언)] : 듣기는 싫지만 도움이 되는 말
[苦役(고역)] : 몹시 힘들고 고되고 견디기 어려운 일

[苦盡甘來(고진감래)] : 괴로움을 잘 이겨 내면 좋은 일이 온다는 격언
[苦痛(고통)] : 몸이나 마음이 괴롭고 아픔
[苦學(고학)] : 학비를 스스로 벌어서 고생하여 배움
[勞苦(노고)] : 수고하고 애씀

급수 | **6급**
음훈 | ① 꽃부리 영
부수 | ++(풀 초) 부 5획
　　　　총 9획

필순 ⼀ ⼗ ⼌ ⾋ ⾋ ⾋ 苎 英 英

글자풀이 풀 초(++) 밑에 가운데 앙(央). 초목에서 가장 중심적인 곳 즉 '꽃부리' 를 뜻 함.

[참고] 유의자 : 特(특)

뜻풀이 ① 꽃부리 ② 열매 ③ 꽃장식 ④ 뛰이니다

예 [英傑(영걸)] : 뛰어난 인물
[英雄(영웅)] : 지혜나 재능 또는 담력·무예 등에 특히 뛰어나서 큰일을 해낼 사람
[英才(영재)] : 뛰어난 재주군

[英特(영특)] : 남달리 뛰어난
[英華(영화)] : 영광

급수 | **7**급
음훈 | ① 풀 초
부수 | ++(풀 초) 부 6획
총 10획

필순 草

글자풀이 풀 초(++) 머리에 이를 조(早). 이른 봄에 파릇파릇 돋아나는 풀을 뜻함.

뜻풀이 ① 풀 ② 초원 ③ 잡초 ④ 천하다

예 [草稿(초고)] : 시문의 초벌 원고
[草根(초근)] : 풀 뿌리
[草堂(초당)] : 보잘 것 없는 작은 초가집, 본채에서 떨어진 곳에 지붕을 억새나 짚 따위로 엮은 작은 집
[草木(초목)] : 풀과 나무
[草野(초야)] : 풀이난 들 즉 시골의 궁벽한 땅을 이르는 말
[草煙(초연)] : 풀 위에 낀 연기
[草原(초원)] : 풀이 나 있는 들판
[煙草(연초)] : 담배

[雜草(잡초)] : 잡 풀
[花草(화초)] : 꽃이 피는 풀과 나무, 화훼(花卉)

급수 | **4**급
음훈 | ① 빛날 화
부수 | ++(풀 초) 부 8획
총 12획

필순 華

글자풀이 꽃잎이 활짝 핀 모양을 나타낸 상형 문자로 '꽃, 무늬, 아름답다'를 나타내는 글자.

뜻풀이 ① 꽃, 꽃이 피다 ② 화려하다 ③ 빛나다

예 [華僑(화교)] : 외국에 나가서 사는 중국사람을 일컬음
[華麗(화려)] : 빛나고 고운
[華奢(화사)] : 화려하고 사치로움
[華燭(화촉)] : 호화로운 등불, 촛불 밝히고 치루는 의식인 결혼을 뜻함
[華婚(화혼)] : 남의 혼인을 좋은 이름으로 일컫는 말
[榮華(영화)] : 귀하게 되어 몸이 세상에 드러나고 이름이 빛남

[中華(중화)] : 중국인들이 제 나라를 우월하게 생각하고 부르는 말

급수 | 5급
음훈 | ① 떨어질 락
부수 | ++(풀 초) 부 9획
　　　총 13획

필순 ⺀ ⺀ ⺀ ⺀ ⺀ ⺀ ⺀ ⺀ 茫 茨 落 落
落

글자풀이 풀 초(++) 밑에 물방울소리 락(洛). 나뭇잎이나 물방울처럼 아래로 '떨어짐'을 뜻하는 글자.

[참고] 반대자 : 等(등)

뜻풀이 ① 떨어지다 ② 죽다 ③ 부락 ④ 전각, 집

예 [落果(낙과)] : 과일이 익는 도중 나무에서 떨어짐
[落島(낙도)] : 육지에서 멀리 떨어진 외로운 섬
[落馬(낙마)] : 말 위에서 떨어짐
[落傷(낙상)] : 높은 곳에서 떨어져 입은 부상
[落葉(낙엽)] : 나뭇잎이 떨어짐, 말라서 떨어진 나뭇잎

[落伍(낙오)] : 대오에서 뒤떨어짐, 사회나 시대의 흐름에 뒤떨어짐
[落第(낙제)] : 성적이 나빠 높은 단계로 진급하지 못함
[落天(낙천)] : 인생과 세상을 즐겁게 생각하며 삶
[落花(낙화)] : 꽃이 떨어짐
[落後(낙후)] : 진보 발전하지 못하고 뒤떨어짐

급수 | 8급
음훈 | ① 일만 만:
부수 | ++(풀 초) 부 9획
　　　총 13획

필순 ⺀ ⺀ ⺀ ⺀ ⺀ ⺀ ⺀ ⺀ 苩 莒 萬 萬
萬

글자풀이 풀 초(++) 밑에 원숭이 우(禺). 풀밭에 원숭이들이 매우 많이 살고 있다는데서 만들어진 글자. 큰 수 일 만을 뜻함.

[참고] 약자 : 万

뜻풀이 ① 일 만 ② 많다 ③ 크다

예 [萬古(만:고)] : 아주 먼 옛날
[萬年(만:년)] : 일 만년, 오랜 세월

[萬能(만:능)] : 모든 일에 다 능통함, 재능이 많음
[萬歲(만:세)] : 영원한 삶, 만년 세월, 오랜 세월
[萬人(만인)] : 모든 사람

급수 | **5**급
음훈 | ① 잎 엽
부수 | ++(풀 초) 부 9획
　　　총 13획

필순 ˊ ˋ ⺾ ⺾ 世 莖 莖 萆 葉 葉

글자풀이 ++(초), 世(세), 木(목)으로 이루어진 글자 풀(++)이나 나무(木)에서 새로 태어난 것(世) 즉. 새 '잎'을 뜻함.

뜻풀이 ① 초목의 잎 ② 뽕나무 ③ 세대 ④ 끝, 갈래

예 [葉書(엽서)] : 낱장으로 된 편지지
[葉菜(엽채)] : 잎사귀 채소
[葉草(엽초)] : 잎담배
[枝葉(지엽)] : 가지와 잎. 중요하지 않은 부분
[初葉(초엽)] : 각 시대의 첫 무렵

급수 | 준**4**급
음훈 | ① 모을 축
부수 | ++(풀 초) 부 10획
　　　총 14획

필순 ˊ ˋ ⺾ ⺾ 苎 莁 莑 莑 蓄 蓄 蓄

글자풀이 풀 초(++) 밑에 가축 축(畜). 가축(畜)에게 줄 풀(++)을 많이 쌓아 '모은다'는 뜻.

[참고] 유의자 : 貯(저)

뜻풀이 ① 모으다 ② 쌓아두다 ③ 감추다 ④ 기르다

예 [蓄音機(축음기)] : 레코드에 녹음한 소리를 기록하여 저장했다 재생하는 기계
[蓄財(축재)] : 재물을 모아 쌓음
[蓄積(축적)] : 지식·경험·재산 따위를 모아서 쌓아 둠
[蓄電(축전)] : 발전한 전기를 모아 둠
[備蓄(비:축)] : 만약의 경우를 대비하여 미리 모아 둠
[貯蓄(저:축)] : 절약하여 한데 모음
[含蓄(함축)] : 드러나지 않게 속에 지님

급수 | **6**급
음훈 | ① 약 약
부수 | ⺾(풀 초) 부 15획
　　　총 19획

필순 一 十 卝 ⺾ ⺾ ⺾ 茐 苭 苭 茲 茲 茲 茲 茲 茲 藥 藥 藥

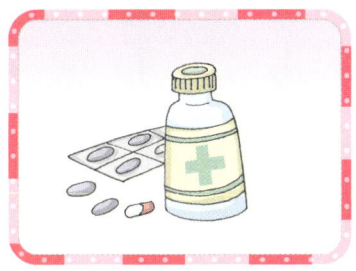

글자풀이 풀 초(⺾) 밑에 즐거울 락(樂). 병을 고쳐주어 인간에게 즐거움과 안락함을 주는 풀인 '약'을 뜻함.

[참고] 약자 : 薬

뜻풀이 ① 약 ② 독 ③ 고치다

예 [藥局(약국)] : 약사가 약을 조제하고 파는 곳
　[藥師(약사)] : 의약품에 관한 일에 종사하는 사람
　[藥草(약초)] : 약이 되는 풀
　[毒藥(독약)] : 독성을 지닌 약

급수 | 준**4**급
음훈 | ① 재주 예:
부수 | ⺾(풀 초) 부 15획
　　　총 19획

필순 一 十 卝 ⺾ ⺾ ⺾ ⺾ 艺 艺 藝 藝 藝 藝 藝 藝 藝 藝 藝 藝

글자풀이 심을 예(埶) 밑에 이를 운(云). 처음엔 '심다'의 뜻으로 썼는데 후에 '재주, 기술'의 뜻으로 쓰임.

[참고] 유의자 : 術(술)　약자 : 芸

뜻풀이 ① 심다 ② 기예, 재주 ③ 학문

예 [藝能(예:능)] : 재주와 기능
　[藝術(예:술)] : 기예와 학술
　[藝苑(예:원)] : 예술가들의 사회
　[曲藝(곡예)] : 줄타기, 공타기, 요술, 재주넘기 등의 기술
　[文藝(문예)] : 시·소설·희곡·수필 등 미적 현상을 글로써 묘사·표현한 예술
　[園藝(원예)] : 채소·과수·정원수·화훼(花卉) 등을 심어 가꾸는 일이나 기술

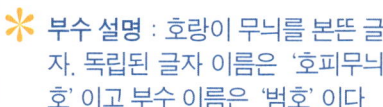

虍 (범 호) 部

✳ **부수 설명** : 호랑이 무늬를 본뜬 글자. 독립된 글자 이름은 '호피무늬 호'이고 부수 이름은 '범호'이다.

급수 | 준 4급
음훈 | ① 곳 처:
부수 | 虍(범 호) 부 5획
총 11획
필순 ' ⼂ ⼧ 广 ⼴ 虍 虍 虍 虍 處 處

글자풀이 호랑이 가죽(虍)과 안석 궤(几), 천천히걸을 쇠(夊)가 합하여 된 글자로 호피 방석에 앉아 안석에 기대고 천천히 쉬어가는 '장소, 곳'을 뜻함.

[참고] 유의자 : 所(소) 약자 : 処

뜻풀이 ① 살다 ② 두다 ③ 정하다 ④ 곳. 장소

예 [處女(처:녀)] : 성숙한 미혼 여자
[處罰(처:벌)] : 형벌에 처함
[處分(처:분)] : 정해진 기준에 맞춰 처리함
[處士(처:사)] : 벼슬하지 않고 초야에 묻혀 사는 선비
[處子(처:자)] : 성숙한 미혼 여성. 처녀
[處地(처:지)] : 자기가 처해있는 경우, 서로 사귀어 온 관계
[居處(거처)] : 한 군데 정하여 두고 늘 기거함 또는 그곳이나 방

[妙處(묘처)] : 신묘한 곳
[要處(요처)] : 중요한 곳

급수 | 준 4급
음훈 | ① 빌 허
부수 | 虍(범 호) 부 6획
총 12획
필순 ' ⼂ ⼧ 广 ⼴ 虍 虍 虚 虚 虚 虛 虛

글자풀이 범 호(虍) 밑에 언덕 구(丘). 虍에서 음을 빌어다 '허'로 발음하고 丘에서 언덕 위의 사방이 텅 빈 공간의 뜻을 따온 글자. '비다'는 뜻을 나타냄.

[참고] 유의자 : 空(공) 약자 : 虚

뜻풀이 ① 비다 ② 비워두다 ③ 공허하다

예 [虛怯(허겁)] : 마음이 허약하여 겁이 많음
[虛無(허무)] : 아무것도 없이 텅 빔
[虛想(허상)] : 헛된 생각, 부질없는 생각
[虛實(허실)] : 거짓과 참
[虛行(허행)] : 목적을 이루지 못한 헛걸음

[空虛(공허)] : 텅 비어서 아무 것도 없음, 텅빈 공중

[稱號(칭호)] : 관계를 나타내기 위하여 붙여 부르는 말

급수 | **6**급
음훈 | ① 부르짖을 호:
② 이름 호:
부수 | 虍(범 호) 부 7획 총 13획
필순 號

虫 (벌레 충) 部

✱ 부수 설명 : 살무사가 몸을 사리고 머리를 올리고 있는 형상. '뱀, 벌레'를 뜻함.

급수 | 준**4**급
음훈 | ① 벌레 충
부수 | 虫(벌레 충) 부 12획
총 18획
필순 蟲

글자풀이 짐승이 쪼그리고 앉아 크게 입을 벌려 울부짖는 모양(号)에 범 호(虎)자를 붙여 범이 큰 소리로 '부르짖음'을 뜻함.

[참고] 약자 : 号

뜻풀이 ① 부르짖다 ② 큰 소리로 울다 ③ 이름 ④ 소문

예 [號角(호:각)] : 불어서 소리 내는 신호용 기구
[號外(호:외)] : 임시로 발행하는 신문이나 잡지
[番號(번호)] : 차례를 나타내는 숫자나 글자
[符號(부:호)] : 어떤 뜻을 나타내는 기호

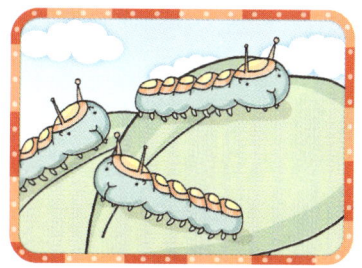

글자풀이 벌레(虫)가 여러 마리 모여 있는 모습으로 '벌레'를 뜻함.

[참고] 약자 : 虫

뜻풀이 ① 벌레 ② 곤충 ③ 구더기 ④ 좀먹다

예 [蟲齒(충치)] : 벌레 먹은 이
[昆蟲(곤충)] : 작은 벌레
[毛蟲(모충)] : 털이 있는 벌레들

[病蟲(병:충)] : 농작물에 병해를 일으키는 벌레
[成蟲(성충)] : 생식 능력이 있는 다 자란 벌레
[幼蟲(유충)] : 애벌레 ↔ 성충(成蟲)
[害蟲(해:충)] : 생물체에 해를 끼치는 벌레
[蛔蟲(회충)] : 사람과 동물의 몸속에 기생하는 길쭉한 벌레

血 (피 혈) 部

* **부수 설명** : 그릇 명(皿) 위에 점 주(丶). 접시 위에 똑 떨어진 핏방울을 나타낸 글자로 '피'를 뜻함.

급수 | 준 **4** 급
음훈 | ① 피 혈
부수 | 血(피 혈) 부 0획
　　　총 6획

필순 ノ 丿 冂 刀 血 血

글자풀이 그릇 명(皿) 위에 점 주(丶). 접시 위에 똑 떨어진 핏방울을 나타낸 글자로 '피'를 뜻함.

[참고] 반대자 : 肉(육)

뜻풀이 ① 피 ② 피칠하다 ③ 흠. 상처 ④ 눈물

예 [血氣(혈기)] : 힘을 쓰고 활동하게 하는 원기, 격동하기 쉬운 의기
[血路(혈로)] : 적의 포위망을 뚫고 지나가는 결사적인 길
[血脈(혈맥)] : 피가 도는 맥, 핏줄
[血盟(혈맹)] : 피로 맺은 맹세, 굳게 맺은 맹세
[血眼(혈안)] : 핏발 선 눈, 기를 쓰고 덤벼드는 눈 빛
[血戰(혈전)] : 생사를 가리지 않고 피투성이가 되어 싸움
[吐血(토:혈)] : 피를 토함
[下血(하:혈)] : 항문이나 하문으로 피가 나옴

급수 | 준 **4** 급
음훈 | ① 무리 중:
부수 | 血(피 혈) 부 6획
　　　총 12획

필순 ノ 丿 冂 刀 血 血 血 衆 衆 衆 衆 衆

글자풀이 피 혈(血) 밑에 사람 인(人) 자 셋을 겹쳐놓은 글자로 핏줄이 같은 여러 사람들의 모임 즉 '무리, 군중' 을 뜻함.

[참고] 유의자 : 群(군), 반대자 : 寡(과)

뜻풀이 ① 무리 ② 많은 사람 ③ 백성 ④ 많은 일

🔴 [衆寡不敵(중:과부적)] : 적은 수로 많은 무리를 당해내지 못함
[衆論(중:론)] : 여러 사람들의 의견
[衆生(중:생)] : 많은 사람들, 불교에서 이르는 구제의 대상이 되는 생명이 있는 무리들
[群衆(군중)] : 한곳에 무리지은 많은 사람
[大衆(대:중)] : 수많은 사람의 무리
[民衆(민중)] : 일반 백성들
[聽衆(청중)] : 강연이나 설교 따위를 듣기 위해 모인 사람들
[會衆(회:중)] : 모여 있는 많은 사람

行 (다닐 행) 部

✱ **부수 설명** : 조금걸을 척(彳)은 왼발이 걷는 모양, 자촉거릴 촉(亍)은 오른발이 걷는 모양. 그래서 行은 척촉척척 두 발을 번갈아 걷는다는 뜻이며, 한편 그 글자를 곧은 선으로 재구성하면 교차로의 네거리 모양이 된다. '길, 여행, 늘어선 줄' 로 해석하는 이유가 이 때문이다.

급수 | **6급**
음훈 | ① 다닐 행(:)
② 항렬 항

부수 | 行(다닐 행) 부 0획 총 6획
필순 ノ ㇿ ㇿ 彳 彳 行 行

글자풀이 네거리 모양을 나타낸 열 십(十) 자가 변하여 된 글자로 '다니다, 줄' 을 뜻함.

뜻풀이 ① 가다 ② 행하다 ③ 길, 줄 ④ 항렬, 순서

🔴 [行脚(행각)] : 어떤 목적으로 이곳 저곳 돌아다님
[行動(행동)] : 몸을 움직임, 동작을 하거나 어떤 일을 함
[行路(행로)] : 가는 길
[行步(행보)] : 걸음 걸음, 어떤 일을 해나감
[行商(행상)] : 이곳 저곳 다니면서 물건을 파는 도붓장수
[行先(행선)] : 가는 곳
[行實(행:실)] : 일상 하는 행동
[行列(항렬)] : 혈족의 직계에서 갈라져 나간 계통의 대수(代數) 관계를 나타내는 말

[行列(행렬)] : 여러 사람이 벌이어 줄서서 감 또는 그 줄
[行伍(항오)] : 군대를 편성한 대오
[行齒相敬(항치상경)] : 항렬과 나이가 서로 엇갈리는 종친끼리는 서로 공경한다는 말

[技術(기술)] : 만들거나 짓거나 하는 재주 또는 솜씨
[美術(미:술)] : 공간 및 시각(視覺)의 미를 표현하는 예술
[醫術(의술)] : 병을 고치는 재주
[話術(화술)] : 말 잘 하는 재주

급수 | 6급
음훈 | ① 재주 술
부수 | 行(다닐 행) 부 5획
     총 11획
필순 ' ノ 彳 千 升 秆 徘 袻 術 術 術

급수 | 준4급
음훈 | ① 거리 가(:)
부수 | 行(다닐 행) 부 6획
     총 12획
필순 ' ノ 彳 千 彳 犲 狌 徍 徍 街 街 街

글자풀이 다닐 행(行) 안에 차조 출(朮). 이곳 저곳 다니며 베푸는 '재주'를 뜻함.

[참고] 유의자 : 技(기)

뜻풀이 ① 꾀, 계략 ② 길 ③ 재주 ④ 짓다

예 [術法(술법)] : 수단 방법
[術士(술사)] : 도술에 능통한 사람, 술책이 교묘한 사람
[術數(술수)] : 어떤 일을 꾸미는 꾀나 방법
[劍術(검:술)] : 칼 쓰는 재주

글자풀이 다닐 행(行=길)과 홀 규(圭=길 모서리)로 된 글자. 교차로가 있는 큰 길 또는 큰 길이 있는 '시가지'를 뜻함.

뜻풀이 ① 거리 ② 한길 ③ 네거리 ④ 시가지

예 [街道(가:도)] : 넓고 큰 도로
[街頭示威(가:두시위)] : 길거리에서 펼치는 시위
[街路樹(가로수)] : 큰 길 양 옆에 심은 나무
[街說巷談(가설항담)] : 길거리에 떠

도는 뜬소문
[商街(상가)] : 상점들이 죽 늘어서 있는 거리
[市街(시:가)] : 도시의 큰 거리

급수 | 준 **4**급
음훈 | ① 지킬 위
부수 | 行(다닐 행) 부 10획
　　　총 16획

필순 ` ⼻ 彳 彳' 疒 疒 徉 徉 徨 徨 衛 衛 衛 衛

글자풀이 다닐 행(行)과 다룸가죽 위(韋)가 합쳐서 된 글자. 제복 입은 병사들(韋)이 거리를 돌면서(行) '지키고 호위한다'는 뜻.

[참고] 유의자 : 守(수)

뜻풀이 ① 지키다 ② 막다

예 [衛兵(위병)] : 대궐·군영·관아 등을 지키던 군졸
[衛生(위생)] : 건강을 유지하기 위하여 질병의 예방과 치유에 대비하여 힘쓰는 일
[衛戍(위수)] : 군대가 오래 머물며 지킴
[防衛(방위)] : 쳐들어오는 적을 막아서 지킴
[守衛(수위)] : 관청·회사·학교 등의 경비를 맡아봄
[親衛(친위)] : 임금·국가 원수 등의 신변을 호위하는 일 또는 그런 일을 하는 사람
[護衛(호:위)] : 따라다니며 보호하고 지킴

✱ 부수 설명 : 사람의 옷 모양을 본뜬 글자. '옷, 의복'을 뜻함. 부수에서 변으로 올 때는 衤로 변형됨.

급수 | **6**급
음훈 | ① 옷 의
부수 | 衣(옷 의) 부 0획
　　　총 6획

필순 ` 亠 ㇒ 亡 产 衣

글자풀이 사람이 겉에 입는 옷 모양을 본뜬 글자로 '옷'을 뜻함.

[참고] 유의자 : 服(복)

뜻풀이 ① 옷 ② 저고리 ③ 입다

예 [衣冠(의관)] : 옷과 갓, 옷차림
[衣服(의복)] : 옷
[衣裳(의상)] : 윗옷과 아래 옷, 옷차림. 겉에 입는 옷
[衣食住(의식주)] : 입을 것과 먹을 것 그리고 집, 일상생활에 필요한 기초 조건
[錦衣(금:의)] : 비단 옷
[內衣(내:의)] : 속 옷
[脫衣(탈의)] : 옷을 벗음

예 [表具(표구)] : 족자·병풍 따위를 뒷면이나 테두리를 종이나 천을 발라서 꾸미는 일
[表面(표면)] : 겉으로 나타난 면
[表示(표시)] : 겉으로 보임
[代表(대:표)] : 개인이나 단체를 대신하는 우두머리
[圖表(도표)] : 그림으로 나타낸 표
[師表(사표)] : 남의 본보기가 될 만한 사람
[地表(지표)] : 지구의 겉면

급수 | 6급
음훈 | ① 겉 표
부수 | 衣(옷 의) 부 2획
　　　총 8획

필순 ー 二 キ 圭 主 表 表 表

급수 | 4급
음훈 | ① 꾸밀 장
부수 | 衣(옷 의) 부 7획
　　　총 13획

필순 丨 丬 爿 爿 壯 壯 裝 裝 裝 裝 裝 裝 裝

글자풀이 털 모(毛)와 옷 의(衣)가 합쳐서 된 글자로 털붙은 겉 옷을 나타내다가 '겉'을 뜻하는 글자로 쓰이게 됨.

[참고] 반대자 : 裏(리)

뜻풀이 ① 겉, 거죽 ② 나타내다 ③ 우두머리 ④ 표적

글자풀이 씩씩할 장(壯) 밑에 옷 의(衣). 좋게 보이려고 옷이나 포장지로 싸서 '꾸민다'는 뜻.

[참고] 유의자 : 飾(식) 약자 : 装

뜻풀이 ① 꾸미다 ② 차리다 ③ 싸다 ④ 차림

 [裝飾(장식)] : 겉을 매만져 꾸밈
[裝身具(장신구)] : 몸치장을 하는데 쓰이는 기구
[裝幀(장정)] : 책을 아름답게 꾸밈
[男裝(남장)] : 여자가 남자 차림새로 꾸밈
[變裝(변:장)] : 본래의 모습을 알 수 없게 딴 사람처럼 바꾸어 꾸밈
[新裝(신장)] : 새롭게 다시 꾸밈
[包裝(포장)] : 물건의 겉을 싸서 예쁘게 꾸밈

 급수 | 4급
음훈 | ① 겹칠 복
부수 | 衣(옷 의) 부 9획 총 14획

필순 ` ㇀ 衤 衤 衤 衤 衤 衤 衤 衤 衤
       複 複

옷 의(衤) 변에 갈 복(夏). 衤가 뜻 부분 夏이 음 부분 '겹옷, 겹치다' 의 뜻.
[참고] 반대자 : 單(단)
① 겹옷 ② 겹치다 ③ 복도
[複道(복도)] : 집과 집 사이에 비를 맞지 않도록 지붕을 씌운 통로
[複數(복수)] : 둘 이상의 수
[複製(복제)] : 본떠서 똑같은 모양으로 더 만듦
[重複(중:복)] : 거듭 겹침

급수 | 준 4급
음훈 | ① 지을 제:
부수 | 衣(옷 의) 부 획 8총 14획

필순 ` ㇀ ┌ ㇒ 制 制 制 制 製 製
       製 製

마를 제(制) 밑에 옷 의(衣). 옷감을 마름질하여 옷을 만든다는 글자로 '만든다, 짓다' 의 뜻임.
[참고] 유의자 : 作(작)
① 만들다 ② 짓다 ③ 옷
[製菓(제:과)] : 과자를 만들다
[製法(제:법)] : 민드는 법
[製絲(제:사)] : 실을 만듦
[製作(제:작)] : 재료를 가지고 물건을 만듦
[製造(제:조)] : 공장에서 대규모로 물건을 만듦

襾 (덮을 아) 部

* **부수 설명** : ㄴ+冂+一으로 된 글자. ㄴ은 밑에서 덮는다. 冂은 위에서 덮는다. 그 위에 또다시 一로 덮어서 가린다는 뜻.

급수 │ **8**급
음훈 │ ① 서녘 서
부수 │ 襾(덮을 아) 부 0획
　　　총 6획

필순 一 丆 丆 襾 襾 襾

글자풀이 새가 보금자리에 들어가는 모양의 글자. 새가 보금자리로 들어가는 때가 해가 서쪽으로 기울 무렵을 나타내어 그 방향 '서쪽'을 뜻함.

뜻풀이 ① 서쪽 ② 깃들다 ③ 옮기다

예 [西經(서경)] : 본초자오선의 서쪽 경선
[西階(서계)] : 서쪽 계단, 손님이 오르내리는 계단
[西瓜(서과)] : 수박
[西紀(서기)] : 서력기원의 준말, 예수님의 탄생을 원년으로 하는 연대 기원
[西山(서산)] : 서쪽에 있는 산
[西洋(서양)] : 동양에서 유럽과 아메리카를 지칭하는 말
[關西(관서)] : 마천령 서쪽 지방 곧 평안도를 이르는 말
[嶺西(영서)] : 강원도 대관령 서쪽의 지역

급수 │ **5**급
음훈 │ ① 요긴할 요(:)
부수 │ 襾(덮을 아) 부 3획
　　　총 9획

필순 一 丆 丆 襾 襾 襾 要 要 要

글자풀이 사람의 허리 부분 모양을 그린 글자로, 허리가 사람 몸에서 중요한 구실을 하듯 '중요하다'는 것을 뜻함.

뜻풀이 ① 구하다 ② 원하다 ③ 요긴하다 ④ 허리에 감다

예 [要綱(요:강)] : 중심을 이루는 중요한 사항

[要求(요:구)] : 필요한 것을 청구함
[要覽(요람)] : 중요한 것만 간추려 만든 책
[要領(요령)] : 경험에서 얻은 묘한 이치
[要望(요망)] : 어떤 희망이나 기대가 꼭 이루어지기를 바람
[要素(요소)] : 꼭 있어야 할 성분
[要人(요:인)] : 중요한 자리에 있는 사람
[要因(요인)] : 중요한 원인
[要職(요직)] : 중요한 직책
[要處(요처)] : 중요한 곳
[强要(강:요)] : 억지로 또는 강제로 요구함
[所要(소:요)] : 필요하거나 요구되는 어떤 것
[必要(필요)] : 꼭 소용이 있음

見 (볼 견) 部

* **부수 설명** : 눈 목(目) 밑에 사람 인(儿)을 붙인 글자로 사람이 눈을 크게 뜨고 다니면서 본다는 뜻

급수 | 5급
음훈 | ① 볼 견: ② 뵈올 현
부수 | 見(볼 견) 부 0획
      총 7획

필순 | 丨 冂 冂 冃 目 貝 見

글자풀이 눈 목(目) 밑에 사람 인(儿)을 붙인 글자로 사람이 눈을 크게 뜨고 다니면서 본다는 뜻. 어른에게 보여드린다고 할 때는 '현'이라 읽음.

[참고] 유의자 : 視(시)

뜻풀이 ① 보다 ② 보이다 ③ 당하다 ④ 나타나다

예 [見聞(견:문)] : 보고 들어서 상식을 넓힘
[見物生心(견:물생심)] : 물건을 보면 가지고 싶은 욕심이 생긴다는 말
[見本(견:본)] : 전체 상품의 품질이나 상태를 알아볼 수 있도록 본보기로 보이는 물건
[見性(견:성)] : 자기가 본디부터 가지고 있던 천성을 깨우쳐 앎
[見學(견:학)] : 보고 배움
[高見(고견)] : 탁월한 의견
[發見(발견)] : 사물이나 현상 사실 따위를 처음으로 찾아 알아냄
[相見禮(상견례)] : 서로 만나 첫인사를 나누는 예절
[謁見(알현)] : 지체 높은 사람을 찾아 봄

[豫見(예:견)] : 앞 일을 미리 내다봄
[親見(친견)] : 몸소 직접 만나봄
[見舅姑禮(현구고례)] : 새 며느리가 처음으로 시부모를 뵙는 예절

[內規(내:규)] : 어느 조직체 안에서만 적용되는 규칙
[正規(정:규)] : 정식으로 된 규정이나 규범

급수 | **5**급
음훈 | ① 법 규
부수 | 見(볼 견) 부 4획
　　　총 11획
필순 ー ニ 扌 夫 却 扫 担 担 規 規 規

급수 | 준**4**급
음훈 | ① 볼 시:
부수 | 見(볼 견) 부 5획
　　　총 12획
필순 ー ニ 亍 亓 示 礻 礻 祁 祁 視 視 視

글자풀이　장정 부(夫) 변에 볼 견(見). 대장부(夫)의 안목(見)으로 정한 '법'이라는 뜻.
[참고] 유의자 : 範(범)

뜻풀이　① 법, 규정 ② 모범

예 [規模(규모)] : 본보기, 물건의 크기나 구조
　[規範(규범)] : 마땅히 따르고 지켜야 할 본보기
　[規約(규약)] : 조직체에서 서로 지키기로 정한 약속
　[規定(규정)] : 정해 놓은 규칙
　[規則(규칙)] : 여러 사람이 지키기로 약속한 법칙이나 질서

글자풀이　보일 시(示)와 볼 견(見)이 합하여 된 글자. 신(示)에 관련된 일을 할 때는 잘 살펴보아야(見)한다는 데서 '본다, 살핀다' 는 뜻.
[참고] 유의자 : 見(견)

뜻풀이　① 보다 ② 살피다 ③ 본받다 ④ 가리키다

예 [視覺(시:각)] : 눈을 통하여 보아서 확인할 수 있는 감각 작용
　[視力(시:력)] : 물체의 형상을 인식하는 눈의 능력
　[視線(시:선)] : 눈이 바라보는 쪽
　[視聽(시:청)] : 보고 들음
　[監視(감시)] : 경계하여 살펴봄

[近視(근:시)] : 가까운 데는 잘 보아도 먼 데는 잘 못 보는 눈 ↔ 원시(遠視)
[注視(주:시)] : 주의를 집중하여 봄
[透視(투시)] : 막힌 것을 뚫고 건너다 봄

급수 | 6급
음훈 | ① 친할 친
부수 | 見(볼 견) 부 9획
총 16획

필순 ` ´ ´ ˋ ´ ꙳ ꙳ ꙳ ꙳ 亲 亲 亲 亲 亲 親 親 親

글자풀이 자식이 오기를 기다려 높은 나무(木) 위에 올라서서(立) 바라보는(見) 사람 '어버이'를 뜻함.

뜻풀이 ① 어버이 ② 친하다 ③ 화목

예 [親交(친교)] : 친밀한 사귐
[親舊(친구)] : 오래 사귄 벗
[親喪(친상)] : 부모의 초상(初喪)
[親切(친절)] : 매우 정답고 고분고분함
[親庭(친정)] : 시집간 여자의 본집

[親戚(친척)] : 친족과 외척, 아버지와 어머님 쪽의 혈연
[親筆(친필)] : 손수 쓴 글씨

급수 | 4급
음훈 | ① 깨달을 각
부수 | 見(볼 견) 부 13획
총 20획

필순 ` ´ ´ ˋ ꙳ ꙳ ꙳ ꙳ 覚 覚 覚 覚 覚 覚 覚 覚 覺 覺 覺

글자풀이 배울 학(學)과 볼 견(見)이 합쳐져 된 글자로 보고(見) 배워서(學) '깨닫고 느끼게 된다'는 뜻.

[참고] 유의자 : 悟(오) 약자 : 覚

뜻풀이 ① 깨닫다 ② 깨우치다 ③ 달인 ④ 느낌

예 [覺醒(각성)] : 깨달아 앎, 눈을 떠서 정신을 차림
[覺悟(각오)] : 앞으로 닥칠 일에 대한 마음의 준비
[感覺(감:각)] : 감촉되어 느끼는 자극, 사물에서 받는 인상이나 느낌
[味覺(미각)] : 맛을 느낌
[發覺(발각)] : 숨겼던 일이 드러남

[錯覺(착각)] : 실제와 다르게 느끼거나 생각함
[幻覺(환:각)] : 없는 현상이 있는 듯 느껴지는 상황
[嗅覺(후각)] : 냄새를 맡는 감각

급수 | **4**급
음훈 | ① 볼 람
부수 | 見(볼 견) 부 14획
　　　총 21획

필순 ˊ ˋ ㅜ ㅋ ㅋ ㅌ ㅌ ㅌ ㅌ ㅌ ㅌ ㅌ ㅌ ㅌ ㅌ ㅌ 覽 覽 覽

글자풀이 볼 감(監) 밑에 볼 견(見). 자세히 '살펴본다'는 뜻.

[참고] 약자 : 覽

뜻풀이 ① 보다 ② 전망 ③ 받아들이다

예 [觀覽(관람)] : 연극·영화·경기·미술품 따위를 구경함
[博覽(박람)] : 책을 많이 읽음, 사물을 널리 봄
[閱覽(열람)] : 책이나 문서를 죽 훑어보거나 조사하여 봄
[遊覽(유람)] : 돌아다니며 구경함

[一覽(일람)] : 한 번 죽 훑어봄
[展覽(전:람)] : 펴서 봄, 일정한 장소에 물건을 진열하여 여러 사람이 모두 보게 함
[便覽(편람)] : 보기에 편리하도록 간단 명료하게 만든 책
[回覽(회람)] : 글 따위를 여럿이 차례로 돌려 봄 또는 그 글

급수 | **5**급
음훈 | ① 볼 관
부수 | 見(볼 견) 부 18획
　　　총 25획

필순 ˊ ˋ ㅗ ㅛ ㅛ ㅛ ㅛ ㅛ ㅛ ㅛ ㅛ ㅛ ㅛ ㅛ ㅛ ㅛ ㅛ 雚 雚] 雚] 雚] 觀 觀 觀 觀 觀

글자풀이 황새 관(雚)변에 볼 견(見). 황새가 먹이를 찾듯 '자세히 살펴봄'

[참고] 유의자 : 覽(람) 약자 : 観

뜻풀이 ① 보다 ② 드러내다 ③ 경관, 경치

예 [觀客(관객)] : 공연 따위를 구경하는 사람
[觀光(관광)] : 다른 지방이나 다른

나라의 경치·명소를 구경함
[觀念(관념)] : 어떤 일에 대하여 가지는 생각이나 의견
[觀覽(관람)] : 연극·영화·운동 경기·미술품 따위를 구경함
[觀望(관망)] : 한발 물러나서 어떤 일이 되어가는 상태를 바라봄
[觀象(관상)] : 천문 기상을 관측함
[觀戰(관전)] : 운동 경기나 바둑 따위의 대국을 구경함
[觀察(관찰)] : 사물을 주의 깊게 살펴봄
[景觀(경관)] : 특색 있는 경치
[美觀(미:관)] : 아름답고 훌륭한 볼거리
[參觀(참관)] : 어떤 자리에 직접 나아가서 봄

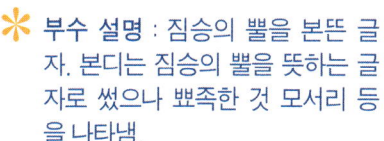

* 부수 설명 : 짐승의 뿔을 본뜬 글자. 본디는 짐승의 뿔을 뜻하는 글자로 썼으나 뾰족한 것 모서리 등을 나타냄.

글자풀이 짐승의 뿔을 본뜬 글자. 본디는 짐승의 뿔을 뜻하는 글자로 썼으나 뾰족한 것 모서리 등의 뜻이 있음.

뜻풀이 ① 뿔 ② 모, 귀 ③ 구석 ④ 뿔피리

예 [角弓(각궁)] : 쇠뿔이나 양뿔로 만든 활
[角度(각도)] : 각이 벌어진 정도
[骨角(골각)] : 뼈와 뿔
[鹿角(녹각)] : 사슴 뿔
[頭角(두각)] : 뛰어난 학식이나 재능 등을 비유적으로 이르는 말.
[鈍角(둔:각)] : 90도 보다 크고 180도 보다 작은 각
[銳角(예:각)] : 90도 보다 작은 각
[總角(총:각)] : 결혼하지 않은 성년의 남자 ↔ 처녀(處女)

급수 | 6급
음훈 | ① 뿔 각
부수 | 角(뿔 각) 부 0획
총 7획
필순 ′ ″ ⺈ ⺈ 角 角 角

급수 | 준4급
음훈 | ① 풀 해:
부수 | 角(뿔 각) 부 6획
총 13획
필순 ′ ″ ⺈ ⺈ 角 角 角 角′ 角′ 解 解 解 解

글자풀이 뿔(角)과 칼(刀) 그리고 소(牛)를 나타낸 글자. 싸우는 두 소의 뿔이 엉키었을 때 칼로 '베어 풀어준다'는 뜻임.

[참고] 반대자 : 結(결)

뜻풀이 ① 풀다 ② 가르다 ③ 깨닫다 ④ 해결하다

예 [解渴(해:갈)] : 갈증을 풀어줌
[解決(해:결)] : 얽힌 일을 풀어서 잘 처리함
[解答(해:답)] : 질문이나 문제에 대하여 답하거나 어려운 일을 풀어서 밝힘 또는 그 답(答)
[解凍(해:동)] : 얼었던 것이 녹아서 풀림
[解産(해:산)] : 산모가 아이를 낳음
[解釋(해:석)] : 문제나 사건의 내용을 알기 쉽게 풀어 설명함
[曲解(곡해)] : 사실과 어긋나게 잘못 이해함
[分解(분해)] : 나누어 헤쳐놓음
[理解(이:해)] : 깨달아 앎
[和解(화해)] : 다툼을 그치고 화목해짐

言 (말씀 언) 部

✻ **부수 설명** : 사람의 입에서 소리가 나오는 형상을 그린 글자. 말, '말하다'를 뜻함.

급수 | **6급**
음훈 | ① 말씀 언
부수 | 言(말씀 언) 부 0획
총 7획

필순 `一ㄷ二言言言言

글자풀이 사람의 입에서 소리가 나오는 모양을 나타낸 글자로 '말, 말하다'를 뜻함.

[참고] 반대자 : 行(행)

뜻풀이 ① 말씀 ② 말하다 ③ 꾀 ④ 글의 한 구절

예 [言論(언론)] : 말이나 글로써 자기의 생각을 나타내는 것
[言聲(언성)] : 말하는 목소리
[言約(언약)] : 말로써 약속함
[言語(언어)] : 음성이나 문자로 표현하는 사람의 의사 전달 방법

[言質(언질)] : 나중에 꼬투리나 증거가 될 말
[言行(언행)] : 말과 행동
[甘言(감언)] : 남의 비위에 맞도록 듣기 좋게하는 달콤한 말
[苦言(고언)] : 듣기는 싫으나 도움이 되는 말
[妄言(망:언)] : 이치나 사리에 맞지 않고 망령되게 하는 말
[宣言(선언)] : 널리 여러 사람에게 알리는 말

급수 | **6급**
음훈 | ① 셀 계: ② 꾀 계:
부수 | 言(말씀 언) 부 2획
총 9획

필순 ` ㄷ ㅋ ㅌ 言 言 言- 計

글자풀이 말씀 언(言) 변에 열 십(十). 열씩 열씩 수를 '센다' 는 뜻.
[참고] 유의자 : 算(산)

뜻풀이 ① 꾀 ② 세다 ③ 총계, 합하다

예 [計考(계:고)] : 헤아려 고려함
[計算(계:산)] : 헤아려 셈함

[計數(계:수)] : 수를 헤아림
[計策(계:책)] : 대책을 궁리함
[計劃(계:획)] : 어떤 일을 하기 전에 미리 그 방법이나 절차를 마련함
[家計(가계)] : 집안 살림의 수입과 지출 상태
[生計(생계)] : 살아 나갈 방도 또는 현재 살림을 살아가고 있는 형편
[凶計(흉계)] : 음흉한 꾀

급수 | **7급**
음훈 | ① 기록할 기
부수 | 言(말씀 언) 부 3획
총 10획

필순 ` ㄷ ㅋ ㅌ 言 言 言 訂 訂 記

글자풀이 말씀 언(言) 변에 몸 기(己). 윗사람이 지시하는 말(言)을 듣고 몸을 구부리고 앉아(己) '받아 적는다' 는 뜻.
[참고] 유의자 : 錄(록)

뜻풀이 ① 기록하다 ② 외다 ③ 문서

예 [記錄(기록)] : 적어서 남김
[記事(기사)] : 사실을 그대로 적음
[記憶(기억)] : 지난 일을 잊지 아니

하거나 도로 기억해 냄
[記帳(기장)] : 장부에 기록함
[速記(속기)] : 빠른 속도로 적음
[手記(수기)] : 자기의 생활이나 체험 따위를 직접 쓴 기록 글이나 글씨를 자기 손으로 직접 씀
[暗記(암:기)] : 외워서 잊지 않음
[日記(일기)] : 그날그날의 사연을 적어서 남김
[雜記(잡기)] : 이것저것 되는대로 적어둠

급수 | **4**급
음훈 | ① 칠 토(:)
부수 | 言(말씀 언) 부 3획
　　　총 10획

필순 ` 亠 亠 宁 宁 言 言 言 討 討

글자풀이 말씀 언(言) 변에 마디 촌(寸). 이야기(言)를 통하여 법도(寸)에 맞는 결론을 얻어내고 법도에 맞지 않으면 걸러내고 '벌한다'는 뜻.
[참고] 유의자 : 伐(벌)

뜻풀이 ① 치다 ② 없애다 ③ 구하다, 찾다

예 [討論(토:론)] : 어떤 논제를 놓고 여러 사람이 의견을 말함
[討伐(토벌)] : 쳐서 무찌름
[討索(토색)] : 금품을 억지로 달라고 함
[討食(토식)] : 음식을 억지로 달라고 해서 먹음
[討議(토:의)] : 의견을 내놓고 검토하고 협의함
[檢討(검:토)] : 사실이나 내용을 분석해 가며 따짐
[聲討(성토)] : 여럿이 모여 잘 잘못을 비판하고 따짐

급수 | **6**급
음훈 | ① 가르칠 훈:
부수 | 言(말씀 언) 부 3획
　　　총 10획

필순 ` 亠 亠 宁 宁 言 言 訁 訓 訓

글자풀이 말씀언(言) 변에 내천(川). 냇물의 흐름처럼 순리에 맞게 행동하도록 '가르친다'는 뜻.
[참고] 유의자 : 敎(교)

뜻풀이 ① 가르치다 ② 인도하다 ③ 경계하다 ④ 따르고 순종하다

예 [訓戒(훈:계)] : 타일러 잘못이 없게 주의를 줌
[訓練(훈:련)] : 배워 익히도록 연습하거나 단련함
[訓令(훈:령)] : 상급 기관에서 하급 기관으로 명령을 내림
[訓育(훈:육)] : 감정과 의지를 도야해 성격을 완성시키는 교육
[訓話(훈:화)] : 가르침이 될만 한 말
[家訓(가훈)] : 한 가정에서 자녀의 가르침을 위해 만든 지침
[校訓(교:훈)] : 학교의 교육 이념을 간명하게 나타낸 글

급수 | 준 4급
음훈 | ① 찾을 방
부수 | 言(말씀 언) 부 4획
　　　총 11획

필순 ` 一 亠 言 言 言 言 訪 訪 訪

글자풀이 말씀 언(言) 변에 모 방(方). 물어보면서(言) 이곳저곳 사방(方)을 '찾아다닌다'는 뜻.

[참고] 유의자 : 尋(심)

뜻풀이 ① 찾다 ② 방문하다 ③ 묻다 ④ 미치다

예 [訪古(방:고)] : 고적지를 찾아감
[訪道(방:도)] : 도를 물음, 진리를 물음
[訪問(방:문)] : 남을 찾아가서 봄
[來訪(내방)] : 만나기 위하여 멀리서 찾아옴
[答訪(답방)] : 상대방의 방문에 대한 답례의 방문
[尋訪(심방)] : 방문하여 찾아봄
[探訪(탐방)] : 어떤 일의 진상을 탐문하려고 찾아봄

급수 | 준 4급
음훈 | ① 베풀 설
부수 | 言(말씀 언) 부 4획
　　　총 11획

필순 ` 一 亠 言 言 言 言 設 設 設

글자풀이 말씀 언(言) 변에 창 수(殳). 명령(言)에 따라 군사들이 무기(殳)를 들고 진을 친다는 글자로 '베풀다, 설치하다, 늘어선다'의 뜻임.

[참고] 유의자 : 施(시)

 ① 베풀다 ② 주연. 연회 ③ 설비하다 ④ 준비하다

예 [設計(설계)] : 계획을 세움
[設立(설립)] : 만들어서 세움
[設備(설비)] : 기계 기구 건물 등을 설치함
[設奠(설전)] : 제사를 지내기 위하여 제수와 자리를 마련함
[設置(설치)] : 기관이나 설비 등을 만들어 둠
[設或(설혹)] : 설령 그렇다 하여도
[建設(건:설)] : 건물이나 시설 따위를 새로 만들어 세움
[創設(창:설)] : 기관이나 단체 따위를 처음으로 세움

許
급수 | 5급
음훈 | ① 허락할 허
부수 | 言(말씀 언) 부 4획
　　　총 11획
필순 ` 亠 亠 言 言 言 言 訏 訏 許

글자풀이 말씀 언(言) 변에 낮 오(午). 言에서 의미를 午에서 발음을 따서 만든 글자인데 '오'가 '허'로 바뀜. "낮(午)에 말(言)한 것을 허락한다"로 기억하면 쉽다.

[참고] 유의자 : 可(가), 諾(락).

 ① 허락하다 ② 나아가다 ③ 흥하다 ④ 바라다

예 [許可(허가)] : 허락하여 들어줌
[許交(허교)] : 서로 벗하기로 허락하고 사귐
[許諾(허락)] : 청하는 일을 들어줌
[許容(허용)] : 허락하여 용납함
[免許(면:허)] : 특정한 일을 할 수 있는 공식적인 자격을 관청이 허가하는 일
[允許(윤:허)] : 임금이 신하의 청을 허락함
[認許(인허)] : 인정하여 허락함
[特許(특허)] : 특별히 여겨 허락함

評
급수 | 4급
음훈 | ① 평할 평:
부수 | 言(말씀 언) 부 5획
　　　총 12획
필순 ` 亠 亠 言 言 言 言 評 評 評 評 評

글자풀이 말씀 언(言) 변에 평평할 평(平). 言에서 의미를 푸(평)에서 발음을 따서 만든 글자로 공평하게 말하여 잘잘못을 '가린다' 는 뜻.

뜻풀이 ① 꾫다 ② 품평 ③ 평가

예 [評價(평:가)] : 가치나 값 실력을 따져 정함
[評決(평:결)] : 평의하여 결정함
[評語(평:어)] : 평가하여 등급을 나타내는 말
[評判(평:판)] : 세간의 소문. 세상 사람의 비평
[論評(논평)] : 어떤 사실이나 글 따위에 대하여 논하여 비평함
[批評(비:평)] : 비교하여 평가함
[世評(세:평)] : 세간의 평판
[惡評(악평)] : 나쁜 평판

급수 │ 준 **4** 급
음훈 │ ① 시험 시(:)
부수 │ 言(말씀 언) 부 6획
　　　 총 13획

필순 `丶 亠 亠 言 言 言 言 訂 訂 訂 試 試`

글자풀이 言과 弋 그리고 工이 합쳐서 된 글자로 말하는(言) 솜씨, 활(弋) 쏘는 솜씨 그리고 장인(工) 능력이 어느 정도인지 '시험한다' 는 뜻.

[참고] 유의자 : 驗(험)

뜻풀이 ① 시험하다 ② 조사하다 ③ 찾다 ④ 견주다

예 [試官(시:관)] : 조선 시대에 과거 시험을 주관하는 관리
[試金石(시:금석)] : 어떤 것의 가치·능력·역량 등을 판별하는 기준이 되는 기회나 사물을 비유적으로 이르는 말
[試圖(시:도)] : 어떠한 것을 이루어 보려고 계획하고 실행함
[試鍊(시:련)] : 상당히 겪기 어려운 단련이나 고비
[試食(시:식)] : 시험 삼아 먹어 봄
[試用(시:용)] : 시험 삼아 사용해 봄
[試作(시:작)] : 시험 삼아 만든 작품
[試驗(시험)] : 사람의 실력이나 사물의 성질·능력 등을 실지로 경험하여 봄
[考試(고:시)] : 공무원의 임용 자격을 검사하는 시험
[入試(입시)] : 입학 자격을 알아보기 위한 시험
[初試(초시)] : 옛날 과거 시험에서 맨 처음 관문인 시험 또는 그 시험에 급제한 사람

급수 | 준 **4**급
음훈 | ① 시 시
부수 | 言(말씀 언) 부 6획
　　　총 13획

필순 `丶 一 亠 寺 言 言 訂 訃 詎 詩 詩`
　　　詩

글자풀이 절(寺)에서 들리는 독경(言) 소리가 마치 '시'를 읊는 것 같다는 뜻.

뜻풀이 ① 시 ② 시경 ③ 악보

예 [詩歌(시가)] : 시와 노래
　　[詩客(시객)] : 시인
　　[詩想(시상)] : 시에 나타난 사상이나 감정
　　[詩人(시인)] : 시 짓는 사람
　　[詩調(시조)] : 시의 가락
　　[詩畵展(시화전)] : 시에 그림을 곁들인 전시회

급수 | **7**급
음훈 | ① 말씀 화
부수 | 言(말씀 언) 부 6획
　　　총 13획

필순 `丶 一 亠 寺 言 訂 訐 話 話 話`

글자풀이 말씀 언(言) 변에 혀 설(舌). 혀를 놀려 '말을 한다'는 뜻.

[참고] 유의자 : 談(담)

뜻풀이 ① 말하다 ② 이야기 ③ 다스리다

예 [話頭(화두)] : 말 머리
　　[話術(화술)] : 말을 잘 하는 재주
　　[話題(화제)] : 이야기의 제목
　　[談話(담화)] : 이야기를 주고받음
　　[對話(대:화)] : 마주 대해 주고 받고 이야기함
　　[童話(동:화)] : 어린이를 위해지은 이야기
　　[說話(설화)] : 신화·전설 등을 줄거리로 한 옛이야기
　　[電話(전화)] : 전화기로 말을 주고 받음

급수 | **5**급
음훈 | ① 말씀 설 ② 기쁠 열
　　　③ 달랠 세 ④ 벗을 탈
부수 | 言(말씀 언) 부 7획 총 14획

필순 `丶 一 亠 寺 言 言 訁 訡 訡 說 說`
　　　說

급수 | 준 **4**급
음훈 | ① 정성 성
부수 | 言(말씀 언) 부 7획
　　　총 14획

필순 `ㆍ 亠 亠 言 言 言 訁 訮 訮 訮 誠 誠 誠`

글자풀이 말씀 언(言) 변에 기쁠 열(兌). '말하다, 기쁘다, 달래다, 벗다'의 뜻임.

뜻풀이 ① 말씀하다 ② 기쁘다 ③ 달래다 ④ 벗다

예 [說得(설득)] : 상대편을 이해시킴
[說明(설명)] : 알아듣기 쉽게 풀어서 말함
[說伏(설복)] : 알아듣게 말하여 복종하게 함
[說客(세:객)] : 능란한 말솜씨로 유세(遊說) 다니는 사람
[說樂(열락)] : 기쁘고 즐거움
[說服(열복)] : 기쁜 마음으로 따라 심복함
[說甲(탈갑)] : 갑옷을 벗음
[小說(소:설)] : 사실이나 작가의 상상력에 바탕을 두고 쓰는글
[俗說(속설)] : 세산에 선해 내려오는 견해
[傳說(전설)] : 예로부터 민간에서 전해 내려온 이야기
[解說(해:설)] : 알기 쉽게 풀어서 설명함

글자풀이 말씀 언(言) 변에 이룰 성(成). 成에서 음을 따온 글자로 말(言)한대로 이루려고(成) 온갖 '정성'을 다한다는 뜻.

뜻풀이 ① 정성 ② 참되게하다 ③ 삼가다 ④ 진실되다

예 [誠敬(성경)] : 정성과 공경을 아울러 이르는 말
[誠金(성금)] : 불우 이웃이나 이재민들을 위하여 정성으로 내는 돈
[精誠(정성)] : 참되고 성실한 마음
[至誠(지성)] : 지극한 정성, 매우 성실함
[忠誠(충성)] : 진정에서 우러나는 정성, 특히 국가나 우두머리에게 바치는 지극한 마음
[致誠(치:성)] : 있는 정성을 다함 또는 그런 정성

7획

급수	7급
음훈	① 말씀 어:
부수	言(말씀 언) 부 7획
	총 14획

필순 ` 亠 䒑 言 言 言 言 訐 訶 訃 語 語 語

語語

글자풀이 말씀 언(言) 변에 나 오(吾). 나의 생각을 표현 하는 '말' 이란 뜻.

뜻풀이 ① 말 ② 말하다 ③ 말소리

예 [語訥(어:눌)] : 말을 더듬어 유창하지 못함
[語塞(어:색)] : 말이 막힘
[語弊(어:폐)] : 잘못 사용하여 일어나는 말의 폐단이나 결점 남의 오해를 받기 쉬운 말
[國語(국어)] : 제 나라 말
[密語(밀어)] : 남이 알아듣지 못하게 넌지시 하는 말
[卑語(비:어)] : 낮은 사람들이 쓰는 천한 말
[俗語(속어)] : 통속적인 저속한 말
[標語(표어)] : 주의나 주장 또는 강령(綱領) 등을 간명하게 표현한 짧은 어구

급수	준4급
음훈	① 그르칠 오:
부수	言(말씀 언) 부 7획
	총 14획

필순 ` 亠 䒑 言 言 言 言 訐 訶 誤 誤 誤 誤

誤誤

글자풀이 말씀 언(言) 변에 떠들썩할 오(吳). 말 만 떠들썩하고 장담하는 일은 흔히 그르치기 마련. 그래서 誤는 '그르치다, 잘못되다' 의 뜻.

[참고] 유의자 : 謬(류) 반대자 : 正(정)

뜻풀이 ① 그릇, 잘못 ② 어긋남 ③ 틀리다

예 [誤答(오:답)] : 잘못된 대답
[誤謬(오:류)] : 잘못됨
[誤算(오:산)] : 잘못된 계산
[誤審(오:심)] : 잘못된 심판, 잘못된 판정
[誤認(오:인)] : 잘못 보거나 잘못 생각함
[誤判(오판)] : 그릇된 판단
[誤解(오:해)] : 그릇되게 해석하여 잘 못 앎
[過誤(과:오)] : 잘못, 과실

급수	준 **4** 급
음훈	① 알 인
부수	言(말씀 언) 부 7획
	총 14획

필순 ` ㅗ ㅗ 言 言 言 言 訂 訒 訒 訒 認 認

認 認

글자풀이 말씀 언(言) 변에 참을 인(忍). 말(言)의 뜻을 마음속에(心) 칼로 새겨(刃) '잊지 않고 알고 있다' 는 뜻.

[참고] 유의자 : 知(지)

뜻풀이 ① 알다 ② 행하다 ③ 적어 두다

예 [認得(인득)] : 앎, 얼굴을 앎
[認識(인식)] : 사물을 감지하여 그 내용을 앎
[認知(인지)] : 사실을 인정하여 앎
[認許(인허)] : 인정하여 허가함
[公認(공인)] : 국가나 사회 또는 공공 단체가 책임지고 인정함
[默認(묵인)] : 모르는 체하고 슬며시 승인함
[否認(부:인)] : 인정하지 않음
[是認(시:인)] : 어떤 내용이나 사실이 옳다고 인정함

급수	**4** 급
음훈	① 기록할 지
부수	言(말씀 언) 부 7획
	총 14획

필순 ` ㅗ ㅗ 言 言 言 言 計 計 誌 誌

誌 誌

글자풀이 말씀 언(言) 변에 뜻 지(志). 말(言)한 것과 생각한(志)것을 잊지 않게 '기록한다' 는 뜻.

뜻풀이 ① 기록하다 ② 기억하다 ③ 외다

예 [誌面(지면)] : 잡지에서 글이나 그림 따위를 싣는 면
[誌文(지문)] : 죽은 이의 신원을 적은 글
[誌石(지석)] : 묘지 앞에 죽은 이의 신원 따위를 기록한 돌
[墓誌(묘지)] : 죽은 사람의 이름, 행적, 자손의 이름 따위를 기록하여 무덤에 묻은 글
[日誌(일지)] : 그 날 그 날의 사항을 기록한 내용
[雜誌(잡지)] : 호를 거듭하여 정기적으로 간행되는 출판물

급수 | **5**급
음훈 | ① 공부할 과(:)
　　　② 과정 과(:)
부수 | 言(말씀 언) 부 8획 총 15획
필순 ` 亠 ㅗ 言 言 言 訂 訊 訊 課

課課課

글자풀이 실과 과(果)에서 음을 따서 만든 글자. 과일을 수확한데 대해서 매기는 '세금, 세금을 부과' 함 등의 뜻임.

뜻풀이 ① 세금을 매기다 ② 조세 ③ 일과

예 [課目(과목)] : 학과나 일과의 종목
[課稅(과:세)] : 세금을 매김
[課業(과업)] : 마땅히 해야할 일
[課外(과외)] : 정해진 학과 이외에 하는 공부
[課程(과정)] : 사물의 진행·발전하는 경로, 경과한 길
[課題(과제)] : 처리하거나 해결해야 할 문제
[日課(일과)] : 날마다 규칙적으로 하는 일
[學課(학과)] : 학문·학교의 과정
[功課(공과)] : 일하여 이룬 성과

급수 | **5**급
음훈 | ① 말씀 담
부수 | 言(말씀 언) 부 8획
　　　총 15획
필순 ` 亠 ㅗ 言 言 言 訂 訊 談 談

談談談

글자풀이 말씀 언(言) 변에 불꽃 염(炎). 모닥불 옆에 앉아서 주고받는 이야기란 뜻.

[참고] 유의자 : 話(화)

뜻풀이 ① 말씀 ② 이야기하다 ③ 농담

예 [談笑(담소)] : 웃으며 주고받는 이야기
[談話(담화)] : 서로 이야기를 주고 받음
[客談(객담)] : 그다지 중요하지도 않고 믿음도 없는 객쩍은 말
[弄談(농:담)] : 실없이 장난삼아 하는 말
[德談(덕담)] : 잘 되기를 비는 말
[面談(면:담)] : 얼굴을 마주 대하고 이야기 함
[相談(상담)] : 서로 의논함

[眞談(진담)] : 진실된 이야기, 참말

급수 | 준 **4**급
음훈 | ① 논할 론
부수 | 言(말씀 언) 부 8획
　　　 총 15획

필순 ` ー ニ 亠 言 訁 訦 訡 許 論 論 論
論

글자풀이 말씀 언(言) 변에 조리 륜(侖). '조리 있게(侖) 말한다(言)' 즉 이론을 세워 말 한다는 뜻.

뜻풀이 　① 말하다 ② 헤아리다 ③ 분간하다

예 [論告(논고)] : 검사가 피고의 죄에 해당하는 벌로 주장하는 내용
[論文(논문)] : 어떤 것에 대한 자신의 의견이나 주장을 적은 글
[論說(논설)] : 어떤 주제에 관하여 자기의 의견 주장을 조리있게 설명함
[論述(논술)] : 자기의 의견을 조리 있게 서술함
[論評(논평)] : 어떤 사실이나 글 따위에 대하여 논하여 비평함

[言論(언론)] : 말이나 글로 자기 사상을 발표하는 일
[理論(이:론)] : 사리에 맞게 주장한 내용

급수 | **5**급
음훈 | ① 고를 조
부수 | 言(말씀 언) 부 8획
　　　 총 15획

필순 ` ー ニ 亠 言 言 訁 訡 訡 調 調
調調調

글자풀이 말씀 언(言) 변에 두루 주(周). 주변(周)의 여러 의견(言)을 듣고 고르게 '조정' 한다는 뜻.

뜻풀이 　① 고르다 ② 꼭 맞다 ③ 뽑다 ④ 가락, 곡조

예 [調練(조련)] : 병사를 훈련함, 훈련을 거듭하여 쌓음
[調理(조리)] : 몸을 보살펴 병을 다스림, 음식을 요리함
[調書(조서)] : 조사한 사실을 기록한 문서
[調劑(조제)] : 여러 가지 약제를 섞어 약을 지음

[調和(조화)] : 서로 잘 어울리게 함
[曲調(곡조)] : 노래 가락
[同調(동조)] : 남의 생각·주장에 따르거나 보조를 맞춤
[協調(협조)] : 힘을 합해 서로 조화를 이룸

급수 | 준 **4**급
음훈 | ① 청할 청
부수 | 言(말씀 언) 부 8획
　　　총 15획

필순 ` 亠 亠 言 言 言 訁 訁＝請 請 請
請請請

[請婚(청혼)] : 혼인하자고 청함
[懇請(간:청)] : 간절한 마음으로 청함 또는 그런 청
[申請(신청)] : 신고하여 요청함
[要請(요청)] : 요긴하게 청함

급수 | 준 **4**급
음훈 | ① 욀 강:
부수 | 言(말씀 언) 부 10획
　　　총 17획

필순 ` 亠 亠 言 言 言 訁 訁 訁 訁 訁 講 講 講 講 講

글자풀이 말씀 언(言) 변에 푸를 청(靑). 言에서 뜻을 가져오고 靑에서 음을 가져온 글자로 '요구하다'의 뜻.

뜻풀이 ① 청하다 ② 뵈다 ③ 칭찬하다 ④ 받아들이다

예 [請求(청구)] : 돈이나 물건을 달라고 요구함
[請援(청원)] : 구원하여 주기를 청하여 요구함
[請牒(청첩)] : 손님을 청하여 부름
[請託(청탁)] : 청하여 부탁함

글자풀이 말씀 언(言) 변에 짤 구(冓). 여러 가지 의견을(言) 엮어서(冓) '강론한다'는 뜻.

뜻풀이 ① 익히다 ② 읽다 ③ 외다 ④ 의논하다

예 [講壇(강:단)] : 강의하는 연단, 교단
[講堂(강:당)] : 강의나 의식을 행하는 건물 또는 방
[講論(강:론)] : 학술이나 경전 따위를 풀이하여 논함
[講士(강:사)] : 강연장에서 강연하는 사람

[講習(강:습)] : 강의를 듣고 익혀 배움
[講演(강:연)] : 일정한 주제로 청중 앞에서 이야기 함
[開講(개강)] : 강의나 강습 따위를 시작함
[名講(명강)] : 강의를 잘하는 것으로 이름난 강좌
[受講(수강)] : 강의나 강습을 받음
[終講(종강)] : 이어지는 강의에서 마지막 끝내는 강의

급수 | 준 4급
음훈 | ① 사례할 사:
부수 | 言(말씀 언) 부 10획
　　　총 17획
필순 `　亠　主　言　言　言　訁　訂　訃　訃　訃　謝　謝　謝　謝`

글자풀이　言괴 身(몸 신)과 寸(마디 촌=법도)으로 이루어진 글자. 몸과 말을 법도에 맞게 취하고 상대에게 '사례한다'는 뜻.

뜻풀이　① 사례하다 ② 사죄하다 ③ 물러나다 ④ 죽다

[예][謝過(사:과)] : 자기의 허물에 대하여 사죄함
[謝辭(사:사)] : 감사의 인사말 또는 사과의 말
[謝恩(사:은)] : 입은 은혜에 감사함
[謝意(사:의)] : 감사하게 여김
[謝罪(사:죄)] : 지은 죄를 용서를 빎
[感謝(감:사)] : 고맙게 여김

급수 | 준 4급
음훈 | ① 노래 요
부수 | 言(말씀 언) 부 10획
　　　총 17획
필순 `　亠　主　言　言　言　訁　訐　訐　詤　詤　詤　謠　謠　謠`

글자풀이　말씀 언(言) 변에 육달 월(月=肉)과 장군 부(缶)를 더한 글자. 술 항아리(缶)와 고기 안주(肉)를 손에 들고 노래하는 모양의 글자로 흥겹게 '노래한다'는 뜻.

[참고] 유의자 : 歌(가)　약자 : 謡

뜻풀이　① 노래하다 ② 노래 ③ 풍설. 유언비어 ④ 헐뜯다

[예][歌謠(가요)] : 노래

[童謠(동요)] : 어린이들이 부르는 노래
[民謠(민요)] : 민중 속에서 자연적으로 생겨나 오랫동안 전해 내려온 노래

[標識(표지)] : 어떤 사물을 표하기 위한 표시나 특징
[旗識(기치)] : 기의 표지

급수 | **5**급
음훈 | ① 알 식
② 기록할 지 ③ 기 치
부수 | 言(말씀 언) 부 12획 총 19획
필순 ` ㅗ ㅗ ㅋ ㅋ 言 言 言 言 言 言
言 言 言 言 識 識 識

급수 | **4**급
음훈 | ① 증거할 증
부수 | 言(말씀 언) 부 12획
총 19획
필순 ` ㅗ ㅗ ㅋ ㅋ 言 言 言 言 言 言
言 言 言 證 證 證 證

글자풀이 言과 音 그리고 戈이 합쳐진 글자로 창(戈)으로 표시한 것을 소리(音)내어 알린다(言)는 글자로 '알다. 적다. 깃대'를 뜻함.

뜻풀이 ① 알다 ② 지혜 ③ 표지 ④ 기. 깃대

예 [識見(식견)] : 학식과 견문, 사물을 분별할 수 있는 능력
[常識(상식)] : 일반 사람으로서 가져야 할 일반적인 지식
[智識(지식)] : 지혜와 견식
[學識(학식)] : 배워 익힌 지식

글자풀이 말씀 언(言) 변에 오를 등(登). 言에서 뜻을 登에서 음을 빌어 만든 형성 문자. 백성이 억울한 일을 당했을 때 증인을 세워 윗분께 억울한 사연을 '알린다'는 뜻.

[참고] 약자 : 証

뜻풀이 ① 증거 ② 증명하다 ③ 알리다 ④ 법칙

예 [證據(증거)] : 증명할 수 있는 근거
[證券(증권)] : 증거가 되는 문권
[證書(증서)] : 증거가 되는 서류
[證人(증인)] : 증거 해 주는 사람
[證票(증표)] : 증거나 증명이 될 만한 표

[保證(보증)] : 어떤 사물에 대하여 책임지고 틀림없음을 증명함

[警察(경:찰)] : 국민의 생명과 재산을 지켜주는 행정 기관
[軍警(군경)] : 군대와 경찰

급수 | 준 4급
음훈 | ① 깨우칠 경:
부수 | 言(말씀 언) 부 13획
총 20획

필순

급수 | 준 4급
음훈 | ① 의논할 의(:)
부수 | 言(말씀 언) 부 13획
총 20획

필순

글자풀이 공경 경(敬) 밑에 말씀 언(言). 공경하는 스승의 말씀을 듣고 '깨우치다' 또는 '뉘우쳐 경계하다'의 뜻.

[참고] 유의자 : 覺(각)

뜻풀이 ① 경계하다 ② 놀라다 ③ 겁나다

예 [警覺(경:각)] : 경계하여 각성시킴
[警戒(경:계)] : 잘못이 없도록 미리 조심함
[警告(경:고)] : 조심하고 삼가하도록 미리 주의를 줌
[警報(경:보)] : 위험이 닥칠 때 경계하라고 미리 알리는 일
[警備(경:비)] : 만일을 염려하여 미리 방비함

글자풀이 말씀 언(言) 변에 옳을 의(義). 옳은 결론을 얻기 위하여 말을 주고받음 즉 '의논함'의 뜻.

뜻풀이 ① 의논하다 ② 꾀하다 ③ 강론하다 ④ 논쟁하다

예 [議論(의론)] : 각자 의견을 주장하거나 논의함
[議事(의사)] : 어떤 일에 대하여 의논함
[議員(의원)] : 국회나 지방 의회의 의결권을 가진 사람
[議政府(의:정부)] : 조선시대 영의정·좌의정·우의정이 정사를 주관하던 행정부의 최고기관

[議會(의회)] : 입법부
[會議(회:의)] : 여럿이 모여서 의논함 또는 그런 모임
[建議(건:의)] : 의견이나 희망을 내놓음 또는 그 의견
[謀議(모의)] : 어떤 일을 꾀하고 의논함
[討議(토:의)] : 어떤 문제에 대하여 각자의 의견을 서로 내놓고 검토하고 협의함

급수 | 준 4급
음훈 | ① 도울 호:
부수 | 言(말씀 언) 부 14획
　　　 총 21획
필순 ` ㆍ ㆍ 言 言 言 言 言 言ㆍ 言ㆍ 言ㆍ
言゙ 言゙ 言゙ 言゙ 言ㆍ 言ㆍ 言ㆍ 護 護

글자풀이 言과 ++와 隹와 又로 이루어진 글자. 말(言)로써 안심시키고 풀(++) 속의 새(隹)처럼 안전하게 손(又)으로 감싸 '보호한다'는 뜻.

[참고] 유의자 : 保(보)

뜻풀이 ① 보호하다 ② 통솔하다 ③ 지키다 ④ 돕다

 [護國(호:국)] : 자신의 나라를 보호하고 지킴
[護喪(호:상)] : 장사치르는 모든 일을 주관하여 보살핌
[護身(호:신)] : 몸을 보호하여 지킴
[看護(간호)] : 환자나 노약자 등을 보살펴 돌봄
[救護(구:호)] : 구조하여 보호함
[防護(방호)] : 위험 따위를 막고 보호함
[守護(수호)] : 지키어 보호함
[擁護(옹:호)] : 편들어 지켜줌

급수 | 6급
음훈 | ① 읽을 독
　　　 ② 구절 두
부수 | 言(말씀 언) 부 15획 총 22획
필순 ` ㆍ ㆍ 言 言 言 言 言 言ㆍ 言ㆍ 言ㆍ 讀
讀 讀 讀 讀 讀 讀 讀 讀 讀 讀

글자풀이 말씀 언(言) 변에 팔 매(賣). 소리(言)를 밖으로 내보낸다(賣)는 글자로 소리내어 '읽음'을 뜻함.

[참고] 약자 : 読

뜻풀이 ① 읽다 ② 풀다 ③ 잇다

예 [讀經(독경)] : 불경을 소리내어 읽거나 욈
[讀書(독서)] : 책을 읽음
[讀心術(독심술)] : 남의 마음속 생각을 꿰뚫어 읽는 기술
[讀者(독자)] : 책이나 기타 간행물을 읽는 사람
[讀解(독해)] : 글을 읽고 해석함
[句讀(구두)] : 구두법의 준말, 글의 구절을 점이나 기호로 표시하는 법
[音讀(음독)] : 글을 소리 내어 읽음
[默讀(묵독)] : 소리 없이 눈으로 글을 읽음

[참고] 유의자 : 化(화), 更(경)
약자 : 変

뜻풀이 ① 변하다 ② 고치다 ③ 어지러워지다

예 [變更(변:경)] : 바꾸어서 고침
[變死(변:사)] : 불의의 재난으로 죽게 됨
[變身(변:신)] : 마음을 바꾸어 딴 사람이 됨
[變節(변:절)] : 굳게 정한 절개를 지키지 않고 바꿈
[變質(변:질)] : 본디의 성질이 변함
[政變(정변)] : 혁명이나 구테타·반정 등으로 정권이 바뀜

급수 | 5급
음훈 | ① 변할 변:
부수 | 言(말씀 언) 부 16획
총 23획

필순

급수 | 4급
음훈 | ① 기릴 찬:
부수 | 言(말씀 언) 부 19획
총 26획

필순

글자풀이 무당이 악기와 몽둥이를 들고 굿하는 모양의 글자로 병을 '고치다' 운수를 바꾸듯 상황이 '변한다'는 뜻.

글자풀이 말씀 언(言) 변에 도울 찬(贊). 더 잘 하도록 도와 이끌어주는 말을 한다. 즉 '칭찬한다'는 뜻.

[참고] 유의자 : 頌(송)

 ① 기리다 ② 밝히다 ③ 적다, 기록하다 ④ 돕다

例 [讚歌(찬:가)] : 예찬하는 뜻으로 부르는 노래
[讚美(찬:미)] : 아름답고 훌륭한 것을 기리어 칭송함
[讚佛(찬:불)] : 부처의 공덕을 찬미함 또는 그런 일
[讚辭(찬:사)] : 칭찬하거나 찬양하는 말이나 글
[贊成(찬:성)] : 견해나 의견·제안 따위가 옳다고 판단하여 동의함
[讚頌(찬:송)] : 덕을 칭송함
[讚揚(찬:양)] : 아름답고 훌륭함을 기리고 드러냄
[自讚(자찬)] : 자기가 한 일을 스스로 칭찬함
[稱讚(칭찬)] : 좋은 점이나 착한 일을 높이 평가함 또는 그런 말

豆 (콩 두) 部

※ **부수 설명** : 본디는 굽이 높은 제기(祭器)를 뜻하는 글자였다. 위의 (一)은 뚜껑을 뜻하고 (口)는 물건을 담는 부분이며 아래의 (ㅛ)는 굽을 나타낸다. 뒤에 '콩'이란 뜻으로 바뀌게 되었다. 부수 중에 이 豆가 들어간 글자는 제기·제수·제사와 관련이 있는 글자이다.

급수 | 준 4급
음훈 | ① 콩 두
부수 | 豆(콩 두) 부 0획
　　　총 7획

필순 ーテ丙日日豆豆

글자풀이 처음엔 제기(祭器)를 뜻하는 글자였고 후에 '콩'을 뜻하는 글자로 사용함.

 ① 콩, 팥 ② 제기 ③ 잔 대 ④ 양의 단위(넉 되)

例 [豆羹(두갱)] : 한 그릇의 국
[豆腐(두부)] : 콩을 갈아서 다시 엉겨 만든 식품
[豆乳(두유)] : 진한 콩 국
[豆酒(두주)] : 넉 되의 술, 많은 양의 술
[豆太(두태)] : 콩과 팥
[大豆(대두)] : 콩
[小豆(소두)] : 팥

급수 | 준 4급
음훈 | ① 풍년 풍
부수 | 豆(콩 두) 부 6획
　　　총 13획

필순 ` ㄇ ㄇ 曲 曲 曲 曹 豊 豊 豊 豊

豊

글자풀이 제기 그릇(豆) 위에 음식이 풍성하게 담긴 모양의 글자로 '풍성하다, 많다'를 뜻함.

[참고] 반대자 : 凶(흉)

뜻풀이 ① 굽 높은 그릇 ② 풍성함 ③ 예도

예 [豊年(풍년)] : 농사가 잘 되어 수확이 풍성한 해
[豊滿(풍만)] : 몸집이 비대함
[豊富(풍부)] : 양이 넉넉하고 많음
[豊盛(풍성)] : 넉넉하고 꽉 참
[豊漁(풍어)] : 물고기를 아주 많이 잡음
[豊足(풍족)] : 넉넉하여 부족함이 없음

豕 (돼지 시) 部

✱ **부수 설명** : 돼지가 꼬리를 들고 있는 모양을 본뜬 글자.

급수 | **4**급
음훈 | ① 코끼리 상
부수 | 豕(돼지 시) 부 5획
       총 12획

필순 ` ´ ´ ´ ´ ㅗ 矛 ㅋ 욕 욧 욧 象 象 象

글자풀이 코끼리의 긴 어금니와 큰 귀, 네 개의 발, 꼬리를 그린 글자로 '코끼리'를 뜻함.

뜻풀이 ① 코끼리 ② 상아 ③ 모양, 형상 ④ 조짐

예 [象石(상석)] : 능이나 원 앞에 세우는 돌사람이나 돌말 따위
[象牙(상아)] : 코끼리의 어금니. 악기나 도장의 재료로 쓰임
[象王(상왕)] : 코끼리
[象以齒焚身(상이치분신)] : '코끼리는 그 이빨 때문에 죽게 된다' 즉 재물을 소유하면 재난을 당한다는 뜻
[巨象(거:상)] : 등치가 큰 코끼리
[印象(인상)] : 어떤 대상에 대하여 머리 속에 새겨진 느낌
[表象(표상)] : 본보기, 겉으로 드러난 모양

7획

[現象(현:상)] : 사람이 실제로 알아볼 수 있는 사물의 모양과 상태

급수 | 4급
음훈 | ① 미리 예:
부수 | 豕(돼지 시) 부 9획
　　　 총 16획

필순 ` ⺊ マ 子 子' 子'' 予⺼ 予⺼ 予⺼ 豫 豫 豫 豫 豫

글자풀이 줄 여(予) 변에 코끼리 상(象). 여(予)에서 음을 빌려오고 상(象)에서 뜻을 따다 만든 글자. 코끼리에게 줄 많은 먹이를 '미리' 준비한다는 뜻.

[참고] 약자 : 予

뜻풀이 ① 미리 ② 미리 알다 ③ 즐기다 ④ 기뻐하다

예 [豫見(예:견)] : 어떤 일이 있기 전에 미리 앎
[預金(예:금)] : 은행에 돈을 맡김
[豫報(예:보)] : 앞일을 미리 알림
[豫算(예:산)] : 비용을 미리 계산함 또는 그 금액
[豫想(예:상)] : 닥칠 일을 미리 상상함
[豫言(예:언)] : 미래의 일을 미리 말함 또는 그 말
[豫定(예:정)] : 미리 정함 미리 내다보고 하는 작정
[豫測(예:측)] : 미리 추측함
[豫託(예:탁)] : 부탁하여 맡겨둠

貝 (조개 패) 部

* 부수 설명 : 조개 모양을 본뜬 글자. 조개껍질의 줄무늬와 발까지 그 모양을 자세히 그린 글자임. 貝자를 부수로 하는 글자들은 모두 재화·보물과 관련있는 글자로 이는 조개껍질이 옛날에 화폐의 역할을 했기 때문이다.

급수 | 4급
음훈 | ① 질 부:
부수 | 貝(조개 패) 부 2획
　　　 총 9획

필순 ` ⺈ ⺈' 欠 冎 冎 負 負 負

글자풀이 사람 인(人) 밑에 조개 패(貝). 사람이 돈을 짊어지고 있는 모습.

그래서 '책임을 떠맡는다, 등에 짊어진다'는 뜻임.

[참고] 유의자 : 擔(담)

뜻풀이 ① 등에 지다 ② 승부에 지다 ③ 덮어씌우다 ④ 당하다

예 [負擔(부:담)] : 어떤 일을 맡아 의무나 책임을 짐
[負袋(부:대)] : 종이 · 피륙 등으로 만든 큰 자루, 포대(包袋)
[負傷(부:상)] : 몸에 상처를 입음
[負役(부:역)] : 국민이 의무적으로 부담하는 노역
[負債(부:채)] : 남에게 빚을 짐
[勝負(승부)] : 이기고 짐. 승패
[請負(청부)] : 어떤 일을 책임지고 완성하기로 하고 맡음
[抱負(포:부)] : 마음속에 지닌 생각 · 계획 · 희망이나 자신(自信)

글자풀이 조개 패(貝)에서 '귀중품'의 의미를 따오고 재(才)에서 발음을 따온 글자.

뜻풀이 ① 재물 ② 녹, 봉록

예 [財力(재력)] : 재산상의 세력
[財物(재물)] : 돈이나 그 밖의 온갖 값나가는 물건
[財産(재산)] : 재물과 자산
[財貨(재화)] : 재산과 화폐
[文化財(문화재)] : 문화의 결과로 창조된 역사상 · 예술상 가치가 높은 사물이나 그런 가치를 가진 사람
[蓄財(축재)] : 재산을 모음

급수 │ 준 4급
음훈 │ ① 가난할 빈
부수 │ 貝(조개 패) 부 4획
　　　총 11획

필순 ╱ 八 分 分 矛 貧 貧 貧 貧 貧 貧

급수 │ 5급
음훈 │ ① 재물 재
부수 │ 貝(조개 패) 부 3획
　　　총 10획

필순 │ 冂 円 冃 目 貝 貝 財 財 財

글자풀이 나눌 분(分) 밑에 조개 패(貝). 가진 재화(貝)를 모두 나누어 주니(分) 결국에는 지닌게 없어 '가난해진다'는 뜻.

[참고] 유의자 : 困(곤) 반대자 : 富(부)

뜻풀이 ① 가난하다 ② 곤궁 ③ 적다

예 [貧困(빈곤)] : 가난해서 살림이 궁색함
[貧民(빈민)] : 가난한 백성
[貧妻(빈처)] : 가난에 찌든 초라한 아내
[貧賤(빈천)] : 가난하고 천한
[極貧(극빈)] : 더할 나위 없이 몹시 가난함
[安貧樂道(안빈낙도)] : 구차한 중에도 편안한 마음으로 도(道)를 즐김
[淸貧(청빈)] : 청백하여 재물에 대한 욕심이 없어 가난함

급수 | 5급
음훈 | ① 꾸짖을 책
부수 | 貝(조개 패) 부 4획
　　　총 11획

필순 ー ＝ ＋ 丰 圭 青 青 靑 责 責 責

글자풀이 가시 자(朿)와 조개 패(貝)가 합친 글자. 돈(貝)을 갚으라고 (朿) '조르고 꾸짖음'을 뜻함.

뜻풀이 ① 꾸짖다 ② 바라다 ③ 책임 ④ 책망

예 [責望(책망)] : 허물을 들어 꾸짖거나 나무람
[責務(책무)] : 직무에 따른 책임이나 임무
[責善(책선)] : 친구끼리 좋은 일을 하도록 서로 권함
[責任(책임)] : 도맡아 해야 할 임무나 의무
[問責(문:책)] : 잘못된 것에 대하여 캐묻고 꾸짖음
[自責(자책)] : 자신의 잘못이나 결함에 대하여 스스로 뉘우치고 자신을 책망함
[重責(중:책)] : 무거운 책임이나 직책, 엄하게 꾸짖음
[叱責(질책)] : 꾸짖어 나무람

급수 | 준4급
음훈 | ① 재물 화:
부수 | 貝(조개 패) 부 4획
　　　총 11획

필순 ′ ⺈ ⺆ 化 化 华 货 貨 貨 貨 貨

글자풀이   될 화(化) 밑에 조개 패(貝). 化에서 '화'라는 음을 따오고 貝에서 '재물'이라는 뜻을 따온 글자로 '재물'을 뜻함.

[참고] 유의자 : 財(재)

뜻풀이   ① 재화 ② 물품 ③ 뇌물을 주다 ④ 팔다

예 [貨物(화:물)] : 운반할 수 있는 유형(有形)의 재화(財貨)나 물품
[貨車(화:차)] : 물자를 운반하는 차
[貨幣(화:폐)] : 돈
[金貨(금:화)] : 금으로 만든 돈
[寶貨(보:화)] : 보물
[外貨(외:화)] : 외국 돈
[銀貨(은화)] : 은으로 만든 돈
[財貨(재화)] : 재산이 되는 물건
[通貨(통화)] : 지불의 수단으로 통용되고 있는 화폐

급수 | **5**급
음훈 | ① 귀할 귀:
부수 | 貝(조개 패) 부 5획
　　　총 12획

필순 丶 丿 口 中 虫 肀 岁 冉 冉 貴 貴 貴

글자풀이   삼태기 궤(臾) 밑에 조개 패(貝). 삼태기에 조개를 담았으니 '귀한 것을 얻었다'는 뜻.

[참고] 반대자 : 賤(천)

뜻풀이   ① 귀하다 ② 귀히 여기다 ③ 벼슬 높은 사람

예 [貴官(귀:관)] : 지위가 높은 관원
[貴人(귀:인)] : 사회적으로 지위가 높고 귀한 사람
[貴中(귀:중)] : 편지나 물건을 받을 단체나 기관의 이름 밑에 붙이어 쓰는 존칭어
[貴重(귀:중)] : 귀하고 소중한
[貴賤(귀:천)] : 귀하고 천함
[貴下(귀:하)] : 편지 등에서 상대방을 높이어 부르는 말로 이름 뒤에 붙여서 쓰이는 말
[富貴(부:귀)] : 재산이 많고 지위가 높은

급수 | **5**급
음훈 | ① 살 매:
부수 | 貝(조개 패) 부 5획
　　　총 12획

필순 丶 口 罒 罒 罒 罒 罒 買 買 買 買 買

글자풀이 그물 망(罒) 밑에 조개 패(貝). 돈(貝)을 주고 물건을 사서 그물(罒)에 넣어가지고 온다는 뜻.

[참고] 반대자 : 賣(매)

뜻풀이 ① 사다 ② 불러오다

예 [買入(매:입)] : 물건을 사들임
[買占(매:점)] : 물건 값이 오를 것을 예측하고 물건을 모조리 사들임
[競買(경:매)] : 경쟁하여 높은 값으로 삼
[賣買(매매)] : 물건을 사고파는 일
[不買(불매)] : 일부러 사지 않음

급수 | 5급
음훈 | ① 쓸 비:
부수 | 貝(조개 패) 부 5획
　　　　총 12획

필순 ⼀ ⼀ ⼸ 弗 弗 弗 带 带 费 費 費

글자풀이 아닐 불(弗) 밑에 조개 패(貝). 재화(貝)를 버리다(弗) 즉 '써서 없애다'의 뜻.

뜻풀이 ① 쓰다, 써서 없애다 ② 비용 ③ 용도

예 [費目(비:목)] : 돈의 사용 목록
[費用(비:용)] : 물건을 사거나 일을 하는데 드는 돈
[經費(경비)] : 어떤 일을 운영하는 데 든 비용
[浪費(낭:비)] : 시간이나 재물 등을 함부로 헤프게 씀
[消費(소비)] : 써서 버림
[食費(식비)] : 음식 값으로 쓴 돈
[旅費(여비)] : 여행하며 쓴 비용
[雜費(잡비)] : 이것저것 잡다하게 든 비용
[學費(학비)] : 공부하는데 쓴 돈
[會費(회비)] : 모임을 유지하기 위해 그 구성원들이 내는 돈

급수 | 5급
음훈 | ① 쌓을 저:
부수 | 貝(조개 패) 부 5획
　　　　총 12획

필순 ⼁ ⼐ ⽉ ⽉ ⽬ ⾙ ⾙ 貯 貯 貯 貯

글자풀이 조개 패(貝) 변에 쌓을 저(宁). 귀중품이나 돈을 모아 '쌓는다'는 뜻임.

[참고] 유의자 : 蓄(축)

뜻풀이 ① 쌓다 ② 모으다 ③ 가게. 상점 ④ 복, 행복

예 [貯穀(저:곡)] : 식량을 아껴 쌓아둠
　[貯金(저:금)] : 돈을 모아 둠
　[貯水(저:수)] : 둑을 쌓고 물을 가두어 모음
　[貯蓄(저:축)] : 절약해서 모아둠

급수 | 4급
음훈 | ① 재물 자
부수 | 貝(조개 패) 부 6획
　　　총 13획

필순 ` ⺀ ⺀ 冫 次 次 咨 咨 資 資 資 資

글자풀이 貝에서 귀한 물품의 뜻을 따오고 次(버금 차)에서 음을 빌어 만든 글자로 가치 있는 물건을 뜻함.

뜻풀이 ① 재물 ② 밑천 ③ 비용 ④ 바탕

예 [資格(자격)] : 어떤 임무를 맡거나 일을 하는 데 필요한 조건
　[資料(자료)] : 연구나 조사 등의 바탕이 되는 재료

[資産(자산)] : 개인이나 법인 소유의 경제적 가치가 있는 재산
[資源(자원)] : 생산에 필요한 여러 가지 물자
[資質(자질)] : 어떤 분야에 대한 타고난 성품이나 소질
[軍資金(군자금)] : 군대를 운영하는 데 필요한 돈
[農資金(농자금)] : 농사짓는데 필요한 돈
[物資(물자)] : 경제나 생활의 바탕이 되는 물품이나 자재

급수 | 4급
음훈 | ① 도둑 적
부수 | 貝(조개 패) 부 6획
　　　총 13획

필순 丨 冂 冂 冃 目 貝 貝 則 則 賊 賊 賊

글자풀이 법칙 칙(則)과 창 과(戈)가 합쳐진 글자로 법(則)을 무기(戈)로 때려 부순다는 글자 '해치다, 도둑질하다, 역적질하다' 의 뜻.

[참고] 유의자 : 盜(도)

뜻풀이 ① 도둑 ② 해치다 ③ 훔치다 ④ 으르다

예 [賊反荷杖(적반하장)] : '도적이 도리어 매를 들고 호통친다'는 말
[賊首(적수)] : 도둑의 우두머리
[奸賊(간적)] : 간악한 도둑
[盜賊(도적)] : 도둑
[山賊(산적)] : 산 도둑
[逆賊(역적)] : 제 나라 또는 제 나라 임금에게 반역하는 사람
[殘賊(잔적)] : 붙잡히지 않고 남은 도둑
[海賊(해:적)] : 바다를 무대로 하는 도적

급수 | 5급
음훈 | ① 팔 매(:)
부수 | 貝(조개 패) 부 8획
　　　총 15획

필순 一 十 士 士 吉 吉 吉 吉 吉 声 壱 壱 壱 賣 賣 賣

글자풀이 선비 사(士) 밑에 살 매(買). 士는 본래는 出 자였음. 따라서 出 밑에 買자로 사온 것을 내 보낸다는 뜻으로 '판다, 내보내다, 멀리 보낸다'는 뜻.

[참고] 반대자 : 買(매) 약자 : 売

뜻풀이 ① 팔다 ② 배신하다 ③ 보내다 ④ 주다

예 [賣家(매:가)] : 팔려고 내놓은 집
[賣却(매:각)] : 물건을 팔아 버림
[賣國(매:국)] : 나라를 팖
[賣買(매매)] : 물건을 팔고 사는 일
[賣惜(매:석)] : 가격이 오른 것을 예측하고 물건을 팔지 않음
[賣出(매:출)] : 팔아서 내보냄
[發賣(발매)] : 상품을 내다 팔기 시작함
[投賣(투매)] : 손해를 무릅쓰고 상품을 아주 싼 값으로 팖
[販賣(판매)] : 상품 따위를 팖

급수 | 5급
음훈 | ① 상줄 상
부수 | 貝(조개 패) 부 8획
　　　총 15획

필순 丨 丨 丷 丷 ⺌ ⺌ 兯 岩 尙 尙 賞 賞 賞 賞 賞

글자풀이 숭상할 상(尚) 밑에 조개 패(貝). 세운 공을 숭상(尚)하기 위해 재물(貝)을 준다. 즉 '상준다' 는 뜻.

[참고] 반대자 : 罰(벌)

뜻풀이 ① 상주다 ② 기리다. 칭찬하다 ③ 상 ④ 권하다

예 [賞金(상금)] : 상으로 주는 돈
[賞罰(상벌)] : 상과 벌
[賞牌(상패)] : 상으로 주는 패
[賞品(상품)] : 상으로 주는 물품
[受賞(수상)] : 상을 받음
[懸賞(현:상)] : 어떤 일의 대가로 걸어놓은 물품이나 현금

급수 | 5급
음훈 | ① 바탕 질
부수 | 貝(조개 패) 부 8획
　　　총 15획

필순 ´ ⺊ ⺊ ⺊ ⺊ ⺊⺊ ⺊⺊ 斦 斦 質 質 質 質

글자풀이 날 근(斤) 밑에 조개 패(貝). 귀중품(貝)을 양날 도끼로 쪼개어서 그 본질을 살펴본다는 글자로 '바탕, 본질.' 을 뜻함.

뜻풀이 ① 바탕 ② 진실 ③ 순진함 ④ 본질

예 [質朴(질박)] : 자연 그대로 꾸밈이 없음
[質疑(질의)] : 의심나는 점을 물어 밝힘
[質直(질직)] : 질박하고 소박함
[氣質(기질)] : 기력과 체질
[本質(본질)] : 본 바탕
[實質(실질)] : 실상의 본바탕
[形質(형질)] : 생긴 모양과 성질

급수 | 준4급
음훈 | ① 어질 현
부수 | 貝(조개 패) 부 8획
　　　총 15획

필순 ´ ⺊ ⺊ ⺊ ⺊ 臣 臣 臣丶 臤 臤 賢 賢 賢

글자풀이 군을 견(堅)과 조개 패(貝)가 합친 글자로 돈(貝)이 많고 뜻이 굳어(堅) 학식있고 존경받는 사람

[참고] 반대자 : 愚(우)

뜻풀이 ① 어질다 ② 착하다 ③ 넉넉하다 ④ 존경하다

예 [賢達(현달)] : 현명하고 사물의 이치에 통달함
[賢明(현명)] : 어질고 사리에 밝음
[賢母良妻(현모양처)] : 어진 어머니이면서 또한 착한 아내
[賢淑(현숙)] : 여자의 마음이 어질고 정숙함
[賢哲(현철)] : 어질고 사리에 밝음
[先賢(선현)] : 이미 돌아가신 분들 중 현철한 분들

赤 (붉을 적) 部

✱ 부수 설명 : 붉다. 붉은 색을 뜻하는 글자. 본디 글자 모양은 大 밑에 火 자를 붙인 글자로 크게 타는 불로 그 불빛이 밝고 붉다는 뜻임.

급수 | 5급
음훈 | ① 붉을 적
부수 | 赤(붉을 적) 부 0획
　　　총 7획
필순 ーナ土subseteq方亦赤

글자풀이 본디 글자 모양은 大 밑에 火 자를 붙인 글자로 크게 타는 불로 그 불빛이 밝고 '붉다'는 뜻임.

뜻풀이 ① 붉다 ② 벌거숭이 ③ 비다 ④ 멸하다

예 [赤松(적송)] : 껍질이 붉고 잎이 가는 소나무
[赤手空拳(적수공권)] : 아무 것도 없는 빈 손
[赤繩(적승)] : 붉은 색 노끈, 부부의 인연을 맺는다는 뜻
[赤字(적자)] : 붉은 색 잉크로 쓴 글자, 모자라는 돈, 수입 보다 지출이 많음
[赤族(적족)] : 일가붙이가 모두 살해되었음

走 (달릴 주) 部

✱ 부수 설명 : 사람이 두 팔을 벌리고 달려가는 모양을 나타낸 글자로 '달려간다, 달아난다'는 뜻의 글자임. 독립된 글자로도 쓰이고 받침으로도 쓰임.

급수 | 준 4급
음훈 | ① 달릴 주
부수 | 走(달릴 주) 부 0획
　　　총 7획
필순 ーナ土キ丰走走

443

급수 | 준 **4**급
음훈 | ① 일어날 기
부수 | 走(달릴 주) 부 3획
     총 10획

필순 ｀ ＋ 土 耂 耂 赱 走 走 起 起

글자풀이 사람이 두 팔을 벌리고 달려가는 모양을 본떠 만든 글자로 '달린다'는 뜻.

뜻풀이 ① 달리다 ② 가다 ③ 달아나다 ④ 쫓아 보내다.

예 [走力(주력)] : 달리는 능력
[走馬加鞭(주마가편)] : '달리는 말에 채찍을 가한다'는 뜻으로 형편이 좋을 때 더욱 부추긴다는 의미
[走馬看山(주마간산)] : '말을 타고 달리며 산을 본다' 즉 사물을 겉모양만 대충 본다는 뜻
[走馬燈(주마등)] : 사물이 덧없이 빨리 변함의 비유
[走肉(주육)] : 걸어가는 고깃덩이란 말로 쓸모없는 사람을 비유함
[走破(주파)] : 중간에 쉬지 않고 끝까지 달림
[走行(주행)] : 주로 동력으로 움직이는 자동차·열차 등 바퀴가 달린 탈 것이 달려감
[競走(경:주)] : 사람·동물·차량 등이 일정한 거리를 빨리 달리는 경기
[逃走(도주)] : 피하여 달아남

글자풀이 달릴 주(走) 받침 위에 몸 기(己). 달리기(走)위해서 구부렸던 몸(己)을 '일으킨다'는 뜻.

[참고] 반대자 : 伏(복)

뜻풀이 ① 일어나다 ② 걷기시작하다 ③ 일으키다 ④ 값이 오르다

예 [起家(기가)] : 기울어져 가던 집안을 다시 일으키다
[起居(기거)] : 일정한 곳에서 먹고 자는 등 사람의 모든 행동거지
[起立(기립)] : 일어나서 섬
[起伏(기복)] : 일어났다 엎드렸다 함, 세력이 강해졌다 약해졌다 함
[起死回生(기사회생)] : 죽어가는 사람을 다시 살림 또는 그런 상황
[起床(기상)] : 아침에 잠자리에서 일어남
[起源(기원)] : 사물이 처음 생겨난 그 근원

7획

[起用(기용)] : 인재를 뽑아서 중요한 자리에 씀
[起因(기인)] : 일이 이와 같이 된 원인·까닭
[起草(기초)] : 글의 초안을 씀

급수 | 4급
음훈 | ① 뜻 취:
② 재촉할 촉
부수 | 走(달릴 주) 부 8획 총 15획
필순 - 十 ㅗ キ キ 走 走 走 走 起 起 起 起 趣 趣 趣

글자풀이 달릴 주(走) 받침 위에 취할 취(取). 달려가 손에 쥔다는 글자. '달려간다. 마음에 이끌린다. 뜻. 취지'를 나타낸 글자.

뜻풀이 ① 달려가다 ② 취지 ③ 재촉하다 ④ 취하다

예 [趣味(취:미)] : 감흥을 느껴 마음이 당기는 멋
[趣旨(취:지)] : 근본이 되는 종요로운 뜻
[趣向(취:향)] : 하고 싶은 마음이 쏠리는 방향

[情趣(정취)] : 깊은 정서를 자아내는 흥취(興趣)
[趣駕(촉가)] : 탈 것을 재촉하여 준비시킴
[趣織(촉직)] : 귀뚜라미

✱ 부수 설명 : 무릎에서 발목까지의 형상을 나타낸 상형 문자로 발을 뜻함. 독립된 글자로도 쓰이고 부수로도 쓰임.

급수 | 7급
음훈 | ① 발 족
② 지나칠 주
부수 | 足(발 족) 부 0획 총 7획
필순 ㅣ ㅁ ㅁ ㅁ 𠀤 𠃊 足 足

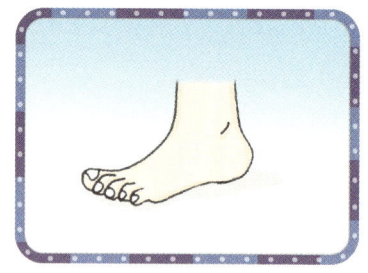

글자풀이 무릎에서 발목까지의 형상을 그린 글자로 발을 뜻함.

[참고] 반대자 : 手(수)

뜻풀이 ① 발 ② 그치다 ③ 밟다 ④ 족하다

예 [足蹈(족도)] : 발로 뛰어 춤을 춤
[足鎖(족쇄)] : 발에 채우는 쇠사슬
[足跡(족적)] : 발자국
[足恭(주공)] : 도를 넘는 공경, 아첨
('주'로 읽음에 주의)
[滿足(만족)] : 마음에 흡족함
[手足(수족)] : 손과 발, 손발 구실을 하는 사람
[知足(지족)] : 분수를 지켜 만족할 줄 앎
[充足(충족)] : 분량에 차서 모자람이 없음

예 [路傍(노:방)] : 길 가
[路上(노:상)] : 길 위, 길바닥
[道路(도:로)] : 차나 사람이 다니는 큰 길
[航路(항:로)] : 배나 항공기가 다니는 길
[海路(해:로)] : 바다 위의 뱃길

身 (몸 신) 部

✱ 부수 설명 : 배가 볼록 나온 사람의 몸을 그린 글자로 몸, 신체를 뜻함.

급수 | 6급
음훈 | ① 길 로:
부수 | 足(발 족) 부 6획
　　　총 13획
필순 ` ⅽ ㅁ ㅁ ㅁ ㅁ ㅁ ㅁ 跋 跋 跋 跋 路 路

급수 | 6급
음훈 | ① 몸 신
부수 | 身(몸 신) 부 0획
　　　총 7획
필순 ` ⅽ ⅾ ⅾ 自 自 身

글자풀이 발 족(足) 변에 각각 각(各). 각(各) 방향으로 걸어가는(足) '길'을 뜻함.
[참고] 유의자 : 道(도)
뜻풀이 ① 길 ② 방도 ③ 도리

글자풀이 배가 볼록 나온 사람의 몸통을 그린 글자로 '몸'을 뜻함.
[참고] 유의자 : 體(체) 상대어 心(심)
뜻풀이 ① 몸 ② 몸소 ③ 나, 자신
예 [身命(신명)] : 몸과 목숨

[身邊(신변)] : 자신의 주위
[身手(신수)] : 몸과 손, 용모와 풍채, 얼굴에 나타난 건강미
[短身(단신)] : 작은 키
[保身(보:신)] : 몸을 보호함
[立身(입신)] : 사회에 지반을 닦고 지위를 높여 출세함
[自身(자신)] : 자기, 자기의 몸
[長身(장신)] : 큰 키
[平身(평신)] : 굽혔던 몸을 폄
[護身(호:신)] : 몸을 지켜 보호함

車 (수레 거) 部

부수 설명 : 바퀴 달린 수레 모양을 단순화 해서 그린 글자. 짐이나 사람을 실어 나르는 수레를 뜻하고 '거' 또는 '차' 로 읽는다.

글자풀이 바퀴 달린 수레 모양을 단순화 해서 그린 글자. 짐이나 사람을 실어 나르는 수레를 뜻하고 '거' 또는 '차' 로 읽는다.

뜻풀이 ① 수레 ② 수레의 바퀴 ③ 도르레

예 [車駕(거가)] : 임금이 타는 수레
[車馬(거마)] : 수레와 말, 마차
[車士(차사)] : 수레를 부리는 사람
[汽車(기차)] : 사람이나 화물을 실어나르는 증기기관차
[馬車(마:차)] : 말이 끌고 다니는 화물 운반용 수레
[人力車(인력거)] : 사람 힘으로 끌고 다니는 수레
[自動車(자동차)] : 동력의 힘으로 굴러가는 차
[貨車(화차)] : 짐을 실어나르는 차

급수 | **7**급
음훈 | ① 수레 거
　　　② 수레 차
부수 | 車(수레 거) 부 0획 총 7획
필순 | 一 𠃍 𠃌 戶 盲 亘 車

급수 | **8**급
음훈 | ① 군사 군
부수 | 車(수레 차) 부 2획
　　　총 9획
필순 | 丶 冖 冖 冖 冖 冃 冒 宣 軍

글자풀이 덮을 멱(冖) 밑에 수레 거(車). 군대가 이끄는 수레들은 한결 같이 포장을 덮고 이동하는 모양을 본떠 만든 글자.

뜻풀이 ① 군사 ② 진치다

예 [軍旗(군기)] 각각의 부대를 상징하는 기
[軍兵(군병)] : 군인 병사
[軍需(군수)] : 군대에서 소용되는 물품
[軍用(군용)] : 군사적 목적에 씀
[軍卒(군졸)] : 군인 졸병
[軍陣(군진)] : 군대가 설치한 진영
[空軍(공군)] : 하늘을 지키는 군대
[陸軍(육군)] : 육지에서 전투하는 군대
[海軍(해:군)] : 바다를 지키는 군대

급수 | 5급
음훈 | ① 가벼울 경
부수 | 車(수레 차) 부 7획
    총 14획

필순 ー 下 戸 亘 亘 車 車 輕 輕 輕 輕 輕 輕

글자풀이 수레가(車) 물줄기(巠) 흐르듯 굴러간다는 글자로 '가볍다'는 뜻.

[참고] 반대자 : 重(중)

뜻풀이 ① 가볍다 ② 적다 ③ 조금히 굴다 ④ 경솔하다

예 [輕減(경감)] : 덜어 가볍게 함
[輕工業(경공업)] : 부피에 비하여 무게가 가벼운 물자를 만드는 공업
[輕妄(경망)] : 행동이나 말이 가볍고 방정맞음
[輕蔑(경멸)] : 깔보고 가벼이 여겨 업신여김
[輕薄(경박)] : 경솔하고 천박함
[輕傷(경상)] : 가벼운 부상
[輕率(경솔)] : 언행이 신중하지 못하고 가벼움
[輕視(경시)] : 가볍게 봄
[輕重(경중)] : 가볍고 무거움

급수 | 4급
음훈 | ① 바퀴 륜
부수 | 車(수레 차) 부 8획
    총 15획

필순 車 車 軟 軨 軨 輪 輪 輪 輪

[글자풀이] 수레 거(車) 변에 둥글 륜(侖). 수레에 달린 둥근 바퀴를 뜻하는 글자로 '바퀴, 수레, 구르다'를 뜻함.

[참고] 유의자 : 廻(회)

[뜻풀이] ① 바퀴 ② 수레 ③ 탈것 ④ 돌다

[예][輪讀(윤독)] : 돌려가며 읽음
[輪作(윤작)] : 돌려 짓기, 한 해씩 번갈아가며 농사를 지음
[輪唱(윤창)] : 돌림 노래, 돌려가며 이어서 노래함
[輪禍(윤화)] : 차량에 따위에 의해 입은 재해
[競輪(경륜)] : 자전거 달리기 시합
[年輪(연륜)] : 쌓여진 경험

급수 | **4**급
음훈 | ① 구를 전:
부수 | 車(수레 차) 부 11획
　　　 총 18획

필순 `一 「 冂 亘 百 車 車 車 車 車 車 車 車 轉 轉 轉 轉`

[글자풀이] 수레 거(車) 변에 오로지 전(專). 수레바퀴가 굴러가는 모습을 나타낸 글자로 '구르다 옮다'의 뜻.

[참고] 약자 : 転

[뜻풀이] ① 구르다 ② 옮다 ③ 목소리 ④ 돌리다

[예][轉嫁(전:가)] : 자기의 허물을 남에게 덮어씌움
[轉用(전:용)] : 본래 쓸 자리에 쓰지 않고 다른데 씀
[轉移(전:이)] : 한 곳에서 다른 곳으로 옮겨감
[轉向(전:향)] : 방향을 바꿈
[空轉(공전)] : 바퀴나 기계 따위를 헛 돌림
[公轉(공전)] : 한 천체(天體)가 다른 천체의 둘레를 주기적으로 도는 일
[反轉(반:전)] : 반대 방향으로 구름. 일의 형세가 뒤바뀜
[運轉(운:전)] : 기계 자동차 따위를 움직여 굴림
[回轉(회전)] : 빙빙 돌림, 방향을 바꾸어 돌림

辛 (매울 신) 部

* 부수 설명 : 죄수에게 형벌을 가할 때 사용한 끝이 뾰족한 칼 모양을 나타낸 글자로 '벌, 괴롭다, 맵다'라는 뜻을 나타냄.

449

급수 | 4급
음훈 | ① 말씀 사
② 사양할 사
부수 | 辛(매울 신) 부 12획 총 19회
필순 ´ ´ ´ ´ ´ ´ ´ 罒 罒 罒 罒 罒 罒 罒 罒 辞 辞 辞

급수 | 4급
음훈 | ① 말씀 변:
부수 | 辛(매울 신) 부 14획
총 21획
필순 ´ ´ ´ ュ ュ ュ ュ ュ ュ ュ ュ ュ ュ ュ ュ 辯 辯 辯

글자풀이 어지러울 란(亂)과 괴로울 辛(신)을 합하여 만든 글자로 '말, 거절하다, 떠나다' 의 뜻.

[참고] 유의자 : 說(설) 약자 : 辞

뜻풀이 ① 말 ② 하소연 ③ 청하다 ④ 떠나다

예
[辭書(사서)] : 사전
[辭說(사설)] : 길게 늘어놓는 푸념
[辭讓(사양)] : 겸손하게 받지 아니하거나 응하지 않음
[辭意(사의)] : 맡고 있던 일자리에서 물러나고자 하는 마음
[辭典(사전)] : 낱말을 모아놓고 낱낱이 풀이한 책
[辭表(사표)] : 직책을 내놓고 떠나겠다는 뜻을 적어내는 글
[言辭(언사)] : 말이나 말씨
[祝辭(축사)] : 축하의 말

글자풀이 말씀 언(言)과 나눌 변(辨)이 합쳐져 된 글자. 옳고 그름을 분별할 수 있도록 '말을 잘 한다' 는 뜻.

[참고] 약자 : 辩

뜻풀이 ① 말 잘하다 ② 다스리다 ③ 바로잡다 ④ 시비를 가리다

예
[辯論(변:론)] : 사리를 밝혀 옳고 그름을 말함
[辯士(변:사)] : 연설 웅변을 잘 하는 사람
[辯舌(변설)] : 재치있는 말솜씨
[辯護(변:호)] : 남의 이익을 위하여 변명하여 도와줌
[訥辯(눌변)] : 더듬거리는 말솜씨
[達辯(달변)] : 썩 능란한 말
[雄辯(웅변)] : 힘차고 거침이 없는 연설, 말솜씨가 뛰어나며 설득력이 있음

7획

辰 (별 진) 部

* **부수 설명** : 세모꼴 형태의 조개껍질 모양을 본뜬 글자. 조개껍질의 날카로운 면을 칼처럼 사용하여 풀이나 곡식을 베는 등 농사에 사용한 기구임.

급수 | **7**급
음훈 | ① 농사 농
부수 | 辰(별 진) 부 6획
  　　총 13획

필순 ` 冂 曰 甲 曲 曲 芇 芇 農 農 農 農

글자풀이 굽을 곡(曲) 밑에 별 진(辰). 곡(曲)은 풀이 우거진 밭을 나타내고 진(辰)은 곡식을 베는 도구 구실을 한 조개 칼을 나타냄. 따라서 농(農)은 밭에서 곡식을 베어 추수하는 '농사'를 뜻함.

뜻풀이 ① 농업 ② 농부 ③ 전답

예 [農家(농가)] : 농사짓는 집
[農林(농림)] : 농업과 임업
[農民(농민)] : 농사짓는 일에 종사하는 백성
[農夫(농부)] : 농사일을 하는 장정
[農業(농업)] : 땅을 이용하여 유용한 식물을 재배하거나 동물을 기르는 산업
[農作(농작)] : 농사를 지음
[農場(농장)] : 전문적으로 농업을 경영하는 장소
[農村(농촌)] : 주로 농사를 짓고 사는 마을
[農土(농토)] : 농사짓는 땅
[富農(부농)] : 많은 경작지를 가지고 부를 누리는 농가나 농민
[歸農(귀:농)] : 농촌으로 돌아감

辵 (쉬엄쉬엄갈 착) 部

* **부수 설명** : 본디의 자형은 彳 자 밑에 止자를 붙인 글자로서 가다가 (彳) 그치고(止) 또 가다가 그치고 한다는 글자. 즉 쉬엄쉬엄 천천히 간다는 뜻이다. 주로 부수로 쓰이며 간략하게 하여 辶로 쓴다. 그 모양이 마치 책받침 구실을 하는 듯하여 '책받침'이라 부르기도 한다.

급수 | **6**급
음훈 | ① 가까울 근:
부수 | 辶(쉬엄쉬엄갈 착) 부
  　　4획 총 8획

필순 ` 厂 斤 斤 斤 汇 䜣 近 近

글자풀이 책받침(辶) 위에 도끼 근(斤). 도끼를 가지고 간다는 글자. 도끼를 가지고 간다면 나무를 베러 가는데 멀리까지 갈 수는 없고 결국 '가깝다'는 뜻임.

[참고] 반대자 : 遠(원)

뜻풀이 ① 가깝다 ② 요사이 ③ 곁 ④ 가까운 일가

예 [近境(근:경)] : 가까운 곳
[近視(근:시)] : 가까운 데는 잘 보아도 먼 데는 잘 못 보는 눈
[近因(근:인)] : 연관성이 가까운 직접적인 원인
[近處(근:처)] : 가까이 있는 곳
[近親(근:친)] : 보통 8촌 이내의 일가붙이
[近海(근:해)] : 육지에 가까운 바다
[近況(근:황)] : 요사이의 형편

급수 | 4급
음훈 | ① 맞을 영
부수 | 辶(쉬엄쉬엄갈 착) 부
4획 총 8획

필순 ′ ⫽ ⪺ 卬 伬 辿 迎 迎

글자풀이 쉬엄쉬엄 갈 착(辶) 위에 우러를 앙(卬). 오는 사람을 우러러 정중하게 맞이한다는 뜻.

[참고] 반대자 : 送(송)

뜻풀이 ① 맞이하다 ② 마음으로 따르다 ③ 헤아리다

예 [迎賓(영빈)] : 귀한 손님을 즐거운 마음으로 맞이함
[迎賓館(영빈관)] : 귀한 손님을 맞이하기 위해 지은 집
[迎接(영접)] : 손님을 맞아서 대접하는 일
[迎合(영합)] : 남의 마음에 들도록 뜻을 맞춤, 아첨을 하여 좇음
[送迎(송:영)] : 가는 사람을 보내고 오는 사람을 맞음
[歡迎(환영)] : 호의를 가지고 오는 사람을 기쁘게 맞이함

급수 | 4급
음훈 | ① 도망할 도
부수 | 辶(쉬엄쉬엄갈 착) 부
6획 총 10획

필순 丿 丿 丬 兆 兆 兆 逃 逃 逃

7획

글자풀이 辶(착)에서 '간다'는 뜻과 兆(조짐 조)에서 음을 빌어서 만든 글자로 '도망간다'는 뜻임.

[참고] 유의자 : 亡(망)

뜻풀이 ① 달아나다 ② 숨다 ③ 피하다

예 [逃亡(도망)] : 피하거나 쫓겨 달아남
[逃命(도명)] : 목숨을 보존하기 위하여 도망감
[逃北(도배)] : 도망쳐 달아남
[逃散(도산)] : 도망쳐 뿔뿔이 흩어짐
[逃走(도주)] : 피하여 달아남
[逃脫(도탈)] : 도망하여 벗어남
[逃避(도피)] : ① 도망하여 몸을 피함 ② 적극적으로 나서야 하는 일에 몸을 사려 빠져 나가려 함

글자풀이 본디는 책받침 위에 웃음 소(笑). 가는 (辶) 사람을 웃으며(笑) '보낸다'는 뜻.

[참고] 반대자 : 迎(영) 약자 : 送

뜻풀이 ① 보내다 ② 바치다 ③ 선물

예 [送舊迎新(송:구영신)] : 묵은해를 보내고 새해를 맞음
[送金(송:금)] : 돈을 보냄
[送達(송:달)] : 편지·서류 또는 물품을 보냄
[送別(송:별)] : 떠나는 사람을 작별하여 보냄
[送信(송:신)] : 통신을 보냄
[送還(송:환)] : 도로 돌려보냄
[發送(발송)] : 서류나 물건을 보냄
[放送(방:송)] : 라디오나 텔레비전을 통해 소식을 보냄

급수 | 준 **4** 급
음훈 | ① 보낼 송:
부수 | 辶(쉬엄쉬엄갈 착) 부
6획 총 10획

필순 ′ ⌒ ⌒ ⌒ 丷 芠 笑 误 误 送

급수 | 준 **4** 급
음훈 | ① 거스릴 역
부수 | 辶(쉬엄쉬엄갈 착) 부
6획 총 10획

필순 ′ ″ 丷 屰 屰 屰 逆 逆 逆 逆

453

글자풀이 책받침(辶) 위에 사람의 모양을 거꾸로 올려놓은 글자로 '거꾸로' 간다는 뜻임.

[참고] 반대자 : 順(순)

뜻풀이 ① 거스르다 ② 거절하다 ③ 어긋나다 ④ 거꾸로

예 [逆境(역경)] : 일이 뜻대로 되지 않아 매우 어려운 처지
[逆徒(역도)] : 역적의 무리
[逆流(역류)] : 물이 거슬러 흐름, 반대 방향으로 나아감
[逆謀(역모)] : 반역을 꾀함
[逆說(역설)] : 거꾸로 바꾸어 말함
[逆走行(역주행)] : 반대 방향으로 달려감
[逆行(역행)] : 순서를 뒤바꾸어 행함. 거슬러 나아감, 뒷걸음 침
[反逆(반역)] : 나라와 겨레를 배반함

급수 | 준 4 급
음훈 | ① 물러날 퇴:
부수 | 辶(쉬엄쉬엄갈 착) 부 6획 총 10획

필순 ⁷ ⁷ ⁷ ⁷ 艮 艮 艮 艮 退 退 退

글자풀이 책받침 위에 그칠 간(艮). 나아가기를 그치고 '물러선다'는 뜻.

[참고] 반대자 : 進(진)

뜻풀이 ① 물러나다 ② 물리치다 ③ 떠나다 ④ 색이 바래다

예 [退却(퇴:각)] : 패하여 뒤로 물러섬
[退去(퇴:거)] : 다른 곳으로 거주를 옮김, 물러남
[退校(퇴:교)] : 학교에서 떠남
[退色(퇴:색)] : 색이 바램, 본디의 의도나 모습에서 많이 변함
[退場(퇴:장)] : 어떤 장소에서 물러남, 운동 경기 중에서 반칙이나 부상으로 인하여 물러남
[退職(퇴:직)] : 직장에서 물러남
[退治(퇴:치)] : 물리쳐 없앰
[勇退(용퇴)] : 용기있게 물러남, 후진에게 길을 터 주기 위해 스스로 관직 등에서 물러남

7획

급수 | 5 급
음훈 | ① 지날 과:
② 허물 과:
부수 | 辶(쉬엄쉬엄갈 착) 부 7획 총 11획

필순 ˊ ㄇ ㅁ ㅁ 冎 咼 咼 咼 冎 渦 渦 過

過

글자풀이 책받침(辶)위에 입 삐뚤어질 괘(咼). 삐뚤삐뚤 간다. 즉 잘못 되었다. '허물, 지나가다'의 뜻임.

[참고] 반대자 : 功(공)

뜻풀이 ① 지나치다. 지나가다 ② 허물, 과오 ③ 건너다

예 [過去(과:거)] : 이미 지나간 때 ↔ 미래(未來)
[過多(과:다)] : 지나치게 많이 ↔ 과소(過少)
[過食(과:식)] : 지나치게 많이 먹음
[過失(과:실)] : 부주의나 태만에서 비롯된 잘못이나 허물이나 실수
[過用(과:용)] : 너무 많이 씀
[通過(통과)] : 어떤 곳이나 때를 통하여 지나감, 시험에 합격함

급수	준 4급
음훈	① 이을 련
부수	辶(쉬엄쉬엄갈 착) 부 7획 총 11획

필순 ˊ ㄷ ㄕ 百 百 亘 車 車 連 連 連

글자풀이 책받침 위에 수레 거(車) 여러 대의 수레가 줄 지어 가듯 이어진다는 뜻.

[참고] 유의자 : 續(속)

뜻풀이 ① 잇닿다 ② 늘어세우다 ③ 동행하다

예 [連結(연결)] : 사물이나 현상이 서로 이어지는 관계
[連絡(연락)] : 어떤 사실을 상대편에 알림, 서로 잇대어 줌
[連發(연발)] : 총이나 대포 따위를 잇달아 쏨
[連續(연속)] : 끊이지 않고 죽 이어지거나 지속됨
[連打(연타)] : 그치지 않고 연이어 치고 때림
[連休(연휴)] : 2일 이상 연이어 쉼
[關連(관련)] : 서로 관계되어 있음

급수	6급
음훈	① 빠를 속
부수	辶(쉬엄쉬엄갈 착) 부 7획 총 11획

필순 ˊ ㄷ ㄕ 百 市 束 束 涑 涑 速

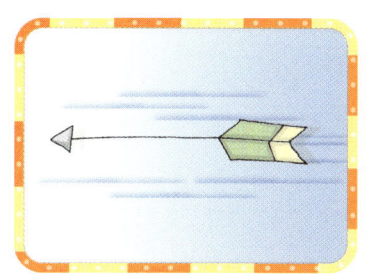

글자풀이 책받침 위에 묶을 속(束). 나무꾼이 나뭇단을 흩어지지 않게 묶어서(束) 가지고 간다(辶) 즉 '빠르게 간다'는 뜻.

[참고] 반대자 : 緩(완)

뜻풀이 ① 빠르다 ② 신속하다

예 [速決(속결)] : 빨리 결정하거나 빨리 처리함
[速記(속기)] : 빠르게 받아 적음
[速斷(속단)] : 빨리 결단을 내림
[速度(속도)] : 물체가 나아가거나 일이 진행되는 빠르기
[速力(속력)] : 빠르게 달릴 수 있는 힘, 속도의 크기
[速步(속보)] : 빨리 걸음, 빠른 걸음
[速行(속행)] : 재빨리 행함, 빨리 감
[急速(급속)] : 매우 빠른 속도 ↔ 서행(徐行)

글자풀이 책받침(辶) 위에 알릴 고(告). 신에게 알리려(告) 갈 때(辶) 여러 가지 음식을 만들어 가지고 가는데 여기서 '만든다'는 뜻.

[참고] 유의자 : 製(제)

뜻풀이 ① 만들다 ② 짓다 ③ 꾸미다 ④ 세우다

예 [造菓(조:과)] : 쌀이나 밀가루로 만든 과자
[造林(조:림)] : 나무를 잘 가꾸어 숲을 만듦
[造成(조:성)] : 만들어서 이룸, 분위기를 만듦
[造花(조:화)] : 종이나 천 등으로 꽃을 만듦, 만든 꽃 ↔ 생화(生花)
[製造(제:조)] : 지어서 만듦
[創造(창:조)] : 전에 없던 것을 처음으로 만듦

급수 | 준 **4**급
음훈 | ① 지을 조:
부수 | 辶(쉬엄쉬엄갈 착) 부
7획 총 11획

필순 ' ㅗ ㅕ 生 牛 告 告 浩 浩 造

급수 | **6**급
음훈 | ① 통할 통
부수 | 辶(쉬엄쉬엄갈 착) 부
7획 총 11획

필순 ㄱ ㄱ ㅈ 丙 甬 甬 甬 涌 涌 通

글자풀이 책받침 위에 골목 길 용(甬). 길을 뚫어 간다. 즉 서로 통한다는 뜻.

[참고] 유의자 : 貫(관)

뜻풀이 ① 막힘없이 통하다 ② 오가다 ③ 알리다

예 [通過(통과)] : 통하여 지나가다, 시험에 합격함
　[通商(통상)] : 서로 물품을 사고 팖
　[通信(통신)] : 소식을 전함, 정보를 주고받음
　[通用(통용)] : 막힘없이 두루 씀
　[通風(통풍)] : 바람이 드나듦
　[通話(통화)] : 전화로 말을 서로 주고받음
　[貫通(관통)] : 꿰뚫어 통함
　[普通(보:통)] : 특별하지 않고 예사로움

급수 | 5급
음훈 | ① 주일 주
부수 | 辶(쉬엄쉬엄갈 착) 부
　　　8획 총 12획

필순 丿 冂 冂 冃 冃 周 周 周 周 调 调 週

글자풀이 책받침 위에 두루 周(주). 이곳저곳 주변을 두루 살펴보고 '돌아온다' 는 뜻.

뜻풀이 ① 돌다 ② 한바퀴 ③ 주일 요일

예 [週刊(주간)] : 한 주일마다 발간함
　[週期(주기)] : 같은 현상이나 특징이 한 바퀴를 도는 시기
　[週年(주년)] : 일년을 단위로 돌아오는 날을 세는 말 〈결혼 10주년〉
　[週末(주말)] : 한 주일의 끝 무렵, 금요일 오후부터 일요일까지
　[週日(주일)] : 일요일부터 토요일까지 7일간
　[隔週(격주)] : 일주일 씩 걸러서
　[每週(매:주)] : 거르지 않고 주일마다, 각각의 주일
　[一隔年(일주년)] : 한 돌

급수 | 준 4급
음훈 | ① 나아갈 진:
부수 | 辶(쉬엄쉬엄갈 착) 부
　　　8획 총 12획

필순 ノ 亻 亻 仁 仁 仨 佯 隹 隹 淮 淮 進

글자풀이 책받침(辶) 위에 새 추(隹). 辶은 '간다'는 뜻 隹는 '날아다니는 새'. 새는 앞으로만 가기 때문에 '나아 간다, 앞으로 간다'는 뜻.

[참고] 반대자 : 退(퇴)

뜻풀이 ① 나아가다 ② 전진한다 ③ 바치다 ④ 올리다

예 [進擊(진:격)] : 상대방을 향해 치고 나감
[進級(진:급)] : 등급 · 계급 · 학년이 높아짐
[進度(진:도)] : 일이 진행되는 속도나 정도
[進路(진:로)] : 앞으로 나아갈 길
[進行(진:행)] : 일을 처리해 나감
[突進(돌진)] : 갑자기 튀어나감
[勇進(용:진)] : 씩씩하게 나아감

급수 | 준 4급
음훈 | ① 통달할 달
부수 | 辶(쉬엄쉬엄갈 착) 부
9획 총 13획

필순 一 十 土 土 专 去 幸 幸 坴 坴 declare 達 達 達

글자풀이 책받침(辶) 위에 어린양 달(羍). 辶(간다)이 뜻 부분, 羍(달)이 음 부분. 어린 양이 이곳저곳 다닌다는 글자로 '와서 닿다, 통하다'의 뜻임.

뜻풀이 ① 통하다 ② 이르다 ③ 뜻을 이루다

예 [達觀(달관)] : 사물의 진실을 꿰뚫어 보는 뛰어난 관찰
[達道(달도)] : 도(道)에 통달함
[達辯(달변)] : 썩 능란한 말솜씨
[達成(달성)] : 목적한 바를 이룸
[達人(달인)] : 학문이나 기예의 특정 분야에 뛰어난 사람
[到達(도:달)] : 정한 곳이나 어떤 수준에 이르러 다다름
[發達(발달)] : 성장하여 완전한 형태에 가까워짐
[配達(배:달)] : 물건 등을 전달함
[榮達(영달)] : 지위가 높고 귀하게 됨, 출세
[傳達(전달)] : 지시 · 명령 · 물건 등을 전하여 이르게 함
[通達(통달)] : 막힘없이 환히 통함, 알림

급수 | **7**급
음훈 | ① 길 도:
부수 | 辶(쉬엄쉬엄갈 착) 부
9획 총 13획

필순 ` ` ` ⺌ ⺍ ⺷ 首 首 首 首 道 道

道

글자풀이 책받침(辶) 위에 머리 수(首). 머리로 생각한 데로 간다는 글자 사람이 다니는 '길', 지켜야 할 '도리'를 뜻함.

[참고] 유의자 : 路(로)

뜻풀이 ① 길 ② 통하다 ③ 가다 ④ 지켜야 할 도리

예 [道具(도:구)] : 일에 쓰이는 여러 가지 연장
[道德(도:덕)] : 인간으로서 마땅히 지켜야 할 도리 및 그에 준한 행위
[道路(도:로)] : 다니는 길
[道理(도:리)] : 사람이 마땅히 행하여야 할 바른 길
[道義(도:의)] : 사람이 마땅히 행해야 할 도덕상의 의리
[人道(인도)] : 사람이 걸어다니는 길. 사람의 도리
[孝道(효:도)] : 효행을 다함

급수 | **4**급
음훈 | ① 만날 우:
부수 | 辶(쉬엄쉬엄갈 착) 부
9획 총 13획

필순 ` 口 日 日 旦 禺 禺 禺 遇 遇 遇

遇

글자풀이 책받침(辶) 위에 원숭이 우(禺). 길 가다가(辶) 원숭이(禺)를 만나듯 우연히 '만난다'는 뜻.

뜻풀이 ① 만나다 ② 맞이하다 ③ 알현하다 ④ 어리석다

예 [遇難(우:난)] : 재난을 만나다
[遇害(우:해)] : 손해를 입다
[待遇(대:우)] : 직장 따위에서 받는 보수의 수준이나 지위
[不遇(불우)] : 살림이나 처지가 딱하고 어려움
[知遇(지우)] : 자기의 인격·학식을 알아서 남이 후히 대우함 또는 그 대우
[處遇(처:우)] : 조치하여 대우함 또는 그런 대우

 급수 | **6**급
음훈 | ① 옮길 운:
부수 | ⻌(쉬엄쉬엄갈 착) 부
　　　9획　총 13획
필순 `冖冖冖冔冔冟軍運`

글자풀이　책받침 위에 군사 군(軍). 군사들이 줄지어 이동 하듯 '옮겨간다' 는 뜻.

[참고] 유의어 : 輸(수)

뜻풀이　① 움직이다 ② 옮기다 ③ 나르다 ④ 쓰다, 사용하다

🅔 [運動(운:동)] : 사람이 몸을 단련하거나 건강을 위해 몸을 움직이는 일
[運命(운:명)] : 사람이 겪어야 할 필연적인 과정
[運搬(운:반)] : 물건을 옮겨 나름
[運送(운:송)] : 화물 및 사람을 싣고 일정한 장소로부터 다른 장소로 나르는 일, 어떤 목적을 이루기 위해 힘씀
[運營(운:영)] : 조직 · 기구 따위를 운용(運用)하여 경영함
[運轉(운:전)] : 기계나 자동차 따위를 움직여 굴림

[不運(불운)] : 운수가 좋지 않음 ↔ 행운(幸運)
[幸運(행:운)] : 좋은 운수
[惡運(악운)] : 사나운 운수

 급수 | **4**급
음훈 | ① 놀 유
부수 | ⻌(쉬엄쉬엄갈 착) 부
　　　9획　총 13획
필순 ``⺼扩扩扩於於游游游遊``

글자풀이　쉬엄쉬엄 갈 착(⻌)위에 깃발 유(斿). 어린아이(子)가 깃발(斿)을 들고 돌아다니며(⻌) '논다' 는 뜻.

[참고] 유의자 : 戱(희)

뜻풀이　① 놀다 ② 틈. 여가 ③ 놀이. 벗 ④ 방탕하다

🅔 [遊覽(유람)] : 이곳저곳 돌아다니며 구경함
[遊說(유세)] : 자기의 의견 또는 주장을 선전하며 돌아다님
[遊興(유흥)] : 재미있게 즐기며 놂
[遊戱(유희)] : 장난으로 놂
[回遊(회유)] : 두루 돌아다니면서 구경하거나 놂

급수 | **6**급
음훈 | ① 멀 원:
부수 | 辶(쉬엄쉬엄갈 착) 부
10획 총 14획

필순 一 十 土 土 吉 吉 声 声 袁 袁 遠 遠 遠

글자풀이 책받침(辶) 위에 긴 옷 원(袁). 긴 옷(외출복)을 입고 '멀리' 나간다는 뜻.

[참고] 반대자 : 近(근)

뜻풀이 ① 멀다 ② 먼 거리 ③ 넓다 ④ 멀리하다

예 [遠隔(원:격)] : 멀리 떨어져 있음
[遠近(원:근)] : 멀고 가까움, 먼 곳과 가까운 곳
[遠大(원:대)] : 품은 뜻이 넓고 큼
[遠視(원:시)] : 멀리 봄, 먼 곳까지 보임
[遠洋(원:양)] : 육지에서 멀리 떨어진 큰 바다
[久遠(구:원)] : 아득히 멀고 오램, 영원하고 무궁함
[永遠(영:원)] : 한없이 오래 계속되는 일

급수 | **4**급
음훈 | ① 맞을 적
부수 | 辶(쉬엄쉬엄갈 착) 부
11획 총 15획

필순 ` 亠 亠 户 户 产 商 商 商 商 適 適 適 適

글자풀이 쉬엄쉬엄 갈 착(辶) 위에 밑둥 적(啇). 辶에서 간다는 뜻과 啇(적)에서 음을 따서 만든 글자로 본래는 '간다'는 뜻이었고 '알맞다, 만난다'는 뜻으로 쓰임.

뜻풀이 ① 적당하다 ② 알맞다 ③ 만나다 ④ 당연하다

예 [適格(적격)] : 규격에 딱 맞다
[適當(적당)] : 해당 되는 것에 딱 들어 맞음
[適所(적소)] : 알맞은 장소
[適任(적임)] : 임무에 알맞음
[適合(적합)] : 알맞게 들어맞음

급수 | **5**급
음훈 | ① 가릴 선:
부수 | 辶(쉬엄쉬엄갈 착) 부
12획 총 16획

461

필순 ʹ ʹ ᄀ ᄇ ᄇᄀ ᄇᄀ ᄇᄀ ᄇᄀ ᄇᄀ 巽
巽 巽 選 選

글자풀이   책받침(辶) 위에 유순할 손(巽). 대표로 가서(辶) 일할 적당한 사람(巽)을 '가려 뽑는다'는 뜻.

[참고] 유의자 : 擇(택)

뜻풀이 ① 가려뽑다 ② 가려내다

예 [選擧(선:거)] : 일정한 조직이나 집단에서 임원 또는 대표자를 뽑는 일, 선거권을 가진 사람이 공직자를 투표하여 뽑는 일
[選手(선:수)] : 운동이나 기술이 뛰어나 대표로 뽑힌 사람
[選出(선:출)] : 여럿 가운데서 가려 골라냄, 뽑음
[選擇(선:택)] : 여럿 가운데서 필요한 것을 골라 뽑음
[競選(경:선)] : 둘 이상의 후보가 경쟁하는 선거
[落選(낙선)] : 선거에서 떨어짐 ↔ 당선(當選)
[當選(당선)] : 선거에서 뽑힘
[大選(대:선)] : 대통령 선거의 준말로 대통령을 뽑는 선거

급수 | 4급
음훈 | ① 남길 유
부수 | 辶(쉬엄쉬엄갈 착) 부
12획 총 16획

필순 ʹ ᅩ ᄇ ᄆ 虫 虫 虫 青 青 青 貴 貴
貴 遺 遺 遺

글자풀이   쉬엄쉬엄갈 착(辶) 위에 귀할 귀(貴). 가는 사람이 귀한(貴) 재물을 두고 간다(辶)는 글자. '남기다, 버리다'의 뜻임.

뜻풀이 ① 남기다 ② 잃다 ③ 두다. 버리다

예 [遺家族(유가족)] : 죽은이의 남은 가족
[遺稿(유고)] : 죽은이가 생전에 써서 남긴 원고
[遺棄(유기)] : 돌보지 않고 내다 버림 또는 그런 행위
[遺物(유물)] : 선대의 인류가 후대에 남긴 물건, 죽은 사람이 남긴 물건, 유품
[遺書(유서)] : 유언을 적은 글
[遺言(유언)] : 죽음에 이르러 마지막 남긴 말

7획

[遺志(유지)] : 죽은이가 미처 이루지 못하고 남긴 뜻

[逃避(도피)] : 도망하여 숨음
[回避(회피)] : 마주 하지 않고 몸을 돌려 피함

급수 | 4급
음훈 | ① 피할 피:
부수 | 辶(쉬엄쉬엄갈 착) 부
13획 총 17획

필순 ` ` ` ` ` ` ` ` ` ` ` ` ` `
辟 辟 避 避 避

급수 | 준 4급
음훈 | ① 가 변
부수 | 辶(쉬엄쉬엄갈 착) 부
15획 총 19획

필순 ` ` ` ` ` ` ` ` ` ` ` ` `
臭 臱 臱 臱 邊 邊 邊

글자풀이 책받침(辶) 위에 피할 피(辟). 어려운 상황에서 벗어나 피한다는 뜻.

뜻풀이 ① 피하다 ② 떠나다 ③ 숨다

예 [避難(피:난)] : 재난을 피해서 멀리 옮겨감
[避暑(피:서)] : 더위를 피해 시원한 곳으로 옮겨감
[避身(피:신)] : 위험을 피하여 몸을 안전한 곳으로 잠시 숨김
[忌避(기피)] : 꺼리거나 싫어하여 만나기를 피함
[待避(대:피)] : 위험이나 피해를 입지 않도록 일시적으로 피해감

글자풀이 自, 穴, 方, 辶 이 합쳐져 된 글자로 코(自)가 잘린 죄인이 굴(穴)파는 일을 하러 쫓겨 가는 (辶) 지방(方)은 국경 '끝, 변두리 지방'이라는 뜻을 나타냄.

뜻풀이 ① 가. 끝 ② 변두리 ③ 모퉁이

예 [邊境(변경)] : 국경 변두리 지방
[邊利(변리)] : 꾼 돈에 붙는 이자
[邊方(변방)] : 국경 지방
[江邊(강변)] : 강가
[身邊(신변)] : 제 몸과 그 주변
[海邊(해:변)] : 바닷가

邑 (고을 읍) 部

* **부수 설명** : 口와 巴로 된 글자. 口는 일정한 경계, 구역을 뜻하고 巴는 땅을 뜻하여 일정한 구역 안의 땅을 뜻하는 글자임. 독립된 글자로도 쓰이고 부수로도 쓰이는데 방으로 쓰일 때는 그 모양이 阝로 변하며 이를 '우부 방' 이라 부름.

급수 | **7급**
음훈 | ① 고을 읍
부수 | 邑(고을 읍) 부 0획
총 7획

필순 ' 丨 冂 吊 吊 咼 邑 邑

글자풀이 口와 巴로 된 글자. 口는 일정한 경계, 구역을 뜻하고 巴는 땅을 뜻하여 일정한 구역 안의 땅을 뜻하는 글자.

뜻풀이 ① 고을 ② 마을 ③ 영토

예 [邑內(읍내)] : 고을의 번창한 거리 안, 마을의 번화가
[邑民(읍민)] : 읍내에 사는 사람
[邑長(읍장)] : 읍이나 지방 행정 지역을 책임지는 우두머리
[都邑(도읍)] : 서울, 그 나라의 수도
[食邑(식읍)] : 옛날 나라에 큰 공이 있는 신하에게 땅을 떼어주어 조세를 개인이 받아 쓰게 하던 고을, 식봉(食封)

급수 | **6급**
음훈 | ① 고을 군:
부수 | 阝(고을 읍) 부 7획
총 10획

필순 ' 그 극 尹 尹 君 君 君' 郡³ 郡

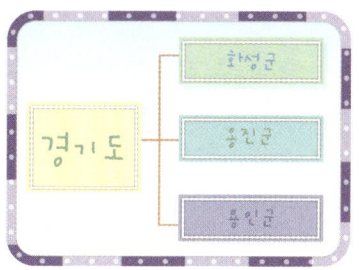

글자풀이 임금 군(君) 변에 고을 읍(邑). 임금의 명을 받아 다스리는 한 구역의 고을.

뜻풀이 ① 고을 ② 지방 행정 구역 ③ 관청

예 [郡民(군:민)] : 그 군 안에 거주하는 주민
[郡守(군:수)] : 한 군을 다스리는 행정 관리
[郡廳(군:청)] : 한 군의 행정 업무를 취급하는 사무소

급수 | **6급**
음훈 | ① 거느릴 부
　　　② 떼 부
부수 | 阝(고을 읍) 부 8획 총 11획
필순 `      咅 咅 咅 ` 部 部

글자풀이 가를 부(咅)와 고을 읍(邑)이 합쳐서 된 글자로 고을을 다스리기 편하게 나눈다는 뜻. '떼, 거느리다, 나누다, 통솔한다'는 뜻임.

뜻풀이 ① 거느리다 ② 나누다 ③ 곳. 장소 ④ 떼

예 [部隊(부대)] : 일정한 규모로 편성된 군대 조직
[部屬(부속)] : 어떤 부류나 부문에 속해 있음
[部下(부하)] : 직책상 자신보다 더 낮은 자리에 있는 사람, 남의 밑에 딸리어 그의 명령에 따라 움직이는 사람
[內部(내:부)] : 한 영역 안쪽 부분, 어떤 조직에 속한 범위의 안
[上部(상:부)] : 자기가 속한 조직을 지휘 통솔하는 윗 조직 윗쪽 부분
↔ 하부(下部)

[一部(일부)] : 일부분
[全部(전부)] : 어떤 대상을 이루는 모든것, 사물의 온통, 모두

급수 | **4급**
음훈 | ① 우편 우
부수 | 阝(고을 읍) 부 8획
　　　총 11획
필순 `      垂 垂 垂 ` 郵

글자풀이 국토의 변방을 뜻하는 수(垂)자와 고을을 뜻하는 읍(邑)자가 결합하여 된 글자로 국경까지 왕래할 때 말을 갈아타는 '역참과 우편'을 뜻함.

뜻풀이 ① 역참 ② 역체, 배달 ③ 농막

예 [郵官(우관)] : 예전에 우편 업무를 관리하는 관원
[郵送(우송)] : 우편을 이용하여 서류나 화물 등을 보냄
[郵政(우정)] : 우편에 관한 행정
[郵便(우편)] : 서신이나 물품을 국내 국외로 보내는 업무
[郵票(우표)] : 우편 시설을 이용하기 위하여 요금을 지불한 증표

| 465

급수 | **5**급
음훈 | ① 도읍 도
부수 | 阝(고을 읍) 부 9획
　　　총 12획

필순 一 十 土 耂 耂 耂 者 者 者 者³ 都³ 都

글자풀이 놈 자(者) 변에 고을 읍(邑). 사람(者)이 많이 모여 사는 고을(邑, 阝) 즉 도시를 뜻함.

[참고] 반대자 : 農(농)

뜻풀이 ① 도읍 ② 서울 ③ 우두머리 ④ 대충

예 [都講(도강)] : 예전에 글방에서 그 동안 배운 것을 선생님 앞에서 외어 보이던 일
[都賣(도매)] : 생산자로부터 사다가 소매상에게 파는 일, 물건을 낱개로 팔지 않고 묶음 덩어리 단위로 팖
[都城(도성)] : 천자 또는 제후가 살고 있는 곳, 수도
[都市(도시)] : 일정한 지역의 정치·경제·문화의 중심이 되는 지역
[都合(도합)] : 모두 합함
[都會地(도회지)] : 사람이 많이 살고있는 번화한 지역

급수 | 준 **4**급
음훈 | ① 시골 향
부수 | 阝(고을 읍) 부 10획
　　　총 13획

필순 ˊ ˊ ˊ ˊ ˊ ˊ ˊ ˊ ˊ ˊ ˊ ˊ 鄕

글자풀이 작을 요(幺) 와 밥 식(食) 그리고 고을 읍(邑＝阝)이 모여서 된 글자. 작은 음식도 같이 나누어 먹는 정겨운 고장 '시골'을 뜻함.

[참고] 유의자 : 村(촌)　반대자 : 京(경)
　　　약자 : 鄉

뜻풀이 ① 시골 ② 마을 ③ 곳 ④ 고향

예 [鄕民(향민)] : 고향 주민
[鄕村(향촌)] : 시골 마을
[鄕土(향토)] : 자기가 태어나서 자란 고향의 땅, 시골이나 고장
[故鄕(고향)] : 자기가 태어나서 자라난 곳
[望鄕(망:향)] : 고향을 그리워하며 생각함
[愛鄕(애:향)] : 자기 고향을 아끼고 사랑함

7획

[他鄕(타향)] : 자기의 고향 아닌 다른 지방

酉 (닭 유) 部

* 부수 설명 : 술병 모양을 본떠 만든 글자로 술 또는 술담는 그릇을 뜻한다. 한자 이름은 '닭 유'로서 '자축인묘 진사오미' 하는 12지신의 열째 번에 해당하는 글자로 띠로서 닭을 뜻하고 시간은 오후 5시에서 7시까지에 해당한다. 이 글자를 부수로 하는 글자들은 대체로 '술 또는 발효 음식'과 관계가 있다.

급수 | 준 4급
음훈 | ① 나눌 배: ② 짝 배:
부수 | 酉(닭 유) 부 3획
총 10획
필순 一 丆 丙 丙 西 酉 酉 配 配

닭 유(酉) 옆에 몸 기(己). 술 병 옆에 쪼그리고 앉아있는 사람 즉 무릎 꿇고 앉아서 술잔을 받아 마시며 혼례식을 올리는 '배우자'를 뜻함.

[참고] 유의자 : 匹(필), 偶(우)

① 짝 ② 배우자 ③ 술빛깔 ④ 나누다

[配給(배:급)] : 여러 몫으로 나누어 돌려줌
[配當(배:당)] : 알맞게 별러 나눔, 나누어 줌 또는 그 액(額)이나 양
[配慮(배:려)] : 관심을 가지고 이리저리 마음을 씀
[配偶者(배:우자)] : 부부의 한 쪽
[配匹(배:필)] : 부부로서의 짝
[配合(배:합)] : 잘 어울리게 한데 섞어 합함
[分配(분배)] : 고르게 나누어 줌
[年配(연배)] : 비슷한 나이

급수 | 4급
음훈 | ① 술 주(:)
부수 | 酉(닭 유) 부 3획
총 10획
필순 丶 丶 氵 氵 汀 沂 沂 洒 酒 酒

물 수(氵) 변에 닭 유(酉). 물(氵)과 술병(酉)을 나타낸 글자로 술병에서 흘러내리는 '술'을 뜻함.

뜻풀이 ① 술 ② 잔치, 주연

예 [酒客(주객)] : 술꾼
[酒毒(주독)] : 술로 인한 해독
[酒煎子(주전자)] : 술이나 물을 데우거나 이를 담아 잔에 따르도록 만든 그릇
[酒酊(주:정)] : 술에 취해 정신없이 말하거나 행동함 또는 그 말이나 행동
[酒池肉林(주지육림)] : 연못물과 같은 술에 숲처럼 많은 고기안주, 마음껏 먹고 마심
[酒興(주흥)] : 술 마시고 취하여 일어나는 흥취
[甘酒(감주)] : 단술, 맛이 좋은 술
[毒酒(독주)] : 독이 되는 술
[淸酒(청주)] : 맑은 술

급수 | 6급
음훈 | ① 의원 의
부수 | 酉(닭 유) 부 11획
     총 18획

필순 ᅳ ᅳ ᅳ ᅳ ᅳ 医 医 医 医 医 医 医 医 医 医 医 医 醫

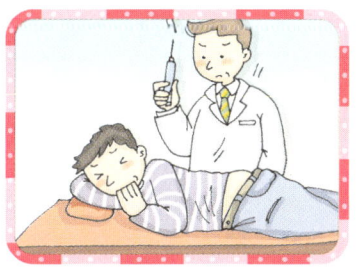

글자풀이 상자 방(匚), 화살 시(矢), 몽둥이 수(殳). 닭 유(酉)로 된 글자로 수술 도구(殳)를 써서 환자 몸에 박힌 화살(矢)을 뽑아 상자(匚)에 담고 상처에 술(酉)을 부어 치료한다는 의미로 '의원'을 뜻함.

[참고] 유의자 : 療(료)

뜻풀이 ① 의원 ② 치료하다 ③ 무당 ④ 보살피는 사람

예 [醫療(의료)] : 의술로 병을 고침
[醫師(의사)] : 의술과 약으로 병을 고치는 일을 직업으로 하는 사람
[醫術(의술)] : 병을 고치는 재주
[醫院(의원)] : 병자를 치료하는 곳
[名醫(명의)] : 이름 난 훌륭한 의사
[韓醫(한:의)] : 한방 의사

里 (마을 리) 部

부수 설명 : 밭 전(田)과 흙 토(土)가 합하여 된 글자. 농사지을 밭도 있고 집짓고 생활할 땅도 있는 곳 즉 사람이 살만한 '마을'을 뜻함.

급수 | 7급
음훈 | ① 마을 리:
부수 | 里(마을 리) 부 0획
     총 7획

필순 丨 口 日 日 旦 甲 里

글자풀이 밭 전(田)과 흙 토(土)가 합하여 된 글자. 농사지을 밭도 있고 집 짓고 생활할 땅도 있는 곳 즉 사람이 살만한 '마을'을 뜻함.

뜻풀이 ① 마을 ② 거리 ③ 주거 ④ 상점

예 [里居(이:거)] : 벼슬을 그만두고 시골에 내려가 삶 또는 그런 사람
[里門(이:문)] : 마을 입구에 세운 문, 여문
[里塾(이:숙)] : 마을에 있는 서당
[里程標(이:정표)] : 길가는 방향과 거리 등을 적어 세운 푯말, 어떤 일이나 목적의 기준
[一瀉千里(일사천리)] : '강물이 빨리 흘러 천 리를 간다' 즉 어떤 일이 거침없이 빨리 진행됨을 이르는 말
[鄕吏(향리)] : 고향 마을

급수 | **7**급
음훈 | ① 무거울 중:
부수 | 里(마을 리) 부 2획
　　　총 9획

필순 ノ 二 千 千 斤 斤 盲 盲 重 重

글자풀이 사람이 흙을 자루에 담아 등에 지고 있다는 글자로 '많다, 무겁다'는 뜻.

[참고] 반대자 : 輕(경)

뜻풀이 ① 무겁다 ② 거듭 ③ 많다 ④ 중요하다

예 [重九(중:구)] : 음력 9월 9일
[重勞動(중:노동)] : 육체적으로 아주 힘든 노동
[重量(중:량)] : 무거운 양, 큰 무게
[重複(중:복)] : 거듭하여 겹침
[重傷(중:상)] : 심하게 다침
[重要(중:요)] : 귀중하고 요긴한
[重任(중:임)] : 먼저 근무하던 지위의 임기가 끝난 다음에 계속해서 그 자리에 책임을 지고 일함
[重責(중:책)] : 중대한 책임, 매우 엄하게 꾸짖음

급수 | **6**급
음훈 | ① 들 야:
부수 | 里(마을 리) 부 4획
　　　총 11획

필순 丨 口 日 日 旦 里 里' 里' 野 野 野

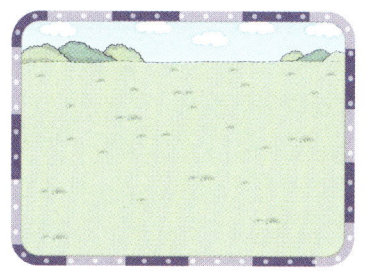

글자풀이 마을리(里) 변에 나 여(予). 마을 옆에 멀리 펼쳐진 넓은 '들'.

[참고] 반대자 : 山(산)

뜻풀이 ① 들 ② 변두리 ③ 촌스럽다 ④ 거칠다

예 [野球(야:구)] : 9명이 한 패가 되어 공을 방망이로 치고 달리는 경기
[野黨(야:당)] : 정당 정치에서 현재 정권을 잡지 못한 정당
[野望(야:망)] : 커다란 희망이나 무엇인가 이루어보려는 마음
[野心(야:심)] : 무엇을 이루어 보려고 마음속으로 품고 있는 욕망
[野人(야:인)] : 아무 곳에도 속하지 않고 자유롭게 사는 사람
[在野(재:야)] : 공직에 나서지 않고 민간에 있음
[草野(초야)] : 시골의 궁벽한 땅

글자풀이 日, 一, 里로 이루어진 글자. 한(一) 마을(里) 안에 얼마나 살고 있는지 밝히려고(日) '헤아려' 조사한다는 뜻.

[참고] 유의자 : 料(료)

뜻풀이 ① 헤아린다 ② 센다 ③ 용량, 들이

예 [量檢(양검)] : 분량 따위를 헤아려 검사함
[量決(양결)] : 사정을 헤아려 결정함
[計量(계:량)] : 부피 무게를 잼
[分量(분:량)] : 부피·수효·무게 등의 많고 적음과 크고 작은 정도
[料量(요량)] : 앞일에 대해 잘 생각하여 헤아림 또는 그 생각
[測量(측량)] : 분량을 측정함

급수 | **5**급
음훈 | ① 헤아릴 량
부수 | 里(마을 리) 부 5획
총 12획

필순 ｜ 冂 曰 甲 旦 早 昌 昌 量 量 量 量

金 (쇠 금) 部

✱ **부수 설명** : 흙 속에서 반짝반짝 빛을 내는 금속. 그중에서도 가장 귀중한 금을 뜻함.

급수 | **8**급
음훈 | ① 쇠 금 ② 성 김
부수 | 金(쇠 금) 부 0획
　　　총 8획

필순 ノ 人 스 ㅅ 수 全 余 金

글자풀이　흙 속에서 반짝반짝 빛을 내는 금속. 그중에서도 가장 귀중한 '금'을 뜻함.

뜻풀이　① 쇠 ② 황금 색 ③ 귀하다 ④ 금

예 [金庫(금고)] : 화재나 도난으로부터 돈이나 귀중한 서류 등을 보관하기 위해 사용되는 쇠로 만든 상자
[金科玉條(금과옥조)] : 금이나 옥처럼 귀중히 여기어 꼭 지켜야 하는 법칙이나 규정
[金鑛(금광)] : 금을 캐내는 광산
[金塊(금괴)] : 금 덩어리
[金囊(금낭)] : 금 주머니
[金絲(금:사)] : 금실
[金言(금언)] : 짧으면서도 그 속에 깊은 교훈이 담긴 귀중한 말
[代金(대:금)] : 사는 사람이 파는 사람에게 지불하는 돈

[料金(요:금)] : 남에게 수고를 끼쳤거나 물건을 사용 · 소비 · 관람한 대가로 치르는 돈
[賃金(임:금)] : 근로자가 노동의 대가로 사용자로부터 받는 급여
[黃金(황금)] : 누런빛의 금, 돈이나 재물을 비유적으로 이르는 말

급수 | **4**급
음훈 | ① 바늘 침(:)
부수 | 金(쇠 금) 부 2획
　　　총 10획

필순 ノ 人 스 ㅅ 수 全 余 金 金 針

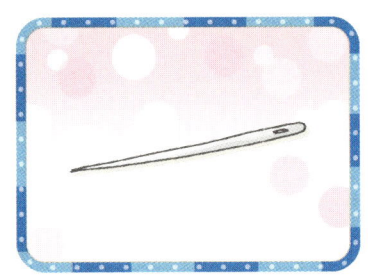

글자풀이　쇠 금(金) 변에 열 십(十). 金에서 쇠로 만든 것을 의미하고 十의 모양에서 바늘에 실을 꿴 모양을 나타냄.

뜻풀이　① 바늘 ② 바느질하다 ③ 침놓다

예 [針母(침:모)] : 바느질을 해주고 품삯 받는 여자
[針線(침:선)] : 바늘과 실 곧 바느질
[針小棒大(침:소봉대)] : 작은 일을 크게 불리어 떠벌임

[針術(침:술)] : 침으로 병을 고치는 의술
[針葉樹(침엽수)] : 뾰족한 잎을 가진 나무. 소나무, 잣나무 등
[方針(방침)] : 일을 처리해 내는 방향과 계획
[指針(지침)] : 생활이나 행동 또는 어떤 일을 처리하는 기준·규칙

[鉛筆(연필)] : 흑연 심을 넣어 만든 필기 도구
[亞鉛(아연)] : 청백색으로, 부서지기 쉬운 광택 있는 금속 원소
[蒼鉛(창연)] : 푸르고 흰 빛이 나는 광물, 비스무트
[黑鉛(흑연)] : 순수한 탄소로 된 검은색 광물

급수 | 4급
음훈 | ① 납 연
부수 | 金(쇠 금) 부 5획
　　　총 13획

필순 ノ ㅅ ㅅ ㄷ ㅈ ㅊ 牟 金 釒 釒 釒 鉛 鉛

급수 | 준4급
음훈 | ① 구리 동
부수 | 金(쇠 금) 부 6획
　　　총 14획

필순 ノ ㅅ ㅅ ㄷ ㅈ ㅊ 牟 金 釒 釒 釒 銅 銅 銅

글자풀이 쇠 금(金) 변에 늪 연(㕣). 금속 중에서 늪처럼 연한 금속인 '납'을 뜻함.

뜻풀이 ① 납 ② 분 ③ 따라 내려가다

예 [鉛刀(연도)] : 날이 무딘 칼, 쓸데없는 물건을 비유적으로 이르는 말
[鉛鈍(연둔)] : 납처럼 둔하고 무딤
[鉛白(연백)] : 흰 가루분

글자풀이 쇠 금(金) 변에 한가지 동(同). 金에서 금속의 뜻을 따고 同에서 음을 따서 만든 글자 '구리'를 뜻함.

뜻풀이 ① 구리 ② 도장 ③ 돈, 동화

예 [銅鏡(동경)] : 구리로 만든 거울
[銅鑛(동광)] : 구리를 캐는 광산
[銅像(동상)] : 구리로 만든 사람·동물의 형상

[銅錢(동전)] : 구리 돈
[靑銅(청동)] : 구리와 주석의 합금

급수 | 6급
음훈 | ① 은 은
부수 | 金(쇠 금) 부 6획
　　　　총 14획

필순 丿 丨 亻 𠂉 𠂉 𠂉 𠂉 金 金' 金' 金' 鈤 鈤 銀

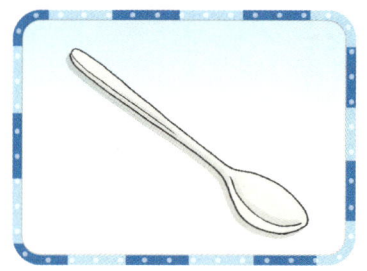

글자풀이 쇠 금(金) 변에 어긋날 간(艮). 쇠에서 금속의 의미를 '간'에서 발음을 따온 글자로 후에 '은'으로 발음하게 됨.

뜻풀이 ① 은 ② 화폐

예 [銀塊(은괴)] : 은 덩어리
[銀幕(은막)] : 영화계
[銀河水(은하수)] : 밤하늘에 흰 강처럼 길게 늘어선 별무리 줄기
[銀杏(은행)] : 은행나무 열매
[銀行(은행)] : 돈을 맡아주고 빌려주는 금융기관
[銀貨(은화)] : 은돈
[水銀(수은)] : 상온에서 유일하게 액체 상태로 있는 은백색 금속

급수 | 준4급
음훈 | ① 총 총
부수 | 金(쇠 금) 부 6획
　　　　총 14획

필순 金 金' 金` 鈁 鈁 鈁 銃

글자풀이 쇠 금(金) 변에 채울 충(充). 쇠(金)로 만든 무기로 구멍(充)이 있는 '총'을 뜻함.

뜻풀이 ① 총 ② 도끼자루 구멍

예 [銃劍(총검)] : 총과 칼
[銃殺(총살)] : 총을 맞아 죽음·죽임
[銃傷(총상)] : 총을 맞아 입은 부상
[銃砲(총포)] : 총과 대포
[拳銃(권:총)] : 한 손으로 다룰 수 있는 작은 총
[長銃(장총)] : 총열이 긴 총
[鳥銃(조총)] : 새잡는 총

급수 | 준4급
음훈 | ① 기록할 록
부수 | 金(쇠 금) 부 8획
　　　　총 16획

필순 丿 丨 亻 𠂉 𠂉 𠂉 𠂉 金 金' 釒 鈩 鈩 錄 錄 錄 錄

글자풀이 쇠 금(金) 변에 나무 깎을 록(彔). 쇠붙이로 나무에 글자나 그림을 새겨서 '기록한다'는 뜻.

[참고] 유의자 : 記(기) 약자 : 录

뜻풀이 ① 기록하다 ② 베끼다 ③ 기록문서 ④ 다스리다

예 [錄音(녹음)] : 음향·음성·음악 등을 필름·레코드 등에 기계로 기록해 넣음 또는 그런 소리
[錄音器(녹음기)] : 녹음하는 기계
[錄取(녹취)] : 방송 따위의 내용을 녹음하고 옮겨 기록함
[錄畵(녹화)] : 비디오 테이프 따위에 사물의 모습이나 움직임 따위를 기록함
[記錄(기록)] : 남길 필요가 있는 사항을 적음 또는 그런 글, 운동 경기 따위에서의 과정이나 결과를 수치로 나타냄
[登錄(등록)] : 문서에 올림
[目錄(목록)] : 글의 내용이나 물품의 종류를 낱낱이 적은 표
[附錄(부:록)] : 본문의 끝에 덧붙이는 기록

[收錄(수록)] : 모아서 기록하여 넣음 신문 책자에 내용을 기록하여 실음
[實錄(실록)] : 사실 그대로 기록하여 남긴 문서

급수 | **4급**
음훈 | ① 돈 전:
부수 | 金(쇠 금) 부 8획
총 16획

필순 ノ ナ ヒ ヒ 冬 冬 釒 金 釒 鉅 錢 錢 錢 錢 錢

글자풀이 쇠 금(金) 변에 쌓일 전(戔). 金에서 돈의 뜻을 따오고 戔(전)에서 발음을 따다 만든 글자 '돈'을 뜻함.

[참고] 약자 : 銭

뜻풀이 ① 돈 ② 가래 ③ 잔. 술잔 ④ 세금

예 [錢穀(전:곡)] : 돈과 곡식
[錢貫(진:관)] : 돈을 꿰는 끈
[錢主(전:주)] : 사업에 밑천을 대는 사람
[急錢(급전)] : 급히 쓸 돈
[本錢(본전)] : 원금
[銀錢(은전)] : 은으로 만든 엽전

[紙錢(지전)] : 종이 돈
[換錢(환:전)] : 돈을 바꿈

급수 | 4급
음훈 | ① 쇠북 종
부수 | 金(쇠 금) 부 9획
총 17획

필순 ノ ノ ト 午 午 午 金 金 鉦 鉦 鉅
鉅 鉅 鉅 鍾 鍾

글자풀이 鐘과 같은 글자. 쇠(金)로 만든 매우 무거운(重)것 즉 '종'을 뜻함.

뜻풀이 ① 술병 ② 모으다 ③ 거듭하다 ④ 종

예 [鐘閣(종각)] : 큰 종을 달아두기 위해 지은 누각
[鐘念(종념)] : 자애를 모음. 극진히 사랑하고 아낌
[鐘樓(종루)] : 종을 달아두는 누각
[警鐘(경종)] : 다급한 일이나 위험을 경계하기 위하여 치는 종, 잘못된 일이나 위험한 일에 대하여 경계하도록 하는 주의나 충고
[掛鐘(괘종)] : 벽에 거는 작은 종

급수 | 4급
음훈 | ① 거울 경:
부수 | 金(쇠 금) 부 11획
총 19획

필순 ノ ノ ト 午 午 午 金 金 鉅 鉅 鉅
鉅 鉅 鉅 鎬 鏡 鏡 鏡

글자풀이 쇠 금(金) 변에 다할 경(竟). 형상을 자세히 다 비춰주는 '거울'을 뜻함.

뜻풀이 ① 거울 ② 거울삼다 ③ 본보기

예 [鏡鑑(경:감)] : 거울, 모범이나 교훈이 될 만한 것을 본보기 삼다
[鏡戒(경:계)] : 같은 잘못을 저지르지 않도록 분명하게 타이름
[銅鏡(동:경)] : 구리로 만든 거울
[明鏡(명:경)] : 매우 맑은 거울
[眼鏡(안:경)] : 시력이 안 좋은 눈에 잘 보이라고 눈에 걸치는 시력 보조 기구, 바람이나 먼지 또는 강한 햇빛 따위로 부터 눈을 보호하기 위해 쓰는 물건
[破鏡(파:경)] : 거울이 깨짐, 부부의 인연이 끝나 이별하게 됨

 급수 | **5**급
음훈 | ① 쇠 철
부수 | 金(쇠 금) 부 13획
　　　총 21획

필순 ノ ノ ト 느 与 与 金 金 釒 鉅 鉅
鉅 鉅 鉅 鐵 鐵

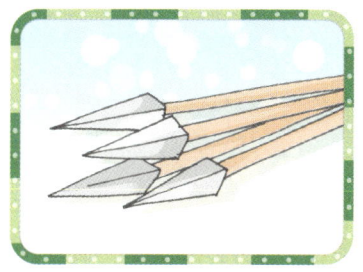

글자풀이　金과 十과 戈과 呈이 모여서 된 글자. 철(鐵)은 열개(十)의 창(戈)을 만들어 증정(呈)할 만한 값(金)이 있다. 고 해석하면 이해하기 쉽다.

[참고] 약자 : 鉄

뜻풀이　① 쇠 ② 단단하다 ③ 무기 ④ 굳세다

예 [鐵橋(철교)] : 쇠로 만든 다리
　 [鐵筋(철근)] : 콘크리트 속에 엮어 넣는 가늘고 긴 철봉
　 [鐵棒(철봉)] : 쇠로 만든 긴 막대기
　 [鐵船(철선)] : 철로 만든 배
　 [鐵窓(철창)] : 쇠로 만든 창살 문. 감방, 감옥을 뜻함
　 [鋼鐵(강철)] : 탄소가 함유된 철, 단단하고 굳센 것을 비유하는 말
　 [電鐵(전:철)] : '전기 철도(電氣鐵道)'의 준말

[寸鐵殺人(촌:철살인)] : 한 치의 쇠붙이로도 살인한다는 뜻으로, 간단한 경구(警句)로도 남을 감동시키거나 남의 약점을 찌를 수 있다는 것을 비유한 말

 급수 | **4**급
음훈 | ① 쇳돌 광:
부수 | 金(쇠 금) 부 15획
　　　총 23획

필순 ノ ノ ト 느 与 与 金 金 釒 鉅 鉅
鉅 鉅 鉅 鉅 鉅 鑛 鑛 鑛 鑛 鑛

글자풀이　쇠 금(金) 변에 넓을 광(廣). 널리 두루두루(廣) 쓰이는 쇠붙이(金). 여러 가지 광물을 뜻함

[참고] 약자 : 鉱

뜻풀이　① 쇳돌

예 [鑛脈(광:맥)] : 유용한 광물이 묻혀 있는 줄기
　 [鑛夫(광:부)] : 광산에서 노동하는 장정
　 [鑛山(광:산)] : 광물을 캐내는 산
　 [金鑛(금광)] : 금이 묻혀 있는 광산
　 [鎔鑛(용광)] : 광석을 녹임

[採鑛(채:광)] : 광석을 캐냄
[炭鑛(탄:광)] : 석탄을 캐내는 광산

長 (긴 장) 部

✻ **부수 설명** : 사람이(兀), 자라고 변하여(匕) 머리털이 길어지다가 없어져 결국 어른이 된다는 글자로 '길다, 어른'을 뜻함. 镸는 長의 옛 글자이며 한자의 구성에서 사용된다.

급수 | **8**급
음훈 | ① 길 장(:)
　　　② 어른 장(:)
부수 | 長(길 장) 부 0획 총 8획
필순 | 丨 ㄏ ㄈ ㅌ 투 투 툐 長

글자풀이 사람이(兀), 자라고 변하여(匕) 머리털이 길어지다가 없어져 결국 어른이 된다는 글자로 '길다, 어른'을 뜻함.

[참고] 반의어 : 幼(유), 短(단)

뜻풀이 ① 어른 ② 길다 ③ 늘이다

④ 잘한다

예 [長江(장강)] : 긴 강, 중국의 양쟈강을 뜻함
[長計(장계)] : 어떤 일이 오래 계속되도록 하는 계책, 장구지계(長久之計)
[長考(장고)] : 오랫동안 깊이 생각하고 궁리함
[長官(장:관)] : 국무를 나누어 처리하는 행정 각부의 장
[長久(장구)] : 길고 오래
[長短(장단)] : 긴 것과 짧은 것, 장점과 단점
[長老(장:로)] : 학문과 덕이 높고 나이가 많은 사람
[長成(장:성)] : 자라서 어른이 됨
[長子(장:자)] : 맏아들
[長足(장족)] : 긴 다리, 빠른 발전을 뜻함
[長篇(장편)] : 내용이 복잡하고 긴 시가·소설·영화 등
[尊長(존장)] : 친척이 아니지만 자기보다 나이가 많은 사람
[村長(촌:장)] : 한 마을의 우두머리
[酋長(추장)] : 한 집단의 지도자

門 (문 문) 部

✻ **부수 설명** : 두 개의 문짝을 닫아놓은 모양을 본뜬 글자 문을 뜻하며 독립된 글자로도 쓰고 부수로도 씀.

급수 | 8급
음훈 | ① 문 문
부수 | 門(문 문) 부 0획
　　　총 8획

필순 | 丨 冂 冂 冃 門 門 門 門

글자풀이 두 개의 문짝을 닫아놓은 모양을 본뜬 글자로 '문'을 뜻함.

뜻풀이 ① 문 ② 집안 ③ 문벌 ④ 배움터

예 [門客(문객)] : 세력 있는 집안에 머물며 신세를 지고 있는 사람
[門塾(문숙)] : 문의 양쪽에 있는 글방, 공부방
[門外漢(문외한)] : 그 일에 전문가가 아닌 사람
[門人(문인)] : 제자, 문하생, 식객
[門戶(문호)] : 집안을 드나드는 문, 외부와의 교류를 위해 만들어 놓은 창구 또는 그 역할
[家門(가문)] : 집안과 문중
[關門(관문)] : 어떤 곳을 가려면 반드시 지나야만 하는 길목
[專門(전문)] : 한 가지 일만을 연구하거나 맡음

급수 | 4급
음훈 | ① 닫을 폐:
부수 | 門(문 문) 부 3획
　　　총 11획

필순 | 丨 冂 冂 冃 門 門 門 門 閉 閉 閉

글자풀이 문에 빗장을 걸어 잠근 형상으로 '닫는다, 막는다'의 뜻.

[참고] 반대자 : 開(개)

뜻풀이 ① 문을 닫다 ② 막다 ③ 맺음 ④ 끝

예 [閉校(폐:교)] : 학교의 문을 닫음
[閉鎖(폐:쇄)] : 문을 닫고 자물쇠를 채움
[閉店(폐:점)] : 가게 문을 닫고 하루의 영업을 마침 ↔ 개점(開店)
[閉會(폐:회)] : 회의를 마침
[開閉(개폐)] : 열고 닫음
[密閉(밀폐)] : 꼭 닫아 막음
[隱閉(은폐)] : 가리어 숨김

급수 | 7급
음훈 | ① 사이 간(:)
부수 | 門(문 문) 부 4획
　　　총 12획

필순 | ｜ ｜ ｜ ｜ 門 門 門 門 閂 閆 間

글자풀이 문 문(門) 안에 날 일(日). 문 사이로 햇빛이 들어온다는 글자로 문과 문 사이의 '틈'을 뜻함.

[참고] 유의자 : 隔(격)

뜻풀이 ① 틈 ② 사이 ③ 여가 ④

예 [間隔(간격)] : 벌어진 사이
[間食(간:식)] : 샛밥, 끼니와 끼니 사이에 먹는 음식
[間接(간:접)] : 바로 대하지 않고 중간에 세운 사람이나 물건을 통하여 연결되는 관계
[間諜(간:첩)] : 첩자, 스파이
[空間(공간)] : 빈 틈
[民間(민간)] : 보통 사람들의 사회
[時間(시간)] : 시각과 시각 사이
[夜間(야:간)] : 밤 동안

글자풀이 문(門) 안의 빗장(一)을 두 손(卄)으로 들어 문을 '연다'는 뜻.

[참고] 반대자 : 閉(폐)

뜻풀이 ① 열다 ② 사라지다 ③ 끊다 ④ 시작하다

예 [開校(개교)] : 새로 세운 학교에서 수업을 시작함
[開口(개구)] : 입을 벌림
[開闢(개벽)] : 천지가 어지럽게 뒤집혀짐, '새로운 사태가 열림'을 비유해 이르는 말
[開式(개식)] : 의식을 시작함
[開業(개업)] : 사업을 시작함
[開通(개통)] : 막힌 것을 뚫어 서로 통하게 함
[開票(개표)] : 표를 세기 위해 투표함을 열음
[開港(개항)] : 항구를 열어 외국과 거래를 시작함

급수 | **6**급
음훈 | ① 열 개
부수 | 門(문 문) 부 4획
　　　　총 12획

필순 | ｜ ｜ ｜ ｜ 門 門 門 門 閂 閈 開 開

급수 | **4**급
음훈 | ① 한가할 한
부수 | 門(문 문) 부 4획
　　　　총 12획

필순 | ｜ ｢ ｢ ｢ ｢' ｢' 門 門 門 閇 閑 閑

글자풀이 문 문(門) 몸 안에 나무 목(木). 문을 나무로 막아 드나들지 않게 해놓고 놓고 혼자서 한가하게 지낸다는 뜻.

[참고] 반대자 : 繁(번), 忙(망).

뜻풀이 ① 막다 ② 문지방 ③ 고요하다 ④ 느긋하다

예 [閑暇(한가)] : 여유있는 틈
[閑居(한거)] : 일 없이 집에서 한가히 있음
[閑散(한산)] : 한가하고 쓸쓸함
[閑職(한직)] : 바쁜 일 없는 여유있는 직책, 조직에서 중요하지 아니한 직위나 직무
[農閑期(농한기)] : 농사철 중 바쁘지 않고 쉴 틈있는 기간

급수 | 5급
음훈 | ① 관계할 관
부수 | 門(문 문) 부 11획
　　　총 19획

필순 | ｜ ｢ ｢ ｢ ｢' ｢' ｢'｢' 門 門 門 門 閇 閇 閇 關 關 關 關 關

글자풀이 문(門)에 빗장을 가로지른 모양으로 '빗장, 관계하다, 잠그다'의 뜻임.

뜻풀이 ① 빗장 ② 기관 ③ 닫다 ④ 관문

예 [關鍵(관건)] : 문을 열고 잠그는 빗장과 열쇠로서 어떤 사물이나 문제를 해결하는데 가장 중요한 요소와 핵심
[關係(관계)] : 둘 이상의 사람·사물·현상 등이 서로 관련을 맺음
[關門(관문)] : 어떤 곳을 가려면 반드시 지나야만 하는 길목
[關心(관심)] : 마음이 끌림. 마음에 두고 주의를 기울임
[關與(관여)] : 어떤 일에 관계함
[機關(기관)] : 어떠한 역할과 목적을 위하여 설치한 조직
[難關(난관)] : 일을 해 나가기 어려운 고비
[稅關(세:관)] : 비행장·등에서 수출입 화물을 허가하고 관세를 부과하는 관청
[玄關(현관)] : 건물의 출입문

阜 (언덕 부) 部

※ **부수 설명** : 오르내리는 계단을 그려 계단 위의 언덕을 나타낸 글자. 독립된 글자로는 거의 쓰지 않고 부수로 쓰며 부수로 쓸 때는 더욱 간명한 阝자로 쓰는데 이를 '좌부방' 이라 부름.

급수 | 준 **4** 급
음훈 | ① 막을 방
부수 | 阝(언덕 부) 부 4획
　　　총 7획
필순 ' ⁊ 阝 阝`广防防

글자풀이 언덕 부(阝) 변에 모 방(方). 阝에서 '언덕' 이라는 뜻을 따고 方에서 '방' 이라는 음을 따온 글자로 언덕에 쌓는 '둑, 막는다' 는 뜻.

뜻풀이 ① 둑 ② 막다 ③ 수비 ④ 요새

예 [防空(방공)] : 적의 공습을 막음
　　[防壁(방벽)] : 공격을 막기 위해 쌓은 벽
　　[防水(방수)] : 물이 새는 것을 막음
　　[防濕(방습)] : 습기를 막음
　　[防音(방음)] : 시끄러운 소리가 들어오거나 나가지 못하게 막음
　　[防止(방지)] : 막아서 그치게 함
　　[防風(방풍)] : 바람을 막음
　　[防寒(방한)] : 추위를 막음
　　[防火(방화)] : 화재를 미리 막음

급수 | **4** 급
음훈 | ① 내릴 강:
　　　② 항복할 항
부수 | 阝(언덕 부) 부 6획 총 9획
필순 ' ⁊ 阝 阝'阡陊陊降降

글자풀이 언덕 (阝)아래 계단으로 천천히 내려오는 것을 나타낸 글자로 '내려오다, 내려와 항복하다' 의 뜻임.

뜻풀이 ① 항복하다 ② 떨어지다 ③ 내리다 ④ 물이 넘치다

예 [降等(강:등)] : 등급 계급이 내림
　　[降雪(강:설)] : 눈이 내리다
　　[降神(강:신)] : 제사 지내는 절차로 향을 피우고 술을 올려, 신을 부름
　　[降雨量(강:우량)] : 비가 내린 양

[降婚(강:혼)] : 지체가 높은 사람이 낮은 사람과 혼인함
[下降(하:강)] : 높은데서 아래로 내려옴
[降北(항배)] : 항복하여 달아남
[降服(항복)] : 싸움에 진 것을 상대에게 인정하고 굴복함
[昇降機(승강기)] : 동력을 써서 사람이나 화물을 아래위로 나르는 장치, 엘리베이터
[投降(투항)] : 적에게 항복함

급수 | 준 **4**급
음훈 | ① 한할 한:
부수 | 阝(언덕 부) 부 6획
총 9획

필순 ˊ ˊ 阝 阝ˊ 阝ˊ 阝ˊ 阝ˊ 限 限 限

글자풀이 언덕 부(阝) 변에 그칠 간(艮). 더 이상 나가지 못하는 영토의 경계선을 말하며 '한계'를 뜻함.

뜻풀이 ① 한계 ② 한정 ③ 급소 ④ 심하다

예 [限界(한:계)] : 사물의 정하여 놓은 범위

[限內(한:내)] : 기한 안
[限度(한:도)] : 일정하게 정한 정도
[限滿(한:만)] : 기한이 참
[限死(한:사)] : 죽음을 각오함
[權限(권한)] : 할 수 있는 권리의 범위안
[制限(제:한)] : 한도를 정하거나 그 한도를 넘지 못하게 막음

급수 | **5**급
음훈 | ① 집 원
부수 | 阝(언덕 부) 부 7획
총 10획

필순 ˊ ˊ 阝 阝ˊ 阝ˊ 阝ˊ 阝ˊ 院 院 院

글자풀이 언덕(阝) 위에 크고 튼튼하게(完) 지은 집으로 '집, 담, 관청'을 뜻함.

뜻풀이 ① 담, 울타리 ② 단단하다 ③ 집 ④ 내전

예 [院主(원주)] : 사원의 주인. 주지
[院中(원중)] : 저택의 담장 안
[法院(법원)] : 재판소
[病院(병:원)] : 병자를 진찰·치료하기 위하여 설비해 놓은 건물

[書院(서원)] : 선비들이 모여 학문을 강론(講論)하기도 하고, 석학(碩學) 또는 충절로 죽은 사람을 제사 지내던 곳
[醫院(의원)] : 진료 시설을 갖추고 의사가 의료 행위를 하는 곳
[入院(입원)] : 환자가 치료 또는 요양하기 위해 일정 기간 병원에 들어가 머무름
[退院(퇴:원)] : 입원했던 환자가 병원에서 물러 나옴 ↔ 입원(入院)

급수 | 준 **4**급
음훈 | ① 덜 제
부수 | ß(언덕 부) 부 7획
총 10획

필순 ’ 丨 阝 阝' 阝ᄉ 阝스 阝ᄉ 险 除 除

글자풀이 언덕 부(ß) 변에 나머지 여(餘). 처음엔 궁궐의 '섬돌' 이란 뜻이었으나 뒤에 '덜다' 라는 뜻으로 사용하게 되었고 또한 '섣달 그믐날' 을 뜻하기도 함.

뜻풀이 ① 섬돌 ② 길 ③ 뜰 ④ 덜다

예 [除去(제거)] : 덜어 없앰, 없애버림
[除名(제명)] : 구성원 명부에서 이름을 빼어 자격을 박탈함
[除算(제산)] : 빼는 셈
[除授(제수)] : 천거의 절차를 밟지 않고 임금이 바로 벼슬을 내림
[除夜(제야)] : 제석, 섣달 그믐날 밤
[除籍(제적)] : 호적·학적·당적 따위에서 빼어 버려 자격을 없앰
[排除(배제)] : 물리쳐서 멀리함

급수 | **4**급
음훈 | ① 진칠 진
부수 | ß(언덕 부) 부 7획
총 10획

필순 ’ 丨 阝 阝' 阝" 阿 阵 阵 陣 陣

글자풀이 언덕 부(ß) 변에 수레 거(車). 언덕에 군사와 무기 실은 수레들을 줄지어 늘어놓고 진을 친 모양. '진치다' 의 뜻.

뜻풀이 ① 줄. 열 ② 방비 ③ 진영 ④ 진치다.

예 [陣頭(진두)] : 대열의 맨 앞
[陣沒(진몰)] : 싸움터에서 죽음, 출

정 중에 전사·병사함
[陣營(진영)] : 군대가 진을 치고 있는 곳
[軍陣(군진)] : 군대의 진지
[背水陣(배:수진)] : 물러설 수 없어 힘을 다하여 싸우도록 물을 등지고 치는 진법
[筆陣(필진)] : 논전을 하거나 정기 간행물을 만들어 낼 때 집필하는 사람들의 무리

급수 | **5**급
음훈 | ① 뭍 륙
부수 | 阝(언덕 부) 부 8획
　　　총 11획

필순 ` ｳ 阝 阝‐ 阝⼟ 陜 陜 陸 陸 陸

글자풀이 언덕 부(阝) 변에 언덕 륙(坴). 바다보다 높고 너른 땅 '육지'를 뜻함.

[참고] 유의자 : 地(지), 반대자 : 海(해)

뜻풀이 ① 육지 ② 언덕 ③ 길 ④ 중앙, 가운데

예 [陸橋(육교)] : 교통이 번잡한 도로·철로 위에 가로질러 놓은 다리

[陸軍(육군)] : 지상(地上)에서의 전투를 임무로 하는 군대
[陸稻(육도)] : 밭벼 ↔ 수도(水稻)
[陸味(육미)] : 뭍에서 나는 식품
[陸地(육지)] : 물에 잠기지 않은 지구 표면, 땅
[陸風(육풍)] : 육지에서 바다로 향해 부는 바람
[上陸(상:륙)] : 배에서 육지로 오름
[離陸(이:륙)] : 비행기 따위가 땅에서 떠오름 ↔ 착륙(着陸)
[着陸(착륙)] : 비행기 따위가 육지에 내림

급수 | 준 **4**급
음훈 | ① 그늘 음
부수 | 阝(언덕 부) 부 8획
　　　총 11획

필순 ` ｳ 阝 阝‐ 阝⼈ 陰 陰 陰 陰 陰

글자풀이 언덕 부(阝) 변에 그늘 음(侌). 언덕 아래 그늘 진 '응달'을 뜻함.

[참고] 반대자 : 陽(양)

뜻풀이 ① 응달 ② 음 ③ 습기 ④ 어둡다

예 [陰刻(음각)] : 평면에 그림이나 글씨를 움푹 들어가게 새김
[陰界(음계)] : 귀신의 세계
[陰功(음공)] : 남에게 알려지지 않은 공적
[陰曆(음력)] : 달의 운동을 기준으로 만든 달력
[陰宅(음택)] : 무덤
[陰害(음해)] : 음흉한 방법으로 남을 넌지시 해함
[光陰(광음)] : 밤과 낮 즉 시간, 세월
[寸陰(촌:음)] : 썩 짧은 시간

예 [階級(계급)] : 지위, 관직 등의 등급
[階段(계단)] : 오르내리기 위해 건물 등에 만든 층층대
[階前萬里(계전만리)] : 만리나 떨어진 먼 곳도 발밑의 계단 아래를 쳐다보듯 환히 살피고 있음
[階梯(계제)] : 사닥다리. 일의 실마리
[位階(위계)] : 지위나 계층 따위의 등급
[層階(층계)] : 층층이 높이 올라가게 만들어 놓은 설비, 계단
[品階(품:계)] : 옛 벼슬아치의 등급. 정일품(正一品)에서 종구품(從九品)의 18 단계임

급수 | 4급
음훈 | ① 섬돌 계
부수 | 阝(언덕 부) 부 9획
　　　총 12획

필순 ' ㄱ 阝 阝 阝 阝 阝 阝 阝 阶 阶 階 階

급수 | 준4급
음훈 | ① 무리 대
부수 | 阝(언덕 부) 부 9획
　　　총 12획

필순 ' ㄱ 阝 阝 阝 阝 阝 阝 阝 阝 阝 隊 隊 隊

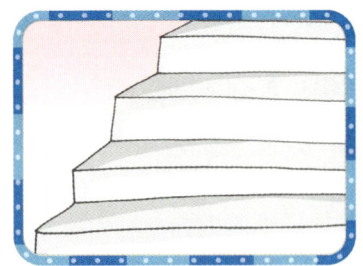

글자풀이 언덕 부(阝) 변에 다 개(皆). 阝에서 언덕의 뜻을 따오고 皆(개)에서 음을 빌어 만든 글자로 언덕 밑으로 내려오는 '계단'을 뜻함.

뜻풀이 ① 섬돌, 층계 ② 사닥다리 ③ 품계 ④ 실마리

글자풀이 언덕(阝)에 몰려다니는 멧돼지(豖) 떼를 나타낸 글자로 '떼, '무리'를 뜻함.

뜻풀이 ① 무리 ② 늘어선 줄 ③ 떼

| 485

예 [隊帥(대수)] : 무리의 우두머리
[隊伍(대오)] : 부대 행렬의 줄
[隊長(대장)] : 편성된 무리나 부대의 우두머리
[軍隊(군대)] : 일정한 규모와 질서를 가지고 조직된 군인의 집단
[部隊(부대)] : 일정한 규모로 편성된 군대 조직
[入隊(입대)] : 군대에 들어가 군인이 됨
[艦隊(함:대)] : 군함 두 척 이상으로 편성된 해군 부대
[橫隊(횡대)] : 가로로 줄져 늘어선 대오

급수 | 6급
음훈 | ① 볕 양
부수 | 阝(언덕 부) 부 9획
　　　총 12획

필순 ' 亻 阝 阝¹ 阝⁷ 阝⁷ 阝日 阝日 陽 陽

글자풀이 언덕 부(阝) 변에 빛날 양(昜). 언덕 위의 '햇빛이' 잘 비치는 '양지'를 뜻함.
[참고] 반대자 : 陰(음)

뜻풀이 ① 볕 ② 양달 ③ 밝다 ④ 길하다

예 [陽刻(양각)] : 조각 기법에서 글자나 그림 따위를 도드라지게 새기는 기술
[陽氣(양기)] : 만물이 움직이거나 또는 살아나려고 하는 기운
[陽曆(양력)] : 태양의 운동을 기준으로 만든 달력
[陽死(양사)] : 거짓 죽은체 함
[陽言(양언)] : 거짓으로 말함
[陽尊(양존)] : 거짓 존경하는체 함
[陽地(양지)] : 볕이 잘 드는 땅
[補陽(보:양)] : 양기를 보충해줌
[夕陽(석양)] : 저녁 놀
[重陽日(중:양일)] : 양의 날이 겹치는 날로 1월 1일, 3월 3일, 5월 5일 등

급수 | 준4급
음훈 | ① 막을 장
부수 | 阝(언덕 부) 부 11획
　　　총 14획

필순 阝 阝ᵃ 阝ᵇ 阝ᵃ 阝ᵃ 障 障 障 障 障

글자풀이 언덕 부(阝) 변에 글 장(章). 언덕 부(阝)에서 막힌다는 뜻을 따오고 글 장(章)에서 음을 따서 만든 글자로 '막히다, 가로막다'의 뜻임.

[참고] 유의자 : 碍(애).

뜻풀이 ① 가로막다 ② 막히다 ③ 가리다 ④ 덮다

예 [障壁(장벽)] : 앞을 가려막은 벽
[障碍(장애)] : 거치적거려 방해가 되는 것. 신체상의 고장
[故障(고:장)] : 기계·기구·설비 따위가 제대로 움직이지 못하게 기능에 탈이 생기는 일
[保障(보:장)] : 장애가 없이 이루어지도록 보증하거나 보호함
[支障(지장)] : 일의 진행에 방해되고 거치적거림

급수 | 4급
음훈 | ① 즈음 제 ② 가 제
부수 | 阝(언덕 부) 부 11획
　　　총 14획
필순 ` ␣ ㇁ ㅏ ㅏ´ ㅏ⺀ ㅏ⺀´ ㅏ⺀⺀ 阸 阹 阺 際 際

글자풀이 언덕 부(阝) 변에 제사 제(祭). 하늘에 제사지내는 언덕을 나타내는 글자로 하늘과 만나는 땅의 '끝 지점' 또는 만나서 '사귀는 곳'을 뜻함.

뜻풀이 ① 사이, 벽과 벽의 이음매 ② 가, 끝 ③ 만나다 ④ 사귀다

예 [際涯(제애)] : 넓고 큰 물가의 맨 끝
[際會(제회)] : 서로 만남, 맛선
[交際(교제)] : 만나서 서로 사귐
[國際(국제)] : 나라 사이의 관계
[實際(실제)] : 실지의 경우나 형편, 사실

급수 | 4급
음훈 | ① 험할 험:
부수 | 阝(언덕 부) 부 13획
　　　총 16획
필순 ` ␣ ㇁ ㅏ ㅏ´ 阝⺀ 阝⺀´ 阝⺀⺀ 險 險 險 險 險 險 險

글자풀이 언덕 부(阝) 변에 다 첨(僉). 가파른 언덕 그래서 거칠고 '위험하다'는 뜻과 '절약한다'는 뜻임.

뜻풀이 ① 험하다 ② 위태롭다 ③ 절약하다

예 [險口(험:구)] : 항상 남의 흠을 들추어내어 말하거나 험상궂은 욕을 잘 퍼부어 댐
[險難(험:난)] : 위험하고 어려운
[險惡(험:악)] : 생김새나 분위기 거칠고 악함
[險峻(험:준)] : 지세가 썩 높고 가파르고 험함
[冒險(모:험)] : 위험을 무릅쓰고 어떤 일을 함
[保險(보:험)] : 위험으로부터 지켜주고 보호하며 그 피해를 채워줌
[危險(위험)] : 실패하거나 목숨을 위태롭게 할 만큼 안전하지 못함
[凶險(흉험)] : 흉측하고 음험함

급수 │ 4급
음훈 │ ① 숨을 은
부수 │ ß(언덕 부) 부 14획
  총 17획

필순 ′ ³ ß ßʳ ßʳ ßʳ ßʳ ßʳ ßʳ ßᄄ ßᅮ 隱 隱 隱 隱 隱

글자풀이 언덕 부(ß) 변에 손톱 조(爫), 장인 공(工), 고슴도치 머리 계(⺕), 마음 심(心)으로 이루어진 글자. 언덕 밑에 몸을 고슴도치처럼 숨기고 마음을 '감춘다' 는 뜻.
[참고] 반대자 : 見(견), 顯(현)

뜻풀이 ① 숨기다 ② 숨다 ③ 고요하다 ④ 근심하다

예 [隱居(은거)] : 세상을 피해 숨어 삶
[隱匿(은닉)] : 남은 물건이나 범죄인을 몰래 숨기어 감춤
[隱密(은밀)] : 숨어 있어서 행적이 나타나지 않음, 비밀스러움
[隱身(은신)] : 몸을 숨김
[隱語(은어)] : 특수한 집단이나 계층의 사람들이 다른 사람들이 알아듣지 못하도록 자기네 구성원끼리만 만들어 빈번히 사용하는 말
[隱忍(은인)] : 마음속에 감추어 밖으로 드러내지 않고 참고 견딤
[隱逸(은일)] : 세상을 피해 숨음 또는 그 사람 예전에 벼슬을 하지 않고 숨어 살던 학자
[隱退(은퇴)] : 직임에서 물러나거나 사회 활동에서 손을 떼고 한가히 지냄

隹 (새 추) 部

* 부수 설명 : 꽁지가 짧은 새 모양을 본 떠 만든 글자. 새를 뜻하고 이 부수에 속한 한자들은 새, 조류와 관계있는 글자들임.

급수 | 5급
음훈 | ① 수컷 웅
부수 | 隹(새 추) 부 4획
총 12획

필순 一 ナ ナ 厷 厷 広 坊 㙇 雄 雄 雄 雄

글자풀이 팔뚝 굉(肱) 변에 새 추(隹). 힘센 '수컷'을 뜻함.

[참고] 반대자 : 雌(자)

뜻풀이 ① 수컷 ② 이기다 ③ 뛰어나다 ④ 인걸

예 [雄傑(웅걸)] : 영웅다운 호걸
[雄辯(웅변)] : 조리가 있고 막힘이 없이 힘차고 거침없는 변설
[雄飛(웅비)] : 기세 좋고 씩씩하게 활동함
[雄壯(웅장)] : 용감하고 씩씩함
[雄志(웅지)] : 웅대한 뜻
[群雄(군웅)] : 같은 시대에 여기저기에서 일어난 여러 영웅(英雄)
[英雄(영웅)] : 지력(智力)과 재능 또는 담력·무용(武勇) 등에 특히 뛰어난 큰 인물
[雌雄(자웅)] : 암수. 강약, 우열 승부를 뜻하기도 함

급수 | 6급
음훈 | ① 모을 집
부수 | 隹(새 추) 부 4획
총 12획

필순 ノ 亻 亻 亇 作 佇 隹 隹 隼 集 集 集

글자풀이 나무 목(木) 위에 새 추(隹). 나무 위의 새처럼 많이 모여있다는 뜻.

[참고] 반대자 : 散(산), 配(배)

뜻풀이 ① 모이다 ② 이르다 ③ 머무르다 ④ 화살이 맞다

예 [集團(집단)] : 모임, 떼, 단체
[集成(집성)] : 모아서 체계 있는 것으로 이룸
[集合(집합)] : 한군데로 모임
[集賢殿(집현전)] : 조선 초에 서적들을 보관하고 임금에게 강론하는 일을 관장하던 부서
[募集(모집)] : 조건에 맞는 사람이나 사물을 뽑아서 모음
[選集(선:집)] : 한 사람이나 여러 사람의 작품 가운데서 일정한 조건에 맞추어 가려뽑은 책
[收集(수집)] : 거두어 모음
[雲集(운집)] : 구름처럼 많이 모임

급수 | **4**급
음훈 | ① 섞일 잡
부수 | 隹(새 추) 부 10획
　　　총 18획
필순 ` ㅗ ㅗ ㅗ ㅗ ㅗ ㅍ ㅍ ㅠ ㅠ 竎 竎
竎 杂 杂 雜 雜 雜

글자풀이 옷 의(衣)와 +모일 집(集)으로 된 글자. 여러 가지 문양의 천을 모아 만든 옷을 나타낸 글자로 '섞이다, 장식하다' 의 뜻임.

[참고] 약자 : 雑

뜻풀이 ① 섞이다 ② 만나다 ③ 모으다 ④ 장식하다

예 [雜念(잡념)] : 여러 가지 쓸데없는 생각
　[雜談(잡담)] : 쓸데없이 지껄이는 말
　[雜物(잡물)] : 여러 가지 대수롭지 않은 물건
　[雜色(잡색)] : 갖가지 색이 뒤섞인 빛깔, 온갖 종류의 사람이 뒤섞임
　[雜食(잡식)] : 여러 가지 음식을 가리지 않고 먹음
　[雜音(잡음)] : 시끄러운 소리
　[雜菜(잡채)] : 여러 가지 나물에 고기를 잘게 썰어 넣고 양념하여 볶은 것에 삶은 당면을 넣고 버무린 전통 음식
　[雜草(잡초)] : 잡풀
　[亂雜(난:잡)] : 뒤죽박죽 어지러운 상태
　[混雜(혼:잡)] : 여럿이 한데 뒤섞이어 어수선함

급수 | 준**4**급
음훈 | ① 어려울 난(:)
부수 | 隹(새 추) 부 11획
　　　총 19획
필순 ー + ㅛ ㅛ ㅛ 甘 世 艹 堇 堇 堇
堇 勤 勤 勤 勤 難 難

글자풀이 진흙 근(堇)과 새 추(隹)로 된 글자. 진흙에 빠진 새가 헤어나기 '어렵다' 는 뜻.

[참고] 반대자 : 易(이)

뜻풀이 ① 어렵다 ② 곤란하다 ③ 고생하다

예 [難堪(난:감)] : 감당하기 어려움
　[難關(난관)] : 통과하기 어려운 곳,

어려운 고비
[難局(난국)] : 어지러운 상황
[難處(난:처)] : 험난한 곳, 어려운 처지
[難航(난항)] : 일이 순조롭게 되어 가질 못함
[難解(난해)] : 까다로워 풀이가 어려움
[難兄難弟(난형난제)] : 누가 형이고 누가 아우인지 우열을 가리기 힘든
[險難(험:난)] : 위험하고 어려움
[患難(환:난)] : 근심과 재난

급수 | **4**급
음훈 | ① 떠날 리:
부수 | 隹(새 추) 부 11획
　　　　총 19획

필순

[참고] 유의자 : 別(별)

① 떼어놓다 ② 떠나다

예 [離間(이:간)] : 둘 사이를 헐뜯어 서로 멀어지게 함
[離別(이:별)] : 서로 갈리어 떨어짐
[離散(이:산)] : 헤어져 흩어짐
[離席(이:석)] : 자리를 떠남
[離婚(이:혼)] : 부부가 혼인 관계를 취소하고 헤어짐
[隔離(격리)] : 사이가 막히어 서로 떨어짐
[分離(분리)] : 서로 나뉘어 떨어짐

雨 (비 우) 部

부수 설명 : 하늘을 가린 구름 사이로 물방울이 떨어지는 모양을 그린 글자로 '비'를 뜻함. 독립된 글자로도 쓰이고 부수로도 쓰임.

급수 | **5**급
음훈 | ① 비 우:
부수 | 雨(비 우) 부 0획
　　　　총 8획

필순

글자풀이 흩어질 리(离) 변에 새추(隹). 모였던 새(隹)들이 흩어져(离) '떠난다'는 뜻.

글자풀이 하늘을 가린 구름 사이로 물방울이 떨어지는 모양을 그린 글자로 '비'를 뜻함.

뜻풀이 ① 비 ② 비가오다

예 [雨期(우:기)] : 비가 많이 오는 시기
[雨量計(우:량계)] : 비가 온 양을 측정하는 기구
[雨傘(우:산)] : 비를 가리는 기구
[雨衣(우:의)] : 비옷
[雨後竹筍(우:후죽순)] : 비온 뒤 죽순 올라오듯 어떤 일이 한꺼번에 많이 일어나는 현상
[甘雨(감우)] : 꼭 필요할 때 내리는 단 비
[暴雨(폭우)] : 갑자기 많이 쏟아지는 비
[風雨(풍우)] : 비와 바람
[豪雨(호우)] : 크고 많은 비

급수 | 6급
음훈 | ① 눈 설
부수 | 雨(비 우) 부 3획
총 11획

필순 ⼀ ⼆ ⼸ ⾬ 雨 雨 雪 雪 雪 雪 雪

글자풀이 비 우(雨) 밑에 오른 손 우(又)를 더한 글자. 하늘에서 떨어져 손바닥에 내리는 '눈'을 뜻함.

뜻풀이 ① 눈 ② 씻다 ③ 희다 ④ 깨끗하다

예 [雪景(설경)] : 눈 내린 자연의 경치
[雪眉(설미)] : 눈처럼 흰 눈썹
[雪上加霜(설상가상)] : 눈 온 뒤 서리가 내림, 엎친 데 덮친다는 말
[雪辱(설욕)] : 부끄러움을 씻음
[降雪(강:설)] : 눈이 내림
[殘雪(잔설)] : 녹지 않고 남은 눈
[積雪(적설)] : 눈이 쌓임
[暴雪(폭설)] : 한꺼번에 많이 내리는 눈

급수 | 5급
음훈 | ① 구름 운
부수 | 雨(비 우) 부 4획
총 12획

필순 ⼀ ⼆ ⼸ ⾬ 雨 雨 雷 雷 雲 雲 雲 雲

글자풀이 비 우(雨)에서 날씨의 뜻을 이룰 운(云)에서 소리를 따서 만든 글자로 비를 만들어내는 '구름'을 뜻함.

뜻풀이 ① 구름 ② 습기 ③ 많다

예 [雲霧(운무)] : 구름과 안개
[雲雀(운작)] : 종달새
[雲集(운집)] : 구름처럼 많은 사람이 모여 듦
[雲海(운해)] : 구름 덮인 바다
[靑雲(청운)] : 높은 지위나 벼슬을 가리키는 말
[風雲(풍운)] : 바람과 구름

[電線(전:선)] : 전기 줄
[電蓄(전:축)] : 전기의 힘을 이용하여 소리를 저장하고 재생하는 기계
[電話(전:화)] : 전기의 힘으로 말소리를 보내고 받는 기계
[感電(감:전)] : 몸에 전류가 흘러 충격을 받음
[送電(송:전)] : 전기를 보냄
[節電(절전)] : 전기를 절약함
[充電(충전)] : 전기를 축적함

급수 | **7급**
음훈 | ① 번개 전:
부수 | 雨(비 우) 부 5획
　　　총 13획

필순 雲雲雷雷雷電

글자풀이 비 우(雨) 밑에 펼 신(申). 비 오는 날 하늘에서 번쩍이는 '번개'를 뜻함.

뜻풀이 ① 번개 ② 빠르다 ③ 전기

예 [電球(전:구)] : 전기를 통하게 하여 밝게 하는 기구, 전등알
[電報(전:보)] : 전신으로 보내는 통신이나 통보

青 (푸를 청) 部

* 부수 설명 : 날 생(生) 밑에 우물 정(井)자를 붙여 만든 글자. 우물에서 솟는 물의 색깔처럼 '맑고 푸르고 깨끗하다' 는 뜻.

급수 | **8급**
음훈 | ① 푸를 청
부수 | 靑(푸를 청) 부 0획
　　　총 8획

필순 ー=‡主丰青青青

글자풀이 날 생(生) 밑에 우물 정(井) 자를 붙여 만든 글자. 우물에서 솟는 물의 색깔처럼 맑고 '푸르고 깨끗하다'는 뜻.

뜻풀이 ① 푸르다 ② 푸른 빛 ③ 푸른 것

예 [靑果(청과)] : 신선한 과일과 채소
[靑年(청년)] : 청춘기의 젊은 남녀
[靑盲(청맹)] : 눈을 뜨고도 보지 못함, 분별력이 없음, 청맹과니
[靑史(청사)] : 역사적 기록
[靑孀(청상)] : 젊은 과부
[靑春(청춘)] : 젊은 나이
[丹靑(단청)] : 대궐이나 절 등의 벽·기둥·천장 따위에 여러 가지 빛깔로 그림과 무늬를 그림

급수 | **4**급
음훈 | ① 고요할 정
부수 | 靑(푸를 청) 부 8획
　　　총 16획

필순 靑 靑 靑 靑 靑 靜 靜 靜 靜

글자풀이 푸를 청(靑) 변에 다툴 쟁(爭). 靑(청)에서 음을 빌려 온 글자로 다툼이 끝난 뒤처럼 '고요하고 잔잔하다'는 뜻.

뜻풀이 ① 고요하다 ② 맑다 ③ 온화하다

예 [靜觀(정관)] : 현실적·개인적 관점을 버리고 고요히 사물을 관찰함
[靜氣(정기)] : 맑고 고요한 기운, 민족적 정신과 기운, 생기 있고 순수한 원천이 되는 기운
[靜肅(정숙)] : 고요하고 엄숙함
[靜寂(정적)] : 고요하고 쓸쓸함
[安靜(안정)] : 마음과 정신이 편안하고 고요함
[鎭靜(진:정)] : 마음을 가라앉혀 고요히 함

非 (아닐 비) 部

✱ 부수 설명 : 활짝 편 새의 양 날개 모양을 본뜬 글자. 두 날개가 서로 반대 방향이라 해서 '어긋나다, 아니다' 등 부정의 뜻으로 쓰임.

급수 | 준**4**급
음훈 | ① 아닐 비(:)
부수 | 非(아닐 비) 부 0획
　　　총 8획

필순 丿 𠂉 ㇇ 丰 韦 非 非 非

글자풀이 활짝 편 새의 양 날개 모양을 본뜬 글자. 두 날개가 서로 반대 방향이라 해서 '어긋나다, 아니다' 등 부정의 뜻으로 쓰임.

뜻풀이 ① 아니다 ② 등지다 ③ 거짓 ④ 나쁘다

예 [非計(비계)] : 나쁜 계획, 나쁜 방법
[非公開(비:공개)] : 여러 사람에게 알리지 않음
[非但(비단)] : 부정하는 말 앞에 다만·오직의 뜻으로 쓰이는 말
[非德(비덕)] : 베풀어서는 안 될 곳에 베푸는 은덕
[非理(비:리)] : 올바른 이치나 도리에 어그러지는 일
[非夢似夢(비:몽사몽)] : 꿈인지 생시인지 어렴풋한 상태
[非凡(비범)] : 평범하지 않음
[非常(비:상)] : 심상치 않음, 예사롭지 않음
[非情(비:정)] : 사람으로서의 따뜻한 정이나 인간미가 없음, 몰인정
[非行(비:행)] : 잘못되거나 옳지 못한 행위

面 (낯 면) 部

＊ **부수 설명** : 목 위의 얼굴을 나타내는 글자. 입, 눈, 코 귀의 형상을 얼굴 윤곽 안에 그린 글자.

급수 | **7**급
음훈 | ① 낯 면:
부수 | 面(낯 면) 부 0획
　　　총 9획

필순 一ㄱ丆丌而而而面面

글자풀이 사람의 입, 코, 눈, 귀의 형상에 얼굴 윤곽까지 그려 낯을 뜻하는 글자.

[참고] 유의자 : 貌(모)

뜻풀이 ① 얼굴 ② 앞 ③ 겉, 표면 ④ 뵈다

예 [面談(면:담)] : 얼굴을 대하고 이야기를 나눔
[面拜(면:배)] : 만나서 얼굴을 대하고 절을 함
[面從(면:종)] : 면전에서만 복종함
[面責(면:책)] : 마주보며 책망함

[面會(면:회)] : 일반인의 출입이 제한된 곳에서 생활하고 있는 사람을 찾아가 만나 보는 일
[對面(대:면)] : 얼굴을 마주 대함
[相面(상면)] : 처음 만나서 얼굴을 마주하고 인사함
[側面(측면)] : 옆쪽 면
[表面(표면)] : 겉 면

革 (가죽 혁) 部

* **부수 설명** : 두 손으로 짐승의 털을 뽑는 모양의 글자. 털을 뽑고 난 후 남는 '가죽' 을 뜻함.

급수 | 4급
음훈 | ① 가죽 혁
부수 | 革(가죽 혁) 부 0획
　　　총 9획
필순 一 十 廿 廿 节 芇 苫 苩 革

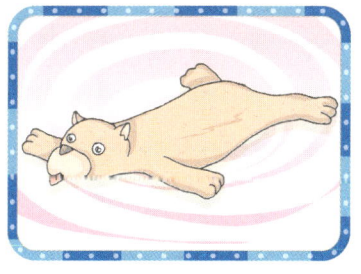

글자풀이 두 손으로 짐승의 털을 뽑는 모양의 글자. 털을 뽑고 난 후 남는 '가죽' 을 뜻함.

뜻풀이 ① 가죽 ② 북 ③ 투구 ④ 고치다

예 [革甲(혁갑)] : 갑옷
[革帶(혁대)] : 가죽띠, 허리띠
[革命(혁명)] : 천명이 바뀜. 왕통이 바뀜, 헌법의 범위를 벗어나 사회·경제의 제도와 조직을 근본적으로 고치는 일
[革新(혁신)] : 새롭게 바뀜
[改革(개:혁)] : 새롭게 뜯어 고침
[變革(변:혁)] : 바꾸어 새롭게 고침
[沿革(연:혁)] : 변천하여 온 내력
[皮革(피혁)] : 날가죽과 무두질 한 가죽 등 모든 가죽

韋 (다룸가죽 위) 部

* **부수 설명** : 왼발과 오른발 두 발이 모여 있는 것을 뜻하는 어그러질 천(舛) 자와 묶는다는 뜻의 口가 합쳐서 된 글자. 왼쪽으로도 오른 쪽으로도 늘어나지 않게 잘 무두질해서 묶어 놓은 가죽 즉 다룸질 한 가죽이란 뜻.

급수 | 8급
음훈 | ① 나라이름 한(:)
　　　② 한국 한
부수 | 韋(다룸가죽 위) 부 8획 총 17획
필순 一 十 古 占 휴 卓 후 훅' 훅" 韩 韩 韓 韓 韓 韓

글자풀이 춘추 전국시대 때 제후국이었던 나라 이름.

뜻풀이 ① 나라이름 ② 우물 귀틀

예 [韓國(한:국)] : 大韓民國(대한민국)을 줄여서 부르는 말
[韓半島(한반도)] : 한국의 영토가 반도이므로 우리나라를 뜻함
[韓服(한:복)] : 한국의 고유한 의복, 조선옷
[韓山(한산)] : 지명 이름, 한산
[韓氏(한씨)] : 한씨 성을 가진 사람
[韓屋(한:옥)] : 우리나라 고유의 재래식 집, 조선집
[三韓(삼한)] : 상고 시대에 우리나라 남쪽에 있던 馬韓(마한) · 辰韓(진한) · 弁韓(변한)의 세 나라

音 (소리 음) 部

✶ 부수 설명 : 말씀 언(言) 자의 입 구(口) 안에 가로로 한 획을 더 그은 글자로 말 하는 입에서 나오는 '소리' 라는 뜻.

급수 | 6급
음훈 | ① 소리 음
부수 | 音(소리 음) 부 0획
총 9획

필순 ｀ 亠 ㅗ 立 产 产 音 音 音

글자풀이 말씀 언(言) 자의 입 구(口) 안에 가로로 한 획을 더 그은 글자로 말 하는 입에서 나오는 '소리' 라는 뜻.

[참고] 유의자 : 聲(성)

뜻풀이 ① 소리 ② 소식 ③ 그늘 ④ 음악

예 [音聲(음성)] : 말소리
[音樂(음악)] : 소리로서 나타내는 아름다운 표현
[音韻(음운)] : 말의 뜻을 구별하여 주는 가장 작은 단위
[讀音(독음)] : ① 글을 읽는 소리 ② 한자의 음
[騷音(소음)] : 시끄럽고 듣기 싫은 소리
[雜音(잡음)] : 공연한 잡소리
[淸音(청음)] : 맑고 고운 소리
[聽音(청음)] : 음악 활동에서 소리를 알아 듣고 악보로 적음

[和音(화음)] : 둘 이상의 소리가 듣기 좋게 어울리는 소리

頁 (머리 혈) 部

✻ **부수 설명** : 사람의 목 위 부분 머리를 나타낸 글자. '머리' 를 뜻함.

급수 | **5**급
음훈 | ① 순할 순:
부수 | 頁(머리 혈) 부 3획 총 12획

필순 ｊ ｊ ｊ ｊｆ ｊｆ ｊｆ 順 順 順 順 順

글자풀이 내 천(川) 변에 머리 혈(頁). 물(川) 흐르듯 순리에 맞게 생각하고(頁) 행동하라는 뜻.

[참고] 반의어 : 逆(역)

뜻풀이 ① 순하다 ② 좇다 ③ 잇다 ④ 화하다

예 [順理(순:리)] : 이치에 따름
[順序(순:서)] : 정해 놓은 차례
[順應(순:응)] : 환경이나 변화에 적응하여 따름
[順次(순:차)] : 돌아오는 차례
[順行(순:행)] : 차례대로 진행시킴
[順孝(순:효)] : 부모에게 순종하고 효도함

급수 | **4**급
음훈 | ① 기릴 송:
② 칭송할 송:
부수 | 頁(머리 혈) 부 4획 총 13획

필순 ｊ ｊ ｊ ｊ ｊ ｊ 頌 頌 頌 頌 頌 頌

글자풀이 공변될 공(公) 변에 머리 혈(頁). 벼슬(公)을 얻어 귀하게 된 얼굴(頁)을 세상에 알려 '기린다'는 뜻.

[참고] 유의자 : 稱(칭)

뜻풀이 ① 기리다 ② 칭송하다

예 [頌歌(송:가)] : 뜻을 오래 기리기 위해 지어 부르는 노래
[頌德(송:덕)] : 쌓은 덕을 기리고 찬양함
[頌祝(송:축)] : 경사를 기리고 축하함
[稱頌(칭송)] : 칭찬하여 일컬음 또는 그런말 송찬(頌讚)

급수 | **5**급
음훈 | ① 거느릴 령
부수 | 頁(머리 혈) 부 5획
　　　총 14획

필순 / 𠂉 𠂊 𠂋 𠂌 𠂍 𠂎 領 領 領 領 領 領

글자풀이 하여금 령(令) 변에 머리 혈(頁). 명령을 내리는 우두머리로 '거느리는 사람, 거느림' 을 뜻함.

뜻풀이 ① 거느리다 ② 옷깃 ③ 우두머리 ④ 머리, 목

예 [領率(영솔)] : 부하·식솔 따위를 거느림

[領袖(영수)] : 옷깃과 소매, 여러 사람의 모범 우두머리

[頭領(두령)] : 패거리의 우두머리

[受領(수령)] : 돈이나 물품을 받아 들임

[要領(요령)] : 사물의 요긴하고 으뜸 되는 골자나 줄거리, 적당히 해서 넘기는 잔꾀

[占領(점령)] : 지역을 차지하여 통치하고 다스림

[統領(통ː령)] : 통할하여 거느림

급수 | **6**급
음훈 | ① 머리 두
부수 | 頁(머리 혈) 부 7획
　　　총 16획

필순 一 十 亠 弌 弍 豆 豆 頭 頭 頭 頭 頭 頭 頭 頭

글자풀이 콩두(豆) 변에 머리 혈(頁). 頁(혈)에서 뜻을 豆(두)에서 음을 따온 글자. '머리' 를 뜻함.

[참고] 반대자 : 尾(미)

뜻풀이 ① 머리 ② 지혜 ③ 수효의 단위

예 [頭目(두목)] : 여러 사람 중 우두머리가 되는 사람

[頭緖(두서)] : 일의 단서, 앞과 뒤

[街頭(가ː두)] : 시가지의 길거리

[沒頭(몰두)] : 어떤 일에 온 정신을 다 기울임

[先頭(선두)] : 첫머리

[羊頭狗肉(양두구육)] : 양의 대가리를 내어놓고 실은 개고기를 판다는 뜻으로, 겉으론 훌륭하게 내세우나 속은 변변찮음

[話頭(화두)] : 이야기의 첫머리

 급수 | **4**급
음훈 | ① 이마 액
부수 | 頁(머리 혈) 부 9획
　　　총 18획

필순 `丶 丷 宀 宀 灾 灾 客 客 客 客 額`
額 額 額 額 額 額

글자풀이 손 객(客) 변에 머리 혈(頁). 客은 '내밀다' 頁은 '머리' 그래서 머리에서 내민 부분 이마를 뜻함.

뜻풀이 ① 이마 ② 일정한 액수 ③ 편액. 액자

예 [額面(액면)] : 말이나 글로 표현된 그대로의 모습
　　[額數(액수)] : 돈의 머릿수, 금액, 사람의 수
　　[額子(액자)] : 그림이나 글·사진 따위를 넣어 걸기 위한 틀
　　[高額(고액)] : 많은 금액
　　[少額(소액)] : 전체 금액
　　[定額(정:액)] : 정해진 금액
　　[扁額(편액)] : 종이나 비단 또는 널빤지에 그림을 그리거나 글씨를 써서 방 안이나 문 위에 걸어 놓는 액자(額子)

 급수 | **6**급
음훈 | ① 제목 제
부수 | 頁(머리 혈) 부 9획
　　　총 18획

필순 `丶 口 日 旦 早 무 是 是 是 題`
題 題 題 題 題 題

글자풀이 옳을 시(是) 변에 머리 혈(頁). 頁은 책의 페이지도 뜻함. 책의 엮어짐이 옳게(是) 되었나 살펴보는 책머리 '제목'을 뜻함.

뜻풀이 ① 표제 ② 맨 앞 ③ 표지

예 [題名(제명)] : 표제의 이름
　　[題目(제목)] : 겉장에 쓴 책의 이름
　　[課題(과제)] : 처리하거나 해결해야 할 문제
　　[難題(난제)] : 해결하기 어려운 문제나 일
　　[命題(명:제)] : 논리적 판단의 내용과 주장을 언어나 기호로 표현한 것
　　[問題(문:제)] : 해답을 필요로 하는 물음
　　[宿題(숙제)] : 해결해야 할 문제, 학생들이 예습이나 복습을 위해서 집에서 공부하도록 내주는 과제

급수 | **5**급
음훈 | ① 무리 류(:)
부수 | 頁(머리 혈) 부 10획
　　　총 19획

필순 `丶丷匚半半米米米類類類類類類類`

글자풀이 米, 犬, 頁이 합쳐서 된 글자. 개(犬)들이 먹이(米)를 중심으로 머리(頁)를 맞대고 모일 때 '무리지어' 모인다는 뜻.

뜻풀이 ① 무리 ② 견주다 ③ 닮다 ④ 모양

예 [類本(유본)] : 같은 종류의 책
[類類相從(유유상종)] : 같은 무리끼리 서로 왕래하며 사귐
[類型(유:형)] : 성질이나 특징 따위가 공통적인 것들의 묶음
[部類(부류)] : 종류에 따라 나누어 놓은 갈래
[分類(분류)] : 종류에 따라서 가름, 나눔
[衣類(의류)] : 옷 종류
[種類(종:류)] : 사물의 부문을 나누는 갈래

급수 | **5**급
음훈 | ① 원할 원:
부수 | 頁(머리 혈) 부 10획
　　　총 19획

필순 `一厂厂厂庐庐庐原原原原願願願願願願`

글자풀이 근원 원(原) 변에 머리 혈(頁). 머리 속에 새겨두고 이루어지기 '바란다'는 뜻.

뜻풀이 ① 원하다 ② 소원 ③ 항상

예 [願望(원:망)] : 원하고 바람
[祈願(기원)] : 바라는 일이 이루어지기를 빎
[所願(소:원)] : 바라고 원함 또는 그 원하는 바
[念願(염:원)] : 마음속으로 생각하고 바람
[祝願(축원)] : 어떤 일이 이루어지기를 빌며 바람

급수 | **4**급
음훈 | ① 나타날 현:
부수 | 頁(머리 혈) 부 14획
　　　총 23획

필순 ˋ 冂 曰 日 昌 昌 昌 昌 昌 昌 昻 昻
昻 昻 昻 昻 顯 顯 顯 顯 顯 顯

글자풀이   머리(頁) 위를 예쁜 실(絲)로 장식한 '높은 분'. 그 모습이 햇빛(日)에 반짝반짝 '드러나 보인다' 는 뜻.

[참고] 약자 : 顕

뜻풀이   ① 나타나다 ② 뚜렷하다 ③ 높고 존귀하다 ④ 명백하다

예 [顯德(현:덕)] : 밝은 덕
[顯著(현:저)] : 뚜렷이 드러남
[明顯(명현)] : 감춰졌던 것이 점차 밝게 나타남

風 (바람 풍) 部

✱ 부수 설명 : 무릇 범(凡) 안에 벌레 충(虫). 작은 벌레를 깨워 널리 퍼지게 해주는 '바람' 을 뜻함.

급수 | 6급
음훈 | ① 바람 풍
부수 | 風(바람 풍) 부 0획
총 9획

필순 ノ 几 凡 凡 凧 風 風 風 風

글자풀이   무릇 범(凡) 안에 벌레 충(虫). 작은 벌레를 깨워 널리 퍼지게 해주는 '바람' 을 뜻함.

뜻풀이   ① 바람 ② 떨어지다 ③ 관습 ④ 병명

예 [風景(풍경)] : 경치
[風氣(풍기)] : 풍속·풍습(風習)에 대한 기율(紀律). 남녀간의 교제에서의 절도
[風流(풍류)] : 속된 일을 떠나 풍치가 있고 멋스럽게 노는 일
[風聞(풍문)] : 바람결에 떠돌아다니는 소문
[風霜(풍상)] : 바람과 서리, 많이 겪은 세상의 어지러움과 고생을 비유적으로 이르는 말
[風說(풍설)] : 실상이 없이 떠돌아다니는 말
[風俗(풍속)] : 예로부터 그 사회에 전해 오는 생활 전반에 관한 습관 따위를 이르는 말
[風向(풍향)] : 바람이 불어오는 방향

飛 (날 비) 部

* **부수 설명** : 하늘을 날고 있는 새의 두 날개 모양을 본뜬 글자. '날다. 날개'를 뜻하는 글자.

급수 | 준 **4**급
음훈 | ① 날 비
부수 | 飛(날 비) 부 0획
　　　총 9획

필순 ㄟ ㄟ ㅈ ㅈ ㅈ 飛 飛 飛

글자풀이 하늘을 날고 있는 새의 두 날개 모양을 본뜬 글자. '날다. 날개'를 뜻하는 글자.

[참고] 유의자 : 翔(상)

뜻풀이 ① 날다 ② 날리다 ③ 높다 ④ 새

예 [飛閣(비각)] : 높은 누각, 높은 곳에 건너지른 다리
[飛報(비보)] : 급히 알림, 급한 통지
[飛翔(비상)] : 훨훨 하늘을 낢
[飛躍(비약)] : 높이 뛰어오름
[飛行(비행)] : 날아다님

[雄飛(웅비)] : 기세 좋고 씩씩하게 활동함

食 (밥 식) 部

* **부수 설명** : 삼합 집(亼) 밑에 고소할 급(皀) 곡식의 좋은 향기가 모인 것 즉 '밥'을 뜻한다. 독립된 글자로도 쓰이고 부수의 변으로 쓰일 때는 飠으로 모양이 바뀐다.

급수 | **7**급
음훈 | ① 밥 식 ② 밥 사
부수 | 食(밥 식) 부 0획
　　　총 9획

필순 ノ 人 人 今 今 今 食 食 食

글자풀이 삼합 집(亼) 밑에 고소할 급(皀). 곡식의 좋은 향기가 모인 것 즉 '밥'을 뜻함.

뜻풀이 ① 밥 ② 먹다 ③ 식사 ④ 기르다

예 [食堂(식당)] : 건물 안에 식사를 할 수 있도록 설비하여 놓은 방

[食料(식료)] : 음식의 재료
[食性(식성)] : 음식에 대하여 좋아하고 싫어하는 성미
[食率(식솔)] : 딸린 식구
[食用(식용)] : 먹을 것으로 씀
[食飮(식음)] : 먹을 것과 마실 것
[食品(식품)] : 먹거리가 되는 물품
[間食(간:식)] : 군음식을 먹음
[斷食(단:식)] : 음식 먹기를 끊음
[美食(미:식)] : 좋은 음식을 먹음 또는 맛있는 음식

급수 | 6급
음훈 | ① 마실 음(:)
부수 | 食(밥 식) 부 4획
총 13획

필순 `丿 𠂉 𠂉 𠂉 𠂉 𠂉 𠂉 𠂉 飠 飠 飲 飲 飲`

글자풀이 밥 식(食) 변에 하품 흠(欠). 하품 하듯 입을 크게 벌려 음식을 마신다는 뜻.

뜻풀이 ① 마시다 ② 잔치 ③ 음료 ④ 따르다, 붓다

예 [飮料(음료)] : 마실 거리

[飮福(음:복)] : 제사 후에 제사에 썼던 음식을 먹고 마셔 조상으로부터 복을 받음
[飮食(음:식)] : 사람이 먹을 수 있도록 만든 것
[過飮(과:음)] : 술을 지나치게 많이 마심
[飮酒(음:주)] : 술을 마심

급수 | 5급
음훈 | ① 기를 양:
부수 | 食(밥 식) 부 6획
총 15획

필순 `丷 丷 丷 䒑 䒑 羊 羊 美 羑 養 養 養 養 養`

글자풀이 양 양(羊) 밑에 밥 식(食). 양(羊)에게 먹이(食)를 주어 자라게 한다. 즉 '기른다'는 뜻.

[참고] 유의자 : 育(육)

뜻풀이 ① 기르다 ② 밥을 짓다 ③ 자식을 낳다 ④ 봉양하다

예 [養鷄(양:계)] : 닭을 먹여 기름
[養老(양:로)] : 노인을 잘 봉양함
[養育(양:육)] : 낳아서 기름

[養豚(양:돈)] : 돼지를 기름
[養子(양:자)] : 양아들, 아들로 삼음
[養畜(양:축)] : 가축을 기름
[敎養(교:양)] : 문화에 대한 지식, 가르쳐 기름
[奉養(봉:양)] : 윗 어른을 잘 받들어 모심
[扶養(부양)] : 도와서 길러줌

급수 | 준 4급
음훈 | ① 남을 여
부수 | 食(밥 식) 부 7획
   총 16획

필순 ノ 丿 人 人 人 今 今 今 食 食 食 食 食 食 食 餘 餘

글자풀이 밥 식(食) 변에 남을 여(余). 음식(食)이 남는다(余)는 의미로 '남다, 여유 있다' 는 뜻 임.

[참고] 유의자 : 殘(잔) 약자 : 余

뜻풀이 ① 남다 ② 여유 ③ 남김없이

예 [餘暇(여가)] : 겨를 . 틈
[餘談(여담)] : 용건 이외의 이야기
[餘毒(여독)] : 나머지 독기운

[餘望(여망)] : 아직 남은 희망
[餘分(여분)] : 나머지 분량
[餘生(여생)] : 남은 인생
[餘炎(여염)] : 남은 더위, 늦더위
[剩餘(잉:여)] : 다 쓰고 난 나머지
[殘餘(잔여)] : 남아 있는 것

首 (머리 수) 部

✻ **부수 설명** : 눈과 그 위의 이마 또 그 위에 머리카락까지 그려서 머리를 나타낸 글자임. 머리를 뜻하며 '두목, 우두머리' 란 뜻으로도 쓰임.

급수 | 5급
음훈 | ① 머리 수
부수 | 首(머리 수) 부 0획
   총 9획

필순 ` ′ ″ 丷 丷 艹 首 首 首 首

글자풀이 눈과 그 위의 이마 또 그 위에 머리카락까지 그려서 머리를 나타낸 글자. 머리를 뜻하며 '두목, 우두머리' 란 뜻으로도 쓰임.

[참고] 유의자 頭(두), 반의어 尾(미)

뜻풀이 ① 머리 ② 시초 ③ 먼저 ④ 임금, 우두머리

예 [首級(수급)] : 싸움터에서 베어 얻은 적의 머리
[首肯(수긍)] : 옳게 여겨 고개를 끄덕이며 인정함
[首都(수도)] : 한 나라의 으뜸 도시
[首相(수상)] : 으뜸되는 재상
[首席(수석)] : 맨 윗자리, 1등
[魁首(괴수)] : 못된 짓을 하는 무리의 우두머리
[白首(백수)] : 지체는 높지만 벼슬하지 못하고 지내는 사람
[自首(자수)] : 죄를 범한 사람이 자진하여 수사 기관에 범죄 사실을 신고함

급수 │ 준 **4** 급
음훈 │ ① 향기 향
부수 │ 香(향기 향) 부 0획
　　　　총 9획

필순 ノ 二 千 千 禾 禾 禾 香 香

글자풀이 벼 화(禾) 밑에 달 감(甘).

벼를 익힐 때 나는 맛있는(甘) 냄새 (밥 냄새)가 아주 '향기롭다'는 뜻.

뜻풀이 ① 향기 ② 아름다움

예 [香氣(향기)] : 좋은 냄새
[香料(향료)] : 향 만드는 재료, 향냄새 나는 물건
[香水(향수)] : 좋은 냄새나는 액체
[墨香(묵향)] : 먹을 갈 때 나는 향기
[芳香(방향)] : 꽃다운 향내
[焚香(분향)] : 향을 불태워 사름

馬 (말 마) 部

✳ 부수 설명 : 말의 머리, 갈기, 꼬리 그리고 네 개의 다리 모양을 그린 글자로 '말'을 뜻함. 독립된 글자로도 쓰고 부수로도 쓰임.

급수 │ **5** 급
음훈 │ ① 말 마 :
부수 │ 馬(말 마) 부 0획
　　　　총 10획

필순 丨 厂 圷 圧 圧 馬 馬 馬 馬 馬

글자풀이 말의 머리, 갈기, 꼬리 그리고 네 개의 다리 모양을 그린 글자로 '말'을 뜻함.

뜻풀이 ① 말 ② 산가지 ③ 득점을 세는 물건

예 [馬夫(마:부)] : 말을 부려 마차나 수레를 모는 사람
[馬車(마:차)] : 말이 끄는 수레
[馬牌(마:패)] : 조선시대에 관원이 지방에 출장 갈 때 역마를 징발하는 표로 사용한 패
[犬馬(견마)] : 개나 말
[竹馬(죽마)] : 어린이들이 마치 말 타듯 끌고 다니던 대나무 막대기
[駿馬(준:마)] : 썩 잘 달리는 말
[野生馬(야:생마)] : 들에서 제멋대로 자란 길들여지지 않은 말

급수 | 4급
음훈 | ① 놀랄 경
부수 | 馬(말 마) 부 13획
　　　 총 23획

필순 ⸺ ⸺ ⸺ ⸺ ⸺ 敬 敬 敬 敬 敬 敬 驚 驚 驚 驚 驚

글자풀이 말 마(馬) 위에 공경 경(敬). 공경할 대상이 말 위에 앉아 있는 것을 보고 깜짝 '놀란다'는 뜻.

[참고] 유의자 : 愕(악)

뜻풀이 ① 놀라다 ② 빠르다 ③ 경기를 일으키다

예 [驚愕(경악)] : 깜짝 놀람
[驚異(경이)] : 놀라서 이상히 여김
[驚天動地(경천동지)] : 세상을 몹시 놀라게 함
[驚歎(경탄)] : 크게 놀라 감탄함
[驚惶(경황)] : 놀라서 당황함
[大驚失色(대:경실색)] : 크게 놀라 얼굴빛이 하얗게 변함

급수 | 준4급
음훈 | ① 시험 험:
부수 | 馬(말 마) 부 13획
　　　 총 23획

필순 ⸺ ⸺ ⸺ ⸺ 馬 馬 馬 馬 馬 馬 馬ᄼ 馬ᄼ 馬ᄼ 驗 驗 驗 驗 驗 驗 驗 驗

글자풀이 말 마(馬) 변에 다 첨(僉). 말의 상태와 능력을 다 살펴보고 '시험한다.'는 뜻.

뜻풀이 ① 시험하다 ② 표징

예 [經驗(경험)] : 실제로 해 보거나 겪어 봄
[試驗(시험)] : 재능·실력·신앙 등을 실지로 경험하여 봄
[實驗(실험)] : 실제로 시험함
[靈驗(영험)] : 사람의 기원(祈願)에 대한 신의 영묘(靈妙)한 감응
[體驗(체험)] : 몸으로 경험함
[效驗(효:험)] : 일이나 작용의 보람, 기도나 치료의 보람

骨 (뼈 골) 部

✱ 부수 설명 : 입 비뚤어질 괘(咼) 밑에 육달 월(月 = 肉). 고기에서 발라낸 뼈를 나타내는 글자.

급수 | **4**급
음훈 | ① 뼈 골
부수 | 骨(뼈 골) 부 0획
　　　총 10획

필순 ㅣㄇㅁ卩卩丹丹骨骨骨

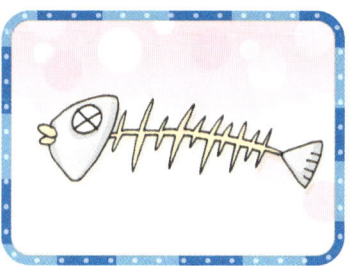

글자풀이 입 비뚤어질 괘(咼) 밑에 육달 월(月=肉). 고기에서 발라낸 '뼈'를 나타내는 글자.

[참고] 반대자 : 肉(육)

뜻풀이 ① 뼈 ② 사람의 품격 ③ 굳다 ④ 기골

예 [骨格(골격)] : 동물 몸의 뼈대
[骨肉(골육)] : 뼈와 살. 피와 살을 나눈 친척
[骨肉相殘(골육상잔)] : 가까운 친족끼리 서로 해치고 죽이고 함
[骨折(골절)] : 뼈가 부러짐
[刻骨(각골)] : 잊지 않도록 마음에 깊이 새겨둠
[病骨(병:골)] : 병이 깊어 몸이 약한 사람
[骸骨(해골)] : 살이 썩고 남은 뼈

급수 | **6**급
음훈 | ① 몸 체
부수 | 骨(뼈 골) 부 13획
　　　총 23획

필순 ㅣㄇㅁ卩卩丹丹骨骨骨 骨ᐟ 骨ᐟ 骨ᐟ 骨豊 骨豊 骨豊 骨豊 骨豊 體體體

10획

글자풀이 뼈골(骨) 변에 풍성 풍(豊). 뼈에 각 기관이 풍성하게 갖춰진 '몸'을 뜻함.

[참고] 약자 : 体

뜻풀이 ① 몸 ② 수족 ③ 모양 ④ 규칙

예 [體育(체육)] : 일정한 운동 따위를 통하여 몸을 튼튼히 기름
[體操(체조)] : 신체의 고른 발달을 위하여 몸을 잘 조련하는 운동
[體質(체질)] : 몸의 근본 바탕, 몸의 성질
[固體(고체)] : 단단히 굳어 그 모양이 변형되지 않는 물질
[弱體(약체)] : 허약한 체질
[屍體(시:체)] : 죽은 몸둥이
[正體(정:체)] : 본디의 바른 모형

高 (높을 고) 部

✱ **부수 설명** : 축대 위에 높게 지은 집 모양을 본뜬 글자로 '높다'를 나타냄.

급수 | **6**급
음훈 | ① 높을 고
부수 | 高(높을 고) 부 0획
　　　총 10획

필순 ˋ ˊ ˆ ˇ ˘ 亠 宁 京 高 高 高

글자풀이 축대 위에 높게 지은 집 모양을 본뜬 글자로 '높다'를 나타냄.

[참고] 반대자 : 低(저)

뜻풀이 ① 높다 ② 훌륭하다 ③ 뽐내다 ④ 공경하다

예 [高價(고가)] : 높은 값
[高見(고견)] : 좋은 의견
[高邁(고매)] : 높고 뛰어남
[高速(고속)] : 아주 빠른 속도
[高手(고수)] : 높은 실력의 선수
[最高(최:고)] : 가장 높은

髟 (긴털 드리울 표) 部

✱ **부수 설명** : 긴 장(長)과 터럭 삼(彡)이 합쳐진 글자로 긴 터럭을 흩날리는 형상을 나타낸 글자.

급수 | **4**급
음훈 | ① 터럭 발
부수 | 髟(긴털드리울 표) 부
　　　5획 총 15획

필순 ` ´ ŕ ŕ ɟ ɟ ɟ ɟ́ 髟 髟 髟 髟
髟 髟 髮

글자풀이 긴 털 드리울 표(髟)에서 뜻을 따오고 달릴 발(犮)에서 음을 따서 만든 글자 길게 자란 털을 뜻함.

[참고] 유의자 : 毛(모)

뜻풀이 ① 머리털 ② 초목

예 [髮膚(발부)] : 머리털과 피부
[髮指(발지)] : 머리털이 하늘을 가리킨다 즉 몹시 화가 났다는 말
[亂髮(난:발)] : 헝클어진 머리털. 단정치 못한 몸차림
[毛髮(모발)] : 사람 몸에 난 온갖 털
[削髮(삭발)] : 머리털을 깎음
[散髮(산:발)] : 머리를 풀어 헤침
[理髮(이:발)] : 머리털을 다듬음

鬥(싸울 두) 部

✱ 부수 설명 : 두 사람이 손에 자루가 긴 도끼 모양의 병기를 들고 다투는 형상으로 '싸움'을 뜻함.

급수 | 4급
음훈 | ① 싸울 투
부수 | 鬥(싸울 두) 부 10획
총 20획

필순 l ⌐ ⌐' ⌐'' ⌐''' ⌐'''' 鬥 鬥 鬥 鬥 鬥 鬥 鬥 鬥 鬥 鬪 鬪 鬪

글자풀이 싸울 두(鬥) 몸 안에 세울 (尌). 두 사람이 병기를 들고 마주서서 '싸운다'는 뜻

[참고] 유의자 : 爭(쟁) 약자 : 闘

뜻풀이 ① 싸우다 ② 겨루다 ③ 만나다

예 [鬪病(투병)] : 병을 고치려고 적극적으로 질병과 싸움
[鬪士(투사)] : 전장이나 경기장에서 싸우려고 나선 사람
[鬪牛(투우)] : 소를 싸움 붙임. 싸움 잘하는 소
[鬪爭(투쟁)] : 싱대편을 이기려고 싸움
[鬪志(투지)] : 싸우고자 하는 의지, 투쟁심
[敢鬪(감:투)] : 용감하게 싸움
[激鬪(격투)] : 격렬하게 싸움

[戰鬪(전:투)] : 두 편의 군대가 무장하여 싸움

魚 (고기 어) 部

✱ **부수 설명** : 물고기 모양을 본뜬 글자. 머리 부분과 비늘이 있는 몸통 부분 그리고 꼬리지느러미까지 네 개의 점으로 표현한 상형 문자로 '물고기'를 뜻함.

급수 | 5급
음훈 | ① 고기 어
부수 | 魚(고기 어) 부 0획
　　　총 11획

필순 ノ ㄅ ㄅ ㄅ ㄅ 命 佇 伯 伯 魚 魚 魚

글자풀이 물고기 모양을 본뜬 글자임 머리 부분과 비늘이 있는 몸통 부분 그리고 꼬리지느러미까지 네 개의 점으로 표현한 상형 문자로 '물고기'를 뜻함.

뜻풀이 ① 고기 ② 물속 동물

예 [魚群(어군)] : 물고기 떼

[魚頭肉尾(어두육미)] : 물고기 종류는 대가리 쪽이, 짐승의 고기는 꼬리 쪽이 맛있다는 말
[魚魯(어로)] : 글자의 잘못. 魚와 魯는 글자가 비슷하여 틀리기 쉽다는 데서 나온 말
[魚網(어망)] : 물고기 담는 망
[魚肉(어육)] : 생선의 고기, 물고기와 짐승고기
[魚族(어족)] : 물고기 종류
[木魚(목어)] : 잉어 모양으로 만든 목탁
[鮮魚(선어)] : 생선
[釣魚(조:어)] : 물고기를 낚음

급수 | 5급
음훈 | ① 고울 선
부수 | 魚(고기 어) 부 6획
　　　총 17획

필순 ノ ㄅ ㄅ ㄅ ㄅ 命 佇 伯 伯 魚 魚 魚 鮮 鮮 鮮 鮮 鮮

글자풀이 양 양(羊) 변에 고기 어(魚). 바다(洋) 속에 있는 물고기(魚)를 나타내어 죽지 않고 살아있는 고기로 '신선하고 곱다.'는 뜻임.

511

뜻풀이 ① 곱다 ② 뚜렷하다 ③ 신선하다 ④ 드물다

예 [鮮明(선명)] : 산뜻하고 밝음
[鮮魚(선어)] : 신선한 생선
[鮮血(선혈)] : 신선한 피
[生鮮(생선)] : 말리거나 절이지 아니한 물고기
[新鮮(신선)] : 새롭고 산뜻한
[朝鮮(조선)] : 우리나라의 상고 때부터 써 내려오는 나라 이름

鳥 (새 조) 部

✱ 부수 설명 : 새의 모양을 본뜬 글자. 꽁지가 짧은 새를 隹(추)라 하고 꽁지 긴 새를 鳥(조)라 한다. 독립된 글자로도 쓰며 부수로도 쓰임.

글자풀이 꽁지가 긴 새의 모양을 본뜬 글자로 '새'를 뜻함.

[참고] 유의자 : 禽(금)

뜻풀이 ① 새 ② 별이름 ③ 벼슬이름

예 [鳥雲(조운)] : 새 떼처럼 모였다가 구름처럼 흩어짐
[鳥足之血(조족지혈)] : 새 발에서 흐르는 피처럼 아주 적은 분량
[鳥集(조집)] : 사방에서 새떼처럼 많이 모여듦
[吉鳥(길조)] : 사람에게 어떤 길한 일이 생김을 미리 알려 준다는 새
[飛鳥(비조)] : 날아가는 새
[益鳥(익조)] : 사람에게 직접 간접으로 유익한 새
[候鳥(후:조)] : 철새

鳥
급수 | 준 4급
음훈 | ① 새 조
부수 | 鳥(새 조) 부 0획
총 11획
필순 ´ ⺅ ⺉ ⺊ ⺋ 鳥 鳥 鳥 鳥 鳥

鳴
급수 | 4급
음훈 | ① 울 명
부수 | 鳥(새 조) 부 3획
총 14획
필순 丨 冂 口 口' 口'' 口''' 口'''' 鳴 鳴 鳴 鳴 鳴

글자풀이 입 구(口) 변에 새 조(鳥). 새가 입을 벌려 '운다'는 뜻.

뜻풀이 ① 울다 ② 울리다 ③ 부르다

예 [鳴動(명동)] : 크게 울려서 진동함
[鳴鐘(명종)] : 종을 울림
[鳴吠(명폐)] : 닭이 울고 개가 짖음
[鷄鳴(계명)] : 닭이 울다, 날이 샌다는 뜻
[共鳴(공:명)] : 남의 사상이나 감정, 행동 따위에 공감하여 찬성함
[悲鳴(비:명)] : 위험·공포 등을 느낄 때 갑자기 외마디 소리를 지름
[耳鳴(이:명)] : 귀울림, 아무런 소리가 없음에도 귀에서 소리가 들림
[自鳴(자명)] : 시계나 음향 기기 등이 때맞추어 저절로 소리를 냄

급수 | **4급**
음훈 | ① 닭 계
부수 | 鳥(새 조) 부 10획
　　　 총 21획
필순 ` ´ ´ ´ ⺈ ⺈ ⺈ 乑 乑 乑 乑´ 鷄´
　　　鷄´ 鷄´ 鷄´ 鷄´ 鷄 鷄 鷄 鷄 鷄

글자풀이 어찌 해(奚) 변에 새 조(鳥). 奚는 끈으로 묶여 끌려오는 형상. 鷄는 끈으로 목을 묶여 사람 손에 끌려오는 새 '닭'을 뜻함.

[참고] 약자 : 鶏

뜻풀이 ① 닭 ② 가금류

예 [鷄口(계구)] : 닭의 부리, 작은 집단의 우두머리
[鷄群一鶴(계군일학)] : '닭의 무리 가운데 한 마리의 학' 즉 여러 무리 중에서 홀로 뛰어난 한 위인
[鷄肋(계륵)] : 닭의 갈비뼈라는 뜻으로 크게 뜯어먹을 만 한 살은 없지만 버리기에는 아까운 것
[鷄鳴狗吠(계명구폐)] : 닭 우는 소리와 개 짖는 소리가 서로 들리도록 가까이 집들이 들어서 있다는 말, 계견상문
[鷄五德(계오덕)] : 닭이 가지고 있는 다섯 가지 덕으로 '머리에 관을 쓰고 있음(文), 발에 며느리 발톱(武), 적과 정면으로 싸움(勇), 먹이를 보고 서로 부름(仁), 때맞추어 시간을 알림(信)' 이 그것임
[鷄皮鶴髮(계피학발)] : 쭈글쭈글한 피부에 흰 머리털, 즉 노인을 뜻함
[烏骨鷄(오골계)] : 살·가죽·뼈가 모두 어두운 자색인 동남아시아 원산의 닭
[鬪鷄(투계)] : 쌈 닭

鹿 (사슴 록) 部

※ 부수 설명 : 사슴의 머리, 뿔, 네 발 모양을 본뜬 글자.

급수 | 준 4급
음훈 | ① 고울 려
부수 | 鹿(사슴 록) 부 8획
　　　총 19획

필순 　　　　　　　　　　　
麗麗麗麗麗麗麗

글자풀이 사슴(鹿) 머리에 뿔 두개가 나란히 나온 모양의 글자로 '아름답다'는 뜻.

뜻풀이 ① 곱다 ② 짝 ③ 꾀꼬리

예 [麗曲(여곡)] : 아름다운 곡
　 [麗句(여구)] : 시나 노래의 아름다운 문구
　 [麗月(여월)] : 음력 2월의 별칭
　 [麗人(여인)] : 아름다운 여자
　 [麗風(여풍)] : 북서풍
　 [佳麗(가:려)] : 아름답고 고움
　 [秀麗(수려)] : 빼어나게 아름답다

黃 (누를 황) 部

※ 부수 설명 : 빛 광(光)과 밭 전(田)이 합쳐서 된 글자. 밭의 땅 색이 누렇고, 밭에 곡식 익은 빛깔이 '누렇다'는 뜻. 독립된 글자로도 쓰며 부수로도 쓰임.

급수 | 6급
음훈 | ① 누를 황
부수 | 黃(누를 황) 부 0획
　　　총 12획

필순 　　　　　　　　　　　黃黃

글자풀이 빛 광(光)과 밭 전(田)이 합쳐서 된 글자. 밭의 땅 색이 누렇고, 밭에 곡식 익은 빛깔이 '누렇다'는 뜻.

뜻풀이 ① 누르다 ② 누레지다 ③ 황금

예 [黃瓜(황과)] : 오이
　 [黃金(황금)] : 누런 빛깔의 순금
　 [黃口(황구)] : 새 새끼, 어린아이
　 [黃童(황동)] : 어린아이

[黃毛(황모)] : 족제비의 꼬리털로 붓을 매는 최고의 재료
[黃米(황미)] : 찹쌀
[黃泉(황천)] : 지하의 샘 즉 저승, 九泉(구천)
[黃土(황토)] : 검고 누런 흙

黑 (검을 흑) 部

✱ 부수 설명 : 연통(굴뚝) 밑에다 불을 피운다는 글자로 그 속에 검뎅이가 끼어 색깔이 '검다' 는 뜻.

 급수 | 5급
음훈 | ① 검을 흑
부수 | 黑(검을 흑) 부 0획
총 12획

필순 ㅣ ㅁ ㅁ ㅁ 田 甲 里 里 黑 黑 黑

글자풀이 연통(굴뚝) 밑에다 불을 피운다는 글자로 그 속에 검뎅이가 끼어 색깔이 '검다' 는 뜻.
[참고] 약자 : 黒

뜻풀이 ① 검다 ② 검은 색

예 [黑幕(흑막)] : 겉으로 드러나지 않은 음흉한 내막(內幕)
[黑白(흑백)] : 옳고 그름
[黑心(흑심)] : 음흉하고 부정하며 욕심 많은 마음
[黑暗(흑암)] : 몹시 어두움
[黑字(흑자)] : 수입이 지출보다 많아 잉여 이익이 생기는 일
[黑板(흑판)] : 분필로 글씨 쓸 수 있게 걸어놓은 검은 칠판

 급수 | 4급
음훈 | ① 점 점(:)
부수 | 黑(검을 흑) 부 5획
총 17획

필순 ㅣ ㅁ ㅁ ㅁ 田 甲 里 里 黑 黑 黑 黒 黙 點 點 點

글자풀이 검을 흑(黑) 변에 점령할 점(占). 검게 찍어놓은 '점' 을 뜻함.
[참고] 약자 : 点

뜻풀이 ① 점 ② 작은 흔적 ③ 장소

예 [點檢(점검)] : 낱낱이 검사함
[點數(점수)] : 성적
[點心(점:심)] : 낮에 먹는 끼니

[點呼(점호)] : 한 사람 한 사람 이름을 불러 확인함
[缺點(결점)] : 완전하지 못한 점
[起點(기점)] : 시작하는 곳
[得點(득점)] : 점수를 얻음
[失點(실점)] : 경기나 승부에서 점수를 잃음
[要點(요점)] : 가장 중요한 점
[終點(종점)] : 기차·버스 따위 노선의 맨 끝의 지점

[黨員(당원)] : 정당에 소속된 사람
[黨派(당파)] : 정치적 목적이나 주의·주장을 같이하는 사람들끼리 모인 단체
[惡黨(악당)] : 악한 무리, 나쁜 도당
[殘黨(잔당)] : 쳐서 없애고 남은 도둑이나 악당의 무리

급수 | 준 **4**급
음훈 | ① 무리 당
부수 | 黑(검을 흑) 부 8획
　　　　총 20획

필순 ` ⺌ ⺍ ⺌ 当 当 当 尚 尚 堂 堂 堂 堂 黨 黨 黨

鼻 (코 비) 部

✻ 부수 설명 : 스스로 재(自) 밑에 줄 비(畀)를 붙여 쓴 자로 '코'를 뜻함. 본래 코를 나타낸 글자는 코 모양을 그린 自였는데, 자기 자신을 나타내는 글자로 뜻이 바뀌자 코를 뜻하는 새로운 글자로 鼻(비)자를 만들었음.

급수 | **5**급
음훈 | ① 코 비:
부수 | 鼻(코 비) 부 0획
　　　　총 14획

필순 ` ⺍ ⼎ 白 自 自 帛 鼻 鼻 鼻 畠 鼻 鼻 鼻

글자풀이 집 당(堂) 밑에 검을 흑(黑). 큰 집에 모여든 검은 가면을 쓴 사람들을 나타낸 글자로 '무리, 떼'를 뜻함.

뜻풀이 ① 무리 ② 마을 ③ 일가

예 [黨權(당권)] : 정당이나 당파를 이끌고 주도하는 권한
[黨首(당수)] : 한 당의 우두머리

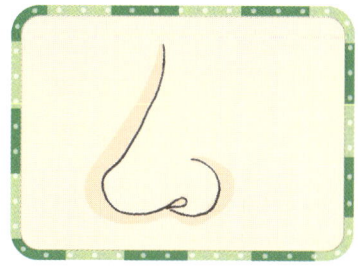

글자풀이 본디 코를 나타내는 글자 自 밑에 '비' 음을 내는 丌(줄 비)를 붙여서 사용하게 됨.

뜻풀이 ① 코 ② 구멍 ③ 코 꿰다

예 [鼻門(비:문)] : 콧구멍
[鼻笑(비:소)] : 코웃음
[鼻息(비:식)] : 코로 숨을 쉼
[鼻炎(비:염)] : 콧 속의 염증
[鼻祖(비:조)] : 한씨족의 시조

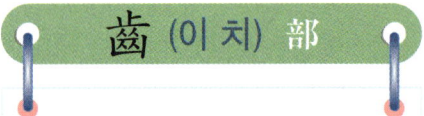

齒 (이 치) 部

* **부수 설명** : 止(지)에서 음을 따오고 입안에 아래위로 이가 나란히 난 모양을 그린 글자로 '이'를 뜻함.

급수 | 준 4급
음훈 | ① 이 치
부수 | 齒(이 치) 부 0획
　　　총 15획

필순 ⌐ ㅏ ㅐ ㅗ ㅘ ㅙ ㅚ 齒 齒 齒 齒 齒 齒 齒

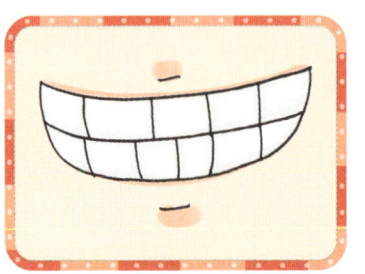

글자풀이 止(지)에서 음을 따오고 입안에 아래위로 이가 나란히 난 모양을 그린 글자로 '이'를 뜻함.

[참고] 약자 : 歯

뜻풀이 ① 이 ② 어금니 ③ 나이

예 [齒列(치열)] : 이가 나란히 늘어선 모양
[齒醫(치의)] : 치과 의사
[脣亡齒寒(순망치한)] : '입술이 없으면 이가 시렵다'는 뜻으로 서로 이해 관계가 밀접한 사이
[脣齒(순치)] : 입술과 이, 서로 없어서는 안 될 관계
[拔齒(발치)] : 이를 뽑음
[蟲齒(충치)] : 벌레먹은 이
[皓齒(호:치)] : 희고 깨끗한 이

龍 (용 용) 部

* **부수 설명** : 머리에 뾰족한 뿔이 있고 입을 크게 벌리고 몸통이 긴 용 모양을 그린 글자.

급수 | 4급
음훈 | ① 용 룡
부수 | 龍(용 룡) 부 0획
　　　총 16획

필순 ⌐ ㅏ ㅐ ㅗ ㅘ ㅙ ㅚ 龍 龍 龍 龍 龍 龍 龍 龍

글자풀이 머리에 뾰족한 뿔이 있고 입을 크게 벌리고 몸통이 긴 상상의 동물 '용'을 뜻하는 글자.

뜻풀이 ① 용 ② 임금 ③ 뛰어난 인물 ④ 크다

예 [龍駕(용가)] : 임금이 타는 수레
[龍床(용상)] : 임금이 앉는 평상
[龍顔(용안)] : 임금의 얼굴
[龍袍(용포)] : 용무늬가 새겨진 임금의 덧옷
[龍虎相搏(용호상박)] : 용과 호랑이가 서로 싸움. 두 강자가 서로 다툼
[臥龍(와:룡)] : 누어있는 용
[潛龍(잠룡)] : 물속에 숨어있는 용. 임금이 되기 전 잠시 피하고 있는 사람

16획

부록(附錄)

- 사자성어(四子成語)
- 가나다순 찾아보기
- 획수별 찾아보기
- 급수별 찾아보기

사자성어(四字成語)

- 街談巷說 (가담항설) 길거리나 항간에 떠도는 소문, 헛 소문
- 苛斂誅求 (가렴주구) 세금을 혹독하게 징수하고, 강제로 재물을 빼앗음
- 佳人薄命 (가인박명) 아름다운 여자는 명이 짧음
- 刻骨難忘 (각골난망) 은혜를 마음속에 깊이 새겨 결코 잊지 않음
- 角者無齒 (각자무치) 뿔이 있는 사람은 이가 없다는 뜻으로, 사람이 모든 복을 겸하지 못함을 이름
- 刻舟求劍 (각주구검) 미련하고 융통성이 없음의 비유
- 肝膽相照 (간담상조) 서로 속마음을 터놓고 친하게 사귐
- 甘言利說 (감언이설) 남의 비위에 맞도록 꾸민 달콤한 말과 이로운 조건을 내세워 꾀는 말
- 甘呑苦吐 (감탄고토) "달면 삼키고 쓰면 뱉는다"는 뜻으로, 사리의 옳고 그름에 관계없이 제 비위에 맞으면 좋아하고 안 맞으면 싫어한다는 말
- 改過遷善 (개과천선) 지나간 허물을 고치고 착하게 됨
- 蓋世之才 (개세지재) 온 세상을 뒤덮을 만한 재주 또는 그런 재주를 가진 인재(人材)
- 去官留犢 (거관유독) "벼슬에서 물러날 때 송아지를 두고 간다"는 말로 관리의 청렴함을 일컬음
- 隔世之感 (격세지감) 다른 세대를 만난 것처럼 몹시 달라진 느낌
- 見利思義 (견리사의) 눈앞에 이익이 보일 때, 의리를 생각함
- 犬馬之勞 (견마지로) 윗사람 또는 임금이나 나라에 충성을 다하는 자신의 노력을 겸손하게 일컫는 말
- 見物生心 (견물생심) 물건을 보면 가지고 싶은 욕심이 생김
- 見危致命 (견위치명) 나라가 위급할 때 자기 몸을 나라에 바침
- 結草報恩 (결초보은) 죽어 혼령이 되어도 은혜를 잊지 않고 갚음
- 輕擧妄動 (경거망동) 경솔하고 망령되게 행동함
- 傾國之色 (경국지색) 나라 안에 으뜸가는 미인, 임금이 혹하여 나라가 어지

	러워도 모를 만한 미인
○ 驚天動地 (경천동지)	세상을 몹시 놀라게 함
○ 鷄口牛後 (계구우후)	"닭의 부리가 쇠꼬리보다 낫다"는 말로, 큰 단체의 꼴찌보다는 작은 단체의 우두머리가 되라는 뜻
○ 鷄卵有骨 (계란유골)	"달걀에 뼈가 있다"는 말로, 공교롭게 일이 방해됨을 이르는 말
○ 孤軍奮鬪 (고군분투)	남의 도움을 받지 않고 적은 인원으로 힘에 벅찬 일을 잘 해 나감
○ 孤掌難鳴 (고장난명)	"한쪽 손만으로는 소리내기가 어렵다"의 뜻에서 혼자서는 일을 이루기가 어렵다는 의미
○ 苦盡甘來 (고진감래)	"고생 끝에 즐거움이 온다"는 말
○ 曲學阿世 (곡학아세)	바른 길에서 벗어난 학문으로 세상 사람에게 아첨함
○ 骨肉相殘 (골육상잔)	가까운 친족끼리 서로 해치고 죽이고 함
○ 誇大妄想 (과대망상)	자기의 현재 상태를 턱없이 과장해서 사실인 것처럼 믿는 생각
○ 過猶不及 (과유불급)	정도를 지나침은 미치지 못한 것과 같음
○ 瓜田李下 (과전이하)	"참외밭을 지날 때는 신을 고쳐 신지 않고 오얏나무 아래서는 갓끈을 고쳐 묶지 않는다" 즉 남의 의심을 받을 일을 아예 삼가라는 뜻
○ 敎學相長 (교학상장)	가르치는 일과 배우는 일이 모두 자기 공부에 도움이 된다는 말
○ 求國干城 (구국간성)	나라를 위기에서 구하려는 믿음직한 군인이나 인물
○ 口蜜腹劍 (구밀복검)	"입에는 꿀이 있고 배 속에는 칼이 있다"는 뜻으로, 말로는 친한 체하나 속으로 해칠 생각을 가짐의 비유
○ 九死一生 (구사일생)	여러 차례의 죽을 고비를 넘기고 운좋게 살아남
○ 口尙乳臭 (구상유취)	"입에서 아직 젖내가 난다"는 뜻으로, 말과 하는 짓이 아직 어림을 일컫는 말
○ 九牛一毛 (구우일모)	많은 가운데서 가장 적은 것의 비유
○ 九折羊腸 (구절양장)	양의 창자처럼 꼬불꼬불하고 험한 산길
○ 群鷄一鶴 (군계일학)	"닭의 무리 속에 있는 한 마리 학"이라는 뜻으로, 평범

		한 여러 사람 가운데의 뛰어난 한 사람을 이름
◉ 群雄割據	(군웅할거)	여러 영웅들이 서로 한 지방씩을 차지하고 세력을 내세워 다툼
◉ 君子三樂	(군자삼락)	군자가 원하는 세 가지 즐거움으로 즉 부모님이 살아계시고 형제가 무고함, 하늘과 땅에 부끄럼이 없음, 천하의 영재를 얻어 교육하는 것
◉ 權謀術數	(권모술수)	목적을 달성하기 위해서는 인정이나 도덕도 돌보지 않고 모략과 중상 등 온갖 수단과 방법을 쓰는 술책
◉ 權不十年	(권불십년)	권세는 오래가지 못한다는 말로, 예쁜 꽃도 10일을 못 넘긴다는 화무십일홍(花無十日紅)과 유사한 뜻
◉ 勸善懲惡	(권선징악)	착한 일을 권장하고 악한 일을 징계함
◉ 捲土重來	(권토중래)	한 번 패했다가 세력을 회복해서 다시 쳐들어옴
◉ 近墨者黑	(근묵자흑)	"먹을 가까이하면 검어진다"는 뜻으로, 나쁜 사람과 사귀면 물들기 쉽다는 말
◉ 錦上添花	(금상첨화)	좋은 일에 또 좋은 일이 더함
◉ 今昔之感	(금석지감)	지금과 옛날을 비교해 생각할 때, 그 차이가 심함을 보고 느끼는 정
◉ 今時初聞	(금시초문)	이제야 비로소 처음으로 들음
◉ 錦衣還鄕	(금의환향)	출세를 하고 고향에 돌아옴
◉ 起死回生	(기사회생)	죽게 된 경지에서 회복하여 다시 살아남
◉ 奇想天外	(기상천외)	보통사람이 생각할 수 없는 엉뚱한 생각
◉ 旣往之事	(기왕지사)	이미 지난 일
◉ 金枝玉葉	(금지옥엽)	귀히 여기는 자손
◉ 落穽下石	(낙정하석)	"함정에 빠진 사람에게 돌을 떨어뜨린다"는 말로 궁지에 몰린 자를 더욱 괴롭힘
◉ 難兄難弟	(난형난제)	"누구를 형이라 하고 누구를 아우라 하기 어렵다"는 뜻으로, 두 사물의 낫고 못함을 분간하기 어려움의 비유
◉ 南柯一夢	(남가일몽)	꿈과 같이 헛된 한때의 부귀영화
◉ 男負女戴	(남부여대)	"남자는 지고 가고 여자는 이고 간다"는 뜻으로, 가난한 사람이 살 곳을 찾아 떠돌아다니는 것을 이르는 말

- 南田北畓 (남전북답) 가진 논밭이 여기저기 흩어져 있음을 이르는 말
- 囊中之錐 (낭중지추) "주머니 속의 송곳" 즉, 재능이 뛰어난 사람은 숨어 있어도 남의 눈에 드러난다는 뜻
- 勞心焦思 (노심초사) 몹시 마음을 쓰며 애를 태움
- 綠陰芳草 (녹음방초) 푸르게 우거진 나무 그늘과 향기로운 풀
- 累卵之勢 (누란지세) 계란을 포개 세운듯한 매우 위태로운 형세
- 多多益善 (다다익선) 많으면 많을수록 좋음
- 斷機之戒 (단기지계) 맹자가 수학 도중 집으로 돌아왔을 때 그의 어머니가 베틀의 실을 끊어 훈계하였다는 데서, 학문을 중도에서 그만둠은 짜던 베의 날을 끊는 것과 같다는 말
- 單刀直入 (단도직입) 요점을 바로 풀이하여 들어감
- 丹脣皓齒 (단순호치) "붉은 입술과 흰 이"라는 뜻으로, 아름다운 여자를 비유
- 簞食瓢飮 (단사표음) 도시락밥과 표주박 물'의 뜻으로, 소박한 생활의 비유
- 螳螂拒轍 (당랑거철) "사마귀가 앞발을 들어 수레를 막으려 한다"는 말로 제 분수도 모르고 강적에게 반항함을 이르는 말
- 大器晩成 (대기만성) "큰 그릇을 만드는 데는 시간이 오래 걸린다"는 뜻으로, 크게 될 사람은 늦게 이루어진다는 말
- 大義名分 (대의명분) 어떤 일을 꾀하는 데 내세우는 마땅한 구실이나 이유
- 道聽塗說 (도청도설) 길거리에 떠돌아다니는 뜬소문
- 獨不將軍 (독불장군) "혼자서는 장군이 못 된다"는 뜻으로, 남과 협조하여야 한다는 말
- 同價紅裳 (동가홍상) "같은 값이면 다홍치마"의 뜻으로, 같은 값이면 품질이 좋은 것을 택한다는 말
- 同苦同樂 (동고동락) 같이 고생하고 같이 즐김
- 東問西答 (동문서답) 묻는 말에 당치도 않은 대답을 함 또는 그 대답
- 同病相憐 (동병상련) "같은 병의 환자끼리 서로 가엾게 여긴다"는 뜻으로, 어려운 처지에 있는 사람끼리 동정하고 도움
- 東奔西走 (동분서주) 이리저리 바삐 다님
- 同床異夢 (동상이몽) "기거(起居)를 함께 하면서 서로 다른 꿈을 꾼다"는 뜻으로, 겉으로는 같이 행동하면서도 속으로는 각각 다른

생각을 하고 있음을 일컫는 말
- 杜門不出 (두문불출) 집 속에만 틀어 박혀 있어 세상 밖에 나가지 않음
- 登樓去梯 (등루거제) "다락에 오르게 한 후 사다리를 치운다"는 말로 남을 꾀어 난처한 지경으로 몰아넣음
- 燈下不明 (등하불명) "등잔 밑이 어둡다"는 뜻으로, 가까이 있는 것이 도리어 알아내기 어려움을 이르는 말
- 燈火可親 (등화가친) "가을 밤은 등불을 가까이 하여 글 읽기에 좋다"는 뜻
- 馬耳東風 (마이동풍) 남의 충고를 귀담아 듣지 않고 곧 흘려버림을 이르는 말
- 莫上莫下 (막상막하) 우열의 차이가 없음
- 莫逆之友 (막역지우) 아주 허물이 없는 벗
- 滿山紅葉 (만산홍엽) 단풍이 물들어 온 산이 붉게 됨
- 罔極之恩 (망극지은) 끝없이 베풀어 준 큰 은혜
- 望洋之歎 (망양지탄) 어떤 일에 자신의 힘이 미치지 못할 때에 하는 탄식
- 亡羊之歎 (망양지탄) "학문의 길은 여러 갈래라 길을 잡기 어렵다"는 말
- 賣劍買牛 (매검매우) "칼을 팔아 소를 산다"는 말로 전쟁을 그만 두고 고향으로 돌아간다는 뜻
- 盲人直門 (맹인직문) "소경이 문으로 들어간다"는 말로 어리석은 자가 어쩌다가 일을 성공함을 이르는 말
- 面從腹背 (면종복배) "겉으로는 복종하는 체하면서 속으로는 배반한다"는 뜻
- 明鏡止水 (명경지수) "맑은 거울과 조용한 물"이란 뜻으로, 맑고 고요한 심경을 이름
- 名實相符 (명실상부) 이름과 실상이 서로 부합함
- 明若觀火 (명약관화) 마치 불을 보듯 뻔하고 분명함
- 目不識丁 (목불식정) "낫 놓고 기역자도 모른다"는 뜻으로, 일자무식
- 目不忍見 (목불인견) 딱하고 가엾어서 차마 눈 뜨고 볼 수 없음
- 無骨好人 (무골호인) "뼈 없이 좋은 사람" 즉 아주 순하여 남의 비위에 두루 맞는 사람
- 武陵桃源 (무릉도원) 세속을 떠난 별천지
- 無不通知 (무불통지) "무슨 일이든지 다 통하여 모르는 것이 없음"을 이름
- 無所不能 (무소불능) 재주나 지식이 뛰어나 능통하지 않은 것이 없음

- 文房四友 (문방사우) 　종이·붓·먹·벼루의 네 문방구
- 聞一知十 (문일지십) 　한 가지를 들으면 열을 미루어 앎
- 尾生之信 (미생지신) 　사기(史記)에 나오는 말로, 신의를 지킨답시고 우직하여 융통성이 없음을 이르는 말
- 拍掌大笑 (박장대소) 　손뼉을 치며 크게 웃음
- 半信半疑 (반신반의) 　반쯤은 믿고 반쯤은 의심함
- 反哺之孝 (반포지효) 　까마귀 새끼가 자란 후 어미에게 먹이를 물어다 주듯 부모로부터 입은 은혜를 보답하는 효성
- 拔本塞源 (발본색원) 　폐단의 근원을 아주 뽑아서 없애 버림
- 白骨難忘 (백골난망) 　죽어 백골이 되어도 깊은 은덕을 잊을 수 없음
- 百年佳約 (백년가약) 　젊은 남녀가 결혼하여 서로가 평생을 함께할 것을 다짐하는 언약
- 百年大計 (백년대계) 　먼 앞날을 내다보고 세우는 원대한 계획
- 百年河淸 (백년하청) 　중국의 황허(黃河)강 지역은 항상 흐리어 맑을 때가 없다는 뜻으로, 아무리 기다려도 어떤 일이 이루어지기 어렵다는 뜻
- 百年偕老 (백년해로) 　부부가 화락하게 함께 늙음
- 白面書生 (백면서생) 　글만 읽고 세상일에 경험이 없는 사람
- 白衣從軍 (백의종군) 　벼슬이 없는 사람으로 군대를 따라 싸움터로 나아감
- 百折不屈 (백절불굴) 　"백 번 꺾여도 굴하지 않는다"는 뜻에서, 어떠한 어려움에도 결코 굽히지 않음
- 伯仲之勢 (백중지세) 　서로 어금지금하여 우열을 가리기 힘든 형세
- 兵家常事 (병가상사) 　실패는 흔히 있는 일이니 낙심할 것 없다는 말
- 不問可知 (불문가지) 　묻지 않아도 알 수 있음
- 不問曲直 (불문곡직) 　옳고 그른 것을 묻지 않음
- 釜中生魚 (부중생어) 　"오래 밥을 짓지 못하여 솥 안에 고기가 생겨났다"는 뜻으로, 매우 가난함의 비유
- 夫唱婦隨 (부창부수) 　"남편 주장에 아내가 잘 따른다"는 뜻으로 부부 화합의 도리라는 뜻
- 不恥下問 (불치하문) 　자기보다 못한 사람에게 묻는 것을 부끄러워하지 않음

- 附和雷同 (부화뇌동)　일정한 견식이 없이 남의 의견에 따라 같이 행동함
- 粉骨碎身 (분골쇄신)　뼈가 가루가 되고 몸이 부서지도록 노력함
- 鵬程萬里 (붕정만리)　앞길이 훤하고 전도가 양양한 장래를 비유한 말
- 非禮勿視 (비례물시)　예의가 아닌 일은 아예 보지도 말라는 말
- 非一非再 (비일비재)　한두 번이 아니고 자주 일어나는 많은 사례
- 四顧無親 (사고무친)　사방을 둘러보아도 가족이나 친척 등 의지할 데가 전혀 없음
- 四面楚歌 (사면초가)　사면이 모두 적에게 포위된 경우와 고립된 경우를 이르는 말
- 四分五裂 (사분오열)　여러 갈래로 갈기갈기 찢어짐
- 砂上樓閣 (사상누각)　기초가 약하여 자빠질 염려가 있거나 오래 유지 못할 일 또는 실현 불가능한 일
- 四通五達 (사통오달)　길이나 교통망 등이 이리저리 사방으로 통함
- 事必歸正 (사필귀정)　"만사는 반드시 바른 길로 돌아간다"는 뜻
- 山紫水明 (산자수명)　산수의 경치가 썩 좋음
- 山海珍味 (산해진미)　산과 바다에서 나온 갖가지 진귀한 산물로 잘 차린 맛 좋은 음식
- 殺身成仁 (살신성인)　자기의 "몸을 희생하여 어진 일을 이룬다"는 뜻으로 옳은 일을 위해 목숨을 버림
- 三綱五倫 (삼강오륜)　삼강(三綱)은 임금과 신하, 부모와 자식 그리고 부부가 지켜야 할 도리이고, 오륜(五倫)은 임금과 신하의 의리, 보모와 자식간의 서로 사랑하는 마음, 부부 사이에 지켜야 할 분별, 어른과 아이간의 공경, 친구 사이의 신의가 있어야 한다는 도리
- 三顧草廬 (삼고초려)　중국 삼국 시대에, 유비가 제갈량의 초가집을 세 번이나 방문하여 마침내 그를 군사(軍師)로 삼았다는 데서, 인재를 맞아들이기 위해 참을성 있게 노력한다는 말
- 森羅萬象 (삼라만상)　우주 사이에 벌여 있는 온갖 사물과 현상
- 三人成虎 (삼인성호)　거짓말도 여러 사람이 하면 곧이듣는다는 말
- 喪家之狗 (상가지구)　초상집의 개라는 말로 아무도 돌보는 사람이 없어 초라

	한 골로 여기저기 기웃거리는 신세
○ 桑田碧海 (상전벽해)	뽕나무 밭이 변하여 푸른 바다가 된다는 뜻으로, 세상 일이 덧없이 변천함이 심함을 비유하는 말
○ 塞翁之馬 (새옹지마)	모든 것은 변화가 많아서 인생의 길흉화복을 예측할 수 없다는 뜻
○ 生面不知 (생면부지)	서로 만나 본 일이 없어 도무지 모르는 사람 또는 그런 관계
○ 先見之明 (선견지명)	앞일을 미리 짐작하는 밝은 지혜
○ 先公後私 (선공후사)	공적인 일을 먼저 하고 사사로운 일을 뒤로 미룸
○ 雪上加霜 (설상가상)	난처한 일이나 불행이 엎친 데 덮쳐 잇따라 일어남
○ 說往說來 (설왕설래)	서로 변론하여 말로 옥신각신함
○ 聲東擊西 (성동격서)	동쪽을 칠 듯이 말하고 실제로는 서쪽을 공격한다는 기발한 전술
○ 歲寒三友 (세한삼우)	추운 겨울철에도 잘 견디는 소나무·대나무·매화나무를 이르는 말
○ 束手無策 (속수무책)	어쩔 도리가 없어 꼼짝 못함
○ 送舊迎新 (송구영신)	묵은해를 보내고 새해를 맞음
○ 首丘初心 (수구초심)	"여우가 죽을 때 머리를 자기가 살던 굴로 향한다"는 뜻으로, 고향을 그리워하는 마음을 일컫는 말
○ 袖手傍觀 (수수방관)	"팔장을 끼고 보고만 있다"는 뜻으로, 간섭하거나 거들지를 않고 그대로 버려둠
○ 修身齊家 (수신제가)	마음과 몸을 닦고 집안을 다스림
○ 水魚之交 (수어지교)	물과 물고기의 관계처럼 아주 친밀하여 떨어질 수 없는 사이
○ 守株待兎 (수주대토)	송(宋)나라의 한 농부가 나무그루에 토끼가 부딪쳐서 죽는 것을 보고, 농사를 팽개치고 나무그루에 토끼가 부딪치기를 기다렸다는 고사에서, 요행을 기다리며 주변머리가 없고 융통성 없는 어리석은 사람을 이름
○ 脣亡齒寒 (순망치한)	"입술이 없으면 이가 시리다"는 뜻으로, 가까운 한쪽이 망하면 다른 한쪽도 온전하기 어려움의 비유

- 始終如一 (시종여일)　처음부터 끝까지 변함없이 한결같음
- 識字憂患 (식자우환)　글자를 아는 것이 도리어 근심을 사게 된다는 말
- 信賞必罰 (신상필벌)　상벌을 공정하고 엄중히 하는 일
- 身言書判 (신언서판)　중국 당나라 때, 관리로 등용되기 위해 갖추어야 했던 네 가지 조건 즉, 신수·말씨·문필·판단력
- 神出鬼沒 (신출귀몰)　자유자재로 출몰하여 그 변화를 헤아릴 수 없음
- 身土不二 (신토불이)　"사람의 육체와 그 사람이 태어난 고장의 토양은 둘이 아니고 하나다"라는 뜻으로, 우리나라에서 생산된 농작물이 우리 체질에 맞는다는 말
- 實事求是 (실사구시)　사실에 토대를 두어 진리를 탐구하는 일
- 深思熟考 (심사숙고)　"깊이 잘 생각하고 거듭 생각하라"는 뜻으로 일을 신중히 처리하라는 의미임
- 十匙一飯 (십시일반)　"열 사람이 밥 한 술씩 보태면 한 사람 먹을 분량이 된다"는 뜻으로, 여럿이 힘을 합하면 한 사람을 돕는 일이 쉽게 이루어진다는 비유
- 阿鼻叫喚 (아비규환)　가장 고통이 심하다는 아비 지옥과 규환 지옥을 합쳐 이르는 말로 여러 사람이 참담한 지경에 빠져 울부짖는 참상을 의미함
- 我田引水 (아전인수)　"자기 논에 물을 끌어 댄다"는 뜻으로, 자기에게만 이롭게 함
- 安貧樂道 (안빈낙도)　구차한 중에도 편안한 마음으로 도(道)를 즐김
- 眼下無人 (안하무인)　"눈 아래에 사람이 없다"는 뜻으로, 방자하고 교만하여 남을 업신여김을 이르는 말
- 暗中摸索 (암중모색)　"물건을 어둠 속에서 더듬어 찾는다"는 뜻으로, 확실한 방법을 모르는 채 일의 해결책을 찾으려고 애씀
- 藥房甘草 (약방감초)　약방문에서 감초가 빠지지 아니하듯 어느 일에나 끼어 들어 참견함
- 弱肉强食 (약육강식)　약한 사람은 강한 사람에게 먹힘
- 羊頭狗肉 (양두구육)　"양의 대가리를 내어놓고 실은 개고기를 판다"는 뜻으로, 겉으론 훌륭하게 내세우나 속은 변변찮음

- 梁上君子 (양상군자)   "들보 위의 군자"라는 뜻으로, 도둑을 완곡하게 이르는 말
- 良藥口苦 (양약구고)   효험이 좋은 약은 입에 쓰듯 충직한 말은 귀에 거슬리지만 받아들이면 자신에게 이롭다는 뜻
- 養虎遺患 (양호유환)   화근을 길러 후환을 당하게 된다는 말
- 魚頭鬼面 (어두귀면)   "물고기 머리에 귀신 얼굴"이란 뜻으로, 몹시 '흉하게 생긴 얼굴'을 일컫는 말
- 魚頭肉尾 (어두육미)   생선은 머리, 짐승은 꼬리 부분이 맛이 좋다는 말
- 漁父之利 (어부지리)   쌍방이 다투는 틈을 타서 제삼자가 애쓰지 않고 가로챈 이득
- 言語道斷 (언어도단)   말문이 막힌다는 뜻으로, 어이가 없어 이루 말로 나타낼 수 없음을 이르는 말
- 言中有骨 (언중유골)   예사로운 말 속에 단단한 속뜻이 들어 있음
- 緣木求魚 (연목구어)   "나무에 올라가서 물고기를 구한다"는 뜻으로 불가능한 일을 하려고 함
- 連戰連勝 (연전연승)   싸울 때 마다 잇따라 이김
- 榮枯盛衰 (영고성쇠)   개인이나 사회의 성하고 쇠함이 서로 뒤바뀌는 현상
- 英雄豪傑 (영웅호걸)   영웅과 호걸, 썩 뛰어난 인물
- 五車之書 (오거지서)   다섯 수레에 실을 만한 많은 책, 많은 장서
- 五里霧中 (오리무중)   오리에 걸친 짙은 안개 속에 있어 방향을 알 수 없음과 같이, 무슨 일에 대해 알 길이 없음의 비유
- 寤寐不忘 (오매불망)   자나깨나 잊지 못함
- 吾鼻三尺 (오비삼척)   "내 코가 석자"라는 뜻으로, 자기 사정이 급하여 남을 돌볼 처지가 못됨을 이름
- 烏飛梨落 (오비이락)   "까마귀 날자 배 떨어진다"는 뜻으로, 우연한 일치로 남의 의심을 받게 됨을 이르는 말
- 烏飛一色 (오비일색)   "날고 있는 까마귀가 모두 같은 빛깔"이라는 뜻으로, 모두 같은 종류 또는 피차 똑같음을 이르는 말
- 傲霜孤節 (오상고절)   "서릿발이 심한 속에서도 굴하지 않고 외로이 지키는 절개"라는 뜻으로, '국화(菊花)'를 비유하는 말

- 吳越同舟 (오월동주) 　사이가 나쁜 사람끼리 같은 장소·처지에 함께 놓임. 또는 서로 반목하면서도 공통의 곤란·이해에 대하여 협력함의 비유
- 屋上架屋 (옥상가옥) 　"지붕 위에 거듭 지붕을 얹는다"는 뜻으로, 있는것 위에 불필요하게 거듭함의 비유
- 玉石俱焚 (옥석구분) 　"옥과 돌이 모두 불에 탄다"는 뜻에서, 선악의 구별 없이 함께 멸망함을 일컫는 말
- 溫故知新 (온고지신) 　옛것을 연구해서 새 지식이나 견해를 찾아냄
- 臥薪嘗膽 (와신상담) 　"섶에 누워 쓸개를 맛본다"는 뜻으로, 마음먹은 일을 이루기 위해 괴롭고 어려움을 참고 견딤
- 外柔內剛 (외유내강) 　겉은 부드럽고 순한 듯하나 속은 꿋꿋하고 곧음
- 樂山樂水 (요산요수) 　산과 물을 좋아함, 자연을 즐기고 좋아함
- 燎原之火 (요원지화) 　"무서운 기세로 타 나가는 벌판의 불"이란 뜻으로, 세력이 대단해서 막을 수 없음의 비유
- 欲速不達 (욕속부달) 　일을 서두르면 도리어 이루지 못함
- 龍頭蛇尾 (용두사미) 　머리는 용이고 꼬리는 뱀이라는 뜻으로, 처음은 왕성하나 끝이 흐지부지됨의 비유
- 龍虎相搏 (용호상박) 　용과 범이 서로 싸움, 두 강자가 서로 싸운다는 뜻
- 牛耳讀經 (우이독경) 　"쇠귀에 경 읽는다"는 말로 남의 충고를 받아들이지 아니함
- 雨後竹筍 (우후죽순) 　비가 온 뒤에 많이 솟는 죽순처럼, 어떤 일이 한때에 많이 일어남의 비유
- 遠交近攻 (원교근공) 　먼 나라와 친교를 맺고 이웃 나라를 공략한다는 외교 수단의 하나
- 月下氷人 (월하빙인) 　결혼을 중매해 주는 사람
- 危機一髮 (위기일발) 　조금도 여유가 없이 아슬아슬하게 닥친 위기의 순간
- 有口無言 (유구무언) 　입은 있으나 할 말이 없다는 뜻으로, 변명이나 항변할 말이 없음
- 有名無實 (유명무실) 　이름만 그럴듯하고 실속은 없음
- 有備無患 (유비무환) 　미리 준비가 되어 있으면 근심할 것이 없음

- 唯我獨尊 (유아독존)　세상에서 자기 혼자만이 잘났다고 오만을 부림.
- 類類相從 (유유상종)　같은 무리끼리 서로 내왕하며 사귐
- 隱忍自重 (은인자중)　마음속으로 참고 견디며 몸가짐을 조심함
- 陰德陽報 (음덕양보)　음덕을 쌓으면 뒤에 그 보답을 받게 된다는 뜻
- 吟風弄月 (음풍농월)　맑은 바람과 밝은 달에 대하여 시를 짓고 즐겁게 놂
- 異口同聲 (이구동성)　여러 사람의 말이 한결같음
- 以心傳心 (이심전심)　말이나 글에 의하지 않고, 마음에서 마음으로 서로 통하여 전달됨
- 二律背反 (이율배반)　서로 모순되는 두 개의 명제가 동등한 권리로서 주장되는 일
- 泥田鬪狗 (이전투구)　"진흙탕에서 싸우는 개"라는 뜻으로 명분이 서지 않는 일로 몰골사납게 싸움을 이르는 말
- 因果應報 (인과응보)　사람이 지은 선과 악에 따라 그 갚음을 받는 일 또는 그 과보
- 人面獸心 (인면수심)　"얼굴은 사람 꼴을 하고 있으나 마음은 짐승과 같다"는 뜻으로, 마음·행동이 몹시 흉악함
- 人山人海 (인산인해)　사람이 헤아릴 수 없이 많이 모인 상태
- 因循姑息 (인순고식)　낡은 인습에서 벗어나지 못하고 눈앞의 편안함만 취하는 것을 이름
- 一擧兩得 (일거양득)　한 가지 일을 하여 두 가지 이익을 거둠, 일전쌍조(一箭雙鳥). 일석이조(一石二鳥)
- 一口二言 (일구이언)　"한 입으로 두 말을 한다"는 뜻으로, 말을 이랬다저랬다 함을 이름
- 一網打盡 (일망타진)　어떤 무리를 한꺼번에 모조리 잡음
- 一脈相通 (일맥상통)　처지·성질·생각 등이 서로 통함. 서로 비슷함
- 一目瞭然 (일목요연)　한눈에 알아볼 수 있게 분명함
- 一絲不亂 (일사불란)　질서가 정연하여 조금도 흐트러진 데나 어지러운 데가 없음
- 一瀉千里 (일사천리)　"강물의 물살이 빨라, 한 번 흘러 천 리 밖에 이른다"는 뜻으로, 어떤 일이 거침없이 빨리 진행됨을 이르는 말

一石二鳥 (일석이조)	"돌 하나를 던져 새 두 마리를 잡는다"는 뜻으로 한 가지 일로 두 가지 효과를 거둠
一魚濁水 (일어탁수)	"한 마리의 고기가 물을 흐린다"는 뜻으로 한 사람의 잘못으로 여러 사람이 그 해를 입게 됨의 비유
一言之下 (일언지하)	군더더기 없이 한 마디로 잘라 말함
一衣帶水 (일의대수)	한 줄기의 띠와 같은 좁은 냇물이나 바닷물
一日三秋 (일일삼추)	"하루가 삼년 같다"는 뜻으로 매우 지루하거나 애태우며 기다림
一場春夢 (일장춘몽)	한바탕의 봄꿈처럼 헛된 영화(榮華)나 덧없는 일
一觸卽發 (일촉즉발)	조금만 닿아도 곧 폭발할 것 같은 몹시 위험한 상태를 이름
日就月將 (일취월장)	날로 달로 진보함
一筆揮之 (일필휘지)	단숨에 힘차고 시원하게 글씨를 써 내림
一攫千金 (일확천금)	힘들이지 않고 단번에 많은 재물을 얻음
自家撞着 (자가당착)	같은 사람의 문장·언행이 앞뒤가 어긋나 모순됨, 자기모순
自繩自縛 (자승자박)	자신이 한 말과 행동에 자신이 구속되어 괴로움을 당함 제 꾀에 제가 당함
自暴自棄 (자포자기)	실망과 불만 때문에 스스로 자기의 형편과 전도를 파괴하고 돌보지 않음
自畵自讚 (자화자찬)	"자기가 그린 그림을 스스로 칭찬한다"는 뜻으로, 자기가 한 일을 자기 스스로 자랑함
作舍道傍 (작사도방)	"길가에 집을 짓자니 지나는 사람마다 의견을 낸다"는 뜻에서, 이론(異論)이 많아서 얼른 결정짓지 못함을 이르는 말
作心三日 (작심삼일)	"한번 작정한 마음이 사흘을 지키지 못한다"는 말로 결심이 굳지 못함을 뜻함
賊反荷杖 (적반하장)	"도둑이 도리어 매를 든다"는 뜻으로, 잘못한 사람이 도리어 잘한 사람을 나무라는 경우에 쓰는 말
適材適所 (적재적소)	마땅한 인재를 마땅한 자리에 씀

- 電光石火 (전광석화) 　매우 짧은 시간에 해 치우는 익숙한 솜씨
- 轉禍爲福 (전화위복) 　재화(災禍)가 바뀌어 오히려 복(福)이 됨
- 切齒腐心 (절치부심) 　몹시 분하여 이를 갈고 속을 썩임
- 漸入佳境 (점입가경) 　차차 재미있는 경지로 들어감
- 頂門一鍼 (정문일침) 　"정수리에 침을 놓는다"는 뜻으로, 따끔한 충고를 이르는 말
- 井中之蛙 (정중지와) 　"우물 안의 개구리"라는 말로 세상 물정을 모르는 사람을 비유함
- 糟糠之妻 (조강지처) 　구차하고 천할 때부터 고생을 함께 해온 아내
- 朝令暮改 (조령모개) 　법령을 자주 뒤바꿈 또는 법령이 자주 뒤바뀜
- 朝三暮四 (조삼모사) 　간사한 꾀로 남을 속여 희롱함을 이르는 말
- 鳥足之血 (조족지혈) 　"새발의 피"라는 뜻으로 극히 적은 분량의 비유
- 種豆得豆 (종두득두) 　"콩 심은데 콩 난다"는 말로 뿌린 대로 거둔다는 뜻, 종과득과(種瓜得瓜)
- 縱橫無盡 (종횡무진) 　자유자재하여 거침이 없는 상태
- 坐井觀天 (좌정관천) 　"우물 속에 앉아 하늘을 쳐다보고 평한다"는 말로 견문이 썩 좁음을 이르는 말
- 主客顚倒 (주객전도) 　"주인과 객의 위치가 서로 뒤바뀐다"는 뜻으로, 사물의 경중·선후·완급이 서로 뒤바뀜
- 晝耕夜讀 (주경야독) 　"낮에는 농사짓고 밤에는 글을 읽는다"는 뜻으로, 어렵게 공부함을 이름
- 走馬加鞭 (주마가편) 　"달리는 말에 채찍질을 더한다"는 뜻으로, 정진(精進)하는 사람을 한층 더 권장함을 이르는 말
- 走馬看山 (주마간산) 　"달리는 말 위에서 산천을 구경한다"는 뜻으로, 바쁘고 어수선하여 되는대로 휙휙 지나쳐 봄의 비유
- 酒池肉林 (주지육림) 　"술로 연못을 이루고 고기로 숲을 이룬다"는 뜻으로, 호사스런 술잔치의 비유
- 竹馬故友 (죽마고우) 　"대말을 타고 놀던 벗"이라는 뜻으로, 어렸을 때부터 같이 놀며 친하게 지내 온 벗
- 衆寡不敵 (중과부적) 　적은 수효가 많은 수효를 대적하지 못함

- 衆口難防 (중구난방) 뭇사람의 말을 이루 다 막기가 어려움
- 指鹿爲馬 (지록위마) 윗사람을 농락하여 권세를 마음대로 함을 가리키는 말, 모순된 것을 우겨서 다른 사람을 속이려는 짓
- 至誠感天 (지성감천) 지극한 정성이면 하늘도 감동하여 돕는다는 말
- 池魚之殃 (지어지앙) "못의 물로 불을 끄니 물이 없어져 물고기가 죽는다"는 뜻에서, 뜻밖에 당하는 재앙을 이르는 말
- 知彼知己 (지피지기) 적의 내정과 나의 내정을 잘 앎
- 進退兩難 (진퇴양난) 이러지도 저러지도 못하는 매우 난처한 처지
- 天高馬肥 (천고마비) "하늘이 높고 말이 살찐다"는 뜻으로, 가을이 썩 좋은 절기임을 일컫는 말
- 千慮一得 (천려일득) 어리석은 사람도 많은 생각 가운데는 한 가지쯤 좋은 생각을 할 수 있다는 말
- 天方地軸 (천방지축) 못난 사람이 분별없이 함부로 설치는 일
- 千載一遇 (천재일우) 좀처럼 만나기 어려운 기회
- 千篇一律 (천편일률) 사물이 다 비슷해 변화가 없음
- 靑出於藍 (청출어람) "쪽에서 나온 물감이 쪽보다도 더 푸르다"는 뜻으로, 제자가 스승보다 뛰어나다는 말
- 寸鐵殺人 (촌철살인) "한 치의 쇠붙이로도 살인한다"는 뜻으로, 간단한 경구(警句)로도 남을 감동시키거나 남의 약점을 찌를 수 있다는 비유의 말
- 秋風落葉 (추풍낙엽) 세력 등이 낙엽처럼 시들어 우수수 떨어짐의 비유
- 出將入相 (출장입상) 나가서는 장수가 되고 들어와서는 재상(宰相)이 됨 즉 문무(文武)가 겸전(兼全)하여 장상(將相)의 벼슬을 모두 지낸다는 뜻
- 七顚八起 (칠전팔기) "일곱 번 넘어지고 여덟 번 일어난다"는 뜻으로, 여러 번 실패해도 재기하여 분투함
- 針小棒大 (침소봉대) "바늘만 한 것을 몽둥이만 하다"고 한다는 뜻으로, 작은 일을 크게 허풍을 떨어 말함
- 他山之石 (타산지석) 다른 사람의 하찮은 언행일지라도 자기의 지덕(知德)을 연마하는 데 도움이 된다는 말

- 卓上空論 (탁상공론)　실천성이 없는 허황한 이론
- 泰山北斗 (태산북두)　세상 사람으로부터 가장 존경을 받는 사람
- 泰然自若 (태연자약)　마음에 무슨 충동을 받아도 움직임이 없이 천연스러움
- 兎死狗烹 (토사구팽)　필요할 때는 쓰고 필요하지 않을 때는 야박하게 버리는 경우를 이르는 말
- 兎營三窟 (토영삼굴)　"토끼가 위난을 피하려고 구멍 셋을 만든다"는 뜻으로, 자신의 안전을 위해 미리 몇 가지의 술책을 짜 놓음
- 破竹之勢 (파죽지세)　대적(大敵)을 거침없이 물리치고 쳐들어가는 당당한 기세
- 八方美人 (팔방미인)　여러 방면에 능한 사람
- 表裏不同 (표리부동)　마음이 음충맞아서 겉과 속이 다름
- 風樹之嘆 (풍수지탄)　효도하고자 할 때에 이미 부모를 여의고 효행(孝行)을 다하지 못하는 자식의 슬픔
- 風前燈火 (풍전등화)　매우 위급한 자리에 놓여 있음을 가리키는 말
- 皮骨相接 (피골상접)　살가죽과 뼈가 맞붙을 정도로 썩 마름
- 鶴首苦待 (학수고대)　몹시 애타게 기다림
- 漢江投石 (한강투석)　한강에 돌 던지기, 애써도 보람이 없는 일을 비유한 말
- 咸興差使 (함흥차사)　가서 깜깜무소식이거나 또는 회답이 더딜 때의 비유
- 虛心坦懷 (허심탄회)　아무런 사념이 없이 마음이 고요함, 마음속에 품은 생각을 터놓고 말함
- 軒軒丈夫 (헌헌장부)　외모가 준수하고 헌거(軒擧)로운 사내
- 賢母良妻 (현모양처)　어진 어머니이면서 착한 아내
- 螢雪之功 (형설지공)　고생을 하면서 공부하여 얻은 보람
- 狐假虎威 (호가호위)　남의 권세를 빌려 위세를 부림의 비유
- 好事多魔 (호사다마)　좋은 일에는 흔히 방해되는 일이 많음
- 虎死留皮 (호사유피)　"호랑이는 죽어서 모피를 남긴다"는 뜻으로, 사람은 죽어서 명예를 남겨야 함의 비유
- 虎視耽耽 (호시탐탐)　"범이 먹이를 노리어 눈을 부릅뜨고 노려본다"는 뜻으로, 기회를 노리고 가만히 정세를 관망함
- 浩然之氣 (호연지기)　사물에서 해방되어 자유스럽고 유쾌한 마음. 호기
- 昏定晨省 (혼정신성)　아침저녁으로 부모의 안부를 물어서 살핌

- 紅爐點雪 (홍로점설) "뜨거운 화로에 떨어진 한 점 눈"이라는 뜻으로 즉 큰 일을 하는데 한 조각 걸거춤이 큰 지장이 안 된다는 뜻
- 弘益人間 (홍익인간) 널리 인간 세계를 이롭게 함
- 畵龍點睛 (화룡점정) "용을 그릴 때 마지막에 눈을 그려 완성시킨다"는 뜻으로, 가장 중요한 부분을 완성시킴
- 畵蛇添足 (화사첨족) "뱀을 잘 그린 뒤 발까지 그려 그림을 망쳤다"는 말로 쓸데없는 짓을 덧붙여 도리어 실패한다는 말
- 畵中之餠 (화중지병) 그림의 떡, 욕심을 부려도 실속이 없음을 이르는 말
- 換骨奪胎 (환골탈태) 딴 사람이 된 듯 그 용모가 환하게 트이고 밝아짐. 남의 문장을 본뜨면서 그 형식을 바꿔 자작(自作)처럼 꾸밈
- 患難相恤 (환난상휼) 향약(鄕約)의 네 가지 덕목 가운데 하나. 어려운 일이 생겼을 때 서로 도와줌
- 會者定離 (회자정리) 만나는 사람은 반드시 헤어질 운명에 있음
- 橫說竪說 (횡설수설) 조리가 없는 말을 함부로 지껄임 또는 그 말
- 興盡悲來 (흥진비래) "즐거운 일이 다하면 슬픈 일이 닥쳐온다"는 뜻으로, 세상일이 돌고 돌아 순환됨을 가리키는 말

찾/아/보/기

- 가나다순 찾아보기
- 획수별 찾아보기
- 급수별 찾아보기

가나다순 찾아보기

가
家	128
歌	260
加	56
可	76
價	32
假	28
街	404
暇	230

각
各	79
角	413
刻	51
覺	411

간
間	477
干	154
看	325
簡	354

감
感	182
減	284
監	323
甘	309
敢	214

갑
甲	311

강
江	273
強	165
康	160
講	426
降	480

개
開	478
改	209
個	26

객
客	127

갱
更	234

거
車	446
去	72
擧	207
巨	148
居	141
拒	196
據	204

건
件	16
建	162
健	28

걸
傑	30

검
檢	258
儉	33

격
格	249
激	291
擊	206

견
見	409
犬	302
堅	99

결
決	274
結	362
缺	370
潔	290

경
京	11
景	229
敬	215
輕	447
競	348
經	365
境	101
慶	185
警	429
更	234
傾	31
鏡	474
驚	506

계
界	313
計	415
係	23
戒	188
系	357
季	121
階	484
繼	369
鷄	512

고
古	77
苦	395
高	508
考	376
告	82
固	93
故	211
孤	121
庫	159

곡
曲	233
告	82

곡
穀	343

곤
困	93

골
骨	507

공
工	147
空	344
公	40
功	56
共	41
攻	210
孔	119

과
果	245
科	339
過	453
課	424

관
關	479
觀	412
官	125
管	352

광
光	36
廣	161

鑛	475
교	
校	249
敎	212
交	10
橋	256
구	
九	7
口	76
區	63
球	307
具	42
救	213
舊	389
句	77
求	274
究	344
構	253
국	
國	94
局	141
군	
軍	446
郡	463
君	82
群	374
굴	
屈	142
궁	

宮	129
窮	345
권	
權	259
券	51
卷	70
勸	61
귀	
貴	437
歸	265
규	
九	7
規	410
균	
均	98
극	
極	252
劇	55
근	
近	450
根	250
筋	350
勤	60
금	
金	470
今	12
禁	336
급	

急	176
級	359
給	363
기	
氣	271
記	415
旗	223
己	149
技	193
汽	275
基	99
期	239
起	443
器	90
奇	111
紀	358
寄	130
機	257
길	
吉	79
김	
金	470
나	
內	38
난	
暖	231
難	489
남	
南	67

男	312
납	
內	38
納	359
내	
內	38
能	383
녀	
女	112
년	
年	155
념	
念	175
노	
努	57
怒	177
농	
農	450
능	
能	383
다	
多	107
단	
短	329
團	95

壇	103
單	89
端	347
檀	258
斷	220
段	266
달	
達	457
담	
談	424
擔	205
답	
答	350
당	
堂	100
當	316
黨	515
대	
大	108
代	13
待	168
對	138
帶	152
隊	484
댁	
宅	124
덕	
德	172

도
道	458
度	158
圖	96
到	52
島	145
都	465
導	139
徒	170
逃	451
盜	322

독
讀	430
獨	304
毒	268
督	328

동
東	245
冬	44
同	79
洞	278
動	58
童	347
銅	471

두
頭	498
讀	430
斗	218
豆	432

득
得	170

등
登	319
等	351
燈	296

라
羅	372

락
樂	254
落	397

란
卵	70
亂	7

람
覽	412

랑
朗	238

래
來	21

랭
冷	45

략
略	314

량
良	393
量	469
兩	39
糧	357

려
旅	222
麗	513
慮	185

력
力	55
歷	264

련
練	366
連	454

렬
列	48
烈	293

령
令	14
領	498

례
禮	337
例	22

로
老	376
路	445
勞	59

록
綠	365
錄	472

론
論	425

료
料	218

룡
龍	516

류
流	279
類	500
留	313
柳	248

륙
六	41
陸	483

륜
輪	447

률
律	169

리
里	467
利	49
李	243
理	307
離	490

림
林	246

립
立	346

마
馬	505

만
萬	397
滿	287

말
末	240

망
亡	10
望	238

매
每	268
買	437
賣	440
妹	114

맥
脈	384

면
面	494
勉	57

명

名	80	米	355	倍	27	**병**		復	171
命	84	美	373	拜	198	病	317	否	83
明	225	未	241	背	382	兵	42	負	434
鳴	511	味	84	配	466	**보**		**북**	
모		**민**		**백**		布	150	北	63
母	267	民	271	白	320	步	263	**분**	
毛	270	**밀**		百	321	保	24	分	46
模	255	密	131	**번**		報	101	粉	356
목		**박**		番	315	寶	135	憤	186
木	240	朴	242	**벌**		普	230	**불**	
目	324	博	68	伐	16	**복**		不	4
牧	300	拍	196	罰	372	服	237	佛	19
묘		**반**		**범**		福	337	**비**	
妙	113	反	73	犯	303	副	53	比	269
墓	102	牛	65	範	352	復	171	費	438
무		班	306	**법**		伏	17	鼻	515
無	294	**발**		法	275	複	407	非	493
武	263	發	319	**벽**		**본**		飛	502
務	59	髮	508	壁	103	本	241	備	30
舞	391	**방**		**변**		**봉**		悲	181
문		方	221	便	26	奉	111	批	194
門	477	放	210	變	431	**부**		否	83
文	217	防	480	邊	462	父	299	秘	340
問	87	房	191	辯	449	大	108	碑	332
聞	378	訪	417	**별**		部	464	**빈**	
물		妨	114	別	49	府	157	貧	435
物	301	**배**				副	53	**빙**	
미		北	63			婦	117	氷	272
						富	132		

사

四	91
事	8
食	502
死	265
使	22
社	333
士	104
仕	14
史	78
思	177
査	248
寫	135
寺	136
舍	390
師	151
謝	427
私	338
射	136
絲	363
辭	449

삭

數	216

산

山	145
算	352
産	310
散	215

살

殺	267

삼

三	2
參	72

상

上	3
相	326
商	88
賞	440
床	156
狀	303
常	153
想	183
象	433
傷	31

색, 생

色	393
生	309
省	326

서

西	408
書	234
序	157

석

夕	106
石	330
席	152

선

先	36
線	366
仙	15
船	392
善	89
選	460
鮮	510
宣	127

설

雪	491
說	420
設	417
舌	390

성

姓	115
成	189
省	326
性	175
星	226
城	98
盛	323
聖	378
誠	421
聲	379

세

世	5
洗	279
歲	264
說	420
細	361
稅	341
勢	61

소

小	140
少	140
所	191
消	281
笑	349
素	360
掃	200

속

速	454
束	243
俗	24
續	370
屬	144

손

孫	122
損	204

송

送	452
松	246
頌	497

쇄

殺	267

수

水	272
手	192
數	216
樹	257
首	504
宿	131
收	208

수

守	123
受	74
修	27
授	200
秀	338

숙

宿	131
叔	75
肅	381

순

順	497
純	360

술

術	404

숭

崇	146

습

習	375

승

勝	60
承	197

시

市	150
時	228
始	115
示	333
寺	136
是	226

施	221
視	410
試	419
詩	420

식
食	502
植	252
式	163
識	428
息	179

신
身	445
信	25
神	334
新	219
臣	386
申	311

실
室	128
失	110
實	133

심
| 心 | 173 |
| 深 | 283 |

십
| 十 | 64 |

씨
| 氏 | 270 |

아
| 兒 | 37 |

악
| 樂 | 254 |
| 惡 | 181 |

안
安	124
案	250
眼	327

암
| 暗 | 231 |

압
| 壓 | 104 |

애
| 愛 | 183 |

액
| 液 | 283 |
| 額 | 499 |

야
| 夜 | 107 |
| 野 | 468 |

약
弱	164
藥	399
約	358

양
洋	280
陽	485
養	503
羊	373
樣	255

어
語	422
魚	510
漁	288

억
| 億 | 33 |

언
| 言 | 414 |

엄
| 嚴 | 91 |

업
| 業 | 253 |

여
如	112
餘	504
與	388

역
逆	452
易	225
域	100

연
然	295
研	331
煙	295
演	289
延	162
鉛	471
緣	367
燃	297

열
| 說 | 420 |
| 熱 | 295 |

엽
| 葉 | 398 |

영
永	273
英	395
榮	254
迎	451
映	227
營	297

예
| 藝 | 399 |
| 豫 | 434 |

오
五	9
午	65
惡	181
誤	422

옥
| 屋 | 142 |
| 玉 | 305 |

온
| 溫 | 286 |

완
| 完 | 125 |

왕
| 王 | 305 |
| 往 | 167 |

외
| 外 | 106 |

요
樂	254
要	408
曜	232
謠	427

욕
| 浴 | 282 |

용
用	310
勇	58
容	129

우
右	78
友	74
牛	300
雨	490
郵	464

遇	458	慰	186	義	374	子	118	再	44
優	34	**유**		議	429	字	119	材	244
운		有	237	依	23	自	386	災	293
運	459	由	312	疑	317	者	377	財	435
雲	491	油	276	儀	33	姉	116	**쟁**	
웅		乳	7	**이**		姿	117	爭	298
雄	488	遊	459	二	9	資	439	**저**	
원		儒	34	以	15	**작**		貯	438
園	95	遺	461	耳	377	作	20	低	20
遠	460	**육**		移	340	昨	227	底	157
元	35	育	382	易	225	**잔**		**적**	
原	71	肉	381	異	314	殘	266	赤	442
院	481	**은**		**익**		**잡**		的	321
願	500	銀	472	益	322	雜	489	敵	216
員	87	恩	179	**인**		**장**		賊	439
圓	95	隱	487	人	11	長	476	適	460
怨	178	**음**		因	92	場	101	積	343
援	203	音	496	引	163	章	346	績	367
源	286	飮	503	印	69	狀	303	籍	355
월		陰	483	認	423	將	137	**전**	
月	236	**읍**		仁	12	障	485	全	39
위		邑	463	**일**		壯	105	前	52
位	19	**응**		一	1	帳	153	電	492
偉	29	應	187	日	223	張	165	戰	189
爲	299	**의**		**임**		腸	385	典	43
衛	405	衣	405	任	18	裝	406	展	143
危	69	意	184	**입**		獎	304	傳	32
委	116	醫	467	入	38	**재**		田	312
威	116			**자**		才	192	專	137
圍	94					在	97	錢	473
								轉	448

절
切	47
節	353
絶	364
折	194

점
店	158
占	68
點	514

접
接	200

정
正	262
定	126
庭	159
停	29
情	180
政	211
程	341
精	356
丁	1
整	217
靜	493

제
弟	164
第	349
題	499
制	52
除	482
祭	335

提	203
製	407
濟	291
帝	151
際	486

조
祖	335
朝	239
調	425
操	205
早	224
助	57
造	455
鳥	511
條	251
組	362
潮	290

족
足	444
族	222

존
尊	138
存	120

졸
卒	66

종
終	362
種	342
宗	126
從	171

鍾	474

좌
左	148
座	160

죄
罪	371

주
主	6
足	444
住	21
注	276
晝	229
州	146
週	456
走	442
朱	242
周	85
酒	466

죽
竹	348

준
準	287

중
中	5
重	468
衆	402

즉
則	53

증
增	102
證	428

지
地	97
紙	361
止	262
知	329
識	428
支	208
至	387
志	173
指	199
持	199
智	230
誌	423

직
直	325
職	379
織	369

진
眞	327
進	456
珍	306
陣	482
盡	324

질
質	441

집
集	488

차
車	446
次	260
差	149

착
着	328

찬
讚	431

찰
察	134

참
參	72

창
窓	345
唱	88
創	54

채
採	201

책
責	436
册	43

처
處	400

천

千	65	最	235	致	387	彈	166	特	
川	146	**추**		識	428	歎	261	特	302
天	109	秋	339	治	277	**탈**		**파**	
泉	280	推	202	置	371	說	420	波	277
철		**축**		齒	516	脫	385	破	330
鐵	475	祝	334	**칙**		**탐**		派	280
청		蓄	398	則	53	探	202	**판**	
靑	492	築	354	**친**		**태**		板	247
淸	284	縮	368	親	411	太	110	判	50
請	426	**춘**		**칠**		態	184	**팔**	
聽	380	春	228	七	2	**택**		八	40
廳	161	**출**		**침**		宅	124	**패**	
체		出	46	侵	25	擇	206	敗	214
體	507	**충**		針	470	**토**		**편**	
切	47	充	37	寢	134	土	97	便	26
초		忠	176	**칭**		討	416	篇	353
草	396	蟲	401	稱	342	**통**		**평**	
初	50	**취**		**쾌**		洞	278	平	154
招	197	取	75	快	174	通	455	評	418
촉		就	141	**타**		統	364	**폐**	
數	216	趣	444	他	15	痛	318	閉	477
촌		**측**		打	193	**퇴**		**포**	
寸	136	測	285	**탁**		退	453	包	62
村	244	**층**		度	158	推	202	布	150
총		層	143	卓	66	**투**		砲	331
銃	472	**치**		**탄**		投	195	暴	232
總	368			炭	293	鬪	509	胞	383
최									

폭		恨	178	驗	506	混	284	效	212
暴	232	閑	478	險	486	**홍**		**후**	
爆	298	**합**		**혁**		紅	358	後	169
표		合	81	革	495	**화**		厚	71
表	406	**항**		**현**		火	292	候	28
票	336	行	403	現	308	花	394	**훈**	
標	256	航	392	見	409	話	420	訓	416
품		港	285	賢	441	和	86	**휘**	
品	86	抗	195	顯	500	畫	315	揮	203
풍		降	480	**혈**		化	62	**휴**	
風	501	**해**		血	402	貨	436	休	18
豊	432	海	282	**협**		華	396	**흉**	
피		害	130	協	67	**확**		凶	45
疲	318	解	413	**형**		確	332	**흑**	
避	462	**핵**		兄	36	**환**		黑	514
필		核	251	形	167	患	180	**흡**	
必	173	**행**		刑	48	環	308	吸	83
筆	351	行	403	**혜**		歡	261	**흥**	
하		幸	155	惠	182	**활**		興	389
下	3	**향**		**호**		活	281	**희**	
夏	105	向	81	號	401	**황**		希	150
河	277	香	505	湖	286	黃	513	喜	90
학		鄕	465	戶	190	況	278		
學	122	**허**		好	113	**회**			
한		許	418	呼	85	會	235		
韓	495	虛	400	護	430	回	92		
漢	289	**헌**		**혹**		灰	292		
寒	132	憲	187	或	189	**획**			
限	481	**험**		**혼**		畫	315		
				婚	118	**효**			
						孝	120		

획수별 찾아보기

1획
一 일 1

2획
九 구 7
十 십 64
二 이 9
人 인 11
七 칠 2
八 팔 40
力 력 55
入 입 38
丁 정 1

3획
女 녀 112
大 대 108
山 산 145
三 삼 2
小 소 140
寸 촌 136
土 토 97
工 공 147
口 구 76
上 상 3
夕 석 106
子 자 118
川 천 146
千 천 65
下 하 3
才 재 192

4획
己 기 149
亡 망 10
士 사 104
干 간 154

六 륙 41
木 목 240
父 부 299
水 수 272
五 오 9
王 왕 305
月 월 236
日 일 223
中 중 5
火 화 292
內 내 38
文 문 217
方 방 221
夫 부 108
不 불 4
少 소 140
手 수 192
心 심 173
午 오 65
天 천 109
公 공 40
今 금 12
反 반 73
分 분 46
太 태 110
比 비 269

牛 우 300
友 우 74
元 원 35
切 절 47
止 지 262
化 화 62
凶 흉 45
斗 두 218
毛 모 270
引 인 163
支 지 208
次 차 260
戶 호 190
犬 견 302
孔 공 119
氏 씨 270
仁 인 12

5획
母 모 267
民 민 271
白 백 320
北 북 63
四 사 91
生 생 309
外 외 106
兄 형 36
冬 동 44
立 립 346
世 세 5
市 시 150
右 우 78

正 정 262
左 좌 148
主 주 6
出 출 46
平 평 154
古 고 77
功 공 56
代 대 13
目 목 324
半 반 65
本 본 241
石 석 330
失 실 110
永 영 273
用 용 310
由 유 312
加 가 56
可 가 76
去 거 72
令 령 14
末 말 240
氷 빙 272
史 사 78
仕 사 14
仙 선 15
示 시 333
以 이 15
打 타 193
他 타 15
必 필 173
句 구 77
未 미 241

申 신 311
玉 옥 305
田 전 312
包 포 62
布 포 150
甘 감 309
甲 갑 311
巨 거 148
犯 범 303
占 점 68
册 책 43

6획
年 년 155
西 서 408
先 선 36
江 강 273
同 동 79
老 로 376
名 명 80
百 백 321
色 색 393
安 안 124
有 유 237
自 자 386
字 자 119
全 전 39
地 지 97
休 휴 18
各 각 79
共 공 41
光 광 36

交	교	10	血	혈	402	局	국	141	均	균	98
多	다	107	好	호	113	汽	기	275	卵	란	70
米	미	355	回	회	92	技	기	193	妙	묘	113
朴	박	242	伏	복	17	冷	랭	45	妨	방	114
死	사	265	舌	설	390	良	량	393	否	부	83
式	식	163	危	위	69	兵	병	42	批	비	194
衣	의	405	存	존	120	序	서	157	私	사	338
在	재	97	朱	주	242	束	속	243	秀	수	338
合	합	81	刑	형	48	完	완	125	延	연	162
行	행	403	灰	회	292	位	위	19	壯	장	105
向	향	81				材	재	244	折	절	194
件	건	16	**7획**			災	재	293	投	투	195
考	고	376				赤	적	442	判	판	50
曲	곡	233	弟	제	164	初	초	50	抗	항	195
吉	길	79	車	거	446	攻	공	210			
臣	신	386	男	남	312	究	구	344	**8획**		
耳	이	377	里	리	467	求	구	274	金	금	470
因	인	92	每	매	268	努	노	57	東	동	245
任	임	18	邑	읍	463	豆	두	432	門	문	477
再	재	44	足	족	444	防	방	480	長	장	476
州	주	146	住	주	21	步	보	263	青	청	492
充	충	37	村	촌	244	佛	불	19	空	공	344
宅	택	124	孝	효	120	床	상	156	來	래	21
列	렬	48	角	각	413	低	저	20	林	림	246
伐	벌	16	利	리	49	助	조	57	命	명	84
寺	사	136	李	리	243	走	주	442	物	물	301
收	수	208	別	별	49	志	지	173	事	사	8
守	수	123	成	성	189	快	쾌	174	姓	성	115
羊	양	373	身	신	445	吸	흡	83	所	소	191
如	여	112	言	언	414	希	희	150	育	육	382
肉	육	381	作	작	20	更	경	234	直	직	325
印	인	69	形	형	167	戒	계	188	花	화	394
早	조	224	改	개	209	系	계	357	京	경	11
竹	죽	348	見	견	409	困	곤	93	果	과	245
至	지	387	決	결	274	君	군	82	近	근	450

例	례	22			
明	명	225			
放	방	210			
服	복	237			
社	사	333			
使	사	22			
始	시	115			
夜	야	107			
油	유	276			
定	정	126			
注	주	276			
表	표	406			
幸	행	155			
和	화	86			
固	고	93			
具	구	42			
念	념	175			
到	도	52			
法	법	275			
奉	봉	111			
性	성	175			
兒	아	37			
雨	우	490			
爭	쟁	298			
的	적	321			
典	전	43			
店	점	158			
卒	졸	66			
知	지	329			
卓	탁	66			
板	판	247			
河	하	277			
官	관	125			
毒	독	268			
兩	량	39			

한자	한글	쪽	한자	한글	쪽	한자	한글	쪽	한자	한글	쪽	한자	한글	쪽
牧	목	300	乳	유	7	音	음	496	降	강	480	級	급	359
武	무	263	依	의	23	者	자	377	紀	기	358	班	반	306
味	미	84	姉	자	116	昨	작	227	段	단	266	病	병	317
房	방	191	底	저	157	風	풍	501	柳	류	248	書	서	234
府	부	157	周	주	85	客	객	127	勉	면	57	席	석	152
非	비	493	招	초	197	建	건	162	負	부	434	消	소	281
舍	사	390	或	혹	189	流	류	279	宣	선	127	孫	손	122
狀	상	303	況	황	278	査	사	248	映	영	227	神	신	334
受	수	74				思	사	177	怨	원	178	弱	약	164
承	승	197	9획			相	상	326	威	위	116	庭	정	159
往	왕	167	軍	군	446	洗	세	279	姿	자	117	特	특	302
政	정	211	南	남	67	首	수	504	帝	제	151	訓	훈	416
制	제	52	室	실	128	約	약	358	持	지	199	格	격	249
宗	종	126	洞	동	278	屋	옥	142	珍	진	306	能	능	383
忠	충	176	面	면	494	要	요	408	泉	천	280	島	도	145
取	취	75	食	식	502	則	즉	53	派	파	280	旅	려	222
治	치	277	前	전	52	祝	축	334	胞	포	383	料	료	218
波	파	277	重	중	468	炭	탄	293	恨	한	178	馬	마	505
協	협	67	秋	추	339	品	품	86	革	혁	495	倍	배	27
呼	호	85	春	춘	228	係	계	23	紅	홍	358	案	안	250
刻	각	51	便	편	26	故	고	211	厚	후	71	浴	욕	282
居	거	141	活	활	281	怒	노	177				院	원	481
拒	거	196	後	후	169	律	률	169	10획			原	원	71
季	계	121	界	계	313	拜	배	198	校	교	249	財	재	435
孤	고	121	計	계	415	背	배	382	家	가	128	致	치	387
屈	굴	142	苦	고	395	保	보	24	氣	기	271	害	해	130
卷	권	70	科	과	339	飛	비	502	記	기	415	效	효	212
券	권	51	急	급	176	星	성	226	時	시	228	個	개	26
奇	기	111	待	대	168	俗	속	24	祖	조	335	缺	결	370
妹	매	114	度	도	158	施	시	221	紙	지	361	宮	궁	129
拍	박	196	美	미	373	是	시	226	草	초	396	起	기	443
松	송	246	省	성	326	指	지	199	夏	하	105	留	류	313
叔	숙	75	信	신	25	侵	침	25	海	해	282	脈	맥	384
易	역	225	洋	양	280	限	한	481	高	고	508	配	배	466
迎	영	451	英	영	395	香	향	505	郡	군	463	師	사	151
委	위	116	勇	용	58	看	간	325	根	근	250	城	성	98

漢字	讀音	쪽	漢字	讀音	쪽	漢字	讀音	쪽	漢字	讀音	쪽	漢字	讀音	쪽
素	소	360	**11획**			魚	어	510	接	접	200	開	개	478
笑	소	349				偉	위	29	祭	제	335	短	단	329
送	송	452	敎	교	212	展	전	143	鳥	조	511	童	동	347
修	수	27	國	국	94	停	정	29	造	조	455	等	등	351
純	순	360	動	동	58	情	정	180	處	처	400	發	발	319
息	식	179	問	문	87	終	종	362	票	표	336	番	번	315
逆	역	452	區	구	63	參	참	72	貨	화	436	勝	승	60
容	용	129	球	구	307	唱	창	88	堅	견	99	陽	양	485
員	원	87	堂	당	100	責	책	436	寄	기	130	朝	조	239
恩	은	179	理	리	307	敗	패	214	略	략	314	集	집	488
益	익	322	部	부	464	許	허	418	崇	숭	146	畵	화	315
除	제	482	雪	설	491	患	환	180	域	역	100	黃	황	513
眞	진	327	速	속	454	假	가	28	郵	우	464	結	결	362
退	퇴	453	術	술	404	康	강	160	異	이	314	景	경	229
破	파	330	習	습	375	帶	대	152	張	장	165	貴	귀	437
砲	포	331	野	야	468	得	득	170	帳	장	153	給	급	363
航	항	392	章	장	346	連	련	454	專	전	137	期	기	239
庫	고	159	第	제	349	務	무	59	條	조	251	都	도	465
骨	골	507	族	족	222	密	밀	131	組	조	362	量	량	469
納	납	359	晝	주	229	訪	방	417	從	종	171	勞	로	59
逃	도	451	窓	창	345	副	부	53	採	채	201	買	매	437
徒	도	170	淸	청	284	婦	부	117	推	추	202	無	무	294
烈	렬	293	通	통	455	貧	빈	435	脫	탈	385	費	비	438
粉	분	356	現	현	308	殺	살	267	探	탐	202	善	선	89
秘	비	340	健	건	28	常	상	153	閉	폐	477	順	순	497
射	사	136	過	과	453	設	설	417	混	혼	284	惡	악	181
座	좌	160	救	구	213	細	세	361	婚	혼	118	雲	운	491
酒	주	466	規	규	410	掃	소	200	**12획**			雄	웅	488
陣	진	482	基	기	99	授	수	200	間	간	477	貯	저	438
差	차	149	朗	랑	238	深	심	283	答	답	350	週	주	456
針	침	470	陸	륙	483	眼	안	327	登	등	319	着	착	328
討	토	416	望	망	238	液	액	283	植	식	252	最	최	235
疲	피	318	産	산	310	硏	연	331	然	연	295	筆	필	351
核	핵	251	商	상	88	陰	음	483	場	장	101	寒	한	132
候	후	28	船	선	392	移	이	340	强	강	165	湖	호	286
			宿	숙	131	將	장	137				黑	흑	514

街	가	404	援	원	203	罪	죄	371	腸	장	385	精	정	356
減	감	284	園	위	94	經	경	365	賊	적	439	製	제	407
單	단	89	殘	잔	266	極	극	252				察	찰	134
隊	대	484	智	지	230	禁	금	336	**14획**			銃	총	472
博	박	68	就	취	141	暖	난	231	歌	가	260	蓄	축	398
報	보	101	痛	통	318	達	달	457	旗	기	223	態	태	184
復	복	171	評	평	418	督	독	328	算	산	352	管	관	352
富	부	132	閑	한	478	想	상	183	語	어	422	構	구	253
備	비	30	華	화	396	聖	성	378	漢	한	289	鳴	명	511
悲	비	181	揮	휘	203	勢	세	61	對	대	138	墓	묘	102
盛	성	323	喜	희	90	詩	시	420	圖	도	96	舞	무	391
稅	세	341				試	시	419	綠	록	365	複	복	407
視	시	410	**13획**			暗	암	231	聞	문	378	與	여	388
爲	위	299	萬	만	397	煙	연	295	遠	원	460	疑	의	317
絶	절	364	農	농	450	圓	원	95	銀	은	472	際	제	486
程	정	341	道	도	458	義	의	374	輕	경	447	誌	지	423
提	제	203	電	전	492	準	준	287	團	단	95	盡	진	324
尊	존	138	話	화	420	置	치	371	領	령	498	寢	침	134
衆	중	402	感	감	182	豊	풍	432	福	복	337	稱	칭	342
進	진	456	路	로	445	解	해	413	鼻	비	515			
創	창	54	新	신	219	鄕	향	465	說	설	420	**15획**		
測	측	285	愛	애	183	暇	가	230	實	실	133	數	수	216
統	통	364	業	업	253	傾	경	31	漁	어	288	樂	락	254
港	항	285	溫	온	286	群	군	374	種	종	342	線	선	366
虛	허	400	運	운	459	勤	근	60	監	감	323	價	가	32
惠	혜	182	園	원	95	亂	란	7	境	경	101	課	과	424
敢	감	214	飮	음	503	碑	비	332	端	단	347	廣	광	161
傑	걸	30	意	의	184	傷	상	31	銅	동	471	談	담	424
階	계	484	號	호	401	損	손	204	滿	만	287	德	덕	172
筋	근	350	會	회	235	頌	송	497	罰	벌	372	練	련	366
盜	도	322	敬	경	215	鉛	연	471	誠	성	421	賣	매	440
普	보	230	當	당	316	遇	우	458	演	연	289	寫	사	135
絲	사	363	落	락	397	源	원	286	榮	영	254	賞	상	440
散	산	215	歲	세	264	遊	유	459	誤	오	422	養	양	503
象	상	433	葉	엽	398	資	자	439	認	인	423	億	억	33
肅	숙	381	傳	전	32	裝	장	406	障	장	485	熱	열	295

節	절	353	\multicolumn{3}{c|}{16획}	憲	헌	187	蟲	충	401	籍	적	355

節	절	353		16획		憲	헌	187	蟲	충	401	籍	적	355
調	조	425				險	험	486	簡	간	354	鬪	투	509
質	질	441	學	학	122		17획		歸	귀	265		21획	
潔	결	290	頭	두	498				糧	량	357			
慶	경	185	樹	수	257	韓	한	495	額	액	499	鐵	철	475
論	론	425	戰	전	189	鮮	선	510	雜	잡	489	續	속	370
敵	적	216	親	친	411	講	강	426	轉	전	448	護	호	430
增	증	102	橋	교	256	檢	검	258	織	직	369	鷄	계	512
請	청	426	壇	단	103	檀	단	258		19획		覽	람	412
齒	치	516	獨	독	304	謝	사	427				辯	변	449
暴	폭	232	歷	력	264	聲	성	379	藥	약	399	屬	속	144
賢	현	441	選	선	460	壓	압	104	關	관	479		22획	
確	확	332	操	조	205	謠	요	427	類	류	500			
儉	검	33	器	기	90	應	응	187	識	식	428	讀	독	430
穀	곡	343	擔	담	205	濟	제	291	願	원	500	權	권	259
窮	궁	345	導	도	139	總	총	368	難	난	489	聽	청	380
劇	극	55	燈	등	296	擊	격	206	羅	라	372	歡	환	261
慮	려	185	錄	록	472	營	영	297	麗	려	513		23획	
輪	륜	447	壁	벽	103	優	우	34	邊	변	462			
模	모	255	餘	여	504	隱	은	487	藝	예	399	體	체	507
髮	발	508	衛	위	405	績	적	367	鏡	경	474	變	변	431
範	범	352	築	축	354	點	점	514	離	리	490	驗	험	506
憤	분	186	興	흥	389	鍾	종	474	辭	사	449	驚	경	506
樣	양	255	據	거	204	縮	축	368	證	증	428	鑛	광	475
緣	연	367	激	격	291	避	피	462	爆	폭	298	顯	현	500
慰	위	186	機	기	257	環	환	308		20획			25획	
儀	의	33	龍	룡	516		18획		競	경	348	觀	관	412
獎	장	304	燃	연	297				警	경	429	廳	청	161
適	적	460	豫	예	434	禮	례	337	黨	당	515		26획	
潮	조	290	儒	유	34	醫	의	467	寶	보	135			
趣	취	444	遺	유	461	題	제	499	議	의	429	讚	찬	431
層	층	143	積	적	343	擧	거	207	覺	각	411			
歎	탄	261	錢	전	473	舊	구	389	繼	계	369			
彈	탄	166	整	정	217	曜	요	232	勸	권	61			
篇	편	353	靜	정	493	斷	단	220	嚴	엄	91			
標	표	256	擇	택	206	職	직	379						

급수별 찾아보기

8급

한자	음	쪽
校	교	249
敎	교	212
九	구	7
國	국	94
軍	군	446
金	금	470
南	남	67
女	녀	112
年	년	155
大	대	108
東	동	245
六	륙	41
萬	만	397
母	모	267
木	목	240
門	문	477
民	민	271
白	백	320
父	부	299
北	북	63
四	사	91
山	산	145
三	삼	2
生	생	309
西	서	408
先	선	36
小	소	140
水	수	272
室	실	128
十	십	64
五	오	9
王	왕	305
外	외	106
月	월	236
二	이	9
人	인	11
一	일	1
日	일	223
長	장	476
弟	제	164
中	중	5
靑	청	492
寸	촌	136
七	칠	2
土	토	97
八	팔	40
學	학	122
韓	한	495
兄	형	36
火	화	292

7급

한자	음	쪽
家	가	128
歌	가	260
間	간	477
江	강	273
車	거	446
工	공	147
空	공	344
口	구	76
氣	기	271
記	기	415
旗	기	223
男	남	312
內	내	38
農	농	450
答	답	350
道	도	458
冬	동	44
同	동	79
洞	동	278
動	동	58
登	등	319
來	래	21
力	력	55
老	로	376
里	리	467
林	림	246
立	립	346
每	매	268
面	면	494
名	명	80
命	명	84
文	문	217
問	문	87
物	물	301
方	방	221
百	백	321
夫	부	108
不	불	4
事	사	8
算	산	352
上	상	3
色	색	393
夕	석	106
姓	성	115
世	세	5
少	소	140
所	소	191
手	수	192
數	수	216
市	시	150
時	시	228
食	식	502
植	식	252
心	심	173
安	안	124
語	어	422
然	연	295
午	오	65
右	우	78
有	유	237
育	육	382
邑	읍	463
入	입	38
子	자	118
自	자	386
字	자	119
場	장	101
全	전	39
前	전	52
電	전	492
正	정	262
祖	조	335
足	족	444
左	좌	148
主	주	6
住	주	21
重	중	468
地	지	97
紙	지	361
直	직	325
千	천	65
川	천	146
天	천	109
草	초	396
村	촌	244
秋	추	339
春	춘	228
出	출	46
便	편	26
平	평	154
下	하	3
夏	하	105
漢	한	289
海	해	282
花	화	394
話	화	420
活	활	281
孝	효	120
後	후	169
休	휴	18

6급

한자	음	쪽
各	각	79
角	각	413
感	감	182
強	강	165

開	개	478	禮	례	337	消	소	281	飮	음	503	號	호	401
京	경	11	例	례	22	速	속	454	衣	의	405	和	화	86
界	계	313	路	로	445	孫	손	122	意	의	184	畵	화	315
計	계	415	綠	록	365	樹	수	257	醫	의	467	黃	황	513
古	고	77	李	리	243	術	술	404	者	자	377	會	회	235
苦	고	395	利	리	49	習	습	375	作	작	20	訓	훈	416
高	고	508	理	리	307	勝	승	60	昨	작	227			
公	공	40	明	명	225	始	시	115	章	장	346	5급		
功	공	56	目	목	324	式	식	163	才	재	192	加	가	56
共	공	41	聞	문	378	身	신	445	在	재	97	可	가	76
果	과	245	米	미	355	信	신	25	戰	전	189	價	가	32
科	과	339	美	미	373	神	신	334	定	정	126	改	개	209
光	광	36	朴	박	242	新	신	219	庭	정	159	客	객	127
交	교	10	反	반	73	失	실	110	第	제	349	去	거	72
區	구	63	半	반	65	愛	애	183	題	제	499	擧	거	207
球	구	307	班	반	306	夜	야	107	朝	조	239	件	건	16
郡	군	463	發	발	319	野	야	468	族	족	222	建	건	162
近	근	450	放	방	210	弱	약	164	注	주	276	健	건	28
根	근	250	番	번	315	藥	약	399	晝	주	229	格	격	249
今	금	12	別	별	49	洋	양	280	集	집	488	見	견	409
急	급	176	病	병	317	陽	양	485	窓	창	345	決	결	274
級	급	359	服	복	237	言	언	414	淸	청	284	結	결	362
多	다	107	本	본	241	業	업	253	體	체	507	景	경	229
短	단	329	部	부	464	永	영	273	親	친	411	敬	경	215
堂	당	100	分	분	46	英	영	395	太	태	110	輕	경	447
代	대	13	死	사	265	溫	온	286	通	통	455	競	경	348
待	대	168	使	사	22	用	용	310	特	특	302	考	고	376
對	대	138	社	사	333	勇	용	58	表	표	406	告	고	82
度	도	158	書	서	234	運	운	459	風	풍	501	固	고	93
圖	도	96	石	석	330	園	원	95	合	합	81	曲	곡	233
讀	독	430	席	석	152	遠	원	460	行	행	403	過	과	453
童	동	347	線	선	366	由	유	312	幸	행	155	課	과	424
頭	두	498	雪	설	491	油	유	276	向	향	81	關	관	479
等	등	351	成	성	189	銀	은	472	現	현	308	觀	관	412
樂	락	254	省	성	326	音	음	496	形	형	167	廣	광	161

橋	교	256	勞	로	59	善	선	89	元	원	35	止	지	262
具	구	42	料	료	218	選	선	460	原	원	71	知	지	329
救	구	213	流	류	279	鮮	선	510	院	원	481	質	질	441
舊	구	389	類	류	500	說	설	420	願	원	500	着	착	328
局	국	141	陸	륙	483	性	성	175	位	위	19	參	참	72
貴	귀	437	馬	마	505	洗	세	279	偉	위	29	唱	창	88
規	규	410	末	말	240	歲	세	264	以	이	15	責	책	436
給	급	363	亡	망	10	束	속	243	耳	이	377	鐵	철	475
己	기	149	望	망	238	首	수	504	因	인	92	初	초	50
技	기	193	買	매	437	宿	숙	131	任	임	18	最	최	235
汽	기	275	賣	매	440	順	순	497	再	재	44	祝	축	334
基	기	99	無	무	294	示	시	333	材	재	244	充	충	37
期	기	239	倍	배	27	識	식	428	災	재	293	致	치	387
吉	길	79	法	법	275	臣	신	386	財	재	435	打	타	193
念	념	175	變	변	431	實	실	133	爭	쟁	298	他	타	15
能	능	383	兵	병	42	兒	아	37	貯	저	438	卓	탁	66
團	단	95	福	복	337	惡	악	181	赤	적	442	炭	탄	293
壇	단	103	奉	봉	111	案	안	250	的	적	321	宅	택	124
談	담	424	比	비	269	約	약	358	典	전	43	板	판	247
當	당	316	費	비	438	養	양	503	展	전	143	敗	패	214
德	덕	172	鼻	비	515	魚	어	510	傳	전	32	品	품	86
到	도	52	氷	빙	272	漁	어	288	切	절	47	必	필	173
島	도	145	士	사	104	億	억	33	節	절	353	筆	필	351
都	도	465	仕	사	14	熱	열	295	店	점	158	河	하	277
獨	독	304	史	사	78	葉	엽	398	情	정	180	寒	한	132
落	락	397	思	사	177	屋	옥	142	停	정	29	害	해	130
朗	랑	238	査	사	248	完	완	125	調	조	425	許	허	418
冷	랭	45	寫	사	135	要	요	408	操	조	205	湖	호	286
良	량	393	産	산	310	曜	요	232	卒	졸	66	化	화	62
量	량	469	相	상	326	浴	욕	282	終	종	362	患	환	180
旅	려	222	商	상	88	友	우	74	種	종	342	效	효	212
歷	력	264	賞	상	440	牛	우	300	罪	죄	371	凶	흉	45
練	련	366	序	서	157	雨	우	490	州	주	146	黑	흑	514
令	령	14	仙	선	15	雲	운	491	週	주	456			
領	령	498	船	선	392	雄	웅	488	則	즉	53			

준4급

假	가	28	檀	단	258	房	방	191	城	성	98	餘	여	504
街	가	404	斷	단	220	訪	방	417	盛	성	323	逆	역	452
減	감	284	達	달	457	拜	배	198	聖	성	378	硏	연	331
監	감	323	擔	담	205	背	배	382	誠	성	421	煙	연	295
康	강	160	黨	당	515	配	배	466	聲	성	379	演	연	289
講	강	426	帶	대	152	伐	벌	16	細	세	361	榮	영	254
個	개	26	隊	대	484	罰	벌	372	稅	세	341	藝	예	399
檢	검	258	導	도	139	壁	벽	103	勢	세	61	誤	오	422
缺	결	370	毒	독	268	邊	변	462	素	소	360	玉	옥	305
潔	결	290	督	독	328	步	보	263	笑	소	349	往	왕	167
經	경	365	銅	동	471	保	보	24	掃	소	200	謠	요	427
境	경	101	斗	두	218	報	보	101	俗	속	24	容	용	129
慶	경	185	豆	두	432	寶	보	135	續	속	370	員	원	87
警	경	429	得	득	170	復	복	171	送	송	452	圓	원	95
係	계	23	燈	등	296	府	부	157	收	수	208	爲	위	299
故	고	211	羅	라	372	婦	부	117	守	수	123	衛	위	405
攻	공	210	兩	량	39	副	부	53	受	수	74	肉	육	381
官	관	125	麗	려	513	富	부	132	修	수	27	恩	은	179
句	구	77	連	련	454	佛	불	19	授	수	200	陰	음	483
求	구	274	列	렬	48	非	비	493	純	순	360	應	응	187
究	구	344	錄	록	472	飛	비	502	承	승	197	義	의	374
宮	궁	129	論	론	425	備	비	30	施	시	221	議	의	429
權	권	259	留	류	313	悲	비	181	是	시	226	移	이	340
極	극	252	律	률	169	貧	빈	435	視	시	410	益	익	322
禁	금	336	滿	만	287	寺	사	136	詩	시	420	引	인	163
起	기	443	脈	맥	384	舍	사	390	試	시	419	印	인	69
器	기	90	毛	모	270	師	사	151	息	식	179	認	인	423
暖	난	231	牧	목	300	謝	사	427	申	신	311	將	장	137
難	난	489	武	무	263	殺	살	267	深	심	283	障	장	485
努	노	57	務	무	59	床	상	156	眼	안	327	低	저	20
怒	노	177	未	미	241	狀	상	303	暗	암	231	敵	적	216
單	단	89	味	미	84	常	상	153	壓	압	104	田	전	312
端	단	347	密	밀	131	想	상	183	液	액	283	絶	절	364
			博	박	68	設	설	417	羊	양	373	接	접	200
			防	방	480	星	성	226	如	여	112	政	정	211

程	정	341	忠	충	176	護	호	430	季	계	121	亂	란	7
精	정	356	蟲	충	401	貨	화	436	階	계	484	覽	람	412
制	제	52	取	취	75	確	확	332	繼	계	369	略	략	314
除	제	482	測	측	285	回	회	92	鷄	계	512	糧	량	357
祭	제	335	治	치	277	吸	흡	83	孤	고	121	慮	려	185
提	제	203	置	치	371	興	흥	389	庫	고	159	烈	렬	293
製	제	407	齒	치	516	希	희	150	穀	곡	343	龍	룡	516
濟	제	291	侵	침	25				困	곤	93	柳	류	248
早	조	224	快	쾌	174	**4급**			骨	골	507	輪	륜	447
助	조	57	態	태	184	暇	가	230	孔	공	119	離	리	490
鳥	조	511	統	통	364	刻	각	51	管	관	352	妹	매	114
造	조	455	退	퇴	453	覺	각	411	鑛	광	475	勉	면	57
尊	존	138	波	파	277	干	간	154	構	구	253	鳴	명	511
宗	종	126	破	파	330	看	간	325	君	군	82	模	모	255
走	주	442	布	포	150	簡	간	354	群	군	374	妙	묘	113
竹	죽	348	包	포	62	甘	감	309	屈	굴	142	墓	묘	102
準	준	287	砲	포	331	敢	감	214	窮	궁	345	舞	무	391
衆	중	402	暴	폭	232	甲	갑	311	券	권	51	拍	박	196
增	증	102	票	표	336	降	강	480	卷	권	70	髮	발	508
支	지	208	豊	풍	432	巨	거	148	勸	권	61	妨	방	114
至	지	387	限	한	481	居	거	141	歸	귀	265	犯	범	303
志	지	173	航	항	392	拒	거	196	均	균	98	範	범	352
指	지	199	港	항	285	據	거	204	劇	극	55	辯	변	449
職	직	379	解	해	413	傑	걸	30	筋	근	350	普	보	230
眞	진	327	香	향	505	儉	검	33	勤	근	60	伏	복	17
進	진	456	鄕	향	465	激	격	291	奇	기	111	複	복	407
次	차	260	虛	허	400	擊	격	206	紀	기	358	否	부	83
察	찰	134	驗	험	506	犬	견	302	寄	기	130	負	부	434
創	창	54	賢	현	441	堅	견	99	機	기	257	粉	분	356
處	처	400	血	혈	402	更	경	234	納	납	359	憤	분	186
請	청	426	協	협	67	傾	경	31	段	단	266	批	비	194
銃	총	472	惠	혜	182	鏡	경	474	逃	도	451	秘	비	340
總	총	368	戶	호	190	驚	경	506	徒	도	170	碑	비	332
蓄	축	398	好	호	113	戒	계	188	盜	도	322	私	사	338
築	축	354	呼	호	85	系	계	357	卵	란	70	射	사	136

絲	사	363	源	원	286	轉	전	448	推	추	202	刑	형	48
辭	사	449	危	위	69	折	절	194	縮	축	368	或	혹	189
散	산	215	委	위	116	占	점	68	就	취	141	混	혼	284
象	상	433	威	위	116	點	점	514	趣	취	444	婚	혼	118
傷	상	31	圍	위	94	丁	정	1	層	층	143	紅	홍	358
宣	선	127	慰	위	186	整	정	217	針	침	470	華	화	396
舌	설	390	乳	유	7	靜	정	493	寢	침	134	環	환	308
屬	속	144	遊	유	459	帝	제	151	稱	칭	342	歡	환	261
損	손	204	遺	유	461	際	제	486	彈	탄	166	況	황	278
松	송	246	儒	유	34	組	조	362	歎	탄	261	灰	회	292
頌	송	497	隱	은	487	條	조	251	脫	탈	385	厚	후	71
秀	수	338	依	의	23	潮	조	290	探	탐	202	候	후	28
叔	숙	75	疑	의	317	存	존	120	擇	택	206	揮	휘	203
肅	숙	381	儀	의	33	從	종	171	討	토	416	喜	희	90
崇	숭	146	異	이	314	鍾	종	474	痛	통	318			
氏	씨	270	仁	인	12	座	좌	160	投	투	195			
額	액	499	姉	자	116	朱	주	242	鬪	투	509			
樣	양	255	姿	자	117	周	주	85	派	파	280			
嚴	엄	91	資	자	439	酒	주	466	判	판	50			
與	여	388	殘	잔	266	證	증	428	篇	편	353			
易	역	225	雜	잡	489	持	지	199	評	평	418			
域	역	100	壯	장	105	智	지	230	閉	폐	477			
延	연	162	張	장	165	誌	지	423	胞	포	383			
鉛	연	471	帳	장	153	織	직	369	爆	폭	298			
緣	연	367	腸	장	385	珍	진	306	標	표	256			
燃	연	297	裝	장	406	陣	진	482	疲	피	318			
迎	영	451	獎	장	304	盡	진	324	避	피	462			
映	영	227	底	저	157	差	차	149	恨	한	178			
營	영	297	賊	적	439	讚	찬	431	閑	한	478			
豫	예	434	適	적	460	採	채	201	抗	항	195			
郵	우	464	積	적	343	册	책	43	核	핵	251			
遇	우	458	績	적	367	泉	천	280	憲	헌	187			
優	우	34	籍	적	355	聽	청	380	險	험	486			
怨	원	178	專	전	137	廳	청	161	革	혁	495			
援	원	203	錢	전	473	招	초	197	顯	현	500			

한자능력검정시험대비
초등학생 · 중학생을 위한

한자 千字 사전

2007년 1월 20일 초판 1쇄 발행
2021년 1월 10일 초판 15쇄 인쇄
2021년 1월 20일 초판 15쇄 발행

펴 낸 곳 : (주)교학사
펴 낸 이 : 양진오
지 은 이 : 이관배 · 임동욱 · 홍진용
주   소 : 121-020 서울특별시 마포구 마포대로14길 4
전   화 : 02-7075-310(편집), 02-7075-147(영업)
등   록 : 1962년 6월 26일 〈18-7〉

표지디자인 : 박효은
교학사 홈페이지_http://www.kyohak.co.kr
Copyright by (주)교학사

定價 20,000원

部首索引

一획		匸	63	山	144	斤	219	犬(犭)	302
一	1	十	64	巛(川)	146	方	221		
丨	5	卜	68	工	147	无	3급 이상	五획	
丶	6	卩(㔾)	69	己	149	日	223	玄	3급 이상
丿	3급 이상	厂	71	巾	149	曰	233	玉	305
乙	6	厶	72	干	154	月	236	瓜	3급 이상
亅	8	又	73	幺	3급 이상	木	240	瓦	3급 이상
				广	156	欠	260	甘	308
二획		三획		廴	162	止	262	生	309
二	9	口	76	廾	3급 이상	歹(歺)	265	用	310
亠	10	囗	91	弋	163	殳	266	田	311
人(亻)	11	土	96	弓	163	毋	267	疋	317
儿	35	士	104	彐(彑)	3급 이상	比	269	疒	317
入	38	夂	3급 이상	彡	167	毛	269	癶	319
八	40	夊	105	彳	167	氏	270	白	320
冂	43	夕	106			气	271	皮	3급 이상
冖	3급 이상	大	108	四획		水(氺,氵)	272	皿	321
冫	44	女	112	心(忄,㣺)	172	火(灬)	292	目	324
几	3급 이상	子	118	戈	188	爪	298	矛	3급 이상
凵	45	宀	123	戶	190	父	299	矢	329
刀(刂)	46	寸	135	手(扌)	191	爻	3급 이상	石	330
力	55	小	139	支	208	爿	3급 이상	示(礻)	333
勹	62	尢(兀,尣)	140	攴(攵)	208	片	3급 이상	禸	3급 이상
匕	62	尸	141	文	217	牙	3급 이상	禾	338
匚	3급 이상	屮	3급 이상	斗	218	牛	300	穴	344